黑龙江统计年鉴

HEILONGJIANG STATISTICAL YEARBOOK

2023

（总第 37 期 No.37）

黑 龙 江 省 统 计 局
国家统计局黑龙江调查总队 编

Compiled by

HEILONGJIANG PROVINCIAL BUREAU OF STATISTICS
SURVEY ORGANIZATION OF HEILONGJIANG OF NBS

中国统计出版社
China Statistics Press

图书在版编目（CIP）数据

黑龙江统计年鉴. 2023 = Heilongjiang Statistical Yearbook 2023 : 汉英对照 / 黑龙江省统计局, 国家统计局黑龙江调查总队编. -- 北京 : 中国统计出版社, 2023.10
ISBN 978-7-5230-0270-4

Ⅰ. ①黑… Ⅱ. ①黑… ②国… Ⅲ. ①统计资料一黑龙江省一 2023 一年鉴一汉、英 Ⅳ. ①C832.35-54

中国国家版本馆 CIP 数据核字（2023）第 192351 号

黑龙江统计年鉴 2023

作　　者 / 黑龙江省统计局　国家统计局黑龙江调查总队
责任编辑 / 高媛媛
装帧设计 / 李　静
出版发行 / 中国统计出版社
地　　址 / 北京市丰台区西三环南路甲 6 号
邮政编码 / 100073
电　　话 / 邮购（010）63376909　书店（010）68783171
网　　址 / http://www.zgtjcbs.com
印　　刷 / 哈尔滨午阳印刷有限公司
经　　销 / 新华书店
开　　本 / 890mm×1240mm　1/16
字　　数 / 858 千字
印　　张 / 35.25　彩页：1.25
版　　别 / 2023 年 10 月第 1 版
版　　次 / 2023 年 10 月第 1 次印刷
定　　价 / 438.00 元　Price:438.00 yuan (RMB)

《黑龙江统计年鉴2023》编委会和编辑工作人员

Heilongjiang Statistical Yearbook2023

Editorial Board And Editorial Staff

编 辑 说 明

一、《黑龙江统计年鉴 2023》是一部全面反映黑龙江省经济和社会发展状况的资料性工具书。本书系统收录了全省及各市（地）、县 2022 年经济和社会各方面的统计数据，以及历史重要年份的主要统计数据。

二、全书共分 20 个部分：1. 综合；2. 人口、就业人员和工资；3. 国民经济核算；4. 价格指数；5. 人民生活；6. 财政、金融和保险；7. 资源与环境；8. 能源；9. 固定资产投资；10. 对外经济贸易；11. 农业；12. 工业；13. 建筑业；14. 住房和房地产；15. 国内贸易和旅游业；16. 运输和邮电；17. 教育与科技；18. 文化、体育、卫生和社会服务；19. 城市概况；附录、各县、市主要指标（2022 年）。各部分均附有主要统计指标解释。

三、资料中使用的度量衡单位均采用国际统一标准的计量单位。

四、本年鉴的资料大部分来自年度统计报表，部分数据来自抽样调查和专业部门年报，部分专业历史数据和资料来源口径有调整，请留意表中注释。

五、附录中的县域经济指标为各县（市）上报数，未做逐级核对，仅供参考。

六、由于数据来源和计算方法不同，一些指标分地区数据相加不等于全省数，请使用时注意。部分合计数或相对数因单位取舍不同而产生的计算误差均未做调整。

七、本年鉴中的符号使用说明：“空格”表示该项统计指标数据不详或无该项数据，数据不足本表最小单位数；“#”表示其中主要项。

EDITOR'S NOTES

I. *Heilongjiang Statistical Yearbook 2023* is an annual statistics publication, which covers very comprehensive data in 2022 and some selected data series in historically important years at provincial levels and local levels of cities, regions, and counties directly under the provincial government and therefore, reflects various aspects of social and economic development of Heilongjiang.

II. The book contains the following 20 parts, 1. General Survey; 2. Population, Employment and Wages; 3. National Accounts; 4. Price Indices; 5. People's Living Conditions; 6. Government Finance,Financial Intermediation and Insurance; 7. Resources and Environment; 8. Energy; 9. Investment in Fixed Assets; 10. Foreign Trade and Economic Cooperation; 11. Agriculture; 12. Industry; 13. Construction; 14.Housing and Real Estate; 15. Domestic Trade and Tourism; 16. Transport, Postal and Telecommunication Services; 17. Education, Science and Technology; 18. Culture, Sports, Public Health and Social Services; 19. General Survey of Cities; APPENDIX. Main Indicators of Counties(2022). In addition, explanatory notes on main statistical indicators are provided at the end of each part.

III. The units of measurement used in this book are internationally standard measurement units.

IV. The major data sources of this publication are obtained from annual statistical reports, and some from sample surveys and professional departments. Statistical coverage of some professional historical data has adjusted. Please attention to explanatory notes in charts.

V. Some statistical data gathering from regions are not the same as total of province. Please attention to use. Statistical discrepancies due to rounding are not adjusted in this yearbook.

VI. Economic indicators in appendix are statistical data of county. The data are not checked from level. It is reference only.

VII. Notations used in this yearbook:

"(Blank) " indicates that the data are unknown or are not available or the figure is not large enough to be measured with the smallest unit in the table; "# " indicates the major items of the total.

篇 目 索 引　　Subject Index

耕地

黑龙江省是中国耕地面积最大的省份，是世界著名的三大黑土带之一。
全省人均耕地面积居全国第一位。

■耕地面积2.5697亿亩

■人均耕地面积8.257亩

Heilongjiang province has the largest area of cultivated land among the provinces in China, Heilongiang province lies in one of the three most famous black earth belts in the world. The cultivated land per capita list the first in China.

粮食

黑龙江省粮食产量连续13年居全国首位，是中国重要的商品粮基地。

■粮食播种面积2022年1468.3万公顷

■粮食产量2022年7763.1万吨

Heilongiang province is an important commodity grain base in China,and its grain output ranks first in China for 13 consecutive years.

大豆

黑龙江省大豆种植面积和产量居全国首位。

■大豆播种面积2022年493.2万公顷

■大豆产量2022年953.4万吨

The sown areas and yield soybean in Heilongjiang are standing number one in China.

绿色食品

黑龙江省绿色食品认证面积居全国第一位。

■绿色食品认证数量2022年3118个

■绿色食品种植面积2022年9137.1万亩

Heilongjiang ranks first in China in area of green food certification.

特色黑龙江

草原

黑龙江省草地面积约117.3万公顷，优质的牧草为畜牧业发展提供了丰厚的天然条件，全省牛奶和乳制品产量均居全国前列。

■奶牛数量2022年110.3万头

■乳制品产量2022年210.9万吨

■牛奶产量2022年501.2万吨

The provincial grassland area is about 1173000 hectares, and the high- quality grazing provide rich natural condition for the development of the stock raising. The prodction of milk and dairy products rank the total accumulation of the nation.

旅游资源

黑龙江省冰雪旅游资源堪称中国之最。

■亚布力是亚洲最大的滑雪场;

■镜泊湖是中国最大的高山堰塞湖;

■五大连池被誉为“天然火山博物馆”。

The resources of ice-and-snow in Heilongiang are praised the best of all in China. Yabuli sking site is the biggest in Asia Jingpohu lake is the largest mountain-and-wei stufing lake in China. Wudalianchi is praiscd as the natural volcano museum.

原油

黑龙江省原油产量居全国第三，大庆油田累计提供原油24.9亿吨。

■原油产量2022年2971.0万吨

Heilongjiang's crude oil ranks third in China,and Daqing provides 2.5 billion tons.

森林

黑龙江省是我国重点林区之一，森林面积、森林总蓄积量和木材产量均居全国前列，是国家重要的木材战略储备基地。

■森林面积2012万公顷

■森林覆盖率44.47%

■森林蓄积量21.58亿立方米

Heilongjiang Province is one of China's major forest areas. The forest area, total volume of forest and timber production rank the total accumulation of the nation, is an important national timber strategic reserve base.

黑龙江的一天（2022年）

Selected Indicators Average Daily Social and Economic Activities of Heilongjiang Province(2022)

地区生产总值43.56亿元
GDP 4356 million yuan

出生人口284人
Birth population 284 persons

死亡人口772人
Deadth population 772 persons

粮食产量21.27万吨
Yield of Grain 212687 tons

公共财政收入3.54亿元
Public financial revenue 354 million yuan

旅游收入1.93亿元
Earnings from tourism 193.44 million yuan

公共财政支出14.94亿元
Public financial ecpenditures 1494 million yuan

客运量28.4万人
Passenger traffic 0.28 million persons

进出口总额10874.5万美元
Total exports and imports 108.75 million USD

货运量163.0万吨
Freight traffic 1629890 tons

进口总额8647.1万美元
Total imports 86.47 million USD

电信业务总量0.72亿元
Business Volume of Telecommunication Service 72 million yuan

出口总额2227.4万美元
Total exports 22.27 million USD

金融机构各项存款增加额12.19亿元
Every deposit tota value of financial institution 1219 million yuan

原油产量8.14万吨
Yield of Crude Oil 81397 tons

居民储蓄增加额11.17亿元
Savings deposit of rural and urban residents 1117 million yuan

数字黑龙江

钢材产量2.74万吨
Yield of steel 27389 tons

发电量3.15亿千瓦小时
Electricity 315 million kwh

乳制品产量0.58万吨
Yield of dairy product 5778 tons

三项专利授权100.1件
Number of three types of patent applications granted 100.1 units

汽车产量226辆
Yield of Automobile 226 unit

牛奶产量1.37万吨
Yield of milk 13730 tons

肉类产量0.86万吨
Output of Meat 8562 tons

总人口及自然增长率

Total Population and Natural Growth Rate

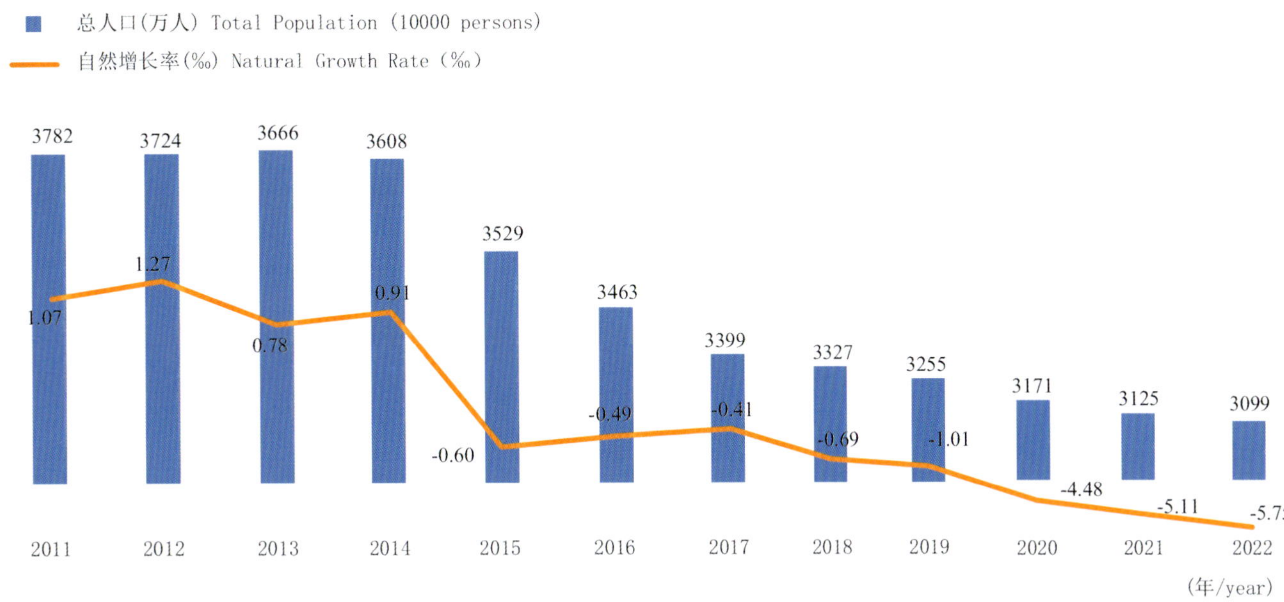

常住人口城镇化率（%）

Resident Population Urbanization Rate (%)

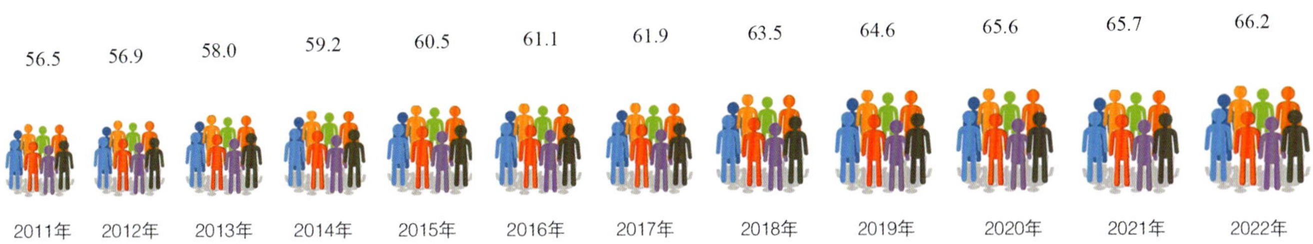

就业人数（万人）

Number of Employed Persons (10000 persons)

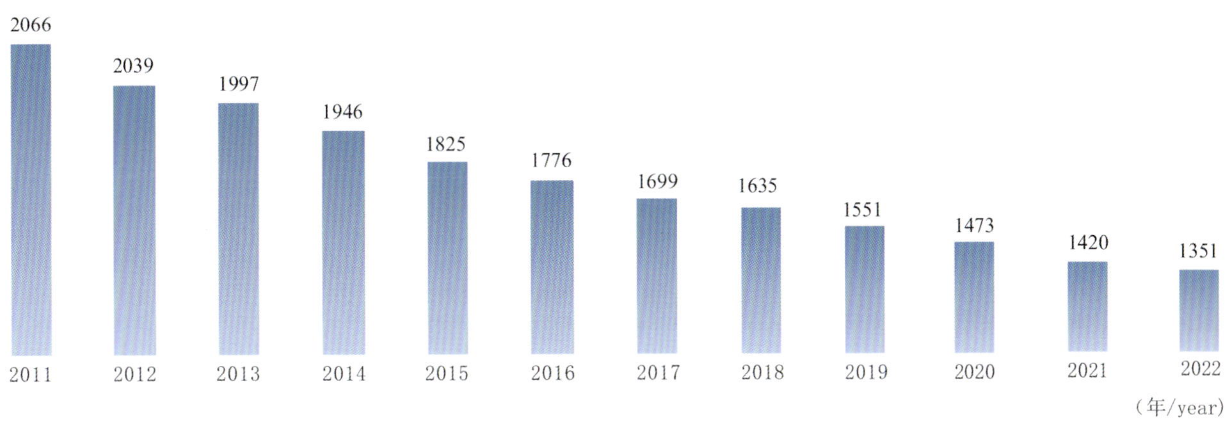

城镇非私营单位就业人员平均工资（元）

Average Wage of Employed Persons in Urban Non-private Units (yuan)

地区生产总值及增长速度

Gross Domestic Product &It's Growth Rate

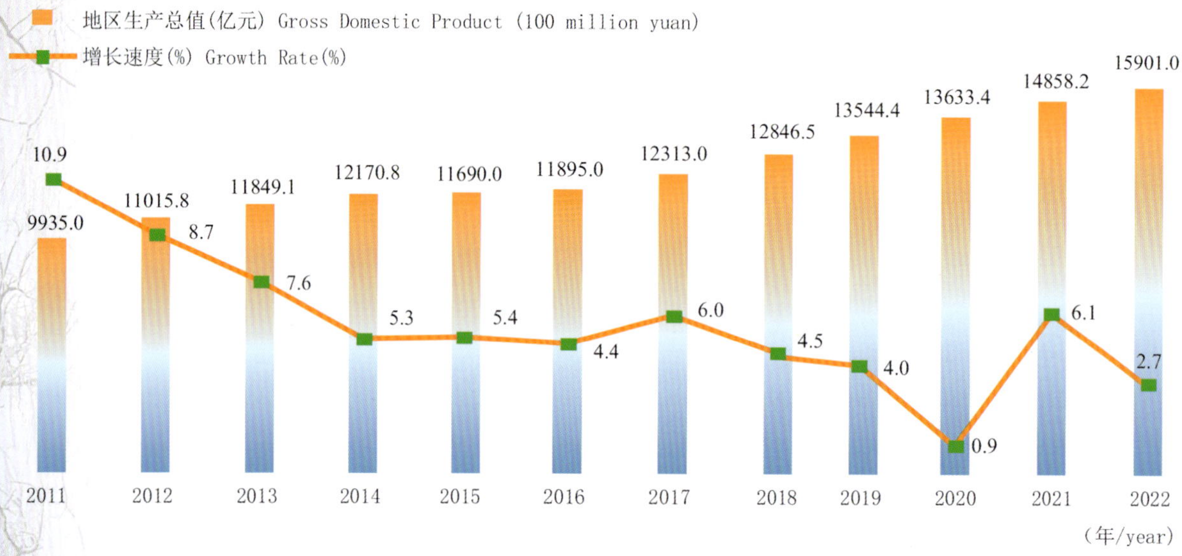

地区生产总值构成(%)

Composition of GDP (%)

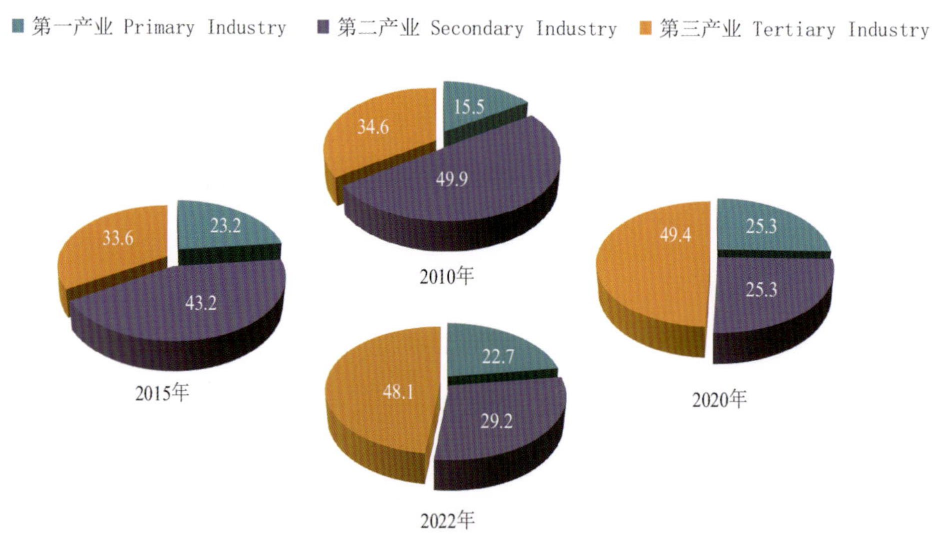

数字黑龙江

人均地区生产总值（元）

Per Capita GDP (yuan)

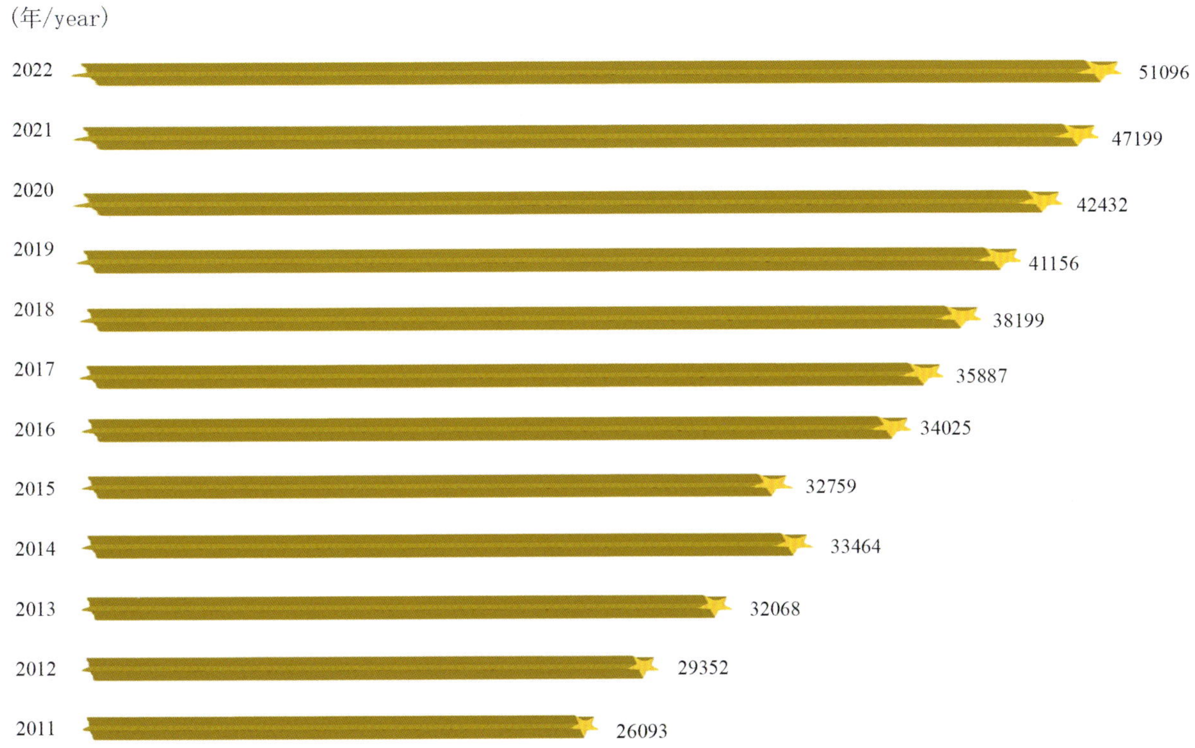

城乡常住居民人均可支配收入（元）

Annual Per Capita Disposable Income of Urban & Rural Households (yuan)

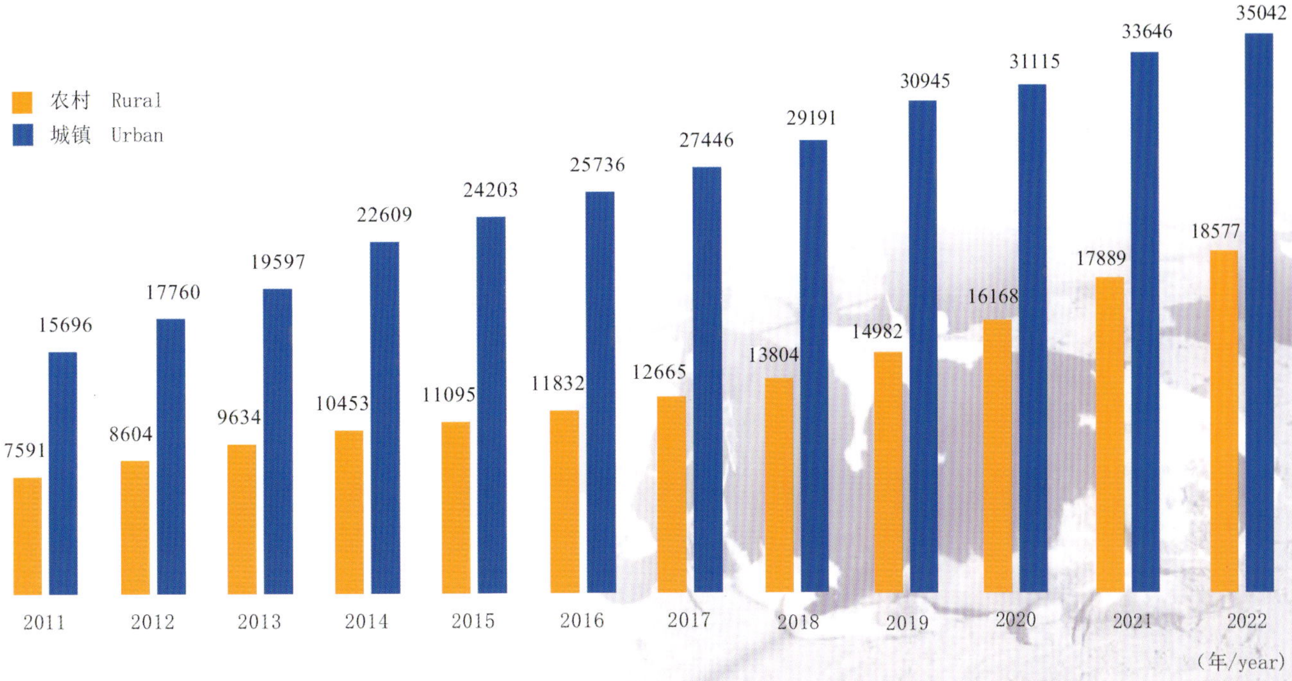

城镇居民消费结构（%）

Urban Resident's Consumption Composition (%)

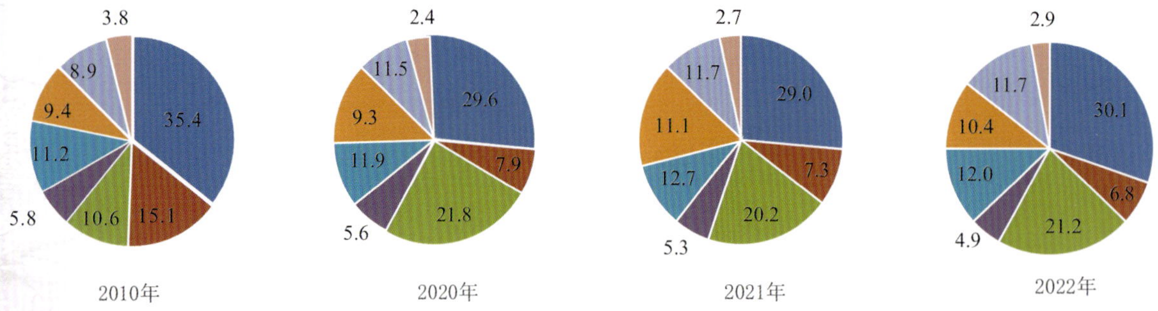

- 食品烟酒 Food, Tobacco and Liquor
- 衣着 Clothing
- 居住 Residence
- 生活用品及服务 Household Facilities, Articles and Servic
- 交通通信 Transport and Communications
- 教育文化娱乐 Education, Cultural and Recreation
- 医疗保健 Medicine and Medical Services
- 其他用品和服务 Other Commodities and Services

农村居民消费结构（%）

Rural Resident's Consumption Composition (%)

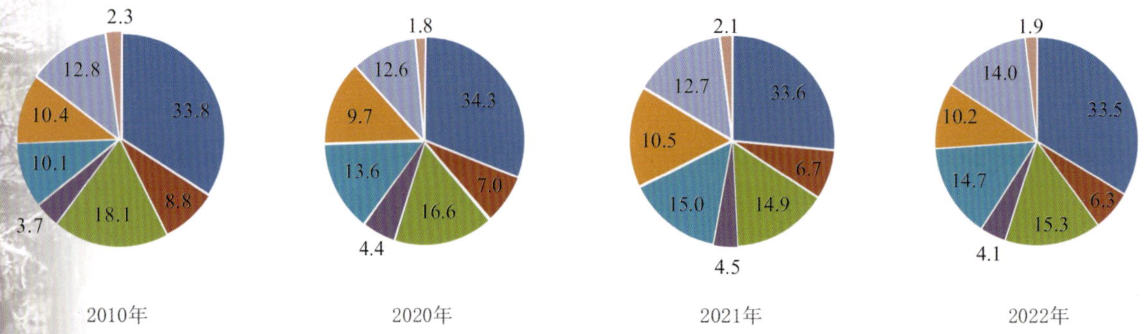

数字黑龙江

单位GDP能耗上升或下降（%）

Rise or Fall Rate of Energy Consumption Per Unit of GDP (%)

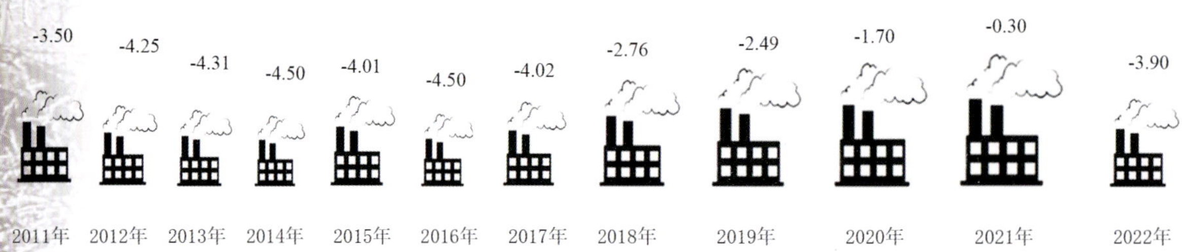

进出口总额（亿美元）

Total Value of Imports and Exports (USD 100 million)

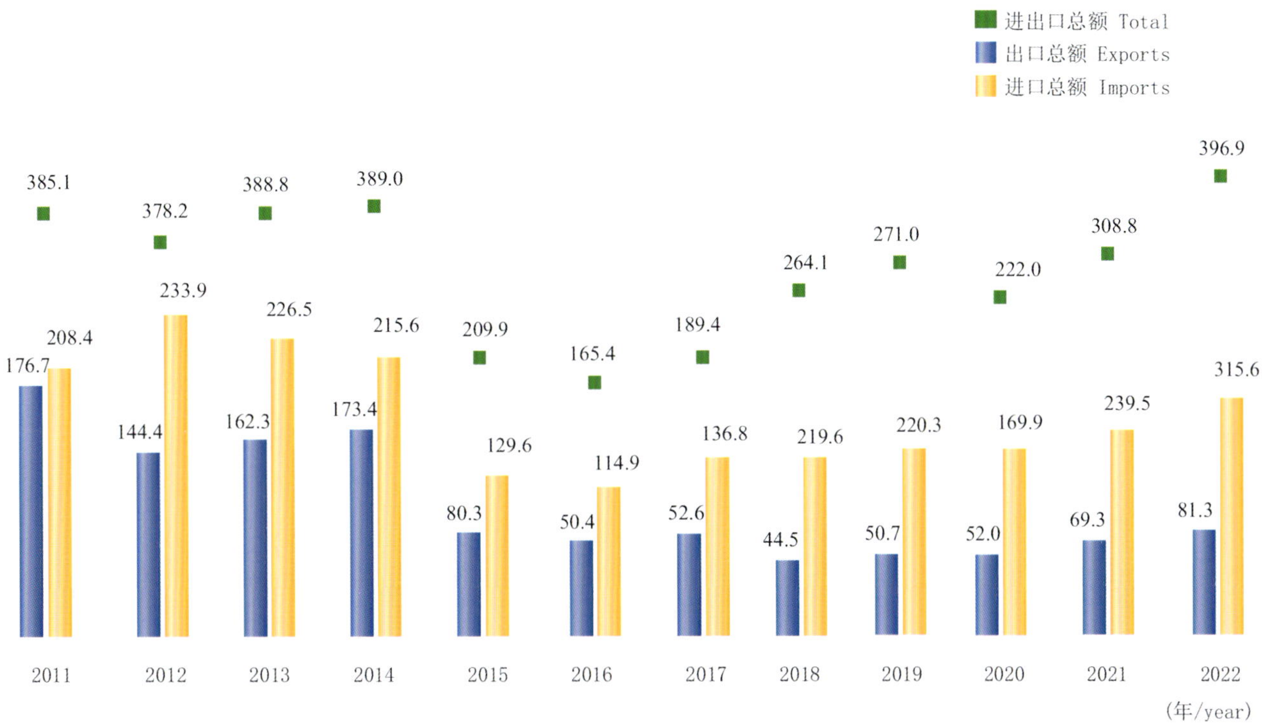

外贸依存度（%）

Degree of Dependence upon Foreign Trade (%)

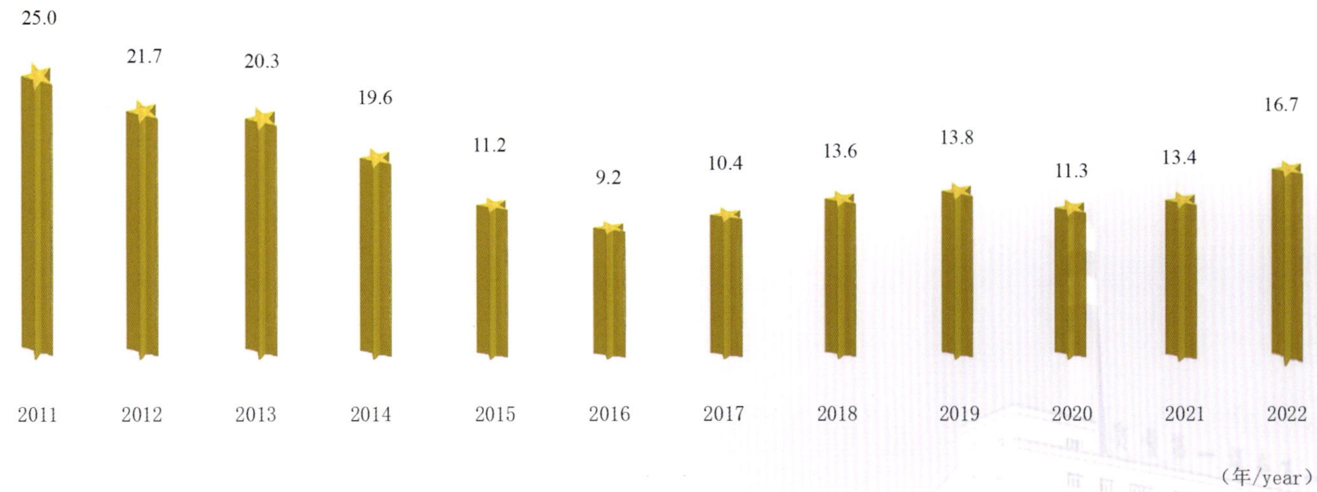

粮食产量（万吨）

Yield of Grain (10000 tons)

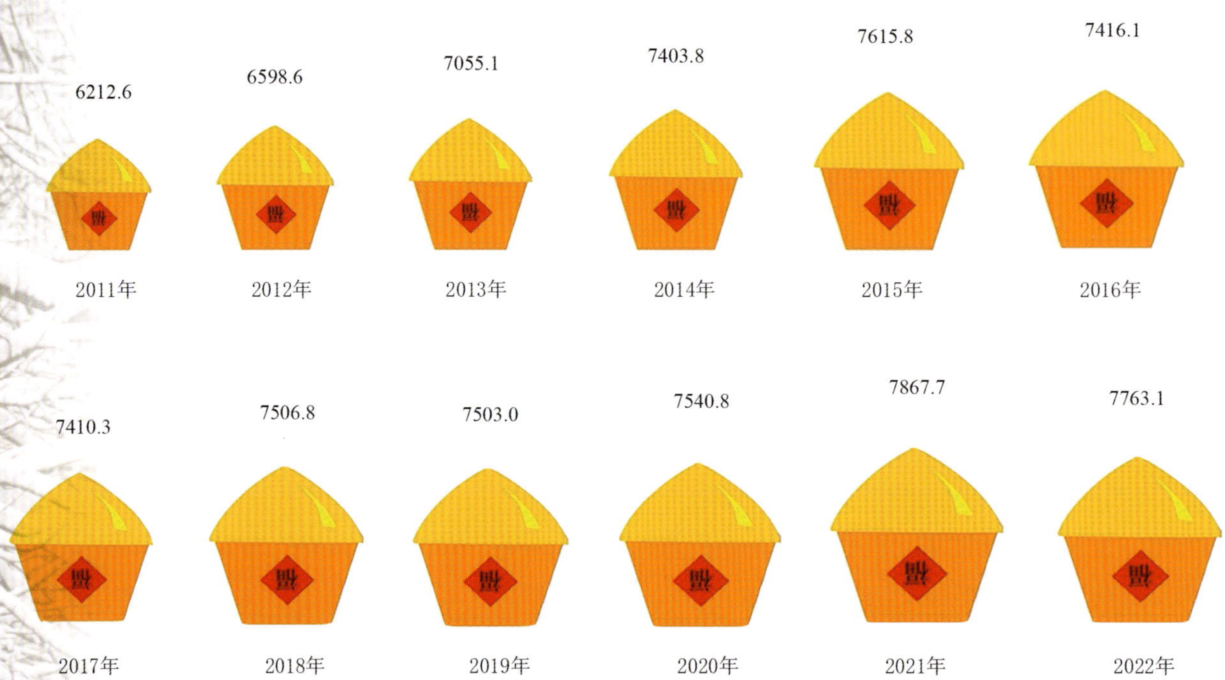

农业总产值（亿元）

Gross Output Value of Farming, Forestry, Animal Husbandry & Fishery (100 million yuan)

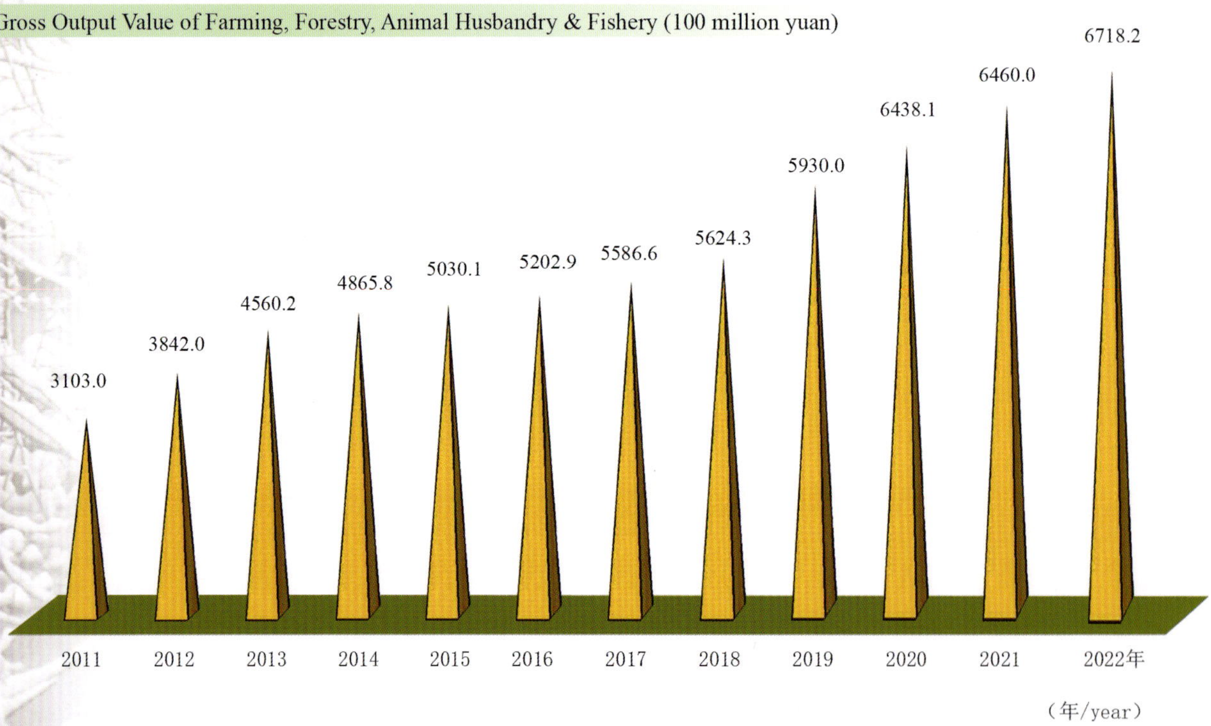

数字黑龙江

绿色食品产业发展

Green Food Industry Development

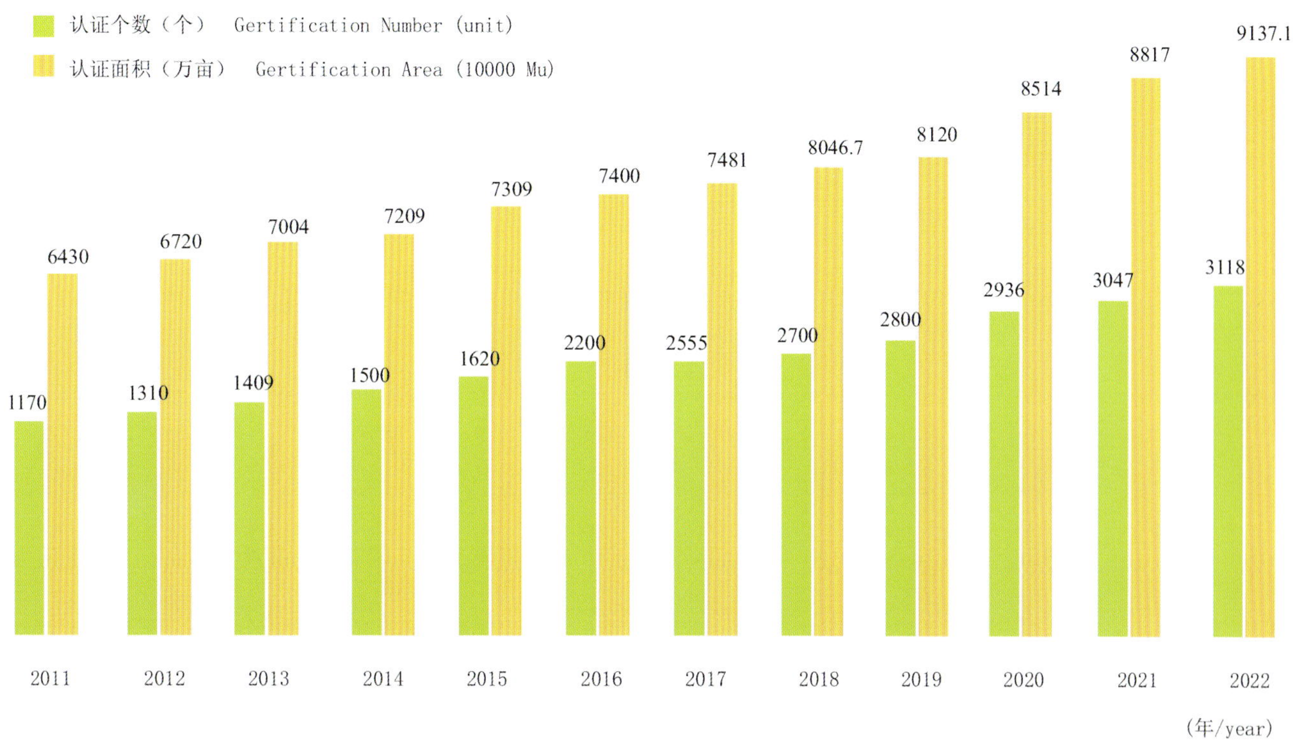

规模以上工业增加值增长速度（%）

Rate of Value-added of Industry Above Designated Size (%)

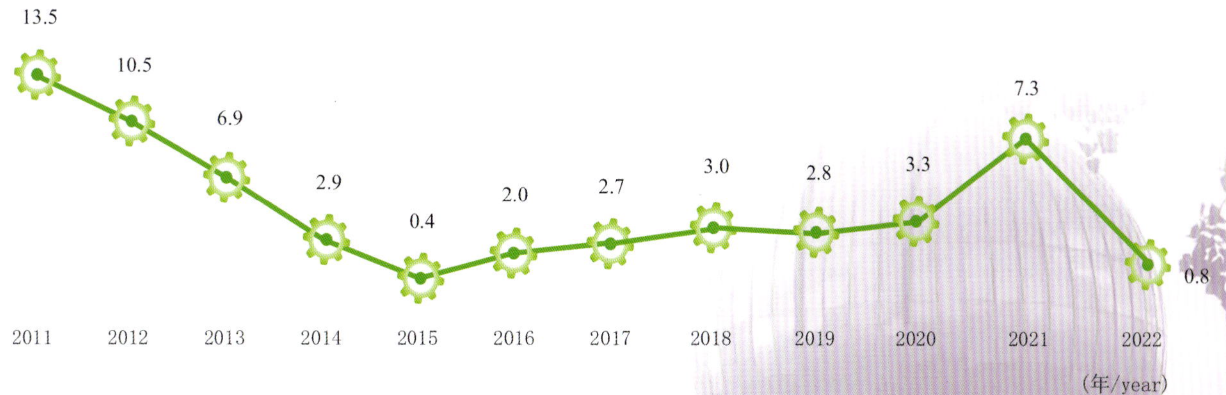

石油产量（万吨）

Yield of Crude Oil (10000 tons)

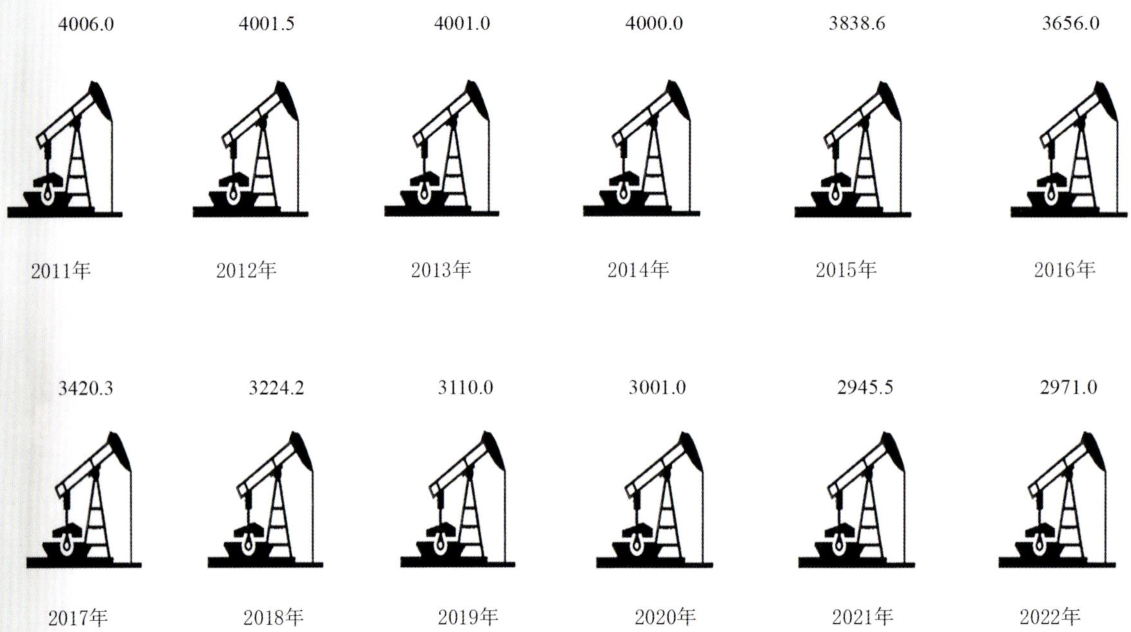

客货运输量

Total Passenger & Freight Traffic

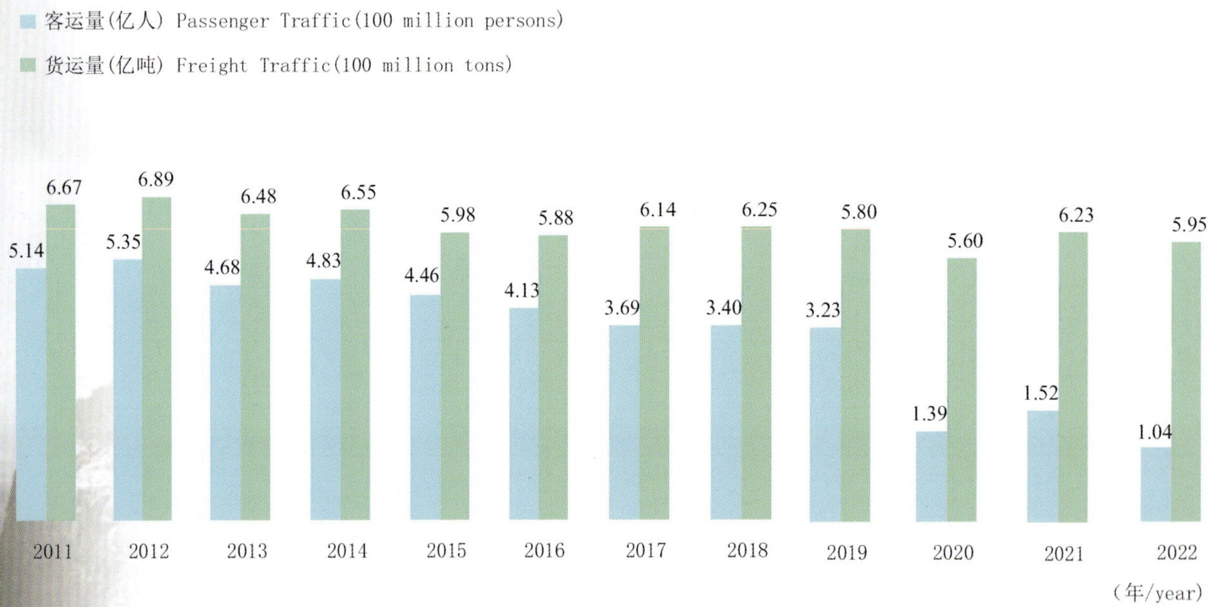

各类学校在校学生数（万人）

Number of Students Enrollment By Type of School (10000 persons)

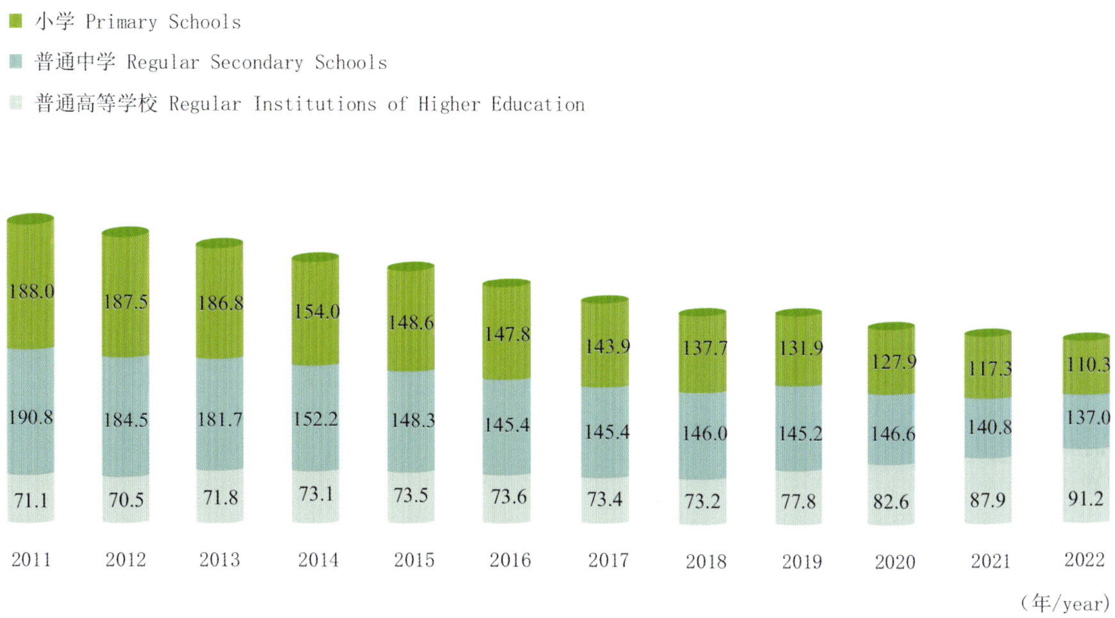

每万人拥有大学生数（人）

Number of University and College Students Per 10000 Population (person)

三项专利授权数（件）

Number of Patent Applications Certified (item)

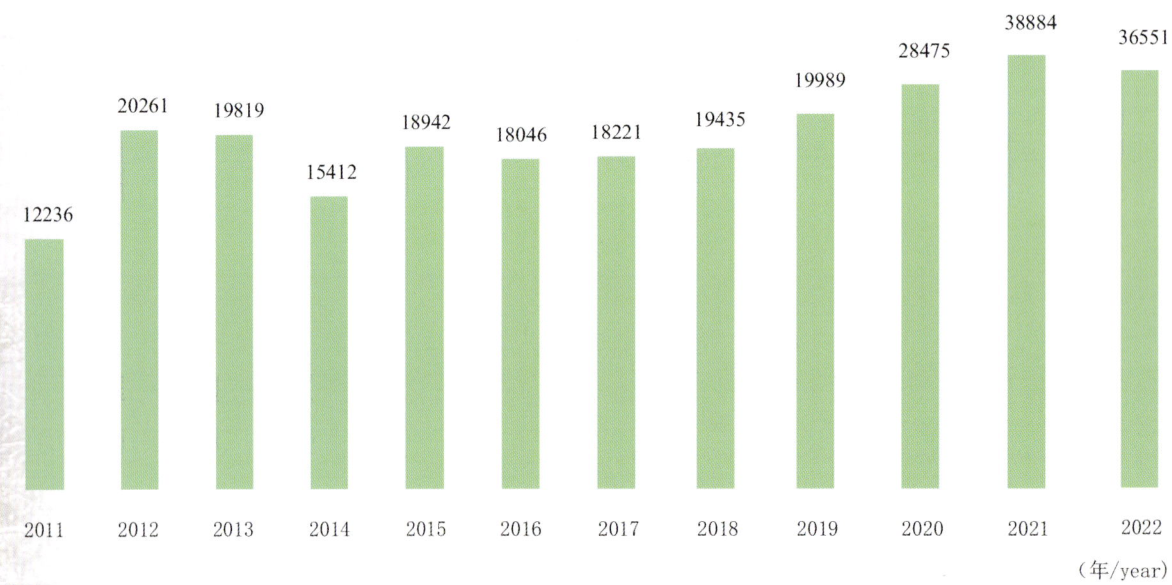

每万人拥有卫生资源数

Number of Health Resources Per 10000 Population

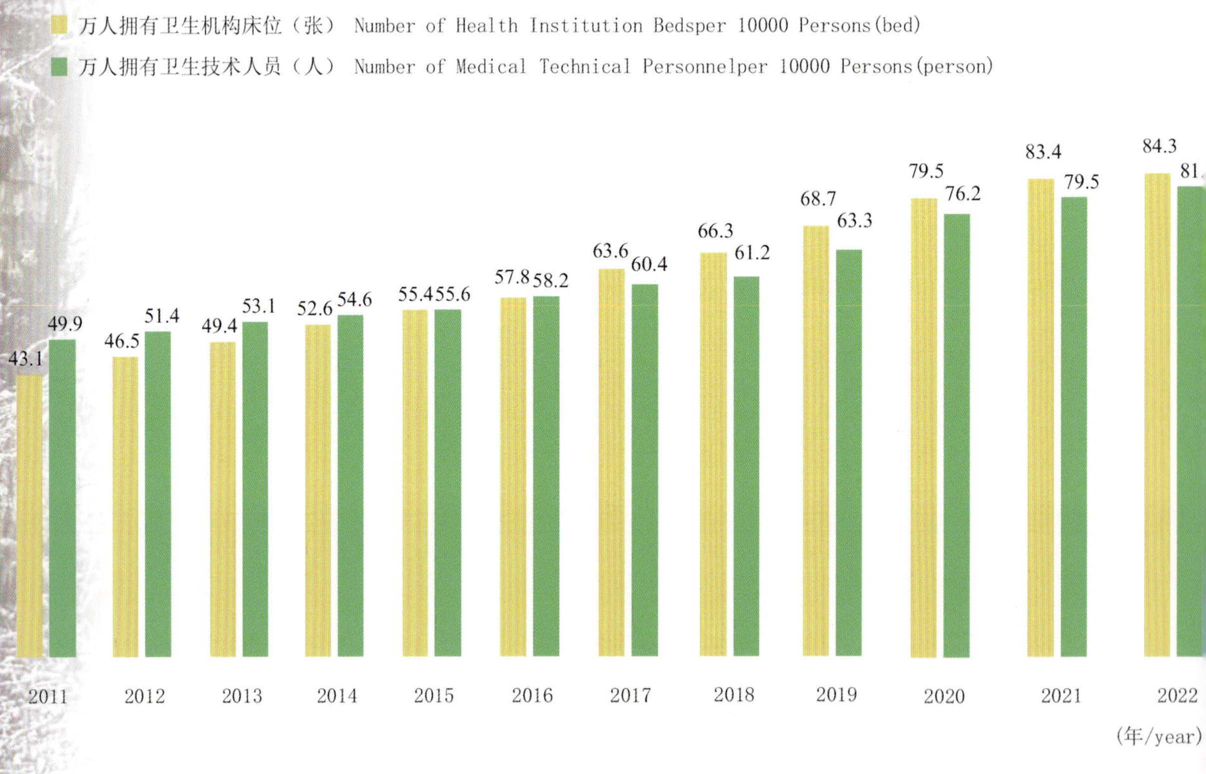

目　录

CONTENTS

第一篇　综　合
Chapter 1　General Survey

第二篇　人口、就业人员和工资
Chapter 2　Population, Employment and Wages

第三篇　国民经济核算
Chapter 3　National Accounts

第四篇　价格指数
Chapter 4　Price Indices

第五篇 人民生活
Chapter 5 People's Living Conditions

第六篇 财政、金融和保险
Chapter 6 Government Finance, Financial Intermediation and Insurance

第七篇 资源与环境
Chapter 7 Resources and Environment

第八篇　能　源
Chapter 8　Energy

第九篇　固定资产投资
Chapter 9　Investment in Fixed Assets

第十篇 对外经济贸易
Chapter 10 Foreign Trade and Economic Cooperation

第十一篇 农 业
Chapter 11 Agriculture

第十二篇　工 业
Chapter 12　Industry

第十三篇 建筑业
Chapter 13 Construction

第十四篇 住房和房地产
Chapter 14 Housing and Real Estate

第十五篇　国内贸易和旅游业
Chapter 15　Domestic Trade and Tourism

第十六篇　运输和邮电
Chapter 16　Transport, Postal and Telecommunication Services

第十七篇　教育与科技
Chapter 17　Education, Science and Technology

第十八篇　文化、体育、卫生和社会服务
Chapter 18　Culture, Sports, Public Health and Social Services

第十九篇　城市概况
Chapter 19　General Survey of Cities

第1篇

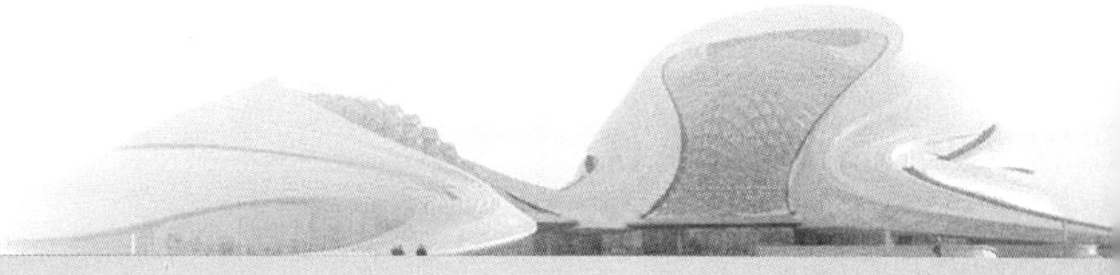

综 合

CHAPTER 1 GENERAL SURVEY

1-1 行政区划(2022年)
Divisions of Administrative Areas(2022)

单位：个 (unit)

地区	Region	市、地辖区 Districts Under the Jurisdiction of Citities(Prefecture)	县级市 Cities at County Level	县、自治县 County, Autonomous Couties	镇 Towns	乡 Township	民族乡 Ethnic Community Township	城市街道办事处 Cities Street Communities	村民委员会 Village Board	社区居委会 Neighborhood community
合计	**Total**	**58**	**21**	**46**	**574**	**282**	**52**	**407**	**9026**	**3224**
哈尔滨	Harbin	9	2	7	111	45	11	137	1889	1086
齐齐哈尔	Qiqihar	7	1	8	71	46	6	41	1261	268
鸡西	Jixi	6	2	1	25	19	4	29	459	133
鹤岗	Hegang	6		2	11	8	2	32	212	126
双鸭山	Shuangyashan	4		4	22	18	2	25	461	202
大庆	Daqing	5		4	31	24	3	44	482	315
伊春	Yichun	4	1	5	29	7	1	7	205	117
佳木斯	Jiamusi	4	3	3	49	22	4	21	962	280
七台河	Qitaihe	3		1	10	6	2	20	220	63
牡丹江	Mudanjiang	4	5	1	48	3	4	24	887	218
黑河	Heihe	1	3	2	31	27	7	11	567	144
绥化	Suihua	1	3	6	107	49	4	12	1341	218
大兴安岭	Daxinganling	4	1	2	29	8	2	4	80	54

1-1 续表1 Continued

地区	Region	县级市	City at County Level	县	County	区	District
哈尔滨市	**Harbin City**	尚志市	Shangzhi	宾县	Binxian	道里区	Daoli
		五常市	Wuchang	方正县	Fangzheng	南岗区	Nangang
				依兰县	Yilan	道外区	Daowai
				巴彦县	Bayan	松北区	Songbei
				木兰县	Mulan	香坊区	Xiangfang
				通河县	Tonghe	平房区	Pingfang
				延寿县	Yanshou	呼兰区	Hulan
						阿城区	Acheng
						双城区	Shuangcheng
齐齐哈尔市	**Qiqihar City**	讷河市	Nehe	龙江县	Longjiang	龙沙区	Longsha
				依安县	Yian	建华区	Jianhua
				泰来县	Tailai	铁锋区	Tiefeng
				甘南县	Gannan	昂昂溪区	Angangxi
				富裕县	Fuyu	富拉尔基区	Fularji
				克山县	Keshan	碾子山区	Nianzishan
				克东县	Kedong	梅里斯达斡尔族区	Meilisi Daur Nationality District
				拜泉县	Baiquan		
鸡西市	**Jixi City**	密山市	Mishan	鸡东县	Jidong	鸡冠区	Jiguan
		虎林市	Hulin			恒山区	Hengshan
						城子河区	Chengzihe
						滴道区	Didao
						梨树区	Lishu
						麻山区	Mashan
鹤岗市	**Hegang City**			绥滨县	Suibin	向阳区	Xiangyang
				萝北县	Luobei	工农区	Gongnong
						南山区	Nanshan
						兴安区	Xingan
						东山区	Dongshan
						兴山区	Xingshan

1-1 续表2 Continued

地 区	Region	县级市	City at County Level	县	County	区	District
双鸭山市	**Shuangyashan City**			集贤县	Jixian	尖山区	Jianshan
				友谊县	Youyi	岭东区	Lingdong
				宝清县	Baoqing	宝山区	Baoshan
				饶河县	Raohe	四方台区	Sifangtai
大庆市	**Daqing City**			林甸县	Lindian	萨尔图区	Sartu
				肇源县	Zhaoyuan	龙凤区	Longfeng
				肇州县	Zhaozhou	让胡路区	Ranghulu
				杜尔伯特蒙古族自治县	Durbote Mongolia Nationality Autonomous	红岗区	Honggang
						大同区	Datong
伊春市	**Yichun City**	铁力市	Tieli	嘉荫县	Jiayin	伊美区	Yimei
				汤旺县	Tangwang	乌翠区	Wucui
				丰林县	Fenglin	友好区	Youhao
				大箐山县	Daqingshan	金林区	Jinlin
				南岔县	Nancha		
佳木斯市	**Jiamusi City**	同江市	Tongjiang	桦南县	Huanan	向阳区	Xiangyang
		富锦市	Fujin	桦川县	Huachuan	前进区	Qianjin
		抚远市	Fuyuan	汤原县	Tangyuan	东风区	Dongfeng
						郊 区	Suburb
七台河市	**Qitaihe City**			勃利县	Boli	新兴区	Xinxing
						桃山区	Taoshan
						茄子河区	Qiezihe
牡丹江市	**Mudanjiang City**	绥芬河市	Suifenhe	林口县	Linkou	东安区	Dongan
		海林市	Hailin			阳明区	Yangming
		宁安市	Ningan			爱民区	Aimin
		穆棱市	Muling			西安区	Xian
		东宁市	Dongning				
黑河市	**Heihe City**	北安市	Beian	逊克县	Xunke	爱辉区	Aihui
		五大连池市	Wudalianchi	孙吴县	Sunwu		
		嫩江市	Nenjiang				
绥化市	**Suihua City**	安达市	Anda	望奎县	Wangkui	北林区	Beilin
		肇东市	Zhaodong	兰西县	Lanxi		
		海伦市	Hailin	青冈县	Qinggang		
				庆安县	Qingan		
				明水县	Mingshui		
				绥棱县	Suiling		
大兴安岭地区	**Daxinganling Prefecture**	漠河市	Mohe	呼玛县	Huma	新林区	Xinlin
				塔河县	Tahe	呼中区	Huzhong
						松岭区	Songling
						加格达奇区	Jiagedaqi

1-2 各部门机构数
Grass-roots Unit in Various Sectors

单位：个 (unit)

部 门	Sector	2018	2019	2020	2021	2022
规模以上工业企业	**Industrial Enterprises above Designated Size**	**3251**	**3531**	**3830**	**4355**	**4532**
内资企业	Domestic Funded Enterprises	3096	3377	3684	4201	4380
国有企业	State-owned Industry	109	89	47	114	99
集体企业	Collective-owned Industry	34	28	27	23	24
股份合作企业	Cooperative Enterprises	6	6	2	11	11
联营企业	Joint Ownership Enterprises				3	2
有限责任公司	Limited Liability Corporations	1283	1334	1128	1137	1198
股份有限公司	Share Holding Enterprises	169	166	107	86	91
私营企业	Private Enterprises	1488	1746	2301	2814	2945
港、澳、台商投资企业	Enterprises with Funds from Hong Kong, Macao and Taiwan	49	43	47	49	51
外商投资企业	Foreign Funded Enterprises	106	111	99	105	101
建筑企业	**Construction Enterprises and Units**	**1671**	**1850**	**2237**	**2195**	**2279**
内资企业	Domestic Funded Enterprises	1667	1847	2234	2191	2275
国有企业	State-owned Industry	66	78	76	55	60
集体企业	Collective-owned Industry	70	60	43	35	29
股份合作企业	Cooperative Enterprises	2		2	2	1
联营企业	Joint Ownership Enterprises	1		2		
有限责任公司	Limited Liability Corporations	479	781	563	459	506
股份有限公司	Share Holding Enterprises	62	64	38	26	25
私营企业	Private Enterprises	987	863	1509	1614	1653
港、澳、台商投资企业	Enterprises with Funds from Hong Kong, Macao and Taiwan	2	1	1	1	1
外商投资企业	Foreign Funded Enterprises	2	2	2	3	3
外商投资企业	**Enterprise of Foreign-Funded**	**5028**	**5296**	**6008**	**5888**	**5853**
中外合资	Joint Ventures	610	618	350	498	465
中外合作	Cooperative Operation	66	66	34	56	54
外资企业	Foreign Investment	907	1010	661	957	975
教育(所)	**Education (unit)**					
普通高等学校	Regular Institutions of Higher Education	81	81	80	78	78
成人高等学校	Adult Education Schools	20	16	16	16	16
中等专业学校	Specialized Secondary Schools	80	76	74	70	68
成人中等专业学校	Secondary Schools for Adults	36	32	27	19	17
普通中学	Regular Secondary Schools	1784	1788	1784	1775	1768
#高 中	Senior Secondary Schools	366	368	370	366	363
职业中学	Vocational Secondary Schools	113	111	109	106	105
技工学校	Vestibule Schools	129	129	131	130	105
小 学	Primary Schools	1469	1431	1407	1380	1350
幼儿园	Kindergartens	5852	5881	5763	5639	5441
科学研究与开发机构数	Number of R&D Institutions	226	226	226	118	117

1-2 续表 Continued

单位：个 (unit)

部　　门	Sector	2018	2019	2020	2021	2022
文化事业机构	**Cultural Establishments**	**2466**	**2255**	**2289**	**2293**	**2288**
艺术业	Art Institutions	146	151	146	159	151
图书馆业	Library	109	110	103	103	104
群众文化服务业	Mass Cultural Establishments	1635	1430	1387	1395	1398
艺术教育业	Arts Education Establishments	6	6	4	4	4
文物业	Cultural Relic Establishments	282	277	388	373	373
#博物馆	Museums	191	193	191	177	177
其他文化业	Others	288	281	261	259	258
广播、电视	**Broadcasting and Television**					
广播电台(座)	Radio Stations(unit)	10	10	10	10	10
电视台(座)	Television Stations(unit)	10	10	9	8	10
出版、发行事业	**Publishing and Distribution Establishments**	**625**	**668**	**666**	**653**	**650**
出版单位	Publishing Houses	367	413	406	401	398
书刊印刷厂	Printing Houses	155	155	160	153	153
新华书店	Xinhua Bookstore	103	100	100	99	99
卫生机构	**Health Institutions**	**20357**	**20377**	**20461**	**20592**	**20599**
医　院	Hospitals	1104	1143	1126	1188	1212
疗养院	Sanatoriums	2	2	3		
县(区)社区卫生服务站	Sanitation and Service Agencies of Community of County	614	631	645	673	621
卫生院	Health Cares	976	972	973	971	973
县(区)卫生所、医务室	Institutions of Sanitation of County	851	855	795	714	617
门诊部	Clinics	863	949	1018	1501	1594
县(区)诊所	County (district) clinic	4415	4623	4837	4798	5018
村卫生室	Village Clinics	10740	10448	10385	10128	9982
急救中心	First-aid Centers	16	15	15	19	16
采供血机构	Institutions of Pick and Supply Blood	29	28	30	30	28
妇幼保健院(所、站)	Institutes of Maternity and Child	145	140	131	117	116
专科疾病防治院(所、站)	Specialized Disease Prevention and Treatment Institutes	94	87	74	34	28
疾病预防控制中心	Diseases Prevent and control Centers	166	162	147	147	147
卫生监督所	Medical Supervise Institutions	149	145	135	138	132
计划生育技术服务机构	Family Planning Institutions	146	129	94	64	37
医学科学研究机构	Research Institutes of Medical Sciences	5	5	5	1	1
医学在职培训机构	Medical Institutions of In-service Education	9	8	8	4	2
统计信息中心	Statistical Information Center	4	4	3	3	3
其他卫生机构	Other Medical Institutions	29	31	27	28	19
社会福利	**Social Welfare Establishments**					
社会福利事业单位	Social Welfare Institutions	1290	1556	1787	2155	2099
收容遣送站	Collecting and Repatriation Units	57	56	56	56	58
殡葬事业单位	Funeral and Interment Institutions	134	135	135	128	128

1-3 法人单位数(2022年)
Number of Corporate Units(2022)

单位：个 (unit)

地　区	Region	总　计 Total	农、林、牧、渔业 Agriculture, Forestry, Animal Husbandry and Fishery	采矿业 Mining	制造业 Manufacturing	电力、热力、燃气及水生产和供应业 Production and Supply of Electric, heat, Gas and Water	建筑业 Construction	批发和零售业 Wholesale and Retail Trades
全　省	**Total**	**470714**	**69960**	**2710**	**39224**	**3695**	**29973**	**116509**
哈尔滨	Harbin	175458	19350	423	16190	681	10892	44356
齐齐哈尔	Qiqihar	43119	9292	73	3159	643	2501	10107
鸡　西	Jixi	17384	2235	453	1695	191	1243	4645
鹤　岗	Hegang	10637	1020	241	792	89	799	2803
双鸭山	Shuangyashan	16774	3115	263	1156	220	908	3950
大　庆	Daqing	46185	4876	223	3717	399	2929	12294
伊　春	Yichun	12310	1531	110	1140	137	1244	2560
佳木斯	Jiamusi	40696	6954	161	2857	353	2559	10260
七台河	Qitaihe	5580	650	133	419	45	275	1330
牡丹江	Mudanjiang	34722	4179	307	3597	269	2140	10310
黑　河	Heihe	22338	5326	147	1058	249	1509	5456
绥　化	Suihua	38429	10501	89	3034	357	2478	7040
大兴安岭	Daxinganling	7082	931	87	410	62	496	1398

注：本表国民经济行业分类采用《国民经济行业分类(GB/T 4754—2017)》(下同)。
a) The national economy industry classification uses the Industrial Classification of the National Economy (GB/T 4754-2017) (the same below).

1-3 续表1 Continued

单位：个 (unit)

地　区	Region	交通运输、仓储和邮政业 Transport, Storage and Post	住宿和餐饮业 Hotels and Catering Services	信息传输、软件和信息技术服务业 Information Transmission, Software and IT Softwares	金融业 Financial Intermediation	房地产业 Real Estate	租赁和商务服务业 Leasing and Business Services	科学研究和技术服务业 Scientific Research and Technical Services
全　省	**Total**	**16017**	**4385**	**19527**	**2108**	**15953**	**43979**	**31308**
哈尔滨	Harbin	5071	2236	10130	898	5995	20859	16753
齐齐哈尔	Qiqihar	1373	267	1104	150	1101	2654	1832
鸡　西	Jixi	668	179	508	64	637	1005	819
鹤　岗	Hegang	426	92	403	61	438	925	372
双鸭山	Shuangyashan	762	76	346	67	514	1250	600
大　庆	Daqing	1454	323	3171	188	1590	4046	4615
伊　春	Yichun	404	163	341	59	402	1062	450
佳木斯	Jiamusi	1892	293	1384	127	1432	3745	1831
七台河	Qitaihe	168	29	122	55	163	345	159
牡丹江	Mudanjiang	1346	271	833	152	1218	2710	1374
黑　河	Heihe	747	122	383	74	818	1490	854
绥　化	Suihua	1451	264	681	178	1438	3144	1409
大兴安岭	Daxinganling	255	70	121	35	207	744	240

1-3 续表2 Continued

单位：个 (unit)

地 区	Region	水利、环境和公共设施管理业 Management of Water Conservancy, Environment and Public Facilities	居民服务、修理和其他服务业 Services to Households Repair and Other Services	教 育 Education	卫 生 和 社会工作 Health and Social Services	文化、体育和娱乐业 Culture, Sports and Entertainment	公共管理、社会保障和社会组织 Public Management Social Security and Social Organizations
全 省	**Total**	**4127**	**7228**	**14877**	**6718**	**9861**	**32555**
哈尔滨	Harbin	1524	3160	4446	1943	4001	6550
齐齐哈尔	Qiqihar	384	678	1662	895	794	4450
鸡 西	Jixi	208	200	652	239	353	1390
鹤 岗	Hegang	92	162	411	215	213	1083
双鸭山	Shuangyashan	152	159	554	304	325	2053
大 庆	Daqing	331	775	1535	539	1139	2041
伊 春	Yichun	207	139	368	288	276	1429
佳木斯	Jiamusi	279	563	1482	565	768	3191
七台河	Qitaihe	68	69	435	117	106	892
牡丹江	Mudanjiang	221	415	1250	514	754	2862
黑 河	Heihe	245	214	800	374	413	2059
绥 化	Suihua	314	623	1067	562	537	3262
大兴安岭	Daxinganling	102	71	215	163	182	1293

1-4 按地区和行业门类分组的产业活动单位数(2022年) Number of Industrial Activities Units by Sector and Region(2022)

单位：个 (unit)

地 区	Region	总 计 Total	农、林、牧、渔业 Agriculture, Forestry, Animal Husbandry and Fishery	采矿业 Mining	制造业 Manufa-cturing	电力、热力、燃气及水生产和供应业 Production and Supply of Electric, heat, Gas and Water	建筑业 Construction
全 省	**Total**	**529425**	**71562**	**2885**	**40185**	**4331**	**33382**
哈尔滨	Harbin	193157	19499	433	16569	806	11910
齐齐哈尔	Qiqihar	49494	9359	75	3243	760	2815
鸡 西	Jixi	19652	2281	487	1742	220	1289
鹤 岗	Hegang	12679	1132	258	829	111	865
双鸭山	Shuangyashan	19873	3251	283	1193	260	1199
大 庆	Daqing	50111	4895	238	3804	429	3235
伊 春	Yichun	14952	1781	112	1188	179	1470
佳木斯	Jiamusi	46732	7170	161	2937	399	3031
七台河	Qitaihe	6679	675	176	436	66	289
牡丹江	Mudanjiang	38513	4323	324	3664	308	2372
黑 河	Heihe	26318	5589	153	1090	299	1645
绥 化	Suihua	42776	10539	94	3065	410	2671
大兴安岭	Daxinganling	8489	1068	91	425	84	591

1-4 续表1 Continued

单位：个 (unit)

地 区	Region	批发和零售业 Wholesale and Retail Trades	交通运输、仓储和邮政业 Transport, Storage and Post	住宿和餐饮业 Hotels and Catering Services	信息传输、软件和信息技术服务业 Information Transmission, Software and IT Software	金融业 Financial Intermediation	房地产业 Real Estate	租赁和商务服务业 Leasing and Business Services
全 省	**Total**	**135761**	**20098**	**5265**	**23096**	**10506**	**17379**	**47168**
哈尔滨	Harbin	51504	6020	2768	10992	3218	6748	22167
齐齐哈尔	Qiqihar	12231	1814	315	1481	1005	1179	2965
鸡 西	Jixi	5422	913	195	682	533	668	1076
鹤 岗	Hegang	3437	666	119	537	317	462	987
双鸭山	Shuangyashan	4798	1012	101	611	516	546	1376
大 庆	Daqing	13345	1780	391	3374	877	1737	4322
伊 春	Yichun	3295	585	180	578	355	451	1159
佳木斯	Jiamusi	12418	2290	330	1717	801	1540	4048
七台河	Qitaihe	1532	268	36	165	229	173	370
牡丹江	Mudanjiang	11214	1731	315	1139	822	1292	2891
黑 河	Heihe	6443	977	144	658	554	872	1728
绥 化	Suihua	8428	1650	282	878	1070	1481	3259
大兴安岭	Daxinganling	1694	392	89	284	209	230	820

1-4 续表2 Continued

单位：个 (unit)

地 区	Region	科学研究和技术服务业 Scientific Research and Technical Service	水利、环境和公共设施管理业 Management of Water Conservancy, Environment and Public Facilities	居民服务、修理和其他服务业 Services to Households Repair and Other Services	教 育 Education	卫生和社会工作 Health and Social Services	文化、体育和娱乐业 Culture, Sports and Entertainment	公共管理、社会保障和社会组织 Public Management Social Security and Social Organization
全 省	**Total**	**33270**	**4513**	**7602**	**15559**	**8060**	**10391**	**38412**
哈尔滨	Harbin	17483	1614	3323	4541	2171	4132	7259
齐齐哈尔	Qiqihar	1994	437	711	1869	1157	854	5230
鸡 西	Jixi	871	220	210	658	252	365	1568
鹤 岗	Hegang	446	122	178	423	242	235	1313
双鸭山	Shuangyashan	682	188	167	575	325	348	2442
大 庆	Daqing	4790	348	802	1620	569	1185	2370
伊 春	Yichun	525	222	152	377	363	301	1679
佳木斯	Jiamusi	2039	322	606	1537	818	823	3745
七台河	Qitaihe	185	73	74	470	280	110	1072
牡丹江	Mudanjiang	1470	234	440	1312	549	780	3333
黑 河	Heihe	992	282	233	841	452	494	2872
绥 化	Suihua	1511	331	630	1119	715	567	4076
大兴安岭	Daxinganling	282	120	76	217	167	197	1453

1-5 按地区和行业门类分组的单产业法人单位数(2022年)
Number of Single Industrial Corporate Units by Sector and Region(2022)

单位：个 (unit)

地 区	Region	总 计 Total	农、林、牧、渔业 Agriculture, Forestry, Animal Husbandry and Fishery	采矿业 Mining	制造业 Manufacturing	电力、热力、燃气及水生产和供应业 Production and Supply of Electric, heat, Gas and Water	建筑业 Construction	批发和零售业 Wholesale and Retail Trades
全 省	**Total**	**461165**	**69717**	**2650**	**38630**	**3574**	**28854**	**114347**
哈尔滨	Harbin	172101	19321	419	15922	647	10430	43510
齐齐哈尔	Qiqihar	42218	9268	72	3103	631	2407	9920
鸡 西	Jixi	17088	2222	442	1675	185	1227	4562
鹤 岗	Hegang	10364	1005	236	784	87	774	2743
双鸭山	Shuangyashan	16313	3092	258	1133	214	852	3857
大 庆	Daqing	45392	4868	217	3666	380	2831	12139
伊 春	Yichun	11965	1508	110	1128	131	1191	2508
佳木斯	Jiamusi	39834	6926	161	2812	345	2453	10022
七台河	Qitaihe	5391	647	119	406	41	264	1305
牡丹江	Mudanjiang	33977	4161	303	3548	260	2050	10124
黑 河	Heihe	21724	5293	140	1045	242	1481	5358
绥 化	Suihua	37936	10488	89	3009	354	2420	6943
大兴安岭	Daxinganling	6862	918	84	399	57	474	1356

1-5 续表1 Continued

单位：个 (unit)

地 区	Region	交通运输、仓储和邮政业 Transport, Storage and Post	住宿和餐饮业 Hotels and Catering Services	信息传输、软件和信息技术服务业 Information Transmission, Software and Information Technology	金融业 Financial Intermediation	房地产业 Real Estate	租赁和商务服务业 Leasing and Business Services	科学研究和技术服务业 Scientific Research and Technical Service
全 省	**Total**	**15581**	**4242**	**19304**	**1597**	**15452**	**43332**	**30888**
哈尔滨	Harbin	4913	2156	10024	778	5788	20513	16516
齐齐哈尔	Qiqihar	1331	258	1090	102	1075	2621	1805
鸡 西	Jixi	652	178	501	40	626	995	819
鹤 岗	Hegang	410	85	397	43	426	922	367
双鸭山	Shuangyashan	741	71	335	32	500	1227	592
大 庆	Daqing	1427	311	3154	142	1523	3983	4565
伊 春	Yichun	384	158	336	33	387	1050	449
佳木斯	Jiamusi	1855	285	1367	83	1398	3695	1800
七台河	Qitaihe	160	29	117	39	157	340	155
牡丹江	Mudanjiang	1306	268	825	108	1171	2654	1346
黑 河	Heihe	723	117	373	43	789	1466	844
绥 化	Suihua	1438	260	674	137	1416	3135	1395
大兴安岭	Daxinganling	241	66	111	17	196	731	235

1-5 续表2 Continued

单位：个 (unit)

地 区	Region	水利、环境和公共设施管理业 Management of Water Conservancy, Environment and Public Facilities	居民服务、修理和其他服务业 Services to Households Repair and Other Services	教 育 Education	卫生和社会工作 Health and Social Services	文化、体育和娱乐业 Culture, Sports and Entertainment	公共管理、社会保障和社会组织 Public Management Social Security and Social Organization
全 省	**Total**	**4073**	**7145**	**14692**	**6530**	**9777**	**30780**
哈尔滨	Harbin	1500	3116	4415	1909	3967	6257
齐齐哈尔	Qiqihar	378	670	1605	854	785	4243
鸡 西	Jixi	207	199	650	235	352	1321
鹤 岗	Hegang	91	158	410	209	211	1006
双鸭山	Shuangyashan	148	158	549	297	319	1938
大 庆	Daqing	326	768	1505	537	1136	1914
伊 春	Yichun	205	139	367	284	273	1324
佳木斯	Jiamusi	276	554	1467	531	756	3048
七台河	Qitaihe	68	69	421	103	106	845
牡丹江	Mudanjiang	218	414	1234	509	747	2731
黑 河	Heihe	243	211	792	357	410	1797
绥 化	Suihua	313	620	1062	542	534	3107
大兴安岭	Daxinganling	100	69	215	163	181	1249

1-6 按地区和行业门类分组的多产业法人单位数(2022年)

Number of Multi-industrial Corporate Units by Sector and Region(2022)

单位：个 (unit)

地 区	Region	总 计 Total	农、林、牧、渔业 Agriculture, Forestry, Animal Husbandry and Fishery	采矿业 Mining	制造业 Manufa-cturing	电力、热力、燃气及水生产和供应业 Production and Supply of Electric, heat, Gas and Water	建筑业 Construction
全 省	**Total**	**9549**	**243**	**60**	**594**	**121**	**1119**
哈尔滨	Harbin	3357	29	4	268	34	462
齐齐哈尔	Qiqihar	901	24	1	56	12	94
鸡 西	Jixi	296	13	11	20	6	16
鹤 岗	Hegang	273	15	5	8	2	25
双鸭山	Shuangyashan	461	23	5	23	6	56
大 庆	Daqing	793	8	6	51	19	98
伊 春	Yichun	345	23		12	6	53
佳木斯	Jiamusi	862	28		45	8	106
七台河	Qitaihe	189	3	14	13	4	11
牡丹江	Mudanjiang	745	18	4	49	9	90
黑 河	Heihe	614	33	7	13	7	28
绥 化	Suihua	493	13		25	3	58
大兴安岭	Daxinganling	220	13	3	11	5	22

1-6 续表1 Continued

单位：个 (unit)

地 区	Region	批发和零售业 Wholesale and Retail Trades	交通运输、仓储和邮政业 Transport, Storage and Post	住宿和餐饮业 Hotels and Catering Services	信息传输、软件和信息技术服务业 Information Transmission, Software and Information Technology	金融业 Financial Intermediation	房地产业 Real Estate	租赁和商务服务业 Leasing and Business Services
全 省	**Total**	**2162**	**436**	**143**	**223**	**511**	**501**	**647**
哈尔滨	Harbin	846	158	80	106	120	207	346
齐齐哈尔	Qiqihar	187	42	9	14	48	26	33
鸡 西	Jixi	83	16	1	7	24	11	10
鹤 岗	Hegang	60	16	7	6	18	12	3
双鸭山	Shuangyashan	93	21	5	11	35	14	23
大 庆	Daqing	155	27	12	17	46	67	63
伊 春	Yichun	52	20	5	5	26	15	12
佳木斯	Jiamusi	238	37	8	17	44	34	50
七台河	Qitaihe	25	8		5	16	6	5
牡丹江	Mudanjiang	186	40	3	8	44	47	56
黑 河	Heihe	98	24	5	10	31	29	24
绥 化	Suihua	97	13	4	7	41	22	9
大兴安岭	Daxinganling	42	14	4	10	18	11	13

1-6 续表2 Continued

单位：个 (unit)

地 区	Region	科学研究和技术服务业 Scientific Research and Technical Service	水利、环境和公共设施管理业 Management of Water Conservancy, Environment and Public Facilities	居民服务、修理和其他服务业 Services to Households Repair and Other Services	教 育 Education	卫生和社会工作 Health and Social Services	文化、体育和娱乐业 Culture, Sports and Entertainment	公共管理、社会保障和社会组织 Public Management Social Security and Social Organization
全 省	**Total**	**420**	**54**	**83**	**185**	**188**	**84**	**1775**
哈尔滨	Harbin	237	24	44	31	34	34	293
齐齐哈尔	Qiqihar	27	6	8	57	41	9	207
鸡 西	Jixi		1	1	2	4	1	69
鹤 岗	Hegang	5	1	4	1	6	2	77
双鸭山	Shuangyashan	8	4	1	5	7	6	115
大 庆	Daqing	50	5	7	30	2	3	127
伊 春	Yichun	1	2		1	4	3	105
佳木斯	Jiamusi	31	3	9	15	34	12	143
七台河	Qitaihe	4			14	14		47
牡丹江	Mudanjiang	28	3	1	16	5	7	131
黑 河	Heihe	10	2	3	8	17	3	262
绥 化	Suihua	14	1	3	5	20	3	155
大兴安岭	Daxinganling	5	2	2			1	44

1-7 按地区和行业门类分组的多产业法人所属产业活动单位数(2022年)

Number of Multi-industrial Activities Units of Corporation by Sector and Region(2022)

单位：个 (unit)

地 区	Region	总 计 Total	农、林、牧、渔业 Agriculture, Forestry, Animal Husbandry and Fishery	采矿业 Mining	制造业 Manufacturing	电力、热力、燃气及水生产和供应业 Production and Supply of Electric, heat, Gas and Water	建筑业 Construction	批发和零售业 Wholesale and Retail Trades
全 省	**Total**	**68260**	**1845**	**235**	**1555**	**757**	**4528**	**21414**
哈尔滨	Harbin	21056	178	14	647	159	1480	7994
齐齐哈尔	Qiqihar	7276	91	3	140	129	408	2311
鸡 西	Jixi	2564	59	45	67	35	62	860
鹤 岗	Hegang	2315	127	22	45	24	91	694
双鸭山	Shuangyashan	3560	159	25	60	46	347	941
大 庆	Daqing	4719	27	21	138	49	404	1206
伊 春	Yichun	2987	273	2	60	48	279	787
佳木斯	Jiamusi	6898	244		125	54	578	2396
七台河	Qitaihe	1288	28	57	30	25	25	227
牡丹江	Mudanjiang	4536	162	21	116	48	322	1090
黑 河	Heihe	4594	296	13	45	57	164	1085
绥 化	Suihua	4840	51	5	56	56	251	1485
大兴安岭	Daxinganling	1627	150	7	26	27	117	338

1-7 续表1 Continued

单位：个 (unit)

地 区	Region	交通运输、仓储和邮政业 Transport, Storage and Post	住宿和餐饮业 Hotels and Catering Services	信息传输、软件和信息技术服务业 Information Transmission, Software and Information Technology	金融业 Financial Intermediation	房地产业 Real Estate	租赁和商务服务业 Leasing and Business Services	科学研究和技术服务业 Scientific Research and Technical Service
全 省	**Total**	**4517**	**1023**	**3792**	**8909**	**1927**	**3836**	**2382**
哈尔滨	Harbin	1107	612	968	2440	960	1654	967
齐齐哈尔	Qiqihar	483	57	391	903	104	344	189
鸡 西	Jixi	261	17	181	493	42	81	52
鹤 岗	Hegang	256	34	140	274	36	65	79
双鸭山	Shuangyashan	271	30	276	484	46	149	90
大 庆	Daqing	353	80	220	735	214	339	225
伊 春	Yichun	201	22	242	322	64	109	76
佳木斯	Jiamusi	435	45	350	718	142	353	239
七台河	Qitaihe	108	7	48	190	16	30	30
牡丹江	Mudanjiang	425	47	314	714	121	237	124
黑 河	Heihe	254	27	285	511	83	262	148
绥 化	Suihua	212	22	204	933	65	124	116
大兴安岭	Daxinganling	151	23	173	192	34	89	47

1-7　续表2　Continued

单位：个　(unit)

地　区	Region	水利、环境和公共设施管理业 Management of Water Conservancy, Environment and Public Facilities	居民服务、修理和其他服务业 Services to Households Repair and Other Services	教　育 Education	卫生和社会工作 Health and Social Services	文化、体育和娱乐业 Culture, Sports and Entertainment	公共管理、社会保障和社会组织 Public Management Social Security and Social Organization
全　省	**Total**	**440**	**457**	**867**	**1530**	**614**	**7632**
哈尔滨	Harbin	114	207	126	262	165	1002
齐齐哈尔	Qiqihar	59	41	264	303	69	987
鸡　西	Jixi	13	11	8	17	13	247
鹤　岗	Hegang	31	20	13	33	24	307
双鸭山	Shuangyashan	40	9	26	28	29	504
大　庆	Daqing	22	34	115	32	49	456
伊　春	Yichun	17	13	10	79	28	355
佳木斯	Jiamusi	46	52	70	287	67	697
七台河	Qitaihe	5	5	49	177	4	227
牡丹江	Mudanjiang	16	26	78	40	33	602
黑　河	Heihe	39	22	49	95	84	1075
绥　化	Suihua	18	10	57	173	33	969
大兴安岭	Daxinganling	20	7	2	4	16	204

1-8 按登记注册类型分组的法人单位数和产业活动单位数(2022年)
Numbers of Corporate Units and Industrial Activities Units by Register Type(2022)

单位：个 (unit)

项 目	Item	法人单位数 Unit Number of Legal Person	产业活动单位数 Unit Number of Industry Activity
合 计	**Total**	**470714**	**529425**
内资企业	**Domestic Funded Enterprises**	**469695**	**525909**
国有	State-owned Enterprises	31424	44707
集体	Collective-owned Enterprises	2643	4317
股份合作	Cooperative Enterprises	744	1450
联营企业	Joint Ownership Enterprises	254	331
国有联营	State Joint Ownership Enterprises	44	59
集体联营	Collective Joint Ownership Enterprises	136	166
国有与集体联营	State-Collective Joint Ownership Enterprises	12	23
其他联营	Other Joint Ownership Enterprises	62	83
有限责任公司	Limited Liability Corporations	38469	47231
国有独资公司	State-owned Proprietorship	1278	2776
其他有限责任公司	Other Limited Liability Corporations	37191	44455
股份有限公司	Share Holding Enterprises	2987	9972
私营企业	Private Enterprises	309218	332680
私营独资	Private Proprietorship	38928	39973
私营合伙	Private Partnership	3267	3337
私营有限责任公司	Private Limited Liability Corporations	264091	285739
私营股份有限公司	Private Share Holding Enterprises	2932	3631
其他企业	Others	83956	85221
港澳台商投资企业	**Enterprises with Funds from Hong Kong, Macao and Taiwan**	**388**	**1301**
与港澳台资合资经营	Joint Ventures with Hong Kong, Macao and Taiwan	116	171
与港澳台资合作经营	Cooperative Operation with Hong Kong, Macao and Taiwan	10	15
港澳台商独资经营	Individual Proprietorship of Hong Kong, Macao and Taiwan	237	1023
港澳台商投资股份有限公司	Share Holding Enterprises with Funds from Hong Kong, Macao and Taiwan	11	53
其他港、澳、台商投资	Others	14	39
外商投资	**Foreign Funded Enterprises**	**631**	**2215**
中外合资经营	Joint Ventures	186	259
中外合作经营	Cooperative Operation	16	16
外资企业	Foreign Investment	337	1340
外商投资股份有限公司	Foreign Funded Share Holding Enterprises	64	546
其他外商投资	Others	28	54

1-9 国民经济和社会发展总量与速度指标

指　标	Item	总量指标		
		2005	2010	2015
人口与就业	**Population and Employment**			
人口　（万人）	**Population　(10000 persons)**			
总人口	Population at Year-end	3820.0	3833.0	3529.0
男性人口	Male	1933.1	1943.4	1783.7
女性人口	Female	1886.9	1889.6	1745.3
市镇人口	Urban	2028.4	2129.6	2134.0
乡村人口	Rural	1791.6	1703.4	1395.0
就业　（万人）	**Employment　(10000 persons)**			
就业人员数	Number of Employed Persons	1748.8	2102.0	1825.0
#城镇就业人员	Urban Employed Persons	799.8	1167.9	1076.0
城镇登记失业人数	Registered Unemployed in Urban Areas	31.3	36.2	41.0
宏观经济	**Macro Economy**			
国民经济核算　（亿元）	**National Accounting　(100 million yuan)**			
地区生产总值	Gross Domestic Product	4756.4	8308.3	11690.0
第一产业	Primary Industry	674.6	1291.8	2712.2
第二产业	Secondary Industry	2656.4	4146.1	3926.9
第三产业	Tertiary Industry	1425.4	2870.4	5050.9
人均地区生产总值　（元）	Per Capita GDP　(yuan)	12456	21694	32759
固定资产投资　（亿元）	**Investment in Fixed Assets　(100 million yuan)**			
房地产开发	Real Estate Development	267.6	843.1	992.1
对外贸易	**Foreign Trade**			
进出口总额　（万美元）	Total Exports and Imports　(USD 10000)	957216	2550382	2098599
出口额	Exports	607202	1628176	803072
进口额	Imports	350014	922207	1295527
实际利用外资额　（万美元）	Total Amount of Foreign Capital Actually Used　(USD 10000)	43098	90816	48233
财政　（亿元）	**Government Finance　(100 million yuan)**			
公共财政收入	General Budgetary Financial Revenue	318.2	755.6	1165.9
公共财政支出	General Budgetary Financial Expenditure	787.8	2253.3	4020.7
价格指数(上年=100)	**Price Indices(preceding year=100)**			
居民消费价格总指数	General Consumer Price Index	101.2	103.9	101.1
商品零售价格总指数	General Retail Price Index	100.4	103.1	100.1
工业生产者购进价格指数	Producer Price Index for Industrial Products	111.8	114.5	88.2
工业生产者出厂价格指数	Producer Price Index for Industrial Products	116.7	115.0	86.0
产　业	**Industry**			
农　业	**Agriculture**			
农林牧渔业总产值　（亿元）	Gross Output Value of Farming, Forestry, Animal Husbandry and Fishery　(100 million yuan)	1294.4	2422.2	5030.1

Principal Aggregate Indicators on National Economic and Social Development and Growth Rates

Aggregate Data			速度指标(%) Indices and Growth Rates(%)								
			指数(2022年为以下各年) Index (2022 as percentage of the following years)					年均增长 Average Annual Growth Rate			
2020	2021	2022	2005	2010	2015	2020	2021	"十一五"时期 Eleventh Five-Year Period	"十二五"时期 Twelfth Five-Year Period	"十三五"时期 Thirteen Five-Year Period	"十四五"时期 Fourteen Five-Year Period
3171.0	3125.0	3099.0	81.1	80.9	87.8	97.7	99.2	0.1	-1.6	-2.1	-1.1
1588.2	1566.0	1549.0	80.1	79.7	86.8	97.5	98.9	0.1	-1.7	-2.3	-1.2
1582.8	1559.0	1550.0	82.1	82.0	88.8	97.9	99.4	0.0	-1.6	-1.9	-1.0
2080.5	2052.8	2052.0	101.2	96.4	96.2	98.6	100.0	1.0	0.0	-0.5	-0.7
1090.5	1072.2	1047.0	58.4	61.5	75.1	96.0	97.6	-1.0	-3.9	-4.8	-2.0
1473.0	1420.0	1351.0	77.3	64.3	74.0	91.7	95.1	3.7	-2.8	-4.2	-4.2
923.0	892.0	844.0	105.5	72.3	78.4	91.4	94.6	7.9	-1.6	-3.0	-4.4
31.0	28.5	29.0	92.7	80.0	70.8	93.5	101.8	3.0	2.5	-5.4	-3.3
13633.4	14858.2	15901.0	334.3	191.4	136.0	116.6	107.0	11.8	7.1	3.1	8.0
3445.1	3463.4	3609.8	535.1	279.4	133.1	104.8	104.2	13.9	16.0	4.9	2.4
3449.9	4086.5	4648.9	175.0	112.1	118.4	134.8	113.8	9.3	-1.1	-2.6	16.1
6738.5	7308.3	7642.2	536.2	266.2	151.3	113.4	104.6	15.0	12.0	5.9	6.5
42432	47199	51096	410.2	235.5	156.0	120.4	108.3	11.7	8.6	5.3	9.7
982.9	936.0	628.6	234.9	74.6	63.4	64.0	67.2	25.8	3.3	-0.2	-20.0
2219892	3088408	3969191	414.7	155.6	189.1	178.8	128.5	21.7	-3.8	1.1	33.7
520486	693125	813012	133.9	49.9	101.2	156.2	117.3	21.8	-13.2	-8.3	25.0
1699406	2395283	3156178	901.7	342.2	243.6	185.7	131.8	21.4	7.0	5.6	36.3
54434	38926	23043	53.5	25.4	47.8	42.3	59.2	16.1	-11.9	2.4	-34.9
1152.5	1300.5	1290.7	405.6	170.8	110.7	112.0	99.2	18.9	9.1	-0.2	5.8
5449.4	5104.8	5452.0	692.1	242.0	135.6	100.0	106.8	23.4	12.3	6.3	0.0
102.3	100.6	101.9	100.7	98.1	100.8	99.6	101.3				
101.5	101.6	102.5	102.1	99.4	102.4	101.0	100.9				
95.1	110.5	110.0	98.4	96.1	124.7	115.7	99.5				
93.4	112.3	110.9	95.0	96.4	129.0	118.7	98.8				
6438.1	6460.0	6718.2	519.0	277.4	133.6	104.4	104.0	13.4	15.7	5.1	2.2

1-9 续表1

指 标	Item	总量指标		
		2005	2010	2015
主要农产品产量 (万吨)	Output of Major Farm Products (10000 tons)			
粮豆薯	Grain	3600.0	5632.9	7615.8
#水 稻	Rice	1172.5	2277.5	2720.9
玉 米	Corn	1379.5	2513.7	4280.2
大 豆	Bean	748.0	615.4	498.8
薯 类	Tubers	85.3	82.9	69.8
油 料	Oil-bearing Crops	60.6	27.5	18.3
麻 类	Fiber Crops	36.1	2.2	2.0
蔬菜、食用菌	Vegetables, Mushroom	1153.5	723.8	807.4
烟 叶	Tobacco	7.4	9.6	6.9
瓜 果	Fruits	306.4	321.5	161.6
牛 奶	Milk	440.2	476.4	491.9
水产品	Aquatic Products	44.6	40.0	54.2
规模以上工业	**Industry above Designated Size**			
主要工业产品产量	Output of Major Industrial Products			
原油 (万吨)	Crude Oil (10000 tons)	4495.0	4004.9	3838.6
天然气 (亿立方米)	Natural Gas (100 million cu.m)	24.4	30.0	35.6
水泥 (万吨)	Cement (10000 tons)	1113.3	3507.2	3264.5
成品钢材 (万吨)	Steel Products (10000 tons)	232.3	566.0	403.8
汽车 (万辆)	Automobile (10000 unit)	26.6	24.8	8.0
发电量 (亿千瓦时)	Electricity (100 million kwh)	596.0	774.5	870.0
建筑业	**Construction**			
建筑业总产值 (亿元)	Gross Output Value (100 million yuan)	572.9	1769.7	1675.1
房屋建筑施工面积 (万平方米)	Floor Space of Buildings under Construction (10000 sq.m)	4467.7	7171.0	5617.1
房屋建筑竣工面积 (万平方米)	Floor Space of Buildings Completed (10000 sq.m)	2249.7	3620.0	2966.8
交通运输业	**Transportation**			
货运量 (万吨)	Freight Traffic (10000 tons)	64776	62205	59758
铁 路	Railways	16123	17717	9033
公 路	Highways	44376	40582	44200
水 运	Waterways	1301	1015	1245
民 航	Civil Aviation	4.2	7.6	12.2
管 道	Pipelines	2972	2883	5268
客运量 (万人)	Passenger Traffic (10000 persons)	55758	47746	44551
铁 路	Railways	8359	10602	9865
公 路	Highways	46809	36001	32632
水 运	Waterways	240	292	372
民 航	Civil Aviation	350	851	1682
邮电通信业	**Postal and Telecommunication Services**			
电信业务总量	Business Volume of Telecommunications	323.1	776.4	459.3
函件 (万件)	Number of Letters Delivered (10000 pieces)	13010	9305	4609
报刊期发数 (万份)	Number of Newspapers and Magazines(10000 pieces)	386.0	367.7	297.3
固定电话年末用户 (万户)	Number of Fixed Telephone Subscribers at Year-end (10000 subscribers)	1082.1	813.5	596.0
移动电话用户 (万户)	Number of Mobile Telephone (10000 subscribers)	1132.3	2243.0	3329.8

Continued

Aggregate Data			速度指标(%) Indices and Growth Rates(%)								
			指数(2022年为以下各年) Index (2022 as percentage of the following years)					年均增长 Average Annual Growth Rate			
2020	2021	2022	2005	2010	2015	2020	2021	"十一五"时期 Eleventh Five-Year Period	"十二五"时期 Twelfth Five-Year Period	"十三五"时期 Thirteen Five-Year Period	"十四五"时期 Fourteen Five-Year Period
7540.8	7867.7	7763.1	215.6	137.8	101.9	102.9	98.7	9.4	6.2	-0.2	1.5
2896.2	2913.7	2718.0	231.8	119.3	99.9	93.8	93.3	14.2	3.6	1.3	-3.1
3646.6	4149.2	4038.4	292.7	160.7	94.4	110.7	97.3	12.8	11.2	-3.2	5.2
920.3	718.8	953.4	127.5	154.9	191.2	103.6	132.6	-3.8	-4.1	13.0	1.8
31.9	31.7	23.3	27.3	28.1	33.4	73.0	73.5	-0.6	-3.4	-14.5	-14.5
12.3	13.6	14.3	23.6	52.0	78.0	115.9	105.3	-14.6	-7.8	-7.6	7.7
11.6	11.0	12.3	34.1	565.5	621.1	105.7	111.4	-43.0	-1.9	42.5	2.8
674.3	725.4	759.8	65.9	105.0	94.1	112.7	104.7	-8.9	2.2	-3.5	6.2
2.9	2.7	2.6	35.1	27.1	38.0	90.5	97.7	5.3	-6.5	-16.0	-4.8
132.6	140.1	141.1	46.1	43.9	87.3	106.4	100.7	1.0	-12.9	-3.9	3.2
500.2	500.3	501.2	113.9	105.2	101.9	100.2	100.2	1.7	0.6	0.2	0.1
67.4	71.9	73.5	164.8	183.9	135.5	109.0	102.3	-2.2	6.3	4.4	4.4
3001.0	2945.5	2971.0	66.1	74.2	77.4	99.0	100.9	-2.3	-0.8	-4.8	-0.5
46.8	50.5	55.7	228.3	185.7	156.3	119.0	110.3	4.2	3.5	5.6	9.1
2376.5	2170.8	1859.7	167.0	53.0	57.0	78.3	85.7	25.8	-1.4	-6.2	-11.5
879.0	951.4	999.7	430.3	176.6	247.6	113.7	105.1	19.5	-6.5	16.8	6.6
7.2	7.6	8.3	31.1	33.4	102.7	115.3	108.6	-1.4	-20.1	-2.3	7.4
1083.5	1144.9	1149.4	192.9	148.4	132.1	106.1	100.4	5.4	2.4	4.5	3.0
1206.4	1328.5	1414.5	246.9	79.9	84.4	117.2	106.5	25.3	-1.1	-6.4	8.3
3285.3	3753.5	3868.0	86.6	53.9	68.9	117.7	103.0	9.9	-4.8	-10.2	8.5
1645.6	786.8	1056.8	47.0	29.2	35.6	64.2	134.3	10.0	-3.9	-11.1	-19.9
56031	62317	59491	91.8	95.6	99.6	106.2	95.5	-0.8	-0.8	-1.3	3.0
12603	12512	12955	80.4	73.1	143.4	102.8	103.5	1.9	-12.6	6.9	1.4
35521	42086	38616	87.0	95.2	87.4	108.7	91.8	-1.8	1.7	-4.3	4.3
538	519	547	42.0	53.9	43.9	101.7	105.4	-4.8	4.2	-15.4	0.8
11.6	11.1	10.0	239.4	132.4	81.7	86.2	90.1	12.6	10.1	-1.1	-7.2
7357	7189	7363	247.7	255.4	139.8	100.1	102.4	-0.6	12.8	6.9	0.04
13942	15184	10376	18.6	21.7	23.3	74.4	68.3	-3.1	-1.4	-20.7	-13.7
4590	4867	3070	36.7	29.0	31.1	66.9	63.1	4.9	-1.4	-14.2	-18.2
7608	8477	6016	12.9	16.7	18.4	79.1	71.0	-5.1	-1.9	-25.3	-11.1
99	135	118	49.2	40.4	31.7	119.6	87.4	4.0	5.0	-23.3	9.3
1645	1704	1172	335.3	137.7	69.7	71.3	68.8	19.5	14.6	-0.4	-15.6
2092.8	245.7	261.2	80.8	33.6	56.9	12.5	106.3	19.2	-10.0	35.4	-64.7
1378	1395.3	1384.1	10.6	14.9	30.0	100.5	99.2	-6.5	-13.1	-21.5	0.2
233.0	224.9	224.5	58.2	61.1	75.5	96.4	99.8	-1.0	-4.2	-4.8	-1.8
298.8	316.9	336.8	31.1	41.4	56.5	112.7	106.3	-5.5	-6.0	-12.9	6.2
3844.4	3759.5	3828.6	338.1	170.7	115.0	99.6	101.8	14.6	8.2	2.9	-0.2

1-9 续表2

指标	Item	总量指标 2005	2010	2015
旅游业	**Tourism**			
国际旅游人数 (万人次)	Number of Tourists from Abroad (10000 person-times)	82.2	172.4	83.5
国内旅游人数 (万人次)	Number of Domestic tourists (10000 person-times)	4466	15702	12926
金融业 (亿元)	**Financial Intermediation (100 million yuan)**			
金融机构人民币各项存款余额	Deposits of National Banking System	6135.1	12835.7	21218.9
金融机构人民币各项贷款余额	Loans of National Banking System	3658.5	7230.5	16214.9
保险公司保费金额	Insurance Premium of Insurance Companies	139.6	343.2	591.8
保险公司赔款及给付金额	Indemnity Expenditure and Payment of Insurance Companies	25.2	77.6	169.3
教育、科技、文化	**Education, Science and Technology and Culture**			
教　育	**Education**			
在校学生数 (万人)	Students Enrollment (10000 persons)			
普通高等学校	Institutions of Higher Education	54.1	71.9	73.5
中等专业学校	Specialized Secondary Schools	9.8	11.9	11.2
普通中学	Regular Secondary Schools	241.0	194.7	148.3
小　学	Primary Schools	231.5	190.4	148.6
专任教师数 (万人)	Full-time Teachers (10000 persons)			
普通高等学校	Institutions of Higher Education	3.5	4.4	4.7
中等专业学校	Specialized Secondary Schools	0.3	0.4	0.5
普通中学	Regular Secondary Schools	14.3	14.2	15.3
小　学	Primary Schools	16.3	15.1	10.9
科　技	**Science and Technology**			
研究与试验发展经费支出 (亿元)	Expenditures on Research and Development (100 million yuan)			157.7
授权专利数	Total Patent Applications Certified (item)	2906	6803	18942
技术市场成交额 (亿元)	Volume of Transaction in Technical Markets (100 million yuan)	14.3	53.4	127.3
文　化	**Culture**			
电视节目制作时间 (小时)	Time for TV Programs Production (hour)	47647	81482	97437
印刷图书	Number of Printed books (10000 copies)	5938	7420	7170
印刷期刊	Number of Printed magazine (10000 copies)	3503	5253	4467
印刷报纸	Number of Printed newspapers (10000 copies)	71410	78219	66308
人民生活	**People's Living Conditions**			
生　活	**Living Conditions**			
城镇非私营单位就业人员平均工资 (元)	Average Wage of Employed Persons In Urban Non-private Units (yuan)		27735	48881
城镇常住居民人均可支配收入 (元)	Annual Per Capita Disposable Income of Urban Households(yuan)		13857	24203
农村常住居民人均可支配收入 (元)	Annual Per Capita Disposable Income of Rural Households (yuan)		6211	11095
城乡居民储蓄存款余额 (亿元)	Outstanding Amount of Saving Deposits in Urban and Rural Areas (100 million yuan)	4079	7255	12440
人均储蓄存款	Per Capita Balance of Saving Deposit (yuan)	10681	18944	34860
婚姻	**Marriages and Divorces (10000 couples)**			
结婚登记总数	Registered Number of Marriages	22.8	30.9	31.8
离婚数	Number of Divorces	9.6	14.0	19.0
卫　生	**Public Health**			
卫生机构 (个)	Health Institutions (unit)	8326	8938	9304
卫生机构床位 (万张)	Beds of Health Institutions (10000 beds)	12.0	16.0	21.2
卫生技术人员 (万人)	Medical Technical Personnel (10000 persons)	15.1	18.9	21.3
城市建设	**Municipal Works**			
全年供水总量 (亿立方米)	Total Annual Volume of Tap Water Supply (100 million cu.m)	12.0	16.4	14.9
城市排水管道长度 (公里)	Length of City Sewage Pipes (km)	5918	7504	10345
人工煤气供气量 (万立方米)	Volume of Coal Gas Supply (10000 cu.m)	40199	7587	7202
液化石油气供应量 (万吨)	Volume of Liquefied Petroleum Gas Supply (10000 tons)	22.9	22.0	21.0
年末实有道路长度 (公里)	Length of Paved Roads at Year-end (km)	9318	10090	12364
园林绿地面积 (公顷)	Green Areas (hectare)	51415	69581	76501
清运垃圾 (万吨)	Volume of Garbage Disposal (10000 tons)	1027	782	523

Continued

Aggregate Data			速度指标(%) Indices and Growth Rates(%)								
			指数(2022年为以下各年) Index (2022 as percentage of the following years)					年均增长 Average Annual Growth Rate			
2020	2021	2022	2005	2010	2015	2020	2021	"十一五"时期 Eleventh Five-Year Period	"十二五"时期 Twelfth Five-Year Period	"十三五"时期 Thirteen Five-Year Period	"十四五"时期 Fourteen Five-Year Period
16.5								16.0	-13.5	-27.7	
14256	16304	11819	264.6	75.3	91.4	82.9	72.5	28.6	-3.8	2.0	-8.9
31452.6	34162.3	38610.2	629.3	300.8	182.0	122.8	113.0	15.9	10.6	8.2	10.8
22482.3	24307.8	25263.1	690.5	349.4	155.8	112.4	103.9	14.6	17.5	6.8	6.0
987.3	995.5	982.4	703.5	286.2	166.0	99.5	98.7	19.7	11.5	10.8	-0.2
309.3	339.3	324.5	1287.8	418.4	191.7	104.9	95.6	25.2	16.9	12.8	2.4
82.6	87.9	91.2	168.6	126.8	124.1	110.5	103.8	5.9	0.4	2.3	5.1
7.8	6.7	6.4	65.3	53.8	57.4	82.5	95.5	4.0	-1.3	-7.0	-9.2
146.6	140.8	137.0	56.8	70.4	92.4	93.4	97.3	-4.2	-5.3	-0.2	-3.3
127.9	117.3	110.3	47.6	57.9	74.2	86.2	94.0	-3.8	-4.7	-3.0	-7.2
4.9	4.8	4.9	140.4	111.5	105.3	100.9	102.7	4.7	1.2	0.9	0.4
0.4	0.4	0.4	129.5	100.2	91.7	100.3	105.1	5.3	1.8	-1.8	0.1
13.0	13.0	13.0	90.5	91.1	84.7	99.7	99.6	-0.1	1.5	-3.2	-0.2
10.4	10.1	9.9	60.9	65.6	91.1	95.8	98.4	-1.5	-6.3	-1.0	-2.1
173.2	194.6	217.8			138.1	125.8	111.9			1.9	12.1
28475	38884	36551	1257.8	537.3	193.0	128.4	94.0	18.5	22.7	8.5	13.3
267.8	352.9	463.5	3250.4	868.3	364.2	173.1	131.3	30.2	19.0	16.0	31.6
107621	104502	90880	190.7	111.5	93.3	84.4	87.0	11.3	3.6	2.0	-8.1
8804	8809	12089	203.6	162.9	168.6	137.3	137.2	4.6	-0.7	4.2	17.2
2486	2324	2067	59.0	39.3	46.3	83.1	88.9	8.4	-3.2	-11.1	-8.8
33053	31499	30797	43.1	39.4	46.4	93.2	97.8	1.8	-3.3	-13.0	-3.5
74554	80369	88235		318.1	180.5	118.4	109.8		12.0	8.8	8.8
31115	33646	35042		252.9	144.8	112.6	104.1		11.8	5.2	6.1
16168	17889	18577		299.1	167.4	114.9	103.8		12.3	7.8	7.2
21170	24012	28090	688.7	387.2	225.8	132.7	117.0	12.2	11.4	11.2	15.2
65888	76278	90263	845.1	476.5	258.9	137.0	118.3	12.1	13.0	13.6	17.0
17.2	17.2	15.1	65.9	48.7	47.3	87.6	87.4	6.2	0.6	-11.6	-6.4
13.8	8.6	8.1	84.5	58.1	42.7	58.9	94.3	7.8	6.3	-6.2	-23.3
20461	20592	20599	247.4	230.5	221.4	100.7	100.0	1.4	0.8	17.1	0.3
25.3	26.1	26.1	218.1	163.4	123.5	103.2	100.2	5.9	5.8	3.7	1.6
24.3	24.8	25.3	168.0	134.2	119.1	104.3	102.1	4.6	2.4	2.7	2.2
13.7	13.1	12.9	107.5	78.7	86.6	94.2	98.5	6.4	-1.9	-1.7	-3.0
13291	13797	13120	221.7	174.8	126.8	98.7	95.1	4.9	6.6	5.1	-0.6
2380	1877	2033	5.1	26.8	28.2	85.4	108.3	-28.4	-1.0	-19.9	-7.6
14.7	16.9	15.7	68.6	71.4	74.6	106.8	92.9	-0.8	-0.9	-6.9	3.3
13713	14441	14388	154.4	142.6	116.4	104.9	99.6	1.6	4.1	2.1	2.4
71526	81606	81491	158.5	117.1	106.5	113.9	99.9	6.2	1.9	-1.3	6.7
498	522	508	49.5	64.9	97.1	102.0	97.3	-5.3	-7.7	-1.0	1.0

1-10 国民经济和社会发展结构指标
Composition Indicators on National Economic and Social Development

单位：% (%)

指 标	Item	2000	2010	2015	2020	2021	2022
人口与就业	**Population and Employment**						
人 口	**Population**						
性别结构	Sexual Composition						
男	Male	51.1	50.7	50.5	50.1	50.1	50.0
女	Female	48.9	49.3	49.5	49.9	49.9	50.0
城乡结构	Urban and Rural Composition						
城 镇	Urban	51.9	55.6	60.5	65.6	65.7	66.2
乡 村	Rural	48.1	44.4	39.5	34.4	34.3	33.8
就 业	**Employment**						
城乡结构	Urban and Rural Composition						
城 镇	Urban	45.2	55.6	59.0	62.7	62.8	62.5
乡 村	Rural	54.8	44.4	41.0	37.3	37.2	37.5
宏观经济	**Macro Economy**						
国民经济核算	**National Accounting**						
地区生产总值产业结构	Structure of Gross Domestic Product						
第一产业	Primary Industry	13.2	15.5	23.2	25.3	23.3	22.7
第二产业	Secondary Industry	57.2	49.9	33.6	25.3	27.5	29.2
第三产业	Tertiary Industry	29.6	34.6	43.2	49.4	49.2	48.1
货物进出口	**Imports and Exports of Goods**						
进出口总额结构	Structure of Total Exports and Imports						
出 口	Exports	48.6	63.8	38.3	23.5	22.4	20.6
进 口	Imports	51.4	36.2	61.7	76.5	77.6	79.4
财 政	**Government Finance**						
财政收入结构	Composition of Government Revenue						
省 级	Province		21.7	22.3	21.2	22.0	25.5
地 级	City		41.3	56.5	57.3	57.8	53.6
县 级	County		35.6	21.2	21.5	20.2	20.9
乡镇级	Town & Township		1.4				
财政支出结构	Composition of Government Expenditure						
一般公共服务	General Public Services		9.9	6.0	5.9	6.3	7.1
教 育	Education		13.3	13.7	10.3	11.2	10.9
科学技术	Science and Technology		1.2	1.1	0.8	0.9	0.9
社会保障和就业	Social Safety Net and Employment Effort		13.6	18.1	24.8	26.1	26.1
卫生健康	Health		6.0	6.8	7.4	7.7	8.0
节能环保	Energy Saving and Environmental Protection		3.9	3.9	4.0	2.8	2.9
城乡社区事务	Urban and Rural Area Community Affairs		6.3	8.7	8.2	5.8	5.4
农林水事务	Agriculture, Forestry and Water Conservancy		15.0	16.9	16.8	17.0	17.2
交通运输	Transportation		6.6	6.8	4.6	4.2	4.7
住房保障支出	Affairs of Housing Security		4.8	5.3	4.2	4.5	3.6
其 他	Others		19.4	12.7	13.1	13.6	13.1

1-10 续表1 Continued

单位：% (%)

指 标	Item	2000	2010	2015	2020	2021	2022
产 业	**Industry**						
农 业	**Agriculture**						
农林牧渔业总产值结构	Composition of Gross Output Value of Agriculture, Forestry, Animal Husbandry and Fishery						
农 业	Farming	66.3	54.5	62.8	62.8	63.5	64.3
林 业	Forestry	2.9	3.5	3.1	3.0	3.2	3.2
牧 业	Animal Husbandry	28.1	37.8	30.1	29.7	28.4	27.4
渔 业	Fishery	2.7	1.4	1.7	1.8	2.1	2.2
农、林、牧、渔专业及辅助性活动	Professional and Support Activities for Agriculture, Forestry, Animal Husbandry and Fishery		2.7	2.3	2.7	2.8	2.9
建筑业	**Construction**						
建筑业总产值结构	Composition of Gross Output Value of Construction Industry						
国有企业	State-owned Enterprise	53.3	32.0	14.7	5.6	6.1	7.2
集体企业	Collective-owned Enterprises	22.6	5.2	6.3	1.1	1.7	1.6
有限责任公司	Limited Liability Corporations	10.5	37.9	57.6	53.9	48.8	51.9
股份有限公司	Share Holding Enterprises	7.6	7.3	5.4	8.2	8.6	8.4
私营企业	Private Enterprises	2.9	17.2	15.4	31.0	34.6	30.8
其 他	Other Enterprises	3.2	0.4	0.6	0.2	0.2	0.1
交通运输业	**Transportation**						
货运量结构	Structure of Freight Traffic						
铁 路	Railways	22.8	28.5	15.1	22.5	20.1	21.8
公 路	Highways	69.2	65.2	74.0	63.4	67.5	64.9
水 运	Waterways	1.4	1.6	2.1	1.0	0.8	0.9
管 道	Petroleum and Gas Pipelines	6.6	4.7	8.8	13.1	11.5	12.4
客运量结构	Structure of Passenger Traffic						
铁 路	Railways	19.8	22.2	22.1	32.9	32.1	29.6
公 路	Highways	79.8	75.4	73.2	54.6	55.8	58.0
水 运	Waterways	0.1	0.6	0.8	0.7	0.9	1.1
民 航	Civil Aviation	0.3	1.8	3.8	11.8	11.2	11.3

1-10 续表2 Continued

单位：% (%)

指　　标	Item	2000	2010	2015	2020	2021	2022
旅游业	**Tourism**						
国际游客人数结构	Structure of Tourists						
外国人	Foreigners	91.5	95.6	94.3	84.0		
港澳台同胞	Compatriots form Hong Kong, Macao and Taiwan	8.5	4.4	5.7	16.0		
教育、科技、卫生	**Education, Science and Health Care**						
教　育	**Education**						
普通学校在校学生结构	Structure of Students Enrollment						
大学生	College and University Students	3.5	18.7	24.1	25.7	28.7	27.9
中学生	Secondary School Students	47.2	45.7	41.1	42.5	42.0	43.0
小学生	Primary School Students	49.3	35.6	34.8	31.8	29.3	29.1
普通学校专任教师结构	Full-time Teachers by Type						
普通高等学校	College and Universities	4.4	12.1	14.6	16.7	16.7	16.7
中等学校	Secondary Schools	43.4	46.6	51.4	48.0	48.4	50.2
小　学	Primary Schools	52.3	41.3	34.0	35.3	34.9	33.1
科　技	**Science and Technology**						
研究与试验发展经费内部支出结构	Composition of Intramural Expenditure on R&D						
基础研究	Basic Research			11.3	13.3	11.2	13.2
应用研究	Applied Research			20.2	31.8	30.6	30.3
试验发展	Experimental Development			68.5	54.9	58.2	56.6
卫　生	**Health Care**						
卫生技术人员结构	Composition of Medical Technical Personnel						
#执业(助理)医师	Licensed (Assistant) Doctors	45.9	40.8	37.4	39.6	39.0	38.8
注册护士	Registered Nurses	30.0	33.2	38.2	42.2	43.1	43.7
药师(士)	Pharmacist		5.9	9.5	4.6	4.5	4.3
人民生活	**People's Living Conditions**						
城镇居民现金消费结构	**Cash Consumption Composition of Urban Residents**						
食品烟酒	Food, Tobacco and Liquor	38.4	35.4	27.7	29.6	29.1	30.2
衣　　着	Clothing	13.3	15.1	10.3	7.9	7.3	6.8
居　　住	Residence	9.4	10.6	19.9	21.8	20.2	21.2
生活用品及服务	Household Facilities, Articles and Services	5.9	5.8	5.3	5.6	5.3	4.9
交通通信	Transport and Communications	7.6	11.2	12.0	11.9	12.7	12.0
教育文化娱乐	Education, Cultural and Recreation	12.0	9.4	10.8	9.3	11.1	10.4
医疗保健	Health Care and Medical Services	8.9	8.9	11.2	11.5	11.7	11.7
其他用品和服务	Miscellaneous Goods and Services	4.5	3.8	2.8	2.4	2.7	2.9
农村居民消费结构	**Consumption Composition of Rural Residents**						
食品烟酒	Food, Tobacco and Liquor	44.3	33.8	27.5	34.3	33.6	33.5
衣　　着	Clothing	6.8	8.8	7.6	6.9	6.7	6.3
居　　住	Residence	19.7	18.1	18.5	16.6	14.9	15.3
生活用品及服务	Household Facilities, Articles and Services	3.3	3.7	4.3	4.4	4.5	4.1
交通通信	Transport and Communications	7.6	10.1	13.8	13.6	15.0	14.7
教育文化娱乐	Education, Cultural and Recreation	5.5	10.4	13.1	9.7	10.5	10.2
医疗保健	Health Care and Medical Services	9.8	12.8	13.3	12.6	12.7	14.0
其他用品和服务	Miscellaneous Goods and Services	3.0	2.3	1.9	1.8	2.1	1.9

1-11 国民经济和社会发展比例与效益指标
Indicators on National Economic and Social Development

指 标	Item	2000	2010	2015	2020	2021	2022
人口与就业	**Population and Employment**						
出生率(‰)	Birth Rate(‰)	9.43	7.35	6.00	3.75	3.59	3.34
死亡率(‰)	Death Rate(‰)	5.50	5.83	6.60	8.23	8.70	9.09
自然增长率(‰)	Natural Growth Rate(‰)	3.93	1.52	-0.60	-4.48	-5.11	-5.75
每一就业人员负担人口(含本人)(人)	Dependency Ratio (including the labour self)(person)	2.38	1.98	1.89	2.40	2.40	2.50
国民经济核算	**National Accounts**						
三次产业增加值比例(第一产业=100)	Ratio of Value-added by Type of Industry (Value added in primary industry=100)						
第二产业	Secondary Industry	435.0	321.0	144.8	100.1	118.0	128.8
第三产业	Tertiary Industry	225.4	222.2	186.2	195.6	211.0	211.7
全社会劳动生产率(元/人)	Overall Labor Productivity (yuan/person)			62000	90168	102718	114767
第一产业	Primary Industry			14385	22785	23943	26054
第二产业	Secondary Industry			20827	22817	28251	33554
第三产业	Tertiary Industry			26788	44567	50524	55159
财 政	**Government Finance**						
公共财政收入相当于GDP比例(%)	Proportion of General Budgetary Financial Revenue to GDP(%)	6.5	9.1	10.0	8.5	8.8	8.1
公共财政支出相当于GDP比例(%)	Proportion of General Budgetary Financial Expenditure to GDP(%)	13.4	27.1	34.4	40.0	34.4	34.3
对外贸易	**Foreign Trade**						
进出口总额相当于GDP比例(%)	Proportion of Total Imports & Exports to GDP(%)	8.7	20.8	11.2	11.3	13.4	16.7
实际利用外资占签订利用外资额比例(%)	Proportion of Foreign Capital for Utilization by Signed Contracts or Agreements(%)	101.7	93.4	95.0	22.5	12.6	17.6
能 源	**Energy**						
能源生产弹性系数	Elasticity Ratio of Energy Production	-1.05	0.002	-0.75	-0.65	0.26	3.43
能源消费弹性系数	Elasticity Ratio of Energy Consumption	-1.35	0.55	0.25	-0.79	0.95	-0.47
单位国内生产总值能耗上升或下降率(±%)	Rise or Fall Rate of Energy Consumption per Unit of GDP(±%)		-5.0	-4.0	-1.7	-0.3	-3.9
农 业	**Agriculture**						
每公顷播种面积农产品产量(千克)	Output of Farm Crops per Hectare of Sown Area(kg)						
粮 食	Grain	3242	4526	5332	5223	5407	5287
#水 稻	Rice	6489	7254	6944	7480	7535	7548
大 豆	Soybean	1569	1651	1874	1905	1849	1933
亚 麻	Flax	2045	4139	4029	5315	3389	3325
甜 菜	Beetroots	17452	22476	35541	45628	46917	51703
烤 烟	Flue-cured Tobacco	1800	2622	2678	2721	2795	2774

1-11 续表 Continued

指 标	Item	2010	2015	2020	2021	2022
规模以上工业	**Industry above Designated Size**					
资产负债率 (%)	Assets-Liability Ratio (%)	55.2	56.4	60.3	61.0	61.6
营业收入利润率 (%)	Proportion of Products Sold (%)			3.2	4.5	5.3
建筑业	**Construction**					
全员劳动生产率 (元/人) (按总产值计算)	Overall Labor Productivity (yuan/person) (in terms of Gross Output Value)	183395	228445	341327	427535	381489
技术装备率 (元/人)	Value of Machinery per Laborer (yuan/person)	7771	10425	12645	12927	8462
动力装备率 (千瓦/人)	Power of Machines per Laborer (kw/person)	3.4	4.2	5.6	5.3	4.0
产值利税率 (%)	Ratio of Pre-tax Profit to Gross Output Value (%)	10.1	6.0	5.9	4.8	4.2
交通运输业	**Transportation**					
货运量弹性系数	Elasticity of Freight Traffic	0.74	-1.63	-4.03	1.84	-1.68
客运量弹性系数	Elasticity of Passenger Traffic	0.71	-1.44	-66.02	1.46	-11.73
铁路网密度 (公里/万平方公里)	Railway Density (km/10000 sq.km)	120.6	130.1	144.2	152.1	148.5
公路网密度 (公里/万平方公里)	Highway Density (km/10000 sq.km)	3230	3470	3574	3579	3592
铁路货运密度 (万吨公里/公里)	Railway Freight Traffic Density (10000 ton/km)	1863	993	1278	1277	1387
公路货运密度 (万吨公里/公里)	Highway Freight Traffic Density (10000 ton/km)	50.2	56.9	41.3	48.5	50.1
电话普及率 (部/百人)	Access to Telephones (set/100 persons)	79.7	111.2	130.7	130.4	134.4
旅游业	**Tourism**					
每一国际游客花费 (元)	Per Capita Expenditure of International Tourists (yuan)			9631.8		
国内旅游人均花费 (元)	Expenditure per Domestic Tourist (yuan)	529.9	1034.3	1142.4	825.2	597.4
金融业	**Finance intermediation**					
金融机构存款增加额相当于GDP比例(%)	Increasing Deposits as Percentage of GDP (%)	21.8	16.8	27.3	18.2	28.0
金融机构贷款增加额相当于GDP比例(%)	Increasing Loans as Percentage of GDP (%)	15.0	24.2	8.1	12.3	6.0
百元存款相应的贷款 (元)	Loans to Per 100 yuan Deposits (yuan)	56.3	76.4	71.5	71.2	65.4
教 育	**Education**					
学龄儿童入学率 (%)	Rate of School-age Children Enrollment (%)	99.1	99.9	100.0	100.0	99.6
小学升学率 (%)	Rate of Primary Schools Enrollment (%)	99.9	98.8	98.5	98.8	99.1
平均每个教师负担学生数	Student-teacher Ratio by level					
高等学校	Colleges and Universities	16.3	15.7	16.9	18.2	18.6
中等学校	Secondary Schools	13.9	9.9	11.2	11.1	10.8
小 学	Primary Schools	12.4	13.6	12.0	11.6	11.1
教育支出相当于GDP比例 (%)	Education Expenditure as Percentage of GDP (%)		4.7	4.1	3.8	3.7
科 技	**Science and Technology**					
研究与科学发展经费相当于GDP比例(%)	R&D Expenditures as Percentage of GDP (%)		1.4	1.3	1.3	1.4
卫 生	**Health Care**					
每万人拥有卫生技术人员 (人)	Number of Doctors per 10000 Persons (person)	49.3	55.6	76.2	79.5	81.7
每万人拥有卫生机构床位 (张)	Number of Hospital Beds per 10000 Persons (bed)	41.8	55.4	79.5	83.4	84.3
医疗机构病床使用率 (%)	Beds Utilization Rate of Medical Organizations (%)	72.4	76.5	45.4	51.2	51.4
人民生活	**People's Living Conditions**					
城镇居民家庭恩格尔系数 (%)	Engel's Coefficient of Urban Households (%)	35.4	27.7	29.6	29.1	30.2
农村居民家庭恩格尔系数 (%)	Engel's Coefficient of Rural Households (%)	33.8	27.5	34.3	33.6	33.5
城市建设	**Municipal Works**					
城市人口用水普及率 (%)	Coverage Rate of Urban Population with Access to Tap Water (%)	89.1	97.2	99.0	99.2	99.1
城市燃气普及率 (%)	Coverage Rate of Urban Population with Access to Tap Gas (%)	88.8	86.6	90.8	92.2	93.2
城市人均公园绿地面积 (平方米)	Per Capita Public Green Areas (sq.m)	11.8	12.0	12.8	13.6	14.0

1-12 按人口平均的主要工农业产品产量
Per Capita Major Farm Products and Industrial Products

年 份 Year	粮豆薯 (千克) Grain (kg)	油 料 (千克) Oil-bearing Crops (kg)	猪牛羊肉 (千克) Pork, Beef and Mutton (kg)	牛 奶 (千克) Cow Milk (kg)	水产品 (千克) Aquatic Products (kg)	钢 (千克) Steel (kg)	原 煤 (吨) Coal (ton)	原 油 (吨) Crude Oil (ton)	发电量 (千瓦时) Electricity (kwh)
1978	476.4	2.8	10.3	4.4	0.7	17.6	1.20	1.62	347
1980	459.0	7.5	11.6	3.9	0.6	16.5	1.33	1.62	405
1985	420.2	8.5	9.4	12.9	2.0	22.7	1.87	1.65	559
1990	655.7	4.9	13.0	28.8	4.2	27.0	2.34	1.58	837
1991	608.1	4.3	14.3	31.6	4.6	28.0	2.39	1.56	889
1992	658.9	6.1	14.8	33.5	5.0	32.7	2.34	1.55	966
1993	659.7	4.4	14.5	30.8	5.2	34.5	1.99	1.54	1027
1994	705.3	4.3	16.9	30.3	5.7	30.3	2.10	1.53	1044
1995	703.2	5.4	19.1	32.9	6.9	25.4	2.15	1.52	1052
1996	820.2	4.5	25.1	35.9	7.8	22.7	2.21	1.51	1105
1997	830.2	4.9	26.8	37.6	8.6	23.6	2.02	1.50	1158
1998	799.7	4.5	29.8	37.8	9.5	21.0	1.89	1.49	1127
1999	812.8	10.4	31.6	37.8	9.6	20.5	1.65	1.44	1088
2000	670.0	11.5	33.1	40.6	10.1	23.4	1.31	1.40	1123
2001	696.2	9.5	35.3	49.6	10.6	24.2	1.34	1.35	1150
2002	771.6	13.9	38.8	61.9	11.0	37.8	1.54	1.32	1205
2003	658.7	11.7	43.9	78.8	11.0	43.4	1.74	1.27	1277
2004	821.6	12.1	53.3	98.1	11.3	47.4	1.87	1.22	1295
2005	942.8	15.9	63.5	115.3	11.7	60.8	1.90	1.18	1561
2006	989.1	16.5	36.7	110.8	8.7	82.5	2.07	1.14	1654
2007	1015.0	13.1	35.7	114.6	9.0	114.1	2.09	1.09	1782
2008	1209.9	7.4	37.0	114.6	9.3	111.5	2.14	1.05	1881
2009	1251.8	7.4	41.7	119.2	10.0	147.9	2.29	1.05	1879
2010	1470.9	7.2	44.4	124.4	10.4	147.8	2.42	1.05	2022
2011	1631.7	6.1	45.6	123.0	9.4	156.7	2.31	1.05	2164
2012	1758.2	6.0	50.0	128.6	12.1	162.6	2.31	1.07	2246
2013	1909.4	5.1	52.5	120.9	13.2	170.8	2.12	1.08	2237
2014	2035.7	4.7	56.7	132.0	14.1	132.9	1.87	1.10	2403
2015	2134.2	5.1	57.3	137.8	15.2	113.2	1.77	1.08	2438
2016	2121.3	5.9	59.3	134.7	16.4	95.2	1.61	1.05	2568
2017	2159.8	4.2	63.0	135.6	17.1	119.7	1.59	1.00	2660
2018	2232.2	3.3	60.9	135.6	18.6	166.9	1.72	0.96	3020
2019	2279.9	3.5	58.8	141.4	19.7	237.6	1.58	0.95	3212
2020	2347.0	3.8	64.0	155.7	21.0	273.6	1.62	0.93	3372
2021	2499.3	4.3	79.6	158.9	22.8	302.2	1.90	0.94	3637
2022	2494.6	4.6	83.5	161.0	23.6	321.2	2.23	0.95	3693

注：2005、2006年钢产量为粗钢产量。

a) In 2005, 2006 the output of steel is crude steel.

1-13 平均每天主要社会经济活动
Selected Indicators on Average Daily Social and Economic Activities

指 标	Item	2000	2005	2010	2015	2020	2021	2022
每天创造的财富	**Daily Production**							
地区生产总值(亿元)	Gross Domestic Product(100 million yuan)	7.82	13.03	22.76	32.03	37.53	40.71	43.56
第一产业	Primary Industry	1.03	1.85	3.54	7.43	9.42	9.49	9.89
第二产业	Secondary Industry	4.48	7.28	11.36	10.76	9.54	11.20	12.74
工 业	Industry	4.29	7.00	10.67	9.85	8.61	10.28	11.66
建筑业	Construction	0.27	0.42	0.86	1.16	1.13	1.22	1.26
第三产业	Tertiary Industry	2.32	3.91	7.86	13.84	18.57	20.02	20.94
公共财政收入(亿元)	General Budgetary Financial Revenue(100 million yuan)	0.51	0.87	2.07	3.19	3.16	3.56	3.54
粮豆薯(万吨)	Grain(10000 tons)	6.97	9.86	15.43	20.87	20.66	21.56	21.3
#水 稻	Rice	2.86	3.21	6.24	7.45	7.93	7.98	7.45
玉 米	Corn	2.17	3.78	6.89	11.73	9.99	11.37	11.1
大 豆	Bean	1.23	2.05	1.69	1.37	2.52	1.97	2.61
薯 类	Tuber	0.22	0.23	0.23	0.19	0.09	0.09	0.06
油料(吨)	Oil-bearing Crops(ton)	1200	1660	754	502	338	372	392
麻类(吨)	Fiber Crops(ton)	512	989	60	54	319	302	337
烟叶(吨)	Tobacco(ton)	263	203	262	188	79	73	71
瓜果类(吨)	Melon and Fruits(ton)	8751	8395	8809	4428	3634	3838	3867
水产品(吨)	Aquatic Products(ton)	1047	1222	1095	1486	1847	1969	2014
原油(万吨)	Crude Oil(10000 tons)	14.54	12.32	10.97	10.52	8.22	8.07	8.14
天然气(亿立方米)	Natural Gas(100 million cu.m)	0.06	0.07	0.08	0.10	0.13	0.14	0.15
水泥(万吨)	Cement(10000 tons)	2.48	3.05	9.61	8.94	6.51	5.95	5.10
粗钢(万吨)	Crude Steel(10000 tons)	0.24	0.68	1.79	1.15	2.70	2.63	2.63
成品钢材(万吨)	Steel Products(10000 tons)	0.21	0.64	1.55	1.11	2.41	2.61	2.74
汽车(辆)	Automobile(unit)	367	729	679	221	196	208	226
发电量(亿千瓦时)	Electricity(100 million kwh)	1.17	1.63	2.12	2.38	2.97	3.14	3.15
每天消费量	**Daily National Consumption**							
公共财政支出(亿元)	General Budgetary Financial Expenditure(100 million yuan)	1.05	2.16	6.17	11.02	14.93	13.99	14.94
全社会用电量(亿千瓦时)	Electricity Consumption(100 million kwh)		1.52	2.05	2.38	2.78	2.98	3.12

1-13 续表 Continued

指 标	Item	2000	2005	2010	2015	2020	2021	2022
每天其他经济活动	**Other Daily Economic Activities**							
客运量(万人)	Passenger Traffic (10000 persons)	136.9	152.8	130.8	122.1	38.2	41.6	28.4
货运量(万吨)	Freight Traffic (10000 tons)	157.1	177.5	170.4	163.7	153.5	170.7	163.0
居民新增储蓄额(亿元)	Outstanding Amount of Savings Deposit(100 million yuan)	0.46	1.35	2.26	4.34	8.53	7.79	11.17
进出口总额(万美元)	Total Value of Imports and Exports (USD 10000)	818	2622	6986	5751	6082	8461	10874
出 口	Total Exports	398	1663	4460	2200	1426	1899	2227
进 口	Total Imports	421	959	2526	3551	4656	6562	8647
实际利用外资额(万美元)	Foreign Capital Actually Used (USD 10000)	302	417	756	1519	149	107	63
国际旅游人数(人)	Number of Tourists from Abroad (person)	1511	2251	4724	2287	452		
国际旅游外汇收入(万美元)	Foreign Exchange Earnings (USD 10000)	51.8	93.3	208.9	108.3	435.1		
人口和社会活动	**Population and Social Activities**							
出生人口(人)	Births(person)	984	824	772	580	326	307	284
死亡人口(人)	Deaths(person)	574	544	612	638	715	745	772
结婚(对)	Marriages(couple)	597	626	846	872	471	472	412
离婚(对)	Divorces(couple)	205	263	383	520	377	235	222
成交技术合同(件)	Number of Technical Contracts Completed(piece)	27.08	5.59	5.44	5.08	14.05	19.07	18.14
技术市场成交额(万元)	Transaction Value on Technical Market(10000 yuan)	417	391	1462	3487	7337	9668	12699
授权专利(件)	Number of Patent Applications Certified(item)	6.17	7.96	18.64	51.90	78.01	106.53	100.14
公共图书馆流通人次(万人次)	Circulation of Public Libraries(10000 person-times)	1.67	1.38	1.70	2.65	1.09	1.39	1.03
印刷图书(万册)	Printed Copies of Books(10000 copies)	27.2	16.3	20.3	19.6	24.1	24.1	33.1
印刷期刊(万册)	Printed Copies of Magazines(10000 copies)	21.7	9.6	14.4	12.2	6.8	6.4	5.7
印刷报纸(万份)	Printed Copies of Newspaper(10000 copies)	201.6	195.6	214.3	181.7	90.6	86.3	84.4
诊疗人次(万人次)	Total Number of Patients Treated(10000 person-times)	12.09	12.02	20.35	20.71	23.36	26.45	25.99
入院人数(万人)	Hospital Admissions(10000 patients)	0.41	0.55	1.02	1.39	0.98	1.21	1.30
生活垃圾清运量(万吨)	Volume of Garbage Disposal(10000 tons)	2.51	3.08	2.14	1.43	1.36	1.43	1.40
受理劳动争议案件(件)	Number of Labor Dispute Cases Accepted(piece)	7.81	16.81	24.99	31.13	54.36	77.03	61.07
劳动争议结案案件(件)	Number of Labor Dispute Cases Settled(piece)	7.99	16.63	24.75	31.33	56.24	78.03	60.59

主要统计指标解释

行政区划 指国家对行政区域的划分。根据有关法规规定，我国的行政区域划分如下：(1)全国分为省、自治区、直辖市；(2)省、自治区分为自治州、县、自治县、市；(3)自治州分为县、自治县、市；(4)县、自治县分为乡、民族乡、镇；(5)直辖市和较大的市分为区、县；(6)国家在必要时设立的特别行政区。

平均增长速度 平均增长速度表明社会经济现象在一个较长的时期内逐期平均增长变化的程度，它不能根据各个环比增长速度直接求得，但与平均发展速度之间存在着一定的数量关系：平均增长速度＝平均发展速度－1。

平均发展速度是一种根据环比发展速度计算的序时平均数，由于各时期对比的基础不同，所以计算平均发展速度不能采用一般的序时平均数的计算方法，计算方法分为水平法和累计法。水平法，又称几何平均法，即将环比发展速度按连乘法用几何平均数公式计算。累计法，也称方程法，根据一段时期内各年发展水平总和与基期水平的关系，列出方程式计算平均发展速度。水平法着重考虑最后一年所达到的发展水平；累计法着重考虑整个时期累计发展水平的总量。

本《年鉴》内所列的平均增长速度，除固定资产投资用“累计法”计算外，其余均用“水平法”计算。从某年到某年平均增长速度的年份，均不包括基期年在内。如建国四十三年以来的平均增长速度是以 1949 年为基期计算的，则写为 1950-1992 年平均增长速度，其余类推。

国民经济行业分类 自 2017 年年报和 2018 年定期报表开始使用新的《国民经济行业分类》(GB/T4754-2017)。该分类是由国家统计局组织修订，原国家质量监督检验检疫总局和中国国家标准化管理委员会于 2017 年 6 月 30 日发布。这次修订是在 2011 年分类标准的基础上，结合我国经济活动特点，参照联合国《全部经济活动的国际标准产业分类》（ISIC/Rev.4）进行的。修订后的《国民经济行业分类》（GB/T4754-2017）共有门类 20 个，大类 97 个，中类 473 个，小类 1382 个。

企业登记注册类型 是以在市场监管部门登记注册的各类企业为划分对象，以市场监管部门对企业登记注册的类型为依据，将企业登记注册类型分为内资企业、港澳台商投资企业和外商投资企业三大类。内资企业包括国有企业、集体企业、股份合作企业、联营企业、有限责任公司、股份有限公司、私营企业和其他企业；港澳台商投资企业和外商投资企业分别包括合资经营企业、合作经营企业、独资经营企业和股份有限公司等。

国有企业 指企业全部资产归国家所有，并按《中华人民共和国企业法人登记管理条例》规定登记注册的非公司制的经济组织。不包括有限责任公司中的国有独资公司。

集体企业 指企业资产归集体所有，并按《中华人民共和国企业法人登记管理条例》规定登记注册的经济组织。

股份合作企业 指以合作制为基础，由企业职工共同出资入股，吸收一定比例的社会资产投资组建，实行自主经营，自负盈亏，共同劳动，民主管理，按劳分配与按股分红相结合的一种集体经济组织。

联营企业 指两个及两个以上相同或不同所有制性质的企业法人或事业单位法人，按自愿、平等、互利的原则，共同投资组成的经济组织。联营企业包括国有联营企业、集体联营企业、国有与集体联营企业和其他联营企业。

有限责任公司 指根据《中华人民共和国公司登记管理条例》规定登记注册，由两个以上、五十个以下的股东共同出资，每个股东以其所认缴的出资额对公司承担有限责任，公司以其全部资产对其债务承担责任的经济组织。有限责任公司包括国有独资公司以及其他有限责任公司。

股份有限公司 指根据《中华人民共和国公司登记管理条例》规定登记注册，其全部注册资本由等额股份构成并通过发行股票筹集资本，股东以其认购的股份对公司承担有限责任，公司以其全部资产对其债务承担责任的经济组织。

私营企业 指由自然人投资设立或由自然人控股，以雇佣劳动为基础的营利性经济组织。包括按照《公司法》、《合伙企业法》以及《个人独资企业法》规定登记注册的私营独资企业、私营合伙企业、私营有限责任公司、私营股份有限公司和个人独资企业。

其他企业 指上述企业之外的其他内资经济组织。

与港澳台商合资经营企业 指港澳台地区投资者与内地企业依照原《中华人民共和国中外合资经营企业法》及有关法律的规定，按合同规定的比例投资设立，分享利润、分担风险和亏损的企业。

与港澳台商合作经营企业 指港澳台地区投资者与内地企业依照原《中华人民共和国中外合作经营企业法》及有关法律的规定，依照合作合同的约定进行投资或提供条件设立，分配利润、分担风险和亏损的企业。

港澳台商独资经营企业 指依照原《中华人民共和国外资企业法》及有关法律的规定，在内地由港澳台地区投资者全额投资设立的企业。

港澳台商投资股份有限公司 指根据国家有关规定，经商务部（原外经贸部）批准设立，并且其中港、澳、台商的股本占公司注册资本的比例达 25%以上的股份有限公司。凡其中港、澳、台商的股本占公司注册资本的比例小于 25%的，属于内资中的股份有限公司。

其他港澳台商投资企业 指在中国境内参照原《外国企业或个人在中国境内设立合伙企业管理办法》和《外商投资合伙企业登记管理规定》，依法设立的港、澳、台商投资合伙企业等。

中外合资经营企业 指外国企业或外国人与中国内地企业依照原《中华人民共和国中外合资经营企业法》及有关法律的规定，按合同规定的比例投资设立，分享利润和分担风险和亏损的企业。

中外合作经营企业 指外国企业或外国人与中国内地企业依照原《中华人民共和国中外合作经营企业法》及有关法律的规定，依照合作合同的约定进行投资或提供条件设立，分配利润、分担风险和亏损的企业。

外资企业 指依照原《中华人民共和国外资企业法》及有关法律的规定，在中国内地由外国投资者全额投资设立的企业。

外商投资股份有限公司 指根据国家有关规定，经商务部（原外经贸部）批准设立，并且其中外资的股本占公司注册资本的比例达 25% 以上的股份有限公司。凡其中外资股本占公司注册资本的比例小于 25%的，属于内资企业中的股份有限公司。

其他外商投资企业 指在中国境内依照原《外国企业或个人在中国境内设立合伙企业管理办法》和《外商投资合伙企业登记管理规定》，依法设立的外商投资合伙企业等。

行政机关、事业单位和社会团体 参照企业登记注册类型，主要按其经费来源和管理方式划分。具体规定如下：

⑴行政机关：包括国家机关和政党机关，原则上均列为“国有”。但有特殊规定的，如供销社等，则列为“集体”。

⑵事业单位：包括经国家机构编制部门和有关业务主管部门批准成立的各类事业单位，不包括实行企业化管理的事业单位。事业单位的划分办法如下：

①由国家财政预算拨款或列入财政预算外资金管理以及经费主要来源于国有主管部门或国有上级单位的事业单位，列为“国有”。

②经费主要来源于集体单位的事业单位，列为“集体”。

③公民个人(或个人合伙)开办的事业单位，列为“私营”。

④上述以外的其他事业单位，如果其经费来源不明确，按管理方式进行归类。

⑶社会团体：包括经民政部门批准成立以及未纳入社会团体管理条例范围的工会、妇联等各类社会团体。社会团体的划分办法如下：

①未纳入民政部社会团体管理条例范围的工会、妇联、共青团、青联、工商联、科协、侨联等社会团体，国家拨款设立的基金会或基金管理组织以及经费主要来源于国有业务主管部门或国有上级单位的社会团体，列为“国有”。

②经费主要来源于集体单位的社会团体，列为“集体”。

③公民个人(或个人合伙)开办的社会团体，划为“私营”。

④上述以外的其他社会团体，如果其经费来源不明确，改按管理方式进行归类。

Explanatory Notes on Main Statistical Indicators

Divisions of Administrative Areas refer to the division of administrative areas by the State. The relative laws define the administrative division as follows: 1) the whole country is divided into provinces, autonomous regions and municipalities directly under the Central Government; 2) provinces and autonomous regions are further divided into autonomous prefectures, counties, autonomous counties and cities; 3) autonomous prefectures are further divided into counties, autonomous counties and cities; 4) counties and autonomous counties are further divided into townships, ethnic townships and towns; 5) municipalities directly under the Central Government and large cities are divided into districts and counties, 6) the State shall, when necessary, establish special administrative regions.

Average Annual Growth Rate shows the average growth rate of social and economic development during a longer period. It can not be directly calculated by chain based growth rate. The relation is:

Average growth rate = average speed of development – 1

Average speed of development is the time series average of speed which is obtained through chain-based calculation. Because the reference bases during the different periods are different, average speed of development can not be calculated by the general method. Level approach and accumulative approach for calculating average speed of development rate are applied. The "level approach", or geometric average approach, is derived by the formula of geometric average of the chain-based speeds of development by continuous multiplication. The other is called the "accumulative approach" or the "equation" method, which is derived by the summation of the actual figure of each year in the interval divided by the figure in the base year. The level approach focuses on the level of the last year, while the accumulative approach emphasizes the aggregate development for the entire duration.

The average annual growth rates listed in the *Yearbook* are calculated by the level approach except for the growth rate of investment in fixed assets. The base year is not listed in the duration for which average annual growth rates are computed. For instance, the average annual growth rate of the 43 years since 1949 is shown as the average annual growth rate of 1950-1992 without showing the base year 1949.

Industrial Classification of the National Economy The new *Industrial Classification of the National Economy* (GB/T 4754-2017) is introduced starting from the compilation of 2017 annual statistics and 2018 monthly or quarterly statistics. The revision, based on the 2011 classification, was organized by the National Bureau of Statistics taking into consideration of the characteristics of economic activities in China and the *International Standards of the Industrial Classification of All Economic Activities* (ISIC/Rev.4) of the United Nations. The new *Classification* was promulgated by the former National Administration of Quality Supervision, Inspection and Quarantine and the Standardization Administration of the People's Republic of China on June 30, 2017. The revised version of the *Industrial Classification of the National Economy* (GB/T 4754-2017) is composed of 20 sections, 97 divisions, 473 groups and 1382 classes.

Registration Status of Enterprises (units) Enterprises are classified into 3 categories, namely enterprises with domestic investment, enterprises with investment from Hong Kong, Macao and Taiwan, and enterprises with foreign investment, according to the registration status of an enterprise in market supervision administration. Domestic-invested enterprises include state-owned enterprises, collective-owned enterprises, cooperative enterprises, joint ownership enterprises, limited liability corporations, share-holding corporations Ltd., private enterprises and other enterprises. Included in the enterprises with investment from Hong Kong, Macao and Taiwan and enterprises with foreign investment are joint-venture enterprises, cooperative enterprises, sole-proprietorship enterprises and share-holding corporations Ltd.

State-owned Enterprises refer to non-corporation economic units where the entire assets are owned by the state and which have been registered in accordance with the *Regulation of the People's Republic of China on the Management of Registration of Corporate Enterprises*. Not included from this category are state sole-proprietorship corporations in the limited liability corporations.

Collective-owned Enterprises refer to economic units where the assets are owned collectively and which have been registered in accordance with the *Regulation of the People's Republic of China on the Management of Registration of Corporate Enterprises*.

Cooperative Enterprises refer to a form of collective economic units (enterprises) where capitals come mainly from employees as their shares, with certain proportion of capital from the outside, where production is organized on the basis of independent operation, independent accounting for profits and losses, joint work, democratic management, and a distribution system that integrates remuneration according to work with dividend according to capital share.

Joint Ownership Enterprises refer to economic units established by two or more corporate enterprises or corporate institutions of the same or different ownership, through joint investment on the basis of voluntary participation, equality, and mutual benefits. They include state joint ownership enterprises; collective joint ownership enterprises; joint state-collective enterprises; and other joint ownership enterprises.

Limited Liability Corporations refer to economic units

established with investment from 2-50 investors and registered in accordance with the *Regulation of the People's Republic of China on the Management of Registration of Corporations*, each investor bearing limited liability to the corporation depending on its share of investment, and the corporation bearing liability to its debt to the maximum of its total assets. Limited liability corporations include state sole-proprietorship corporations and other limited liability corporations.

Share-holding Corporations Ltd. refer to economic units registered in accordance with the *Regulation of the People's Republic of China on the Management of Registration of Corporations*, with total registered capital divided into equal shares and additional capitals raised through issuing stocks. Each investor bears limited liability to the corporation depending on the holding of shares, and the corporation bears liability to its debt to the maximum of its total assets.

Private Enterprises refer to profit-making economic units invested and established by natural persons, or controlled by natural persons, using employed labour. Included in this category are private sole-proprietorship enterprise, private partnership enterprise, private limited liability companies, private limited-liability company by shares and individual sole-proprietorship enterprise registered in accordance with the *Company Law*, *the Law on Partnership Business* and *the Law on Individual Proprietorship Enterprises*.

Other Domestic-Invested Enterprises refer to domestic-invested economic units other than those mentioned above.

Joint Venture Enterprises with Hong Kong, Macao and Taiwan are enterprises jointly established by investors from Hong Kong, Macao and Taiwan with enterprises in the mainland of China in accordance with the former *Law of the People's Republic of China on Sino-foreign Equity Joint Ventures* and other relevant laws, where the establishment of the investment and the sharing of profits, taking risks and loss are stipulated in joint venture contracts.

Cooperative Enterprises with Hong Kong, Macao and Taiwan established by investors from Hong Kong, Macao and Taiwan with enterprises in the mainland of China in accordance with the former *Law of the People's Republic of China on Sino-foreign Contractual Joint Venture* and other relevant laws, where the investment or provision of facilities and the sharing of profits and risks are stipulated under cooperative contracts.

Sole-proprietorship Enterprises with Investment from Hong Kong, Macao and Taiwan refer to enterprises established in the mainland of China with exclusive investment from investors from Hong Kong, Macao and Taiwan in accordance with the former *Law of the People's Republic of China on Enterprises with Foreign Investment* and other relevant laws.

Share-holding Corporations Ltd. with Investment from Hong Kong, Macao and Taiwan refer to share-holding corporations Ltd. established with the approval from the Ministry of Commerce（the former Ministry of Foreign Trade and Economic Relations）in line with relevant state regulations, where the share of investment from Hong Kong, Macao or Taiwan businessmen exceeds 25% of the total registered capital of the corporation. In case the share of investment from Hong Kong, Macao or Taiwan is less than 25% of the total registered capital, the enterprise is to be classified as domestic-invested share-holding corporation Ltd.

Other Enterprises with Funds From Hong Kong, Macao and Taiwan refer to partnership enterprises with investments from Hong Kong, Macao and Taiwan established within the territory of China in accordance with former *Administrative Measures on the Establishment of Partnership Enterprises in China by Foreign Enterprises or Foreign Individuals* and *Regulations for the Administration of the Registration of Foreign-invested Partnership Enterprises*.

Joint Venture Enterprises with Foreign Investment refer to enterprises jointly established by foreign enterprises or foreigners with enterprises in the mainland of China in accordance with the former *Law of the People's Republic of China on Sino-foreign Equity Joint Ventures* and other relevant laws, where the sharing of investment, profits and risks and loss are stipulated in contracts.

Cooperative Enterprises with Foreign Investment refer to enterprises jointly established by foreign enterprises or foreigners with enterprises in the mainland of China in accordance with the former *Law of the People's Republic of China on Sino-foreign Contractual Joint Venture* and other relevant laws, where the investment or provision of facilities and the sharing of profits and taking risks and loss are stipulated in cooperative contracts.

Sole-proprietorship Enterprises with Foreign Investment refer to enterprises established in the mainland of China with exclusive investment from foreign investors in accordance with the former *Law of the People's Republic of China on Enterprises with Foreign Investment* and other relevant laws.

Share-holding Corporations Ltd. with Foreign Investment refer to share-holding corporations Ltd. established with the approval from the Ministry of Commerce （the former Ministry of Foreign Trade and Economic Relations） in line with relevant state regulations, where the share of investment from foreign investors exceeds 25% of the total registered capital of the corporation. In case the share of foreign investment is less than 25% of the total registered capital, the enterprise is to be classified as domestic-invested share-holding corporation Ltd.

Other Enterprises with Foreign Funds refer to partnership enterprises established within the territory of China in accordance with former *Administrative Measures on the Establishment of Partnership Enterprises in China by Foreign Enterprises or Foreign Individuals* and *Regulations for the Administration of the Registration of Foreign-invested Partnership Enterprises*..

Government Agencies, Institutions and Social Organizations are classified into the following categories by source of funds and manner of management taking reference of the registration status of enterprises:

(1) Government agencies: include State and party agencies, classified in principle as State-owned. There are exceptions, such as supply and marketing cooperatives which are classified as collective-owned.

(2) Institutions: include institutions of various types established with the approval by organization and staffing departments of the government, but exclude institutions where enterprise management system is introduced. Institutions are further classified as follows:

(a) Institutions for which their main budgets are from government budget appropriations or extra-budget funds, or allocated from the budget of their competent government agencies. Such institutions are classified as state-owned.

(b) Institutions for which their budget mainly come from collective units. Such institutions are classified as collective-owned.

(c) Social institutions established by individual or a group of citizens, which are classified as private.

(d) Institutions other than those mentioned above for which their sources of budget are not clear. Such institutions are classified by the manner of management.

(3) Social organizations: include social organizations established with the approval from the Ministry of Civil Affairs, and organizations that are not covered by social organization management regulations such as trade unions, women's federations etc.. Social organizations are further classified as follows:

(a) Social organizations that are not covered by social organization management regulations of the Ministry of Civil Affairs such as trade unions, women federations, communist youth leagues, youth associations, industrial and commerce associations, scientist associations, overseas Chinese associations, etc., foundations and fund management organizations established with funds from the state, and social organizations whose funds mainly come from the budget of their competent government agencies. Such institutions are classified as State-owned.

(b) Social organizations for which their budget mainly come from collective units. Such institutions are classified as collective-owned.

(c) Social organizations established by individual or a group of citizens, which are classified as private.

(d) Social organizations other than those mentioned above for which their sources of budget are not clear. Such organizations are classified by the manner of management.

第2篇

人口、就业人员和工资

CHAPTER 2 POPULATION, EMPLOYMENT AND WAGES

2-1　人口和就业基本情况
Population and Employment

指　　标	Item	2018	2019	2020	2021	2022
人　口	**Population**					
总人口(万人)	Total Population (10000 persons)	3327.0	3255.0	3171.0	3125.0	3099.0
男	Male	1675.1	1635.6	1588.2	1566.0	1549.0
女	Female	1651.9	1619.4	1582.8	1559.0	1550.0
市　镇	Urban	2111.3	2103.4	2080.5	2052.8	2052.0
乡　村	Rural	1215.7	1151.6	1090.5	1072.2	1047.0
性别比(女性=100)	Sex Ratio (Female=100)	101.4	101.0	100.3	100.4	99.9
出生率(‰)	Birth Rate (‰)	5.98	5.73	3.75	3.59	3.34
死亡率(‰)	Death Rate (‰)	6.67	6.74	8.23	8.70	9.09
自然增长率(‰)	Natural Growth Rate (‰)	-0.69	-1.01	-4.48	-5.11	-5.75
就　业	**Employment**					
就业人员合计(万人)	Total Number of Employed Persons (10000 persons)	1635.0	1551.0	1473.0	1420.0	1351.0
城镇就业人员	Urban Employed Persons	999.3	959.5	923.0	892.0	844.0
乡村就业人员	Rural Employed Persons	635.7	591.5	550.0	528.0	507.0
城镇非私营单位就业人员(万人)	Total Number of Unemployed Persons (10000 persons)	392.7	349.6	316.4	311.2	297.9
#国有单位	State-owned Units	246.4	176.9	156.9	158.0	155.4
集体单位	Collective-owned Units	9.6	2.9	2.3	2.0	1.9
其他单位	Units of Other Types of Ownership	136.7	169.8	157.2	151.2	140.5
城镇非私营单位就业人员平均工资(元)	Average Wage of Employed Persons In Urban Non-private Units (yuan)	60780	68416	74554	80369	88235
国有单位	State-owned Units	59716	64184	75060	77455	86963
集体单位	Collective-owned Units	51838	63906	66859	68118	66705
其他单位	Other Units	63332	72922	75583	83476	89932
城镇私营单位就业人员平均工资(元)	Average Wage of Employed Persons In Urban Private Units (yuan)	34801	36674	38685	42071	45241
城镇登记失业人数(万人)	Number of Registered Unemployed Persons in Urban Areas(10000 persons)	39.4	34.7	31.0	28.5	29.0

2-2 年末人口数
Population at Year-End

单位：万人、%　　(10000 persons,%)

年 份 Year	总人口 Total Population	按性别分 By Sex 男 Male 人口数 Population	男 Male 比重 Proportion	女 Female 人口数 Population	女 Female 比重 Proportion	按城乡分 By Residence 城镇 Urban 人口数 Population	城镇 Urban 比重 Proportion	乡村 Rural 人口数 Population	乡村 Rural 比重 Proportion
1953	1189.7	646.4	54.3	543.3	45.7	378.9	31.8	810.8	68.2
1954	1250.2	676.2	54.1	574.0	45.9	416.7	33.3	833.5	66.7
1955	1321.2	714.2	54.1	607.0	45.9	433.8	32.8	887.4	67.2
1956	1418.2	770.9	54.4	647.3	45.6	496.0	35.0	922.2	65.0
1957	1478.5	796.8	53.9	681.7	46.1	545.1	36.9	933.4	63.1
1958	1563.7	842.2	53.9	721.5	46.1	587.1	37.5	976.6	62.5
1959	1682.0	908.1	54.0	773.9	46.0	741.9	44.1	940.1	55.9
1960	1807.1	973.4	53.9	833.7	46.1	877.6	48.6	929.5	51.4
1961	1897.1	1018.4	53.7	878.7	46.3	900.1	47.4	997.0	52.6
1962	1893.5	1001.8	52.9	891.7	47.1	811.2	42.8	1082.3	57.2
1963	1972.0	1041.0	52.8	931.0	47.2	796.0	40.4	1176.0	59.6
1964	2053.3	1078.7	52.5	974.6	47.5	811.5	39.5	1241.8	60.5
1965	2133.9	1116.8	52.3	1017.1	47.7	805.6	37.8	1328.3	62.2
1966	2188.6	1143.9	52.3	1044.7	47.7	822.2	37.6	1366.4	62.4
1967	2258.9	1179.6	52.2	1079.3	47.8	842.0	37.3	1416.9	62.7
1968	2343.4	1218.8	52.0	1124.6	48.0	867.2	37.0	1476.2	63.0
1969	2440.8	1264.7	51.8	1176.1	48.2	865.9	35.5	1574.9	64.5
1970	2522.6	1306.9	51.8	1215.7	48.2	907.3	36.0	1615.3	64.0
1971	2627.2	1361.6	51.8	1265.6	48.2	936.7	35.7	1690.5	64.3
1972	2723.4	1409.7	51.8	1313.7	48.2	1007.3	37.0	1716.1	63.0
1973	2818.6	1459.4	51.8	1359.2	48.2	1034.0	36.7	1784.6	63.3
1974	2894.0	1496.6	51.7	1397.4	48.3	1059.1	36.6	1834.9	63.4
1975	2958.1	1528.7	51.7	1429.4	48.3	1078.8	36.5	1879.3	63.5
1976	3019.4	1558.3	51.6	1461.1	48.4	1093.7	36.2	1925.7	63.8
1977	3072.5	1585.3	51.6	1487.2	48.4	1118.2	36.4	1954.3	63.6
1978	3129.6	1614.2	51.6	1515.4	48.4	1122.9	35.9	2006.7	64.1
1979	3168.7	1629.2	51.4	1539.5	48.6	1181.4	37.3	1987.3	62.7
1980	3203.8	1642.4	51.3	1561.4	48.7	1232.7	38.5	1971.1	61.5
1981	3239.3	1660.3	51.3	1579.0	48.7	1275.3	39.4	1964.0	60.6
1982	3281.1	1677.9	51.1	1603.2	48.9	1309.4	39.9	1971.7	60.1
1983	3306.0	1692.0	51.2	1614.0	48.8	1356.8	41.0	1949.2	59.0
1984	3331.0	1706.0	51.2	1625.0	48.8	1398.0	42.0	1933.0	58.0
1985	3357.0	1718.2	51.2	1638.8	48.8	1440.5	42.9	1916.5	57.1
1986	3385.0	1733.6	51.2	1651.4	48.8	1485.3	43.9	1899.7	56.1

注：1990、2000、2010、2020年数据为当年普查数据推算数，2011-2019年数据为第七次全国人口普查衔接修订后数据(下同)，2021、2022年数据为年度人口抽样调查推算数据。

a) The data of 1990,2000,2010 and 2020 are the projection of the census data of the year, and the data of 2011-2019 are connected and revised by The seventh national census (the same below)， The data in 2021 and 2022 are calculated from the annual population sampling survey.

2-2　续表　Continued

单位：万人、%　　(10000 persons,%)

年 份 Year	总人口 Total Population	按性别分 By Sex				按城乡分 By Residence			
		男 Male		女 Female		城镇 Urban		乡村 Rural	
		人口数 Population	比 重 Proportion	人口数 Population	比 重 Proportion	人口数 Population	比 重 Proportion	人口数 Population	比 重 Proportion
1987	3424.0	1753.0	51.2	1671.0	48.8	1536.0	44.9	1888.0	55.1
1988	3466.0	1774.4	51.2	1691.6	48.8	1589.9	45.9	1876.1	54.1
1989	3510.0	1796.6	51.2	1713.4	48.8	1646.5	46.9	1863.5	53.1
1990	3543.0	1812.0	51.1	1731.0	48.9	1699.2	48.0	1843.8	52.0
1991	3575.0	1827.5	51.1	1747.5	48.9	1753.2	49.0	1821.8	51.0
1992	3608.0	1844.0	51.1	1764.0	48.9	1809.1	50.1	1798.9	49.9
1993	3640.0	1861.1	51.1	1778.9	48.9	1866.2	51.3	1773.8	48.7
1994	3672.0	1873.0	51.0	1799.0	49.0	1924.9	52.4	1747.1	47.6
1995	3701.0	1887.5	51.0	1813.5	49.0	1985.9	53.7	1715.1	46.3
1996	3728.0	1901.3	51.0	1826.7	49.0	2007.5	53.8	1720.5	46.2
1997	3751.0	1912.0	51.0	1839.0	49.0	2021.8	53.9	1729.2	46.1
1998	3773.0	1923.5	51.0	1849.5	49.0	2037.4	54.0	1735.6	46.0
1999	3792.0	1933.2	51.0	1858.8	49.0	2055.3	54.2	1736.7	45.8
2000	3807.0	1945.8	51.1	1861.2	48.9	1977.4	51.9	1829.6	48.1
2001	3811.0	1948.2	51.1	1862.8	48.9	1996.2	52.4	1814.8	47.6
2002	3813.0	1953.0	51.2	1860.0	48.8	2004.5	52.6	1808.5	47.4
2003	3815.0	1940.4	50.9	1874.6	49.1	2006.3	52.6	1808.7	47.4
2004	3816.8	1937.8	50.8	1879.0	49.2	2014.5	52.8	1802.3	47.2
2005	3820.0	1933.1	50.6	1886.9	49.4	2028.4	53.1	1791.6	46.9
2006	3823.0	1942.5	50.8	1880.5	49.2	2045.3	53.5	1777.7	46.5
2007	3824.0	1931.1	50.5	1892.9	49.5	2061.1	53.9	1762.9	46.1
2008	3825.0	1933.2	50.5	1891.8	49.5	2119.0	55.4	1706.0	44.6
2009	3826.0	1943.6	50.8	1882.4	49.2	2123.4	55.5	1702.6	44.5
2010	3833.0	1943.4	50.7	1889.6	49.3	2129.6	55.6	1703.4	44.4
2011	3782.0	1909.7	50.5	1872.3	49.5	2136.5	56.5	1645.5	43.5
2012	3724.0	1887.7	50.7	1836.3	49.3	2118.2	56.9	1605.8	43.1
2013	3666.0	1844.8	50.3	1821.2	49.7	2127.7	58.0	1538.3	42.0
2014	3608.0	1812.1	50.2	1795.9	49.8	2136.7	59.2	1471.3	40.8
2015	3529.0	1783.7	50.5	1745.3	49.5	2134.0	60.5	1395.0	39.5
2016	3463.0	1748.6	50.5	1714.4	49.5	2115.5	61.1	1347.5	38.9
2017	3399.0	1713.8	50.4	1685.2	49.6	2104.0	61.9	1295.0	38.1
2018	3327.0	1675.1	50.3	1651.9	49.7	2111.3	63.5	1215.7	36.5
2019	3255.0	1635.6	50.2	1619.4	49.8	2103.4	64.6	1151.6	35.4
2020	3171.0	1588.2	50.1	1582.8	49.9	2080.5	65.6	1090.5	34.4
2021	3125.0	1566.0	50.1	1559.0	49.9	2052.8	65.7	1072.2	34.3
2022	3099.0	1549.0	50.0	1550.0	50.0	2052.0	66.2	1047.0	33.8

2-3 人口出生率、死亡率、自然增长率
Birth Rate, Death Rate and Natural Growth Rate of Population

单位：‰ (‰)

年份 Year	全省 Provincial			市 City			县 County		
	出生率 Birth Rate	死亡率 Death Rate	自然增长率 Natural Growth Rate	出生率 Birth Rate	死亡率 Death Rate	自然增长率 Natural Growth Rate	出生率 Birth Rate	死亡率 Death Rate	自然增长率 Natural Growth Rate
1957	36.59	10.45	26.14	48.33	9.50	38.83	33.01	10.74	22.27
1962	35.46	8.62	26.84	38.94	8.08	30.86	33.79	8.87	24.92
1965	40.38	8.00	32.38	40.11	6.08	34.03	40.47	8.67	31.80
1970	34.80	5.81	28.99	30.78	5.21	25.57	36.04	6.00	30.04
1975	21.98	5.43	16.55	16.21	5.11	11.10	23.70	5.53	18.17
1978	16.84	4.68	12.16	14.12	4.91	9.21	17.64	4.61	13.03
1980	13.49	4.86	8.63	11.74	4.77	6.97	14.07	4.89	9.18
1985	15.04	4.76	10.28	13.39	5.22	8.17	16.86	3.86	13.00
1990	18.11	6.35	11.76	15.43	5.92	9.51	20.71	6.79	13.92
1991	15.89	5.70	10.19	12.30	5.42	6.88	17.05	5.73	11.32
1992	16.25	6.12	10.13	12.88	5.40	7.48	17.65	6.55	11.10
1993	15.90	5.52	10.38	15.37	5.88	9.49	16.10	5.65	10.45
1994	15.15	5.47	9.68	14.91	5.06	9.85	15.39	6.18	9.21
1995	13.23	5.33	7.90	12.09	5.30	6.79	13.72	5.34	8.38
1996	12.40	5.05	7.35	12.28	5.02	7.26	12.43	5.06	7.37
1997	12.02	5.17	6.85	11.46	5.02	6.44	12.91	5.35	7.56
1998	11.68	5.32	6.36	10.24	4.67	5.57	13.31	6.07	7.25
1999	10.55	5.49	5.06	9.56	4.68	4.87	11.23	5.86	5.37
2000	9.43	5.50	3.93	8.76	4.94	3.82	10.11	6.10	4.01
2001	8.48	5.49	2.99	7.56	5.31	2.25	9.44	5.82	3.62
2002	7.98	5.44	2.54	7.30	5.29	2.01	9.12	5.61	3.51
2003	7.48	5.45	2.03	5.80	4.60	1.20	9.30	6.40	2.90
2004	7.27	5.45	1.82	5.15	3.97	1.18	9.53	7.02	2.51
2005	7.87	5.20	2.67	5.81	4.74	1.07	10.57	5.80	4.77
2006	7.57	5.18	2.39	5.82	4.86	0.96	9.18	4.90	4.28
2007	7.88	5.39	2.49	6.25	4.89	1.36	9.85	6.02	3.83
2008	7.91	5.68	2.23	6.94	5.77	1.17	9.21	5.55	3.66
2009	7.48	5.42	2.06	6.55	5.40	1.15	8.76	5.54	3.22
2010	7.35	5.83	1.52	6.45	5.36	1.09	7.78	5.98	1.80
2011	6.99	5.92	1.07	6.58	5.57	1.01	7.59	6.33	1.26
2012	7.30	6.03	1.27	6.52	5.21	1.31	8.27	7.06	1.21
2013	6.86	6.08	0.78	5.82	5.21	0.61	7.52	6.49	1.03
2014	7.37	6.46	0.91	6.47	5.51	0.96	7.92	7.11	0.81
2015	6.00	6.60	-0.60	5.96	6.17	-0.21	6.04	7.04	-1.00
2016	6.12	6.61	-0.49	6.19	6.23	-0.04	6.02	7.14	-1.12
2017	6.22	6.63	-0.41	6.33	6.11	0.22	6.06	7.39	-1.33
2018	5.98	6.67	-0.69	6.04	5.94	0.10	5.89	7.77	-1.88
2019	5.73	6.74	-1.01	5.92	6.04	-0.12	5.43	7.83	-2.40
2020	3.75	8.23	-4.48	4.14	6.51	-2.37	3.43	9.57	-6.14
2021	3.59	8.70	-5.11	3.70	6.63	-2.93	3.56	10.28	-6.72
2022	3.34	9.09	-5.75						

注：逢5、0年份数据根据1%人口抽样、人口普查数据公布市、县出生、死亡情况。
a) Data of the birth and death of cities and counties are published according to the data of 1% population sampling and census every 5 and 0 years.

2-4　人口年龄构成和抚养比

Age Composition and Dependency Ratio of Population

单位：万人、%　　(10000 persons,%)

年 份 Year	人口数 Total Population	0-14岁 Aged 0-14	15-64岁 Aged 15-64	65岁及以上 Aged 65 and over	总抚养比 Gross Dependency Ratio	少年儿童抚养比 Children Dependency Ratio	老年人口抚养比 Old Dependency Ratio
1986	3385.0	1020.7	2230.6	133.7	51.8	45.8	6.0
1987	3424.0	993.4	2305.5	125.0	48.5	43.1	5.4
1988	3466.0	931.3	2403.4	131.3	44.2	38.7	5.5
1989	3510.0	957.1	2412.1	140.9	45.5	39.7	5.8
1990	3543.0	944.3	2463.7	135.0	43.8	38.3	5.5
1991	3575.0	990.9	2438.9	145.2	46.6	40.6	6.0
1992	3608.0	984.6	2474.0	149.4	45.8	39.8	6.0
1993	3640.0	881.6	2613.3	145.1	39.3	33.8	5.6
1994	3672.0	869.1	2649.9	153.1	38.6	32.8	5.8
1995	3701.0	868.1	2663.5	169.5	38.9	32.6	6.4
1996	3728.0	802.0	2732.5	193.5	36.4	29.4	7.1
1997	3751.0	798.9	2757.0	195.1	36.1	29.0	7.1
1998	3773.0	776.0	2800.5	196.5	34.7	27.7	7.0
1999	3792.0	778.1	2808.5	205.3	35.0	27.7	7.3
2000	3807.0	719.1	2876.0	211.7	32.4	25.0	7.4
2001	3811.0	699.0	2882.0	230.0	32.2	24.3	8.0
2002	3813.0	648.2	2922.3	242.5	30.5	22.2	8.3
2003	3815.0	604.3	2957.1	253.6	29.0	20.4	8.6
2004	3816.8	555.0	3002.6	259.2	27.1	18.5	8.6
2005	3820.0	563.7	2966.5	289.8	28.8	19.0	9.8
2006	3823.0	536.4	2979.3	307.4	28.3	18.0	10.3
2007	3824.0	501.3	2978.5	344.2	28.4	16.8	11.6
2008	3825.0	481.6	2990.4	353.0	27.9	16.1	11.8
2009	3826.0	464.1	2999.2	362.7	27.6	15.5	12.1
2010	3833.0	458.4	3055.7	318.9	25.4	15.0	10.4
2011	3782.0	447.4	3012.7	321.9	25.5	14.9	10.7
2012	3724.0	439.1	2953.8	331.1	26.1	14.9	11.2
2013	3666.0	430.3	2892.6	343.1	26.8	14.9	11.9
2014	3608.0	422.8	2822.2	363.0	27.8	15.0	12.8
2015	3529.0	391.7	2752.6	384.7	28.2	14.2	14.0
2016	3463.0	379.2	2682.1	401.7	29.1	14.1	15.0
2017	3399.0	365.0	2625.1	408.9	29.5	13.9	15.6
2018	3327.0	353.3	2545.8	427.9	30.7	13.9	16.8
2019	3255.0	336.2	2471.2	447.6	31.7	13.6	18.1
2020	3171.0	327.4	2349.0	494.6	35.0	13.9	21.1
2021	3125.0	306.0	2295.0	524.0	36.1	13.3	22.8
2022	3099.0	287.0	2260.0	552.0	37.1	12.7	24.4

2-5 按年龄和性别分人口数
Population by Age and Sex

单位：万人、% (10000 persons,%)

年龄	Age	合计 Total			男 Male			女 Female		
		2010	2015	2020	2010	2015	2020	2010	2015	2020
人口数	**Population**									
总 计	**Total**	**3833.0**	**3529.0**	**3171.0**	**1943.4**	**1783.7**	**1588.2**	**1889.6**	**1745.3**	**1582.8**
0-4岁	Age 0-4	138.3	116.6	82.6	72.6	61.4	42.6	65.7	55.2	40.0
5-9岁	Age 5-9	150.0	131.2	108.4	78.3	69.3	56.0	71.7	61.9	52.4
10-14岁	Age 10-14	170.1	144.0	136.4	88.3	75.4	70.6	81.8	68.6	65.8
15-19岁	Age 15-19	224.7	159.9	138.3	114.4	81.4	71.7	110.3	78.5	66.6
20-24岁	Age 20-24	331.5	219.5	140.2	166.3	109.1	72.5	165.2	110.4	67.7
25-29岁	Age 25-29	281.3	277.4	157.8	141.8	140.0	81.3	139.5	137.4	76.5
30-34岁	Age 30-34	306.2	252.7	243.4	156.4	126.9	124.3	149.8	125.8	119.1
35-39岁	Age 35-39	394.4	278.4	225.1	202.4	142.0	114.8	192.0	136.4	110.3
40-44岁	Age 40-44	400.0	359.4	245.2	206.0	184.3	125.1	194.0	175.1	120.1
45-49岁	Age 45-49	365.9	362.1	325.0	186.3	184.5	165.5	179.6	177.6	159.5
50-54岁	Age 50-54	302.2	328.2	330.6	152.9	166.8	167.5	149.3	161.4	163.1
55-59岁	Age 55-59	267.7	271.2	302.1	132.7	134.8	150.7	135.0	136.4	151.4
60-64岁	Age 60-64	181.8	243.8	241.3	89.2	120.2	118.3	92.6	123.6	123.0
65-69岁	Age 65-69	116.2	160.6	208.5	55.7	79.1	99.1	60.5	81.5	109.4
70-74岁	Age 70-74	98.0	97.0	128.8	47.9	46.7	59.4	50.1	50.3	69.4
75-79岁	Age 75-79	59.6	71.4	73.0	29.9	34.5	32.0	29.7	36.9	41.0
80-84岁	Age 80-84	30.2	36.6	50.5	15.3	18.2	21.9	14.9	18.4	28.6
85-89岁	Age 85-89	11.1	14.3	23.4	5.3	7.0	10.3	5.8	7.3	13.1
90岁及以上	Age 90 and Over	3.8	4.7	10.4	1.7	2.1	4.6	2.1	2.6	5.8
构成	**Composition**									
总 计	**Total**	**100.0**	**100.0**	**100.0**	**100.0**	**100.0**	**100.0**	**100.0**	**100.0**	**100.0**
0-4岁	Age 0-4	3.6	3.3	2.6	3.7	3.4	2.7	3.5	3.2	2.5
5-9岁	Age 5-9	3.9	3.7	3.4	4.0	3.9	3.5	3.8	3.5	3.3
10-14岁	Age 10-14	4.4	4.1	4.3	4.5	4.2	4.5	4.3	3.9	4.1
15-19岁	Age 15-19	5.9	4.5	4.4	5.9	4.6	4.5	5.8	4.5	4.2
20-24岁	Age 20-24	8.6	6.2	4.4	8.6	6.1	4.6	8.7	6.3	4.3
25-29岁	Age 25-29	7.3	7.9	5.0	7.3	7.8	5.1	7.4	7.9	4.8
30-34岁	Age 30-34	8.0	7.2	7.7	8.0	7.1	7.8	7.9	7.2	7.5
35-39岁	Age 35-39	10.3	7.9	7.1	10.4	8.0	7.2	10.2	7.8	7.0
40-44岁	Age 40-44	10.4	10.2	7.7	10.6	10.3	7.9	10.3	10.0	7.6
45-49岁	Age 45-49	9.6	10.3	10.3	9.6	10.3	10.4	9.5	10.2	10.1
50-54岁	Age 50-54	7.9	9.3	10.4	7.9	9.4	10.6	7.9	9.2	10.3
55-59岁	Age 55-59	7.0	7.7	9.5	6.8	7.6	9.5	7.1	7.8	9.6
60-64岁	Age 60-64	4.7	6.9	7.6	4.6	6.7	7.4	4.9	7.1	7.8
65-69岁	Age 65-69	3.0	4.6	6.6	2.9	4.4	6.2	3.2	4.7	6.9
70-74岁	Age 70-74	2.6	2.7	4.1	2.5	2.6	3.8	2.7	2.9	4.4
75-79岁	Age 75-79	1.6	2.0	2.3	1.5	1.9	2.0	1.6	2.1	2.6
80-84岁	Age 80-84	0.8	1.0	1.6	0.8	1.0	1.4	0.8	1.1	1.8
85-89岁	Age 85-89	0.3	0.4	0.7	0.3	0.4	0.6	0.3	0.4	0.8
90岁及以上	Age 90 and Over	0.1	0.1	0.3	0.1	0.1	0.3	0.1	0.1	0.4

注：2010、2020年数据是当年普查推算的年末人口数据，2015年数据是1%人口抽样调查推算数据。

a) The data in 2010 and 2020 are the year-end population data calculated by the census in that year, and the data in 2015 are the data calculated by the 1% population sampling survey.

2-6　分地区年末人口数(2022年)

Population at Year-End by Region(2022)

单位：万人　(10000 persons)

地　　区	Region	总人口 Total Population	按城乡分	
			城镇人口	乡村人口
全　　省	**Total**	**3099.0**	**2052.0**	**1047.0**
哈 尔 滨	Harbin	982.4	701.1	281.3
齐齐哈尔	Qiqihar	393.9	213.0	180.9
鸡　　西	Jixi	144.9	106.1	38.9
鹤　　岗	Hegang	86.0	71.6	14.4
双 鸭 山	Shuangyashan	117.0	81.0	36.0
大　　庆	Daqing	272.7	198.7	74.0
伊　　春	Yichun	83.8	70.9	12.9
佳 木 斯	Jiamusi	210.2	138.4	71.8
七 台 河	Qitaihe	66.7	51.9	14.9
牡 丹 江	Mudanjiang	222.1	147.6	74.5
黑　　河	Heihe	125.1	82.2	42.9
绥　　化	Suihua	363.0	160.6	202.4
大兴安岭	Daxinganling	31.3	29.0	2.3

注：本表为全省年度人口抽样调查推算数据。
a)The data of this table is a sample survey of population in the province.

2-7　分地区城镇登记失业人员

Registered Unemployed Persons in Urban Area by Region

单位：万人　(10000 persons)

地　　区	Region	失业人员 Unemployed Persons				
		2018	2019	2020	2021	2022
全　　省	**Total**	**39.41**	**34.69**	**31.02**	**28.54**	**28.95**
哈 尔 滨	Harbin	10.03	9.48	8.96	8.86	6.04
齐齐哈尔	Qiqihar	3.96	3.62	3.59	2.87	2.93
鸡　　西	Jixi	1.71	1.61	1.68	1.38	1.50
鹤　　岗	Hegang	1.45	1.23	1.37	1.17	1.38
双 鸭 山	Shuangyashan	0.95	0.94	1.00	1.04	2.55
大　　庆	Daqing	3.81	3.24	3.23	3.03	0.85
伊　　春	Yichun	1.88	1.66	1.67	1.37	0.87
佳 木 斯	Jiamusi	2.15	1.82	2.06	1.95	0.85
七 台 河	Qitaihe	1.00	0.94	0.89	0.78	0.36
牡 丹 江	Mudanjiang	2.43	2.20	2.76	2.44	0.94
黑　　河	Heihe	0.97	0.88	1.42	1.29	0.52
绥　　化	Suihua	1.97	1.80	1.86	1.94	1.18
大兴安岭	Daxinganling	0.58	0.56	0.53	0.42	0.26

2-8 三次产业年末就业人数

Number of Employed Persons at Year-End by Three Strata of Industry

单位：万人、%　　(10000 persons,%)

年 份 Year	就 业 人员数 Total Employed Persons	第一产业 Primary Industry	第二产业 Secondary Industry	第三产业 Tertiary Industry	构 成 Composition 第一产业 Primary Industry	第二产业 Secondary Industry	第三产业 Tertiary Industry
2010	2102.0	868.9	407.3	825.8	41.3	19.4	39.3
2014	1946.0	719.2	377.5	849.6	37.0	19.4	43.7
2015	1825.0	694.2	349.7	781.1	38.0	19.2	42.8
2016	1776.0	664.2	319.7	792.1	37.4	18.0	44.6
2017	1699.0	632.0	295.6	771.3	37.2	17.4	45.4
2018	1635.0	606.2	272.7	756.1	37.1	16.7	46.2
2019	1551.0	569.2	257.5	724.3	36.7	16.6	46.7
2020	1473.0	538.0	240.0	695.0	36.5	16.3	47.2
2021	1420.0	516.0	234.0	670.0	36.3	16.5	47.2
2022	1351.0	518.0	204.0	629.0	38.3	15.1	46.6

注：2010-2020年年末数据是国家统计局根据第七次全国人口普查数据修订数。其余年份数据为年度人口抽样调查推算数据(下同)。

a) The data at the end of 2010-2020 is revised by the National Bureau of statistics according to the data of the seventh national census.the data of other years are calculated from the annual population sampling survey (the same below).

2-9　分地区年末城镇非私营单位就业人数
Number of Employment in Urban Non-Private Units at Year-End by Region

单位：人　(person)

年份 地区	Year Region	总计 Total	农、林、牧、渔业 Agriculture, Forestry, Animal Husbandry and Fishery	采矿业 Mining	制造业 Manufa-cturing	电力、热力、燃气及水生产和供应业 Production and Supply of Electric, heat, Gas and Water	建筑业 Construction
2014		4508828	710984	359280	613082	180839	338497
2015		4335151	654595	318638	574066	180621	311202
2016		4248714	667985	279101	519865	176015	284420
2017		4130136	677202	255592	456676	168343	247003
2018		3926560	656214	268514	386097	136521	214861
2019		3495740	407217	234219	301119	144566	174291
2020		3163969	201052	235867	280255	138802	147091
2021		3112025	200199	232212	264423	155736	124794
2022		2978733	174875	221048	259400	146555	115244
哈尔滨	Harbin	924010	14884	4679	101460	33754	52952
齐齐哈尔	Qiqihar	258871	11193	30	35404	10512	7086
鸡西	Jixi	122831	1712	32076	6000	6027	4921
鹤岗	Hegang	110778	6766	35506	4683	4617	2632
双鸭山	Shuangyashan	126379	13360	20139	7080	3550	3801
大庆	Daqing	355914	1657	100787	52380	15588	22373
伊春	Yichun	108476	23045	603	8057	3637	1540
佳木斯	Jiamusi	168141	24662	51	9376	5350	4345
七台河	Qitaihe	73323	2637	23726	3443	2278	1256
牡丹江	Mudanjiang	172351	22459	77	10054	5599	3938
黑河	Heihe	117520	14699	2235	2203	3785	2029
绥化	Suihua	197208	7651	70	18557	5516	6845
大兴安岭	Daxinganling	72728	30151	1070	704	2154	1526

注：市(地)数据不包括哈尔滨铁路局和国网黑龙江省电力有限公司相关数据(下同)。
a) City (local city) data do not include relevant data of Harbin Railway Administration and State Grid Heilongjiang Electric Power Co., Ltd.(the same below).

2-9 续表1 Continued

单位：人 (person)

年份 地区	Year Region	批发和零售业 Wholesale and Retail Trades	交通运输仓储和邮政业 Transport, Storage and Post	住宿和餐饮业 Hotels and Catering Services	信息传输、软件和信息技术服务业 Information Transmission, Software and Information Technology	金融业 Financial Intermediation	房地产业 Real Estate	租赁和商务服务业 Leasing and Business Services
2014		187562	277461	45246	76385	169005	60346	62055
2015		182176	274955	41511	73668	187020	59870	62900
2016		186170	271327	40433	72891	213468	61337	68933
2017		177763	270041	36859	81555	226548	62550	79775
2018		156808	250300	32438	79656	217173	64203	108374
2019		111888	257628	14195	88156	234283	57983	135422
2020		108527	234047	13541	85545	243039	54113	124003
2021		103265	234437	15293	58425	208141	53865	134220
2022		100900	224945	14580	59332	170224	48024	125058
哈尔滨	Harbin	49195	40023	8941	32215	53554	20184	90833
齐齐哈尔	Qiqihar	11282	7774	386	3893	8482	2883	4834
鸡西	Jixi	4239	3320	362	1789	8196	724	1490
鹤岗	Hegang	3909	3597	389	1216	5114	738	1521
双鸭山	Shuangyashan	1376	5544	284	1485	5730	2081	2902
大庆	Daqing	6764	6722	1072	3473	16913	12958	6888
伊春	Yichun	790	2739	382	1640	3054	1262	1203
佳木斯	Jiamusi	5814	7876	800	2463	15660	781	5026
七台河	Qitaihe	1100	2036	120	1162	4433	651	1115
牡丹江	Mudanjiang	5079	4985	417	3199	17566	1491	5988
黑河	Heihe	2184	5866	403	1823	9841	939	1870
绥化	Suihua	8578	6953	402	3862	20003	2826	1005
大兴安岭	Daxinganling	591	1500	622	1111	1678	508	383

2-9 续表2 Continued

单位：人 (person)

年份 地区	Year Region	科学研究和技术服务业 Scientific Research and Technical Service	水利、环境和公共设施管理业 Management of Water Conservancy, Environment and Public Facilities	居民服务、修理和其他服务业 Services to Households Repair and Other Services	教育 Education	卫生和社会工作 Health and Social Services	文化、体育和娱乐业 Culture, Sports and Entertainment	公共管理、社会保障和社会组织 Public Management Social Security and Social Organization
2014		115422	101503	42642	453708	225950	40981	447880
2015		111809	108794	43100	442622	223709	39965	443930
2016		111223	111348	39937	430329	229192	39209	445531
2017		106923	109521	39102	417976	231389	38244	447074
2018		91742	103924	42349	409036	229921	35017	443412
2019		86370	67099	28329	396144	249073	28254	479504
2020		55808	65370	12409	398007	264625	24908	476960
2021		59927	68381	15135	399592	264453	23242	496283
2022		56971	64667	12215	386667	260704	23379	513947
哈尔滨	Harbin	32480	18418	8966	136729	83709	11213	129821
齐齐哈尔	Qiqihar	4115	10095	534	42464	31917	2456	63533
鸡西	Jixi	539	4476	225	13900	11764	860	20212
鹤岗	Hegang	1028	925	118	9648	9309	553	18511
双鸭山	Shuangyashan	993	4064	368	12770	10882	823	29150
大庆	Daqing	5633	1401	211	39544	23108	859	37582
伊春	Yichun	1667	4565	143	9953	10523	797	32877
佳木斯	Jiamusi	1791	4605	125	25055	17856	1557	34949
七台河	Qitaihe	743	491	67	7788	5327	340	14612
牡丹江	Mudanjiang	2587	2892	494	26311	22927	979	35310
黑河	Heihe	1493	4734	306	17303	8425	933	36449
绥化	Suihua	2542	4690	411	39122	21611	1481	45084
大兴安岭	Daxinganling	1359	3310	248	6083	3346	529	15854

2-10 按行业分年末国有单位就业人数
Number of Employment in State-Owned Units at Year-End by Sector

单位：人 (person)

年份 Year	总计 Total	农、林、牧、渔业 Agriculture, Forestry, Animal Husbandry and Fishery	采矿业 Mining	制造业 Manufacturing	电力、热力、燃气及水生产和供应业 Production and Supply of Electric, heat, Gas and Water	建筑业 Construction	批发和零售业 Wholesale and Retail Trades
2014	2770991	702780	9331	63476	86450	88314	46677
2015	2678459	647035	7789	69258	85612	68363	45404
2016	2636890	660654	7357	56580	81301	63001	43197
2017	2540814	670334	5199	44306	78987	43438	40301
2018	2464248	650035	23386	28965	49661	39066	36741
2019	1768987	374905	9654	9770	34624	12080	11034
2020	1569389	189983	13543	6658	38079	12333	15083
2021	1579516	181912	17310	7576	21289	9175	14302
2022	1553974	161449	4073	22613	16977	9084	12880

2-10 续表1 Continued

单位：人 (person)

年份 Year	交通运输仓储和邮政业 Transport, Storage and Post	住宿和餐饮业 Hotels and Catering Services	信息传输、软件和信息技术服务业 Information Transmission, Software and Information Technology	金融业 Financial Intermediation	房地产业 Real Estate	租赁和商务服务业 Leasing and Business Services	科学研究和技术服务业 Scientific Research and Technical Service
2014	250879	22073	20135	56488	14570	31374	101157
2015	245370	20231	19380	59693	13292	31133	100886
2016	242424	20527	19327	61832	11708	30544	97896
2017	223218	18634	12894	52705	11345	31126	92959
2018	211133	17986	16769	54447	9106	31369	77070
2019	62021	4897	5610	31583	3362	38498	35667
2020	52891	4555	7233	19369	3533	20205	37598
2021	49111	3733	8371	17327	5494	27602	40055
2022	48497	3359	9149	16908	5123	28359	37604

2-10　续表2　Continued

单位：人　(person)

年份 Year	水利、环境和公共设施管理业 Management of Water Conservancy, Environment and Public Facilities	居民服务、修理和其他服务业 Services to Households Repair and Other Services	教育 Education	卫生和社会工作 Health and Social Services	文化、体育和娱乐业 Culture, Sports and Entertainment	公共管理、社会保障和社会组织 Public Management Social Security and Social Organization
2014	92670	36379	447551	217401	35943	447343
2015	97350	36998	437422	214746	34957	443540
2016	100762	33485	421810	216171	33112	435202
2017	98509	33298	404402	210674	30998	437487
2018	90943	38022	404386	213393	28431	443339
2019	59258	4900	362915	213435	19394	475380
2020	57419	6322	360241	232486	18603	473253
2021	58721	6360	365671	234276	17693	493536
2022	53453	5122	354400	234653	18351	511920

2-11　按行业分年末城镇集体单位就业人数
Number of Employment in Urban Collective-Owned Units at Year-End by Sector

单位：人　(person)

年份 Year	总计 Total	农、林、牧、渔业 Agriculture, Forestry, Animal Husbandry and Fishery	采矿业 Mining	制造业 Manufacturing	电力、热力、燃气及水生产和供应业 Production and Supply of Electric, heat, Gas and Water	建筑业 Construction
2014	147269	881	7840	48279	888	32932
2015	141049	767	7643	44383	835	28796
2016	122044	642	7416	36047	751	22304
2017	105883	817	9269	33902	741	16451
2018	95469	531	7460	33156	804	12213
2019	29258	136	5702	5783	215	6540
2020	23035	118	5562	3162	80	4050
2021	20406	107	4117	3035	101	3739
2022	19303	72	6392	2465	216	2314

2-11 续表1 Continued

单位：人 (person)

年份 Year	批发和零售业 Wholesale and Retail Trades	交通运输仓储和邮政业 Transport, Storage and Post	住宿和餐饮业 Hotels and Catering Services	信息传输、软件和信息技术服务业 Information Transmission, Software and Information Technology	金融业 Financial Intermediation	房地产业 Real Estate	租赁和商务服务业 Leasing and Business Services
2014	10150	2008	2346	63	19384	929	5160
2015	11671	1569	2143	55	19239	503	7055
2016	11414	1025	2401	43	19159	563	6928
2017	9206	841	2257	40	16778	642	6012
2018	6871	587	1051	64	14662	650	6992
2019	2372	703	141		1865	421	1203
2020	970	621	198	76	1631	212	988
2021	899	621	198	107	1678	170	628
2022	788	436	110	88	1266	167	463

2-11 续表2 Continued

单位：人 (person)

年份 Year	科学研究和技术服务业 Scientific Research and Technical Service	水利、环境和公共设施管理业 Management of Water Conservancy, Environment and Public Facilities	居民服务、修理和其他服务业 Services to Households Repair and Other Services	教育 Education	卫生和社会工作 Health and Social Services	文化、体育和娱乐业 Culture, Sports and Entertainment	公共管理、社会保障和社会组织 Public Management Social Security and Social Organization
2014	1319	3851	2552	2498	5246	665	278
2015	938	4912	2804	1962	5076	602	96
2016	767	3638	2695	433	4983	732	103
2017	506	1554	1859	513	3885	525	85
2018	450	3299	1534	994	3881	197	73
2019	329	46	203	812	2610	3	174
2020	546	116	173	1122	3051	17	343
2021	443	96	134	1061	2984	16	274
2022	320	92	107	941	2647	15	406

2-12　按行业分年末城镇其他单位就业人数
Number of Employment in Urban Other Units at Year-End by Sector

单位：人 (person)

年　份 Year	总　计 Total	农、林、牧、渔业 Agriculture, Forestry, Animal Husbandry and Fishery	采矿业 Mining	制造业 Manufa-cturing	电力、热力、燃气及水生产和供应业 Production and Supply of Electric, heat, Gas and Water	建筑业 Construction	批发和零售业 Wholesale and Retail Trades
2014	1590568	7323	342109	501327	93501	217251	130735
2015	1515643	6793	303206	460425	94174	214043	125101
2016	1489780	6689	264328	427238	93963	199115	131559
2017	1483439	6051	241124	378468	88615	187114	128256
2018	1366843	5648	237668	323976	86056	163582	113196
2019	1697495	32176	218863	285566	109727	155671	98482
2020	1571545	10952	216762	270436	100643	130708	92473
2021	1512104	18180	210785	253812	134347	111880	88065
2022	1405456	13354	210583	234322	129362	103846	87231

2-12　续表1　Continued

单位：人 (person)

年　份 Year	交通运输仓储和邮政业 Transport, Storage and Post	住宿和餐饮业 Hotels and Catering Services	信息传输、软件和信息技术服务业 Information Transmission, Software and Information Technology	金融业 Financial Intermediation	房地产业 Real Estate	租赁和商务服务业 Leasing and Business Services	科学研究和技术服务业 Scientific Research and Technical Service
2014	24574	20827	56187	93133	44847	25521	12946
2015	28016	19137	54233	108088	46075	24712	9985
2016	27878	17505	53521	132477	49066	31461	12560
2017	45982	15968	68621	157065	50563	42637	13458
2018	38580	13401	62823	148064	54447	70013	14222
2019	194904	9157	82546	200835	54200	95721	50374
2020	180535	8788	78236	222040	50368	102810	17664
2021	184705	11362	49947	189136	48201	105989	19429
2022	176012	11110	50094	152050	42734	96236	19048

2-12 续表2 Continued

单位：人 (person)

年 份 Year	水利、环境和公共设施管理业 Management of Water Conservancy, Environment and Public Facilities	居民服务、修理和其他服务业 Services to Households Repair and Other Services	教 育 Education	卫生和社会工作 Health and Social Services	文化、体育和娱乐业 Culture, Sports and Entertainment	公共管理、社会保障和社会组织 Public Management Social Security and Social Organization
2014	4982	3711	3659	3303	4373	259
2015	6532	3298	3238	3887	4406	294
2016	6948	3757	8086	8038	5365	10226
2017	9458	3945	13061	16830	6721	9502
2018	9682	2793	3656	12647	6389	
2019	7795	23226	32417	33028	8857	3950
2020	7835	5914	36644	29088	6288	3364
2021	9564	8641	32861	27193	5533	2473
2022	11122	6986	31327	23404	5013	1621

2-13　按行业分年末城镇非私营单位女性就业人员(2022年)
Number of Female Employed Persons Excluding Private at Year-End by Sector(2022)

单位：人、%　　(person, %)

行　业	Sector	单位女性就业人员 Number of Female Employed Persons	占单位就业人员比重 Proportion of Female Employed Persons to Total
总　计	**Total**	**1170247**	**39.3**
农、林、牧、渔业	Agriculture, Forestry, Animal Husbandry and Fishery	45980	26.3
采矿业	Mining	45233	20.5
制造业	Manufacturing	73715	28.4
电力、热力、燃气及水生产和供应业	Production and Supply of Electric, Heat, Gas and Water	31113	21.2
建筑业	Construction	25309	22.0
批发和零售业	Wholesale and Retail Trade	49866	49.4
交通运输、仓储及邮政业	Transport, Storage and Post	43548	19.4
住宿和餐饮业	Hotels and Catering Services	8562	58.7
信息传输、软件和信息技术服务业	Information Transmission, Software and Information Technology	25166	42.4
金融业	Financial Intermediation	98103	57.6
房地产业	Real Estate	20397	42.5
租赁和商务服务业	Leasing and Business Services	44010	35.2
科学研究和技术服务业	Scientific Research and Technical Services	20020	35.1
水利、环境和公共设施管理业	Management of Water Conservancy, Environment and Public Facilities	19638	30.4
居民服务、修理和其他服务业	Services to Households, Repair and Other Services	5061	41.4
教　育	Education	245421	63.5
卫生、社会工作	Health and Social Service	179700	68.9
文化、体育和娱乐业	Culture, Sports and Entertainment	10659	45.6
公共管理、社会保障和社会组织	Public Management, Social Securities and Social Organization	178746	34.8
国际组织	International Organizations		

2-14 按行业分城镇非私营单位就业人员工资总额 Total Wage of Employed Persons in Urban Non-Private Units by Sector

单位：亿元、千元 (100 million yuan, 1000 yuan)

年份 Year 地区 Region		总计 Total	农、林、牧、渔业 Agriculture, Forestry, Animal Husbandry and Fishery	采矿业 Mining	制造业 Manufacturing	电力、热力、燃气及水生产和供应业 Production and Supply of Electric, heat, Gas and Water	建筑业 Construction	批发和零售业 Wholesale and Retail Trades
2014		2033.1	186.0	200.5	266.4	105.6	167.3	75.8
2015		2164.2	187.2	185.7	265.8	113.8	143.6	80.2
2016		2251.4	190.5	174.1	261.3	114.8	132.9	88.8
2017		2368.6	227.1	179.6	255.0	115.2	118.7	89.3
2018		2421.4	215.5	215.3	246.8	100.0	114.6	81.7
2019		2421.2	136.6	214.1	210.0	116.0	100.6	67.4
2020		2372.0	71.2	216.6	213.1	121.2	87.4	68.6
2021		2530.3	83.9	231.7	219.0	144.9	82.7	81.2
2022		2654.4	85.9	243.9	227.7	145.9	83.0	79.7
哈尔滨	Harbin	92425998	954338	464140	9206325	3249901	3928690	4050182
齐齐哈尔	Qiqihar	20285447	504250	902	3015093	810970	482789	1158050
鸡西	Jixi	9501454	109097	2365563	353201	381411	290398	314689
鹤岗	Hegang	8017628	389745	2568036	298645	351704	135346	220920
双鸭山	Shuangyashan	9835717	721446	1958725	521671	293662	218609	116040
大庆	Daqing	39963659	84534	14693102	6120714	1829369	2152130	512969
伊春	Yichun	7270489	1025715	69432	548141	232748	78459	72183
佳木斯	Jiamusi	11809870	1093895	2083	574743	403877	236074	356044
七台河	Qitaihe	5612353	130133	1917960	200175	228977	66012	84739
牡丹江	Mudanjiang	12457190	932010	3406	689489	467159	213734	406350
黑河	Heihe	8485460	697605	273506	121927	263131	102695	153114
绥化	Suihua	13136812	275514	4368	1076197	315974	325474	473435
大兴安岭	Daxinganling	5535119	1670848	71851	46030	118609	67629	54273

2-14　续表1　Continued

单位：亿元、千元　(100 million yuan, 1000 yuan)

年　份 Year 地　区 Region	交通运输仓储和邮政业 Transport, Storage and Post	住宿和餐饮业 Hotels and Catering Services	信息传输、软件和信息技术服务业 Information Transmission, Software and Information Technology	金融业 Financial Intermediation	房地产业 Real Estate	租赁和商务服务业 Leasing and Business Services	科学研究和技术服务业 Scientific Research and Technical Service
2014	157.8	17.8	45.3	97.0	24.7	24.4	72.2
2015	162.4	17.6	47.8	116.4	27.1	27.7	73.8
2016	172.4	18.1	44.2	132.2	28.1	33.1	74.9
2017	187.0	18.1	52.9	150.4	29.0	41.8	78.5
2018	189.3	16.4	51.5	144.5	32.4	59.8	76.4
2019	216.5	5.8	63.1	168.7	29.9	88.1	82.4
2020	209.8	5.3	69.5	168.8	28.1	100.4	50.7
2021	220.9	6.4	55.0	174.4	28.9	120.1	58.2
2022	227.2	6.3	61.7	158.2	26.2	122.0	59.3
哈尔滨 Harbin	3299930	413563	3664947	6772174	1367217	10587841	3518535
齐齐哈尔 Qiqihar	562896	15533	366717	870219	144438	228625	330717
鸡　西 Jixi	224099	13694	165286	855523	34538	53637	42223
鹤　岗 Hegang	228644	13320	115504	420062	25127	111282	85370
双鸭山 Shuangyashan	317712	11662	138793	579814	69881	57828	89295
大　庆 Daqing	579640	43528	399869	1548968	601935	380602	850766
伊　春 Yichun	159164	17794	154920	326978	44182	84639	112567
佳木斯 Jiamusi	481272	28980	230342	1125560	50632	255571	155855
七台河 Qitaihe	130659	4615	104231	306942	22459	38911	65288
牡丹江 Mudanjiang	331978	16993	264845	1121087	81015	246324	212705
黑　河 Heihe	344101	15645	157679	647625	46677	78332	116593
绥　化 Suihua	468668	14585	289631	1087017	108977	48262	202325
大兴安岭 Daxinganling	125517	24286	116364	162137	26282	32473	150919

2-14 续表2 Continued

单位: 亿元、千元 (100 million yuan,1000 yuan)

年份 地区	Year Region	水利、环境和公共设施管理业 Management of Water Conservancy, Environment and Public Facilities	居民服务、修理和其他服务业 Services to Households Repair and Other Services	教育 Education	卫生和社会工作 Health and Social Services	文化、体育和娱乐业 Culture, Sports and Entertainment	公共管理、社会保障和社会组织 Public Management Social Security and Social Organization
2014		28.9	23.0	223.7	106.7	17.6	192.4
2015		35.8	22.6	277.4	124.3	20.2	234.3
2016		38.8	23.4	294.3	142.0	21.7	265.8
2017		39.2	23.4	303.7	154.1	22.5	283.1
2018		40.1	25.8	318.3	164.7	21.7	306.6
2019		27.4	19.2	333.4	182.4	18.0	341.6
2020		28.0	5.3	338.3	202.0	16.1	371.6
2021		29.7	6.2	370.5	224.4	16.8	375.1
2022		30.3	5.9	388.2	242.3	18.1	442.4
哈尔滨	Harbin	980961	402775	15084839	10181587	945116	13352937
齐齐哈尔	Qiqihar	440615	31028	3928376	2272641	157216	4964374
鸡西	Jixi	143668	17859	1316046	1088522	56935	1675065
鹤岗	Hegang	54596	4685	834206	738773	41079	1380583
双鸭山	Shuangyashan	182134	21261	1154678	893950	75173	2413381
大庆	Daqing	68075	14041	4031254	2332544	74372	3645247
伊春	Yichun	229973	8486	926664	743807	53135	2381501
佳木斯	Jiamusi	220305	6070	2494809	1369692	106789	2617279
七台河	Qitaihe	20395	4337	668791	455715	24888	1137124
牡丹江	Mudanjiang	149489	31696	2482575	1778208	52927	2975199
黑河	Heihe	178841	16864	1746643	606503	74752	2843230
绥化	Suihua	218955	23502	3486428	1494587	103350	3119561
大兴安岭	Daxinganling	141369	10410	664624	273944	46401	1731153

2-15 分地区城镇非私营单位就业人员平均工资
Average Wage of Employed Persons in Urban Non-Private Units by Region

单位：元 (yuan)

年份 Year 地区 Region		总计 Total	农、林、牧、渔业 Agriculture, Forestry, Animal Husbandry and Fishery	采矿业 Mining	制造业 Manufacturing	电力、热力、燃气及水生产和供应业 Production and Supply of Electric, heat, Gas and Water	建筑业 Construction
2014		44036	25816	56472	43254	58221	37389
2015		48881	28556	54707	45447	62714	37948
2016		52435	28782	59875	49775	64919	39922
2017		56067	30638	68926	55497	68215	42200
2018		60780	30926	79255	62891	72319	48414
2019		68416	31754	90004	69173	80297	52767
2020		74554	36523	91342	75263	86997	52585
2021		80369	40996	98793	81878	92695	62166
2022		88235	49226	109888	86870	98731	66312
哈尔滨	Harbin	98219	66461	99454	89140	95988	71472
齐齐哈尔	Qiqihar	77480	45196	32600	85491	76721	41697
鸡西	Jixi	76557	63281	73560	57657	62630	52993
鹤岗	Hegang	73675	55925	76357	65221	75912	47839
双鸭山	Shuangyashan	77041	53242	93540	74314	80068	59563
大庆	Daqing	111624	50987	143328	116654	116225	91477
伊春	Yichun	68540	43677	114463	66810	67176	49217
佳木斯	Jiamusi	68692	40349	40555	60474	74522	51816
七台河	Qitaihe	75169	48989	79548	56513	98820	51470
牡丹江	Mudanjiang	72860	46968	47864	67645	81573	49375
黑河	Heihe	72607	48182	132035	53920	69927	46879
绥化	Suihua	65287	37423	62494	56966	57443	41887
大兴安岭	Daxinganling	76935	55454	67666	57239	57271	49688

2-15 续表1 Continued

单位：元 (yuan)

年份 地区	Year Region	批发和零售业 Wholesale and Retail Trades	交通运输仓储和邮政业 Transport, Storage and Post	住宿和餐饮业 Hotels and Catering Services	信息传输、软件和信息技术服务业 Information Transmission, Software and Information Technology	金融业 Financial Intermediation	房地产业 Real Estate	租赁和商务服务业 Leasing and Business Services
2014		41480	56406	39387	59055	58112	40002	39918
2015		44654	58601	42095	64003	65140	44447	44945
2016		48576	62977	44807	62707	64737	45376	48066
2017		50907	68747	48778	65370	66790	46693	56493
2018		52525	74935	50404	64022	66942	48982	67108
2019		60286	83090	40192	71471	69860	51173	70901
2020		63050	88628	39837	80673	68288	51387	84975
2021		77983	93288	41197	93945	74150	53953	92982
2022		78482	100266	42733	103100	86360	54092	92334
哈尔滨	Harbin	81338	81516	44908	113841	114860	66466	108587
齐齐哈尔	Qiqihar	102254	76454	42447	92239	100916	48381	47407
鸡西	Jixi	74218	65561	38445	90665	99296	47983	34190
鹤岗	Hegang	54626	66655	35504	94461	80074	37885	67116
双鸭山	Shuangyashan	85103	56901	41910	91666	98518	31882	19053
大庆	Daqing	75289	90218	41535	109161	88118	47260	54070
伊春	Yichun	88634	57323	46410	93249	105711	32779	69242
佳木斯	Jiamusi	62959	61575	35772	92271	67284	63442	43222
七台河	Qitaihe	76311	62582	38349	88949	60107	33320	35737
牡丹江	Mudanjiang	79505	66313	38649	81238	59838	52727	47648
黑河	Heihe	70373	58174	36047	85763	64353	49534	44389
绥化	Suihua	55164	70359	36386	74374	47482	38515	47843
大兴安岭	Daxinganling	96946	94955	39191	103731	95085	52285	85454

2-15　续表2　Continued

单位：元 (yuan)

年份 Year 地区 Region	科学研究和技术服务业 Scientific Research and Technical Service	水利、环境和公共设施管理业 Management of Water Conservancy, Environment and Public Facilities	居民服务、修理和其他服务业 Services to Households Repair and Other Services	教育 Education	卫生和社会工作 Health and Social Services	文化、体育和娱乐业 Culture, Sports and Entertainment	公共管理、社会保障和社会组织 Public Management Social Security and Social Organization
2014	62073	28993	52333	49503	47659	43083	43143
2015	66168	32980	50275	62673	55776	50931	53007
2016	68514	35519	55411	68288	62122	55056	59837
2017	73978	36282	58569	72656	66627	58391	63684
2018	82607	38571	60090	77787	71719	62263	69260
2019	94140	41454	65339	84227	73454	63598	71516
2020	90288	43365	45351	85176	76562	64342	77808
2021	97529	43908	41953	92853	85042	71787	76461
2022	104121	47069	47622	100184	93145	77318	87556
哈尔滨 Harbin	108419	53767	43739	109980	121101	83463	103747
齐齐哈尔 Qiqihar	80200	44157	58913	92117	72033	63357	79496
鸡西 Jixi	76463	31945	79074	94375	92224	65676	84180
鹤岗 Hegang	84814	57876	39628	86782	77991	73369	77433
双鸭山 Shuangyashan	90503	44287	57704	90358	82048	90758	83223
大庆 Daqing	151110	49018	65979	102230	102568	86018	99761
伊春 Yichun	67815	50336	60650	92182	71900	65785	79783
佳木斯 Jiamusi	86391	44170	48476	100754	77103	69359	76790
七台河 Qitaihe	86018	40708	61305	86219	86204	74041	77441
牡丹江 Mudanjiang	81884	50325	63899	93946	77552	61268	84354
黑河 Heihe	79848	41526	55128	99808	71831	78710	78970
绥化 Suihua	78400	46726	57850	88911	68725	68893	68991
大兴安岭 Daxinganling	110188	44525	42027	107143	88835	90060	110181

2-16 城镇非私营单位就业人员平均工资(2022年)
Average Wage of Employed Persons in Urban Non-Private Units(2022)

单位：元 (yuan)

项 目	Item	全部单位 Total	国有单位 State-owned Units	集体单位 Urban Collective-owned Units	其他单位 Others
总 计	**Total**	**88235**	**86963**	**66705**	**89932**
按执行会计标准类别分组	**Group by Implementation Accounting Standard Category**				
企业	Enterprises	86453	71224	65449	90565
政府	Government	91338	91582	73933	81008
民间非营利组织	Non-Governmental Non-profit Organizations	56266	78761	45917	52037
其他	Other	127360	132808		104529
按行业分组	**Grouped by Sector**				
农、林、牧、渔业	Agriculture, Forestry, Animal Husbandry and Fishery	49226	48187	52000	61866
采矿业	Mining	109888	92836	64360	111543
制造业	Manufacturing	86870	116994	84822	83982
电力、热力、燃气及水生产和供应业	Production and Supply of Electric, Heat, Gas and Water	98731	57545	167646	104061
建筑业	Construction	66312	59603	55608	67662
批发和零售业	Wholesale and Retail Trade	78482	131007	29877	71128
交通运输、仓储及邮政业	Transport, Storage and Post	100266	82829	48114	105068
住宿和餐饮业	Hotels and Catering Services	42733	47986	38527	41220
信息传输、软件和信息技术服务业	Information Transmission, Software and IT Services	103100	124874	165462	99077
金融业	Financial Intermediation	86360	134102	102308	81285
房地产业	Real Estate	54092	50268	42016	54586
租赁和商务服务业	Leasing and Business Services	92334	56999	36487	101565
科学研究和技术服务业	Scientific Research and Technical Services	104121	97133	77049	118696
水利、环境和公共设施管理业	Management of Water Conservancy, Environment and Public Facilities	47069	48283	78720	40855
居民服务、修理和其他服务业	Services to Households, Repair and Other Services	47622	58978	43110	38362
教 育	Education	100184	102999	89768	68221
卫生、社会工作	Health and Social Services	93145	95409	66687	73522
文化、体育和娱乐业	Culture, Sports and Entertainment	77318	78033	66733	74707
公共管理、社会保障和社会组织	Public Management, Social Security and Social Organization	87556	87590	65439	82394
国际组织	International Organizations				

2-17 按行业分国有单位就业人员平均工资
Average Wage of Employed Persons in State-Owned Units by Sector

单位：元 (yuan)

年 份 Year	总 计 Total	农、林、牧、渔业 Agriculture, Forestry, Animal Husbandry and Fishery	采矿业 Mining	制造业 Manufa-cturing	电力、热力、燃气及水生产和供应业 Production and Supply of Electric, heat, Gas and Water	建筑业 Construction	批发和零售业 Wholesale and Retail Trades
2014	42794	25862	45310	51557	50904	38150	50711
2015	49307	28627	45471	48958	54168	39947	55589
2016	52847	28825	46392	52532	56360	40762	57455
2017	55789	30685	47000	56784	57585	54943	65150
2018	59716	30985	77097	54715	57828	66449	70743
2019	64184	32181	71412	41577	58274	50717	101961
2020	73622	35760	87380	66680	75543	53066	103827
2021	77455	40628	95553	72169	55811	55937	115777
2022	86963	48187	92836	116994	57545	59603	131007

2-17 续表1 Continued

单位：元 (yuan)

年 份 Year	交通运输仓储和邮政业 Transport, Storage and Post	住宿和餐饮业 Hotels and Catering Services	信息传输、软件和信息技术服务业 Information Transmission, Software and Information Technology	金融业 Financial Intermediation	房地产业 Real Estate	租赁和商务服务业 Leasing and Business Services	科学研究和技术服务业 Scientific Research and Technical Service
2014	57840	44781	57864	67957	40097	36521	63643
2015	60376	47820	63774	74356	47055	40818	67252
2016	64415	49893	65312	75790	49742	42938	69908
2017	71718	55309	68314	84871	52507	42796	74929
2018	78963	56154	67973	74878	49810	47565	83945
2019	63683	43794	79570	102551	47718	40995	79147
2020	66063	42818	83872	119745	50785	49788	85695
2021	70878	47386	96272	127443	49278	55583	88171
2022	82829	47986	124874	134102	50268	56999	97133

2-17 续表2 Continued

单位：元 (yuan)

年 份 Year	水利、环境和公共设施管理业 Management of Water Conservancy, Environment and Public Facilities	居民服务、修理和其他服务业 Services to Households Repair and Other Services	教 育 Education	卫生和社会工作 Health and Social Services	文化、体育和娱乐业 Culture, Sports and Entertainment	公共管理、社会保障和社会组织 Public Management Social Security and Social Organization
2014	28936	53433	49462	48034	43258	43156
2015	33136	50351	62739	56328	51335	53018
2016	35422	56271	68269	62483	55653	60761
2017	35793	59070	72783	67240	58583	64490
2018	38145	60598	78075	72249	64347	69261
2019	41625	52060	85716	74530	66359	71651
2020	43851	54786	87465	78433	67439	77901
2021	44159	54007	95365	87159	73786	76475
2022	48283	58978	102999	95409	78033	87590

2-18 按行业分城镇集体单位就业人员平均工资 Average Wage of Employed Persons in Urban Collective-Owned Units by Sector

单位：元 (yuan)

年 份 Year	总 计 Total	农、林、牧、渔业 Agriculture, Forestry, Animal Husbandry and Fishery	采矿业 Mining	制造业 Manufa-cturing	电力、热力、燃气及水生产和供应业 Production and Supply of Electric, heat, Gas and Water	建筑业 Construction
2014	37740	23913	46419	36207	45483	34562
2015	39063	21659	44709	33319	54664	36615
2016	41618	27715	44700	34592	56491	34492
2017	45814	35120	48670	36516	57243	37422
2018	51838	25766	58446	47439	58825	46713
2019	63906	51783	78826	73169	75628	53750
2020	66859	54426	76062	83248	51154	61517
2021	68118	42757	58265	93197	62985	66849
2022	66705	52000	64360	84822	167646	55608

2-18　续表1　Continued

单位：元　(yuan)

年　份 Year	批发和零售业 Wholesale and Retail Trades	交通运输仓储和邮政业 Transport, Storage and Post	住宿和餐饮业 Hotels and Catering Services	信息传输、软件和信息技术服务业 Information Transmission, Software and Information Technology	金融业 Financial Intermediation	房地产业 Real Estate	租赁和商务服务业 Leasing and Business Services
2014	26941	31064	44848	31175	52725	25945	37392
2015	33247	31845	46459	35702	53758	31321	41013
2016	37111	42310	52458	36860	60736	27125	43072
2017	34067	45467	57890	39000	70941	28726	56523
2018	30893	42482	55508	30688	69402	29256	59058
2019	33662	62130	38450		90442	27399	50299
2020	32495	43160	37224	163329	89795	40032	42427
2021	37310	54327	42755	125306	94311	40185	41978
2022	29877	48114	38527	165462	102308	42016	36487

2-18　续表2　Continued

单位：元　(yuan)

年　份 Year	科学研究和技术服务业 Scientific Research and Technical Service	水利、环境和公共设施管理业 Management of Water Conservancy, Environment and Public Facilities	居民服务、修理和其他服务业 Services to Households Repair and Other Services	教　育 Education	卫生和社会工作 Health and Social Services	文化、体育和娱乐业 Culture, Sports and Entertainment	公共管理、社会保障和社会组织 Public Management Social Security and Social Organization
2014	42978	24479	49224	45846	40067	48922	29081
2015	54220	25898	60850	48668	47047	53138	55031
2016	60736	32110	59834	54727	51980	57845	60221
2017	56851	39258	59900	60817	54327	61126	66800
2018	62498	38762	58554	70617	60184	36929	66905
2019	54602	55064	32980	71447	63644	87333	51230
2020	59350	61022	33977	72913	55027	76118	57915
2021	64505	61598	41345	78142	59291	68938	62735
2022	77049	78720	43110	89768	66687	66733	65439

2-19 按行业分城镇其他单位就业人员平均工资
Average Wage of Employed Persons in Urban Other Units by Sector

单位：元 (yuan)

年 份 Year	总 计 Total	农、林、牧、渔业 Agriculture, Forestry, Animal Husbandry and Fishery	采矿业 Mining	制造业 Manufacturing	电力、热力、燃气及水生产和供应业 Production and Supply of Electric, heat, Gas and Water	建筑业 Construction	批发和零售业 Wholesale and Retail Trades
2014	46776	21506	56996	42868	65089	37677	39436
2015	49062	22666	55165	46098	64742	37512	41944
2016	52621	24688	60649	50668	72349	40313	46734
2017	57290	24402	70110	57038	77753	39869	47833
2018	63332	24231	80087	65164	80906	44463	48251
2019	72922	25340	91095	70040	87178	52888	56207
2020	75583	49260	91987	75364	91395	52252	56806
2021	83476	43562	99750	82031	98290	62722	72259
2022	89932	61866	111543	83982	104061	67662	71128

2-19 续表1 Continued

单位：元 (yuan)

年 份 Year	交通运输仓储和邮政业 Transport, Storage and Post	住宿和餐饮业 Hotels and Catering Services	信息传输、软件和信息技术服务业 Information Transmission, Software and Information Technology	金融业 Financial Intermediation	房地产业 Real Estate	租赁和商务服务业 Leasing and Business Services	科学研究和技术服务业 Scientific Research and Technical Service
2014	43606	32995	59511	53138	40257	44550	51601
2015	44547	35257	64114	61960	43860	51135	56157
2016	51342	37813	61742	60122	44549	53730	58216
2017	54413	39673	64829	60103	45605	67049	68049
2018	53419	42097	63033	63541	49072	79106	75792
2019	89233	38272	70915	64656	51576	84450	104836
2020	95340	38311	80300	63684	51475	91921	100960
2021	99307	39095	93485	69696	54480	102891	117757
2022	105068	41220	99077	81285	54586	101565	118696

2-19　续表2　Continued

单位：元　(yuan)

年　份 Year	水利、环境和公共设施管理业 Management of Water Conservancy, Environment and Public Facilities	居民服务、修理和其他服务业 Services to Households Repair and Other Services	教　育 Education	卫生和社会工作 Health and Social Services	文化、体育和娱乐业 Culture, Sports and Entertainment	公共管理、社会保障和社会组织 Public Management Social Security and Social Organization
2014	33216	44065	57563	35322	40831	35726
2015	36261	42001	62165	36444	47216	35571
2016	39018	45051	69990	58632	51070	21320
2017	40979	53650	69185	61836	57300	26307
2018	42633	54031	46975	66216	53261	
2019	40099	68498	67799	67251	57385	56336
2020	39631	35450	62482	63818	54919	66798
2021	42186	32959	64838	69608	65322	75185
2022	40855	38362	68221	73522	74707	82394

2-20　按行业分城镇私营单位就业人员平均工资
Average Wage of Employed Persons in Urban Private Units by Sector

单位：元　(yuan)

年　份 Year	总　计 Total	农、林、牧、渔业 Agriculture, Forestry, Animal Husbandry and Fishery	采矿业 Mining	制造业 Manufa-cturing	电力、热力、燃气及水生产和供应业 Production and Supply of Electric, heat, Gas and Water	建筑业 Construction
2014	26960	22241	27071	26571	27860	30191
2015	28586	25011	31468	27966	29179	32129
2016	30533	26367	32478	29592	32277	34021
2017	32422	28196	34577	31469	34590	34447
2018	34801	30123	38716	34405	32493	34426
2019	36674	32354	39311	37581	36226	33595
2020	38685	32494	48006	41348	39089	35463
2021	42071	35050	59662	47539	41750	38863
2022	45241	35100	71428	49586	43054	41201

2-20 续表1 Continued

单位：元 (yuan)

年份 Year	批发和零售业 Wholesale and Retail Trades	交通运输仓储和邮政业 Transport, Storage and Post	住宿和餐饮业 Hotels and Catering Services	信息传输、软件和信息技术服务业 Information Transmission, Software and Information Technology	金融业 Financial Intermediation	房地产业 Real Estate	租赁和商务服务业 Leasing and Business Services
2014	26648	27677	24030	28065	31235	28268	23625
2015	27481	30996	25377	31261	32638	31287	26644
2016	28874	35454	27556	34172	34216	35178	30494
2017	30821	36994	27875	37286	36555	37102	32501
2018	31793	40120	31009	40903	43467	36683	39310
2019	33620	43740	33176	45348	41225	36751	36813
2020	35848	43075	34027	47617	47414	37050	38780
2021	40132	46168	36849	53156	33883	34635	41683
2022	44359	46940	35956	58205	35167	35869	48904

2-20 续表2 Continued

单位：元 (yuan)

年份 Year	科学研究和技术服务业 Scientific Research and Technical Service	水利、环境和公共设施管理业 Management of Water Conservancy, Environment and Public Facilities	居民服务、修理和其他服务业 Services to Households Repair and Other Services	教育 Education	卫生和社会工作 Health and Social Services	文化、体育和娱乐业 Culture, Sports and Entertainment	公共管理、社会保障和社会组织 Public Management Social Security and Social Organization
2014	31204	22651	21346	27379	23488	23344	
2015	33246	26537	24661	28264	26033	23913	
2016	34537	29730	28193	29425	28830	25032	
2017	38214	30315	30725	31382	33421	26825	
2018	43348	30526	30471	32520	36565	29379	
2019	44782	34459	32010	35856	36274	33856	
2020	47070	32883	30241	32701	37626	35035	
2021	47608	27737	31607	33393	47693	41714	
2022	50673	28602	32581	35890	50328	44902	

2-21　分地区城镇私营单位就业人员平均工资
Average Wage of Employed Persons in Urban Private Units by Region

单位：元　(yuan)

地　区	Region	2016	2017	2018	2019	2020	2021	2022
总　计	**Total**	**30533**	**32422**	**34801**	**36674**	**38685**	**42071**	**45241**
哈尔滨	Harbin	32448	34961	39327	42785	43718	46575	50999
齐齐哈尔	Qiqihar	29650	30975	32126	34272	35038	39275	40492
鸡　西	Jixi	26608	27639	28973	28363	30042	35850	38314
鹤　岗	Hegang	29524	32993	31639	32700	35596	39720	41716
双鸭山	Shuangyashan	28124	29296	32849	35469	37477	40179	40933
大　庆	Daqing	30717	32321	34423	36682	39371	43881	46647
伊　春	Yichun	23188	23838	26390	29930	30272	35478	39084
佳木斯	Jiamusi	28765	29622	31740	32808	36250	39188	42238
七台河	Qitaihe	23610	24234	28302	32285	36013	39831	44018
牡丹江	Mudanjiang	26223	27518	28617	30074	32214	37419	38630
黑　河	Heihe	34644	34742	32236	33992	37564	40630	41498
绥　化	Suihua	29067	30676	34978	35867	36723	39909	43854
大兴安岭	Daxinganling	27896	28523	29097	29896	33894	38165	41375

主要统计指标解释

人口数 指一定时点、一定地区范围内有生命的个人总和。

年度统计的年末人口数指每年 12 月 31 日 24 时的人口数。年度统计的全国人口总数内未包括香港、澳门特别行政区和台湾省以及海外华侨人数。

城镇人口和乡村人口 城镇人口是指居住在城镇范围内的全部常住人口；乡村人口是除上述人口以外的全部人口。

出生率（又称粗出生率） 指在一定时期内(通常为一年)一定地区的出生人数与同期内平均人数(或期中人数)之比，用千分率表示。本资料中的出生率指年出生率，其计算公式为:

$$出生率=\frac{年出生人数}{年平均人数}\times 1000‰$$

式中：出生人数指活产婴儿，即胎儿脱离母体时(不管怀孕月数)，有过呼吸或其他生命现象。年平均人数指年初、年底人口数的平均数，也可用年中人口数代替。

死亡率（又称粗死亡率） 指在一定时期内(通常为一年)一定地区的死亡人数与同期内平均人数(或期中人数)之比，用千分率表示。本资料中的死亡率指年死亡率，其计算公式为:

$$死亡率=\frac{年死亡人数}{年平均人数}\times 1000‰$$

人口自然增长率 指在一定时期内(通常为一年)人口自然增加数(出生人数减死亡人数)与该时期内平均人数(或期中人数)之比，用千分率表示。计算公式为:

$$人口自然增长率=\frac{本年出生人数-本年死亡人数}{年平均人数}\times 1000‰$$

$$=人口出生率-人口死亡率$$

总抚养比 也称总负担系数。指人口总体中非劳动年龄人口数与劳动年龄人口数之比。通常用百分比表示。说明每 100 名劳动年龄人口大致要负担多少名非劳动年龄人口。用于从人口角度反映人口与经济发展的基本关系。计算公式为:

$$GDR=\frac{P_{0\sim14}+P_{65^+}}{P_{15\sim64}}\times 100\%$$

其中：GDR 为总抚养比；

$P_{0\sim14}$ 为 0 ~ 14 岁少年儿童人口数；

P_{65^+} 为 65 岁及 65 岁以上的老年人口数；

$P_{15\sim64}$ 为 15 ~ 64 岁劳动年龄人口数。

老年人口抚养比 也称老年人口抚养系数。指某一人口中老年人口数与劳动年龄人口数之比。通常用百分比表示。用以表明每 100 名劳动年龄人口要负担多少名老年人。老年人口抚养比是从经济角度反映人口老化社会后果的指标之一。计算公式为:

$$EDR=\frac{P_{65^+}}{P_{15\sim64}}\times 100\%$$

其中：EDR 为老年人口抚养比；

P_{65^+} 为 65 岁及 65 岁以上的老年人口数；

$P_{15\sim64}$ 为 15 ~ 64 岁的劳动年龄人口数。

少年儿童抚养比 也称少年儿童抚养系数。指某一人口中少年儿童人口数与劳动年龄人口数之比。通常用百分比表示。以反映每 100 名劳动年龄人口要负担多少名少年儿童。计算公式为:

$$CDR=\frac{P_{0\sim14}}{P_{15\sim64}}\times 100\%$$

其中：CDR 为少年儿童抚养比；

$P_{0\sim14}$ 为 0 ~ 14 岁少年儿童人口数；

$P_{15\sim64}$ 为 15 ~ 64 岁劳动年龄人口数。

劳动力 指在 16 周岁及以上，有劳动能力，参加或要求参加社会经济活动的人口。包括就业人员和失业人员。

就业人员 指年满十六周岁，为取得报酬或经营利润，在调查周内从事了 1 小时（含 1 小时）以上劳动的人员；或由于在职学习、休假等原因在调查周内暂时未工作的人员；或由于停工、单位不景气等原因临时未工作的人员。

单位就业人员 指报告期末最后一日 24 时在本单位中工作，并取得工资或其他形式劳动报酬的人员数。该指标为时点指标，不包括最后一日当天及以前已经与单位解除劳动合同关系的人员，是在岗职工、劳务派遣人员及其他就业人员之和。就业人员不包括:

(1)离开本单位仍保留劳动关系，并定期领取生活费的人员；

(2)在本单位实习的各类在校学生；

(3)本单位因劳务外包而使用的人员。如:建筑业整建制使用的人员。

城镇私营和个体就业人员 城镇私营就业人员指在工商管理部门注册登记，其经营地址设在县城关镇(含县城关镇)以上的私营企业就业人员，包括私营企业投资者和雇工。城镇个体就业人员指在工商管理部门注册登记，并持有城镇户口或在城镇长期居住，经批准从事个体工商经营的就业人员，包括个体经营者和在个体工商户劳动的家庭帮工和雇工。

在岗职工 指在本单位工作且与本单位签订劳动合同，并由单位支付各项工资和社会保险、住房公积金的人员，以及上述人员中由于学习、病伤、产假等原因暂未工作仍由单位支付工资的人员。在岗职工还包括:

(1)应订立劳动合同而未订立劳动合同人员(如使用的农村户籍人员)；

(2)处于试用期人员;

(3)编制外招用的人员;

(4)派往外单位工作，但工资仍由本单位发放的人员(如挂职锻炼、外派工作等情况)。

工资总额　指根据《关于工资总额组成的规定》(1990 年 1 月 1 日国家统计局发布的一号令)进行修订,在报告期内(季度或年度)直接支付给本单位全部就业人员的劳动报酬总额。包括计时工资、计件工资、奖金、津贴和补贴、加班加点工资、特殊情况下支付的工资，是在岗职工工资总额、劳务派遣人员工资总额和其他就业人员工资总额之和。

工资总额是税前工资，包括单位从个人工资中直接为其代扣或代缴的房费、水费、电费、住房公积金和社会保险基金个人缴纳部分等。

工资总额不论是计入成本的还是不计入成本的，不论是以货币形式支付的还是以实物形式支付的，均应列入工资总额的计算范围。

平均工资　指单位就业人员在一定时期内平均每人所得的工资额。它表明一定时期工资收入的高低程度，是反映就业人员工资水平的主要指标。计算公式为:

$$平均工资=\frac{报告期就业人员工资总额}{报告期就业人员平均人数}$$

城镇登记失业人员　劳动年龄（年满 16 周岁（含）至依法享受基本养老保险待遇）内，有劳动能力，有就业要求，处于无业状态，并在公共就业和人才服务机构进行失业登记的城镇常住人员。

城镇登记失业率　城镇登记失业人员与城镇单位就业人员(扣除使用的农村劳动力、聘用的离退休人员、港澳台及外方人员)、城镇单位中的不在岗职工、城镇私营业主、个体户主、城镇私营企业和个体就业人员、城镇登记失业人员之和的比

Explanatory Notes on Main Statistical Indicators

Total Population refers to the total number of people alive at a certain point of time within a given area.

The annual statistics on total population is taken at midnight, the 3lst of December, not including residents in Taiwan province, Hong Kong SAR and Macao SAR and Chinese national residing abroad.

Urban Population and Rural Population Urban population refers to all people residing in cities and towns, while rural population refers to population other than urban population.

Birth Rate (or Crude Birth Rate) refers to the ratio of the number of births to the average population (or mid-period population) during a certain period of time (usually a year), expressed in ‰. Birth rate in the chapter refers to annual birth rate. The following formula is used:

$$\text{Birth Rate} = \frac{\text{Number of Births}}{\text{Annual Average Population}} \times 1000‰$$

Number of births in the formula refers to live births, i.e. when a baby has breathed or showed any vital phenomena regardless of the length of pregnancy.

Annual average population is the average of the number of population at the beginning of the year and that at the end of the year. Sometimes it is substituted by the mid-year population.

Death Rate (or Crude Death Rate) refers to the ratio of the number of deaths to the average population (or mid-period population) during a certain period of time (usually a year), expressed in ‰. Death rate in the chapter refers to annual death rate. The following formula is used:

$$\text{Death Rate} = \frac{\text{Number of Deaths}}{\text{Annual Average Population}} \times 1000‰$$

Natural Growth Rate of Population refers to the ratio of natural increase in population (number of births minus number of deaths) in a certain period of time (usually a year) to the average population (or mid-period population) of the same period, expressed in ‰. The following formula is applied:

$$\begin{matrix}\text{Natural Growth}\\ \text{Rate of Population}\end{matrix} = \frac{\text{Number of Births - Number of Deaths}}{\text{Annual Average Population}} \times 1000‰$$

Natural Growth Rate of Population = Birth Rate-Death Rate

Gross Dependency Ratio also called gross dependency coefficient, refers to the ratio of non-working-age population to the working-age population, express in %. Describing in general the number of non-working-age population that every100 people at working ages will take care of, this indicator reflects the basic relation between population and economic development from the demographic perspective. The gross dependency ratio is calculated with the following formula:

$$GDR = \frac{P_{0\sim14} + P_{65^+}}{P_{15\sim64}} \times 100\%$$

Where: *GDR* is the gross dependency ratio,

$P_{0\sim14}$ is the population of children aged 0-14,

P_{65^+} is the elderly population aged 65 and over,

$P_{15\sim64}$ is the working-age population aged 15-64.

Elderly Dependency Ratio also called elderly dependency coefficient, refers to the ratio of the elderly population to the working-age population, express in %. It describes the number of the elderly population that every 100 people at working ages will take care of. Elderly dependency ratio is one of the indicators reflecting the social implication of population aging from the economic perspective. The elderly dependency ratio is calculated with the following formula:

$$Elderly = \frac{P_{65^+}}{P_{15\sim64}} \times 100\%$$

Where: *EDR* is the elderly dependency ratio,

P_{65^+} is the elderly population aged 65 and over,

$P_{15\sim64}$ is the working-age population aged 15-64.

Children Dependency Ratio also called children dependency coefficient, refers to the ratio of the children population to the working-age population, express in %. It describes the number of children population that every 100 people at working ages will take care of. The children dependency ratio is calculated with the following formula:

$$CDR = \frac{P_{0\sim14}}{P_{15\sim64}} \times 100\%$$

Where: *CDR* is the children dependency ratio,

$P_{0\sim14}$ is the children population aged 0-14, and

$P_{15\sim64}$ is the working-age population aged 15-64.

Labour Force refers to the population aged 16 and over who are capable of working, are participating in or willing to participate in economic activities, including employed persons and unemployed persons.

Employed Persons refer to persons, aged 16 and over, who performed some work for compensation or business gains for one hour or more during the reference period; or persons who do not work for the reasons of study or on holiday; or persons who are temporarily absent from a job for disorganization or suspension of work, recession, etc.

Persons Employed in Various Units refer to the total number of employees who work at his unit and obtain wages or other forms of payment at the end of the reporting period. This indicator is a kind of time point index and it equals to the sum of the number of employed staff and workers, labor dispatch personnel and other employed persons. Employed persons do not include:

1)persons who have left their working units while keeping

their labour contract (employment relation) unchanged and receiving regular alimony;

2)all kinds of enrolled students who do internship in various units;

3) persons employed due to labor outsourcing, for example, persons employed in the organizational system of construction industry.

Persons Employed in Private Enterprises and Self-Employed Individuals in Urban Areas Persons employed in private enterprises refer to the persons employed in the private enterprises which have been registered at the departments of industrial and commercial administration for which the business operation are situated at a county town (i.e. a town where the county government is located), or at urban areas with administrative hierarchy higher than a county town. The self-employed individuals in urban areas refer to persons who hold the certificates of residence in urban areas or have resided in the urban areas for a long time and have been registered at the departments of industrial and commercial administration and approved to be engaged in individual industrial or commercial business, including self-employed persons as well as helpers and hired laborers who work in individual households.

Employed Staff and Workers refer to persons who signed labor contracts with working units and working units would pay wages, social insurance and housing funds for them. Persons who have their work posts but are temporarily absent from work for reasons of study or on sick, injury or maternal leave and still receive wages from their working units are also included. Employed staff and workers also include:

1)Persons who should have signed the labor contracts but not (like people with rural household registration);

2)Employees on probation;

3)Employees beyond the staffing quota;

4)Employees who are sent to other working units but still obtain wages from their original units (situations like on-the-job placement, expatriated assignment, etc.)

1)Employed Staff and Workers do not include: Dispatched personnel who work and are paid directly by the working units; they shall be counted into "labour dispatch personnel" of the working units;

2)Personnel through labor outsourcing, they shall be counted into "employed staff and workers" of the units which contracted them.

Total Wage Bill It is revised according to the "Provision of Composition of Total Wages" (Order No.1 by National Bureau of Statistics on January, 1st, 1990), total wage bill refers to the total remuneration payment to all employed persons in various units during the reporting period (by quarter or by year), including hourly-paid wages, piece-rate wages, bonuses, allowance and subsidies, overtime wages and wages paid under special circumstances. It equals to the sum of total wages of employed staff and workers, dispatch labors and other employed persons.

Total wage bill is pre-tax wages, including the room charges, utility bills, housing funds and social insurance paid or withheld by employee's units.

Total wage bill, whether or not included in cost, whether or not paid in money or in kind, shall be included in the calculation of total wage.

Average Wage refers to the average per capita wage during a certain period of time for employed persons. It shows the general level of wage income during a certain period of time, one major indicator to reflect the wage level. It is calculated as follows:

$$\text{Average Wage} = \frac{\text{Total Wage Bill of Employed Persons at Reference Time}}{\text{Average Number of Persons Employed at Reference Time}}$$

Registered Unemployed Persons in Urban Areas refer to the persons residing in urban areas at certain working ages (16 years old to the age of enjoying primary endowment insurance benefits according to the law), who are capable of working, unemployed and willing to work, and have been registered at the public employment and talent service agencies to apply for a job.

Registered Unemployment Rate in Urban Areas refers to the ratio of the number of the registered unemployed persons to the sum of the number of persons employed in various units (minus the employed rural labour force, re-employed retirees, and Hong Kong, Macao, Taiwan or foreign employees), laid-off staff and workers in urban units, owners of private enterprises in urban areas, owners of self-employed individuals in urban areas, employees of private enterprises in urban areas, employee of self-employed individuals in urban areas, and the registered unemployed persons in urban areas

第3篇

国民经济核算

CHAPTER 3 NATIONAL ACCOUNTS

3-1 地区生产总值
Gross Domestic Product

单位：亿元 (100 million yuan)

年 份 Year	地区生产总值 Gross Domestic Product	第一产业 Primary Industry	第二产业 Secondary Industry	工 业 Industry	建筑业 Construction	第三产业 Tertiary Industry	#交通运输仓储邮电通信业 Traffic, Transport, Storage, Post and Telecommunication Services	#批发零售贸易餐饮业 Wholesale, Retail Trade and Catering Services	人均地区生产总值(元) Per Capita GDP (yuan)
1952	26.0	11.9	7.8	7.0	0.9	6.2	1.6	2.5	238
1953	31.9	12.9	10.7	9.3	1.4	8.3	2.1	3.3	277
1954	36.5	15.0	13.1	11.5	1.6	8.4	2.1	3.0	299
1955	37.9	16.6	12.2	10.6	1.6	9.2	2.2	3.6	295
1956	41.8	18.0	13.1	11.4	1.7	10.7	2.5	4.0	305
1957	43.9	17.2	14.9	13.4	1.5	11.9	2.6	4.1	303
1958	60.8	18.2	29.4	26.9	2.5	13.2	3.2	5.0	400
1959	72.3	17.4	37.9	34.7	3.2	17.1	5.1	5.9	446
1960	78.9	11.7	47.7	43.6	4.1	19.5	6.1	6.0	452
1961	52.9	10.9	25.3	23.3	1.9	16.8	4.4	4.5	286
1962	53.3	14.5	22.9	21.2	1.7	15.9	4.2	4.3	281
1963	60.4	17.9	27.8	25.2	2.6	14.7	3.3	3.6	312
1964	66.2	16.8	32.6	29.4	3.2	16.9	4.1	4.7	329
1965	76.7	19.6	39.6	36.4	3.2	17.5	4.4	4.7	367
1966	89.6	23.3	48.0	44.1	3.9	18.3	5.0	4.8	414
1967	88.4	26.0	44.5	41.0	3.5	17.9	4.8	4.6	398
1968	86.3	25.2	43.9	40.6	3.3	17.2	4.7	4.4	375
1969	97.9	24.4	55.1	51.0	4.1	18.4	5.6	4.6	409
1970	107.7	25.6	63.0	58.5	4.5	19.1	6.0	4.6	434
1971	111.7	25.9	65.6	60.9	4.7	20.2	6.4	4.5	434
1972	111.7	27.5	63.5	59.1	4.4	20.7	6.2	4.4	417
1973	119.3	30.1	68.2	63.9	4.3	21.0	6.2	4.3	430
1974	126.8	32.6	72.3	67.8	4.5	21.9	6.4	4.4	444
1975	136.2	33.4	80.6	75.8	4.8	22.2	6.7	4.7	466
1976	139.2	33.9	83.8	79.4	4.4	21.4	6.4	4.2	466
1977	150.5	38.0	90.7	86.2	4.5	21.8	6.4	4.3	494
1978	169.2	41.0	105.1	100.6	4.5	23.1	7.7	4.0	546
1979	180.8	44.3	112.2	107.3	4.9	24.3	8.9	4.2	574
1980	212.5	55.3	128.8	122.5	6.3	28.4	9.9	4.6	667
1981	218.3	57.8	129.7	122.6	7.1	30.8	9.6	5.3	678
1982	236.2	63.8	136.9	127.3	9.7	35.5	10.8	5.3	725
1983	263.1	78.9	145.6	134.8	10.8	38.5	11.9	5.6	799
1984	300.3	86.0	169.0	154.9	14.1	45.3	13.3	6.8	905
1985	331.5	77.0	197.7	180.9	16.8	56.8	15.8	10.4	991
1986	371.1	92.7	206.6	189.0	17.6	71.8	19.3	11.9	1101
1987	422.9	90.7	252.0	231.9	20.1	80.1	20.5	13.7	1242
1988	499.0	94.2	286.5	261.6	24.9	118.4	27.9	27.5	1449

注：1.本表按当年价格计算。
2.表中数据为第四次全国经济普查衔接修订后的数据(下同)。
3.本表行业执行《国民经济行业分类》(GB/T 4754-2017)。
4.三次产业分类依据国家统计局2018年修订的《三次产业划分规定》。
5.2022年为初步核算数(下同)。
6.2011-2020年计算人均地区生产总值使用的常住人口数据为第七次全国人口普查衔接修订后数据。2021、2022为年度人口抽样调查推算数据。人口数据均为常住人口数据。
7.表中部分数据分项合计与总计不等是由于数据修约误差所致，未作机械调整。

a) Data in value terms in this table are calculated at current prices.
b) The data in the table are the data of the fourth national economic census (the same below).
c) The industries in this table are classified according to the National Economic Industry Classification (GB/T 4754-2017)
d) The classification of three industries is based on the provisions on the classification of three industries revised by the National Bureau of statistics in 2018.
e) The year of 2022 is the preliminary accounting amount (the same below).
f) The permanent population data used for calculating the per capita Gross Domestic Product from 2011 to 2020 is the revised data from the 7th National Population Census.2021 and 2022 are estimated data from annual population sampling surveys. The population data are all permanent population data.
g) The difference between the total and partial data in the table is due to the error of data reduction, and no mechanical adjustment is made.

3-1 续表 Continued

单位：亿元 (100 million yuan)

年 份 Year	地区生产总值 Gross Domestic Product	第一产业 Primary Industry	第二产业 Secondary Industry	工 业 Industry	建筑业 Construction	第三产业 Tertiary Industry	#交通运输仓储邮电通信业 Traffic, Transport, Storage, Post and Telecommunication Services	#批发零售贸易餐饮业 Wholesale, Retail Trade and Catering Services	人均地区生产总值(元) Per Capita GDP (yuan)
1989	569.6	93.9	335.5	310.0	25.5	140.1	31.0	29.6	1633
1990	654.0	156.9	343.1	323.9	25.4	154.0	26.2	30.7	1855
1991	734.5	145.2	390.8	369.5	28.4	198.6	34.7	47.4	2064
1992	857.4	163.5	465.5	440.0	34.1	228.4	32.2	50.7	2387
1993	1075.3	194.2	613.1	580.4	44.0	268.0	36.6	58.5	2967
1994	1448.1	298.8	803.6	764.3	54.0	345.7	45.1	73.8	3961
1995	1790.2	363.5	992.5	949.1	61.7	434.2	54.6	88.0	4856
1996	2137.6	434.9	1205.4	1160.0	67.8	497.3	65.1	98.4	5755
1997	2397.6	450.6	1357.2	1304.9	77.7	589.9	90.2	114.0	6412
1998	2470.2	419.9	1396.1	1332.0	90.2	654.2	98.3	120.2	6566
1999	2536.9	369.2	1466.6	1399.9	93.0	701.1	100.5	123.3	6707
2000	2855.5	375.5	1633.4	1566.4	97.0	846.5	131.7	155.1	7515
2001	3043.4	426.6	1665.9	1592.0	105.2	951.0	159.2	166.7	7990
2002	3242.7	464.2	1728.3	1650.8	110.7	1050.2	177.5	180.3	8507
2003	3609.7	493.0	1956.4	1874.8	119.1	1160.3	184.9	195.0	9464
2004	4134.7	580.9	2270.3	2175.7	137.4	1283.5	201.2	216.6	10836
2005	4756.4	674.6	2656.4	2556.6	152.9	1425.4	224.0	226.3	12456
2006	5329.8	731.8	2998.0	2890.2	173.6	1599.9	236.1	243.8	13947
2007	6126.3	892.4	3383.0	3254.1	200.2	1850.9	274.3	271.0	16023
2008	7134.2	1073.8	3935.0	3765.6	243.4	2125.4	286.8	331.1	18654
2009	7218.9	1141.9	3668.1	3470.2	271.3	2409.0	284.4	406.3	18871
2010	8308.3	1291.8	4146.1	3894.1	312.9	2870.4	316.4	496.6	21694
2011	9935.0	1695.5	4916.3	4624.4	363.0	3323.2	346.3	577.2	26093
2012	11015.8	2119.6	5099.8	4776.0	409.3	3796.5	380.4	688.0	29352
2013	11849.1	2539.6	5202.7	4857.5	428.6	4106.9	374.4	713.5	32068
2014	12170.8	2691.0	4872.4	4527.9	424.5	4607.4	426.6	795.0	33464
2015	11690.0	2712.2	3926.9	3593.9	422.3	5050.9	434.3	830.9	32759
2016	11895.0	2751.2	3689.7	3367.3	429.5	5454.0	463.4	876.0	34025
2017	12313.0	2965.3	3519.5	3226.1	414.3	5828.2	488.7	900.6	35887
2018	12846.5	3001.2	3536.0	3266.7	409.4	6309.3	508.5	946.3	38199
2019	13544.4	3183.2	3640.1	3334.0	417.4	6721.1	503.6	1001.3	41156
2020	13633.4	3445.1	3449.9	3121.8	409.7	6738.5	497.4	997.0	42432
2021	14858.2	3463.4	4086.5	3751.0	444.1	7308.3	528.0	1228.4	47199
2022	15901.0	3609.8	4648.9	4257.6	460.3	7642.2	553.1	1294.3	51096

3-2 地区生产总值构成
Composition of Gross Domestic Product

单位：% (%)

年 份 Year	地 区 生产总值 Gross Domestic Product	第一产业 Primary Industry	第二产业 Secondary Industry	工 业 Industry	建筑业 Construction	第三产业 Tertiary Industry	#交通运输仓储邮电通信业 Traffic, Transport, Storage, Post and Telecommunication Services	#批发零售贸易餐饮业 Wholesale, Retail Trade and Catering Services
1952	100.0	45.8	30.2	26.8	3.4	24.0	6.3	9.4
1953	100.0	40.5	33.5	29.2	4.3	26.0	6.6	10.4
1954	100.0	41.1	35.9	31.6	4.3	23.0	5.7	8.3
1955	100.0	43.8	32.0	27.9	4.1	24.2	5.9	9.4
1956	100.0	43.1	31.3	27.2	4.1	25.6	5.9	9.6
1957	100.0	39.1	33.9	30.5	3.4	27.0	6.0	9.4
1958	100.0	29.9	48.4	44.2	4.2	21.7	5.3	8.2
1959	100.0	24.1	52.4	48.0	4.4	23.5	7.0	8.2
1960	100.0	14.8	60.5	55.2	5.3	24.7	7.7	7.6
1961	100.0	20.6	47.7	44.1	3.6	31.7	8.4	8.5
1962	100.0	27.2	43.0	39.8	3.2	29.8	7.8	8.1
1963	100.0	29.6	46.0	41.7	4.3	24.4	5.5	5.9
1964	100.0	25.4	49.1	44.4	4.7	25.5	6.1	7.1
1965	100.0	25.6	51.7	47.5	4.2	22.7	5.7	6.1
1966	100.0	26.0	53.5	49.2	4.3	20.5	5.5	5.3
1967	100.0	29.4	50.3	46.4	3.9	20.3	5.4	5.2
1968	100.0	29.2	50.9	47.1	3.8	19.9	5.4	5.1
1969	100.0	24.9	56.3	52.1	4.2	18.8	5.8	4.7
1970	100.0	23.8	58.5	54.3	4.2	17.7	5.6	4.3
1971	100.0	23.2	58.7	54.5	4.2	18.1	5.7	4.0
1972	100.0	24.6	56.9	52.9	4.0	18.5	5.5	3.9
1973	100.0	25.2	57.2	53.6	3.6	17.6	5.2	3.6
1974	100.0	25.7	57.1	53.5	3.6	17.2	5.1	3.5
1975	100.0	24.5	59.2	55.6	3.6	16.3	4.9	3.4
1976	100.0	24.4	60.2	57.1	3.1	15.4	4.6	3.0
1977	100.0	25.2	60.3	57.3	3.0	14.5	4.3	2.8
1978	100.0	24.2	62.1	59.4	2.7	13.7	4.5	2.4
1979	100.0	24.5	62.1	59.4	2.7	13.4	4.9	2.3
1980	100.0	26.0	60.6	57.6	3.0	13.4	4.7	2.2
1981	100.0	26.5	59.4	56.2	3.2	14.1	4.4	2.4
1982	100.0	27.0	58.0	53.9	4.1	15.0	4.6	2.3
1983	100.0	30.0	55.4	51.2	4.2	14.6	4.5	2.1
1984	100.0	28.6	56.3	51.6	4.7	15.1	4.4	2.3
1985	100.0	23.2	59.6	54.6	5.0	17.2	4.8	3.1
1986	100.0	25.0	55.7	50.9	4.8	19.3	5.2	3.2
1987	100.0	21.4	59.6	54.8	4.8	19.0	4.8	3.2
1988	100.0	18.9	57.4	52.4	5.0	23.7	5.6	5.5
1989	100.0	16.5	58.9	54.4	4.5	24.6	5.4	5.2
1990	100.0	24.0	52.5	49.5	3.9	23.5	4.0	4.7
1991	100.0	19.8	53.2	50.3	3.9	27.0	4.7	6.5

3-2 续表 Continued

单位：% (%)

年 份 Year	地 区 生产总值 Gross Domestic Product	第一产业 Primary Industry	第二产业 Secondary Industry	工 业 Industry	建筑业 Construction	第三产业 Tertiary Industry	#交通运输仓储邮电通信业 Traffic, Transport, Storage, Post and Telecommunication Services	#批发零售贸易餐饮业 Wholesale, Retail Trade and Catering Services
1992	100.0	19.1	54.3	51.3	4.0	26.6	3.8	5.9
1993	100.0	18.1	57.0	54.0	4.1	24.9	3.4	5.4
1994	100.0	20.6	55.5	52.8	3.7	23.9	3.1	5.1
1995	100.0	20.3	55.4	53.0	3.4	24.3	3.0	4.9
1996	100.0	20.3	56.4	54.3	3.2	23.3	3.0	4.6
1997	100.0	18.8	56.6	54.4	3.2	24.6	3.8	4.8
1998	100.0	17.0	56.5	53.9	3.7	26.5	4.0	4.9
1999	100.0	14.6	57.8	55.2	3.7	27.6	4.0	4.9
2000	100.0	13.2	57.2	54.9	3.4	29.6	4.6	5.4
2001	100.0	14.0	54.7	52.3	3.5	31.3	5.2	5.5
2002	100.0	14.3	53.3	50.9	3.4	32.4	5.5	5.6
2003	100.0	13.7	54.2	51.9	3.3	32.1	5.1	5.4
2004	100.0	14.1	54.9	52.6	3.3	31.0	4.9	5.2
2005	100.0	14.2	55.8	53.8	3.2	30.0	4.7	4.8
2006	100.0	13.7	56.3	54.2	3.3	30.0	4.4	4.6
2007	100.0	14.6	55.2	53.1	3.3	30.2	4.5	4.4
2008	100.0	15.1	55.2	52.8	3.4	29.7	4.0	4.6
2009	100.0	15.8	50.8	48.1	3.8	33.4	3.9	5.6
2010	100.0	15.5	49.9	46.9	3.8	34.6	3.8	6.0
2011	100.0	17.1	49.5	46.5	3.7	33.4	3.5	5.8
2012	100.0	19.2	46.3	43.4	3.7	34.5	3.5	6.2
2013	100.0	21.4	43.9	41.0	3.6	34.7	3.2	6.0
2014	100.0	22.1	40.0	37.2	3.5	37.9	3.5	6.5
2015	100.0	23.2	33.6	30.7	3.6	43.2	3.7	7.1
2016	100.0	23.1	31.0	28.3	3.6	45.9	3.9	7.4
2017	100.0	24.1	28.6	26.2	3.4	47.3	4.0	7.3
2018	100.0	23.4	27.5	25.4	3.2	49.1	4.0	7.4
2019	100.0	23.5	26.9	24.6	3.1	49.6	3.7	7.4
2020	100.0	25.3	25.3	22.9	3.0	49.4	3.6	7.3
2021	100.0	23.3	27.5	25.2	3.0	49.2	3.6	8.3
2022	100.0	22.7	29.2	26.8	2.9	48.1	3.5	8.1

注：表中部分数据分项合计不等是由于数据修约误差所致，未做机械调整。

a) The difference between the total and partial data in the table is due to the error of data reduction, and no mechanical adjustment is made.

3-3　地区生产总值指数
Indices of Gross Domestic Product

(上年=100)　　(preceding year=100)

年　份 Year	地区生产总值 Gross Domestic Product	第一产业 Primary Industry	第二产业 Secondary Industry	工业 Industry	建筑业 Construction	第三产业 Tertiary Industry	人均地区生产总值 Per Capita GDP
1953	110.0	98.4	126.9	124.1	148.9	110.7	104.4
1954	110.2	106.1	120.9	122.7	109.2	101.9	103.9
1955	106.5	111.1	98.7	97.6	106.3	111.6	101.0
1956	106.5	95.8	116.3	116.2	116.4	110.7	100.0
1957	107.8	106.8	110.0	110.7	105.1	106.0	102.0
1958	140.5	133.4	170.4	173.1	146.7	113.2	133.7
1959	118.6	93.3	133.2	134.3	120.9	134.4	111.2
1960	107.8	66.1	129.0	128.6	134.2	117.5	100.3
1961	58.1	74.8	45.5	46.0	39.5	72.8	54.7
1962	97.9	120.6	89.5	89.4	90.8	93.1	95.6
1963	115.1	121.9	118.6	115.5	158.6	104.6	112.8
1964	114.1	100.5	120.4	121.3	112.3	119.3	109.6
1965	115.5	116.7	122.4	124.3	103.1	104.7	111.0
1966	116.6	118.7	121.8	122.0	120.0	105.8	112.9
1967	101.4	111.6	96.7	96.9	94.3	99.1	98.5
1968	97.4	96.9	98.4	98.6	95.1	96.1	94.1
1969	109.3	96.9	120.2	120.3	118.2	104.1	105.2
1970	110.1	110.9	112.6	112.8	111.0	103.5	106.1
1971	102.3	100.3	102.4	102.4	102.0	104.7	98.6
1972	98.7	85.8	102.4	102.6	100.0	103.6	95.0
1973	106.4	109.3	107.7	108.4	98.7	99.1	102.7
1974	106.5	108.2	106.3	106.3	105.7	105.1	103.3
1975	107.8	110.2	109.5	110.3	98.1	98.9	105.2
1976	100.9	94.5	103.2	103.4	100.2	100.6	98.8
1977	108.3	111.9	108.6	109.1	101.5	102.3	106.3
1978	111.4	105.3	115.9	116.5	105.0	100.6	109.4
1979	102.8	92.9	105.9	105.8	107.0	102.2	101.3
1980	109.6	112.1	108.5	107.8	122.9	111.8	108.3
1981	103.4	102.8	103.5	102.9	115.4	104.3	102.3
1982	106.1	107.8	104.2	102.5	133.8	111.7	104.9
1983	108.6	124.5	102.9	102.4	108.4	103.3	107.5
1984	110.5	102.0	114.8	113.6	128.8	112.0	109.7
1985	105.2	87.4	110.8	110.6	112.8	117.3	104.4
1986	102.9	117.9	93.5	93.3	95.4	118.4	102.1
1987	108.1	95.5	112.6	113.4	104.2	113.1	107.1
1988	106.6	97.6	102.6	101.9	111.2	130.5	105.3
1989	106.2	89.6	110.6	111.6	100.1	110.8	104.9
1990	106.5	141.8	98.2	98.5	94.9	99.9	105.3
1991	105.7	91.9	110.2	110.9	101.9	109.8	104.8

注：本表按不变价格计算。
a) Data in this table are calculated at constant prices.

3-3 续表 Continued

(上年=100) (preceding year=100)

年份 Year	地区生产总值 Gross Domestic Product	第一产业 Primary Industry	第二产业 Secondary Industry	工业 Industry	建筑业 Construction	第三产业 Tertiary Industry	人均地区生产总值 Per Capita GDP
1992	106.2	105.8	106.3	106.4	105.9	106.3	105.2
1993	107.1	104.3	108.3	108.2	110.5	106.6	106.1
1994	108.3	107.2	108.7	108.9	106.4	108.2	107.3
1995	109.0	106.8	110.0	110.0	110.7	108.6	108.1
1996	110.0	110.8	110.3	110.3	111.0	108.7	109.2
1997	109.5	106.2	109.6	109.3	113.7	111.8	108.7
1998	107.6	98.9	109.2	108.5	118.8	110.6	106.9
1999	107.1	103.0	107.5	107.5	106.8	109.0	106.5
2000	107.7	96.9	109.5	109.7	107.4	110.7	107.2
2001	108.9	106.8	109.9	109.8	111.6	107.9	108.6
2002	109.9	107.1	110.9	111.1	107.3	109.1	109.8
2003	109.8	102.1	111.9	112.1	108.0	109.0	109.8
2004	110.4	112.5	111.8	111.8	110.9	106.8	110.3
2005	110.6	112.0	111.3	111.6	108.9	108.4	110.5
2006	110.4	107.4	111.3	111.6	111.1	110.2	110.3
2007	109.8	104.3	111.2	111.2	109.3	109.8	109.8
2008	110.3	108.5	111.2	111.1	108.6	109.4	110.3
2009	110.1	105.2	111.5	111.3	117.6	109.6	110.1
2010	111.7	106.1	113.8	113.5	108.1	109.9	111.6
2011	110.9	106.4	112.0	112.2	109.1	111.3	111.5
2012	108.7	106.5	109.1	109.5	107.2	109.2	110.3
2013	107.6	104.7	107.0	107.2	102.9	109.6	109.2
2014	105.3	105.6	102.9	103.3	99.2	108.6	107.0
2015	105.4	105.1	101.7	101.4	101.4	110.6	107.5
2016	104.4	104.2	102.0	102.0	101.1	106.3	106.6
2017	106.0	104.5	102.8	102.9	101.5	109.1	108.0
2018	104.5	103.7	102.1	102.6	97.9	106.4	106.6
2019	104.0	102.4	102.7	102.8	101.8	105.6	106.2
2020	100.9	102.9	102.6	102.8	98.9	98.7	103.3
2021	106.1	106.6	106.4	107.3	101.5	105.8	108.3
2022	102.7	102.4	100.9	100.8	102.2	103.8	103.9

3-4　地区生产总值指数
Indices of Gross Domestic Product

(1978=100)　　(1978=100)

年　份 Year	地　区生产总值 Gross Domestic Product	第一产业 Primary Industry	第二产业 Secondary Industry			第三产业 Tertiary Industry	人均地区生产总值 Per Capita GDP
				工业 Industry	建筑业 Construction		
1953	23.0	45.4	11.7	10.9	28.5	37.7	62.2
1954	25.4	48.1	14.2	13.4	31.1	38.4	64.7
1955	27.0	53.5	14.0	13.1	33.1	42.9	65.3
1956	28.8	51.2	16.3	15.2	38.5	47.5	65.3
1957	31.0	54.7	17.9	16.8	40.5	50.3	66.6
1958	43.6	73.0	30.5	29.1	59.4	56.9	89.1
1959	51.7	68.1	40.7	39.1	71.8	76.5	99.0
1960	55.7	45.0	52.5	50.3	96.4	89.9	99.3
1961	32.4	33.7	23.9	23.1	38.1	65.5	54.3
1962	31.7	40.6	21.4	20.7	34.6	60.9	51.9
1963	36.5	49.5	25.3	23.9	54.8	63.8	58.6
1964	41.6	49.7	30.5	29.0	61.6	76.1	64.2
1965	48.1	58.0	37.3	36.0	63.5	79.6	71.3
1966	56.0	68.9	45.5	44.0	76.1	84.2	80.5
1967	56.8	76.9	44.0	42.6	71.8	83.5	79.3
1968	55.3	74.5	43.3	42.0	68.3	80.2	74.6
1969	60.5	72.2	52.0	50.5	80.7	83.5	78.5
1970	66.6	80.1	58.6	57.0	89.6	86.4	83.3
1971	68.1	80.3	60.0	58.4	91.4	90.5	82.1
1972	67.2	68.9	61.4	59.9	91.4	93.8	78.0
1973	71.6	75.3	66.1	64.9	90.2	92.9	80.1
1974	76.2	81.5	70.3	69.0	95.4	97.7	82.7
1975	82.1	89.8	77.0	76.1	93.6	96.6	87.0
1976	82.9	84.9	79.4	78.7	93.8	97.2	86.0
1977	89.8	95.0	86.3	85.8	95.2	99.4	91.4
1978	100.0	100.0	100.0	100.0	100.0	100.0	100.0
1979	102.8	92.9	105.9	105.8	107.0	102.2	101.3
1980	112.7	104.1	114.9	114.1	131.5	114.3	109.7
1981	116.5	107.1	118.9	117.4	151.7	119.2	112.2
1982	123.6	115.4	123.9	120.3	203.1	133.1	117.7
1983	134.2	143.7	127.5	123.2	220.2	137.5	126.6
1984	148.3	146.6	146.4	139.9	283.6	154.0	138.8
1985	156.0	128.1	162.2	154.8	319.9	180.7	144.9
1986	160.6	151.0	151.6	144.4	305.1	213.9	148.0
1987	173.6	144.2	170.8	163.7	318.0	241.9	158.5
1988	185.0	140.8	175.2	166.9	353.5	315.7	166.9
1989	196.5	126.1	193.8	186.2	353.9	349.8	175.1
1990	209.3	178.8	190.3	183.4	336.0	349.4	184.4
1991	221.2	164.4	209.7	203.4	342.5	383.7	193.2

注：本表按不变价格计算。
a) Data in this table are calculated at constant prices.

3-4 续表 Continued

(1978=100) (1978=100)

年 份 Year	地区生产总值 Gross Domestic Product	第一产业 Primary Industry	第二产业 Secondary Industry	工业 Industry	建筑业 Construction	第三产业 Tertiary Industry	人均地区生产总值 Per Capita GDP
1992	234.9	173.9	222.9	216.4	362.7	407.9	203.2
1993	251.6	181.4	241.4	234.2	400.7	434.8	215.6
1994	272.5	194.4	262.4	255.0	426.4	470.4	231.4
1995	297.0	207.6	288.6	280.5	472.0	510.9	250.1
1996	326.7	230.1	318.4	309.4	523.9	555.3	273.1
1997	357.7	244.3	348.9	338.2	595.7	620.9	296.9
1998	384.9	241.6	381.0	366.9	707.7	686.7	317.4
1999	412.3	248.9	409.6	394.5	755.8	748.5	338.0
2000	444.0	241.2	448.5	432.7	811.8	828.6	362.4
2001	483.5	257.6	492.9	475.1	905.9	894.0	393.5
2002	531.4	275.9	546.7	527.9	972.1	975.4	432.1
2003	583.5	281.7	611.7	591.7	1049.8	1063.2	474.4
2004	644.1	316.9	683.9	661.6	1164.3	1135.5	523.3
2005	712.4	354.9	761.2	738.3	1267.9	1230.8	578.3
2006	786.5	381.2	847.2	823.9	1408.6	1356.4	637.8
2007	863.6	397.5	942.1	916.2	1539.6	1489.3	700.3
2008	952.5	431.3	1047.6	1017.9	1672.0	1629.3	772.4
2009	1048.8	453.8	1168.1	1133.0	1966.3	1785.7	850.5
2010	1171.5	481.4	1329.3	1285.9	2125.6	1962.5	949.1
2011	1299.1	512.3	1488.8	1442.8	2319.0	2184.3	1058.6
2012	1412.2	545.6	1624.2	1579.9	2486.0	2385.2	1167.8
2013	1519.5	571.2	1737.9	1693.6	2558.1	2614.2	1275.8
2014	1600.0	603.2	1788.3	1749.5	2537.6	2839.0	1364.9
2015	1686.4	633.9	1818.7	1774.0	2573.1	3140.0	1466.7
2016	1760.6	660.6	1855.1	1809.5	2601.4	3337.8	1562.9
2017	1866.3	690.3	1907.1	1861.9	2640.5	3641.5	1687.4
2018	1950.3	715.8	1947.1	1910.3	2585.0	3874.6	1798.3
2019	2028.3	733.0	1999.7	1963.8	2631.5	4091.5	1910.3
2020	2045.7	754.1	2052.0	2018.2	2601.9	4040.3	1973.5
2021	2171.4	803.9	2182.8	2166.1	2641.2	4274.1	2138.0
2022	2230.0	823.5	2202.6	2182.4	2698.9	4434.7	2221.3

3-5　全省三次产业对地区生产总值贡献率

Share of the Contributions of the Three Strata of Industry to the Increase of the GDP

单位：%　　　　(%)

年　份 Year	地　区 生产总值 Gross Domestic Product	第一产业 Primary Industry	第二产业 Secondary Industry	第三产业 Tertiary Industry
2001	100.0	10.1	63.5	26.4
2002	100.0	9.3	63.6	27.1
2003	100.0	2.7	70.5	26.8
2004	100.0	14.0	67.1	18.9
2005	100.0	13.5	64.3	22.2
2006	100.0	10.1	60.7	29.2
2007	100.0	6.0	64.0	30.0
2008	100.0	10.8	61.9	27.3
2009	100.0	6.6	65.2	28.2
2010	100.0	6.5	68.5	25.0
2011	100.0	9.2	55.1	35.7
2012	100.0	11.1	52.3	36.6
2013	100.0	9.1	46.8	44.1
2014	100.0	15.0	27.4	57.6
2015	100.0	13.4	15.3	71.3
2016	100.0	22.0	15.6	62.4
2017	100.0	17.5	15.4	67.1
2018	100.0	19.2	15.3	65.5
2019	100.0	14.0	20.9	65.1
2020	100.0	74.7	93.6	-68.3
2021	100.0	27.2	26.3	46.6
2022	100.0	22.9	8.5	68.6

注：三次产业贡献率指各产业不变价增加值增量与GDP不变价增量之比。

a) Share of the contributions of the three strata of industry to the increase of the GDP refers to the proportion of the increment of the value-added of each industry to the increment of GDP.

3-6 三次产业对地区生产总值增长的拉动
Contribution of the Three Strata of Industry to GDP Growth

单位：百分点 (percentage points)

年　份 Year	地　区 生产总值 Gross Domestic Product	第一产业 Primary Industry	第二产业 Secondary Industry	第三产业 Tertiary Industry
2001	8.90	0.90	5.65	2.35
2002	9.90	0.92	6.30	2.68
2003	9.80	0.26	6.91	2.63
2004	10.40	1.46	6.98	1.96
2005	10.60	1.43	6.82	2.35
2006	10.40	1.05	6.31	3.04
2007	9.80	0.59	6.27	2.94
2008	10.30	1.11	6.38	2.81
2009	10.10	0.67	6.59	2.84
2010	11.70	0.76	8.01	2.93
2011	10.90	1.00	6.01	3.89
2012	8.70	0.97	4.55	3.18
2013	7.60	0.69	3.56	3.35
2014	5.30	0.80	1.45	3.05
2015	5.40	0.72	0.83	3.85
2016	4.40	0.97	0.69	2.74
2017	6.00	1.05	0.92	4.03
2018	4.50	0.86	0.69	2.95
2019	4.00	0.56	0.84	2.60
2020	0.90	0.67	0.84	-0.61
2021	6.10	1.66	1.60	2.84
2022	2.70	0.62	0.23	1.85

注：三次产业拉动指GDP增长速度与各产业贡献率之乘积。
a) Contribution of the three strata of industry to GDP growth refers to the growth rate of GDP multiplied by the contribution share of each industry.

3-7　分地区生产总值和指数
Gross Regional Product and Indices by Region

地　区	Region	地区生产总值(亿元) Gross Regional Product (100 million yuan)						指　数(上年=100) Indices (preceding year=100)				
		2017	2018	2019	2020	2021	2022	2018	2019	2020	2021	2022
哈尔滨	Harbin	4717.2	5010.1	5129.4	5135.2	5292.5	5490.1	104.9	103.9	100.5	105.3	102.5
齐齐哈尔	Qiqihar	1043.8	1052.2	1123.0	1186.1	1235.6	1318.0	106.1	105.8	103.5	106.7	104.2
鸡　西	Jixi	508.6	521.0	552.8	570.1	615.0	664.7	105.0	104.6	102.0	107.2	104.6
鹤　岗	Hegang	308.2	317.6	336.8	333.4	360.0	409.2	105.2	103.7	100.2	107.0	104.5
双鸭山	Shuangyasha	407.8	446.8	478.3	487.6	520.4	557.2	105.0	104.8	101.2	106.4	104.4
大　庆	Daqing	2234.1	2502.6	2540.3	2248.3	2600.1	2988.6	103.4	103.5	100.6	106.1	99.7
伊　春	Yichun	261.8	276.0	298.5	292.7	326.0	343.2	106.0	105.5	100.2	107.4	103.0
佳木斯	Jiamusi	714.8	724.1	762.9	801.5	827.8	869.2	104.0	103.4	102.7	107.5	103.7
七台河	Qitaihe	204.4	225.5	219.1	204.4	235.5	268.9	105.5	100.3	97.6	105.3	105.3
牡丹江	Mudanjiang	790.0	783.9	826.4	826.8	868.6	925.7	101.2	104.2	100.4	106.0	103.0
黑　河	Heihe	504.2	531.8	580.0	612.8	642.0	660.2	107.2	106.0	103.4	106.2	103.3
绥　化	Suihua	1016.2	1030.7	1101.4	1134.4	1179.9	1238.1	103.9	103.5	101.9	106.3	103.5
大兴安岭	Daxinganling	122.5	129.0	138.8	140.9	154.8	168.0	105.6	105.1	102.6	106.3	105.2

注：1.本表绝对数按当年价格计算，指数按不变价格计算。
2.各地地区生产总值绝对数、指数为第四次全国经济普查衔接修订后的数据。
a) Level data in this table are calculated at current prices while indices at constant prices.
b) The absolute number and index of regional GDP are the data of the fourth national economic census.

3-8　分地区人均地区生产总值和指数
Per Capita Gross Regional Product and Indices by Region

地　区	Region	人均地区生产总值(元) Per Capita Gross Regional Product (yuan)						指　数(上年=100) Indices (preceding year=100)				
		2017	2018	2019	2020	2021	2022	2018	2019	2020	2021	2022
哈尔滨	Harbin	45974	49097	50650	51113	53229	55711	105.5	104.6	101.3	106.4	103.5
齐齐哈尔	Qiqihar	22902	23832	26293	28802	30837	33301	109.5	109.3	107.3	109.6	105.5
鸡　西	Jixi	30405	32051	35129	37495	41567	45620	108.1	108.0	105.5	110.1	106.2
鹤　岗	Hegang	31724	33533	36441	37035	41006	47328	107.9	106.2	102.9	109.7	106.1
双鸭山	Shuangyasha	31015	34780	38056	39853	43636	47378	107.5	107.1	103.9	109.1	105.9
大　庆	Daqing	77905	87572	89785	80374	94070	109200	103.8	104.6	101.7	107.3	100.7
伊　春	Yichun	26522	28760	32135	32789	37843	40657	109.0	109.0	104.2	111.2	105.2
佳木斯	Jiamusi	31229	32082	34391	36873	38790	41183	105.5	105.2	104.8	109.5	104.9
七台河	Qitaihe	27114	30734	30628	29383	34655	40086	108.4	102.9	100.3	107.8	106.7
牡丹江	Mudanjiang	31444	31951	34571	35661	38434	41489	103.6	107.0	103.5	108.8	104.4
黑　河	Heihe	35164	38172	42852	46963	50587	52576	110.3	109.1	107.2	109.2	104.3
绥　化	Suihua	23661	25008	27794	29843	31976	33953	108.3	107.6	106.2	109.5	104.7
大兴安岭	Daxinganling	31090	34252	38758	41762	48066	53364	110.5	110.6	108.9	111.4	107.5

注：1.本表绝对数按当年价格计算，指数按不变价格计算。
2.各地生产总值绝对数、指数为第四次全国经济普查衔接修订后的数据。
3.本表计算人均GDP使用的GDP数据为根据第四次全国经济普查资料修订后数据，人口数据均为常住人口数据。2017-2020年人口数据为根据第七次全国人口普查资料修订后数据，其余年份为年度人口抽样调查推算数据。
a) Level data in this table are calculated at current prices while indices at constant prices.
b) The absolute number and index of GDP of each region are the data of the fourth national economic census.
c) The GDP data used in the calculation of per capita GDP in this table is the data revised according to the data of the fourth national economic census, and the population data is the data revised according to the data of the seventh national census.

3-9 分地区三次产业增加值(2022年)
Gross Regional Product by Three Strata of Industry by Region(2022)

单位：亿元 (100 million yuan)

地 区	Region	地区生产总值 Gross Regional Product	第一产业 Primary Industry	第二产业 Secondary Industry	第三产业 Tertiary Industry
哈尔滨	Harbin	5490.1	672.1	1285.0	3533.0
齐齐哈尔	Qiqihar	1318.0	412.5	313.9	591.5
鸡 西	Jixi	664.7	227.7	179.5	257.4
鹤 岗	Hegang	409.2	104.4	155.4	149.4
双鸭山	Shuangyashan	557.2	206.4	157.9	192.8
大 庆	Daqing	2988.6	258.8	1779.1	950.7
伊 春	Yichun	343.2	128.8	63.7	150.7
佳木斯	Jiamusi	869.2	397.5	118.4	353.3
七台河	Qitaihe	268.9	43.6	121.7	103.6
牡丹江	Mudanjiang	925.7	231.5	193.9	500.3
黑 河	Heihe	660.2	279.6	91.6	289.1
绥 化	Suihua	1238.1	588.5	158.6	491.0
大兴安岭	Daxinganling	168.0	58.5	30.2	79.3

注：1.本表绝对数按当年价格计算，指数按不变价格计算。
2.三次产业增加值数据因四舍五入未做机械调整。
a) Level data in this table are calculated at current prices while indices at constant prices.
b) The added value data of the three industries were not adjusted mechanically due to rounding.

3-9 续表 Continued

地 区	Region	构成(地区生产总值=100) Composition (GRP=100)			指数(上年=100) Indices (preceding year=100)			
		第一产业 Primary Industry	第二产业 Secondary Industry	第三产业 Tertiary Industry	地区生产总值 Gross Regional Product	第一产业 Primary Industry	第二产业 Secondary Industry	第三产业 Tertiary Industry
哈尔滨	Harbin	12.2	23.4	64.4	102.5	102.6	100.6	103.2
齐齐哈尔	Qiqihar	31.3	23.8	44.9	104.2	102.2	104.9	105.3
鸡 西	Jixi	34.3	27.0	38.7	104.6	102.9	106.1	105.3
鹤 岗	Hegang	25.5	38.0	36.5	104.5	102.3	106.5	104.7
双鸭山	Shuangyashan	37.0	28.3	34.6	104.4	102.8	103.9	106.9
大 庆	Daqing	8.7	59.5	31.8	99.7	102.5	97.7	101.3
伊 春	Yichun	37.5	18.6	43.9	103.0	102.0	101.0	104.7
佳木斯	Jiamusi	45.7	13.6	40.6	103.7	102.7	103.6	105.0
七台河	Qitaihe	16.2	45.3	38.5	105.3	103.7	104.4	106.8
牡丹江	Mudanjiang	25.0	20.9	54.0	103.0	102.5	99.9	104.5
黑 河	Heihe	42.4	13.9	43.8	103.3	100.8	101.5	106.4
绥 化	Suihua	47.5	12.8	39.7	103.5	102.7	105.4	103.8
大兴安岭	Daxinganling	34.8	18.0	47.2	105.2	104.0	103.4	106.8

注：表中部分数据分项合计不等是由于数据修约误差所致，未做机械调整。
a) The unequal total of some data items in the table is due to rounding errors in the data,and no mechanical adjustments have been made.

主要统计指标解释

国内生产总值(GDP) 指一个国家所有常住单位在一定时期内生产活动的最终成果。国内生产总值有三种表现形态，即价值形态、收入形态和产品形态。从价值形态看，它是所有常住单位在一定时期内生产的全部货物和服务价值与同期投入的全部非固定资产货物和服务价值的差额，即所有常住单位的增加值之和；从收入形态看，它是所有常住单位在一定时期内创造的各项收入之和，包括劳动者报酬、生产税净额、固定资产折旧和营业盈余；从产品形态看，它是所有常住单位在一定时期内最终使用的货物和服务价值与货物和服务净出口价值之和。在实际核算中，国内生产总值有三种计算方法，即生产法、收入法和支出法。三种方法分别从不同的方面反映国内生产总值及其构成。

对于一个地区来说，称为地区生产总值或地区 GDP。

三次产业 三次产业的划分是世界上较为常用的产业结构分类，但各国的划分不尽一致。根据《国民经济行业分类》(GB/T 4754—2017）和《三次产业划分规定》，我国的三次产业划分是：

第一产业是指农、林、牧、渔业（不含农、林、牧、渔专业及辅助性活动）。

第二产业是指采矿业（不含开采专业及辅助性活动），制造业（不含金属制品、机械和设备修理业），电力、热力、燃气及水生产和供应业，建筑业。

第三产业即服务业，是指除第一产业、第二产业以外的其他行业。

劳动者报酬 指劳动者从事生产活动应获得的全部报酬，既包括货币形式的报酬，也包括实物形式的报酬。主要包括工资、奖金、津贴和补贴，单位为其员工交纳的社会保险费、补充社会保险费和住房公积金、行政事业单位职工的离退休金、单位为其员工提供的其他各种形式的福利和报酬等。

生产税净额 指生产税减生产补贴后的差额。其中，生产税指政府对生产单位从事生产、销售和经营活动，以及因从事生产活动使用某些生产要素（如固定资产和土地等）所征收的各种税收、附加费和其他规费。生产税分为产品税和其他生产税，产品税主要有：增值税、消费税、进口关税、出口税等；其他生产税主要有：房产税、车船使用税、城镇土地使用税等。生产补贴则相反，它是政府为影响生产单位的生产、销售及定价等生产活动而对其提供的无偿支付，包括农业生产补贴、政策亏损补贴、进口补贴等。生产补贴作为负生产税处理。

固定资产折旧 指由于自然退化、正常淘汰或损耗而导致的固定资产价值下降，用以代表固定资产通过生产过程被转移到其产出中的价值。原则上，固定资产折旧应按照固定资产的重置价值计算。

营业盈余 指常住单位创造的增加值扣除劳动者报酬、生产税净额和固定资产折旧后的余额。

支出法国内生产总值 是从最终使用的角度反映一个国家(或地区)一定时期内生产活动最终成果的一种方法，包括最终消费支出、资本形成总额及货物和服务净出口三部分。计算公式为：

支出法国内生产总值=最终消费支出+资本形成总额+货物和服务净出口

最终消费支出 指常住单位为满足物质、文化和精神生活的需要，从本国经济领土和国外购买的货物和服务的支出。它不包括非常住单位在本国经济领土内的消费支出。最终消费支出分为居民消费支出和政府消费支出。

居民消费支出 指常住住户在一定时期内对于货物和服务的全部最终消费支出。居民消费支出除了直接以货币形式购买的货物和服务的消费支出外，还包括以其他方式获得的货物和服务的消费支出，后者称为虚拟消费支出。居民虚拟消费支出主要包括：单位以实物报酬及实物转移的形式提供给劳动者的货物和服务；住户生产用于自身消费的货物（如自产自用的农产品），以及纳入生产核算范围并用于自身消费的服务（如住户的自有住房服务）；银行和保险机构提供的间接计算的金融服务。

政府消费支出 指政府部门为全社会提供的公共服务的消费支出和免费或以较低的价格向居民住户提供的货物和服务的净支出，前者等于政府服务的产出价值减去政府单位所获得的经营收入的价值，后者等于政府部门免费或以较低价格向居民住户提供的货物和服务的市场价值减去向住户收取的价值。

资本形成总额 指常住单位在一定时期内获得减去处置的固定资产和存货的净额，包括固定资本形成总额和存货变动两部分。

固定资本形成总额 指常住单位在一定时期内获得的固定资产减处置的固定资产的价值总额。固定资产是通过生产活动生产出来的，且其使用年限在一年以上、单位价值在规定标准以上的资产，不包括自然资产、耐用消费品、小型工器具。固定资本形成总额包括住宅、其他建筑和构筑物、机器和设备、培育性生物资源、知识产权产品（研发支出、矿藏的勘探、计算机软件）的价值获得减处置。

存货变动 指常住单位在一定时期内存货实物量变动的市场价值，即期末价值减期初价值的差额，再扣除当期由于价格变动而产生的持有收益。存货变动可以是正值，也可以是负值，正值表示存货上升，负值表示存货下降。存货包括生产单位购进的原材料、燃料和储备物资等存货，以及生产单位生产的产成品、在制品和半成品等存货。

货物和服务净出口 指货物和服务出口减货物和服务

进口的差额。出口包括常住单位向非常住单位出售或无偿转让的各种货物和服务的价值；进口包括常住单位从非常住单位购买或无偿得到的各种货物和服务的价值。货物的出口和进口都按离岸价格计算。

直接消耗系数 也称为投入系数，记为 aij(i, j=1, 2, …, n)它是指在生产经营过程中第 j 产品(或产业)部门的单位总产出所直接消耗的第 i 产品部门货物或服务的价值量，将各产品(或产业)部门的直接消耗系数用表的形式表现出来，就是直接消耗系数表或直接消耗系数矩阵，通常用字母 A 表示。

完全消耗系数 指第 j 产品部门每提供一个单位最终使用时，对第 i 产品部门货物或服务的直接消耗和间接消耗之和。将各产品部门的完全消耗系数用表的形式表现，就是完全消耗系数表或完全消耗系数矩阵，通常用字母 B 表示。

Explanatory Notes on Main Statistical Indicators

Gross Domestic Product (GDP) refers to the final products produced by all resident units in a country during a certain period of time. Gross domestic product is expressed in three different perspectives, namely value, income, and products respectively. GDP in its value perspective refers to the balance of total value of all goods and services produced by all resident units during a certain period of time, minus the total value of input of goods and services of the nature of non-fixed assets; in other words, it is the sum of the value-added of all resident units. GDP from the perspective of income refers to the sum of all kinds of revenue, including Compensation of Employees, Net Taxes on Production, Depreciation of Fixed Assets, and Operating Surplus. GDP from the perspective of products refers to the value of all goods and services for final demand by all resident units plus the net exports of goods and services during a given period of time. In the practice of national accounting, gross domestic product is calculated from three approaches, namely production approach, income approach and expenditure approach, which reflect gross domestic product and its composition from different angles.

For a region, it is called as Gross Regional Product(GRP) or regional GDP.

Three Strata of Industry Classification of economic activities into three strata of industries is a common practice in the world, although the grouping varies to some extent from country to country. In China, according to Industrial Classification for National Economic Activities (GB/T 4754—2017) and Rules on Division of Three Strata of Industries, economic activities are categorized into the following three strata of industries:

Primary industry refers to agriculture, forestry, animal husbandry and fishery industries (not including services in support of agriculture, forestry, animal husbandry and fishery industries).

Secondary industry refers to mining and quarrying (not including support activities for mining), manufacturing (not including repair service of metal products, machinery and equipment), production and supply of electricity, heat, gas and water, and construction.

Tertiary industry refers to all other economic activities not included in the primary or secondary industries.

Compensation of Employees refers to the total payment of various forms to employees for the productive activities they are engaged in. It includes the employees earn in cash or in kind. It mainly include: wages, bonuses and allowances, subsidies, social insurance paid by company or unit for its staff, supplementary social insurance, housing fund, the pension for the employees of the administrative institution, other forms of welfare and remuneration provide by the units for its employees.

Net Taxes on Production refers to taxes on production less subsidies on production. The taxes on production refers to the various taxes, extra charges and fees levied on the production units on their production, sale and business activities as well as on the use of some factors of production, such as fixed assets, land etc. in the production activities they are engaged in. Taxes on production are divided into product tax and other kinds of taxes on production, product tax mainly includes: value-added tax, consumption tax, import duty, export duty; other taxes on production mainly include: House Property Tax, Tax on Vehicles and Boat Operation, Urban Land Use Tax, etc. In contrast to taxes on production, subsidies on production refer to the payment by the government for free to the production units to influence production activities of production units such as production, sales and pricing, which include agricultural production subsidies, subsidies for policy losses, import subsidies, etc. Subsidies on production are therefore regarded as negative taxes on production.

Depreciation of Fixed Assets Refers to the decline of the value of fixed assets due to natural deterioration, normal elimination or loss, it reflects the value of transfer of the fixed assets in the production of the current period. In principle, the depreciation of fixed assets should be calculated on the basis of the re-purchased value of the fixed assets.

Operating Surplus refers to the balance of the value added created by the resident units after deducting the labourers remuneration, net taxes on production and the depreciation of fixed assets.

GDP by Expenditure Approach refers to the method of measuring the final results of production activities of a country (region) during a given period from the perspective of final uses. It includes final consumption expenditure, gross capital formation and net export of goods and services. The formula for computation is.:

GDP by expenditure approach = final consumption expenditure + gross capital formation + net export of goods and services

Final Consumption Expenditure refers to the total expenditure of resident units for purchases of goods and services from both the domestic economic territory and abroad to meet the needs of material, cultural and spiritual life. It does not include the expenditure of non-resident units on consumption in the economic territory of the country. The final consumption expenditure is broken down into household consumption expenditure and government consumption expenditure.

Household Consumption Expenditure refers to the total expenditure of resident households on the final consumption of goods and services. In addition to the consumption of goods and services bought by the households directly with money, the household consumption expenditure also includes expenditure on goods and services obtained by the households in other ways, i.e. the latter so-called imputed consumption expenditure, which mainly includes: (a) the goods and services provided to households by employers in the form of payment in kind and transfer in kind; (b) goods and services produced and consumed by the households themselves (such as self produced agricultural products); (c) financial intermediate services provided by banking and insurance institutions.

Government Consumption Expenditure refers to the consumption expenditure spent for the provision of public services provided by the government to the whole country and the net expenditure on the goods and services provided by the government to households free of charge or at reduced prices. The former equals to the output value of the government services minus the value of operating income obtained by the government departments. The latter equals to the market value of the goods and services provided by the government free of charge or at reduced prices to the households minus the value received by the government from the households.

Gross Capital Formation refers to the fixed assets acquired less disposals and the net value of inventory, thus including gross fixed capital formation and changes in inventories.

Gross Fixed Capital Formation refers to the value of acquisitions less those disposals of fixed assets during a given period. Fixed assets are the assets produced through production activities with unit value above a specified amount and which could be used for over one year. Natural assets, consumer durables, small instruments are not included. Gross Fixed Capital Formation includes the value of housing, other buildings and structure, equipment and machinery, breeding biological resources, intellectual property right product (expenditure for R&D, the prospecting of minerals and the acquisition of computer software) minus the disposal of them.

Changes in Inventories refers to the market value of the change in the physical volume of inventory of resident units during a given period, i.e. the difference between the values at the beginning and at the end of the period minus the gains due to the change in prices. The changes in inventories can have a positive or a negative value. A positive value indicates an increase in inventory while a negative value indicates a decrease in inventory. The inventory includes raw materials, fuels and reserve materials purchased by the production units as well as the inventory of finished products, semi-finished products and work-in-progress.

Net Export of Goods and Services refers to the exports of goods and services subtracting the imports of goods and services. Exports include the value of various goods and services sold or gratuitously transferred by resident units to non-resident units. Imports include the value of various goods and services purchased or gratuitously acquired resident units from non-resident units. Because the provision of services and the use of them happen simultaneously, the acquisition of services by resident units from abroad is usually treated as import while the acquisition of services by non-resident units in this country is usually treated as export. The exports and imports of goods are calculated at FOB.

Direct Input Coefficient refers to the volume of products and services of industry i, which is consumed directly by industry j in the course of its production or business, recorded as aij (i,j=1,2, … ,n). The table of direct input coefficients, or the direct input coefficients matrix, usually denoted as A, is a table that presents direct input coefficients of all industries.

Total Input Coefficient refers to the volume of products and services of industry i which is consumed directly and indirectly by industry j in producing each unit of final use. The table of total input coefficients, or total input coefficients matrix, usually denoted as B, is a table that presents total input coefficients of all industries.

第4篇

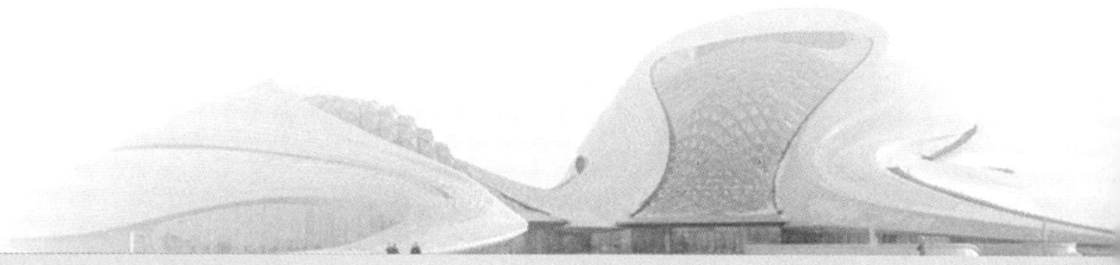

价格指数

CHAPTER 4 PRICE INDICES

4-1　各种价格指数
Price Indices

(上年=100)　　(preceding year=100)

年　份 Year	商品零售价格指数 Retail Price Index	居民消费价格指数 Consumer Price Index	城市 Urban Areas	农村 Rural Areas	工业生产者购进价格指数 Purchasing Price Index for Industrial Producers	工业生产者出厂价格指数 Producer Price Index for Industrial Products
1978	100.2	100.5	100.5			
1979	101.8	102.5	102.5			
1980	105.6	107.3	107.3			
1981	102.1	102.1	102.1			
1982	102.8	103.0	103.0			
1983	102.2	102.5	102.5			
1984	104.4	104.3	104.4	103.1		
1985	111.7	111.8	111.9	110.0		
1986	105.9	106.2	106.0	107.5		
1987	109.6	109.4	109.7	106.6		
1988	117.8	118.0	118.6	116.1		
1989	114.0	114.6	114.6	114.6		
1990	104.9	105.7	105.6	106.3		
1991	106.5	107.4	108.2	105.3		
1992	108.5	109.2	109.7	105.9	112.9	111.6
1993	114.6	114.8	115.2	113.7	139.6	141.3
1994	120.7	121.9	122.0	121.3	119.3	129.0
1995	114.3	116.1	115.9	116.2	112.7	116.1
1996	105.1	107.1	107.6	105.8	103.4	104.6
1997	102.2	104.4	104.5	103.8	104.4	102.3
1998	98.4	100.4	100.9	99.7	97.7	97.8
1999	96.1	96.8	97.0	96.3	98.2	107.4
2000	97.8	98.3	98.7	97.2	108.6	122.9
2001	100.4	100.8	100.8	100.4	99.5	96.0
2002	98.5	99.3	99.3	99.5	99.3	97.8
2003	99.7	100.9	100.8	101.2	107.6	111.9
2004	102.8	103.8	103.5	105.2	115.2	113.1
2005	100.4	101.2	100.8	102.3	111.8	116.7
2006	101.5	101.9	101.8	102.4	105.6	109.9
2007	105.6	105.4	105.4	105.4	105.0	105.3
2008	105.8	105.6	105.0	107.2	114.1	114.0
2009	98.9	100.2	99.8	101.2	93.4	87.4
2010	103.1	103.9	103.6	104.9	114.5	115.0
2011	104.5	105.8	105.6	106.4	111.1	112.0
2012	102.2	103.2	103.3	102.9	98.8	100.0
2013	101.1	102.2	102.0	103.1	98.7	98.0
2014	100.8	101.5	101.4	101.6	97.6	97.1
2015	100.1	101.1	101.1	101.1	88.2	86.0
2016	101.1	101.5	101.2	102.1	96.0	95.1
2017	99.9	101.3	101.2	101.8	110.2	109.3
2018	101.1	102.0	102.0	101.9	109.0	109.0
2019	102.1	102.8	102.7	103.2	100.3	98.2
2020	101.5	102.3	102.1	102.9	95.1	93.4
2021	101.6	100.6	100.6	100.8	110.5	112.3
2022	102.5	101.9	101.9	101.9	110.0	110.9

注：1.1994年后商品零售价格指数不包括农业生产资料。
2.从2011年起工业品出厂价格指数改为工业生产者出厂价格指数，原材料、燃料、动力购进价格指数改为工业生产者购进价格指数(下同)。

a) Since 1994, Retail Price Indices Exclude Agricultural Means of Production.

b) From 2011, the producer price index for manufactured goods and the purchasing price index for raw materials, fuel and power changed to the producer price index for industrial products and the purchasing price index for industrial producers(the same below).

4-2 各种价格定基指数
Fixed-Base Price Indices

年份 Year	商品零售价格指数 Retail Price Index	居民消费价格指数 Consumer Price Index	城市 Urban Areas	农村 Rural Areas	工业生产者购进价格指数 Purchasing Price Index for Industrial Producers	工业生产者出厂价格指数 Producer Price Index for Industrial Products
1978=100						
1979	101.8	102.5	102.5			
1980	107.5	110.0	110.0			
1981	109.7	112.3	112.3			
1982	112.8	115.7	115.7			
1983	115.3	118.6	118.6			
1984	120.4	123.7	123.8			
1985	134.6	100.0	138.6	100.0		
1986	142.5	106.2	146.9	107.5		
1987	156.2	116.2	161.1	114.6		
1988	184.0	137.1	191.1	133.1		
1989	209.8	157.1	219.0	152.5		
1990	220.1	166.1	231.3	162.1		
1991	234.4	178.4	250.3	170.7		
1992	254.3	194.8	274.6	180.8		
1993	291.5	223.6	316.3	205.6		
1994	351.8	272.6	385.9	249.4		
1995	402.1	316.5	447.3	289.8	100.0	100.0
1996	422.6	339.0	481.3	306.6	103.4	104.6
1997	431.9	353.9	503.0	318.3	107.9	107.0
1998	425.0	355.3	507.5	317.3	105.5	104.7
1999	408.0	343.8	491.8	305.4	103.6	112.4
2000	399.0	337.9	485.4	296.8	112.5	138.1
2001	400.6	340.6	489.3	298.0	111.9	132.6
2002	394.6	338.2	485.9	296.5	111.1	129.7
2003	393.4	341.2	489.8	300.1	119.5	145.1
2004	404.4	354.2	506.9	315.7	137.7	164.1
2005	406.0	358.5	510.9	322.9	153.9	191.5
2006	412.1	365.3	520.1	330.6	162.5	210.5
2007	435.2	385.0	548.2	348.5	170.6	221.7
2008	460.4	406.6	575.6	373.6	194.7	252.7
2009	455.3	407.4	574.4	378.1	181.8	220.9
2010	469.4	423.3	595.1	396.6	208.2	254.0
2011	490.5	447.8	628.4	422.0	231.3	284.5
2012	501.3	462.1	649.1	434.2	228.5	284.5
2013	506.8	472.3	662.1	447.7	225.5	278.8
2014	510.9	479.4	671.4	454.9	220.1	270.7
2015	511.4	484.7	678.8	459.9	194.1	232.8
2016	517.0	492.0	686.9	469.6	186.3	221.4
2017	516.5	498.4	695.1	478.1	205.3	242.0
2018	522.2	508.4	709.0	487.2	223.8	263.8
2019	533.2	522.6	728.1	502.8	224.5	259.1
2020	541.2	534.6	743.4	517.4	213.5	242.0
2021	549.7	538.0	747.8	521.5	235.9	271.8
2022	563.2	548.3	762.3	531.2	259.5	301.4

注：居民消费价格总指数及农村居民消费价格指数以1985年为基期，工业生产者出厂价格指数和工业生产者购进价格指数以1995年为基期。

a) The index of year 1985 is defined as 100 in Consumer Price Index and Rural Consumer Price Index,the index of year 1995 is defined as 100 in Purchasing Price Index for Industrial Producers and Producer Price Index for Industrial Products.

4-3　居民消费价格分类指数
Consumer Price Indices by Category

(上年=100)　　(preceding year=100)

项　目	Item	2021年 全省 Total Indices	2021年 城市 Urban Indices	2021年 农村 Rural Indices	2022年 全省 Total Indices	2022年 城市 Urban Indices	2022年 农村 Rural Indices
居民消费价格指数	**Consumer Price Index**	**100.6**	**100.6**	**100.8**	**101.9**	**101.9**	**101.9**
食品烟酒	**Food, Tobacco and Liquor**	**99.5**	**99.8**	**98.5**	**102.2**	**102.4**	**101.8**
食　品	Food	98.9	99.4	97.8	102.9	103.1	102.3
粮　食	Grain	100.4	100.4	100.4	102.1	101.1	103.3
薯　类	Tubers	99.5	99.6	99.4	107.2	107.3	106.7
豆　类	Soybeans	107.6	109.9	104.2	106.4	106.8	105.8
食用油	Edible Oil	110.1	110.7	109.3	107.2	108.3	105.7
菜	Vegetables	106.1	106.2	105.7	100.5	101.2	98.2
畜肉类	Livestock Meat	83.6	85.5	79.0	96.9	97.2	96.2
禽肉类	Poultries Meat	96.7	96.7	96.4	101.2	101.2	101.2
水产品	Aquatic Products	108.2	107.7	110.1	101.4	102.6	97.3
蛋　类	Eggs	115.4	116.0	113.6	108.5	108.7	108.0
奶　类	Milk	101.8	102.0	101.0	101.1	101.0	101.3
干鲜瓜果类	Dried and Fresh Melons and Fruits	101.4	100.7	103.6	109.8	109.9	109.6
糖果糕点类	Confectionery	101.2	101.4	100.6	104.8	105.3	103.0
调味品	Flavoring	100.6	100.8	100.4	105.2	105.4	104.9
其他食品类	Other Foods	100.0	99.9	100.4	102.2	102.4	101.6
茶及饮料	Tea and Beverages	99.7	99.5	100.1	102.4	103.3	99.9
烟　酒	Tobacco and Liquor	100.6	100.9	100.2	101.2	101.6	100.7
在外餐饮	Dining Out	100.8	100.7	101.1	100.5	100.6	100.3
衣　着	**Clothing**	**100.8**	**101.1**	**100.0**	**101.0**	**101.1**	**100.4**
服　装	Garments	100.5	100.6	99.9	101.1	101.3	100.5
鞋　类	Footwear	102.1	102.7	100.2	100.5	100.5	100.3
居　住	**Residence**	**100.3**	**100.1**	**100.8**	**101.3**	**101.3**	**101.4**
租赁房房租	Rent of Rental Housing	98.6	98.4	99.5	99.4	99.3	100.0
住房保养维修及管理	Housing Maintenance and Management	100.7	100.5	101.1	101.3	101.4	101.0
水电燃料	Water, Electricity and Fuels	103.8	104.4	102.3	105.1	105.5	104.1
自有住房	Private Housing	98.8	98.4	100.0	99.7	99.6	100.0
生活用品及服务	**Supplies and Services**	**99.8**	**99.9**	**99.6**	**100.6**	**100.7**	**100.3**
家具及室内装饰品	Furniture and Interior Decorations	100.5	100.5	100.3	100.5	100.8	99.7
家用器具	Household Facilities	100.1	100.2	99.9	100.4	100.5	100.2
家用纺织品	Household Textile	99.2	99.0	100.2	98.7	98.6	99.7
家庭日用杂品	Daily Use Household Articles	100.3	100.6	99.5	99.8	99.8	99.7
个人护理用品	Personal-care Supply	98.3	98.3	98.3	102.1	102.1	102.2
家庭服务	Household Services	101.2	101.4	100.0	102.0	102.2	100.0
交通和通信	**Transportation and Communication**	**104.0**	**103.8**	**104.4**	**105.5**	**105.7**	**105.1**
交　通	Transportation	105.2	105.0	105.6	108.3	108.6	107.5
通　信	Communication	101.3	101.2	101.4	98.9	98.8	99.1
教育文化和娱乐	**Education, Culture and Recreation**	**100.5**	**100.4**	**100.7**	**100.9**	**101.0**	**100.7**
教　育	Education	100.7	100.7	100.7	100.6	100.5	100.8
文化娱乐	Cultural and Recreational Articles	99.9	99.8	100.7	101.5	101.8	100.3
医疗保健	**Health Care**	**101.1**	**100.2**	**102.9**	**100.5**	**100.1**	**101.3**
药品及医疗器具	Drugs and Medical Instrument	99.5	99.5	99.4	100.1	99.9	100.5
医疗服务	Medical Service	101.9	100.6	104.3	100.7	100.2	101.6
其他用品和服务	**Other Articles and Services**	**99.4**	**99.3**	**99.6**	**101.3**	**101.1**	**101.8**
其他用品类	Other Articles	100.3	100.3	100.2	101.9	101.7	102.5
其他服务类	Other Services	98.5	98.4	98.7	100.6	100.6	100.7

4-4 商品零售价格分类指数
Retail Price Indices by Category of Commodities

(上年=100) (preceding year=100)

项 目	Item	2021年			2022年		
		全 省 Total Indices	城 市 Urban Indices	农 村 Rural Indices	全 省 Total Indices	城 市 Urban Indices	农 村 Rural Indices
商品零售价格总指数	**Retail Price Index**	**101.6**	**101.6**	**101.6**	**102.5**	**102.3**	**103.3**
食品类	**Food**	**99.3**	**99.5**	**98.3**	**102.3**	**102.4**	**102.1**
粮 食	Grain	100.5	100.6	100.3	101.4	101.1	102.1
薯 类	Tubers	99.4	99.4	99.1	106.5	106.1	108.8
豆 类	Soybeans	107.9	108.8	104.2	106.7	107.0	105.2
食用油	Edible Oil	110.0	110.0	110.5	107.6	108.0	105.6
菜	Vegetables	106.2	106.2	106.0	101.1	101.2	100.4
畜肉类	Livestock Meat	84.2	85.1	78.1	97.3	97.5	96.2
禽肉类	Poultries Meat	96.1	96.1	96.2	100.9	100.8	101.8
水产品	Aquatic Products	107.8	107.7	109.4	101.9	102.3	98.3
蛋 类	Eggs	116.4	116.7	114.5	107.8	107.9	107.8
奶 类	Milk	102.0	102.1	101.1	101.2	101.2	101.1
干鲜瓜果类	Dried and Fresh Melons and Fruits	101.5	101.2	104.0	109.7	109.7	110.0
糖果糕点类	Confectionery	101.4	101.5	100.6	105.7	106.1	102.9
调味品	Flavoring	100.8	100.9	100.7	105.2	105.0	105.9
其他食品类	Other Foods	100.1	100.0	101.1	102.3	102.4	101.4
在外餐饮	Dining Out	100.8	100.7	101.4	100.3	100.3	100.4
饮料、烟酒	**Beverages, Tobacco and Liquor**	**100.6**	**100.6**	**100.3**	**101.6**	**101.7**	**100.9**
茶及饮料	Tea and Beverages	99.3	99.3	100.2	103.2	103.4	99.9
烟 草	Tobacco	100.3	100.3	100.0	101.1	101.1	101.0
酒	Liquor	101.9	102.0	101.1	101.3	101.3	101.0
服装、鞋帽类	**Garments, Shoes and Hats**	**101.1**	**101.3**	**99.9**	**101.2**	**101.3**	**100.4**
服 装	Garments	100.6	100.7	99.8	101.4	101.5	100.4
鞋帽袜	Footgear and Hats	102.5	102.9	100.1	100.7	100.8	100.4
其他衣着配件	Others	100.6	100.7	100.0	100.1	100.1	100.0
纺织品类	**Textiles**	**99.6**	**99.4**	**100.5**	**98.2**	**98.1**	**99.5**
服装材料	Clothing	99.4	99.3	100.3	100.1	100.0	100.2
床上用品	Bedding	99.6	99.4	100.5	97.9	97.7	99.3

4-4　续表　Continued

(上年=100)　(preceding year=100)

项　目	Item	2021年 全省 Total Indices	2021年 城市 Urban Indices	2021年 农村 Rural Indices	2022年 全省 Total Indices	2022年 城市 Urban Indices	2022年 农村 Rural Indices
家用电器及音像器材	**Household Appliances and Music and Video Equipment**	**100.3**	**100.4**	**99.3**	**99.9**	**99.9**	**100.1**
家庭设备	Household Facilities	100.3	100.4	99.4	100.4	100.4	100.1
文娱用耐用消费品	Durable Consumer Goods for Recreational Use	100.4	100.7	98.9	98.7	98.5	100.3
专业音像器材	Sound and Video Equipment	100.1	100.1	100.0	100.3	100.4	99.4
文化办公用品	**Cultural and Official Appliances**	**102.0**	**102.0**	**101.5**	**100.7**	**100.7**	**100.7**
日用品	**Articles for Daily Use**	**100.7**	**101.0**	**99.1**	**101.2**	**101.2**	**101.4**
日用百货	General Merchandise for Daily Use	102.6	103.3	98.8	101.8	101.8	101.6
厨具餐具茶具	Kitchen Utensils and Tableware	98.4	98.5	97.2	101.2	101.2	101.6
洗涤用品	Washing Product	100.4	100.4	100.5	98.4	98.5	97.3
其它日用品	Others	100.6	100.7	99.7	101.5	101.4	102.1
体育娱乐用品	**Sports and Recreation Articles**	**100.4**	**100.4**	**99.9**	**100.5**	**100.4**	**100.7**
体育用品	Sports Goods	100.6	100.6	99.7	104.8	104.6	107.3
娱乐用品	Amusement Goods	100.3	100.4	99.9	99.9	99.9	99.9
交通、通信用品	**Transportation and Communication Articles**	**100.7**	**100.7**	**100.8**	**98.1**	**98.1**	**97.9**
交通运输机械	Transportation Facility	99.7	99.7	99.4	98.2	98.3	97.8
通信器材类	Communication Facility	103.4	103.4	103.5	97.8	97.7	97.9
家　具	**Furniture**	**100.8**	**100.8**	**100.2**	**101.2**	**101.3**	**100.0**
化妆品类	**Cosmetics**	**97.9**	**97.9**	**98.4**	**101.9**	**101.9**	**102.3**
金银饰品	**Gold, Silver Ornaments**	**100.8**	**100.7**	**101.4**	**101.4**	**101.3**	**102.0**
中西药品及医疗保健用品	**Medicines and Health Cares Articles**	**99.8**	**99.9**	**99.6**	**100.2**	**100.1**	**100.6**
医疗卫生器具	Medical Instruments	91.8	92.1	89.9	98.3	99.0	94.0
中　药	Traditional Chinese Medicines	102.1	102.2	101.0	101.6	101.5	102.2
西　药	Western Medicine	99.9	99.8	101.0	99.9	99.8	101.0
保健器具及用品	Health Care Appliances and Articles	102.0	102.1	100.1	100.0	100.0	100.9
书报杂志及电子出版物	**Newspapers, Magazines and E-journal**	**100.8**	**100.8**	**100.9**	**100.9**	**101.0**	**100.2**
教材及参考书	Teaching Materials and Reference Books	101.5	101.4	101.8	101.8	102.0	100.5
书报杂志	Newspapers and Magazines	100.3	100.4	100.0	100.3	100.4	100.0
计算机办公软件	Office Software	100.2	100.3	99.4	99.9	99.9	99.9
燃料类	**Fuels**	**115.7**	**115.6**	**116.7**	**120.5**	**119.9**	**124.1**
煤炭及制品类	Coal and Their Products	117.8	116.5	121.3	128.6	125.6	136.4
石油及制品	Oil and Their Products	115.5	115.5	115.5	119.4	119.2	120.8
建筑材料及五金电料类	**Building Materials, Hardware and Electric Materials**	**100.7**	**100.7**	**100.9**	**101.4**	**101.4**	**101.0**
建筑装潢材料	Building Decoration Materials	100.8	100.8	101.2	101.8	101.9	101.5
五金水暖	Hardware	100.2	100.1	100.2	99.7	99.8	99.3

4-5 农产品生产价格指数
Producer Price Indices for Farm Products

(上年=100) (preceding year=100)

指 标	Item	2018	2019	2020	2021	2022
总指数	**General Index**	**100.8**	**106.2**	**118.5**	**111.1**	**102.5**
农业产品	Agricultural Products	102.9	99.5	112.1	117.3	103.6
林业产品	Forestry Products	105.1	102.5	100.7	99.4	
畜牧业产品	Animal Husbandry Products	89.6	141.1	129.9	79.2	96.7
渔业产品	Fishery Products	99.1	105.3	112.8	109.6	99.2

4-6　按工业部门分工业生产者出厂价格指数
Producer Price Indices for Industrial Products by Category

(上年=100)　　(preceding year=100)

类　别	Category	2018	2019	2020	2021	2022
总指数	**General Index**	**109.0**	**98.2**	**93.4**	**112.3**	**110.9**
轻工业	Light Industry	101.0	101.0	102.2	102.2	99.1
以农产品为原料	Using Farm Products as Raw Materials	100.8	101.2	102.6	101.9	98.6
以非农产品为原料	Using Non-Farm Products as Raw Materials	102.8	99.5	99.2	103.5	101.6
重工业	Heavy Industry	112.4	97.0	89.4	116.5	115.7
采掘工业	Mining & Quarrying Industry	125.2	96.1	75.1	132.6	133.9
原料工业	Raw Materials Industry	110.0	95.6	90.8	114.3	112.6
加工工业	Manufacturing Industry	103.3	99.4	99.6	104.9	101.9
生产资料	Means of Production	112.3	96.9	89.8	117.4	115.4
采　掘	Mining & Quarrying Industry	125.2	96.1	75.1	132.6	133.9
原　料	Raw Materials Industry	110.6	95.4	90.7	113.7	112.1
加　工	Manufacturing Industry	103.2	99.3	99.9	109.1	102.4
生活资料	Consumer Goods	100.6	101.4	102.1	98.9	98.3
食　品	Food	100.5	101.6	102.5	101.3	97.6
衣　着	Clothing	99.0	99.6	101.3	99.1	104.3
一般日用品	Articles for Daily Use	101.5	100.7	100.2	101.6	100.2
耐用消费品	Durable Consumer Goods	100.8	100.5	100.4	83.1	100.2
冶金工业	Metallurgical Industry	108.7	101.0	100.8	128.3	96.3
电力工业	Power Industry	99.8	100.7	100.5	100.1	104.5
煤炭及炼焦工业	Coal and Coking Industry	110.1	101.6	97.2	120.7	118.2
石油工业	Petroleum Industry	123.0	94.5	75.2	132.1	133.0
化学工业	Chemical Industry	108.9	96.3	96.2	111.3	106.3
机械工业	Machine Building Industry	100.7	100.3	100.6	96.1	101.5
建筑材料工业	Building Materials Industry	108.3	97.0	99.3	113.4	113.3
森林工业	Timber Industry	99.6	99.7	98.6	98.8	102.1
食品工业	Food Industry	100.3	101.6	102.9	101.8	98.2
纺织工业	Textile Industry	100.0	103.1	97.0	99.7	108.4
缝纫工业	Tailoring Industry	98.5	99.4	102.1	99.6	106.1
皮革工业	Leather Industry	99.9	100.0	100.3	100.0	100.2
造纸工业	Paper Industry	112.0	94.0	98.2	103.3	97.5
文教艺术用品工业	Cultural, Educational & Handicrafts Articles	100.6	100.0	99.9	103.0	103.2
其他工业	Others	101.1	99.1	101.1	104.8	109.2

4-7 按工业行业分工业生产者出厂价格指数
Producer Price Indices for Industrial Products by Sector

(上年=100) (preceding year=100)

行 业	Sector	2018	2019	2020	2021	2022
总指数	**General Indices**	**109.0**	**98.2**	**93.4**	**112.3**	**110.9**
采矿业	**Mining and Quarrying**					
煤炭开采和洗选业	Mining and Washing of Coal	107.6	103.6	97.5	111.7	130.2
石油和天然气开采业	Extraction of Petroleum and Natural Gas	130.1	94.9	68.8	148.0	147.2
黑色金属矿采选业	Mining and Processing of Ferrous Metal Ores	103.8	111.6	107.4	116.9	96.4
有色金属矿采选业	Mining and Processing Non-ferrous Metal Ores	117.0	99.7	96.8	131.2	106.5
非金属矿采选业	Mining and Processing of Nonmetal Ores	108.9	102.8	98.7	101.0	123.2
开采专业及辅助性活动	Professional and Support Activities For Mining	98.1	99.9	100.0	102.5	92.9
制造业	**Manufacturing**					
农副食品加工业	Processing of Food from Agricultural Products	100.0	100.9	103.5	101.3	96.4
食品制造业	Manufacture of Foods	101.3	101.8	100.4	103.5	102.2
酒、饮料和精制茶制造业	Manufacture of Wine, soft drinks and refined tea	102.5	97.5	102.8	104.5	103.4
烟草制品业	Manufacture of Tobacco	100.0	118.8	108.1	100.0	100.0
纺织业	Manufacture of Textile	100.0	103.1	97.0	99.7	108.4
纺织服装、服饰业	Manufacture of Textile and Apparel	98.5	99.4	102.1	99.6	106.1
皮革、毛皮、羽毛及其制品和制鞋业	Manufacture of Leather, Furs, Feather and Related Products and Footwear	99.9	100.4	101.0	100.0	100.2
木材加工和木、竹、藤、棕、草制品业	Processing of Timber, Manufacture of Wood, Bamboo, Rattan, Palm and Straw Products	99.4	99.6	98.4	98.2	102.5
家具制造业	Manufacture of Furniture	101.0	100.4	100.2	102.2	101.6
造纸和纸制品业	Manufacture of Paper and Paper Products	112.0	94.0	98.2	103.3	97.5
印刷和记录媒介复制业	Printing and Reproduction of Recording Media	101.3	99.4	100.7	103.3	103.4
文教、工美、体育和娱乐用品制造业	Manufacture of Articles for Culture, Education and Sports Activities	100.1	102.1	101.4	104.2	101.9
石油、煤炭及其他燃料加工业	Processing of Petroleum, Coal and Other Fuels	115.5	93.0	82.0	126.2	122.4
化学原料和化学制品制造业	Manufacture of Chemical Raw Material and Chemical Products	113.2	93.5	92.7	119.9	112.3
医药制造业	Manufacture of Medicines	103.1	100.3	98.8	101.6	99.2
化学纤维制造业	Manufacture of Chemical Fiber	121.2	86.2	80.2	96.5	97.0
橡胶塑料制品业	Manufacture of Rubber and Plastics Products	103.0	99.6	98.5	107.6	101.0
非金属矿物制品业	Manufacture of Non-metallic Mineral Products	107.0	96.5	99.6	114.0	113.6
黑色金属冶炼及压延加工业	Smelting and Pressing of Ferrous Metals	113.4	96.9	98.1	131.0	92.2
有色金属冶炼及压延加工业	Smelting and Pressing of Non-ferrous Metals	102.8	109.5	106.1	125.7	98.0
金属制品业	Manufacture of Metal Products	102.5	101.2	101.4	105.0	107.5
通用设备制造业	Manufacture of General Purpose Machinery	99.6	100.6	99.2	100.6	101.0
专用设备制造业	Manufacture of Special Purpose Machinery	101.0	100.8	103.0	100.1	100.7
汽车制造业	Manufacture of Automotive	100.1	100.0	99.9	83.9	100.3
铁路、船舶、航空航天和其他运输设备制造业	Manufacture of Railway, Ship, Aerospace and Other Transport Equipment	100.3	100.7	99.8	100.3	100.8
电气机械及器材制造业	Manufacture of Electrical Machinery and Apparatus	102.8	98.8	100.8	105.9	105.3
计算机、通信和其他电子设备制造业	Manufacture of Computers, Communication and Other Electronic Equipment	99.9	98.0	100.6	101.2	104.3
仪器仪表制造业	Manufacture of Measuring Instruments	102.4	102.8	101.7	100.4	100.3
其他制造业	Other Manufacturing	100.0	100.0	100.0	104.7	100.3
废弃资源综合利用业	Comprehensive Utilization of Waste Resources Industry	113.6	103.3	103.9	136.4	93.7
金属制品、机械和设备修理业	Repair Service of Metal Products, Machinery and Equipment	100.0	99.9	99.5	103.1	99.0
电力、燃气及水生产和供应业	**Production and Supply of Electric Power, heat, Gas and Water**					
电力、热力生产和供应业	Production and Supply of Electric Power and Heat Power	99.8	100.7	100.5	100.1	104.5
燃气生产和供应业	Production and Supply of Gas	97.1	104.2	100.9	100.3	104.9
水的生产和供应业	Production and Supply of Water	100.0	99.9	100.3	100.3	101.5

4-8 工业生产者购进价格指数
Purchasing Price Indices for Industrial Producers

(上年=100) (preceding year=100)

类 别	Category	2018	2019	2020	2021	2022
总指数	**General Index**	**109.0**	**100.3**	**95.1**	**110.5**	**110.0**
燃料、动力类	Fuels and Motive Power	114.9	98.0	87.2	119.3	121.9
黑色金属材料类	Ferrous Metals Materials	106.5	104.3	102.6	114.6	104.3
#钢 材	Steel Products	105.5	104.1	101.9	110.2	103.7
其 他	Others	110.2	105.4	105.7	119.0	105.2
有色金属材料和电线类	Nonferrous Metals Materials and Electric Wire	100.5	99.7	100.4	120.2	106.5
化工原料类	Chemical Raw Materials	105.8	91.5	88.6	115.2	108.6
木材及纸浆类	Logging and Paper Pulp	106.2	99.0	96.1	102.5	104.5
建筑材料类及非金属矿类	Building Materials and Nonmetal Minerals	109.7	96.6	97.8	104.6	115.1
其他工业原料及半成品	Others Industry Materials & Semi Finished Articles	102.3	102.6	102.0	103.9	102.0
农副产品类	Farm Products	96.8	110.1	113.2	105.1	103.5
纺织原料类	Textile Raw Materials	99.8	98.9	97.6	95.5	103.9

主要统计指标解释

居民消费价格指数　是反映一定时期内城乡居民所购买的生活消费品和服务项目价格变动趋势和程度的相对数。

城市居民消费价格指数　是反映一定时期内城市居民家庭所购买的生活消费品价格和服务项目价格变动趋势和程度的相对数。通过该指数可以观察和分析消费品的零售价格和服务项目价格变动对城镇居民收入和消费支出的影响。

农村居民消费价格指数　是反映一定时期内农村居民家庭所购买的生活消费品价格和服务项目价格变动趋势和程度的相对数。该指数可以观察农村消费品的零售价格和服务项目价格变动对农村居民收入和生活消费支出的影响。

商品零售价格指数　是反映一定时期内城乡商品零售价格变动趋势和程度的相对数。

农产品生产者价格指数　是反映一定时期内，农产品生产者出售农产品价格水平变动趋势及幅度的相对数。该指数可以客观反映全国农产品生产价格水平和结构变动情况，满足农业与国民经济核算需要。其中某代表品生产价格指数是通过对全部有出售该产品行为的调查单位的个体指数进行几何平均求得的，类价格指数是通过对其所属的类（或代表品）的价格指数进行加权平均求得的。季度累计价格指数的计算方法与分季指数的计算方法相同。

工业生产者出厂价格指数　是反映一定时期内全部工业产品第一次出售时的出厂价格总水平的变动趋势和变动幅度的相对数。

工业生产者购进价格指数　是反映作为中间投入的原材料、燃料、动力购进价格总水平的变动趋势和变动幅度的相对数。

固定资产投资价格指数　是反映一定时期内固定资产投资品及取费项目的价格变动趋势和变动幅度的相对数。

Explanatory Notes on Main Statistical Indicators

Consumer Price Indices are relative figures reflecting the trend and degree of changes in prices of consumer goods and services purchased by urban and rural households during a given period.

Consumer Price Indices of Urban Household reflect the trend and degree of changes in prices of consumer goods and services purchased by urban households during a given period. It can be used to observe and analyze the impact of price changes in consumer goods and services on urban household income and consumption expenditure.

Consumer Price Indices of Rural Household reflect the trend and degree of changes in prices of consumer goods and services purchased by rural households during a given period. It can be used to observe the impact of change in retail prices of consumer goods and service prices on rural household income and consumption expenditure on living.

Retail Price Indices are relative figures reflecting the trend and degree of changes in retail prices of commodities during a given period.

Producer Prices Indices for Farm Products are relative figures reflecting the trend and degree of changes in producers' prices received by farmers when they sell farm products during a given period. These indices depict the change in the level and structure of producer prices for farm products of the country and meet the needs of agricultural statistics and national accounts statistics. The producer price index for a given product is calculated as the geometrical mean of individual indices for all surveyed units which sell such products, and the indices for a product category is obtained as the weighted mean of price indices for all products in the category. Method for calculating accumulative quarterly indices is the same as for calculating the distinctive quarterly indices.

Producer Price Indices for Industrial Products are relative figures reflecting the trend and degree of changes in general ex-factory prices of all manufactured goods for first sale during a given period.

Purchasing Price Indices for Industrial Producers are relative figures reflecting changes in the level and degree of purchasing prices such as intermediate input such as raw materials, fuels and power.

Price Indices for Investment in Fixed Assets are relative figures reflecting the trend and degree of changes in prices of investment goods and projects in fixed assets during a given period.

第 5 篇

人民生活

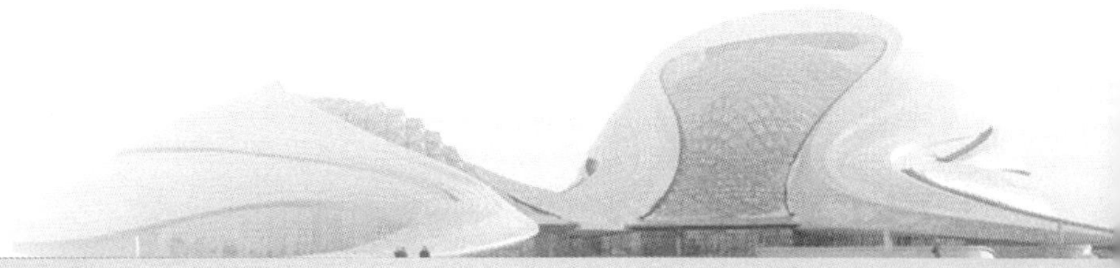

CHAPTER 5 PEOPLE'S LIVING CONDITIONS

5-1　人民生活基本情况
Basic Statistics on People's Living Conditions

项　目	Item	2018	2019	2020	2021	2022
就　业	**Employment**					
每一农村劳动力负担人数	Number of Dependents per Rural Laborer (person)	1.3	1.3	1.3	1.2	1.2
每一城镇就业者负担人数	Number of Dependents per Urban Employee (person)	2.2	2.2	2.4	2.4	2.5
城镇登记失业率 (%)	Urban Registered Unemployment Rate (%)	3.99	3.53	3.37	3.18	3.44
收　入	**Income of Rural and Urban Residents**					
全省居民人均可支配收入 (元)	Annual Per Capita Disposable Income of the Province Households (yuan)	22726	24254	24902	27159	28346
农村常住居民人均可支配收入(元)	Annual Per Capita Disposable Income of Rural Households (yuan)	13804	14982	16168	17889	18577
城镇常住居民人均可支配收入(元)	Annual Per Capita Disposable Income of Urban Households (yuan)	29191	30945	31115	33646	35042
城镇非私营单位就业人员平均工资 (元)	Average Wage of Employed Persons In Urban Non-private Units (yuan)	60780	68416	74554	80369	88235
消　费	**Consumption**					
全省居民人均消费支出 (元)	Per Capita Annual Living Expenditure of the Province Households (yuan)	16994	18111	17056	20636	20412
农村常住居民人均消费支出 (元)	Per Capita Annual Living Expenditure of Rural Households (yuan)	11417	12495	12360	15225	15162
农村居民恩格尔系数 (%)	Engel's Coefficient of Rural Households (%)	26.3	26.8	34.3	33.6	33.5
城镇常住居民人均消费支出	Per Capita Annual Living Expenditure of Urban Households (yuan)	21035	22165	20397	24422	24011
城镇居民恩格尔系数 (%)	Engel's Coefficient of Urban Households (%)	26.3	26.2	29.6	29.1	30.2
储　蓄	**Savings**					
城乡居民年底储蓄存款余额(亿元)	Balance of Savings Deposit of Rural and Urban Residents at Year-end (100 million yuan)	15611	18056	21170	24012	28090
平均每人储蓄存款余额 (元)	Per Capita Balance of Saving Deposit (yuan)	46420	54865	65888	76278	90262
城市公用事业	**Public Utilities in Urban Areas**					
城市人口用水普及率 (%)	Coverage Rate of Urban Population with Access to Tap Water (%)	98.5	98.8	99.0	99.2	99.1
燃气普及率 (%)	Coverage Rate of Urban Population with Access to Tap Gas (%)	89.5	91.1	90.8	92.2	93.2
每万人拥有公共交通车辆	Number of Public Transportation Vehicles Per 10000 Persons (unit)	15.8	16.5	15.7	14.6	14.9
人均公园绿地面积 (平方米)	Per Capita Public Green Areas (sq.m)	12.4	12.4	12.8	13.6	14.0
教育、文化、卫生	**Education, Culture and Public Health**					
学龄儿童入学率 (%)	Enrollment Ratio of School-Age Children (%)	99.9	100.0	100.0	100.0	99.6
每万人口在校大学生数 (人)	Number of University Students per 10000 Persons (person)	258.6	253.0	316.1	368.1	402.4
城镇每百户拥有彩色电视机 (台)	Number of Color TV Sets per 100 Households in Urban Areas (unit)	99	100	100	97	98
农村每百户拥有彩色电视机 (台)	Number of TV Sets per 100 Households in Rural Areas (unit)	103	102	103	100	101
每万人拥有卫生机构病床数 (张)	Number of Hospital Beds per 10000 Persons (bed)	66.3	68.7	79.5	83.4	84.3
每万人拥有卫生技术人员数 (人)	Number of Medical Personnel per 10000 Persons (person)	61.2	63.3	76.2	79.6	81.7

5-2 城乡居民家庭人均收入和恩格尔系数
Per Capita Annual Income and Engel's Coefficient of Urban and Rural Households

年份 Year	农村居民人均可支配收入 Per Capita Annual Net Income of Rural Households		城镇居民人均可支配收入 Per Capita Annual Disposable Income of Urban Households		农村居民家庭恩格尔系数(%) Engel's Coefficient of Rural Households(%)	城镇居民家庭恩格尔系数(%) Engel's Coefficient of Urban Households (%)
	绝对数(元) Value (yuan)	指数 Index (1985=100)	绝对数(元) Value (yuan)	指数 Index (1985=100)		
1978	172	56.3	455		61.8	42.9
1979	191	59.8	458		57.0	
1980	205	61.7	420		57.7	56.7
1981	224	62.7	424		58.2	57.4
1982	252	67.3	460		57.7	58.6
1983	388	102.4	518		55.0	58.2
1984	432	112.1	580		53.4	56.9
1985	398	100.0	742	100.0	57.7	52.8
1986	476	115.6	830	105.5	56.4	51.7
1987	474	112.3	889	103.0	55.2	52.6
1988	553	128.9	1004	98.1	55.5	50.3
1989	535	112.4	1138	97.0	55.0	51.8
1990	760	144.3	1211	97.7	56.6	51.1
1991	735	135.5	1389	103.6	57.7	50.6
1992	949	160.5	1630	110.9	62.0	49.9
1993	1028	163.8	1960	115.7	61.0	49.2
1994	1394	175.6	2597	125.6	64.4	50.8
1995	1766	199.9	3375	140.9	55.0	48.2
1996	2182	213.1	3768	146.2	55.5	46.2
1997	2308	219.1	4091	151.9	54.8	45.9
1998	2253	217.1	4269	157.1	55.0	43.5
1999	2166	211.9	4595	174.2	52.8	40.5
2000	2148	213.6	4913	188.9	44.3	38.4
2001	2280	226.2	5426	207.0	42.7	37.2
2002	2405	239.3	6101	241.8	41.6	35.5
2003	2509	248.9	6679	255.0	40.7	35.6
2004	3005	287.0	7471	275.7	40.9	35.4
2005	3221	299.9	8273	303.0	36.3	33.5
2006	3552	325.4	9182	330.4	35.3	33.3
2007	4132	357.0	10245	349.8	34.6	35.0
2008	4856	391.3	11581	375.2	33.0	36.3
2009	5207	414.8	12566	408.2	31.4	35.3
2010	6211	471.7	13857	434.3	33.8	35.4
2011	7591	541.5	15696	466.0	35.1	36.1
2012	8604	596.5	17760	510.4	37.9	36.1
2013	9634	647.8	19597	552.2	35.2	35.8
2014	10453		22609		28.2	27.5
2015	11095		24203		27.5	27.7
2016	11832		25736		27.7	27.7
2017	12665		27446		26.5	27.2
2018	13804		29191		26.3	26.3
2019	14982		30945		26.8	26.2
2020	16168		31115		34.3	29.6
2021	17889		33646		33.6	29.1
2022	18577		35042		33.5	30.2

注：从2014年起，居民收支调查数据为新口径汇总数据，与以前年份不可比。

a) Since 2014, Income and Expenditure Survey data is the new residents caliber aggregate data and that is not comparable with previous years.

5-3　城镇居民家庭基本情况
Basic Conditions of Urban Households

单位：元　(yuan)

项　目	Item	2019	2020	2021	2022
调查户数(户)	**Number of Households Surveyed (household)**	**3488**	**3490**	**3490**	**3490**
期内户均常住成员数(人)	Average Household Size(person)	2.5	2.5	2.5	2.4
平均每户就业人口(人)	Average Number of Employed Persons per Household(person)	1.1	1.1	1.0	1.0
平均每户就业面(%)	Percentage of Employment per Household(%)	45.3	42.4	42.1	40.6
平均每一就业者负担人数(人)	Number of Dependents Per Employee(person)	2.2	2.4	2.4	2.5
人均可支配收入	**Per Capita Disposable Income**	**30945**	**31115**	**33646**	**35042**
工资性收入	Income of Wages and Salaries	17829	17543	19025	19895
经营净收入	Net Business Income	3422	2753	2872	2914
财产净收入	Net Income from Property	1367	1324	1350	1408
转移净收入	Net Income from Transfer	8327	9495	10399	10825
消费支出	**Consumption Expenditure**	**22165**	**20397**	**24422**	**24011**
食品烟酒	Food, Tobacco and Liquor	5814	6029	7095	7241
衣　着	Clothing	1873	1615	1780	1636
居　住	Residence	4319	4449	4945	5100
生活用品及服务	Household Facilities, Articles and Services	1093	1142	1293	1167
交通通信	Transport and Communications	2612	2436	3093	2885
教育文化娱乐	Education, Cultural and Recreation	2926	1891	2715	2491
医疗保健	Health Care and Medical Services	2841	2351	2851	2799
其他用品和服务	Miscellaneous Goods and Services	687	484	651	693
恩格尔系数(%)	**Engel's Coefficient(%)**	**26.2**	**29.6**	**29.1**	**30.2**

5-4 农村居民家庭基本情况
Basic Conditions of Rural Households

单位：元 (yuan)

项 目	Item	2019	2020	2021	2022
调查户数(户)	**Number of Households Surveyed (household)**	**1810**	**1810**	**1810**	**1810**
期内住户常住成员数(人)	Number of Permanent Residents in the Households Surveyed(person)	4976	4863	4805	4682
平均每户整、半劳动力	Average Number of Full/Semi Labour Force (including the laborer himself or herself)	2.0	2.1	2.1	2.0
平均每个劳动力负担人口	Average Number of Dependents per Laborer Force	1.3	1.3	1.2	1.2
人均可支配收入	**Per Capita Disposable Income**	**14982**	**16168**	**17889**	**18577**
工资性收入	Income of Wages and Salaries	3330	3152	3322	3417
经营净收入	Net Business Income	7196	8452	9354	9698
财产净收入	Net Income from Property	759	848	1109	1310
转移净收入	Net Income from Transfer	3698	3716	4104	4152
消费支出	**Consumption Expenditure**	**12495**	**12360**	**15225**	**15162**
食品烟酒	Food, Tobacco and Liquor	3350	4244	5120	5082
衣 着	Clothing	834	859	1018	954
居 住	Residence	1922	2047	2268	2320
生活用品及服务	Household Facilities, Articles and Services	501	549	680	629
交通通信	Transport and Communications	1909	1681	2288	2229
教育文化娱乐	Education, Cultural and Recreation	1779	1198	1596	1540
医疗保健	Health Care and Medical Services	1925	1563	1939	2125
其他用品和服务	Miscellaneous Goods and Services	275	221	318	281
恩格尔系数(%)	**Engel's Coefficient(%)**	**26.8**	**34.3**	**33.6**	**33.5**

5-5 城镇家庭居住户耐用消费品百户拥有情况
Number of Durable Consumer Goods Owned Per 100 Urban Households

品 名		Item		2018	2019	2020	2021	2022
摩托车	(辆)	Motorcycle	(unit)	7	6	6	5	5
家用汽车	(辆)	Automobile	(unit)	21	25	26	33	34
洗衣机	(台)	Washing Machine	(unit)	95	98	98	97	98
电冰箱(柜)	(台)	Refrigerator	(unit)	98	100	101	100	101
彩色电视机	(台)	Color TV Set	(unit)	99	100	100	97	98
计算机	(台)	Computer	(unit)	54	54	54	42	42
照相机	(台)	Camera	(unit)	12	12	12	5	5
微波炉	(台)	Microwave Oven	(unit)	34	35	36	34	35
空调	(台)	Air Conditioner	(unit)	14	14	15	19	21
热水器	(台)	Shower	(unit)	71	75	78	81	81
移动电话	(部)	Mobile Telephone	(unit)	212	223	224	219	218

5-6　农村家庭居住户耐用消费品百户拥有情况
Number of Durable Consumer Goods Owned Per 100 Rural Households

项　目		Item		2018	2019	2020	2021	2022
洗衣机	(台)	Washing Machine	(unit)	90	93	94	95	96
电冰箱(柜)	(台)	Refrigerator	(unit)	94	98	100	103	103
排油烟机	(台)	Smoke Absorber	(unit)	11	11	12	15	15
微波炉	(台)	Microwave Oven	(unit)	6	6	6	5	5
热水器	(台)	Shower	(unit)	8	9	11	12	12
摩托车	(辆)	Motorcycle	(unit)	46	42	40	41	38
固定电话	(部)	Telephone	(unit)	7	3	2	2	2
移动电话	(部)	Mobile Telephone	(unit)	222	236	237	230	229
彩色电视机	(台)	Color TV Set	(unit)	103	102	103	100	101
计算机	(台)	Computer	(unit)	21	20	22	16	16
照相机	(台)	Camera	(unit)	1	1	1	1	1

5-7　城乡居民人民币储蓄存款(年底余额)
Savings Deposit of Urban and Rural Households at Year-End

年　份 Year	城乡储蓄存款余额(亿元) Balance of Savings Deposit of Rural and Urban Residents (100 million yuan)	全省人均储蓄存款(元) Per Capita Balance of Saving Deposit (yuan)	年　份 Year	城乡储蓄存款余额(亿元) Balance of Savings Deposit of Rural and Urban Residents (100 million yuan)	全省人均储蓄存款(元) Per Capita Balance of Saving Deposit (yuan)
1978	9	30	2005	4079	10681
1980	19	59	2006	4374	11445
1985	70	210	2007	4478	11712
1990	309	876	2008	5545	14499
1991	389	1092	2009	6430	16809
1992	476	1325	2010	7255	18944
1993	583	1608	2011	8147	21397
1994	791	2162	2012	9269	24698
1995	1091	2960	2013	10059	27223
1996	1419	3820	2014	10857	29851
1997	1690	4519	2015	12440	34860
1998	1907	5068	2016	13448	38467
1999	2119	5603	2017	14331	41769
2000	2286	6015	2018	15611	46420
2001	2578	6769	2019	18056	54865
2002	2916	7649	2020	21170	65888
2003	3342.4	8764	2021	24012	76278
2004	3586	9397	2022	28090	90262

5-8 分地区城乡常住居民人均可支配收入
Per Capita Disposable Income of Urban and Rural Households by Region

单位：元 (yuan)

地 区	Region	城镇常住居民人均可支配收入 Annual Per Capita Disposable Income of Urban Households					农村常住居民人均可支配收入 Annual Per Capita Disposable Income of Rural Households				
		2018	2019	2020	2021	2022	2018	2019	2020	2021	2022
全 省	**Average**	**29191**	**30945**	**31115**	**33646**	**35042**	**13804**	**14982**	**16168**	**17889**	**18577**
哈尔滨	Harbin	37828	40007	39791	42745	43981	16934	18238	19631	21512	22260
齐齐哈尔	Qiqihar	28051	30031	30736	33084	34619	15283	16689	18057	19954	20790
鸡 西	Jixi	23889	25413	25957	28252	29981	18258	19700	21217	23406	24336
鹤 岗	Hegang	22639	24149	24521	26042	27325	15134	16466	17783	19463	20215
双鸭山	Shuangyashan	25272	26844	27340	29448	30937	15102	16235	17290	18927	19702
大 庆	Daqing	41091	43298	42891	45876	47482	15978	17368	18584	20424	21169
伊 春	Yichun	25191	26707	26881	29194	30707	15017	16188	17386		
佳木斯	Jiamusi	28141	29869	30658	33150	34541	16315	17702	19196	21154	21958
七台河	Qitaihe	24949	26431	26315	28298	29739	13230	14340	15473	17238	18036
牡丹江	Mudanjiang	32504	34422	34133	36641	37763	18458	20045	21729	23832	24468
黑 河	Heihe	27957	29970	30899	33477	34550	15268	16734	18247	20528	21233
绥 化	Suihua	25023	26760	27546	29700	30785	14002	15262	16616	18475	19154
大兴安岭	Daxinganling	24718	26285	26876	29136	30752	13288	14378	15499	17483	18260

主要统计指标解释

从 2012 年四季度起，国家统计局对分别进行的城乡住户调查实施了一体化改革，规范了城乡划分范围，统一了城乡居民收入指标名称、分类和统计标准，建立了城乡统一的一体化住户调查，并据此采集全国居民有关数据。1978-2012 年的数据，根据国家统计局城镇住户调查和农村住户调查的历史数据，按照住户收支与生活状况调查可比口径推算得到。

一、居民可支配收入

居民可支配收入指居民可用于最终消费支出和储蓄的总和，即居民可用于自由支配的收入。既包括现金收入，也包括实物收入。按照收入的来源，可支配收入包含四项，分别为：工资性收入、经营净收入、财产净收入和转移净收入。

工资性收入　指就业人员通过各种途径得到的全部劳动报酬和各种福利，包括受雇于单位或个人、从事各种自由职业、兼职和零星劳动得到的全部劳动报酬和福利。

经营净收入　指住户或住户成员从事生产经营活动所获得的净收入，是全部经营收入中扣除经营费用、生产性固定资产折旧和生产税之后得到的净收入。计算公式为:

经营净收入=经营收入-经营费用-生产性固定资产折旧-生产税

财产净收入　指住户或住户成员将其所拥有的金融资产、住房等非金融资产和自然资源交由其他机构单位、住户或个人支配而获得的回报并扣除相关的费用之后得到的净收入。财产净收入包括利息净收入、红利收入、储蓄性保险净收益、转让承包土地经营权租金净收入、出租房屋净收入、出租其他资产净收入和自有住房折算净租金等。财产净收入不包括转让资产所有权的溢价所得。

转移净收入　计算公式为：转移净收入=转移性收入-转移性支出

转移性收入　指国家、单位、社会团体对住户的各种经常性转移支付和住户之间的经常性收入转移。包括养老金或退休金、社会救济和补助、政策性生产补贴、政策性生活补贴、救灾款、经常性捐赠和赔偿、报销医疗费、住户之间的赡养收入，本住户非常住成员寄回带回的收入等。转移性收入不包括住户之间的实物馈赠。

转移性支出　指调查户对国家、单位、住户或个人的经常性或义务性转移支付。包括缴纳的税款、各项社会保障支出、赡养支出、经常性捐赠和赔偿支出以及其他经常转移支出等。

根据住户收支与生活状况调查，分城镇和农村的居民人 均可支配收入等数据的覆盖人群主要变化：一是计算城镇居 民人均可支配收入时分母包括了在城镇地区常住的农民工， 计算农村居民人均可支配收入时分母不包括在城镇地区常 住的农民工；二是由本户供养的在外大学生视为常住人口。

二、居民消费支出

居民消费支出是指居民用于满足家庭日常生活消费需要的全部支出，既包括现金消费支出，也包括实物消费支出。消费支出可划分为食品烟酒、衣着、居住、生活用品及服务、交通通信、教育文化娱乐、医疗保健以及其他用品及服务八大类。

食品烟酒　指用于各种食品和烟草、酒类的支出。

衣着　指与居民穿着有关的支出，包括服装、服装材料、鞋类、其他衣类及配件、衣着相关加工服务的支出。

居住　指与居住有关的支出，包括房租、水、电、燃料、物业管理等方面的支出，也包括自有住房折算租金。

生活用品及服务　指家庭及个人的各类生活品及家庭服务。包括家具及室内装饰品、家用器具、家用纺织品、家庭日用杂品、个人用品和家庭服务。

交通通信　指用于交通和通信工具及相关的各种服务费、维修费和车辆保险等支出。

教育文化娱乐　指用于教育、文化和娱乐方面的支出。

医疗保健　指用于医疗和保健的药品、用品和服务的总费用。包括医疗器具及药品，以及医疗服务。

其他用品及服务　指无法直接归入上述各类支出的其他用品与服务支出。

服务性消费　指住户用于各种生活服务的消费支出，包括餐饮服务、衣着鞋类加工服务、居住服务、家庭服务、交通通信服务、教育文化娱乐服务、医疗服务和其他服务等。

Explanatory Notes on Main Statistical Indicators

In the fourth quarter of 2012, the NBS launched its reform on the household survey programme, to develop an integrated survey, instead of two separate urban and rural household surveys. The reform aims at regulating the division of urban and rural areas, integrating the concepts, classifications and standards, implementing the integrated household survey, and collecting household data in the whole country thereafter. Data from 1978 to 2012 are estimated based on the historical data of Urban Household Survey and Rural Household Survey according to the comparable definition and coverage of main income and consumption indicators of Household Survey on Income and Expenditure and Living Conditions.

1. Disposable Income of Households

Disposable Income of Households refers to the income of households for purpose of final expenditure and savings. It includes income both in cash and in kind. By sources of income, disposable income includes four categories: income from wages and salaries, net business income, net income from properties and net income from transfer.

Income from Wages and Salaries refers to remuneration of labour and salaries from all kinds of sources, including those employed by other units or individuals, freelance work, part-time jobs, and sporadic labour.

Net Business Income refers to net income earned by households and their members engaged in production and business activities. It refers to the net income of operating revenue minus operating costs, depreciation of productive fixed assets, and production tax. The formula is:

Net Business Income=Operating Revenue-Operating Costs-Depreciation of Productive Fixed Assets-Production Tax

Net Income from Properties refers to the net income received as returns by households or members of financial assets, non-financial assets such as housing, to other institutions, households or individuals, and minus relevant costs. Net income from properties includes net income of interest, bonus income, net income of saving insurance, net income of rents of transferring management right of contract land, income of renting housing, income of renting other assets, net converted rents of self-owned housing. Net income from properties do not include premium of transferring ownership of assets.

Net Income from Transfer The formula is:

Net Income from Transfer=Income from Transfers-Expenditure from Transfer

Income from Transfer refers to the regular transfer from country, institutions, social communities to households and between households. It includes old-age and retirement pension, disaster relief funds, regular donation and compensation, applying for medical fees, supporting income between households, income from non-usual-residing members of households, etc. Income from transfer do not include presents in kinds between households.

Expenditure from Transfer refers to regular or obligatory transfer paid to government, institutions, households or individuals. It includes tax payment, expenditure on all kinds of social security, supporting expenditure, regular donation, compensation payment and other regular transfer expenditure.

According to Household Survey on Income and Expenditure and Living Conditions, main changes of population coverage of per capita disposable income of urban and rural residents includes: migrant workers residing in urban areas are included in the denominator when calculating per capita disposable income of urban residents, and not included in denominator when calculating per capita disposable income of rural residents; students studying in universities or colleges in other places who are supported by the households are regarded as permanent residents of the households.

2. Consumption Expenditure of Households

Consumption Expenditure of Households refers to all expenditure of households for living expenditure to satisfy family daily living. It includes expenditure in cash and in kind. It includes eight categories: food, tobacco and liquor; clothing; residence; household facilities, articles and services; transport and communications; education, cultural and recreational activities; health care and medical services, and miscellaneous goods and services.

Food, Tobacco and Liquor refers to expenditure for food, tobacco and liquor of all kinds.

Clothing refers to expenditure related to clothing, including clothes, clothing materials, footwear, other clothing and accessories, processing services related to clothing.

Residence refers to expenditure related to residence, including housing rents, water, electricity, fuel, property management, and including converted self-owned housing rents.

Household Facilities, Articles and Services refers to expenditure for family and individual articles for living purpose and family services. It includes furniture and interior decoration, home appliances, home textiles, household miscellaneous daily articles, personal articles, and family services.

Transport and Communications refers to expenditure for transport and communication and related services, maintenance and repairs, and vehicle insurance.

Education, Cultural and Recreational Activities refers to expenditure on education, cultural and recreational activities.

Health Care and Medical Services refers to expenditure on drugs, supplies and services of medical and health care. It includes medical appliances and drugs, and medical services.

Miscellaneous Goods and Services refers to expenditure of all kinds of expenditure of other articles and services that can not divided into the category above.

Service Consumption refers to consumption expenditure

of households for various living services, including catering services, clothing and footwear processing services, housing services, household services, transportation and communication services, education, culture and entertainment services, medical services and other services.

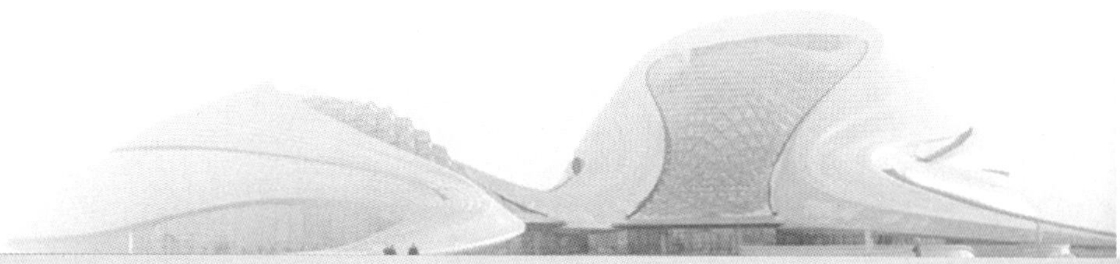

第6篇

财政、金融和保险

CHAPTER 6 GOVERNMENT FINANCE, FINANCIAL INTERMEDIATION AND INSURANCE

6-1　财政、金融和保险
Government Finance, Financial Intermediation and Insurance

单位：亿元　　　　(100 million yuan)

年　份 Year	公共财政 收　入 Public Financial Revenue	公共财政 支　出 Public Financial Expenditure	金融机构人民币 存款余额 RMB Deposits	金融机构人民币 贷款余额 RMB Loans	全年各项 保费收入 All Premium Income	全年各项 赔款及给付 All Claim and Payment
1978	63.3	31.5	81.9	84.6		
1979	54.1	28.3	76.7	97.2		
1980	17.1	25.8	98.5	123.3		
1981	15.6	25.9	105.8	138.0		
1982	17.3	28.0	112.0	159.0		
1983	21.6	30.7	118.6	178.6		
1984	26.7	36.1	162.6	245.4		
1985	37.4	44.6	145.1	276.8		
1986	47.4	61.3	183.3	342.2		
1987	53.8	66.0	232.5	368.2		
1988	62.6	74.1	294.0	456.4		
1989	72.3	85.4	356.9	519.5		
1990	76.6	92.7	413.8	697.5		
1991	94.7	110.1	553.0	814.7	7.9	4.2
1992	84.6	102.5	690.0	953.6	11.9	5.3
1993	108.1	124.9	761.4	1247.3	8.7	5.0
1994	84.7	142.4	1012.8	1507.1	9.4	6.8
1995	101.3	174.6	1555.9	1776.4	10.8	6.1
1996	126.9	208.9	2021.3	2102.1	16.1	7.0
1997	150.6	233.6	2409.5	2524.4	25.5	7.3
1998	179.3	280.8	2713.2	2854.9	28.4	10.6
1999	170.1	339.0	3017.0	3103.9	35.3	8.0
2000	185.3	381.9	3333.4	3145.1	40.8	11.1
2001	213.6	478.3	3742.1	3358.6	53.3	14.8
2002	231.9	531.9	4236.7	3624.0	85.6	16.5
2003	248.9	564.9	4810.0	3981.3	118.7	19.9
2004	289.4	697.6	5313.9	4038.9	127.6	24.0
2005	318.2	787.8	6135.1	3658.5	139.6	25.2
2006	386.6	968.5	6923.4	3971.9	157.2	34.4
2007	440.2	1187.3	7559.7	4256.4	155.5	82.2
2008	578.4	1542.3	8993.8	4532.7	251.2	103.0
2009	641.6	1877.7	11022.8	5988.3	278.4	96.7
2010	755.6	2253.3	12835.7	7230.5	343.2	77.6
2011	997.5	2794.1	14328.4	8548.7	317.8	86.8
2012	1163.2	3171.5	16326.6	9906.7	344.1	98.3
2013	1277.4	3369.2	18131.8	11359.4	384.3	154.4
2014	1301.3	3434.2	19254.8	13391.7	507.1	154.8
2015	1165.9	4020.7	21218.9	16214.9	591.8	169.3
2016	1148.4	4227.3	22179.0	17725.0	685.5	237.8
2017	1243.3	4641.1	23615.1	19208.4	931.4	240.5
2018	1282.5	4675.7	25321.9	20156.3	899.1	257.2
2019	1262.8	5011.6	27716.7	21370.0	952.2	324.0
2020	1152.5	5449.4	31452.6	22482.3	987.3	309.3
2021	1300.5	5104.8	34162.3	24307.8	995.5	339.3
2022	1290.7	5452.0	38610.2	25263.1	982.4	324.5

注：2011年开始，原指标“地方一般预算收入”和“地方一般预算支出”更名为“地方公共财政收入”和“地方公共财政支出”(下同)。

a) From 2011, local financial revenue and local financial expenditure is renamed local public financial budgetary revenue and local financial budgetary expenditure(the same below).

6-2 地方公共财政收入
Local Public Financial Revenue

单位：万元 (10000 yuan)

项 目	Item	2018	2019	2020	2021	2022
收入合计	**Total Revenue**	**12825950**	**12627563**	**11525107**	**13005113**	**12906637**
税收收入	Tax Revenue	9808045	9244036	8119164	8701790	7933659
增值税	Value-added Tax	3768882	3394949	2802099	3071139	2658383
营业税	Sales Tax	46080				
企业所得税	Enterprises Income Tax	1070358	1037439	983862	1090310	1096217
企业所得税退税	Drawback of Enterprise Income Tax					
个人所得税	Individual Income Tax	472613	326864	306082	328657	342408
资源税	Resources Tax	665485	649114	480018	650643	994119
城市维护建设税	Tax on Urban Maintenance and Construction	632876	564671	494137	550542	563513
房产税	Tax on Real Estates	411377	421829	386697	448611	431590
印花税	Stamp Tax	120908	127656	129639	152665	146578
城镇土地使用税	Tax on the Use of Urban Land	727595	808290	726649	757768	733404
土地增值税	Land Value Added Tax	798121	669295	661799	572914	126152
车船税	Tax on Vehicles and Ships	211033	226235	251442	262930	270790
耕地占用税	Tax on The Occupancy of Cultivated Land	159951	229602	199549	140315	132728
契 税	Contract Tax	690676	732589	650072	626123	392698
烟叶税	Tax on Tobacco Leaf	14924	10749	11906	10658	12248
环境保护税	Environmental protection tax		23279	22734	25716	27113
其他税收收入	Others	17166	21475	12479	12799	5718
非税收入	Non-Tax Revenue	3017905	3383527	3405943	4303323	4972978
专项收入	Expert Project Income	674179	619833	558909	633075	717465
行政事业性收费收入	Income from Administrative Fees	507307	557906	500031	620424	519509
罚没收入	Penalty and Confiscator Income	490675	593673	560852	797800	766917
国有资本经营收入	Stated-owned Assets Profit	77261	87180	202580	55660	130321
国有资源(资产)有偿使用收入	Revenue from using Stated-owned Assets Profit	1039602	1199580	1207503	1720104	2368721
捐赠收入	Income from Donation	19555	15821	26510	28805	33903
政府住房基金收入	Government Housing Fund Income	162906	228259	212425	374672	313458
其他收入	Other	46420	81275	137133	72783	122684

6-3　各级地方公共财政收入(2022年)
Local Public Financial Revenue by Rating(2022)

单位：万元　(10000 yuan)

项　目	Item	合　计 Total	省　级 Province	地　级 City	县　级 County
收入合计	**Total Revenue**	**12906637**	**3295554**	**6914933**	**2696150**
税收收入	Tax Revenue	7933659	2376049	4263229	1294381
增值税	Value-added Tax	2658383	1199268	1194033	265082
企业所得税	Enterprises Income Tax	1096217	249239	589559	257419
企业所得税退税	Drawback of Enterprise Income Tax				
个人所得税	Individual Income Tax	342408	42802	249106	50500
资源税	Resources Tax	994119	773354	161876	58889
城市维护建设税	Tax on Urban Maintenance and Construction	563513	541	477753	85219
房产税	Tax on Real Estates	431590	21581	315497	94512
印花税	Stamp Tax	146578	7328	104309	34941
城镇土地使用税	Tax on the Use of Urban Land	733404	36670	607934	88800
土地增值税	Land Value Added Tax	126152	6308	63420	56424
车船税	Tax on Vehicles and Ships	270790	13540	186777	70473
耕地占用税	Tax on The Occupancy of Cultivated Land	132728		19484	113244
契　税	Contract Tax	392698	19636	276455	96607
烟叶税	Tax on Tobacco Leaf	12248		1692	10556
环境保护税	Environmental protection tax	27113	4067	12431	10615
其他税收收入	Others	5718	1715	2903	1100
非税收入	Non-Tax Revenue	4972978	919505	2651704	1401769
专项收入	Expert Project Income	717465	292719	318303	106443
行政事业性收费收入	Income from Administrative Fees	519509	138817	191959	188733
罚没收入	Penalty and Confiscator Income	766917	127970	450435	188512
国有资本经营收入	Stated-owned Assets Profit	130321	79908	36704	13709
国有资源(资产)有偿使用收入	Revenue from using Stated-owned Assets Profit	2368721	230575	1269289	868857
捐赠收入	Income from Donation	33903		13385	20518
政府住房基金收入	Government Housing Fund Income	313458	44899	261394	7165
其他收入	Other	122684	4617	110235	7832

6-4 地方公共财政支出
Local Public Financial Expenditure

单位：万元 (10000 yuan)

项 目	Item	2018	2019	2020	2021	2022
支出合计	**Total Expenditure**	**46767503**	**50115589**	**54494110**	**51048145**	**54519886**
一般公共服务	General Public Services	3076072	3009978	3210368	3239348	3886045
外 交	Foreign Affairs					
国 防	National Defense	55208	46620	44810	57860	64838
公共安全	Public Security	2472225	2538635	2642513	2637157	2801401
教 育	Education	5443838	5551255	5624245	5709536	5943875
科学技术	Science and Technology	395249	421622	429831	435158	464652
文化旅游体育与传媒	Cultural,Tourism,Sport and Media	462012	547005	583747	554158	603035
社会保障和就业	Social Security and Employment	10240862	11132672	13508548	13298940	14256292
卫生健康	Health Care	3009978	3144235	4011913	3922766	4365508
节能环保	Energy Conservation and Environmental Protection	1540926	2110589	2202687	1405411	1591477
城乡社区	Urban and Rural Community Affairs	4156980	5557916	4448389	2951852	2938418
农林水	Agriculture, Forestry and Water Conservancy	8344713	8819893	9145251	8689781	9375922
交通运输	Transportation	2447099	2206055	2489537	2136732	2572285
资源勘探工业信息等	Resource Exploration Industry Information	901820	927609	1035758	958166	832274
商业服务业等	Commerce and Services	183753	109027	194708	144697	177753
金融	Financial Affairs	23421	75874	84581	24009	29585
援助其他地区	Assistance to Other Regions	36856	34510	32147	32037	34984
自然资源海洋气象等	Nature Resources, Ocean and Weather	324406	368150	269788	367745	368598
住房保障	Housing Security	2409575	1668965	2277713	2293671	1984818
粮油物资储备	Reserve of Grain, Oil and Other Materials	546516	472599	635963	469511	417588
灾害防治及应急管理	Prevention of Disaster and Emergency Management		304931	371319	408307	463426
其他支出	Other Expenditure	49658	27821	9899	7104	7427
债务付息	Interest Payments on Debts	639464	1033566	1233717	1297696	1334406
债务发行费用	Issuing Debts	6872	6062	6678	6503	5279

6-5　各级地方公共财政支出(2022年)
Local Public Financial Expenditure by Rating(2022)

单位：万元　　(10000 yuan)

项　目	Item	合　计 Total	省　级 Province	地　级 City	县　级 County
支出合计	**Total Expenditure**	**54519886**	**10899102**	**20420849**	**23199935**
一般公共服务	General Public Services	3886045	335391	1691724	1858930
外　交	Foreign Affairs				
国　防	National Defense	64838	10085	25726	29027
公共安全	Public Security	2801401	1142503	1029742	629156
教　育	Education	5943875	1411951	2082328	2449596
科学技术	Science and Technology	464652	209118	174406	81128
文化旅游体育与传媒	Cultural, Tourism, Sport and Media	603035	131660	270110	201265
社会保障和就业	Social Security and Employment	14256292	3148551	5907099	5200642
卫生健康	Health Care	4365508	341503	2379661	1644344
节能环保	Energy Conservation and Environmental Protection	1591477	591004	540720	459753
城乡社区	Urban and Rural Community Affairs	2938418	8499	1849879	1080040
农林水	Agriculture, Forestry and Water Conservancy	9375922	1646706	1065393	6663823
交通运输	Transportation	2572285	846111	718121	1008053
资源勘探工业信息等	Resource Exploration Industry Information	832274	152619	537409	142246
商业服务业等	Commerce and Services	177753	10086	60074	107593
金融	Financial Affairs	29585	26961	2092	532
援助其他地区	Assistance to Other Regions	34984	34500	274	210
自然资源海洋气象等	Nature Resources, Ocean and Weather	368598	80857	103915	183826
住房保障	Housing Security	1984818	129770	1112372	742676
粮油物资储备	Reserve of Grain, Oil and Other Materials	417588	287112	20065	110411
灾害防治及应急管理	Prevention of Disaster and Emergency Management	463426	143070	196895	123461
其他支出	Other Expenditure	7427	1502	7303	-1378
债务付息	Interest Payments on Debts	1334406	209386	643364	481656
债务发行费用	Issuing Debts	5279	157	2177	2945

6-6 分地区公共财政收入(2022年)
Local Public Financial Revenue by Region(2022)

单位：万元 (10000 yuan)

地 区	Region	公共财政收入 General Budgetary Financial Revenue	税收收入 Tax Revenue	#增值税 Value-added Tax	#企业所得税 Corporate Income Tax	#个人所得税 Individual Income Tax
哈尔滨	Harbin	2621742	1952093	534343	354160	162325
齐齐哈尔	Qiqihar	973395	434885	124100	112352	18399
鸡 西	Jixi	456010	266107	96285	27336	13437
鹤 岗	Hegang	307791	189712	62072	25422	8920
双鸭山	Shuangyashan	379654	223016	73407	19531	7673
大 庆	Daqing	1829950	1095251	238319	61570	33556
伊 春	Yichun	207948	126409	30080	22054	3289
佳木斯	Jiamusi	624097	252851	51167	40893	10482
七台河	Qitaihe	280902	166941	55151	16233	4372
牡丹江	Mudanjiang	731080	272284	82565	32393	13458
黑 河	Heihe	476155	220981	45825	68912	9520
绥 化	Suihua	594252	290969	47488	51918	11796
大兴安岭	Daxinganling	128107	66111	18313	14204	2379

6-6 续表 Continued

单位：万元 (10000 yuan)

地 区	Region	#城市维护建设税 Tax on Town Maintenance and Construction	#耕地占用税 Tax on Occupation of Cultivated Land	#契 税 Deed Tax	非税收入 Non-Tax Revenue	#专项收入 Expert Project Income	#行政事业性收费收入 Income from Administrative Fees	基金收入 Fund Income
哈尔滨	Harbin	183821	31890	189089	669649	121728	166293	538770
齐齐哈尔	Qiqihar	29684	9901	32439	538510	28333	33345	149274
鸡 西	Jixi	20328	3850	12211	189903	17527	13241	43676
鹤 岗	Hegang	14418	4276	9379	118079	25734	20718	53005
双鸭山	Shuangyashan	16025	7818	8305	156638	25205	15036	39851
大 庆	Daqing	178272	16892	29351	734699	88605	17878	149285
伊 春	Yichun	6587	2462	5384	81539	7579	8332	15322
佳木斯	Jiamusi	15505	8300	24151	371246	22606	25298	107454
七台河	Qitaihe	19762	2599	6690	113961	24331	6732	51791
牡丹江	Mudanjiang	36807	20543	18624	458796	27530	19850	93530
黑 河	Heihe	9664	3512	10680	255174	10873	22216	45544
绥 化	Suihua	28797	16686	23751	303283	20566	29538	136122
大兴安岭	Daxinganling	3302	3999	3008	61996	4129	2215	13176

6-7　分地区公共财政支出(2022年)
Local Public Financial Expenditure by Region(2022)

单位：万元　(10000 yuan)

地　区	Region	公共财政支出 General Budgetary Financial Expenditure	一般公共服务 General Public Services	公共安全 Public security	教育 Education	科学技术 Science and Technology	文化旅游体育与传媒 Cultural Tourism Sport and Media	社会保障和就业 Social Security and Employment
哈尔滨	Harbin	10655225	743791	486850	1241589	103930	112784	2917234
齐齐哈尔	Qiqihar	5676505	457953	164144	619690	33080	41607	1612819
鸡　西	Jixi	2234863	175813	75932	205627	12551	24623	593940
鹤　岗	Hegang	1347820	152060	50097	136907	4276	16592	362253
双鸭山	Shuangyashan	1727953	167626	75450	180106	12913	20471	456250
大　庆	Daqing	3677299	331675	181560	459250	18181	46730	788383
伊　春	Yichun	2058798	164708	98307	175396	3762	21049	713313
佳木斯	Jiamusi	3598377	304182	112706	296391	24110	39129	731418
七台河	Qitaihe	1027293	100111	53499	106297	7829	11247	228550
牡丹江	Mudanjiang	3147221	258286	104988	309174	17538	33430	848958
黑　河	Heihe	2787126	210347	76564	234538	5549	49234	478442
绥　化	Suihua	4608268	362081	133577	522056	10629	34452	1122466
大兴安岭	Daxinganling	1074036	122021	45224	44903	1186	20027	253715

6-7 续表 Continued

单位：万元　(10000 yuan)

地　区	Region	卫生健康 Health Care	节能环保 Energy Conservation and Environmental Protection	城乡社区 Urban and Rural Community Affairs	农林水 Agriculture Forestry and Water Conservancy	其他支出 Other Expenditure	政府性基金支出 Government Fund Income
哈尔滨	Harbin	1124833	220346	657085	1106346	7672	1869190
齐齐哈尔	Qiqihar	492803	55968	305651	1413170	8487	443028
鸡　西	Jixi	198352	26273	100234	427562	181	225595
鹤　岗	Hegang	115980	32849	51596	252696	467	107426
双鸭山	Shuangyashan	141517	30581	113348	286336	221	283525
大　庆	Daqing	413001	54723	393290	426726	-8400	347006
伊　春	Yichun	132254	143512	143716	237578	-6613	105160
佳木斯	Jiamusi	292399	62094	238270	956231	2577	349434
七台河	Qitaihe	69949	12338	161635	136786		120422
牡丹江	Mudanjiang	250813	67563	245350	372598	614	234269
黑　河	Heihe	263622	52794	150378	921319	130	303934
绥　化	Suihua	465341	66851	309132	1033649	521	425085
大兴安岭	Daxinganling	63141	174581	60234	158219	68	36717

6-8 金融机构、人员数(2022年)

Number of Institutions and employees in Financial Intermediation(2022)

单位：个、人 (unit, person)

项 目	Item	机构总数 Number of Institutions	从业人员数 Number of Employees
金融机构合计	**Total**	**6221**	**106776**
大型商业银行	**State Owned Commercial Bank**	**3404**	**57575**
工商银行	Industrial and Commercial Bank	496	12020
农业银行	Agriculture Bank	631	12726
中国银行	Bank of China	244	5750
建设银行	Bank of Construction	395	9592
交通银行	Bank of Communication	82	2076
邮政储蓄银行	Postal Deposit and Remittance	1556	15411
政策性银行及国家开发银行	**Policy Bank**	**90**	**2439**
国家开发银行	The Bank of State Development	1	197
进出口银行	Export-Import Bank	1	64
中国农业发展银行	The Bank of Agricultural Development	88	2178
股份制商业银行	**Shareholding System Bank**	**218**	**5219**
中国光大银行	Ever Bright Bank	47	1037
招商银行	Merchants Bank	40	1037
上海浦东发展银行	Pudong Development Bank	33	660
兴业银行	Industrial Bank	29	672
中信银行	China CITIC Bank	19	549
广发银行	Development Bank	27	671
中国民生银行	China MinSheng Bank	16	281
华夏银行	HXB	6	169
平安银行	Ping An Bank	1	143
城市商业银行	**City Commercial Bank**	**580**	**12855**
农村金融机构	**Rural Financial Institutions**	**1912**	**27781**
农村信用社	Rural Credit Coopertive	385	5391
农村商业银行	Rural Commercial Bank	1436	20757
村镇银行	Village Bank	87	1587
农村资金互助社	Rural Credit Union Funds	4	46
非银行金融机构	**Non-bank Financial Institutions**	**6**	**645**
企业集团财务公司	Finance Company of Enterprise Group	3	98
信托公司	International Trust in the Financial	1	203
金融租赁公司	Financial Leasing Company	1	111
消费金融公司	Consumer Finance Companies	1	233
外资金融银行	**Foreign-funded Banks**	**7**	**90**
国民银行(中国)有限公司哈尔滨分行	Kookmin Bank (China) co., LTD. Harbin Branch	1	17
韩亚银行(中国)有限公司哈尔滨分行	Hanya Bank (China) co., LTD. Harbin Branch	1	27
东亚银行(中国)有限公司哈尔滨分行	East Asia Bank (China) co., LTD. Harbin Branch	1	12
汇丰银行(中国)有限公司哈尔滨分行	The Hongkong and Shanghai Banking Corporation Limited, Harbin Branch	1	17
摩根大通银行(中国)有限公司哈尔滨分行	JPMorgan Chase Bank (China) co., LTD. Harbin branch	1	8
法兴银行(中国)有限公司哈尔滨分行	Societe Generale Bank (China) co., LTD. Harbin Branch	1	4
渣打银行(中国)有限公司哈尔滨分行	Standard Chartered Bank (China) co., LTD. Harbin Branch	1	5
资产管理公司	**Asset Management**	**4**	**172**
东方资产管理公司黑龙江省分公司	Orient Asset Management Corporation	1	31
长城资产管理公司黑龙江省分公司	Great Wall Asset Management Corporation	1	59
信达资产管理公司黑龙江省分公司	Cinda Asset Management Corporation	1	42
华融资产管理公司黑龙江省分公司	HuaRong Assets Management Corporation	1	40

6-9　金融机构人民币信贷资金平衡表年底余额

Balance Sheet of Credit Funds of Financial Institutions at Year-End

单位：亿元　　(100 million yuan)

指　　标	Item	2019	2020	2021	2022
资金来源总计	**Sources of Funds**	**28676.4**	**32053.1**	**34961.6**	**38922.8**
各项存款	Total Deposits	27716.7	31452.6	34162.3	38610.2
境内存款	Domestic Deposits	27699.9	31435.6	34144.0	38566.3
住户存款	Households Deposits	18056.1	21169.7	24012.3	28089.6
活期存款	Demand Deposits	6373.7	7220.4	7467.6	8225.0
定期及其他存款	Time Deposits and Others	11682.4	13949.3	16544.7	19864.7
非金融企业存款	Non-financial Corporate Deposits	4377.0	4554.0	4633.6	4731.0
活期存款	Demand Deposits	2445.0	2340.0	2348.1	2575.0
定期及其他存款	Time Deposits and Others	1932.0	2214.0	2285.4	2156.1
财政性存款	Fiscal Deposits	748.9	997.2	1015.3	1072.5
机关团体存款	Organizations Deposits	4224.8	4422.4	4184.3	4332.0
非银行业金融机构存款	Non-banking Financial Institutions Deposits	293.1	292.3	298.5	341.1
境外存款	Overseas Deposits	16.8	17.0	18.3	43.9
金融债券	Financial Bond	167.0	139.0	62.0	52.0
卖出回购资产	Sell Repurchase Assets	206.2	167.5	174.0	
借款及非银行业金融机构拆入	Borrowing and Non-banking Financial Institutions are Dismantled	3.5	16.0	3.8	3.7
联行往来(净)	Jones Lang Lasalle Exchanges (net)				
应付及暂收款	Payable and Temporary Collection	664.4	774.6	880.7	1017.5
各项准备	Reserves	633.0	719.7	810.6	979.6
所有者权益	Owners Equity	1389.6	1446.8	1631.5	1537.1
#实收资本	Paicl-up Capital	574.1	601.1	766.4	770.9
其　他	Others	-2104.0	-2663.1	-2763.3	-3277.2
资金运用总计	**Uses of Funds**	**28676.4**	**32053.1**	**34961.6**	**38922.8**
各项贷款	Total Loans	21370.0	22482.3	24307.8	25263.1
境内贷款	Domestic Loans	21109.4	22173.2	23952.8	24972.5
住户贷款	Households Loans	5925.1	6479.3	6927.0	6887.6
短期贷款	Short-term Loans	1508.8	1545.5	1680.1	1706.5
消费贷款	Consumer Loans	604.8	580.6	634.8	532.7
经营贷款	Business Loans	904.0	964.9	1045.3	1173.8
中长期贷款	Medium & Long-term Loans	4416.2	4933.9	5246.9	5181.1
消费贷款	Consumer Loans	3597.8	4038.0	4220.0	4100.8
经营贷款	Business Loans	818.4	895.8	1026.8	1080.2
非金融企业及机关团体贷款	Non-financial Companies and Organizations Loans	15184.3	15693.9	17025.8	18031.9
短期贷款	Short-term Loans	7581.7	7160.0	7358.7	7418.0
中长期贷款	Medium & Long-term Loans	6239.0	7271.5	8090.7	8623.0
票据融资	Bill Financing Loans	1110.0	1010.5	1324.2	1761.1
融资租赁	Finance Lease Loans	238.3	239.9	241.1	215.9
各项垫款	Advances	15.3	12.0	11.2	13.9
非银行业金融机构贷款	Non-banking Financial Institutions Loans				53.0
境外贷款	Overseas Loans	260.7	309.1	355.0	290.6
债券投资	Bond Investment	1621.2	2052.5	2571.4	3498.1
股权及其他投资	Equity and Other Investments	2492.2	2355.6	2483.1	2512.8
买入返售资产	Buy Back to Sell Assets	27.7	22.7	53.0	33.7
存放非银行业金融机构款项	Storage of Non-banking Financial Institutions	1.9	3.7	17.8	31.8
联行往来(净)	Jones Lang LaSalle Exchanges (net)	2580.0	4510.0	4885.1	6970.2
#境内存放二级准备金	Stored in the Secondary Reserve	407.1	59.3	57.9	55.8
金银占款	Funds Outstanding for Gold and Silver				
中央银行外汇占款	Central Bank Foreign Exchange Occupation				
应收及预付款	Receivables and Advance Payments	249.4	301.3	331.2	313.3
投资性房地产	Investment Real Estate	0.2	0.6	0.6	0.6
固定资产	Fixed Assets	333.6	324.3	311.6	299.2

6-10 分地区金融机构人民币信贷收支表年底余额(各项存款)

单位：亿元

年份 地区	Year Region	各项存款 Total Deposits	境内存款 Domestic Deposits	住户存款 Households Deposits	活期存款 Demand Deposits	定期及其他存款 Time Deposits and Others
2015		21218.9	21204.2	12439.8	4928.1	7511.6
2016		22179.0	22165.1	13448.4	5525.0	7923.3
2017		23615.1	23600.1	14331.0	5806.0	8525.1
2018		25321.9	25306.9	15610.7	5956.6	9654.1
2019		27716.7	27699.9	18056.1	6373.7	11682.4
2020		31452.6	31435.6	21169.7	7220.4	13949.3
2021		34162.3	34144.0	24012.3	7467.6	16544.7
2022		38610.2	38566.3	28089.6	8225.0	19864.7
哈尔滨	Harbin	16364.0	16324.0	9645.7	2918.4	6727.3
齐齐哈尔	Qiqihar	3275.0	3274.6	2751.6	844.9	1906.7
鸡西	Jixi	1682.7	1682.4	1414.7	381.0	1033.7
鹤岗	Hegang	1096.4	1096.3	941.7	271.8	669.9
双鸭山	Shuangyashan	1373.8	1373.7	1119.3	361.3	757.9
大庆	Daqing	3960.5	3960.1	3158.4	748.6	2409.8
伊春	Yichun	1115.3	1115.1	853.4	212.8	640.7
佳木斯	Jiamusi	2122.3	2121.8	1804.4	636.9	1167.5
七台河	Qitaihe	749.8	749.7	617.4	160.0	457.4
牡丹江	Mudanjiang	2329.9	2328.6	2021.4	482.0	1539.5
黑河	Heihe	1353.8	1353.5	1081.5	382.3	699.2
绥化	Suihua	2673.5	2673.3	2341.8	724.7	1617.0
大兴安岭	Daxinganling	513.1	513.1	338.3	100.4	237.9

Balance Sheet of Credit Funds of Financial Institutions at Year-End by Region(Deposits)

(100 million yuan)

非金融企业存款 Non-financial Corporate Deposits	活期存款 Demand Deposits	定期及其他存款 Time and Others	财政性存款 Fiscal Deposits	机关团体存款 Organizations	非银行业金融机构存款 Non-banking Financial Institutions Deposits
4085.2	2337.3	1747.9	859.2	2939.9	880.2
4298.8	2448.5	1850.3	689.8	3174.9	553.2
4531.2	2594.3	1936.9	619.7	3306.0	812.2
4294.2	2450.8	1843.3	852.9	3816.2	732.9
4377.0	2445.0	1932.0	748.9	4224.8	293.1
4554.0	2340.0	2214.0	997.2	4422.4	292.3
4633.6	2348.1	2285.4	1015.3	4184.3	298.5
4731.0	2575.0	2156.1	1072.5	4332.0	341.1
3100.0	1482.2	1617.8	852.5	2391.4	334.4
263.3	158.1	105.2	25.6	233.8	0.3
86.1	60.9	25.1	14.6	165.0	2.0
48.1	37.8	10.3	6.8	99.7	0.03
110.2	62.0	48.1	10.3	133.8	0.1
428.7	241.0	187.6	24.2	348.5	0.4
103.3	73.5	29.8	19.6	138.5	0.3
149.7	121.8	27.9	18.0	146.4	3.3
37.3	30.3	7.0	6.5	88.4	0.01
120.4	81.7	38.7	18.6	168.0	0.3
105.1	84.0	21.1	21.7	145.2	0.01
114.8	90.8	24.0	38.4	178.4	0.07
64.1	50.9	13.2	15.8	94.9	0.0004

6-11 分地区金融机构人民币信贷收支表年底余额(各项贷款)

单位：亿元

年份 地区	Year Region	各项贷款 Total Loans	境内贷款 Domestic loans	住户贷款 Households loans	短期贷款 Short-term Loans	消费贷款 Consumer	经营贷款 Business	中长期贷款 Medium & Long-term Loans
2015		16214.9	16174.2	4036.7	1398.9	322.6	1076.3	2637.8
2016		17725.0	17625.1	4590.2	1412.5	363.3	1049.3	3177.7
2017		19208.4	19073.5	5000.5	1414.5	427.2	987.3	3586.0
2018		20156.3	19922.1	5376.4	1420.5	474.6	945.9	3955.9
2019		21370.0	21109.4	5925.1	1508.8	604.8	904.0	4416.2
2020		22482.3	22173.2	6479.3	1545.5	580.6	964.9	4933.9
2021		24307.8	23952.8	6927.0	1680.1	634.8	1045.3	5246.9
2022		25263.1	24972.5	6887.6	1706.5	532.7	1173.8	5181.1
哈尔滨	Harbin	14304.3	14013.8	3951.1	608.6	262.7	345.8	3342.5
齐齐哈尔	Qiqihar	1699.1	1699.1	460.6	144.5	36.7	107.8	316.1
鸡西	Jixi	1005.0	1005.0	184.6	73.6	10.4	63.2	111.0
鹤岗	Hegang	670.6	670.6	78.6	47.8	11.0	36.8	30.9
双鸭山	Shuangyashan	980.0	980.0	158.7	79.3	9.7	69.7	79.3
大庆	Daqing	1336.7	1336.7	386.4	93.8	26.6	67.2	292.6
伊春	Yichun	227.6	227.6	56.3	25.5	8.1	17.3	30.9
佳木斯	Jiamusi	1979.4	1979.4	374.2	143.7	23.9	119.8	230.6
七台河	Qitaihe	348.1	347.9	82.7	35.8	7.5	28.3	46.9
牡丹江	Mudanjiang	777.7	777.7	322.8	106.8	18.7	88.0	216.0
黑河	Heihe	501.2	501.2	214.8	116.5	26.3	90.2	98.3
绥化	Suihua	1266.9	1266.9	536.7	158.5	30.9	127.6	378.2
大兴安岭	Daxinganling	166.7	166.7	80.2	72.2	60.2	12.0	7.9

Balance Sheet of Credit Funds of Financial Institutions at Year-End by Region(Loans)

(100 million yuan)

消费贷款 Consumer	经营贷款 Business	非金融企业及机关团体贷款 Non-financial Companies and Organizations Loans	短期贷款 Short-term Loans	中长期贷款 Medium & Long-term Loans	票据融资 Bill Financing	融资租赁 Finance Lease	各项垫款 Advances
1893.8	744.0	12137.5	6353.3	4512.8	1155.0	105.6	10.8
2382.0	795.7	13034.9	7119.0	4726.9	1023.9	152.9	12.2
2806.6	779.4	14073.0	7841.0	5370.0	689.5	160.6	12.0
3147.8	808.1	14535.7	7418.9	5788.4	1089.3	221.9	17.2
3597.8	818.4	15184.3	7581.7	6239.0	1110.0	238.3	15.3
4038.0	895.8	15693.9	7160.0	7271.5	1010.5	239.9	12.0
4220.0	1026.8	17025.8	7358.7	8090.7	1324.2	241.1	11.2
4100.8	1080.2	18031.9	7418.0	8623.0	1761.1	215.9	13.9
2881.3	461.2	10009.8	2511.7	5735.4	1542.4	215.9	4.4
229.8	86.3	1238.5	702.3	509.1	27.2		
64.9	46.1	820.4	658.9	147.1	14.4		
13.1	17.8	591.9	399.8	170.4	21.7		
20.5	58.9	821.4	594.4	205.9	21.0		
204.6	87.9	950.3	273.2	617.1	50.5		9.4
21.7	9.1	171.2	56.2	91.6	23.2		0.1
131.3	99.3	1605.1	1298.6	289.4	17.1		
26.5	20.3	265.2	97.8	147.7	19.7		
179.6	36.4	454.9	138.6	307.1	9.1		
59.0	39.2	286.4	214.1	68.1	4.2		
264.5	113.7	730.2	438.3	282.5	9.4		
3.8	4.1	86.6	34.1	51.5	0.9		

6-12 黑龙江A股股票发行情况

单位：万元

公司名称	Company Name	证券代码 Securities Code
京蓝科技股份有限公司	Kingland Technology Co.,Ltd.	000711.SZ
航天科技控股集团股份有限公司	Aerospace Hi-Tech Holding Group Co., Ltd.	000901.SZ
哈尔滨电气集团佳木斯电机股份有限公司	Harbin Electric Corporation Jiamusi Electric Machine Co., Ltd.	000922.SZ
大庆华科股份有限公司	Daqing Huake Co., Ltd.	000985.SZ
哈尔滨誉衡药业股份有限公司	Harbin Gloria Pharmaceuticals Co., Ltd.	002437.SZ
哈尔滨博实自动化股份有限公司	Harbin Boshi Automation Co., Ltd.	002698.SZ
葵花药业集团股份有限公司	Sunflower Pharmaceutical Group Co., Ltd.	002737.SZ
哈尔滨三联药业股份有限公司	Harbin Medisan Pharmaceutical Co., Ltd.	002900.SZ
哈尔滨九洲集团股份有限公司	Harbin Jiuzhou Group Co.,Ltd.	300040.SZ
光智科技股份有限公司	Guangzhi Technology Co., Ltd	300489.SZ
中航直升机股份有限公司	Avicopter Plc.	600038.SH
湘财股份有限公司	Xiangcai Co.,Ltd	600095.SH
哈尔滨东安汽车动力股份有限公司	Harbin Dongan Auto Engine Co.,Ltd.	600178.SH
安通控股股份有限公司	Antong Holdings Co., Ltd.	600179.SH
佳通轮胎股份有限公司	Giti Tire Corporation	600182.SH
黑龙江国中水务股份有限公司	Heilongjiang Interchina Water Treatment Co.,Ltd	600187.SH
哈尔滨空调股份有限公司	Harbin Air Conditioning Co., Ltd.	600202.SH
亿阳信通股份有限公司	Bright Oceans Inter-Telecom Corporation	600289.SH
牡丹江恒丰纸业股份有限公司	Mudanjiang Hengfeng Paper Co., Ltd	600356.SH
万向德农股份有限公司	Wanxiang Doneed Co.,Ltd	600371.SH
黑龙江北大荒农业股份有限公司	Heilongjiang Agriculture Company Limited	600598.SH
哈药集团股份有限公司	Harbin Pharmaceutical Group Co.,Ltd.	600664.SH
广联航空工业股份有限公司	Guanglian Aviation Industry Co., Ltd.	300900.SZ
中航工业产融控股股份有限公司	AVIC Industry Industry Finance Holdings Co., Ltd	600705.SH
华电能源股份有限公司	Huadian Energy Company Limited	600726.SH
东方集团股份有限公司	Orient Group Incorporation	600811.SH
哈药集团人民同泰医药股份有限公司	HPGC Renmintongtai Pharmaceutical Corporation	600829.SH
龙建路桥股份有限公司	Longjian Road&Bridge Co.,Ltd	600853.SH
哈尔滨哈投投资股份有限公司	Harbin Hatou Investment Co.,Ltd	600864.SH
宝泰隆新材料股份有限公司	Baotailong New Materials Co.,Ltd	601011.SH
中国第一重型机械股份公司	China First Heavy Industries	601106.SH
黑龙江交通发展股份有限公司	Heilongjiang Transport Development Co.,Ltd	601188.SH
哈尔滨威帝电子股份有限公司	Harbin Viti Electronics Corp.	603023.SH
黑龙江珍宝岛药业股份有限公司	Heilongjiang ZBD Pharmaceutical Co.,Ltd.	603567.SH
奥瑞德光电股份有限公司	Aurora Optoelectronics Co., Ltd.	600666.SH
哈尔滨新光光电科技股份有限公司	Harbin Xinguang Optic-Electronics Technology Co.,Ltd.	688011.SH
黑龙江出版传媒股份有限公司	Heilongjiang Publishing Media Co., Ltd	605577.SH
哈尔滨森鹰窗业股份有限公司	Harbin Sayyas Windows Co., Ltd.	301227.SZ
哈尔滨国铁科技集团股份有限公司	China Railway Harbin Group of Technology Corporation	688459.SH

Issuance of A Shares

(10000 yuan)

上市时间 Listed Time	首发融资额 Initial Issue	总股本(万股)(2022年末) Stock Capital by 2022 (10000 share)
1997-4-11	5988	102367
1999-4-1	18600	79820
1999-6-18	37510	59654
2000-7-26	25020	12964
2010-6-23	175000	219812
2012-9-11	52480	102255
2014-12-30	133335	58400
2017-9-22	95349	31656
2010-1-8	59400	58769
2015-7-1	19931	13767
2000-12-18	47100	58948
1997-7-8	28900	285915
1998-10-14	57400	47549
1998-11-4	39100	423153
1999-5-7	40320	34000
1998-11-11	22850	161378
1999-6-3	18240	38334
2000-7-20	72960	63105
2001-4-19	28360	29873
2002-9-16	13880	29258
2002-3-29	161400	177768
1993-6-29		250696
2020-10-29	93925	21175
1996-5-16		882489
1996-7-1	5898	790734
1994-1-6	47499	365874
1994-2-24	11700	57989
1994-4-4	29400	101490
1994-8-9	11500	208057
2011-3-9	174600	191566
2010-2-9	1140000	685778
2010-3-19		131588
2015-5-27	26500	56208
2015-4-24	152409	94196
1993-7-12	1820	276351
2019-7-22	95225	10000
2021-8-24	26622	44444
2022-9-26	90653	9480
2022-10-12	162960	48000

6-13 保险公司机构数(2022年)

单位：个

机构名称	Organization Name	机构总数 Number of Institutions
全省合计	**Total**	**2375**
寿险公司小计	**Life Insurance Companies Subtotal**	**1243**
中国人寿保险股份有限公司	China Life Insurance Co., Ltd.	413
中国太平洋人寿保险股份有限公司	China Pacific Life Insurance Co., Ltd.	120
中国平安人寿保险股份有限公司	China Ping An Life Insurance Co., Ltd.	132
新华人寿保险股份有限公司	China Life Insurance Co., Ltd.	68
泰康人寿保险有限责任公司	Tai Kang Life Insurance Co., Ltd.	79
太平人寿保险有限公司	Taiping Life Insurance Co., Ltd.	97
建信人寿保险股份有限公司	CCB Life Insurance Co., Ltd.	10
民生人寿保险股份有限公司	Minsheng Life Insurance Co., Ltd.	14
富德生命人寿保险股份有限公司	Fude Sino Life Insurance Co., Ltd.	45
平安养老保险股份有限公司	Ping An Endowment Insurance Co., Ltd.	2
合众人寿保险股份有限公司	Union Life Insurance Co., Ltd.	30
君康人寿保险股份有限公司	June Life Insurance Co., Ltd.	10
信泰人寿保险股份有限公司	Xintai Life Insurance Co., Ltd.	16
农银人寿保险股份有限公司	ABC Life Insurance Co., Ltd.	4
和谐健康保险股份有限公司	Hexie Health Insurance Co., Ltd.	2
中国人民人寿保险股份有限公司	Chinese People's Life Insurance Co., Ltd.	79
阳光人寿保险股份有限公司	Sun Life Insurance Co., Ltd.	52
百年人寿保险股份有限公司	Century Life Insurance Co., Ltd.	20
大家人寿保险股份有限公司	Dajia Life Insurance Co., Ltd.	7
中意人寿保险有限公司	Generali China Life Insurance Co., Ltd.	9
中英人寿保险有限公司	England Life Insurance Co., Ltd.	13
光大永明人寿保险有限公司	Sun Life Everbright Life Insurance Co., Ltd.	5
太平养老保险股份有限公司	Taiping Pension Insurance Co., Ltd.	1
华夏人寿保险股份有限公司	Huaxia Life Insurance Co., Ltd.	1
中邮人寿保险股份有限公司	China Post Life Insurance Co., Ltd	1
泰康养老保险股份有限公司	Tai Kang Pension Insurance Co., Ltd.	1
华泰人寿保险股份有限公司	Huatai Life Insurance Co., Ltd.	4
英大泰和人寿保险股份有限公司	Yingdataihe Life Insurance Co., Ltd.	7
中国人寿养老保险股份有限公司	China Life Pension Company Limited	1
财险公司小计	**Insurance Company Subtotal**	**1132**
中国人民财产保险股份有限公司	China PICC	316
中国大地财产保险股份有限公司	China Continent Property & Casualty Insurance Co., Ltd.	57
中国出口信用保险公司	China Export & Credit Insurance Corporation	1
中华联合财产保险股份有限公司	China United Property Insurance Co., Ltd.	26
中国太平洋财产保险股份有限公司	China Pacific Property Insurance Co., Ltd.	89
中国平安财产保险股份有限公司	China Ping An Insurance Company	83
天安保险股份有限公司	Tian An Insurance Co., Ltd.	23
华安财产保险股份有限公司	Hua An Property Insurance Co., Ltd.	43
太平财产保险有限公司	Pacific Property Insurance Co., Ltd.	16
永诚财产保险股份有限公司	Yongcheng Property Insurance Co., Ltd.	9
大家财产保险股份有限公司	DaJia Property and Casualty Insurance Co., Ltd	45
安华农业保险股份有限公司	Anhua Agricultural Insurance Co., Ltd.	18
阳光财产保险股份有限公司	Sunshine Property and Casualty Insurance Co., Ltd.	63
阳光农业相互保险公司	Sunshine Agriculture Mutual Insurance Company	187
都邦财产保险股份有限公司	Du Bang Property Insurance Company	10
中国人寿财产保险股份有限公司	China Life Insurance Company	85
中意财产保险有限公司	China Insurance Co., Ltd.	2
英大泰和财产保险股份有限公司	Yingda Taihe Property Insurance Co., Ltd.	5
华泰财产保险有限公司	Huatai Property Insurance Co., ltd	4
中航安盟财产保险有限公司	AVIC UNITA Property Insurance Co., Ltd	19
中银保险有限公司	BOC Insurance Co., Ltd.	1
中原农业保险股份有限公司	Zhongyuan Agricultural Insurance Co., Ltd	30

Number of Institutions of Insurance Company(2022)

(unit)

机构类别 Organization Type					
总公司 Company	分公司 Branch	中心支公司 Center Support Company	支公司 Support Company	营业部 Sales Department	营销服务部 Marketing Services Division
1	**51**	**339**	**1097**	**33**	**854**
	29	**180**	**422**	**2**	**610**
	1	13	91	2	306
	1	13	91		15
	1	11	51		69
	1	12	21		34
	1	11	31		36
	1	12	1		83
	1	6			3
	1	6	3		4
	1	12	14		18
	1	1			
	1	9	5		15
	1	9			
	1	6	6		3
	1	3			
	1	1			
	1	13	65		
	1	9	31		11
	1	6	6		7
	1	6			
	1	5	3		
	1	6			6
	1	4			
	1				
	1				
	1				
	1				
	1	3			
	1	3	3		
	1				
1	**22**	**159**	**675**	**31**	**244**
	1	13	143	31	128
	1	12	31		13
	1				
	1	5	18		2
	1	13	75		
	1	13	44		25
	1	9			13
	1	12	18		12
	1	6	9		
	1	7	1		
	1	10	27		7
	1	2	15		
	1	13	45		4
1	1	11	169		5
	1	7			2
	1	13	38		33
	1	1			
	1	3	1		
	1	3			
	1	4	14		
	1				
	1	2	27		

6-14 保险业务情况
Major Indicators of Insurance Business

单位：万元 (10000 yuan)

项 目	Item	2016	2017	2018	2019	2020	2021	2022
保费收入	**Premium Income**	**6855239**	**9314112**	**8991064**	**9521556**	**9872576**	**9954672**	**9824401**
企业财产险	Enterprise Property Insurance	50093	48405	47217	47166	51538	53746	53768
家庭财产险	Family Property Insurance	8647	11272	12473	15190	17654	17404	25259
机动车辆险	Motor Vehicle Insurance	999313	1146753	1181570	1228451	1234585	1100628	1137831
船舶险	Ships Insurance	96	84	78	70	178	162	43
货物运输险及责任保险	Cargo Transportation Insurance and Liability Insurance	6693	5900	7251	6879	7410	9574	11736
责任险	Liability Insurance	33808	43045	51469	62818	78523	72440	100435
保证保险	Guarantee Insurance	39162	57919	144579	194399	154491	99774	108661
农业险	Agriculture Insurance	318422	354612	396870	432777	511958	576077	687882
其他保险	Other Insurance	32721	27392	36270	33800	43076	55245	58802
寿 险	Life Insurance	4135990	6392455	5455620	5273386	5282709	5490395	5222841
健康险	Health Insurance	1107113	1075470	1487407	2047283	2309170	2307978	2264597
人身意外伤害险	Person Accident Insurance	123180	150806	170260	179336	181284	171248	152545
赔款及给付	**Claim and Payment**	**2377512**	**2405184**	**2571690**	**3240484**	**3092566**	**3392850**	**3245108**
企业财产险	Enterprise Property Insurance	31127	34603	22765	20920	32326	27123	37327
家庭财产险	Family Property Insurance	3456	5095	5424	6625	8957	11335	9425
机动车辆险	Motor Vehicle Insurance	492419	556124	620019	626711	611272	719424	694306
船舶险	Ships Insurance	13.95	7.76	5.37	8.49	16.21	27.00	21.54
货物运输险及责任保险	Cargo Transportation Insurance and Liability Insurance	2433	3175	4735	2668	2535	2411	4347
责任险	Liability Insurance	21279	29058	30477	34755	47971	46490	46571
保证保险	Guarantee Insurance	15516	18800	34399	85099	150668	101153	129429
农业险	Agriculture Insurance	375930	273767	280285	624517	462578	423807	394815
其他保险	Other Insurance	8069	7321	8199	13780	16939	39165	23383
寿 险	Life Insurance	1187491	1120847	1064294	1049992	1032355	835700	989367
健康险	Health Insurance	218194	329204	462425	734902	692596	1151439	884399
人身意外伤害险	Person Accident Insurance	21583	27182	38664	40506	34352	34777	31717

注：其他保险=建筑安装工程保险及责任保险+出口信用险+其他险。

a) Other Insurance = construction and installation insurance and liability insurance + export credit insurance + other.

主要统计指标解释

一般公共预算收入　指国家财政参与社会产品分配所取得的收入，是实现国家职能的财力保证。主要包括：(1) 各项税收：包括国内增值税、国内消费税、进口货物增值税和消费税、出口货物退增值税和消费税、企业所得税、个人所得税、资源税、城市维护建设税、房产税、印花税、城镇土地使用税、土地增值税、车船税、船舶吨税、车辆购置税、关税、耕地占用税、契税、烟叶税、环境保护税等。(2) 非税收入：包括专项收入、行政事业性收费、罚没收入、国有资本经营收入、国有资源（资产）有偿使用收入和其他收入。财政收入按现行分税制财政体制划分为中央本级收入和地方本级收入。

一般公共预算支出　指国家财政将筹集起来的资金进行分配使用，以满足经济建设和各项事业的需要。主要包括：一般公共服务、外交、国防、公共安全、教育、科学技术、文化体育与传媒、社会保障和就业、医疗卫生与计划生育、节能环保、城乡社区、农林水、交通运输、资源勘探信息等、商业服务业等、金融、援助其他地区、国土海洋气象等、住房保障、粮油物资储备、债务付息、债务发行费用等方面的支出。财政支出根据政府在经济和社会活动中的不同职权，划分为中央财政支出和地方财政支出。

信贷资金　指金融机构以信用方式积聚和分配的货币资金。金融机构信贷资金的来源有各项存款、金融债券、对国际金融机构负债、流通中现金、其他项目等；信贷资金的运用有各项贷款、有价证券及投资、金银占款、外汇占款、财政借款及在国际金融机构中的资产等。

存款　指企业、机关、团体或居民根据资金必须收回的原则，把货币资金存入银行或其他信贷机构保管并取得一定利息的一种信用活动形式。根据存款对象或性质的不同可划分为单位存款、个人存款、财政性存款、临时性存款、委托存款、其他存款等科目。它是银行信贷资金的主要来源。

贷款　指银行或其他信贷机构根据资金必须归还的原则，按一定利率，为企业、个人等提供资金的一种信用活动形式。我国银行贷款分为短期贷款、中长期贷款、融资租赁、票据融资、各项垫款、境外贷款等。

保险公司　在中国境内的、经过保险监督管理部门批准设立，并依法登记注册的各类商业保险公司。

保险金额　指保险人承担赔偿或者给付保险金责任的最高限额。

保费　指投保人为取得保险人在约定范围内所承担赔偿责任而支付给保险人的费用。

赔款　指保险人根据保险合同的规定，向被保险人支付的赔偿保险责任损失的金额。

给付　包括死伤医疗给付和满期给付。死伤医疗给付是指保险人根据人寿保险及长期健康保险合同的规定，因被保险人在保险期内发生保险责任范围内的保险事故支付给被保险人(或受益人)的金额。满期给付是指被保险人生存期满，保险人按人寿保险合同规定支付给被保险人的满期保险金额。

股票及其他股权　指股票购买者及直接投资者对其投资企业净资产所拥有的权益。股票是股份公司签发的证明股东投资并按其所持股份享有权益和承担义务的权益性证券。其他股权是机构单位以直接投资的方式用除股票、债权性证券以外的土地、房屋及建筑物、机器设备、存货、资源资产等实物资产，商标、专利权、土地使用权、特许使用权、商誉等无形资产及货币资金直接向其他单位进行的投资。通常以股权证、出资证明书、参与证或类似的单据为凭证。

Explanatory Notes on Main Statistical Indicators

General Public Budget Revenue refers to income for the government finance through participating in the distribution of social products. It is the financial guarantee to ensure government functioning. The government revenue includes the following main items: (1) Various tax revenues including domestic value added tax (VAT), domestic consumption tax, VAT and consumption tax from imports, VAT and consumption tax rebate for exports, corporate income tax, individual income tax, resource tax, city maintenance and construction tax, house property tax, stamp tax, urban land use tax, land appreciation tax, tax on vehicles and boat operation, ship tonnage tax, vehicle purchase tax, tariffs, farm land occupation tax, deed tax, and tobacco tax, environment protection tax, etc. (2) Non-tax revenue, including special program receipts, charge of administrative and institutional units, penalty receipts, operating income from government capital, income from use of state-owned resources (assets) and others non-tax receipts.

General Public Budget Expenditure refers to the distribution and use of the funds which the government finance has raised, so as to meet the needs of economic construction and various undertakings. It includes the following main items: expenditure for general public services, expenditure for foreign affairs, expenditure for national defence expenditure for public security, expenditure for education, expenditure for science and technology, expenditure for culture, sport and media, expenditure for social safety net and employment effort, expenditure for medical and health care and family planning, expenditure for energy conservation and environment protection, expenditure for urban and rural community affairs, expenditure for agriculture, forestry and water conservancy, expenditure for transportation, expenditure for resource exploration and information, expenditure for affairs of commerce and services, expenditure for finance, aid to other regions, expenditure for land, ocean and weather, expenditure for housing security, expenditure for grain & oil reserves, interest payment for public debts, expenditure for issuing debts. General public budget expenditure is divided into general public budget expenditure of central government and general public budget expenditure of local government according to the different functions of the governments played in economic and social activities,

Credit Funds refer to the monetary funds accumulated and distributed in the means of credit by the financial institutions. The sources of credit funds include various deposits, financial bonds, liabilities to international financial institutions, currency in circulation, other items. The uses of credit funds include loans, securities and investment, position for bullion and silver purchase, position for foreign exchange purchase, advances to treasury, and assets with international financial institutions.

Deposit is a form of credit by which enterprises, institutions, organizations or households can put money into banks and other credit institutions for safekeeping and interest earning under the principle of free withdrawal. According to different depositors, deposits are divided into unit deposits, personal deposits, fiscal deposits, temporary deposits, entrusted deposits and other deposits. Deposits are major sources of the credit funds of banks.

Loan is a form of credit by which banks and other credit institutions provide funds at certain interest rate to enterprises and individuals in the light of the principle of unconditional repayment. Loans from Chinese banks include short-term loan, medium-term and long-term loans, financial lease, bill financing, various money advanced, foreign loans.

Insurance Companies refer to commercial insurance companies of various forms registered by law and established in China with the approval of insurance regulatory agencies.

Amount Insured refers to the maximum that the insurant will get for the claim of the case insured.

Premium is the fee paid by the insurant to the insurer to obtain the obligation of compensation from the insurance within the agreed terms.

Settled Claim is the compensation paid by the insurer to the insurant in accordance with the insurance contract.

Payment includes payment for death, injury or medical treatment and payment at maturity. Payment for death, injury or medical treatment refers to the money paid to the insurant (or the beneficiary) in accordance with the life or health insurance contract when the insurant encounters accidents within the insured period covered in the contract. Payment at maturity refers to the payment to the insurant in accordance with the life insurance contract at the end of the insured period.

Shares and Other Holding Rights refer to the rights of stockholders and direct investors on the net assets of corporations they have invested in. Shares refer to negotiable securities on creditor's rights, issued by share companies certifying the investment by stockholders and their rights and duties in accordance with the amount of stocks that they hold. Other holding rights refer to the direct investment by institutional units in other units with currency capital or with assets, in forms other than shares and negotiable securities on creditor's rights, including such tangible assets such as land, buildings, machines and equipment, inventory, resources, etc., and such intangible assets as trade marks, patents, monopolies, rights on land use, licenses, commercial reputation, etc.. Documents of proof of holding rights usually include certificates on creditor's right, certificates on investment or on participation, etc.

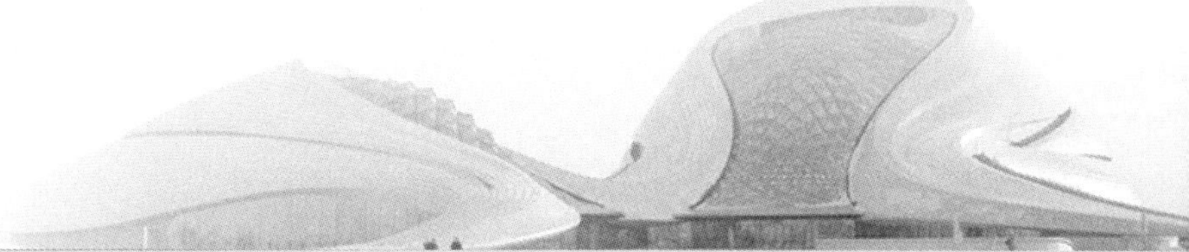

第7篇

资源与环境

CHAPTER 7 RESOURCES AND ENVIRONMENT

7-1　土地状况
Land Characteristics

项　　目	Item	面　　积 (万公顷) Area (10000 hectares)	占总面积 (%) Percentage to Total Area(%)
总面积	**Total Land Area**	**4703.8**	**100.0**
耕　地	Cultivated Land	1713.1	36.4
园　地	Garden Land	7.5	0.2
林　地	Forests Land	2163.5	46.0
草　地	Grassland	117.3	2.5
湿　地	Wetland	348.7	7.4
城镇村及工矿用地	Land for Inhabitation, Mining and Manufacturing	117.6	2.5
交通运输用地	Land for Transport Facilities	21.2	0.5
水域及水利设施用地	Land for Water Conservancy Facilities	172.4	3.7
其他用地	Other	42.5	0.9

注：本表数据来源于黑龙江省自然资源厅，“其他土地”项面积仅包含设施农用地、农村道路、盐碱地、沙地4个二级地类面积。

a) The data in this table comes from the Natural Resources Department of Heilongjiang Province, and the area of "other land" only includes four secondary land types: protected agricultural land, rural roads, saline-alkali land and sandy land.

7-2　分地区土地面积
Land Area in the Region

地　　区	Region	总面积(万公顷) Total Land Area (10000 hectares)
全　省	**Total**	**4703.8**
哈 尔 滨	Harbin	530.6
齐齐哈尔	Qiqihar	422.4
鸡　西	Jixi	224.8
鹤　岗	Hegang	146.6
双 鸭 山	Shuangyashan	220.5
大　庆	Daqing	212.0
伊　春	Yichun	327.9
佳 木 斯	Jiamusi	324.5
七 台 河	Qitaihe	61.9
牡 丹 江	Mudanjiang	388.0
黑　河	Heihe	667.5
绥　化	Suihua	348.7
大兴安岭	Daxinganling	828.4

7-3 主要河流基本情况(2021年)
Major Rivers(2021)

名 称	Name	流域面积（平方公里） Drainage Area (sq.km)	河长（公里） Length (km)
呼玛河	Humahe River	31197	524
逊毕拉河	Xunbilahe River	15739	279
穆棱河	Mulinghe River	18136	834
挠力河	Naolihe River	22495	596
呼兰河	Hulanhe River	31424	523
蚂蚁河	Ant River	10547	341
汤旺河	Tangwanghe River	20557	509

注：水利数据来源于黑龙江省水文水资源中心。
a) Figures of water resources were obtained from the Hydrographic Department of Heilongjiang Province.

7-4 分地区水资源状况(2022年)
Water Resources by Region(2022)

单位：亿立方米 (100 Million cu.m)

地 区	Region	水资源总量 Total Water Resources Volume	地下水资源与地表水资源不重复量 Unduplicated Measurement Volume of Surface Water and Ground Water	地表水资源量 Total Surface Water Resources Volume
全 省	**Total**	**9184668**	**1470405**	**7714263**
哈尔滨	Harbin	1356061	218085	1137976
齐齐哈尔	Qiqihar	593914	209784	384130
鸡 西	Jixi	472795	117121	355674
鹤 岗	Hegang	391583	74338	317245
双鸭山	Shuangyashan	400121	83726	316395
大 庆	Daqing	228531	115494	113037
伊 春	Yichun	1009868	36376	973492
佳木斯	Jiamusi	548220	228168	320052
七台河	Qitaihe	66148	8882	57266
牡丹江	Mudanjiang	1074111	36944	1037167
黑 河	Heihe	1221395	141466	1079929
绥 化	Suihua	414126	141795	272331
大兴安岭	Daxinganling	1407796	58227	1349569

7-5　主要矿产资源储量

Reserves of Major Mineral Resources

项　目	Item	2017	2018	2019	2020	2021	2022
煤炭 (亿吨)	Coal (100 million tons)	199.1	198.2	198.2	209.6	260.7	266.8
铁矿 (矿石亿吨)	Iron (Ore,100 million tons)	4.06	3.68	3.65	3.63	3.48	3.57
铜矿 (铜万吨)	Copper (Metal,10000 tons)	425.2	573.5	317.8	312.1	304.3	294.5
铅矿 (万吨)	Lead (Metal,10000 tons)	58.0	57.5	57.4	58.7	48.5	48.9
锌矿 (万吨)	Zinc (Metal,10000 tons)	192.7	190.8	190.2	189.5	158.0	154.6
镁矿 (万吨)	Magnesium (10000 tons)	891.3	891.3	891.3	891.3	891.3	891.3
镍矿 (吨)	Nickel (ton)	21612	21612	21612	21612	21612	21612
钨矿(WO_3) (万吨)	Tungsten (WO_3,10000 tons)	16.51	15.67	15.40	15.18	14.99	14.92
金矿(岩金) (千克)	Gold ore (rock gold) (kg)	159695	162260	218474	133529	130615	124993
矽线石 (万吨)	Fibrolite (10000 tons)	757.3	757.3	757.3	757.3	757.3	757.3
熔剂用灰岩 (万吨)	Limestone for Flux (10000 tons)	4229.4	4120.4	4051.9	3982.6	3913.5	3327.1
冶金用白云岩 (万吨)	Dolomite for Metallurgy (10000 tons)	3653	3653	3653	3653	3653	3653
铸型用砂 (万吨)	Placer for Mould (10000 tons)	1039.9	1039.9	1039.9	49427.7	49427.7	49427.7
耐火粘土 (万吨)	Refractory Clay (10000 tons)	1533.7	1533.7	1533.7	1533.7	1533.7	1533.7
硫铁矿 (万吨)	Pyrite Ore (10000 tons)	251.4	251.4	251.4	380.0	326.8	370.2
化肥用蛇纹岩 (万吨)	Serpentinite for Chemical Fertilizer (10000 tons)	7880.3	7880.3	7880.3	7880.3	7880.3	7880.3
泥炭 (万吨)	Peat (10000 tons)	2877.3	2877.3	2877.3	2885.0	3966.8	3966.8
磷矿石(不包括伴 (万吨)	Phosphorite (10000 tons)	4255	4255	4255	6791	6791	6791
长石 (万吨)	Feldspar (10000 tons)	17558	17558	17558	17558	11653	11653
陶瓷土 (万吨)	Pottery Clay (10000 tons)	2021	2021	2021	33493	33493	33493
玻璃用砂 (万吨)	Gritstone for Glass (10000 tons)	1591	1591	1591	39217	39217	39217
玻璃用脉石英 (万吨)	Vein Quartz for Glass (10000 tons)	799.5	799.5	799.5	537.2	445.0	444.0
玻璃用大理岩 (万吨)	Marble for Glass (10000 tons)	2820	2820	2820	2820	2820	2820
水泥配料用粘土 (万吨)	Clay for Cement Industry (10000 tons)	11210.9	11210.7	11210.5	11210.4	9695.4	9695.4
水泥用大理岩 (亿吨)	Marble for Cement (100 million tons)	16.2	16.8	18.2	18.1	18.7	18.9
膨润土 (万吨)	Bentonite (10000 tons)	14594	14594	14594	14594	14645	14645
饰面用花岗岩 (万立方米)	Granite for Facing (10000 cu.m)	5265	5265	5264	5313	5307	5305
火山灰 (万吨)	Pozzolana (10000 tons)	4948	4948	4948	4948	4948	4948
饰面用大理岩 (万立方米)	Marble for Facing (10000 cu.m)	668	668	668	668	699	699
石墨 (万吨)	Graphite (10000 tons)	19535.8	23263.4	28604.6	33604.7	35025.0	34194.3
沸石 (万吨)	Zeolite (10000 tons)	11908	11908	11908	11908	11908	11908
颜料黄土 (万吨)	Sienna (10000 tons)	192	192	192	192	192	192
铸石用玄武岩 (万吨)	Basalt for Casting (10000 tons)	11110	11110	11110	11110	411	41
岩棉用玄武岩 (万吨)	Basalt for Artificial Asbestos (10000 tons)	7274	7274	7274	7274	7274	7274
珍珠岩 (万吨)	Perlite (10000 tons)	3316	3304	3298	3296	3296	3281

注：本表数据来源于黑龙江省自然资源厅。

a) Figures in this table were obtained from the Department of Natural Resources of Heilongjiang Province.

7-6 主要城市(区)平均气压(2022年)
Monthly Average Atmospheric Pressure of Major Cities(2022)

单位：百帕 (hPa)

月 份	Month	哈尔滨 Harbin	齐齐哈尔 Qiqihar	北林 Beilin	大庆 Daqing	加格达奇 Jiagedaqi	爱辉 Aihui	伊春 Yichun	佳木斯 Jiamusi	鸡西 Jixi	牡丹江 Mudan-jiang	鹤岗 Hegang	双鸭山 Shuang-yashan	七台河 Qitaihe
年平均	**Annual Average**	**999.8**	**995.7**	**992.0**	**995.2**	**967.9**	**992.0**	**981.0**	**1003.2**	**980.7**	**977.7**	**990.7**	**991.7**	**989.9**
1 月	Jan.	1011.7	1007.8	1003.1	1007.0	977.7	1003.4	990.8	1013.6	988.8	986.1	999.9	1000.9	999.0
2 月	Feb.	1009.0	1005.1	1000.4	1004.3	975.4	1000.2	987.9	1010.9	986.7	984.1	997.4	998.4	996.6
3 月	Mar.	1000.5	996.2	992.3	995.8	967.3	992.1	980.6	1003.5	980.5	977.6	990.7	991.8	989.9
4 月	Apr.	996.6	992.3	988.6	991.9	964.8	988.2	977.3	999.7	978.0	975.3	987.1	988.5	986.9
5 月	May	991.9	988.0	984.3	987.4	961.2	984.7	974.0	995.7	974.3	971.2	983.8	984.9	983.1
6 月	June	990.2	986.5	983.3	985.9	961.7	985.1	974.3	995.4	974.0	970.3	984.1	984.9	982.7
7 月	July	990.8	986.8	984.1	986.5	962.1	985.9	975.2	996.2	975.1	971.1	985.1	985.9	983.7
8 月	Aug.	990.3	986.5	983.1	986.0	959.7	982.0	972.7	993.6	973.0	970.1	981.9	983.0	981.4
9 月	Sept.	997.9	993.2	990.6	993.0	966.7	990.4	980.2	1002.0	980.8	977.5	990.0	991.1	989.4
10 月	Oct.	1006.8	1003.1	999.1	1002.3	975.1	999.3	988.2	1010.2	987.5	984.4	997.8	998.6	996.6
11 月	Nov.	1005.1	1000.7	996.9	1000.1	971.3	996.4	985.2	1008.5	985.4	982.3	995.4	996.5	994.8
12 月	Dec.	1006.6	1002.5	997.9	1001.7	971.7	996.8	985.4	1008.5	984.5	982.2	994.8	996.0	994.4
春 季	Spring	996.3	992.2	988.4	991.7	964.4	988.3	977.3	999.6	977.6	974.7	987.2	988.4	986.6
夏 季	Summer	990.4	986.6	983.5	986.1	961.2	984.3	974.1	995.1	974.0	970.5	983.7	984.6	982.6
秋 季	Fall	1003.3	999.0	995.5	998.5	971.0	995.4	984.5	1006.9	984.6	981.4	994.4	995.4	993.6
冬 季	Winter	1009.1	1005.1	1000.5	1004.3	974.9	1000.1	988.0	1011.0	986.7	984.1	997.4	998.4	996.7
最 高	Highest	1002.5	998.4	994.7	997.9	970.5	994.7	983.8	1005.9	983.4	980.4	993.4	994.4	992.6
最 低	Lowest	996.9	992.8	989.2	992.3	965.0	989.3	978.2	1000.3	977.9	974.8	987.9	989.0	987.0

注：气象数据来源于黑龙江省气象数据中心。
a) Figures of climate were obtained from Herlongjiang Province Meteorological Data Center.

7-7 主要城市(区)平均气温(2022年)
Monthly Average Temperature of Major Cities(2022)

单位：摄氏度 (℃)

月 份	Month	哈尔滨 Harbin	齐齐哈尔 Qiqihar	北林 Beilin	大庆 Daqing	加格达奇 Jiagedaqi	爱辉 Aihui	伊春 Yichun	佳木斯 Jiamusi	鸡西 Jixi	牡丹江 Mudan-jiang	鹤岗 Hegang	双鸭山 Shuang-yashan	七台河 Qitaihe
年平均	**Annual Average**	**5.2**	**4.8**	**4.4**	**5.3**	**0.4**	**1.8**	**2.3**	**4.6**	**5.1**	**5.1**	**2.9**	**5.3**	**4.2**
1 月	Jan.	-18.7	-17.7	-19.5	-17.3	-21.9	-22.1	-22.2	-18.9	-16.1	-17.1	-19.5	-16.6	-18.1
2 月	Feb.	-13.8	-13.7	-14.5	-13.0	-17.3	-15.6	-15.6	-13.4	-11.5	-12.0	-13.8	-11.7	-13.0
3 月	Mar.	-1.1	-1.1	-1.9	-1.0	-5.8	-5.1	-3.5	-1.7	-1.1	-0.6	-3.5	-1.3	-2.3
4 月	Apr.	8.9	7.9	7.9	8.2	3.5	4.8	6.0	8.1	8.8	9.7	5.7	8.3	8.4
5 月	May	14.9	14.2	14.3	14.7	11.2	11.8	11.9	14.3	13.6	14.0	11.7	14.2	13.7
6 月	June	20.8	21.1	20.9	21.7	17.7	19.7	18.2	20.3	18.8	18.2	18.3	19.8	18.5
7 月	July	24.7	24.8	24.3	24.9	21.1	23.3	22.7	24.0	22.6	22.9	22.7	23.7	22.8
8 月	Aug.	21.0	20.5	20.4	21.4	16.6	18.5	18.3	20.5	20.4	20.2	19.0	21.1	19.7
9 月	Sept.	16.9	16.4	16.0	16.7	11.0	12.9	14.0	15.7	15.7	15.7	13.6	16.3	15.1
10 月	Oct.	6.5	5.3	5.4	5.9	0.8	2.9	3.2	5.4	6.6	6.6	3.9	6.6	5.7
11 月	Nov.	-2.7	-4.1	-4.0	-3.2	-10.8	-9.2	-6.3	-4.0	-3.0	-2.4	-6.1	-3.1	-4.0
12 月	Dec.	-15.2	-16.6	-16.6	-15.3	-21.6	-20.0	-18.6	-15.0	-13.6	-13.5	-17.1	-13.9	-15.7
春 季	Spring	7.6	7.0	6.8	7.3	3.0	3.8	4.8	6.9	7.1	7.7	4.6	7.1	6.6
夏 季	Summer	22.2	22.1	21.9	22.7	18.5	20.5	19.7	21.6	20.6	20.4	20.0	21.5	20.3
秋 季	Fall	6.9	5.9	5.8	6.5	0.3	2.2	3.6	5.7	6.4	6.6	3.8	6.6	5.6
冬 季	Winter	-15.9	-16.0	-16.9	-15.2	-20.3	-19.2	-18.8	-15.8	-13.7	-14.2	-16.8	-14.1	-15.6
最 高	Highest	10.6	10.2	9.6	10.3	7.9	7.7	8.7	10.3	10.6	11.6	9.2	10.0	9.8
最 低	Lowest	0.2	-0.3	-0.3	0.9	-5.9	-3.4	-3.3	-1.3	0.3	-0.3	-3.1	1.2	-1.2

7-8 主要城市(区)平均相对湿度(2022年)
Monthly Average Relative Humidity of Major Cities(2022)

单位: % (%)

月 份	Month	哈尔滨 Harbin	齐齐哈尔 Qiqihar	北林 Beilin	大庆 Daqing	加格达奇 Jiagedaqi	爱辉 Aihui	伊春 Yichun	佳木斯 Jiamusi	鸡西 Jixi	牡丹江 Mudan-jiang	鹤岗 Hegang	双鸭山 Shuang-yashan	七台河 Qitaihe
年平均	**Annual Average**	**68**	**61**	**68**	**61**	**65**	**65**	**68**	**67**	**64**	**64**	**69**	**61**	**67**
1 月	Jan.	71	65	72	67	66	67	70	68	60	64	66	59	66
2 月	Feb.	71	65	76	68	65	63	68	66	60	62	64	59	66
3 月	Mar.	63	53	66	58	55	60	59	62	54	55	63	55	62
4 月	Apr.	48	43	46	46	47	46	48	47	42	41	50	42	45
5 月	May	58	54	55	54	49	54	61	58	59	59	66	55	61
6 月	June	76	68	71	65	75	70	75	69	71	73	74	67	74
7 月	July	83	78	81	75	86	78	82	87	86	81	87	79	84
8 月	Aug.	79	71	80	68	78	79	80	82	75	75	81	72	78
9 月	Sept.	70	60	70	61	69	70	72	73	71	73	77	65	72
10 月	Oct.	66	55	64	56	57	56	67	68	60	61	66	59	65
11 月	Nov.	66	58	65	58	68	71	68	66	64	64	67	59	67
12 月	Dec.	63	63	69	61	65	65	69	63	61	57	62	59	65
春 季	Spring	56	50	56	53	50	53	56	56	52	52	60	51	56
夏 季	Summer	79	72	77	69	80	76	79	79	77	76	81	73	79
秋 季	Fall	67	58	66	58	65	66	69	69	65	66	70	61	68
冬 季	Winter	68	64	72	65	65	65	69	66	60	61	64	59	66

7-9　主要城市(区)降水量(2022年)
Monthly Precipitation of Major Cities(2022)

单位：毫米　　(millimeters)

月　份	Month	哈尔滨 Harbin	齐齐哈尔 Qiqihar	北林 Beilin	大庆 Daqing	加格达奇 Jiagedaqi	爱辉 Aihui	伊春 Yichun	佳木斯 Jiamusi	鸡西 Jixi	牡丹江 Mudan-jiang	鹤岗 Hegang	双鸭山 Shuang-yashan	七台河 Qitaihe
合　计	**Total**	**552.6**	**544.4**	**467.6**	**337.1**	**520.5**	**498.1**	**824.6**	**533.6**	**670.8**	**664.6**	**567.5**	**492.6**	**625.3**
1　月	Jan.	4.1	3.0	4.3	1.0	3.8	5.7	6.4	2.1	6.4	3.6	4.4	2.9	2.7
2　月	Feb.	5.9	3.5	5.0	1.3	3.4	4.7	6.8	5.9	7.8	3.1	4.6	6.5	7.8
3　月	Mar.	14.1	9.6	9.8	11.1	14.7	11.7	7.0	14.9	20.7	16.0	11.1	25.3	25.4
4　月	Apr.	28.7	27.5	23.6	20.8	21.1	19.8	54.4	27.0	38.7	22.0	40.2	30.1	24.6
5　月	May	65.0	42.4	33.0	32.7	33.2	65.5	67.5	96.1	69.6	102.3	53.5	43.8	51.1
6　月	June	127.8	138.7	54.6	49.4	100.1	73.0	92.7	37.7	108.0	113.4	64.1	41.3	91.2
7　月	July	59.7	204.7	81.1	87.6	186.5	121.7	198.8	105.8	146.1	168.0	109.7	81.0	97.7
8　月	Aug.	185.0	70.9	183.0	100.9	85.0	120.7	202.0	139.9	101.0	65.8	121.6	121.7	185.1
9　月	Sept.	6.9	18.0	22.9	15.8	34.2	33.0	129.7	54.6	98.6	87.5	104.5	63.6	79.1
10 月	Oct.	42.2	9.8	35.2	8.4	8.6	11.1	40.7	20.8	24.1	30.4	25.9	41.9	23.2
11 月	Nov.	4.6	14.1	9.4	6.9	25.6	25.2	11.2	8.4	30.8	43.2	16.0	11.0	24.4
12 月	Dec.	8.6	2.2	5.7	1.2	4.3	6.0	7.4	20.4	19.0	9.3	11.9	23.5	13.0
春　季	Spring	107.8	79.5	66.4	64.6	69.0	97.0	128.9	138.0	129.0	140.3	104.8	99.2	101.1
夏　季	Summer	372.5	414.3	318.7	237.9	371.6	315.4	493.5	283.4	355.1	347.2	295.4	244.0	374.0
秋　季	Fall	53.7	41.9	67.5	31.1	68.4	69.3	181.6	83.8	153.5	161.1	146.4	116.5	126.7
冬　季	Winter	18.6	8.7	15.0	3.5	11.5	16.4	20.6	28.4	33.2	16.0	20.9	32.9	23.5

7-10 主要城市(区)平均风速(2022年)
Monthly Average Wind Velocity of Major Cities(2022)

单位：m/s (m/s)

月份	Month	哈尔滨 Harbin	齐齐哈尔 Qiqihar	北林 Beilin	大庆 Daqing	加格达奇 Jiagedaqi	爱辉 Aihui	伊春 Yichun	佳木斯 Jiamusi	鸡西 Jixi	牡丹江 Mudan-jiang	鹤岗 Hegang	双鸭山 Shuang-yashan	七台河 Qitaihe
年平均	**Annual Average**	**2.8**	**2.3**	**2.0**	**2.9**	**2.2**	**2.6**	**2.2**	**2.5**	**3.8**	**3.1**	**2.2**	**2.0**	**3.3**
1 月	Jan.	2.1	1.6	1.6	2.1	1.6	2.1	1.5	1.7	3.9	2.1	1.7	1.8	3.1
2 月	Feb.	2.5	1.8	1.7	2.5	1.9	2.6	1.8	2.1	4.4	2.8	2.3	2.0	4.0
3 月	Mar.	2.9	2.5	2.3	3.1	2.5	2.7	2.6	2.6	4.2	3.7	2.3	2.1	3.9
4 月	Apr.	4.0	3.1	2.9	3.8	3.0	3.7	3.4	3.8	4.9	4.9	3.1	2.7	4.4
5 月	May	3.3	2.7	2.3	3.3	2.7	3.1	2.5	3.1	4.0	3.4	2.5	2.0	3.5
6 月	June	2.8	2.3	2.0	2.9	2.0	2.0	1.8	2.3	3.1	2.7	2.0	1.6	2.6
7 月	July	2.4	2.0	1.8	2.5	1.9	1.9	1.7	1.9	2.6	2.1	1.9	1.4	2.2
8 月	Aug.	2.3	2.2	1.8	2.6	2.3	2.3	2.0	2.2	3.3	2.8	2.1	1.9	2.8
9 月	Sept.	2.8	2.8	2.0	3.2	2.5	2.8	2.3	2.7	3.4	2.7	2.1	2.1	3.0
10 月	Oct.	2.7	2.3	2.0	2.9	2.2	2.8	2.2	2.2	3.4	2.8	2.2	1.8	3.2
11 月	Nov.	2.9	2.2	2.1	2.9	2.0	2.4	2.6	2.4	3.7	3.1	2.2	2.3	3.3
12 月	Dec.	2.7	2.0	1.9	2.9	1.8	2.5	2.5	2.8	4.6	3.9	2.5	2.6	3.8
春季	Spring	3.4	2.8	2.5	3.4	2.7	3.2	2.8	3.2	4.4	4.0	2.6	2.3	3.9
夏季	Summer	2.5	2.2	1.9	2.7	2.1	2.1	1.8	2.1	3.0	2.5	2.0	1.6	2.5
秋季	Fall	2.8	2.4	2.0	3.0	2.2	2.7	2.4	2.4	3.5	2.9	2.2	2.1	3.2
冬季	Winter	2.4	1.8	1.7	2.5	1.8	2.4	1.9	2.2	4.3	2.9	2.2	2.1	3.6
最大	Maximum	12.3	10.2	7.9	13.1	11.8	10.7	13.9	13.2	16.8	16.2	13.4	10.9	16.6
风向	Wind Direction	SSW	SW	WSW	SW	NE	NNW	E	SW	NW	W	SW	WSW	WNW

7-11 主要城市(区)日照时数(2022年)

Monthly Sunshine Hours of Major Cities(2022)

单位：小时 (hour)

月份	Month	哈尔滨 Harbin	齐齐哈尔 Qiqihar	北林 Beilin	大庆 Daqing	加格达奇 Jiagedaqi	爱辉 Aihui	伊春 Yichun	佳木斯 Jiamusi	鸡西 Jixi	牡丹江 Mudan-jiang	鹤岗 Hegang	双鸭山 Shuang-yashan	七台河 Qitaihe
合 计	**Total**	**2566.1**	**2707.3**	**2484.0**	**2955.3**	**2411.5**	**2400.3**	**2507.2**	**2497.5**	**2365.9**	**2376.0**	**2358.1**	**1936.9**	**3006.0**
1 月	Jan.	203.6	200.7	183.5	209.8	183.0	173.7	138.2	204.3	186.2	189.0	200.6	156.3	189.4
2 月	Feb.	203.1	210.6	207.5	238.1	194.5	194.4	178.6	202.0	194.1	192.8	190.7	150.3	198.4
3 月	Mar.	213.9	258.6	206.4	263.8	230.5	226.5	211.6	229.5	206.8	199.7	217.1	169.8	212.7
4 月	Apr.	235.3	241.8	243.4	272.2	201.8	189.2	222.6	230.9	211.2	232.2	217.9	191.5	209.9
5 月	May	255.1	271.5	254.5	298.1	244.2	226.3	255.3	217.8	213.5	215.5	184.2	161.4	196.9
6 月	June	227.1	235.6	233.0	252.1	243.0	243.0	346.8	235.9	208.7	182.0	230.5	195.4	342.8
7 月	July	203.7	210.1	221.3	257.8	172.9	232.1	343.7	195.5	161.0	186.8	172.8	146.5	365.8
8 月	Aug.	237.9	268.2	235.3	298.6	229.8	223.6	223.9	250.6	226.5	228.9	245.0	194.1	329.6
9 月	Sept.	221.2	252.7	202.7	252.9	192.9	178.3	199.6	213.4	226.4	224.2	213.7	183.0	292.9
10 月	Oct.	204.5	208.6	182.1	214.5	213.2	224.7	184.4	189.7	191.7	197.1	192.5	141.8	233.8
11 月	Nov.	175.2	172.9	154.8	192.0	157.7	138.6	100.0	153.3	172.4	155.1	132.0	119.0	219.7
12 月	Dec.	185.5	176.0	159.5	205.4	148.0	149.9	102.5	174.6	167.4	172.7	161.1	127.8	214.1
春 季	Spring	704.3	771.9	704.3	834.1	676.5	642.0	689.5	678.2	631.5	647.4	619.2	522.7	619.5
夏 季	Summer	668.7	713.9	689.6	808.5	645.7	698.7	914.4	682.0	596.2	597.7	648.3	536.0	1038.2
秋 季	Fall	600.9	634.2	539.6	659.4	563.8	541.6	484.0	556.4	590.5	576.4	538.2	443.8	746.4
冬 季	Winter	592.2	587.3	550.5	653.3	525.5	518.0	419.3	580.9	547.7	554.5	552.4	434.4	601.9

7-12 工业“三废”排放治理情况(2022年)
Discharge and Treatment of Industrial Waste Water, Waste Gas and Solid Wastes(2022)

项 目		Item		2022
工业废水		**Industrial Waste Water**		
工业废水排放量	(万吨)	Volume of Industrial Waste Water Discharged	(10000 tons)	12466.29
直接排入环境的		Directly Into the Environment		6421.73
排入污水处理厂的		Discharged Into the Sewage Treatment Plant		6044.56
化学需氧量COD排放量	(万吨)	Chemical Oxygen Demand COD Emissions	(10000 tons)	0.60
氨氮排放量	(万吨)	Ammonia - Nitrogen Emissions	(10000 tons)	0.04
工业废气		**Industrial Waste Gas**		
工业废气排放量	(亿立方米)	Emission Volume of Industrial Waste Gas	(100 million cu.m)	12736.36
二氧化硫排放量	(万吨)	Emission Volume of Sulphur Dioxide	(10000 tons)	4.62
氮氧化物排放量	(万吨)	Emission Volume of Nitrogen Oxide	(10000 tons)	8.99
烟(粉)尘排放量	(万吨)	Emission Volume of Smoke (powder) Dust	(10000 tons)	6.30
工业固体废物		**Industrial Solid Wastes**		
工业固体废物产生量	(万吨)	Volume of Industrial Solid Wastes Produced	(10000 tons)	10117.98
工业固体废物综合利用量	(万吨)	Volume of Industrial Solid Wastes Utilized	(10000 tons)	4110.30
工业固体废物处置量	(万吨)	Volume of Industrial Solid Wastes Treated	(10000 tons)	849.66
工业固体废物贮存量	(万吨)	Volume of Industrial Solid Wastes Accumulated	(10000 tons)	5518.36
危险废物产生量	(万吨)	Hazardous Waste Generated Volume	(10000 tons)	93.29
危险废物利用处置量	(万吨)	Utilization and Disposal of Hazardous Waste	(10000 tons)	104.29
危险废物本年末贮存量	(万吨)	Storage Capacity of Hazardous Wastes at the End of the Year	(10000 tons)	8.59

注：1.环保数据来源于黑龙江省生态环境厅，此数据为“生态环境统计业务系统-年报”中数据。
a) Figures of climate were obtained from the Department of Ecology Environmental of Heilongjiang Province.

7-13　分地区污染物排放总量情况(2022年)
Total Emission Volume of Pollutants by Region (2022)

地　　区	Region	废　水排放量(万吨) Volume of Waste Water Discharged (10000 tons)	化学需氧量COD排放量(吨) Chemical Oxygen Demand COD Emissions (ton)	氨　氮排放量(吨) Ammonia-Nitrogen Emissions (ton)	二氧化硫排放量(吨) Emission Volume of Sulphur Dioxide(ton)	氮氧化物排放量(吨) Emission Volume of Nitrogen Oxide(ton)	颗粒物排放量(吨) Emission Volume of Smoke(powder) Dust(ton)
全　　省	**Total**	**116482.04**	**856462.39**	**13040.54**	**102591.52**	**266397.17**	**347584.96**
哈 尔 滨	Harbin	36865.85	37318.21	823.29	36593.04	69253.63	156833.75
齐齐哈尔	Qiqihar	13921.84	15073.71	571.50	9752.92	28743.81	24379.76
鸡　　西	Jixi	3787.37	4038.22	96.51	5595.19	10580.10	6315.46
鹤　　岗	Hegang	3948.22	2635.32	352.02	6323.59	8468.69	23004.59
双 鸭 山	Shuangyashan	4054.16	4380.35	113.78	5699.34	12942.73	15939.67
大　　庆	Daqing	14005.36	10919.41	325.25	7304.97	31058.92	23163.54
伊　　春	Yichun	5393.48	11619.69	748.56	5506.57	15710.73	8490.48
佳 木 斯	Jiamusi	9283.72	15009.66	190.01	4870.37	13969.91	13311.09
七 台 河	Qitaihe	1569.78	1719.03	37.30	3243.67	8095.37	5707.25
牡 丹 江	Mudanjiang	7814.08	11725.22	286.99	8664.61	20917.16	39096.90
黑　　河	Heihe	4224.80	3560.25	96.06	2599.75	5889.63	5791.99
绥　　化	Suihua	10051.50	14506.02	298.46	5356.18	38474.59	16772.71
大兴安岭	Daxinganling	1561.88	3573.74	351.42	1081.32	2291.89	8777.78
农垦总局	ARB						

注：以上数据中，化学需氧量和氨氮无各地市农业源数据。

a) In the above data, there is no agricultural source data of local cities for chemical oxygen demand and ammonia nitrogen, and the General Administration of agricultural reclamation only has motor vehicle emission data.

7-14 工业污染排放和处理利用情况(2022年)

类　别	Category	汇总工业企业数(个) Number of Industrial Enterprises (unit)	工业废水排放量(万吨) Volume of Industrial Waste Water Discharged (10000 tons)	直接排入环境的 Directly Into the Environment	排入污水处理厂的 Discharged Into the Sewage Treatment Plant
重点调查企业	**Key Survey Enterprises**	**1569**	**12466.29**	**6421.73**	**6044.56**
农、林、牧、渔专业及辅助性活动	Professional and Support Activities for Agriculture, Forestry, Animal Husbandry and Fishery	6	4.29	3.60	0.69
煤炭开采和洗选业	Mining and Washing of Coal	78			
石油和天然气开采业	Extraction of Petroleum and Natural Gas	22			
黑色金属矿采选业	Mining and Processing of Ferrous Metal Ores	4			
有色金属矿采选业	Mining and Processing of Non-Ferrous Metal Ores	10	1.98	1.98	
非金属矿采选业	Mining and Processing of Nonmetal Ores	25	21.31		21.31
开采专业及辅助性活动	Professional and Support Activities for Mining	7	0.40	0.40	
农副食品加工业	Processing of Food from Agricultural Products	174	1980.64	152.38	1828.26
食品制造业	Manufacture of Foods	74	2496.64	951.99	1544.65
酒、饮料和精制茶制造业	Manufacture of Wine, Soft Drinks and Refined Tea	69	1198.51	339.45	859.06
烟草制品业	Manufacture of Tobacco	1	8.39		8.39
纺织业	Manufacture of Textile	13	170.96		170.96
纺织服装、服饰业	Manufacture of Textile, Wearing Apparel and Accessories	1			
皮革、毛皮、羽毛及其制品和制鞋业	Leather, Fur, Feathers and Its Process and System Footwear				
木材加工和木、竹、藤、棕、草制品业	Processing of Timber, Manufacture of Wood, Bamboo, Rattan, Palm, and Straw Products	9			
家具制造业	Manufacture of Furniture	10	3.07	3.07	
造纸和纸制品业	Manufacture of Paper and Paper Products	32	307.92	281.20	26.72
印刷和记录媒介复制业	Printing, Reproduction of Recording Media	4	2.02		2.02
文教、工美、体育和娱乐用品制造业	Manufacture of Culture and Education, Arts and Crafts, Sports and Recreation Supplies				
石油、煤炭及其他燃料加工业	Processing of Petroleum, Coal and Other Fuels	32	814.72	597.91	216.81

Discharge and Treatment of Industrial Pollution (2022)

工业废水中化学需氧量排放量(吨) Emission Volume of Industrial Waste Water Chemical Oxygen Demand COD (ton)	工业废水中氨氮排放量(吨) Emission Volume of Industrial Waste Water Ammonia - Nitrogen (ton)	工业废气排放量(亿立方米) Emission Volume of Industrial Waste Gas (100 million cu.m)	工业废气中二氧化硫产生量(吨) Volume of Industrial Waste Gas Sulphur Dioxide Produced (ton)	工业废气中二氧化硫排放量(吨) Emission Volume of Industrial Waste Gas Sulphur Dioxide (ton)	工业废气中氮氧化物产生量(吨) Volume of Industrial Waste Gas Nitrogen Oxide Produced (ton)	工业废气中氮氧化物排放量(吨) Emission Volume of Industrial Waste Gas Nitrogen Oxide (ton)
5807.31	**421.14**	**12736.36**	**487758.86**	**46245.34**	**285234.32**	**89876.45**
2.23	0.15	4.83	227.74	87.22	75.40	59.59
1.04		220.71	1431.24	1047.35	948.70	919.48
		222.20	443.80	437.95	2617.46	2617.46
		2.74	44.56	23.32	20.87	20.87
0.11		12.97	539.02	62.26	186.93	59.23
5.69		6.92	207.42	201.92	107.76	107.76
0.36		1.48	43.74	31.43	38.80	38.80
903.44	29.98	140.96	2985.72	516.34	2279.49	933.74
1952.84	280.76	131.42	8292.52	563.58	6323.04	1269.81
405.69	18.80	138.91	4588.43	640.26	2802.62	1100.28
2.75	0.19	0.70	1.34	1.34	4.67	4.67
812.73	4.12	1.65	24.77	24.77	23.35	23.35
		1872.00	0.01	0.01	0.03	0.03
		3.54	77.88	13.68	67.12	67.12
0.03		3.96	54.91	11.78	32.91	24.96
133.13	4.65	21.52	738.86	242.85	485.30	236.97
0.51	0.01	0.10	7.82	7.82	1.19	1.19
288.36	1.81	884.39	45858.17	1373.16	11493.66	6380.79

7-14 续表1

类 别	Category	汇总工业企业数(个) Number of Industrial Enterprises (unit)	工业废水排放量(万吨) Volume of Industrial Waste Water Discharged (10000 tons)	直接排入环境的 Directly Into the Environment	排入污水处理厂的 Discharged Into the Sewage Treatment Plant
化学原料和化学制品制造业	Manufacture of Raw Chemical Materials and Chemical Products	106	3145.81	3099.55	46.26
医药制造业	Manufacture of Medicines	68	719.06	4.77	714.28
化学纤维制造业	Manufacture of Chemical Fibers				
橡胶和塑料制品业	Manufacture of Rubber and Plastic Products	7	18.83	18.83	
非金属矿物制品业	Manufacture of Non-metallic Mineral Products	133	19.70	4.21	15.49
黑色金属冶炼和压延加工业	Smelting and Pressing of Ferrous Metals	6	553.90	553.90	
有色金属冶炼和压延加工业	Smelting and Pressing of Non-ferrous Metals	4	118.27		118.27
金属制品业	Manufacture of Metal Products	15	30.59	0.69	29.91
通用设备制造业	Manufacture of General Purpose Machinery	23	82.74	7.00	75.74
专用设备制造业	Manufacture of Special Purpose Machinery	11	165.34	162.40	2.93
汽车制造业	Manufacture of Automotive	10	14.56		14.56
铁路、船舶、航空航天和其他运输设备制造业	Manufacture of Railways, Ship, Aerospace and Other Transport Equipment	10	101.92	23.90	78.02
电气机械和器材制造业	Manufacture of Electrical Machinery and Equipment	2	18.12		18.12
计算机、通信和其他电子设备制造业	Manufacture of Computer, Communications and Other Electronic Equipment	5	34.68		34.68
仪器仪表制造业	Manufacture of Instrument	1	4.90		4.90
其他制造业	Other Manufacture	4	40.14	39.48	0.66
废弃资源综合利用业	Comprehensive Utilization of Abandoned Resources	14			
金属制品、机械和设备修理业	Metal Products, Machinery and Equipment Repair Industry	6	22.12		22.12
电力、热力生产和供应业	Production and Supply of Electric Power and Heat Power	569	364.78	175.02	189.76
燃气生产和供应业	Production and Supply of Gas	3			
水的生产和供应业	Production and Supply of Water	1			

CONTINUED

工业废水中化学需氧量排放量(吨) Emission Volume of Industrial Waste Water Chemical Oxygen Demand COD (ton)	工业废水中氨氮排放量(吨) Emission Volume of Industrial Waste Water Ammonia - Nitrogen (ton)	工业废气排放量(亿立方米) Emission Volume of Industrial Waste Gas (100 million cu.m)	工业废气中二氧化硫产生量(吨) Volume of Industrial Waste Gas Sulphur Dioxide Produced (ton)	工业废气中二氧化硫排放量(吨) Emission Volume of Industrial Waste Gas Sulphur Dioxide (ton)	工业废气中氮氧化物产生量(吨) Volume of Industrial Waste Gas Nitrogen Oxide Produced (ton)	工业废气中氮氧化物排放量(吨) Emission Volume of Industrial Waste Gas Nitrogen Oxide (ton)
732.02	59.70	344.60	2206.98	1239.57	3442.12	2967.55
181.17	3.22	18.63	286.93	99.47	224.95	183.22
2.25	0.02	3.24	136.32	26.70	88.57	45.34
4.63		564.54	4759.75	1985.23	16536.54	5791.27
92.55	8.17	1679.43	32962.28	5405.05	15086.09	10563.78
24.40	3.89	68.43	5660.08	220.23	279.47	95.87
10.39	1.14	4.88	4.60	4.60	6.41	6.39
26.08	0.36	2.66	101.71	14.80	60.26	60.26
36.64	0.54	50.67	16.72	16.72	361.89	361.89
1.96	0.09	22.73	2.53	2.53	128.31	16.85
41.41	1.33	120.78	153.81	39.15	157.15	52.83
2.85	0.06	37.35	4.22	4.22	7.30	7.30
7.20	0.15	0.21	0.09	0.09	0.99	0.99
0.30	0.007	0.0014	0.0014	0.0014	0.0014	0.0014
11.07	0.22	4.42	140.44	10.63	89.37	53.41
		33.29	45.20	20.36	11.26	9.00
3.31	0.07	0.70	0.17	0.17	0.31	0.31
120.19	1.71	7980.61	375708.76	31868.46	221240.74	55790.83
		0.07	0.10	0.10	1.91	1.91
		0.12	0.23	0.23	1.39	1.39

7-14 续表2

类　别	Category	工业废气中颗粒物产生量(吨) Produced Volume of Industrial Waste Gas Smoke (powder) Dust (ton)	工业废气中颗粒物排放量(吨) Emission Volume of Industrial Waste Gas Smoke(powder) Dust (ton)	一般工业固体废物产生量(万吨) Volume of Industrial Solid Wastes Produced (10000 tons)
重点调查企业	**Key Survey Enterprises**	**19001162.37**	**63019.20**	**10117.98**
农、林、牧、渔专业及辅助性活动	Professional and Support Activities for Agriculture, Forestry, Animal Husbandry and Fishery	323.59	15.65	1.86
煤炭开采和洗选业	Mining and Washing of Coal	90784.14	13560.75	1076.74
石油和天然气开采业	Extraction of Petroleum and Natural Gas	54.19	0.22	3.76
黑色金属矿采选业	Mining and Processing of Ferrous Metal Ores	3751.38	1027.80	195.34
有色金属矿采选业	Mining and Processing of Non-Ferrous Metal Ores	5996.69	333.89	4563.47
非金属矿采选业	Mining and Processing of Nonmetal Ores	36620.89	1576.77	631.06
开采专业及辅助性活动	Professional and Support Activities for Mining	1125.00	5.54	243.45
农副食品加工业	Processing of Food from Agricultural Products	170195.72	328.57	41.93
食品制造业	Manufacture of Foods	184388.29	427.77	33.83
酒、饮料和精制茶制造业	Manufacture of Wine, Soft Drinks and Refined Tea	139691.29	316.53	49.39
烟草制品业	Manufacture of Tobacco			0.01
纺织业	Manufacture of Textile	366.72	1.71	0.43
纺织服装、服饰业	Manufacture of Textile, Wearing Apparel and Accessories	1.69	0.002	0.0005
皮革、毛皮、羽毛及其制品和制鞋业	Leather, Fur, Feathers and Its Process and System Footwear			
木材加工和木、竹、藤、棕、草制品业	Processing of Timber, Manufacture of Wood, Bamboo, Rattan, Palm, and Straw Products	442.43	12.27	0.29
家具制造业	Manufacture of Furniture	386.88	1.56	0.24
造纸和纸制品业	Manufacture of Paper and Paper Products	46874.69	66.39	10.58
印刷和记录媒介复制业	Printing, Reproduction of Recording Media	0.58	0.002	0.36
文教、工美、体育和娱乐用品制造业	Manufacture of Culture and Education, Arts and Crafts, Sports and Recreation Supplies			
石油、煤炭及其他燃料加工业	Processing of Petroleum, Coal and Other Fuels	530653.64	2511.85	20.26

CONTINUED

一般工业固体废物综合利用量(万吨) Volume of Industrial Solid Wastes Utilized (10000 tons)	一般工业固体废物处置量(万吨) Volume of Industrial Solid Wastes Treated (10000 tons)	一般工业固体废物贮存量(万吨) Volume of Industrial Solid Wastes Accumulated (10000 tons)	危险废物产生量(万吨) Hazardous Waste Generated Volume (10000 tons)	危险废物利用处置量(万吨) Utilization and Disposal of Hazardous Waste (10000 tons)	危险废物年末贮存量(万吨) Storage Capacity of Hazardous Wastes at the End of the Year (10000 tons)
4110.30	**849.66**	**5518.36**	**93.29**	**104.29**	**8.59**
0.86	1.00				
1008.34	40.17	79.06	0.0009	0.0009	0.0004
3.68	0.08	0.03	45.18	51.02	6.67
6.71	28.51	160.11	0.0001	0.0001	0.0001
65.65	300.04	4414.79	14.89	14.89	0.01
60.97	218.07	382.16	0.0027	0.01	0.0001
243.45		0.0012	2.97	7.07	0.03
31.89	10.05	0.0007	0.02	0.02	0.002
31.97	1.87	0.0005	0.01	0.01	0.002
31.48	17.87	0.03	0.01	0.01	0.002
0.002	0.01				
0.15	0.32	0.0028	0.001	0.0003	0.0008
0.0005					
0.29	0.0005				
0.11	0.13	0.0001	0.01	0.01	0.0002
10.16	0.42		0.01	0.01	0.0003
0.32	0.04		0.00004	0.00004	0.00004
19.51	0.75		8.03	8.03	0.01

7-14 续表3

类别	Category	工业废气中颗粒物产生量(吨) Produced Volume of Industrial Waste Gas Smoke (powder) Dust (ton)	工业废气中颗粒物排放量(吨) Emission Volume of Industrial Waste Gas Smoke(powder) Dust (ton)	一般工业固体废物产生量(万吨) Volume of Industrial Solid Wastes Produced (10000 tons)
化学原料和化学制品制造业	Manufacture of Raw Chemical Materials and Chemical Products	212875.65	625.36	88.65
医药制造业	Manufacture of Medicines	2174.93	30.09	4.30
化学纤维制造业	Manufacture of Chemical Fibers			
橡胶和塑料制品业	Manufacture of Rubber and Plastic Products	5996.92	28.81	1.83
非金属矿物制品业	Manufacture of Non-metallic Mineral Products	1402561.37	4193.52	16.96
黑色金属冶炼和压延加工业	Smelting and Pressing of Ferrous Metals	475828.55	8984.93	419.49
有色金属冶炼和压延加工业	Smelting and Pressing of Non-ferrous Metals	5625.60	21.30	79.15
金属制品业	Manufacture of Metal Products	87.40	28.61	0.60
通用设备制造业	Manufacture of General Purpose Machinery	449.55	7.51	3.22
专用设备制造业	Manufacture of Special Purpose Machinery	4057.40	1359.15	10.57
汽车制造业	Manufacture of Automotive	147.54	65.90	5.14
铁路、船舶、航空航天和其他运输设备制造业	Manufacture of Railways, Ship, Aerospace and Other Transport Equipment	2555.87	124.89	11.89
电气机械和器材制造业	Manufacture of Electrical Machinery and Equipment	3.12	0.12	0.08
计算机、通信和其他电子设备制造业	Manufacture of Computer, Communications and Other Electronic Equipment	5.57	0.02	0.28
仪器仪表制造业	Manufacture of Instrument	0.02	0.003	0.02
其他制造业	Other Manufacture	3468.34	68.26	0.99
废弃资源综合利用业	Comprehensive Utilization of Abandoned Resources	94.90	10.80	2.81
金属制品、机械和设备修理业	Metal Products, Machinery and Equipment Repair Industry	81.85	0.91	0.02
电力、热力生产和供应业	Production and Supply of Electric Power and Heat Power	15673490.01	27281.79	2597.35
燃气生产和供应业	Production and Supply of Gas			0.001
水的生产和供应业	Production and Supply of Water			1.64

CONTINUED

一般工业固体废物综合利用量(万吨) Volume of Industrial Solid Wastes Utilized (10000 tons)	一般工业固体废物处置量(万吨) Volume of Industrial Solid Wastes Treated (10000 tons)	一般工业固体废物贮存量(万吨) Volume of Industrial Solid Wastes Accumulated (10000 tons)	危险废物产生量(万吨) Hazardous Waste Generated Volume (10000 tons)	危险废物利用处置量(万吨) Utilization and Disposal of Hazardous Waste (10000 tons)	危险废物年末贮存量(万吨) Storage Capacity of Hazardous Wastes at the End of the Year (10000 tons)
87.56	2.03	7.62	1.97	1.72	0.32
2.05	2.62	0.06	0.12	0.11	0.01
0.02	1.81		0.01	0.01	0.01
13.09	1.59	2.95	0.01	0.01	0.003
417.77		1.73	2.06	2.06	0.004
22.41	31.64	25.10	0.73	0.73	0.002
0.02	0.58	0.01	0.04	0.05	0.004
3.21	0.20	0.003	0.24	0.25	0.01
5.35	5.36	0.0006	0.85	2.18	1.33
5.06	0.03	0.05	0.20	0.20	0.01
11.49	0.40		0.32	0.32	0.0004
0.08			0.25	0.25	0.001
0.26	0.01		0.02	0.02	0.002
	0.02		0.004	0.004	
0.45	0.54		0.02	0.02	0.0009
2.73	0.19	0.12	0.60	0.62	0.01
0.02	0.0001	0.0001	0.05	0.05	0.003
2023.21	183.31	442.91	14.65	14.63	0.16
	0.001		0.01	0.01	0.0002
		1.64	0.0007		0.0007

主要统计指标解释

耕地 指利用地表耕作层种植农作物为主，每年种植一季及以上（含以一年一季以上的耕种方式种植多年生作物）的土地，包括熟地，新开发、复垦、整理地，休闲地（含轮歇地、休耕地）；以及间有零星果树、桑树或其他树木的耕地；包括南方宽度<1.0 米，北方宽度<2.0 米固定的沟、渠、路和地坎(埂)；包括直接利用地表耕作层种植的温室、大棚、地膜等保温、保湿设施用地。

园地 指种植以采集果、叶、根、茎、汁等为主的集约经营的多年生木本和草本作物，覆盖度大于 50%和每亩株数大于合理株数 70%的土地。包括用于育苗的土地。

林地 指生长乔木、竹类、灌木的土地。不包括生长林木的湿地，城镇、村庄范围内的绿化林木用地，铁路、公路征地范围内的林木，以及河流、沟渠的护堤林用地。

牧草地 指生长草本植物为主的土地。

径流量 指在一定时段内通过河流某一过水断面的水量，用以反映一个国家或地区水资源的丰歉程度。计算公式为:

径流量=降水量-蒸发量

流域 每条河流都有自己的干流和支流，干支流共同组成这条河流的水系。每条河流都有自己的集水区域，这个集水区域就称为该河流的流域。

矿产资源 指由地质作用形成的，具有利用价值的，呈固态、液态、气态的自然资源，是社会生产发展的重要物质基础。目前我国已发现矿种有 170 多种，按其特点和用途，可分为能源矿产(如煤炭、石油、天然气、地热)、金属矿产(如铁矿、锰矿、铜矿、铅矿、铝土矿)、非金属矿产(如金刚石、石灰岩、粘土)和水气矿产(如地下水、矿泉水、二氧化碳气)四大类。其中：金属矿产按其物质成份和性质又可分为：黑色金属矿产、有色金属矿产、贵金属矿产、稀有金属矿产、稀土金属矿产、分散元素金属矿产六类。

矿产基础储量 基础储量是查明矿产资源的一部分。它能满足现行采矿和生产所需的指标要求，是控制的、探明的并通过可行性或预可行性研究认为属于经济的、边界经济的部分，用未扣除设计、采矿损失的数量表示。

平均气温 气温指空气的温度，我国一般以摄氏度为单位表示。气象观测的温度表是放在离地面约 1.5 米处通风良好的百叶箱里测量的，因此，通常说的气温指的是离地面 1.5 米处百叶箱中的温度。计算方法：月平均气温是将全月各日的平均气温相加，除以该月的天数而得。年平均气温是将 12 个月的月平均气温累加后除以 12 而得。

平均相对湿度 指空气中实际水气压与当时气温下的饱和水气压之比。其统计方法与气温相同。

降水量 指从天空降落到地面的液态或固态(经融化后)水，未经蒸发、渗透、流失而在地面上积聚的深度。计算方法：月降水量是将全月各日的降水量累加而得。年降水量是将 12 个月的月降水量累加而得。

日照时数 指太阳实际照射地面的时数，通常以小时为单位表示。其统计方法与降水量相同。

水资源总量 指当地降水形成的地表和地下产水总量，即地表径流量与降水入渗补给量之和。

地表水资源量 指河流、湖泊以及冰川等地表水体中可以逐年更新的动态水量，即天然河川径流量。

地下水资源量 指地下饱和含水层逐年更新的动态水量，即降水和地表水入渗对地下水的补给量。

地表水与地下水重复计算量 指地表水和地下水相互转化的部分，即天然河川径流量中的地下水排泄量和地下水补给量中来源于地表水的入渗补给量。

供水总量 指各种水源为用水户提供的包括输水损失在内的毛水量。

地表水源供水量 指地表水体工程的取水量，按蓄、引、提、调四种形式统计。

地下水源供水量 指水井工程的开采量，按浅层淡水、深层承压水和微咸水分别统计。

其他水源供水量 包括污水处理再利用、集雨工程、海水淡化等水源工程的供水量。

用水总量 指各类用水户取用的包括输水损失在内的毛水量。

农业用水 包括农田灌溉用水、林果地灌溉用水、草地灌溉用水、鱼塘补水和畜禽用水。

工业用水 指工矿企业在生产过程中用于制造、加工、冷却、空调、净化、洗涤等方面的用水，按新水取用量计，不包括企业内部的重复利用水量。

生活用水 包括城镇生活用水和农村生活用水。城镇生活用水由居民用水和公共用水（含第三产业及建筑业等用水）组成；农村生活用水指居民生活用水。

生态环境补水 仅包括人为措施供给的城镇环境用水和部分河湖、湿地补水，而不包括降水、径流自然满足的水量。

一般工业固体废物产生量 指当年全年调查对象实际产生的一般工业固体废物的量。一般工业固体废物指企业在工业生产过程中产生且不属于危险废物的工业固体废物。

一般工业固体废物综合利用量 指当年全年调查对象通过回收、加工、循环、交换等方式，从固体废物中提取或者使其转化为可以利用的资源、能源和其他原材料的固体废物量（包括当年利用的往年工业固体废物累计贮存量）。如用作农业肥料、生产建筑材料、筑路等。综合利用量由原产生固体废物的单位统计。

一般工业固体废物处置量 指当年全年调查对象将工业固体废物焚烧和用其他改变工业固体废物的物理、化学、生物特性的方法，达到减少或者消除其危险成分的活动，或者将工业固体废物最终置于符合环境保护规定要求的填埋场的活动中，所消纳固体废物的量（包括当年处置的往年工业固体废物累计贮存量）。

一般工业固体废物贮存量　指当年全年调查对象以综合利用或处置为目的，将固体废物暂时贮存或堆存在专设的贮存设施或专设的集中堆存场所内的量。专设的固体废物贮存场所或贮存设施必须有防扩散、防流失、防渗漏、防止污染大气、水体的措施。

一般工业固体废物倾倒丢弃量　指当年全年调查对象将所产生的固体废物倾倒或者丢弃到固体废物污染防治设施、场所以外的量。

危险废物产生量　指当年全年调查对象实际产生的危险废物的量。危险废物指列入国家危险废物名录或者根据国家规定的危险废物鉴别标准和鉴别方法认定的，具有爆炸性、易燃性、易氧化性、毒性、腐蚀性、易传染性疾病等危险特性之一的废物。包括利用处置危险废物过程中二次产生的危险废物的量。按《国家危险废物名录》（2016）填报。

危险废物利用处置量　指调查年度调查对象从危险废物中提取物质作为原材料或者燃料的活动中消纳危险废物的量，以及将危险废物焚烧和用其他改变危险废物物理、化学、生物特性的方法，达到减少或者消除其危险成分的活动，或者将危险废物最终置于符合环境保护规定要求的填埋场的活动中，所消纳危险废物的量。包括本单位自行处置利用的本单位产生和接收外单位危险废物量。

危险废物年末累积贮存量　指将危险废物以一定包装方式暂时存放在专设的贮存设施内的量。专设的贮存设施指对危险废物的包装、选址、设计、安全防护、监测和关闭等符合《危险废物贮存污染控制标准》（GB18597-2001）等相关环保法律法规要求，具有防扩散、防流失、防渗漏、防止污染大气和水体措施的设施。包括本单位自行贮存的本单位产生的和接收外单位的危险废物量。

生活垃圾清运量　指报告期收集和运送到各生活垃圾处理厂(场)和生活垃圾最终消纳点的生活垃圾数量。生活垃圾指城市日常生活或为城市日常生活提供服务的活动中产生的固体废物以及法律行政规定的视为城市生活垃圾的固体废物。包括：居民生活垃圾、商业垃圾、集市贸易市场垃圾、街道清扫垃圾、公共场所垃圾和机关、学校、厂矿等单位的生活垃圾。

生活垃圾无害化处理率　指报告期生活垃圾无害化处理量与生活垃圾产生量的比率。在统计上，由于生活垃圾产生量不易取得，可用清运量代替。计算公式为：

$$\text{生活垃圾无害化处理率}=\frac{\text{生活垃圾无害化处理量}}{\text{生活垃圾产生量}}\times 100\%$$

森林面积　包括郁闭度 0.2 以上的乔木林地面积和竹林面积，国家特别规定的灌木林地面积，农田林网以及村旁、路旁、水旁、宅旁林木的覆盖面积。

森林覆盖率　以行政区域为单位的森林面积占区域土地总面积的百分比。计算公式为：

$$\text{森林覆盖率}=\frac{\text{森林面积}}{\text{土地总面积}}\times 100\%$$

活立木总蓄积量　指一定范围土地上全部树木蓄积的总量，包括森林蓄积、疏林蓄积、散生木蓄积和四旁树蓄积。

森林蓄积量　指一定森林面积上存在着的林木树干部分的总材积。

湿地　指陆地和水域的交汇处，水位接近或处于地表面，或有浅层积水，且处于自然状态的土地。

自然保护区　指为了保护自然环境和自然资源，促进国民经济的持续发展，将一定面积的陆地和水体划分出来，并经各级人民政府批准而进行特殊保护和管理的区域个数。根据保护对象，自然保护区分为自然生态系统类、野生生物类、自然遗迹类。风景名胜区、文物保护区不计在内。

Explanatory Notes on Main Statistical Indicators

Cultivated Land refers to the land that mainly for the regular cultivation of farm crops by using the surface tillage layer, planting more than one harvest a year (including perennial crops cultivated by more than one harvest a year), including cultivated land, newly-developed land, reclaimed land, consolidated land, fallow; It covers the land with some fruit trees, mulberry trees and others; It also covers fixed ditch, canal, road and sill (ridge) with width less than 1 meter in the South and 2 meters in the North; It covers the land for thermal insulation and moisturizing facilities such as greenhouse, greenhouse and plastic film planted directly by surface tillage layer.

Garden Land refers to land for intensive cultivation of perennial woody plants and herbs to collect fruits, leaves, roots, stems and juice, with a covering rate over 50% and plant number per mu over 70% of rational plant number. Land for nursery is included.

Forest Land refers to land for planting arbor, bamboo, bush shrub. It does not include the wetland where trees grow, the land for greening trees within the scope of towns and villages, the forest within the scope of railway and highway land acquisition, the land for revetment forest of rivers and ditches.

Pastureland refers to land mainly for the growth of herbs.

Volume of Runoff refers to the total volume of water running through a certain cross section of a river during a certain period of time, reflecting the water resource condition in a country or a region. The formula for calculating volume of runoff is as follows:

Runoff =Precipitation-Evaporation

Drainage Area Each river has its own main stream and branches to form the water system of the river. Each river has its own catchment's area, which is also called as the drainage area of the river.

Mineral Resources refer to useful minerals, with solid state, liquid state, gaseity, due to the geological process. Minerals are important natural resources, and important material base for social development. At present, there are more than 170 types of minerals discovered in China. They can be categorized into four groups: energy producing minerals (including coal, petroleum, natural gas and terrestrial heat), metallic minerals (including iron, manganese, copper, lead and bauxite), non metallic minerals (including diamond, limestone and clay), and water/gas related minerals (including ground water, mineral water and carbon dioxide). Metallic minerals can be further classified as ferrous, non-ferrous, noble metal, rare metal, rare earth metal and dispersed metals.

Ensured Mineral Reserves refer to the actual mineral reserves, which equal to the proven mineral reserves (including industrial reserves and prospective reserves) minus extracted parts and underground losses.

Average Temperature refers to the air temperature. China uses centigrade as the unit. The thermometry used for weather observation is put in a breezy shutter, which is 1.5 meters high from the ground. Therefore, the commonly used temperature refers to the temperature in the breezy shutter 1.5 meters away from the ground. The calculation method is as follows:

Monthly average temperature is the summation of average daily temperature of one month divided by the actual days of that particular month.

Annual average temperature is the summation of monthly average of a year divided by 12 months.

Average Annual Relative Humidity refers to the ratio of actual water vapour pressure to the saturation water vapour pressure under the current temperature. The calculation method is the same as that of temperature.

Volume of Precipitation refers to the deepness of liquid state or solid state (thawed) water falling from the sky to the ground that has not been evaporated, infiltrated or run off. The calculation method is as follows:

Monthly precipitation is the summation of daily precipitation of a month.

Annual precipitation is the summation of 12 months precipitation of a year.

Annual Sunshine Hours refer to the actual hours of sun irradiating the earth, usually expressed in hours. The calculation method is the same as that of the precipitation.

Total Water Resources refers to total volume of surface water and groundwater and is measured as run-off for surface water and replenishment of groundwater with rainfall in local area.

Surface Water Resources refers to total volume of year by year renewable dynamic resources which exist in rivers, lakes, glaciers and other surface water and are the natural run-off of rivers.

Groundwater Resources refers to total volume of year by year renewable dynamic resources which exist in saturation acquifers of groundwater and are measured as replenishment of groundwater with rainfall and surface water.

Duplicated Measurement between Surface Water and Groundwater refers to mutual exchange between surface water and groundwater, i.e. run-off of rivers includes some depletion into groundwater while groundwater includes some replenishment from surface water.

Water Supply refers to gross water of various sources supplied to consumers, including losses during distribution.

Surface Water Supply refers to withdrawals through the surface water supply system, which can be divided into four categories: storage, flow, pumping and transfer project.

Groundwater Supply refers to withdrawals from supplying wells, which can be divided into three categories: shallow layer freshwater, deep confided freshwater and slightly brackish water.

Other Water Supply Sources include supplies by waste-water treatment, rain collection, seawater desalinization and other water projects.

Water Use refers to gross water used by various water users, including losses during distribution.

Water Use for Agriculture includes uses of water for irrigation of farming fields, forestry and orchards, irrigation of grassland, replenishment of fishing farms and water used for animal husbandry.

Water Use for Industry refers to new withdrawals of water, excluding reuse of water within enterprises.

Water Use for Residential includes use of water for residential in both urban and rural areas. Urban water useof residential is composed of household use and public use (including tertiary industry and construction). Rural water use for residential includes water used by households.

Water Use for Ecological purposes includes recharge of rivers , lakes and wetlands, and use for urban environment protection.

Common Industrial Solid Wastes Generated refers to the amount of common industrial solid wastes the surveyed units actual generated over the year. The common industrial solid wastes refers to the industrial solid wastes that are generated during the industrial process and are not hazardous wastes.

Common Industrial Solid Wastes Integrated Use refers to amount of solid wastes from which useable materials can be extracted or converted into usable resources, energy or other materials through reclamation, processing, recycling and exchange (including utilizing in the year the stocks of industrial solid wastes of the previous year) generated by surveyed units over the year of the survey, e.g. being used as agricultural fertilizers, building materials or as material for paving road. The information should be measured as the unit of generating wastes.

Common Industrial Solid Wastes Disposed refers to the amount of industrial solid wastes disposed, which covers the amount of previous years, through incineration or other methods to change its physical, chemical and biological propertiesto reduce or eliminate the hazardsor landfilled in the sites following the requirements for environmental protection by surveyed units over the year of the survey.

Stock of Common Industrial Solid Wastes refers to the amount of solid wastes placed in special facilities or special sites by enterprises for the purposes of integrated use or disposal over the year of the survey. The sites or facilities should take measures against dispersion, loss, seepage, and air and water contamination.

Common Industrial Solid Wastes Discharged refers to the amount of industrial solid wastes dumped or discharged by producing enterprises to disposal facilities or to other sites over the year of the survey.

Hazardous Wastes Generated refers to the amount of actual hazardous wastes generated by surveyed units over the year of the survey, which is covered secondary generation during the process of disposal and reuse of hazardous wastes. Hazardous waste refers to those listed in the National Hazardous Wastes catalogue or identified as any one of the following properties in light of the national hazardous wastes identification standards and methods: explosive, ignitable, oxidizable, toxic, corrosive or liable to cause infectious diseases or lead to other dangers. It should be reported following the National Catalogue of Hazardous Wastes (2016 Version).

Hazardous Wastes Reused and Disposed refers to the amount of hazardous wastes that are used to extract materials for raw materials or fuel over the year of the survey, and the amount of hazardous wastes which are incineration or specially disposed using other methods to change its physical, chemical and biological properties and thus to reduce or eliminate the hazards, or placed ultimately in the sites following the requirements for environmental protection over the year of the survey. It includes the hazardous wastes generated by the enterprise itself and received from other enterprises.

Year-end Stock of Hazardous Wastes refers to the amount of hazardous wastes specially packaged and placed in special facilities or special sites by enterprises, which covered stock of surveyed units generated and received from other units. The special stock facilities should meet the requirements set in relevant environment protection laws and regulations such as "Pollution Control Standards for Hazardous Waste Stock" (GB18597-2001) in regard to package of hazardous waste, location, design, safety, monitoring and shutdown, and take measures against dispersion, loss, seepage, and air and water contamination.

Municiple Wastes Transported refers to amount of municiple wastes collected and transported to disposal factories or sites during the reference period. Municiple wastes are solid wastes generated from urban households or from service activities for urban households, and solid wastes regarded by laws and regulations as municiple wastes, including those from households, commercial activities, markets, cleaning of streets, public sites, offices, schools, factories, mining units and other sources.

Treated Ratio of municiple Wastes refers to the amount ofmunicple wastes treated over the generation amount. Accutually it is difficult to get the amount of generation of municiple wastes, so in practise it is substituted by that the amount of municiple wastes transported. It is calculated as:

$$\text{Ratio of consumption wastes treated} = \frac{\text{consumption wastes treated}}{\text{consumption wastes produced}} \times 100\%$$

Forest Area refers to the area of trees and bamboo grow with a canopy density above 0.2 degree, the area of shrubby tree according to regulations of the government, the area of forest land inside farm land and the area of trees planted by the side of villages, farm houses and along roads and rivers.

Forest Coverage Rate refers to the percentage of afforested land area to the total land area.within the administrative region, The formula is as follows:

$$\text{Forestry coverage rate} = \frac{\text{Area of Afforested Land}}{\text{Area of Total Land}} \times 100\%$$

Total Living Forest Stock Volume refers to the total stock volume of timber of living treeswithin the given region, including forest,trees sparse trees, scattered trees and trees planted by the side of villages, farm houses and along roads and rivers.

Stock Volume of Forest refers to total stock volume of timber of tree trunk in a given forest area, which shows the total size and level of forest resources of a country or a region.

Wetland refers to the land at the intersection of land and water, where the water level is close to or on the ground surface, or there is shallow ponding and is in a natural state.

Natural Reserves refer to the area that protect typical natural ecosystems, natural concentrated distribution of rare and endangered wild animal and plant species, and natural relics of special significance. It has a large area to ensure the safety of the main protected objects, and to maintain and restore the quantity of rare and endangered wild animals and plants and their habitats.

第8篇

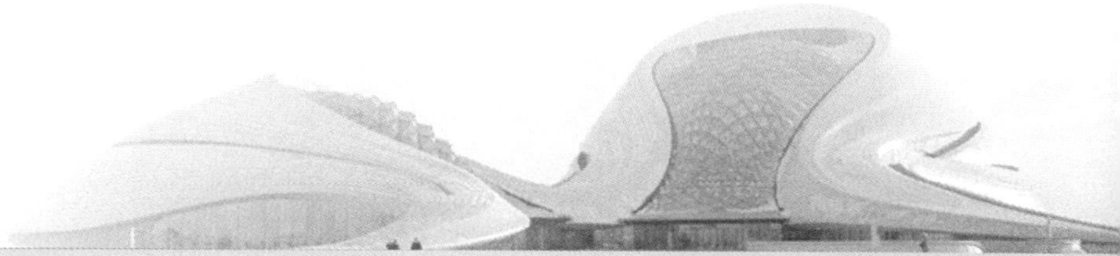

能　源

CHAPTER 8 ENERGY

黑龙江统计年鉴

HEILONGJIANG STATISTICAL YEARBOOK

8-1 能源生产和消费弹性系数

Elasticity Ratio of Energy Production and Consumption

单位：%　　　　(%)

年份 Year	能源生产比上年增长 Growth Rate of Energy Production over Preceding Year	能源消费比上年增长 Growth Rate of Energy Consumption over Preceding Year	能源生产弹性系数 Elasticity Ratio of Energy Production	能源消费弹性系数 Elasticity Ratio of Energy Consumption
1957	20.60	7.30	2.42	0.86
1962	-1.70	-18.80	0.85	9.40
1965	15.80	-6.60	1.03	-0.43
1970	26.80	28.90	2.65	2.86
1975	11.60	3.00	1.53	0.39
1978	4.30	9.30	0.39	0.83
1980	1.50	4.30	0.15	0.43
1985	5.10	0.50	0.85	0.08
1990	2.70	3.10	0.47	0.53
1995	1.30	8.50	0.14	0.92
1996	1.10	0.10	0.11	0.01
1997	-9.60	5.90	-0.96	0.59
1998	4.50	0.90	0.54	0.11
1999	-6.10	-4.70	-0.81	-0.63
2000	-8.60	-11.10	-1.05	-1.35
2001	-1.00	2.90	-0.11	0.31
2002	3.00	6.40	0.29	0.62
2003	2.30	12.40	0.22	1.20
2004	13.60	11.90	1.16	1.02
2005	0.90	9.30	0.08	0.80
2006	1.20	8.60	0.10	0.72
2007	-2.70	7.50	-0.23	0.63
2008	-3.60	6.50	-0.31	0.55
2009	0.62	4.60	0.06	0.41
2010	0.02	6.98	0.002	0.55
2011	1.29	8.23	0.11	0.67
2012	-0.04	5.28	-0.004	0.53
2013	-4.90	3.30	-0.61	0.41
2014	-6.20	0.86	-1.11	0.15
2015	-4.28	1.43	-0.75	0.25
2016	-3.76	-0.30	-0.85	-0.07
2017	0.11	1.70	0.02	0.28
2018	-3.94	1.58	-0.88	0.34
2019	-1.98	1.56	-0.48	0.38
2020	-0.62	-0.76	-0.65	-0.79
2021	1.58	5.78	0.26	0.95
2022	9.26	-1.28	3.43	-0.47

8-2 综合能源平衡表
Overall Energy Balance Sheet

单位：万吨标准煤 (10000 tons of SCE)

项目	Item	2019	2020	2021	2022
可供消费的能源总量	**Total Energy Available for Consumption**	**11613.8**	**11525.1**	**12191.6**	**12035.0**
一次能源生产量	Primary Energy Output	9760.6	9700.6	9854.1	10766.4
外省(区、市)调入量	Inflow from Other Provinces (Regions, Cities)	6804.1	6588.2	6382.9	5795.2
进口量	Imports	5036.6	4502.4	4542.3	4723.9
本省(区、市)调出量(-)	Outflow to Other Provinces (Regions, Cities) (-)	9887.5	9258.9	8503.0	8848.5
出口量(-)	Exports (-)		-4.2	2.0	1.8
年初年末库存差额	Stock Changes in the Year	-100.0	-11.4	-82.6	-400.2
年初库存量	Stocks	1440.5	1540.5	1550.0	1632.3
年末库存量(-)	Stock Changes in the Year (-)	1540.5	1551.9	1632.6	2032.5
能源消费总量	**Total Energy Consumption**	**11613.9**	**11525.1**	**12191.6**	**12035.0**
在总量中:	Consumption by Sector				
农、林、牧、渔业	Agriculture, Forestry, Animal Husbandry and Fishery	658.9	669.0	681.7	676.2
工　业	Industry	6282.7	6320.4	6754.8	6455.3
建筑业	Construction	52.3	49.6	49.7	46.1
交通运输、仓储和邮政业	Transport, Storage and Post	1038.3	994.4	1077.0	1109.3
批发和零售业、住宿和餐饮业	Wholesale and Retail Trade , Hotels and Catering Services	761.4	739.1	792.6	794.4
其　他	Others	812.8	766.7	815.5	865.2
生活消费	Household Consumption	2007.4	1985.9	2020.4	2088.5
在总量中:	Consumption by Usage				
终端消费	End-use Consumption	10621.0	10378.9	11021.6	10912.0
#工　业	Industry	5289.9	5174.2	5584.7	5332.3
加工转换损失量	Losses During the Process of Energy Conversion	923.2	1084.3	994.0	920.0
火力发电	Fuel Power Generation				
供　热	Heating	496.8	607.6	654.7	590.6
洗选煤	Coal Washing and Dressing	271.0	243.5	279.1	341.4
炼　焦	Coking	115.4	103.6	136.8	112.7
炼　油	Petroleum Refining	206.6	312.3	166.2	157.0
制　气	Gas Production	3.5	2.7	4.6	5.7
损失量	Energy Losses	69.6	61.8	176.0	203.0

注：电力、热力按等价热值折算。
a) Electric power and heat are converted by the equivalent calorific value.

8-3　全社会用电量
Electricity Consumption

单位：亿千瓦时　　　　(100 million kwh)

行　业	Sector	2018	2019	2020	2021	2022
全社会用电量	**Electricity Consumption**	**973.88**	**995.63**	**1014.40**	**1088.94**	**1138.91**
居民生活用电	**Electricity Consumption for Households**	**184.64**	**182.28**	**195.23**	**198.76**	**207.08**
城镇居民	Urban	114.75	112.05	126.10	129.31	135.98
乡村居民	Rural	69.88	70.24	69.13	69.45	71.10
产业用电	**Electricity Consumption for Sector**	**789.24**	**813.34**	**819.16**	**890.18**	**931.83**
第一产业	Primary Industry	28.43	25.77	26.97	32.05	28.92
第二产业	Secondary Industry	583.01	597.77	608.63	647.24	680.85
第三产业	Tertiary Industry	177.80	189.80	183.56	210.90	222.06
行业用电						
农、林、牧、渔业	Agriculture, Forestry, Animal Husbandry and Fishery	47.27	41.64	43.06	47.69	44.09
采矿业	Mining	184.32	186.83	194.20	192.95	194.00
制造业	Manufacturing	194.50	202.98	203.97	227.51	238.10
电力、热力、燃气及水生产和供应业	Production and Distribution of Electricity, Heat, Gas and Water	192.64	197.08	200.30	216.91	240.38
建筑业	Construction	11.82	11.14	10.50	10.26	8.80
批发和零售业	Wholesale and Retail Trade	35.64	41.54	38.17	46.89	48.82
交通运输、仓储和邮政业	Transport, Storage and Post	25.12	30.57	29.63	32.68	34.44
住宿和餐饮业	Hotels and Catering Services	10.57	11.76	10.67	13.67	14.54
信息传输、软件和信息技术服务业	Information Transmission, Software and Information Technology	12.94	13.82	15.98	18.64	21.50
金融业	Financial Intermediation	2.47	2.58	2.68	2.88	2.97
房地产业	Real estate	12.53	13.49	12.67	13.18	13.52
租赁和商务服务业	Leasing and Business Services	4.37	4.98	4.80	4.82	3.95
科学研究和技术服务业	Scientific Research and Technical Services	1.59	1.86	1.77	2.01	2.10
水利、环境和公共设施管理业	Management of Water Conservancy, Environment and Public Facilities	6.72	7.47	6.94	7.35	8.24
居民服务、修理和其他服务业	Services to Households, Repair and Other Services	21.13	18.35	15.83	17.70	18.79
教　育	Education	9.41	9.87	9.53	12.28	11.81
卫生和社会工作	Health and Social Service	6.17	6.79	7.17	8.49	9.61
文化、体育和娱乐业	Culture, Sports and Entertainment	2.76	2.92	2.65	2.99	2.72
公共管理和社会组织、国际组织	Public Management and Social Organization, International Organizations	7.28	7.68	8.64	11.27	13.43

8-4 工业用电量
Electricity Consumption of Industry

单位：亿千瓦时 (100 million kwh)

行 业	Sector	2018	2019	2020	2021	2022
工业合计	**Total**	**571.46**	**586.88**	**598.47**	**637.38**	**672.48**
采矿业	**Mining and Quarrying**	**184.32**	**186.83**	**194.20**	**192.95**	**194.00**
煤炭开采和洗选业	Mining and Washing of Coal	42.73	40.09	39.06	34.59	39.88
石油和天然气开采业	Extraction of Petroleum and Natural Gas	125.28	125.64	133.68	133.57	128.85
黑色金属矿采选业	Mining and Processing of Ferrous Metal Ores	0.69	0.59	1.24	1.54	2.24
有色金属矿采选业	Mining and Processing of Non-ferrous Metal Ores	10.86	15.69	14.70	17.27	17.21
非金属矿采选业	Mining and Processing of Nonmetal Ores	3.03	2.73	3.21	3.41	3.64
其他采矿业	Mining of Other Ores	1.73	2.09	2.31	2.57	2.18
制造业	**Manufacturing**	**194.50**	**202.98**	**203.97**	**227.51**	**238.10**
农副食品加工业	Processing of Food from Agricultural Products	21.16	21.96	23.43	27.44	29.84
食品制造业	Manufacture of Foods	8.14	9.20	12.21	12.75	13.93
酒、饮料和精制茶制造业	Manufacture of Wine, soft drinks and refined tea	5.77	5.88	5.48	5.75	5.49
烟草制品业	Manufacture of Tobacco	0.64	0.65	0.62	0.69	0.65
纺织业	Manufacture of Textile	2.23	2.45	2.53	2.73	2.21
纺织服装、服饰业	Manufacture of Textile and Apparel	0.42	0.42	0.42	0.39	0.16
皮革毛皮羽毛及其制品和制鞋业	Manufacture of Leather,Fur,feather and Related Products and Footwear	0.14	0.20	0.23	0.20	0.11
木材加工和木竹藤棕草制品业	Processing of Timber, Manufacture of Wood, Bamboo, Rattan, Palm and Straw Products	4.09	3.98	3.86	4.26	3.82
家具制造业	Manufacture of Furniture	1.15	1.00	1.05	1.17	1.02
造纸和纸制品业	Manufacture of Paper and Paper Products	4.14	3.61	3.72	3.91	3.88
印刷和记录媒介的复制业	Printing and Reproduction of Recording Media	0.81	0.84	0.81	0.91	0.91
文教工美体育和娱乐用品制造业	Manufacture of Articles for Culture, Education and Sports Activities	0.30	0.32	0.28	0.27	0.22
石油、煤炭及其他燃料加工业	Processing of Petroleum, Coal and Other Fuels	24.76	26.18	25.71	33.18	30.52
化学原料及化学制品制造业	Manufacture of Raw Chemical Materials and Chemical Products	25.31	25.40	23.39	24.14	23.85
医药制造业	Manufacture of Medicines	4.94	4.62	4.31	4.54	4.25
化学纤维制造业	Manufacture of Chemical Fiber	0.15	0.19	0.19	0.22	0.18
橡胶和塑料制品业	Manufacture of Rubber and Plastics Products	4.81	4.73	5.46	5.77	5.87
非金属矿物制品业	Manufacture of Non-metallic Mineral Products	24.04	24.81	24.09	25.32	37.58
黑色金属冶炼及压延加工业	Smelting and Pressing of Ferrous Metals	29.65	32.60	31.96	35.21	33.75
有色金属冶炼及压延加工业	Smelting and Pressing of Non-ferrous Metals	3.15	3.90	5.74	6.10	7.82
金属制品业	Manufacture of Metal Products	5.44	5.12	5.20	5.70	5.62
通用设备制造业	Manufacture of General Purpose Machinery	8.24	7.94	7.85	8.50	8.43
专用设备制造业	Manufacture of Special Purpose Machinery	1.47	1.47	1.49	1.62	1.74
汽车制造业	Manufacture of Automotive	1.14	1.04	0.96	0.94	0.90
铁路、船舶、航空航天和其他运输设备制造业	Manufacture of Railroad, Ship, Aerospace and Other Transport Equipment	4.39	4.45	4.25	4.43	4.61
电气机械及器材制造业	Manufacture of Electrical Machinery and Apparatus	2.19	2.16	2.14	2.26	2.19
计算机、通信和其他电子设备制造业	Manufacture of Computer, Communication and Other Electronic Equipment	0.60	0.48	2.69	2.46	1.58
仪器仪表制造业	Manufacture of Measuring Instruments	0.08	0.10	0.26	0.26	0.33
其他制造业	Other Manufacture	4.39	6.37	2.49	4.91	4.95
废弃资源综合利用业	Comprehensive Utilization of Waste Resources Industry	0.52	0.68	0.82	1.07	1.22
金属制品、机械和设备修理业	Repair Service of Metal Products, Machinery and Equipment	0.26	0.25	0.34	0.40	0.44
电力、热力、燃气及水生产和供应业	**Production and Distribution of Electricity, Heat, Gas and Water**	**192.64**	**197.08**	**200.30**	**216.91**	**240.38**
电力、热力生产和供应业	Production and Supply of Electric Power and Heat Power	182.30	185.61	186.96	202.41	224.67
燃气生产和供应业	Production and Distribution of Gas	1.95	1.90	2.46	2.08	1.44
水的生产和供应业	Production and Distribution of Water	8.39	9.57	10.89	12.43	14.27

8-5　分地区单位地区生产总值能耗上升或下降
Rise or Fall Rate of Energy Consumption Per Unit of GDP by Region

单位：%　　　　(%)

地　区	Region	2014	2015	2016	2017	2018	2019	2020	2021	2022
全　省	**Total**	**-4.50**	**-4.01**	**-4.50**	**-4.02**	**-2.76**	**-2.49**	**-1.70**	**-0.30**	**-3.9**
哈尔滨	Harbin	-4.84	-3.11	-3.31	-4.86	-0.31	-3.50	-3.12	-1.52	-0.2
齐齐哈尔	Qiqihar	-8.78	-10.08	-7.29	-3.63	0.77	0.25	-3.95	-3.28	-3.4
鸡　西	Jixi	-4.69	-1.53	-7.34	-5.04	-3.32	-1.11	-0.51	-4.20	-0.8
鹤　岗	Hegang	-4.36	-4.18	-3.85	-3.63	-2.53	-3.00	-2.99	3.55	-9.4
双鸭山	Shuangyashan	-4.06	-2.51	-4.03	-4.01	-3.11	-3.05	-3.01	2.92	-2.7
大　庆	Daqing	-3.30	-2.51	-3.20	-3.20	-3.32	-2.96	-2.97	2.54	-7.2
伊　春	Yichun	-3.95	-2.19	-3.55	8.30	2.57	13.03	-3.74	2.05	-9.4
佳木斯	Jiamusi	-3.52	-3.11	-5.30	-5.11	-3.67	-1.53	-0.29	-1.49	1.7
七台河	Qitaihe	-4.30	-4.34	-4.51	-4.05	-3.13	-2.92	-3.56	-0.29	-3.8
牡丹江	Mudanjiang	-3.79	-4.01	-3.63	-3.64	-2.75	-3.19	-2.92	-4.15	-1.7
黑　河	Heihe	-3.42	-3.09	-8.99	-2.88	-3.31	-2.33	-1.07	-1.41	-5.1
绥　化	Suihua	-3.45	-3.42	-3.31	-3.40	1.36	-3.03	-3.00	-0.38	-1.2
大兴安岭	Daxinganling	-3.21	-2.53	-3.24	-3.13	-3.19	-2.81	-2.51	-3.10	-2.2
绥芬河	Suifenhe	-4.19	-4.30	-1.02	-3.64					
抚　远	Fuyuan	-3.56	-3.12	-3.24	-2.51					

主要统计指标解释

能源生产总量 指一定时期内，全国一次能源生产量的总和。该指标是观察全国能源生产水平、规模、构成和发展速度的总量指标。一次能源生产量包括原煤、原油、天然气、水电、核能及其他动力能(如风能、地热能等)发电量，不包括低热值燃料生产量、太阳热能等的利用和由一次能源加工转换而成的二次能源产量。

能源消费总量 是指一定地域内，国民经济各行业和居民家庭在一定时间消费的各种能源的总和。包括：原煤、原油、天然气、水能、核能、风能、太阳能、地热能、生物质能等一次能源；一次能源通过加工转换产生的洗煤、焦炭、煤气、电力、热力、成品油等二次能源和同时产生的其他产品；其他化石能源、可再生能源和新能源。其中水能、风能、太阳能、地热能、生物质能等可再生能源，是指人们通过一定技术手段获得的，并作为商品能源使用的部分。在核算过程中，一次能源、二次能源消费不能重复计算。能源消费总量分为终端能源消费量、能源加工转换损失量和能源损失量三部分。

(1)终端能源消费量：指一定时期内，全国生产和生活消费的各种能源在扣除了用于加工转换二次能源消费量和损失量以后的数量。

(2)能源加工转换损失量：指一定时期内，全国投入加工转换的各种能源数量之和与产出各种能源产品之和的差额。该指标是观察能源在加工转换过程中损失量变化的指标。

(3)能源损失量：指一定时期内，能源在输送、分配、储存过程中发生的损失和由客观原因造成的各种损失量，不包括各种气体能源放空、放散量。

能源生产弹性系数 是研究能源生产增长速度与国民经济增长速度之间关系的指标。计算公式：

$$\text{能源生产弹性系数}=\frac{\text{能源生产量年平均增长速度}}{\text{国民经济年平均增长速度}}$$

国民经济年平均增长速度，可根据不同的目的或需要，用国民生产总值、国内生产总值等指标来计算，本年鉴是采用国内生产总值指标计算的。

电力生产弹性系数 是研究电力生产增长速度与国民经济增长速度之间关系的指标。一般来说，电力的发展应当快于国民经济的发展，也就是说电力应超前发展。计算公式为：

$$\text{电力生产弹性系数}=\frac{\text{电力生产量年平均增长速度}}{\text{国民经济年平均增长速度}}$$

能源消费弹性系数 反映能源消费增长速度与国民经济增长速度之间比例关系的指标。计算公式为：

$$\text{能源消费弹性系数}=\frac{\text{能源消费量年平均增长速度}}{\text{国民经济年平均增长速度}}$$

电力消费弹性系数 反映电力消费增长速度与国民经济增长速度之间比例关系的指标。计算公式为：

$$\text{电力消费弹性系数}=\frac{\text{电力消费量年平均增长速度}}{\text{国民经济年平均增长速度}}$$

能源加工转换效率 指一定时期内，能源经过加工、转换后，产出的各种能源产品的数量与同期内投入加工转换的各种能源数量的比率。该指标是观察能源加工转换装置和生产工艺先进与落后、管理水平高低等的重要指标。计算公式为：

$$\text{能源加工转换效率}=\frac{\text{能源加工转换产出量}}{\text{能源加工转换投入量}}\times 100\%$$

单位国内生产总值能耗 指一定时期内，一个国家或地区每生产一个单位的国内生产总值所消耗的能源。计算公式为：

$$\text{单位国内生产总值能耗}=\frac{\text{能源消费总量}}{\text{国内生产总值}}$$

单位国内生产总值电耗 指一定时期内，一个国家或地区每生产一个单位的国内生产总值所消耗的电力。计算公式为：

$$\text{单位国内生产总值电耗}=\frac{\text{全社会用电量}}{\text{国内生产总值}}$$

Explanatory Notes on Main Statistical Indicators

Total Energy Production refers to the total production of primary energy by all energy producing enterprises in the country in a given period of time. It is a comprehensive indicator to show the level, scale, composition and pace of development of energy production of the country. The production of primary energy includes that of coal, crude oil, natural gas, hydro-power and electricity generated by nuclear energy and other means such as wind power and geothermal power. However, it does not include the production of fuels of low calorific value, solar thermal and secondary energy converted from primary energy.

Total Energy Consumption refers to the total consumption of energy of various kinds by the production sectors of the economy and the households in a given period of time. It includes the primary kinds of energy such as coal, crude oil, natural gas, hydro-power, nuclear power, wind power, solar power, geothermal power and bio-energy; the secondary kinds of energy and their products which are transformed from the primary energy such as washed coal, coke, coal gas, electricity, heating, and petroleum products; and other kinds of fossil energy, renewable energy and new energy. The renewable energy, including hydro-power, wind power, solar power, geothermal power and bio-energy, refers to the part attained with some given technical means and used for commercial purposes. Total energy consumption can be divided into three parts: end-use energy consumption; loss during the process of energy conversion; and energy loss.

(1) End-use Energy Consumption: It refers to the total energy consumption by the production sectors and the households in the country (region) in a given period of time. It does not include the consumption during the conversion of primary energy into secondary energy and the loss in the process of energy conversion.

(2) Loss During the Process of Energy Conversion: It refers to the total input of various kinds of energy for conversion, minus the total output of various kinds of energy in the country in a given period of time. It is an indicator to show the loss that occurs during the process of energy conversion.

(3) Energy Loss: It refers to the total of the loss of energy during the course of energy transport, distribution and storage and the loss caused by any objective reason in a given period of time. The loss of various kinds of gas due to gas discharges and stocktaking is not included.

Elasticity Ratio of Energy Production is an indicator to show the relationship between the growth rate of energy production and the growth rate of the national economy. The formula is:

$$\text{Elasticity Ratio of Energy Production} = \frac{\text{Average Annual Growth Rate of Energy Production}}{\text{Average Annual Growth Rate of National Economy}}$$

The average annual growth rate of the national economy can be measured by indicators such as the Gross National Product and the Gross Domestic Product, depending on the purposes or needs. The Gross Domestic Product has been used in the calculation of the ratio in this Yearbook.

Elasticity Ratio of Electricity Production is an indicator to show the relationship between the growth rate of electricity production and the growth rate of the national economy. Generally speaking, the growth rate of electricity production should be higher than that of the national economy.

Its formula is:

$$\text{Elasticity Ratio of Electricity Production} = \frac{\text{Average Annual Growth Rate of Electricity Production}}{\text{Average Annual Growth Rate of National Economy}}$$

Elasticity Ratio of Energy Consumption is an indicator to show the relationship between the growth rate of energy consumption and the growth rate of the national economy. The formula is:

$$\text{Elasticity Ratio of Energy Consumption} = \frac{\text{Average Annual Growth Rate of Energy Consumption}}{\text{Average Annual Growth Rate of National Economy}}$$

Elasticity Ratio of Electricity Consumption is an indicator to show the relationship between the growth rate of electricity consumption and the growth rate of the national economy. The formula is:

$$\text{Elasticity Ratio of Electricity Consumption} = \frac{\text{Average Annual Growth Rate of Electricity Consumption}}{\text{Average Annual Growth Rate of National Economy}}$$

Efficiency of Energy Processing and Conversion refers to the ratio of the total output of energy products of various kinds after processing and conversion to the total input of energy of various kinds for processing and conversion in the same reference period. It is an important indicator to show the current conditions of energy processing and conversion equipment, production technique and management. The formula is:

$$\text{Efficiency of Energy Processing \& Conversion} = \frac{\text{Output of Energy After Processing \& Conversion}}{\text{Input of Energy for Processing \& Conversion}} \times 100\%$$

Energy Consumption per Unit of GDP refers to the energy consumption per unit of Gross Domestic Product in a country or the Gross Regional Product in a region in the same reference period. The formula is:

$$\text{Energy Consumption per Unit of GDP} = \frac{\text{Total Energy Consumption}}{\text{Gross Domestic Product}}$$

Electricity Consumption per Unit of GDP refers to the electricity consumption per unit of Gross Domestic Product in a country or the Gross Regional Product in a region in the same reference period. The formula is:

$$\text{Electricity Consumption per Unit of GDP} = \frac{\text{Total Electricity Consumption}}{\text{Gross Domestic Product}}$$

第 9 篇

固定资产投资

CHAPTER 9 INVESTMENT IN FIXED ASSETS

9-1　固定资产投资比上年增长情况
Growth Rate of Investment in Fixed Assets Over Preceding Year

单位：%　　(%)

指　标	Item	2020	2021	2022
全社会固定资产投资总额	**Total Investment**	**3.3**	**7.2**	
固定资产投资总额（不含农户）	**Total Investment(Excluding Rural Households)**	**3.6**	**6.4**	**0.6**
按登记注册类型分	**Grouped by Registration Status**			
内　资	Domestic Capital	3.8	5.5	1.3
国　有	State-Owned Units	-12.5	25.0	23.4
集　体	Collective-Owned Units	262.9	-43.7	221.9
股份合作	Cooperative	20.7	-35.7	27.1
联　营	Joint	38.8	25.0	-50.9
国有独资公司	State-owned Companies	23.1	15.7	18.4
其他有限责任公司	Other Limited Liability	16.9	-9.6	-9.3
股份有限公司	Share-holding	-27.8	-48.4	1.7
私　营	Private	3.9	22.9	-13.9
其　他	Others	-17.3	40.7	24.6
港澳台商投资	Funds from Hong Kong, Macao and Taiwan	7.7	4.4	-16.7
外商投资	Foreign Funded	-29.9	117.2	-24.5
个体经营	Self-employed	51.9	4.3	15.2
按隶属关系分	**Grouped By Jurisdiction of Management**			
中　央	Central Investment	-15.0	8.5	9.9
地　方	Local Investment	8.0	5.9	-1.1
按控股情况分	**By Situation of Holdings**			
国有控股	State-holding	5.9	15.3	9.3
集体控股	Collective-holding	24.1	-50.0	122.7
私人控股	Private-holding	0.7	1.7	-12.2
港澳台商控股	Hong Kong, Macao and Taiwan-holding	0.6	1.5	-12.6
外商控股	Foreign-holding	43.3	193.0	-23.9
其　他	Others	101.7	71.5	145.5
按构成分	**Grouped by Composition of Funds**			
建筑安装工程	Construction and Installation	11.8	4.8	2.4
设备工器具购置	Purchase of Equipment and Instruments	-11.7	11.2	5.8
其他费用	Others	-17.8	10.8	-14.7
按产业分	**Grouped by Sector**			
第一产业	Primary Industry	124.1	5.6	13.1
第二产业	Secondary Industry	-0.8	14.5	10.6
#工　业	Industry	0.3	12.6	11.8
第三产业	Tertiary Industry	1.7	2.2	-6.3
按建设性质分	**Grouped by Type of Construction**			
#新　建	New Construction	7.4	6.3	9.3
扩　建	Expansion	-31.0	10.7	8.6
改建和技术改造	Reconstruction	2.1	52.3	22.5
到位资金	**Funds Available**	**1.3**	**-1.5**	**4.0**
施工项目个数	**Number of Projects Under Construction**	**16.3**	**2.2**	**20.1**
#本年新开工	Started This Year	15.3	-10.9	33.8

9-2 各行业按建设性质和构成分固定资产投资及施工、投产项目比上年增长情况(不含农户)(2022年)

单位：%

指标	Item	投资额 Investment	#新建 New Construction
总计	**Total**	**0.6**	**9.3**
农、林、牧、渔业	**Agriculture, Forestry, Animal Husbandry and Fishery**	**13.4**	**13.5**
农业	Farming	23.4	24.4
林业	Forestry	70.5	53.3
畜牧业	Animal Husbandry	-3.0	-1.9
渔业	Fishery	271.9	337.7
农、林、牧、渔专业及辅助性活动	Professional and Support Activities for Agriculture,Forestry, Animal Husbandry and Fishery	15.6	12.7
采矿业	**Mining and Quarrying**	**28.6**	**25.2**
煤炭开采和洗选业	Mining and Washing of Coal	61.8	183.7
石油和天然气开采业	Extraction of Petroleum and Natural Gas	12.9	12.9
黑色金属矿采选业	Mining and Processing of Ferrous Metal Ores	193.9	-21.2
有色金属矿采选业	Mining and Processing of Non-ferrous Metal Ores	27.1	-74.7
非金属矿采选业	Mining and Processing of Nonmetal Ores	-6.2	-24.6
开采专业及辅助性活动	Mining Auxiliary Activities	628.6	1305.3
其他采矿业	Mining of Other Ores		
制造业	**Manufacturing**	**10.2**	**5.4**
农副食品加工业	Processing of Food from Agricultural Products	5.9	0.3
食品制造业	Manufacture of Foods	7.7	-2.4
酒、饮料和精制茶制造业	Manufacture of Liquor, Beverages and Refined Tea	-8.7	22.9
烟草制品业	Manufacture of Tobacco	-31.1	-46.6
纺织业	Manufacture of Textile	-15.9	-21.8
纺织服装和服饰业	Manufacture of Textile, Wearing Apparel and Accessories	-29.2	-35.8
皮革、毛皮、羽毛及其制品和制鞋业	Manufacture of Leather, Furs, Feather and Related Products and Footwear		
木材加工及木竹藤棕草制品业	Processing of Timber, Manufacture of Wood, Bamboo, Rattan, Palm and Straw Products	5.6	6.9
家具制造业	Manufacture of Furniture	-57.6	-51.3
造纸和纸制品业	Manufacture of Paper and Paper Products	-54.0	-53.7
印刷和记录媒介复制业	Manufacture of Printing and Record Medium Reproduction	-32.6	-93.0
文教、工美、体育和娱乐用品制造业	Manufacture of Articles for Culture, Education, Arts and Crafts, Sport and Entertainment Activities	-28.5	28.0
石油、煤炭及其他燃料加工业	Processing of Petroleum, Coal and Other Fuels	-32.8	-45.6
化学原料及化学制品制造业	Manufacture of Raw Chemical Materials and Chemical Products	56.4	43.0
医药制造业	Manufacture of Medicines	7.8	3.3
化学纤维制造业	Manufacture of Chemical Fibers	396.7	396.7
橡胶和塑料制品业	Manufacture of Rubber and Plastics	13.3	8.0
非金属矿物制品业	Manufacture of Non-metallic Mineral Products	16.7	17.0
黑色金属冶炼及压延加工业	Smelting and Pressing of Ferrous Metals	-18.3	-32.9
有色金属冶炼及压延加工业	Smelting and Pressing of Non-ferrous Metals	55.9	127.5
金属制品业	Manufacture of Metal Products	-7.2	-18.5
通用设备制造业	Manufacture of General Purpose Machinery	116.7	139.1
专用设备制造业	Manufacture of Special Purpose Machinery	59.2	58.4
汽车制造业	Manufacture of Automotive	82.8	94.3
铁路、船舶、航空航天和其他运输设备制造业	Manufacture of Railroad, Marine, Aerospace and Other Transportation Equipment	-7.0	-71.6
电气机械及器材制造业	Manufacture of Electrical Machinery and Equipment	-57.7	-71.7
计算机、通信和其他电子设备制造业	Manufacture of Computers, Communication and Other Electronic Equipment	-9.5	30.8
仪器仪表制造业	Manufacture of Measuring Instruments and Machinery	128.5	120.9
其他制造业	Other Manufacturing	16094.7	
废弃资源综合利用业	Comprehensive Utilization of Waste Resources Industry	59.0	45.4
金属制品、机械和设备修理业	Repair Service of Metal Products, Machinery and Equipment	-16.9	62.9
电力、热力、燃气及水生产和供应业	**Production and Supply of Electricity, heat, Gas and Water**	**0.5**	**1.9**
电力、热力生产和供应业	Production and Supply of Electric Power and Heat Power	-3.7	-1.3
燃气生产和供应业	Production and Supply of Gas	81.0	27.4
水的生产和供应业	Production and Supply of Water	8.6	12.9
建筑业	**Construction**		
房屋建筑业	Housing Building Construction		
土木工程建筑业	Civil Engineering Construction		
建筑安装业	Construction Installation		
建筑装饰和其他建筑业	Construction Decoration and Other Construction		

Growth Rate of Investment in Fixed Assets over Preceding Year by Sector, Type of Construction and Composition of Funds Number of Construction Projects and under Construction and Put into Use (Excluding Rural Households)(2022)

(%)

#扩建 Expansion	#改建 Recons-truction	建筑安装工程投资 Construction and Installation	设备工器具购置 Purchase of Equipment and Instruments	其他费用 Others	施工项目 Numberof Projects under Construction	#新开工 Numberof Projects Started This Year
8.6	**22.5**	**2.4**	**5.8**	**-14.7**	**20.1**	**33.8**
-10.4	**29.2**	**16.0**	**-13.3**	**18.6**	**1.5**	**4.6**
-29.2	12.0	27.4	-40.2	-23.7	8.7	1.3
	3411.9	139.2	234.0	14.5	18.9	43.8
-34.4	-14.2	-3.6	-25.0	48.9	-22.5	-23.8
249.2		277.4			150.0	300.0
-51.9	53.9	16.0	19.9	-14.3	8.9	44.1
198.3	**16.2**	**26.5**	**49.9**	**16.7**	**65.5**	**35.7**
169.5	11.6	69.3	54.5	52.0	64.5	22.6
		12.8	17.9	10.6		
566.6		343.9	32.5			100.0
-90.7	55.9	-27.0	81.4	260.5	-22.2	
999.8	468.6	49.7	101.3	-55.7	154.5	166.7
	96.2	4717.4	-6.8	220.4	100.0	166.7
9.1	**63.7**	**16.7**	**0.9**	**-2.6**	**17.9**	**30.0**
13.2	155.2	11.7	-12.6	-23.0	17.2	27.1
-41.6	129.0	8.8	0.2	50.3	32.3	48.8
2.1	-63.4	-12.6	7.6	-43.3	-2.0	8.0
		19.9		-94.4	500.0	
26.7		-34.9	156.0	-99.4	33.3	125.0
		-36.1		-4.0		-50.0
	15.3	-7.5	6.7	8319.5	46.4	35.3
		-81.2	-25.2	1109.1	-50.0	-25.0
-63.0	-51.1	-62.7	-45.4	-82.4		100.0
-69.9	23.5	-35.7	-28.8		-28.6	
		95.4			66.7	100.0
133.1	17.5	-21.3	-35.7	-65.0	-18.6	3.7
-85.1	1407.6	47.0	64.7	148.2	8.8	30.0
502.2	36.7	23.7	-2.3	4.9	12.9	-15.0
		-10.9			50.0	
17.6	69.7	9.8	29.1	-51.7	23.8	
24.9	21.1	40.9	-7.8	-8.1	18.8	50.9
	25.6	-28.9	-15.5	444.3	7.1	
	4.7	52.7	156.0	-16.5	9.1	50.0
313.7	98.8	18.0	-31.9	-46.6	18.8	
1277.4	21.1	98.2	174.6	109.2	33.3	86.7
	48.0	69.7	32.3	25.7	34.1	24.0
	46.9	22.7	208.0	-4.2	44.4	100.0
525.0	86.3	-59.8	24.5	-85.8	60.0	250.0
	163.5	-25.2	-81.8	44.2	11.8	12.5
	-94.1	137.5	-64.2	50.7	-12.5	-33.3
			288.9		300.0	
			502.6			
-54.4	1341.0	85.3	-11.0	25.2	25.0	
	-77.2	74.2	-67.9	-65.9	100.0	100.0
-49.2	**26.2**	**-1.7**	**6.8**	**-6.6**	**18.7**	**27.6**
-60.1	19.1	-11.3	7.6	-2.3	21.5	14.5
-93.1	2137.9	117.3	-51.9	58.3	22.5	233.3
-9.9	-7.4	11.8	8.7	-33.9	14.6	33.6

9-2 续表

单位：%

指 标	Item	投资额 Investment	#新建 New Construction
批发和零售业	**Wholesale and Retail Trades**	**36.7**	**45.8**
批发业	Wholesale Trade	134.0	142.6
零售业	Retail Trade	-32.4	-30.6
交通运输、仓储和邮政业	**Transport, Storage and Post**	**5.4**	**3.7**
铁路运输业	Railway Transport	-33.5	-33.0
道路运输业	Road Transport	5.4	13.5
水上运输业	Water Transport	795.7	740.4
航空运输业	Air Transport	156.4	-66.7
管道运输业	Transport Via Pipelines	1095.5	430.1
多式联运和运输代理业	Multimodal transportation and transportation agency	45.8	45.8
装卸搬运和仓储业	Loading, Unloading and Storage	47.5	40.3
邮政业	Post	-81.7	-81.7
住宿和餐饮业	**Hotels and Catering Services**	**8.9**	**-0.1**
住宿业	Hotels	-10.6	-10.0
餐饮业	Catering Services	54.2	28.5
信息传输、软件和信息技术服务业	**Information Transmission, Software and Information Technology**	**1.1**	**5.4**
电信、广播电视和卫星传输服务	Telecommunication, Radio and Television and Satellite Transmission Service	-6.1	-1.8
互联网和相关服务	Internet and Related Service	51.9	44.8
软件和信息技术服务业	Software and Information Technology	37.5	57.7
金融业	**Financial Intermediation**	**-51.0**	**-51.0**
货币金融服务	Monetary and Financial Service	105.2	105.2
资本市场服务	Capital Market Service		
保险业	Insurance		
其他金融业	Other Financial Activities	-81.0	-81.0
房地产业	**Real Estate**	**-31.3**	**42.3**
租赁和商务服务业	**Leasing and Business Services**	**45.2**	**48.7**
租赁业	Leasing	61.0	116.5
商务服务业	Business Services	45.1	48.6
科学研究和技术服务业	**Scientific Research and Technical Services**	**-19.6**	**-13.5**
研究和试验发展	Research and Experimental Development	43.3	46.6
专业技术服务业	Professional Technical Services	320.8	440.2
科技推广和应用服务业	Science and Technology Popularization and Application Services	-40.0	-35.5
水利、环境和公共设施管理业	**Management of Water Conservancy, Environment and Public Facilities**	**16.8**	**11.9**
水利管理业	Management of Water Conservancy	30.2	26.6
生态保护和环境治理业	Ecological Protection and Environmental Treatment	-2.3	-0.7
公共设施管理业	Management of Public Facilities	14.4	7.8
居民服务、修理和其他服务业	**Service to Households, Repair and Other Services**	**53.2**	**53.0**
居民服务业	Services to Households	56.1	54.0
机动车、电子产品和日用产品修理业	Repair of Motor Vehicles, Electronics and Household Products	-2.6	-2.6
其他服务业	Other Services	-2.6	-2.6
教育	**Education**	**30.2**	**31.7**
卫生和社会工作	**Health and Social Service**	**-6.4**	**-5.4**
卫生	Health	-4.2	-3.2
社会工作	Social Service	-20.8	-17.5
文化、体育和娱乐业	**Culture, Sports and Entertainment**	**-1.9**	**-18.8**
新闻和出版业	Journalism and Publishing Activities	134.3	68.2
广播、电视、电影和影视录音制作业	Radio, Television, Motion Picture and Audio-visual Programme Production Services		
文化艺术业	Cultural and Art Activities	118.6	38.1
体育	Sports Activities	-30.2	-36.0
娱乐业	Entertainment	-26.3	-28.6
公共管理、社会保障和社会组织	**Public Management, Social Security and Social Organization**	**-2.5**	**11.1**
中国共产党机关	Organs of Communist Party of China		
国家机构	Government Agencies	-6.4	5.8
人民政协、民主党派	People's Political Consultative Conference and Democratic Parties		
社会保障	Social Security		
群众团体、社会团体和其他成员组织	Mass Organizations, Social Organizations and Other Membership Organizations		
基层群众自治组织	Grass Roots Self-Governing Organizations	-8.4	34.0
国际组织	**International Organizations**		

Continued

(%)

#扩建 Expansion	#改建 Reconstruction	建筑安装工程投资 Construction and Installation	设备工器具购置 Purchase of Equipment and Instruments	其他费用 Others	施工项目 Numberof Projects under Construction	#新开工 Numberof Projects Started This Year
-28.5	**-62.6**	**61.9**	**503.5**	**-49.5**		**7.9**
-61.5	-36.1	139.5	729.5	24.1	13.8	25.0
-24.7	-83.5	-13.3	197.1	-69.6	-9.3	-4.5
15.4	**-1.0**	**0.5**	**19.2**	**24.7**	**26.8**	**85.4**
	-37.1	-25.4	-37.2	-61.1	17.6	100.0
-44.7	6.3	-1.2	87.1	28.2	23.7	98.6
		860.9	694.4	-2.6	-25.0	
271.5	-36.2	-1.7	-13.6	1431.8	-38.1	-75.0
		565.2	14024.0	34.9	150.0	300.0
		165.7		-46.3	40.0	200.0
163.4	38.5	55.2	37.4	-6.6	45.5	84.9
		-91.6	-13.6	-32.8		
97.2	**1.4**	**3.8**	**74.2**	**-11.7**	**17.1**	**11.5**
-57.3	-10.7	-12.3	46.0	-12.0		-10.0
110.5	94.3	46.2	83.3		77.8	83.3
-70.3	**7.0**	**-8.5**	**8.2**	**-33.6**	**66.7**	**115.0**
-70.0	246.2	-5.8	-5.4	-20.8	146.2	225.0
		-36.2	124.6	-77.1	69.2	114.3
	-99.8	-4.8	88.3	-96.2	-40.0	-60.0
		-33.5	**796.3**	**-78.9**	**50.0**	
		98.5	796.3	24.3	100.0	
		-80.5		-81.4		
		-29.3	**-38.8**	**-37.2**	**20.7**	**225.0**
-59.8	**-43.4**	**49.2**	**-44.1**	**37.6**	**28.6**	**50.0**
			61.0			
-59.8	-43.4	49.2	-65.4	37.6	29.0	45.8
	-58.6	**-18.4**	**-0.3**	**-38.5**	**30.8**	**70.0**
	17.0	17.0	54.6	85.0	-20.0	-57.1
		358.7	-32.8	2124.1	21.4	100.0
	-69.0	-30.5	-30.6	-76.2	69.6	162.5
10.9	**31.9**	**22.7**	**-6.3**	**-18.4**	**30.2**	**48.4**
28.3	91.5	64.2	-86.6	-33.3	45.7	89.5
-43.1	-42.0	11.0	-45.3	-82.2	5.7	71.0
10.7	30.8	16.5	45.9	-7.9	28.0	38.4
439.7	**-6.4**	**46.5**	**233.9**	**132.2**	**48.4**	**50.0**
439.7	-6.4	45.7	421.5	125.4	44.8	46.7
		-2.6			-50.0	
		-2.6			-50.0	
31.3	**-17.6**	**33.3**	**-25.1**	**101.6**	**9.6**	**-24.4**
-72.7	**-5.4**	**4.8**	**-27.3**	**-18.5**	**4.3**	**22.0**
-76.6	3.9	11.8	-28.7	-17.5	1.1	3.8
-28.3	-42.0	-23.3	99.7	-34.6	21.6	157.1
1620.2	**521.7**	**2.5**	**79.5**	**-53.5**	**32.4**	**76.7**
		134.3			100.0	
4287.4	3669.0	97.4	279.0	1190.4	83.3	125.0
445.7		-27.4	204.6	-92.8	12.9	144.4
271.0	11.7	-18.7	18.4	-71.4	7.5	18.2
	-8.4	**-6.6**	**20.9**	**134.8**	**15.4**	**20.5**
	-3.6	-11.4	30.5	134.8	17.0	24.3
		7.9			-50.0	

9-3 固定资产投资资金来源比上年增长情况(不含农户)(2022年)
Growth Rate of Funds Sources for Investment in Fixed Assets Over Preceding Year (Excluding Rural Households)(2022)

单位：% (%)

年份 地区	Year Region	合计 Total	按资金来源分 By Sources of Funds					
			国家预算内资金 State Budget	国内贷款 Domestic Loans	债券 Bond	利用外资 Foreign Investment	自筹资金 Self-raising Funds	其他资金 Others
总计	**Total**	**1.8**	**41.9**	**-32.0**	**-4.1**	**-64.7**	**1.3**	**-15.4**
哈尔滨	Harbin	-11.7	40.4	-0.3		-77.4	-15.8	-28.0
齐齐哈尔	Qiqihar	-4.0	11.6	32.5	-1.9	-97.6	-10.7	10.4
鸡西	Jixi	38.9	32.0	-6.3		149.8	31.3	92.8
鹤岗	Hegang	33.3	99.4	107.4	470.3	-89.6	-1.0	11.8
双鸭山	Shuangyashan	17.4	41.7	-14.2			5.7	17.6
大庆	Daqing	4.2	138.4	5.3	101.2		4.3	-28.3
伊春	Yichun	31.5	58.0	217.0			-7.3	156.2
佳木斯	Jiamusi	23.4	39.7	-91.6	-2.1	-50.8	29.7	138.1
七台河	Qitaihe	1.9	-27.7	-40.3	-39.0		52.2	-12.1
牡丹江	Mudanjiang	-8.2	19.1	-37.1			-11.2	-15.9
黑河	Heihe	12.4	66.8	173.5	-72.8		1.5	27.3
绥化	Suihua	9.0	71.5	-44.7	4.3	672.1	-4.3	20.9
大兴安岭	Daxinganling	18.0	14.6	159.4		-86.3	40.4	5.6
不分地区	Not Classified by Region	-10.6	36.6	-62.4	158.1		23.3	-85.3

9-4　分地区按构成和建设性质分固定资产投资比上年增长情况(不含农户)(2022年)

Growth Rate of Investment in Fixed Assets over Preceding Year by Region, Composition of Funds and Type of Construction (Excluding Rural Households)(2022)

单位：%　　　　(%)

年份 地区	Year Region	投资额 Total Investment	按构成分 By Composition of Funds			按建设性质分 By Type of Construction		
			建筑安装工程 Construction and Installation	设备、工器具购置 Purchase of Equipment and Instruments	其他费用 Others	#新建 New Construction	#扩建 Expansion	#改建 Reconstruction
总计	**Total**	**0.6**	**2.4**	**5.8**	**-14.7**	**9.3**	**8.6**	**22.5**
哈尔滨	Harbin	-7.6	-9.0	28.6	-19.3	7.4	96.4	40.3
齐齐哈尔	Qiqihar	-1.4	9.4	-21.9	-56.0	0.4	21.1	27.4
鸡西	Jixi	21.8	31.4	-10.1	41.4	45.4	90.2	-12.1
鹤岗	Hegang	15.4	34.8	-6.1	-5.2	10.5	-30.5	142.7
双鸭山	Shuangyashan	9.4	11.2	9.7	-16.9	16.2	0.6	-10.2
大庆	Daqing	2.2	6.2	-8.3	-25.6	5.2	-16.3	103.1
伊春	Yichun	33.5	32.5	8.4	61.4	35.0	55.8	119.5
佳木斯	Jiamusi	18.9	21.6	34.8	-39.7	36.8	55.7	56.9
七台河	Qitaihe	20.7	18.2	38.6	-13.1	6.5	97.5	97.3
牡丹江	Mudanjiang	-14.9	-20.4	27.8	-1.4	-0.1	18.3	-22.6
黑河	Heihe	11.8	0.4	21.0	126.9	13.6	71.5	-5.0
绥化	Suihua	10.4	15.4	12.7	-33.0	11.3	-52.1	189.3
大兴安岭	Daxinganling	36.7	21.0	105.0	106.2	73.2	-39.7	21.6
不分地区	Not Classified by Region	-38.6	-42.7	-47.8	-12.3	-30.1		-37.8

9-5 分地区按行业分固定资产投资比上年增长情况(不含农户)(2022年)
Growth Rate of Investment in Fixed Assets over Preceding Year by Region and Sector(Excluding Rural Households)(2022)

单位：% (%)

年份 地区	Year Region	总计 Total	农、林、牧、渔业 Agriculture, Forestry, Animal Husbandry and Fishery	采矿业 Mining	制造业 Manufacturing	电力、热力、燃气及水生产和供应业 Production and Supply of Electric, heat, Gas and Water	建筑业 Construction	批发和零售业 Wholesale and Retail Trades
总计	**Total**	**0.6**	**13.4**	**28.6**	**10.2**	**0.5**		**36.7**
哈尔滨	Harbin	-7.6	-16.1	14.6	16.6	21.8		-5.3
齐齐哈尔	Qiqihar	-1.4	-13.8		-18.5	15.5		244.5
鸡西	Jixi	21.8	62.2	95.3	-4.3	-16.6		-85.2
鹤岗	Hegang	15.4	-18.9	21.4	6.4	-20.0		127.3
双鸭山	Shuangyashan	9.4	77.1	-1.2	-18.0	84.4		-2.1
大庆	Daqing	2.2	50.1	18.9	7.2	-28.0		-46.5
伊春	Yichun	33.5	-28.7		-7.9	4.8		-47.3
佳木斯	Jiamusi	18.9	21.7		53.7	8.3		178.4
七台河	Qitaihe	20.7	2.5	116.9	30.3	-27.3		308.4
牡丹江	Mudanjiang	-14.9	23.8	43.7	37.7	-14.3		101.3
黑河	Heihe	11.8	27.9	25.3	-36.0	5.8		-90.3
绥化	Suihua	10.4	14.0		24.3	3.4		432.7
大兴安岭	Daxinganling	36.7	100.6	137.3	-34.4	26.4		187.7
不分地区	Not Classified by Region	-38.6				-18.6		

9-5　续表1 Continued

单位：%　　(%)

年　份 地　区	Year Region	交通运输仓储和邮政业 Transport, Storage and Post	住宿和餐饮业 Hotels and Catering Services	信息传输、软件和信息技术服务业 Information Transmission, Software and Information Technology	金融业 Financial Intermediation	房地产业 Real Estate	租赁和商务服务业 Leasing and Business Services	科学研究和技术服务业 Scientific Research and Technical Service
总　计	**Total**	**5.4**	**8.9**	**1.1**	**-51.0**	**-31.3**	**45.2**	**-19.6**
哈尔滨	Harbin	60.9	-84.8	28.8	-53.4	-35.4	34.5	-45.4
齐齐哈尔	Qiqihar	34.7	99.3	131.2		-22.1	156.0	1132.3
鸡　西	Jixi	-21.3		-37.0		-24.3		1701.9
鹤　岗	Hegang	162.9		897.2		-0.2		330.1
双鸭山	Shuangyashan	-21.7	-83.8	3.6		-22.7	23.9	59.1
大　庆	Daqing	-22.8	293.2	-14.8		-59.0	37.2	121.4
伊　春	Yichun	112.5	-86.6	864.6		-62.1	117.1	167.7
佳木斯	Jiamusi	8.7	202.1	212.9		-30.7	282.3	-1.9
七台河	Qitaihe	66.4		94.6		14.4	247.0	-81.7
牡丹江	Mudanjiang	-1.8	-74.1	-20.7		-42.8	-30.6	187.7
黑　河	Heihe	35.6	-53.9	-35.1		4.8	695.5	129.6
绥　化	Suihua	-6.4		27.4		-2.5	-60.5	
大兴安岭	Daxinganling	17.3	-38.3	10638.5		-14.4		475.5
不分地区	Not Classified by Region	-39.2		-90.9				

9-5 续表2 Continued

单位：% (%)

年 份 地 区	Year Region	水利、环境和公共设施管理业 Management of Water Conservancy, Environment and Public Facilities	居民服务、修理和其他服务业 Services to Households Repair and Other Services	教 育 Education	卫生和社会工作 Health and Social Work	文化、体育和娱乐业 Culture, Sports and Entertainment	公共管理、社会保障和社会组织 Public Management Social Securities and Social Organization
总 计	**Total**	**16.8**	**53.2**	**30.2**	**-6.4**	**-1.9**	**-2.5**
哈尔滨	Harbin	2.0	169.3	38.2	-9.9	-5.4	76.3
齐齐哈尔	Qiqihar	50.6	162.8	-10.9	-46.7	-35.4	139.9
鸡 西	Jixi	162.9		101.5	84.0	-15.6	-71.4
鹤 岗	Hegang	-35.1	-9.9	110.0	-54.2	173.7	-48.2
双鸭山	Shuangyashan	57.0	-0.3	-19.5	2.9	-49.2	-49.6
大 庆	Daqing	-25.5	-59.2	181.3	176.0	170.8	-9.5
伊 春	Yichun	40.9	544.6	21.6	24.9	121.5	36.7
佳木斯	Jiamusi	44.0	14.2	71.5	28.2	67.3	-40.8
七台河	Qitaihe	35.5	-98.0	-41.0	2.0	348.6	1385.8
牡丹江	Mudanjiang	-40.2	-22.6	81.5	66.5	-59.6	-84.6
黑 河	Heihe	34.1		-39.2	-16.6	-10.2	-46.9
绥 化	Suihua	169.9	213.1	11.8	-56.3	-87.3	30.6
大兴安岭	Daxinganling	64.4	308.4	87.6	-29.1	186.1	226.6
不分地区	Not Classified by Region						

9-6 国有单位固定资产投资比上年增长情况

Growth Rate of Investment in Fixed Assets over Preceding Year of State-Owned Units

单位：% (%)

指 标	Item	2020	2021	2022
投资总额	**Total Investment**	**-12.5**	**25.0**	**23.4**
按构成分	**Grouped by Composition of Funds**			
建筑安装工程	Construction and Installation	-6.3	21.0	22.9
设备、工器具购置	Purchase of Equipment and Instruments	-24.4	48.1	12.9
其他费用	Others	-45.7	52.2	34.5
按隶属关系分	**Grouped By Jurisdiction of Management**			
中 央	Central Investment	-58.7	-24.4	39.8
地 方	Local Investment	1.2	31.0	22.3
按建设性质分	**Grouped by Type of Construction**			
#新 建	New Construction	-15.1	19.2	30.0
扩 建	Expansion	-38.2	-0.3	-26.4
改 建	Reconstruction	42.1	83.3	17.4
按行业分	**Grouped by Sector**			
农、林、牧、渔业	Agriculture, Forestry, Animal Husbandry and Fishery	46.0	9.7	36.2
采矿业	Mining	178.3	59.7	1015.8
制造业	Manufacturing	-61.9	48.3	267.2
电力、热力、燃气及水生产和供应业	Production and Supply of Electric, heat, Gas and Water	36.4	53.7	14.8
建筑业	Construction			
批发和零售业	Wholesale and Retail Trade	54.4	147.7	167.5
交通运输、仓储及邮政业	Transport, Storage and Post	-43.7	31.4	19.5
住宿和餐饮业	Hotels and Catering Services	212.2	-0.6	-27.1
信息传输、软件和信息技术服务业	Information Transmission, Software and Information Technology	-65.7	214.4	381.2
金融业	Financial Intermediation	-66.1	2.9	105.2
房地产业	Real Estate	-36.4	-31.3	63.3
租赁和商务服务业	Leasing and Business Services	19.8	130.0	37.7
科学研究和技术服务业	Scientific Research and Technical Services	50.5	148.4	-37.7
水利、环境和公共设施管理业	Management of Water Conservancy, Environment and Public Facilities	8.7	6.7	19.8
居民服务、修理和其他服务业	Services to Households, Repair and Other Services	-67.6	28.5	58.5
教 育	Education	-1.2	30.8	4.3
卫生、社会工作	Health and Social Work	63.3	88.4	2.3
文化、体育和娱乐业	Culture, Sports and Entertainment	23.4	22.5	22.4
公共管理、社会保障和社会组织	Public Management, Social Securities and Social Organization		16.6	-9.3
国际组织	International Organizations			

9-7 按构成和建设性质分的国有单位固定资产投资比上年增长情况(2022年) Growth Rate of Investment in Fixed Assets over Preceding Year of State-Owned Units by Composition of Funds and Type of Construction(2022)

单位：% (%)

年份 Year 地区 Region	投资总额 Total Investment	按构成分 By Composition of Funds 建筑安装工程 Construction and Installation	设备、工器具购置 Purchase of Equipment and Instruments	其他费用 Others	按建设性质分 By Type of Construction #新建 New Construction	#扩建 Expansion	#改建 Recon-struction
总计 Total	**23.4**	**22.9**	**12.9**	**34.5**	**30.0**	**-26.4**	**17.4**
哈尔滨 Harbin	42.3	45.3	-5.2	73.7	53.8	28.2	26.0
齐齐哈尔 Qiqihar	34.6	47.8	-9.8	-78.1	30.8	-8.8	80.0
鸡西 Jixi	35.9	25.4	242.3	113.6	34.7	-69.6	87.1
鹤岗 Hegang	66.1	81.6	-6.0	54.7	67.2	-34.5	146.6
双鸭山 Shuangyashan	6.2	3.0	65.8	83.7	7.6	-76.1	15.6
大庆 Daqing	21.0	26.3	-15.1	51.9	7.8	186.9	133.5
伊春 Yichun	56.3	28.0	31.0	786.4	51.7	-23.9	102.4
佳木斯 Jiamusi	38.4	39.2	92.8	-20.4	42.0	-2.5	38.9
七台河 Qitaihe	-22.8	-12.8	-26.9	-69.4	-32.3	-3.6	377.9
牡丹江 Mudanjiang	-13.4	-18.9	155.0	-0.9	23.3	-2.7	-47.6
黑河 Heihe	35.9	26.7	20.0	789.9	40.5	75.7	-21.4
绥化 Suihua	19.1	36.4	-20.0	-60.2	11.7	216.3	80.8
大兴安岭 Daxinganling	31.9	17.5	124.2	86.1	84.9	-41.4	9.1
不分地区 Not Classified by Region	-13.2	-22.5		45.8	25.1	-100.0	-18.1

主要统计指标解释

全社会固定资产投资　是以货币形式表现的在一定时期内全社会建造和购置固定资产的工作量以及与此有关的费用的总称。该指标是反映固定资产投资规模、结构和发展速度的综合性指标。全社会固定资产投资按登记注册类型可分为国有、集体、联营、股份制、私营和个体、港澳台商、外商、其他等。

固定资产投资（不含农户）　指城镇和农村各种登记注册类型的企业、事业、行政单位及城镇个体户进行的计划总投资500万元及以上的建设项目投资和房地产开发投资，包括原口径的城镇固定资产投资加上农村企事业组织项目投资，该口径自2011年起开始使用。

房地产开发投资　指各种登记注册类型的房地产开发法人单位统一开发的包括统代建、拆迁还建的住宅、厂房、仓库、饭店、宾馆、度假村、写字楼、办公楼等房屋建筑物，配套的服务设施，土地开发工程（如道路、给水、排水、供电、供热、通讯、平整场地等基础设施工程）和土地购置的投资；不包括单纯的土地开发和交易活动。

实际到位资金　指用于固定资产投资的各种货币资金。包括国家预算资金、国内贷款、利用外资、自筹资金和其他资金。

国家预算资金　国家预算包括一般预算、政府性基金预算、国有资本经营预算和社保基金预算。各类预算中用于固定资产投资的资金全部作为国家预算资金填报，其中一般预算中用于固定资产投资的部分包括基建投资、车购税、灾后恢复重建基金和其他财政投资。各级政府债券也应归入国家预算资金。

国内贷款　指报告期固定资产投资项目单位向银行及非银行金融机构借入用于固定资产投资的各种国内借款，包括银行利用自有资金及吸收存款发放的贷款、上级拨入的国内贷款、国家专项贷款（包括煤代油贷款、劳改煤矿专项贷款等），地方财政专项资金安排的贷款、国内储备贷款、周转贷款等。

利用外资　指报告期收到的境外（包括外国及港澳台地区）资金(包括设备、材料、技术在内)。包括对外借款(外国政府贷款、国际金融组织贷款、出口信贷、外国银行商业贷款、对外发行债券和股票)、外商直接投资、外商其他投资(包括利用外商投资收益在国内进行固定资产再投资活动的资金)。不包括我国自有外汇资金(国家外汇、地方外汇、留成外汇、调剂外汇和国内银行自有资金发放的外汇贷款等)。各类外资按报告期的外汇牌价（中间价）折成人民币计算。

自筹资金　指在报告期内筹集的用于项目建设和购置的资金。包括自有资金、股东投入资金和借入资金，但不包括各类财政性资金、从各类金融机构借入资金和国外资金。

其他资金来源　指在报告期收到的除以上各种资金之外的用于固定资产投资的资金。包括社会集资、个人资金、无偿捐赠的资金及其他单位拨入的资金等。

固定资产投资按国民经济行业分　指根据其从事的社会经济活动性质对各类单位进行的分类。应根据建设项目建成投产后的主要产品种类或主要用途及社会经济活动种类来划分，不能根据项目单位本身的行业类别来划分。如果项目投产后有几种产品，应根据主要产品来确定行业类别。一般情况下，一个建设项目只能属于一种国民经济行业。

固定资产投资按隶属关系分　是按建设单位或企业、事业、行政单位的主管上级机关确定的。

(1)中央　是指中共中央、人大常委会和国务院各部、委、局、总公司以及直属机构直接领导的建设项目和企业、事业、行政单位。这些单位的固定资产投资计划由国务院各部门直接编制和下达，统一组织或委托下级实施。包括有中央垂直管理的部门（如国家统计局各级调查队）和中央直属企业、事业单位（如工商银行、中国电信、中国石油）等。

(2)地方　是由省（自治区、直辖市)、地（区、市、州、盟)、县（区、市、旗）三级政府及业务主管部门直接领导和管理的建设项目、企业、事业、行政单位。地方项目还包括不隶属以上各级政府及主管部门的建设项目和企业、事业单位，如外商投资企业和无主管部门的企业等。

固定资产投资按建设性质分　按整个建设项目情况来确定。建设项目的性质一般分为新建、扩建、改建和技术改造、单纯建造生活设施、迁建、恢复、单纯购置。农户投资不划分建设性质。

(1)新建　指从无到有“平地起家”开始建设的项目。现有企业、事业、行政单位投资的项目一般不属于新建。但如有的单位原有基础很小，经过建设后新增的固定资产价值超过该企业、事业、行政单位原有固定资产价值（原值）三倍以上的，也应作为新建。

(2)扩建　指在厂内或其他地点，为扩大原有产品的生产能力(或效益)或增加新的产品生产能力，而增建的生产车间(或主要工程)、分厂、独立的生产线等项目。行政、事业单位在原单位增建业务性用房(如学校增建教学用房、医院增建门诊部、病房等)也作为扩建。

现有企、事业单位为扩大原有主要产品生产能力或增加新的产品生产能力，增建一个或几个主要生产车间(或主要工程)、分厂，同时进行一些更新改造工程的，也应作为扩建。

(3)改建和技术改造　指现有企业、事业单位对原有设施进行技术改造或更新(包括相应配套的辅助性生产、生活福利设施) 的建设项目。改建项目包括现有企业、事业单位为适应市场变化的需要，而改变企业的主要产品种类(如军工企业转民产品等) 的建设项目，原有产品生产作业线由于各工序(车间)之间能力不平衡，为填平补齐充分发挥原有生产能力而增建但不增加主要产品设计能力的建设项目。技术改造是指企业、事业单位在现有基础上用先进的技术代替落后的技术，用先进的工艺和装备代替落后的工艺和装备，以改变企业落后的技术经济面貌，实现以内涵为主的扩大再生产，达到提高产品质量、促进产品更新换代、节约能源、降低消耗、扩大生产规模、全面提高社会经济效益的目的。技术改造具体包括以下内容：机器设备和工具的更新改造；生产工艺改革、节约能源和原材料的改造；厂房建筑和公共设施的改造；保护环境进行的“三废”治理改造；劳动条件和生产环境的改造等。

固定资产投资按构成分

(1)建筑工程　指各种房屋、建筑物的建造工程。这部分投资额必须兴工动料，通过施工活动才能实现，是固定资产投资额的重要组成部分。

(2)安装工程　指各种设备、装置的安装工程。

在安装工程中，不包括被安装设备本身价值。

(3)设备工具器具购置　指报告期内购置或自制的，达到固定资产标准的设备、工具、器具的价值。新建单位及扩建单位的新建车间，按照设计或计划要求购置或自制的全部设备、工具、器具，不论是否达到固定资产标准均计入“设备工具器具购置”中。

(4)其他费用　指在固定资产建造和购置过程中发生的，除建筑安装工程和设备、工器具购置投资完成额以外的应当分摊计入固定资产投资的费用，不指经营中财务上的其他费用。

施工项目个数　是指本年正式进行过建筑或安装施工活动的建设项目个数。包括本年新开工项目，以前年度开工跨入本年继续施工项目，本年全部建成投产项目、以前年度全部停缓建在本年恢复施工的项目，本年进行过施工又在本年内全部停缓建的项目。施工项目个数可以反映一定时期固定资产投资的实际规模，与同期全部建成投产项目个数相比，可以从建设速度的角度反映固定资产投资的效果。

本年投产项目个数　指报告期内按设计文件规定建成主体工程和相应配套的辅助设施，形成生产能力或工程效益，经过验收合格，并且已正式投入生产或交付使用的建设项目。

新增生产能力（或工程效益）　指通过固定资产投资活动而增加的设计能力(或工程效益)。主要指标包括建设规模、本年施工规模、自开始建设累计新增生产能力(或工程效益)、本年新增生产能力(或工程效益)等。

建设规模　指建设项目或工程设计文件中规定的全部设计能力(或工程效益)。包括已经建成投产和尚未建成投产的工程的生产能力(或工程效益)。

本年施工规模　指报告期内施工的单项工程（或更新改造项目）的设计能力(或工程效益)，包括报告期以前已开工跨入本年继续施工的工程的设计能力和报告期新开工工程的设计能力。也包括报告期内建成投产或报告期施工后又停缓建的单项工程设计能力。不包括在报告期以前建成投产或已经停、缓建的工程，以及报告期内尚未正式开工的工程的设计能力。

自开始建设累计新增生产能力（或工程效益）　指自开始建设至本年底止建成投产的全部单项工程累计新增生产能力(或工程效益)。

本年新增生产能力（或工程效益）　指在本年度内按照新增生产能力(或工程效益)的计算条件和标准，实际建成投入生产或交付使用的生产能力(或工程效益)。

新增固定资产　是指已经完成建造和购置过程，并已交付生产或使用单位的固定资产的价值，包括已经建成投入生产或交付使用的工程投资和达到固定资产标准的设备、工具、器具的投资及有关应摊入的费用。该指标是表示固定资产投资成果的价值指标，也是反映建设进度，计算固定资产投资效果的重要指标。

项目建成投产率　指一定时期内全部建成投产项目个数与同期施工项目个数的比率。该指标从建设单位建设速度的角度反映投资效果。

固定资产交付使用率　指一定时期新增固定资产与同期完成投资额的比率。该指标是反映固定资产动用速度，衡量建设过程中宏观投资效果的综合指标。由于新增固定资产是较长时期内形成的结果，而投资额则是当年完成的，因此，该指标一般适宜于反映较长时期内固定资产的动用情况。

Explanatory Notes on Main Statistical Indicators

Total Investment in Fixed Assets in the Whole Country refers to the volume of activities in construction and purchases of fixed assets of the whole country and related fees, expressed in monetary terms during the reference period. It is a comprehensive indicator which shows the size, structure and growth of the investment in fixed assets. Total investment in fixed assets in the whole country includes, by type of ownership, the investment by State-owned units, collective-owned units, joint ownership units, share-holding units, private units, individuals as well as investments by entrepreneurs from Hong Kong, Macao and Taiwan, foreign investors and others.

Investment in Fixed Assets (Excluding Rural Households) refers to the investment in construction projects with a total planned investment of 5 million yuan and over by enterprises of various ownerships, institutions, administrative units and urban self-employed individuals, and the investment in real estate development in both urban and rural areas. Since 2011, it covers the urban investment in fixed assets under the previous statistical coverage plus project investments by rural enterprises and institutions.

Investment in Real Estate Development refers to investment by real estate development companies, commercialized buildings construction companies and other real estate development units of various types of ownership in the construction of buildings, such as residential buildings, factory buildings, warehouses, hotels, guesthouses, holiday villages, office buildings, the complementary service facilities and land development projects, such as roads, water supply, water drainage, power supply, heating supply, telecommunications, land leveling and other infrastructural projects. It does not include activities in pure land transactions.

Actual Funds for Investment refer to all kinds of monetary funds used for fixed assets investment. It includes state budget funds, domestic loans, foreign capital utilization, self-raising funds and other funds.

Fund from the State Budget State budget consists of general budget, government fund budget, operation budget of state-owned assets and social security fund budget. Funds for investment in fixed assets from various budgets are reported as fund from the state budget, of which, the general budget utilized on fixed assets investment includes investment on infrastructure construction, vehicle purchase tax, post-disaster restoration and reconstruction funds and other financial investment. Government bonds at all levels should also be included.

Domestic Loans refer to loans of various forms borrowed by investing units from banks and non-bank financial institutions during the reference period for the purpose of investment in fixed assets, including loans issued by banks from their self-owned funds and deposit, loans appropriated by higher responsible authorities, special loans by government (including loan for substituting petroleum with coal, special loans for reform-through-labour coal mines), loans arranged by local government from special funds, domestic reserve loan, and revolving loan, etc.

Foreign Investment refers to overseas (including foreign countries, Hong Kong, Macao and Taiwan) funds received during the reference period (covering equipment, materials and technology), including foreign borrowings (loans from foreign governments and international financial institutions, export credit, commercial loans from foreign banks, issue of bonds and stocks overseas), foreign direct investment and other foreign investments (including funds from foreign direct investment income that are reinvested in fixed assets domestically). Excluded from this category is capital in foreign exchanges owned by China (foreign exchanges owned by the central and local governments, foreign exchanges retained by enterprises, foreign exchanges by enterprises through the regulating mechanism, loans in foreign exchanges issued by the Bank of China with its own fund, etc.). In calculating the utilization of foreign capital, foreign currencies are converted into Chinese Renminbi applying the exchange rate (central parity rate) at the end of the reference period.

Self-raised Funds refer to funds for investment in fixed assets received during the reference period by investing units, including investment in fixed assets using own funds of various enterprises and institutions or funds raised from other units other than financial funds, funds borrowed from financial institutions and overseas funds.

Other Funds refer to funds for investment in fixed assets received from sources other than those listed above, including funds raised from individuals and through donations, and funds transferred from other units.

Investment in Fixed Assets by Sector refers to the classification of investment by the nature of social economic activities the investing units are engaged in. The classification of construction projects by sector is determined by the major products or the purpose of the projects when they are put into production or use, and by the nature of their social economic activities, instead of being determined by industrial classification of the project enterprises. The project will be classified according to major product if there are several kinds of products yielded. In general, one project can only be classified into one sector.

Investment in Fixed Assets by Jurisdiction of Management refers to the classification of investment by the competent authorities under which investment is made by construction units, enterprises, institutions or administrative units.

(1) Central investment refers to the investment in projects or by enterprises, institutions or administrative units which are

under the direct leadership and management of the State Council and of the national commissions, ministries, agencies and State-owned large corporations. Various ministries and departments of the State Council prepare and implement plans through unified organization or lower-level commissions, which include departments direct under central government (i.e. survey offices at all level of the National Bureau of Statistics) and enterprises and institutions directly under central government (like the Industrial and Commercial Bank of China, China Telecom and China National Petroleum Corporation)..

(2) Local investment refers to the investment in projects or by enterprises, institutions or administrative units which are under the direct leadership and management of competent departments and governments at the level of province (autonomous regions and municipalities directly under the Central Government), prefecture （prefectures, cities and leagues） and county (districts, cities and banners). Also included are projects by foreign-invested enterprises and enterprises without competent managing authorities.

Investment in Fixed Assets by Type of Construction Construction projects in general can be classified, by the type of construction, into new construction, expansion, reconstruction and technical transformation, purely construction of living facilities, moving, restoration and purely purchasing. However, investment by type of construction is not applied to investment by and investment by rural households.

(1) New construction in general refers to construction projects, which start from scratch. The existing projects invested by enterprises, institutions and administrative agencies cannot be classified as new construction. In case the size of the existing unit is quite small, and the value of newly added fixed assets is more than three times of the original value, the expansion will be considered as new construction.

(2) Expansion refers to construction of new production workshop, branch factory or independent production line within a factory or in other locations, for the purpose of increasing the production capacity (or improving efficiency) or adding new production capacity by enterprises and institutions. Newly constructed accommodation for the operation of institutions and administrative organizations (such as newly constructed buildings for teaching in schools, buildings for clinics or wards in hospitals, etc.) are also classified as expansion.

Also included in expansion are investments by existing enterprises or institutions in building major production line(s) or branch factory (ies) along with some work on innovation, for the purpose of expanding the production capacity of original products or producing new products.

(3) Reconstruction and technical transformation refers to construction projects by existing enterprises or institutions in innovation or technical transformation of the old facilities (including auxiliary production equipment and welfare facilities). Also considered as reconstruction is the construction of new workshops by the existing enterprises or institutions to change the variety of products to meet the market demand (such as the production of civil products by defence industries), or to bring the designed production capacity into full play through a more balanced production process on production lines. Technical transformation refers to replacement of old technology or equipment by new technology or equipment, in order to expand the reproduction through improvement of technology contents in production, to improve product quality, to promote new products, to save energy, to reduce consumption, to expand the production scale and to improve overall social-economic efficiency. Contents of technical transformation include: updating of machinery, equipment and tools; reforming production process by using energy or materials saving technology; construction of factory workshops and transformation of public facilities; treatment transformation of “three wastes” (waste gas, waste water and industrial residue) aiming at environmental protection; improvement of working conditions and environment, etc.

Investment in Fixed Assets by Structure

(1) Construction refers to the construction of houses and buildings. This part of investment can only be achieved through construction activities, it is the major component of the total investment in fixed assets.

(2) Installation refers to the installation of various kinds of equipment and instruments.

The value of equipment installed itself is not included in the value of installation projects.

(3) Purchase of equipment and instruments refers to the total value of equipment, tools, and instruments purchased or self-produced which come up to the cut-off point for fixed assets during the reference period. Equipment, tools and instruments purchased or self-produced for new workshops by newly established or expanded units are categorized as “purchase of equipment and instruments” no matter whether they come up to the cut-off point for fixed assets.

(4) Other expenses refer to expenses arising during the construction or purchase of fixed assets other than those expenses on construction, installation and purchase of equipment and instruments. Other financial expenses arising in operation are not included.

Number of Projects under Construction refers to number of all projects with actual construction or installation activities in current year, including newly started projects, projects started previously and extended into the current year, projects completed and put into operation in current year, projects suspended previously and resumed in current year, and projects started this year but suspended or postponed in current year. The number of projects under construction can reflect the actual size of investment in fixed assets during a given period, and when compared with the number of projects completed and put into use during the same period, it demonstrates the results of investment in fixed assets from the angle of the speed of the construction.

Number of Projects Put into Use This Year refer to projects have completed the main construction and correspondent auxiliary facilities in accordance with the design documents, resulting in forming production capacity (efficiency) and have been checked and accepted after relevant tests, and have been formally delivered for use.

Newly Increased Production Capacity (or Project Efficiency) refers to the increase in design capacity (or project efficiency) through investment in fixed assets. The main indicators include: construction scale, scale of projects under construction in current year, the accumulated newly increased production capacity (project efficiency) since the start of the projects and the newly increased production capacity (project efficiency) of current year.

Construction Scale refers to the total designed production capacity (project efficiency) of the construction projects in accordance with the design document, including those have been put into operation and those that have not been completed.

Scale of Projects under Construction in Current Year refers to the designed production capacity (project efficiency) of a single project (or renovation project) under construction in the reference period, including the designed production capacity of projects that have been started previously and still under construction in the current year, the newly started projects, and projects that have been completed and put into operation in the reference period or those have been started but suspended or postponed in the reference period. Projects that have been completed and put into operation, suspended or postponed before the reference period, and projects that have not been officially started in the reference period are not included.

The Accumulated Newly Increased Production Capacity (project efficiency) since the Start of the Projects refers to the accumulated newly increased production capacity of all the single projects which have been put into use from the beginning of the projects till the end of current year.

The Newly Increased Production Capacity (project efficiency) of Current Year refers to the production capacity (project efficiency) that has been completed and put into operation in current year according to the calculation conditions and standards on newly increased production capacity (project efficiency).

Newly Increased Fixed Assets refer to the value of fixed assets that has completed the construction and purchase, and has been delivered to the production or owner units, including investment in projects that have been completed and put into operation in current year and the investment in equipment, tools and appliance that meet the standard of fixed assets and fees that should be apportioned. This is an indicator that demonstrates the results of investment in fixed assets in monetary terms, and an important indicator to reflect the speed of construction and to calculate the efficiency of investment.

Rate of Construction Projects Completed and Put into Use refers to the ratio of the number of construction projects completed and put into use in a certain period of time to the number of projects under construction in the same period. This reflects the investment efficiency from the perspective of the speed of projects construction.

Rate of Projects of Fixed Assets Completed and Put into Operation refers to the ratio of the newly increased fixed assets to the total investment made in the same period. This is a comprehensive indicator reflecting the speed of the employment of fixed assets and the investment efficiency at the macro-level. As the newly increase fixed assets is the result of a long period while the investment is completed in the current year, this indicator is expected to be used to reflect the employment of fixed assets over a long period of time.

第10篇

对外经济贸易

CHAPTER 10 FOREIGN TRADE AND ECONOMIC COOPERATION

10-1 对外经济贸易基本情况
Foreign Trade and Economic Cooperation

指　标	Item	2018	2019	2020	2021	2022
货物进出口总额（人民币亿元）	**Total Value of Imports and Exports (RMB 100 million yuan)**	**1747.7**	**1865.9**	**1537.0**	**1995.0**	**2651.5**
出口总额	Total Exports	294.0	349.4	360.9	447.7	545.6
初级产品	Primary Goods	54.5	55.4			
工业制成品	Manufactured Goods	239.5	294.2			
进口总额	Total Imports	1453.7	1516.5	1176.1	1547.3	2106.0
初级产品	Primary Goods	1226.1	1273.6			
工业制成品	Manufactured Goods	227.6	243.7			
进出口差额	Balance	-1159.8	-1167.1	-815.3	-1099.6	-1560.4
货物进出口总额（亿美元）	**Total Value of Imports and Exports (USD 100 million)**	**264.1**	**271.0**	**222.0**	**308.8**	**396.9**
出口总额	Total Exports	44.5	50.7	52.0	69.3	81.3
进口总额	Total Imports	219.6	220.3	169.9	239.5	315.6
进出口差额	Balance	-175.1	-169.6	-117.9	-170.2	-234.3
实际使用外资额（亿美元）	**Total Amount of Foreign Investment Actually Utilized (USD 100 million)**	**59.5**	**5.4**	**5.4**	**3.9**	**2.3**
新设立外商直接投资企业数（个）	**Number of enterprises for Contracted Foreign Direct Investment (unit)**	**127**	**158**	**113**	**126**	**144**
外商直接投资合同金额（亿美元）	**Contract Value of Projects for Contracted Foreign Direct Investment (USD 100 million)**	**84.9**	**20.3**	**24.2**	**30.8**	**13.1**
外资企业基本情况	**Registered Foreign-funded Enterprises**					
年底登记户数（户）	Number of Registered Enterprises (household)	5028	5296	6008	5888	5853
投资总额（亿美元）	Total Investment (USD 100 million)	427.5	460.5	1681.7	1734.0	1797.6
注册资本（亿美元）	Registered Capital (USD 100 million)	259.1	287.6	1536.1	1519.6	1580.7
#外方	Capital from Foreign Investors	177.0	192.0	860.2	841.3	868.1

注：1.进出口总额1993年以前为对外贸易经济合作厅数据，1993年起为哈尔滨海关数据，未包括石油出口业务(下同)。
2.从2021年开始实际使用外资额使用商务部反馈数据。

a) The total value of imports and exports were provided by Department of Foreign Trade and Economic Cooperation before 1993.Since 1994,the data were provided by Harbin CIQ expecting exports of petroleum (the same as following tables).

b) Starting from the 2021, the actual amount of foreign investment used is the feedback data from the Ministry of Commerce.

10-2 货物进出口总额
Total Value of Imports and Exports of Goods

年 份 Year	人民币(亿元) (RMB 100 million yuan)				美元(亿元) (USD 100 million)			
	进出口总额 Total Value of Imports and Exports	出口总额 Total Exports	进口总额 Total Imports	进出口差额 Balance	进出口总额 Total Value of Imports and Exports	出口总额 Total Exports	进口总额 Total Imports	进出口差额 Balance
1957	2.6	2.6			0.8	0.8		
1965	0.6	0.6			0.2	0.2		
1970	0.5	0.5			0.2	0.2		
1975	1.3	1.3			0.7	0.7		
1978	0.8	0.8			0.5	0.5		
1979	1.2	1.2			0.7	0.7		
1980	1.9	1.5	0.5	1.0	1.3	1.0	0.3	0.7
1981	2.7	2.3	0.4	1.8	1.6	1.3	0.3	1.1
1982	3.8	3.3	0.5	2.9	2.0	1.7	0.2	1.5
1983	6.5	5.4	1.1	4.3	3.3	2.7	0.5	2.2
1984	10.0	7.9	2.1	5.8	4.3	3.4	0.9	2.5
1985	15.0	12.1	2.9	9.3	5.1	4.1	1.0	3.2
1986	28.0	21.2	6.7	14.5	8.1	6.2	2.0	4.2
1987	35.8	30.2	5.6	24.6	9.6	8.1	1.5	6.6
1988	46.2	34.9	11.3	23.6	12.4	9.4	3.0	6.3
1989	53.2	38.7	14.5	24.2	14.1	10.3	3.9	6.4
1990	71.4	52.0	19.4	32.6	14.9	10.9	4.1	6.8
1991	107.4	73.3	34.1	39.2	20.2	13.8	6.4	7.4
1992	158.9	101.0	57.9	43.1	28.8	18.3	10.5	7.8
1993	190.1	97.2	92.9	4.3	33.0	16.9	16.1	0.7
1994	209.1	107.0	102.1	4.9	24.3	12.4	11.8	0.6
1995	199.3	97.4	101.9	-4.5	23.9	11.7	12.2	-0.5
1996	203.6	90.0	113.7	-23.7	24.5	10.8	13.7	-2.9
1997	204.2	108.4	95.8	12.6	24.6	13.1	11.6	1.5
1998	166.4	75.0	91.4	-16.4	20.1	9.1	11.0	-2.0
1999	181.4	78.7	102.7	-24.1	21.9	9.5	12.4	-2.9
2000	247.2	120.1	127.1	-7.0	29.9	14.5	15.4	-0.8
2001	280.2	133.4	146.7	-13.2	33.9	16.1	17.7	-1.6
2002	360.1	164.7	195.3	-30.6	43.5	19.9	23.6	-3.7
2003	441.2	237.5	203.6	33.9	53.3	28.7	24.6	4.1
2004	562.0	304.6	257.4	47.2	67.9	36.8	31.1	5.7
2005	783.9	497.2	286.7	210.5	95.7	60.7	35.0	25.7
2006	1025.2	672.8	352.4	320.5	128.6	84.4	44.2	40.2
2007	1315.5	933.0	382.5	550.5	173.0	122.7	50.3	72.4
2008	1590.4	1150.8	438.9	711.9	229.0	165.7	63.2	102.5
2009	1108.0	688.6	419.4	268.5	162.2	100.8	61.4	39.3
2010	1726.2	1102.1	624.1	477.9	255.0	162.8	92.2	70.6
2011	2487.3	1141.3	1346.0	-204.7	385.1	176.7	208.4	-31.7
2012	2387.4	911.5	1476.5	-565.0	378.2	144.4	233.9	-89.5
2013	2407.9	1005.2	1402.8	-397.0	388.8	162.3	226.5	-64.1
2014	2389.5	1065.2	1324.4	-259.2	389.0	173.4	215.6	-42.2
2015	1307.3	500.1	807.2	-306.4	209.9	80.3	129.6	-49.2
2016	1093.7	332.5	761.2	-428.8	165.4	50.4	114.9	-64.5
2017	1280.7	356.3	924.5	-568.2	189.4	52.6	136.8	-84.2
2018	1747.7	294.0	1453.7	-1159.8	264.1	44.5	219.6	-175.1
2019	1865.9	349.4	1516.5	-1167.1	271.0	50.7	220.3	-169.6
2020	1537.0	360.9	1176.1	-815.3	222.0	52.0	169.9	-117.9
2021	1995.0	447.7	1547.3	-1099.6	308.8	69.3	239.5	-170.2
2022	2651.5	545.6	2106.0	-1560.4	396.9	81.3	315.6	-234.3

10-3　海关货物进出口总额
Total Value of Imports and Exports (Customs Statistics)

单位：万元　(10000 yuan)

类　别	Category	进出口总额 Total Value of Imports and Exports 2018	2019	2020	2021	2022
总　额	**Total**	**17477261**	**18659107**	**15370091**	**19950071**	**26515489**
一般贸易	General Trade	13891134	15367668	12059419	16596213	22781287
国家间、国际组织无偿援助和赠送的物资	Donation of Countries and International	1869	6064	1033	767	255
其他捐赠物资	Other donated materials			3959	4	94
来料加工	Processing and Assembling with Customer's Materials	68707	103597	56849	45796	59386
进料加工	Processing and Assembling with Import Materials	872877	858512	778682	740861	801261
边境小额贸易	Little Amount Trade on the Borders	1868991	1671026	1833001	2110120	2341003
对外承包工程出口货物	Export Goods of Contracted Projects with Foreign Countries or Territories	213819	192501	281922	267637	54571
外商投资企业作为投资进口的设备、物品	Import Equipment's and Goods of Foreign-Funded Enterprises	49				
保税监管场所进出境货物	Inbound and Outbound Goods in Bonded Supervision Places	473614	75374	78799	67534	146820
其　他	Others	86200	371733	174327	121139	330813

10-3　续表 Continued

单位：万元　(10000 yuan)

类　别	Category	出口总额 Total Exports 2018	2019	2020	2021	2022
总　额	**Total**	**2939826**	**3493875**	**3608596**	**4477109**	**5455904**
一般贸易	Ordinary Trade	1580638	1995715	2182186	2967672	3514689
国家间、国际组织无偿援助和赠送的物资	Donation of Countries and International	1869	6064	1033	767	255
其他捐赠物资	Other donated materials			1236	4	94
来料加工	Processing and Assembling with Customer's Materials	47417	29907	15860	13153	12732
进料加工	Processing and Assembling with Import Materials	533566	505517	418968	392299	508638
边境小额贸易	Little Amount Trade on the Borders	554429	512219	626150	794362	1072262
对外承包工程出口货物	Export Goods of Contracted Projects with Foreign Countries or Territories	213819	192501	281922	267637	54571
保税监管场所进出境货物	Inbound and Outbound Goods in Bonded Supervision Places	7	65	2213	6137	50454
其　他	Others	8081	248223	27779	35079	242209

10-4 海关分国家(地区)货物进出口总额
Total Value of Imports and Exports by Countries and Territories by Customs

单位：万元 (10000 yuan)

国家(地区)	Countries(Territories)	进出口总额 Total Value of Imports and Exports		出口总额 Total Exports		进口总额 Total Imports	
		2021	2022	2021	2022	2021	2022
总 额	**Total**	**19950071**	**26515489**	**4477109**	**5455904**	**15472962**	**21059585**
亚 洲	**Asia**	**2681397**	**2902731**	**1886190**	**1906027**	**795207**	**996704**
阿富汗	Afghanistan	109	231	86	122	23	109
巴 林	Bahrain	19977	3930	19941	3926	36	4
孟加拉国	Bangladesh	23225	33700	23225	33519		181
文 莱	Brunei	665	1226	665	1226		
缅 甸	Myanmar	14226	39805	13035	33124	1191	6681
柬埔寨	Cambodia	22210	9538	9603	7159	12607	2379
塞浦路斯	Cyprus	158	1233	158	1232		1
中国香港	Hong Kong, China	433159	93786	432197	90102	962	3684
印 度	India	116635	188577	114940	178575	1695	10003
印度尼西亚	Indonesia	116228	162986	82315	115905	33913	47081
伊 朗	Iran	6956	8973	4762	8336	2195	637
伊拉克	Iraq	185983	319452	77728	29682	108255	289770
以色列	Israel	11890	14916	8083	13222	3808	1695
日 本	Japan	306152	321483	115548	159373	190604	162110
约 旦	Jordan	3366	5246	3366	5246		
科威特	Kuwait	12626	22852	4841	3381	7785	19472
老 挝	Lao People's Democratic Republic	3834	12578	3834	12366		212
黎巴嫩	Lebanon	722	2353	722	2352		1
中国澳门	Macao, China	358	827	358	826		
马来西亚	Malaysia	76234	117669	65380	86342	10854	31327
马尔代夫	Maldives	337	906	336	906	1	
蒙 古	Mongolia	35698	69274	23230	60633	12468	8641
尼泊尔联邦民主共和国	Federal Democratic Republic of Nepal	769	3516	769	3018		498
阿 曼	Oman	7928	4275	2450	4275	5478	
巴基斯坦	Pakistan	154087	48477	153675	41624	411	6853
巴勒斯坦	Palestine		29		29		
菲律宾	Philippines	61570	105639	61334	104706	236	933
卡塔尔	Qatar	6778	14293	6778	14293		
沙特阿拉伯	Saudi Arabia	270303	146760	22742	38564	247561	108196
新加坡	Singapore	26852	44706	14267	37315	12584	7392
韩 国	Republic of Korea	237582	343805	210565	318276	27017	25529
斯里兰卡	Sri Lanka	5264	6468	5222	6438	42	30
叙利亚	Syria	266	1395	254	1387	12	8
泰 国	Thailand	79209	87898	53254	69214	25955	18684
土耳其	Turkey	68804	101924	67248	96756	1557	5168
阿拉伯联合酋长国	United Arab Emirates	176183	201548	130443	80646	45740	120902
也门共和国	Arab Republic of Yemen	913	1025	913	1025		
越 南	Viet Nam	100430	200376	85168	143559	15261	56817
中国台湾	Taiwan, China	55442	70981	40697	48329	14744	22651
东帝汶	Democratic Republic of Timor-Leste	48	404	48	404		
哈萨克斯坦	Kazakhstan	19442	35974	16231	20579	3211	15395
吉尔吉斯斯坦	Kirghizia	1928	856	1858	856	69	
塔吉克斯坦	Tadzhikistan	61	556	61	556		
土库曼斯坦	Turkmenistan	3566	4782	3531	4760	35	22
乌兹别克斯坦	Uzbekistan	4890	23058	4330	21540	560	1518

注：亚洲差额部分为政策性进出口。

a) The part balance of Asian is policy imports and exports.

10-4　续表1 Continued

单位：万元　　(10000 yuan)

国家(地区)	Countries(Territories)	进出口总额 Total Value of Imports and Exports		出口总额 Total Exports		进口总额 Total Imports	
		2021	2022	2021	2022	2021	2022
非　洲	**Africa**	**156196**	**253265**	**131302**	**207642**	**24894**	**45622**
阿尔及利亚	Algeria	2539	5290	2539	5290		
安哥拉	Angola	668	5714	668	5714		
贝　宁	Benin	692	12022	470	3777	222	8245
博茨瓦纳	Botswana	1963	226	1963	226		
布隆迪	Burundi	273	254	273	254		
喀麦隆	Cameroon	3164	4585	3144	4585	20	
佛得角	Cabo Verde	12	1459	12	1459		
中非	Central African Republic		132		132		
乍　得	Chad	5316	9849	5316	9848		
科摩罗	Comoros a republic in the Indian Ocean	64	315	64	315		
刚　果(布)	Congo (Brazzaville)	411	1528	411	1528		
吉布提	Djibouti	686	2906	686	2906		
埃　及	Egypt	17564	21287	10709	18063	6855	3225
赤道几内亚	Eq. Guinea	113	75	113	75		
埃塞俄比亚	Ethiopia	544	4023	485	988	59	3035
加　蓬	Gabon	57	583	57	583		
冈比亚	Gambian	767	341	767	341		
加　纳	Ghana	1502	11997	1502	11544		453
几内亚	Guinea	1218	1522	1218	1522		
几内亚(比绍)	Bissau	128	253	128	253		
科特迪瓦	Cote Diver	577	3841	577	3840		
肯尼亚	Kenya	4883	13658	4517	13609	365	48
利比里亚	Liberia	184	2016	184	2016		
利比亚	Libya	577	1779	577	1779		
马达加斯加	Madagascar	466	1982	182	1168	285	815
马拉维	Malawi		38		38		
马　里	Mali		133		133		
毛里塔尼亚	Mauritania	434	280	434	273		7
毛里求斯	Mauritius	632	1282	632	1282		1
摩洛哥	Morocco	12667	11396	11078	9754	1589	1642
莫桑比克	Mozambique	3250	6778	1586	6073	1663	706
纳米比亚	Namibia	176	885	175	885	1	
尼日尔	Niger	131	333	131	152		181
尼日利亚	Nigeria	12513	22749	12122	17572	391	5178
留尼汪	Reunion	273	772	273	772		
卢旺达	Rwanda	173	244	173	244		
塞内加尔	Senegal	2661	6157	2661	6154		3
塞舌尔	Seychelles		3		3		
塞拉利昂	Sierra Leone	84	4527	64	564	20	3963
索马里	Somalia	160	1058	160	903		155
南　非	South Africa	49527	39130	39818	28824	9709	10307
苏　丹	Sudan	570	2532	570	2532		
坦桑尼亚	Tanzania	2621	14669	2309	14476	312	193
多　哥	Togo	238	5296	217	5064	21	232
突尼斯	Tunisia	4230	2676	1233	2614	2997	62
乌干达	Uganda	2068	609	1683	518	385	91
布基纳法索	Burkina Faso	197	37	197	37		
刚　果(金)	Congo (DRC)	463	10342	463	3269		7074
赞比亚	Zambia	189	589	189	581		8
津巴布韦	Zimbabwe	581	412	581	412		
梅利利亚	Melilla						
莱索托	Lesotho	10	153	10	153		
斯威士兰	Swaziland a country of southeast Africa	16	19	16	19		
厄立特里亚	State of Eritrea		107		107		
马约特岛	Mayotte	254	146	254	146		
南苏丹共和国	The Republic of South Sudan	17713	12275	17713	12275		

10-4　续表2 Continued

单位：万元　(10000 yuan)

国家(地区)	Countries(Territories)	进出口总额 Total Value of Imports and Exports		出口总额 Total Exports		进口总额 Total Imports	
		2021	2022	2021	2022	2021	2022
欧　洲	**Europe**	**14480623**	**20024722**	**1745507**	**2504095**	**12735116**	**17520626**
比利时	Belgium	115844	143361	99980	121173	15864	22188
丹　麦	Denmark	15018	19817	10877	16833	4142	2984
英　国	United Kingdom	103758	73649	79467	40249	24291	33400
德　国	Germany	305594	256321	109745	115258	195849	141063
法　国	France	92369	170210	21890	22136	70479	148075
爱尔兰	Ireland	9585	5674	1871	2872	7713	2802
意大利	Italy	91436	92259	42851	41721	48585	50538
卢森堡	Luxemburg	2	23	2			23
荷　兰	Netherlands	130475	169586	98704	161422	31771	8164
希　腊	Greece	18712	12259	18698	12256	14	2
葡萄牙	Portugal	11915	13465	8463	9706	3453	3759
西班牙	Spain	81714	111549	56321	76776	25393	34773
阿尔巴尼亚	Albania	586	11664	586	11648		17
奥地利	Austria	10631	17666	1214	3870	9417	13796
保加利亚	Bulgaria	4498	13143	3004	2020	1494	11123
芬　兰	Finland	22952	40589	4396	2791	18556	37799
匈牙利	Hungary	12529	11101	3019	2716	9510	8385
冰　岛	Iceland	1161	885	20	71	1141	813
列支敦士登	Liechtenstein		1		1		
马耳他	Malta	1092	489	1092	486		3
摩纳哥	Monaco						
挪　威	Norway	5940	5514	4068	3534	1872	1980
波　兰	Poland	52646	66775	44048	55069	8598	11705
罗马尼亚	Romania	6367	5595	4329	3457	2038	2138
圣马力诺	San Marino	25	42	25	42		
瑞　典	Sweden	79317	73315	13355	11116	65962	62199
瑞　士	Switzerland	11287	13444	1213	1557	10074	11887
爱沙尼亚	Estonia	936	962	444	610	492	352
拉脱维亚	Latvia	5011	5826	514	985	4497	4841
立陶宛	Lithuania	10896	6113	8238	5923	2658	190
格鲁吉亚	Georgia	1256	1782	857	1209	400	573
亚美尼亚	Armenia	552	650	97	461	454	189
阿塞拜疆	Azerbaijan	9740	16270	639	4863	9102	11407
白俄罗斯	Byelorussia	19051	22427	833	5714	18218	16712
摩尔多瓦	Moldova	385	853	314	579	71	274
俄罗斯联邦	Russia	13133992	18547369	1068624	1727297	12065368	16820072
乌克兰	Ukraine	33279	38048	16712	8860	16568	29188
斯洛文尼亚共和国	Republic of Slovenia	13339	8918	6248	6233	7091	2685
克罗地亚共和国	Republic of Croatia	3048	5892	2944	5174	103	719
捷克共和国	Republic of Czech	24550	18875	2414	4380	22136	14495
斯洛伐克共和国	Republic of Slovakia	12000	17869	4438	10637	7561	7232
北马其顿	Macedonia	144	109	86	44	58	64
波斯尼亚--黑塞哥维那	Bosnia and Herzegovina	459	595	162	564	297	31
塞尔维亚	Serbia	24395	2460	568	472	23827	1987
黑山	Montenegro	2137	1309	2137	1309		

10-4 续表3 Continued

单位：万元 (10000 yuan)

国家(地区)	Countries(Territories)	进出口总额 Total Value of Imports and Exports		出口总额 Total Exports		进口总额 Total Imports	
		2021	2022	2021	2022	2021	2022
拉丁美洲	**Latin America**	**1069334**	**1512544**	**227981**	**284394**	**841354**	**1228150**
安提瓜和巴布达	Antigua and Barbuda		2		2		
阿根廷	Argentina	13444	199651	8241	10218	5203	189433
阿鲁巴岛	Aruba Island	6	2	6	2		
巴哈马	Bahamas	2	9	2	9		
巴巴多斯	Barbados	5	1	5	1		
伯利兹	Belize	187	271	187	271		
多民族玻利维亚国	Bolivia	1569	1098	1569	1098		
巴　西	Brazil	746437	817160	48820	65331	697617	751830
开曼群岛	Cayman Islands	26	3	26	3		
智　利	Chile	42102	108147	23725	29623	18377	78524
哥伦比亚	Colombia	19402	22557	18888	22531	515	26
多米尼克	Dominic		28		28		
哥斯达黎加	Costa Rica	2251	2461	2251	2460		1
古　巴	Cuba	38	167	38	128		39
库腊索岛	Curacao		17		17		
多米尼加共和国	Dominican Republic	2289	2824	2289	2823		1
厄瓜多尔	Ecuador	8483	8709	8398	8420	84	290
法属圭亚那	French Guiana	233	60	233	60		
格林纳达	Grenada	1		1			
危地马拉	Guatemala	8517	6779	8517	6676		103
圭亚那	Guyana	83	123	83	123		
海　地	Haiti	176	1104	176	1104		
洪都拉斯	Honduras	1723	3077	1723	3056		21
牙买加	Jamaica	398	600	398	600		
马提尼克岛	Martinique	1		1			
墨西哥	Mexico	65435	95068	62191	88904	3244	6164
尼加拉瓜	Nicaragua	543	482	543	482		
巴拿马	Panama	3883	6294	3882	6117	2	177
巴拉圭	Paraguay	2258	1426	2258	1426		
秘　鲁	Peru	118810	172600	26373	21465	92437	151135
波多黎各	Puerto Rico	803	266	803	265		1
圣卢西亚	Saint Lucia	2	6	2	6		
圣文森特和格林纳丁斯	Saint Vincent and the Grenadines		140		140		
圣马丁岛	Saint Martin	9		9			
萨尔瓦多	El Salvador	781	2145	781	2144		1
苏里南	Surinam	129	738	129	738		
特立尼达和多巴哥	Trinidad and Tobago	850	552	850	552		
特克斯和凯科斯群岛	Turks and Caicos Islands	2	3	2	3		
乌拉圭	Uruguay	25361	52365	1488	1960	23873	50405
委内瑞拉	Venezuela	3096	5606	3096	5606		
圣其茨和尼维斯	St. Kitts and Nevis		2		2		
荷属安地列斯	Netherlands Antilles		1		1		
北美洲	**North America**	**775651**	**859255**	**387704**	**424790**	**387947**	**434465**
加拿大	Canada	134341	141149	82647	84934	51694	56215
美　国	United States	639546	717778	305057	339856	334489	377922
格陵兰	Greenland	1764	328			1764	328
大洋洲	**Oceania**	**780028**	**957793**	**98425**	**128955**	**681603**	**828838**
澳大利亚	Australia	373007	525212	90130	113376	282877	411836
斐　济	Fiji	167	167	167	167		
新喀里多尼亚	New Caledonia	133	191	133	191		
瓦努阿图	Vanuatu		159		159		
新西兰	New Zealand	406062	430380	7336	13378	398726	417002
巴布亚新几内亚	Papua New Guinea	546	1337	546	1337		
所罗门群岛	Solomon Islands	8	35	8	35		
汤　加	Tonga	73	34	73	34		
基里巴斯	Kiribati		63		63		
萨摩亚	Samoa	30	50	30	50		
法属波利尼西亚	French Polynesia	2	87	2	87		
大洋洲其他国家(地区)	Other countries (regions) of Oceania	1	79	1	79		

10-5 海关主要商品出口数量和金额(2022年)
Main Export Goods in Volume and Value(Customs Statistics)(2022)

品名		Item		数量 Volume	金额(万元) Value (10000 yuan)
农产品		Agricultural Produce			750180
肉类(包括杂碎)	(吨)	Meat and Offal(Including Entrails)	(ton)	2384	12534
水产品	(吨)	Aquatic Products	(ton)	50	119
蔬菜及食用菌	(吨)	Vegetables	(ton)	176833	137613
干鲜瓜果及坚果	(吨)	Fruits and Nuts	(ton)	58494	94382
茶叶	(吨)	Tea	(ton)	93	270
粮食	(吨)	Grain	(ton)	67277	43855
稻谷及大米	(吨)	Paddy and Rice	(ton)	29238	15376
罐头	(吨)	Canned Food	(ton)	2809	7801
酒类及饮料		Alcohol and Drink			7993
果蔬汁	(吨)	Fruit Juice and Vegetable Juice	(ton)	68	262
啤酒	(万升)	Beer	(10000 liters)	728	4135
烟草及其制品	(吨)	Tobacco and Its Products	(ton)	8257	8686
制盐	(吨)	Salt Manufacturing	(ton)	300	19
水泥及水泥熟料	(吨)	Cement and Cement Clinker	(ton)	17104	1470
钨品	(吨)	Tungsten Product	(ton)	6	233
煤及褐煤	(吨)	Coal and lignite	(ton)	20	31
成品油	(吨)	Refined Oil	(ton)	12389	9715
柴油	(吨)	Diesel	(ton)	12244	9354
氧化铝	(吨)	Aluminium oxide	(ton)	150	110
稀土及其制品	(吨)	Rare Earth and Its Products	(ton)	32	775
基本有机化学品		Basic Organic Chemicals			278026
医药材及药品	(吨)	Materials and Medicines	(ton)	13950	57995
中药材	(吨)	Chinese Herbal Medicine	(ton)	165	1477
中式成药	(吨)	Chinese Medicine	(ton)	118	1576
抗菌素(制剂除外)	(吨)	Antibiotic	(ton)	293	11629
医用敷料	(吨)	Medical Dressing	(ton)	147	1183
肥料	(吨)	Fertilizer	(ton)	6748	1312
矿物肥料及化肥	(吨)	Mineral fertilizer and chemical fertilizer	(ton)	6746	1309
尿素	(吨)	Urea	(ton)	926	392
硫酸铵	(吨)	Ammonia Sulfate	(ton)	5820	917
合成有机染料	(吨)	Synthetic Organic Dye	(ton)	305	903
美容化妆品及洗护用品	(吨)	Beauty Cosmetics and Toiletries	(ton)	606	3040
烟花、爆竹	(吨)	Fireworks, Firecrackers	(ton)	145	290
塑料制品		Plastic Products			85105
橡胶轮胎	(吨)	Rubber Tire	(ton)	7128	13680
皮革、毛皮及其制品		Glass Products			11599
箱包及类似容器	(吨)	Bags and Similar Containers	(ton)	21161	143272
木及其制品	(吨)	Wood and Its Products	(ton)	91900	149925
家用或装饰用木制品	(吨)	Household or Decorative Wood Products	(ton)	15807	28541
胶合板及类似多层板	(立方米)	Plywood and Similar Products	(cu.m)	39113	40870
植物材料编结品	(吨)	Plant Material Braid	(ton)	589	1289
纸浆、纸及其制品	(吨)	Pulp, Paper and Its Products	(ton)	75696	107951
纺织原料	(吨)	Textile Material	(ton)	638	720
纺织纱线、织物及其制品		Textile Yarns, Fabrics and Products			191834

10-5 续表 Continued

品名		Item		数量 Volume	金额(万元) Value (10000 yuan)
服装及衣着附件		Clothing and Clothing Accessories			106184
鞋靴	(万双)	Shoes and Boots	(10000 pairs)	4989	227850
帽类	(万个)	CAPS	(10000 units)	3244	28457
伞	(万把)	Umbrella	(10000 pieces)	32	2158
花岗岩石材及其制品	(吨)	Granite Material and Products		10258	9128
陶瓷产品	(吨)	Ceramic Product	(ton)	31846	32038
玻璃及其制品		Rolled Steel			20889
珍珠、宝石及半宝石		Pearls, gemstones, and semi precious stones			455
贵金属或包贵金属的首饰	(吨)	Precious metal or jewelry wrapped in precious metal	(ton)	7458	652
铁合金	(吨)	Ferroalloy	(ton)	2	3
钢材	(吨)	Unwrought Copper and Copper	(ton)	496774	442878
未锻轧铜及铜材	(吨)	Unwrought Aluminum and Aluminous Material	(ton)	381	2588
未锻轧铝及铝材	(吨)	Leather, Fur and Its Products	(ton)	12708	31863
家具及其零件		Furniture and Its Parts			114258
玩具		Toys			57648
体育用品及设备		Sporting Goods and Equipment			9797
笔及其零件		Pens and Its Parts			5213
机电产品		Mechanical and Electrical Products			1901348
机械基础件		Mechanical Foundation			37677
轴承	(吨)	Bearing	(ton)	11726	8757
手用或机用工具	(吨)	Hand or machine tools	(ton)	4615	29709
农业机械		Agricultural machinery			25466
食品加工机械	(万台)	Food processing machinery	(10000 units)	1	4606
包装机械	(万台)	Packaging machinery	(10000 units)	4	2547
印刷、装订机械及其零件		Printing and binding machinery and its components			3634
通用机械设备		General Purpose Mechanical Equipment			43459
泵	(万台)	PUMPS	(10000 sets)	88	14581
阀门及类似装置	(万套)	Valves and Similar Devices	(10000 sets)	323	11342
纺织机械及其零件		Textile machinery and its components			2107
缝制机械及其零件		Sewing machinery and its components			902
机床	(万台)	Machine Tool	(10000 sets)	2	15633
自动数据处理设备及其零部件		Automatic Data Processing Equipment and Its Parts			27846
自动数据处理设备	(万台)	Automatic Data Processing Equipment	(10000 sets)	3	7881
3D打印机	(台)	3D printer	(set)	158	73
电工器材		Electrical Equipment			147600
变压器	(万个)	Transformers	(10000 units)	40	2842
原电池	(万个)	Primary Battery	(10000 units)	526	229
蓄电池	(万个)	Storage Battery	(10000 units)	179	53136
锂离子蓄电池	(万个)	Lithium Ion Battery	(10000 units)	70	42565
电气控制装置		Electrical Control Unit			23996
电线及电缆	(吨)	Wires and Cables	(ton)	3259	24229
手机	(万台)	Cell Phone	(10000 units)	9	36674
家用电器	(万台)	Household Appliances	(10000 units)	430	33575
音视频设备及其零件		Audio and Video Equipment and Parts Thereof			14504
平板显示模组	(万个)	Flat panel display modules	(10000 units)	36	1618
电子元件		Electronic Component			82533
集装箱	(个)	Container	(piece)	412	2374
摩托车	(辆)	Motorbikes	(unit)	3456	590
自行车	(万辆)	Bicycle	(10000 units)	12	4306
摩托车及自行车的零配件		Spare Parts for Motorcycles and Bicycles			11188
汽车(包括底盘)	(万辆)	Car (including Chassis)	(10000 units)	1	339086
汽车零配件		Auto Parts			196120
婴孩车及其零件	(吨)	Baby Carriages and Their Parts	(ton)	1318	3003
飞机及其他航空器	(万架)	Aircraft and other aircraft	(10000 units)	1	729
船舶(艘)		Ship		4	41
眼镜及其零件		Glasses and their parts			7005
计量检测分析自控仪器及器具		Automatic Measuring, Testing and Analyzing Instruments and Apparatus			129234
医疗仪器及器械		Medical Instruments and Apparatus			9585
钟表及其零件		Clocks and watches and their parts			3459
手表	(万只)	Watch	(10000 units)	37	1165
灯具、照明装置及其零件		Lamps Lighting Devices and Its Parts			36655
游戏机及其零附件	(吨)	Game console and its accessories	(ton)	43	869
高新技术产品		High and New-tech Products			576326
电动载人汽车	(辆)	Electric passenger vehicle	(unit)	1021	28238
文化产品		Cultural products			138444

10-6 海关主要商品进口数量和金额(2022年)
Main Import Goods in Volume and Value(Customs Statistics)(2022)

品　名		Item		数量 Volume	金额(万元) Value (10000 yuan)
农产品		Agricultural Produce			2236767
肉类(包括杂碎)	(吨)	Meat(including Entrails)	(ton)	107715	424849
牛肉及牛杂碎	(吨)	Beef	(ton)	33534	134200
猪肉及猪杂碎	(吨)	Pork	(ton)	25	74
水产品	(吨)	Aquatic Products	(ton)	17069	43653
食用水产品	(吨)	Edible aquatic products	(ton)	16791	43607
冻鱼	(吨)	Frozen Fish	(ton)	7367	11669
乳品	(吨)	Dairy Products	(ton)	29914	71609
奶粉	(吨)	Milk Powder	(ton)	18157	50012
干鲜瓜果及坚果	(吨)	Fresh and Dried Fruits and Nuts	(ton)	13676	56511
粮食	(吨)	Grain	(ton)	2909694	1246806
谷物及谷物粉(包括压片等)	(吨)	Cereal and cereal flour(including tabletting)	(ton)	95039	21674
小麦	(吨)	Wheat	(ton)	16818	4758
玉米	(吨)	Corn	(ton)	26748	4243
稻谷及大米	(吨)	Paddy and Rice	(ton)	27154	8261
豆类	(吨)	Soybean	(ton)	2814511	1224799
大豆	(吨)	Soybean	(ton)	2811619	1222756
食用油	(吨)	Edible Oil	(ton)	59508	53449
食用植物油	(吨)	Edible Vegetable Oil	(ton)	58494	51216
豆油	(吨)	Soybean Oil	(ton)	36183	33456
食糖	(吨)	Sugar	(ton)	112648	37047
酒类及饮料	(吨)	Alcohol and Beverages	(ton)		17361
啤酒	(万升)	Beer	(10000 liters)	1900	8545
葡萄酒	(万升)	Wine	(10000 liters)	78	1325
制盐	(吨)	Salt Making	(ton)	3771	1240
金属矿及矿砂	(吨)	Metal Ore and Ore	(ton)	10764669	1044437
铁矿砂及其精矿	(吨)	Iron ore and Its Concentrate	(ton)	10590622	774022
煤及褐煤	(吨)	Coal and lignite	(ton)	3426584	276958
原油	(吨)	Crude Oil	(ton)	30671888	12258244
成品油	(吨)	Product Oil	(ton)	527	429
天然气	(吨)	Natural Gas	(ton)		2672736
基本有机化学品		Basic organic chemicals			686
医药材及药品	(吨)	Petroleum Products Refined	(ton)	2569	6839
中药材	(吨)	Traditional Chinese Medicine	(ton)	2395	3937
肥料	(吨)	Fertilizer	(ton)	685205	253809
美容化妆品及洗护用品	(吨)	Beauty cosmetics and toiletries	(ton)	228	1032
初级形状的塑料	(吨)	Plastic in Primary Shape	(ton)	2436	2876
塑料制品	(吨)	Plastic Products	(ton)		9161
天然及合成橡胶(包括胶乳)	(吨)	Natural and Synthetic Rubber(including latex)	(ton)	16233	21610
皮革、毛皮及其制品		Leather, fur and their products			3032
木及其制品	(吨)	Wood and Its Products	(ton)	5883158	898140
原木	(万立方米)	Log	(10000 cu.m)	381	370139
锯材	(万立方米)	Sawn Timber	(10000 cu.m)	331	493962
纸浆、纸及其制品	(吨)	Pulp Paper and Its Products	(ton)	427066	219679
纺织原料	(吨)	Textile raw materials	(ton)	25773	66197
纺织纱线、织物及其制品		Textile Yarn ,Fabric and Its Products			14812
服装及衣着附件		Clothing and Accessories			11783
玻璃及其制品		Glass and Its Products			1697
玻璃纤维及其制品	(吨)	Glass Fiber and Its Products	(ton)	1	62

10-6　续表 Continued

品　　名	Item	数量 Volume	金额(万元) Value (10000 yuan)
珍珠、宝石及半宝石	Pearls, gemstones, and semi precious stones		4136
钢材 (吨)	Rolled Steel (ton)	2604	12700
未锻轧铜及铜材 (吨)	Unwrought Rolled Steel and Steel (ton)	1579	9436
未锻轧铝及铝材 (吨)	Unwrought Aluminum and Aluminum (ton)	6654	9234
机电产品	Mechanical and Electrical Products		710120
机械基础件	Mechanical basic components		13490
农业机械	Agricultural machinery		43737
食品加工机械 (台)	Food Processing Machinery (set)	148	134
包装机械	Packaging Machinery	23	4380
印刷、装订机械及其零件	Printing ,Bookbinding Machinery and Parts		608
通用机械设备	General Mechanical Equipment		40752
压缩机 (万台)	Compressor (10000 sets)	4	3142
阀门及类似装置 (万套)	Valves and Similar Devices (10000 sets)	33	30786
机床 (台)	Machine tool (set)	75	12317
自动数据处理设备及其零部件	Automatic Data Processing Equipment and Its Components		2217
存储部件 (台)	Memory Component (set)	7356	453
自动数据处理设备的零件、附件 (吨)	Parts and Accessories of Automatic Data Processing Equipment (ton)	23	229
半导体制造设备 (台)	Semiconductor manufacturing equipment (set)	31	4125
电工器材	Electrician Equipment		24203
变压器 (万个)	Electrician (10000 units)	4	967
蓄电池 (万个)	Storage Battery (10000 units)	38	184
电线及电缆 (吨)	Wire and Cable (ton)	35	1517
家用电器 (台)	Household appliances (set)	3183	185
音视频设备及其零件	Audio and video equipment and its components		4628
平板显示模组 (万个)	Flat panel display modules (10000 units)	9	2258
电子元件	Electronic Component		53042
电容器 (吨)	Electrical Capacitor (ton)	40	790
印刷电路 (万块)	Printed Circuit (10000 units)	297	2957
二极管及类似半导体器件 (万个)	Diode and Similar Semiconductor Devices (10000 units)	40119	31450
集成电路 (万个)	Integrated Circuit (10000 units)	30210	15244
汽车(包括底盘)	Automobile (including chassis)	7	74
汽车零配件	Parts of Motor Vehicles		193122
飞机及其他航空器 (架)	Aircraft and other aircraft (unit)	30	4
航空器零部件	Parts of Aircraft		10327
船舶 (艘)	Ship (unit)	7	305
计量检测分析自控仪器及器具	Detection and Analysis of the Measurement Apparatus with		64646
医疗仪器及器械	Medical Instruments and Equipment		12377
钟表及其零件	Clocks and Watches and Their Parts		74
手表 (只)	Wrist watches (unit)	2640	36
高新技术产品	High and New-tech Products		251553
计算机与通信技术	Computer and Communication Technology		15087
电子技术	Electronic Technique		58318
航空航天技术	Aerospace Engineering		95497
文化产品	Cultural Artifact		8458

10-7 分地区进出口总额
Total Value of Import and Export by Region

单位：万元 (10000 yuan)

地 区	Region	进出口总额 Total Value of Imports and Exports 2021	2022	出口总额 Total Exports 2021	2022	进口总额 Total Imports 2021	2022	进出口差额 Balance 2021	2022
全 省	**Total**	**19950071**	**26515489**	**4477109**	**5455904**	**15472962**	**21059585**	**-10995852**	**-15603681**
哈尔滨	Haerbin	3445819	3869551	1713292	1363164	1732527	2506388	-19235	-1143224
齐齐哈尔	Qiqihar	665623	927038	409361	540636	256262	386401	153099	154235
鸡 西	Jixi	340403	629025	327494	617057	12909	11968	314585	605089
鹤 岗	Hegang	244868	202755	50176	14033	194692	188722	-144516	-174689
双鸭山	Shuangyashan	208338	201473	107882	118500	100455	82973	7427	35527
大 庆	Daqing	10413797	14128242	505601	669915	9908196	13458328	-9402595	-12788413
伊 春	Yichun	71874	111775	20589	56512	51285	55262	-30696	1250
佳木斯	Jiamusi	994613	1422378	223048	304047	771565	1118331	-548517	-814284
七台河	Qitaihe	11808	22926	7817	20954	3992	1971	3825	18983
牡丹江	Mudanjiang	2409940	2670707	857495	1206920	1552445	1463787	-694950	-256867
黑 河	Heihe	701230	1653626	92944	249174	608286	1404451	-515342	-1155277
绥 化	Suihua	431204	650766	151917	273225	279288	377541	-127371	-104316
大兴安岭	Daxinganling	10554	25227	9492	21766	1062	3462	8430	18304

10-8 分地区外商直接投资情况
Foreign Direct Investment Actually Utilized by Region

地 区	Region	设立企业(个) Establishment of Enterprises(unit) 2020	2021	2022	合同外资(万美元) Contract Value (USD 10000) 2020	2021	2022	实际使用额(万美元) Used Value (USD 10000) 2020	2021	2022
全 省	**Total**	**113**	**126**	**144**	**241646**	**308409**	**131074**	**54434**	**38926**	**23043**
哈尔滨	Harbin	57	62	64	151353	140330	73922	34149	27760	15218
齐齐哈尔	Qiqihar	6	4	10	5462	4485	1838	12315	3033	1198
鸡 西	Jixi	2	1	10	52	471	4975	55	112	170
鹤 岗	Hegang	3	7	7	1133	261	5251	78	34	53
双鸭山	Shuangyashan	2	4	5	475	2039	831	213	400	679
大 庆	Daqing	7	10	5	52440	4457	7551	5299	6033	1843
伊 春	Yichun	3		2	4395	68	187	53	57	67
佳木斯	Jiamusi	13	11	8	2649	4627	20933	452	437	2938
七台河	Qitaihe		4			2269	195		100	200
牡丹江	Mudanjiang	14	18	18	14096	146448	7463	203	276	324
黑 河	Heihe	5	3	10	2455	2646	6493	99	120	123
绥 化	Suihua	1	2	5	7136	280	1435	1507	551	218
大兴安岭	Daxinganling					28		11	13	13

注：从2021年开始实际使用外资额使用商务部反馈数据(下同)。

a) Starting from the 2021, the actual amount of foreign investment used was the feedback data from the Ministry of Commerce(the same below).

10-9 利用外资概况
Utilization of Foreign Capital

单位：个、万美元 (unit, USD 10000)

年份 Year	总计 Total			对外借款 Foreign Loans		
	设立企业 Establishment of Enterprises	合同金额 Contracted Value	实际使用额 Used Value	项目 Number of Projects	合同金额 Contracted Value	实际使用额 Used Value
1984	21	2505	8317	3	1288	8000
1985	53	9169	1747	8	4951	249
1986	52	4389	4987	5	2641	2409
1987	46	11291	4558	5	3332	2597
1988	97	15949	9860	11	5328	3553
1989	90	9952	15347	4	861	11050
1990	89	4100	11777	2	788	7102
1991	256	16517	6462	6	3484	4148
1992	928	56177	10516	5	1655	99
1993	1729	123291	29969	13	22317	7007
1994	726	106265	49054	13	47281	14241
1995	868	161269	74994	18	54693	23458
1996	545	77627	78725	12	5988	22034
1997	407	88757	103537	27	30052	30052
1998	278	96398	87009	28	34370	34370
1999	331	122651	111309	18	29414	29414
2000	281	108557	110359	21	27274	27274
2001	269	118800	115114	27	29000	29000
2002	199	141404	123656		29100	29100
2003	258	165283	128772	28	25800	25800
2004	286	197366	144546	6	20907	20907
2005	272	215776	152203	6	18252	7512
2006	251	261030	174901	11	39800	4100
2007	242	295757	216908	2	22800	8400
2008	170	402686	265642	10	66700	10900
2009	169	331852	250900	11	76700	14700
2010	149	307439	275851	2	20329	9700
2011	131	352006	345694			20890
2012	98	390017	399140			9144
2013	86	514829	464231	1	15000	2901
2014	102	614462	515551	4	28135	6760
2015	91	583934	554509	11	15096	9634
2016	117	772249	589647	1	2664	7814
2017	105	975847	585717	2	6806	2074
2018	127	848915	594792	1	31000	7766
2019	158	202683	54324			
2020	113	241646	54434			
2021	126	308409	38926			
2022	144	131074	23043			

10-10 按行业分外商直接投资(2022年)
Foreign Direct Investment by Sector(2022)

单位：个、万美元 (unit, USD 10000)

行 业	Sector	设立企业 Establishment of Enterprises	实际使用金额 Realized FDI Value
总 计	**Total**	**144**	**23043**
农、林、牧、渔业	Agriculture, Forestry, Animal Husbandry and Fishery	3	3294
采矿业	Mining		
制造业	Manufacturing	11	8880
电力、热力、燃气及水生产和供应业	Production and Supply of Electricity, Heat, Gas and Waterr	5	5086
建筑业	Construction	1	24
批发和零售业	Wholesale and Retail Trades	51	599
交通运输、仓储和邮政业	Transport, Storage and Post	2	410
住宿和餐饮业	Hotels and Catering Services	4	
信息传输、软件和信息技术服务业	Information Transmission, Software and Information Technology	5	74
金融业	Financial Intermediation		
房地产业	Real Estate	2	169
租赁和商务服务业	Leasing and Business Services	22	3221
科学研究和技术服务业	Scientific Research and Technical Services	33	1275
水利、环境和公共设施管理业	Management of Water Conservancy, Environment and Public Facilities		
居民服务、修理和其他服务业	Service to Households, Repair and Other Services	1	5
教育	Education		
卫生和社会工作	Health and Social Service	1	6
文化、体育和娱乐业	Culture, sports and entertainment	3	

10-11 按国别(地区)分外商直接投资额(2022年)
Foreign Direct Investment by Country (Region)(2022)

单位：个、万美元 (unit, USD 10000)

国别(地区)	Country(region)	设立企业 Establishment of Enterprises	实际使用金额 RealizedFDI Value
总 计	**Total**	**144**	**23043**
亚 洲	**Asia**	**90**	**14113**
中国香港	Hong Kong, China	46	13522
中国澳门	Macao, China	4	72
中国台湾	Taiwan, China	16	131
菲律宾	Philippines		
马来西亚	Malaysia	2	
新加坡	Singapore	5	
老 挝	Laos	1	
泰 国	Thailand		
蒙 古	Mongolia		
哈萨克斯坦	Kazakhstan	2	
柬埔寨	Cambodia	1	
日 本	Japan	2	13
韩 国	Korea	10	375
巴基斯坦	Pakistan		
土库曼斯坦	Turkmenistan	1	
非 洲	**Africa**	**8**	
埃 及	Egypt	1	
埃塞俄比亚	Ethiopia		
南 非	South Africa	1	
肯尼亚	Kenya		
卢旺达	Rwanda		
加 纳	Ghana	1	
乌干达	Uganda	1	
坦桑尼亚	Tanzania	2	
摩洛哥	Morocco	2	
塞舌尔	Seychelles		
安哥拉	Angola		
欧 洲	**Europe**	**31**	**5678**
德 国	Germany	1	
法 国	France		
意大利	Italy		
比利时	Belgium		5500
奥地利	Austria		
波 兰	Poland	1	
英 国	United Kingdom	6	165
丹 麦	Denmark		
卢森堡	Luxembourg		
荷 兰	Holland		
瑞 典	Sweden		
瑞 士	Switzerland		
俄罗斯	Russia	23	13
乌克兰	Ukraine		
拉丁美洲	**Latin America**		**3122**
伯利兹	Belize		
开曼群岛	Cayman Islands		
维尔京群岛	Virgin Is.		3122
北美洲	**North America**	**10**	**56**
加拿大	Canada	5	23
美 国	United States	5	33
大洋洲	**Oceania**	**4**	**74**
澳大利亚	Australia	2	29
新西兰	New Zealand	2	45
萨摩亚	Samoa		
投资性公司投资	**Investment Company**	**4**	

10-12 外商投资企业户数和投资额(2022年)

Number of Enterprise and Investment of Foreign-Funded Enterprises(2022)

单位：户、万美元 (unit,USD 10000)

项目	Item	户数 Number of Enterprise	投资总额 Total Investment	注册资本 Registered Capital	#外方 Foreign
全省	**Total**	**5853**	**17976083**	**15806671**	**8680834**
按企业类别分组	**Grouped by Status**				
中外合资	Equity Joint Venture	465	2646338	1172021	529875
中外合作(法人)	Contractual Joint Venture	54	280839	113446	81053
外资企业	Foreign Companies	975	1806839	1245795	1245795
2020年1月1日起登记的外商投资有限责任公司	A foreign-funded limited liability company registered as of January 1,2020	231	13133785	13161029	6748121
外商投资股份有限公司	Foreign Investment Co., Ltd.	17	95357	85162	49164
其他外商投资企业	Other Foreign-invested Enterprises	783	12926	29220	26827
在中国境内从事经营活动的外国(地区)企业	Foreign (regional) enterprises engaged in business activities within the territory of China	9			
外商投资企业分支机构	Branches of Foreign-invested Enterprises	3319			
按行业分组	**Grouped by Sector**				
农林牧渔业	Agriculture, Forestry, Animal Husbandry and Fishery	73	451164	421719	389413
采矿业	Mining	8	12391	10271	8126
制造业	Manufacturing	591	1719517	1201650	816669
电力、热力、燃气及水生产和供应业	Production and Supply of Electricity, Heat, Gas and Water	123	355120	350568	225277
建筑业	Construction	43	16499	13609	10017
批发和零售业	Wholesale and Retail Trades	1021	2505476	1026331	392410
交通运输、仓储和邮政业	Transport, Storage and Post	56	38308	22628	18578
住宿和餐饮业	Hotels and Catering Services	463	49605	23447	19829
信息传输、软件和信息技术服务业	Information Transmission, Software and Information Technology	1669	101636	869659	628006
金融业	Financial Intermediation	149	233441	92153	15312
房地产业	Real Estate	80	176135	96745	83363
租赁和商务服务业	Leasing and Business Services	1172	11561331	11192490	5743969
科学研究和技术服务业	Scientific Research and Technical Services	267	657716	415018	266912
水利、环境和公共设施管理业	Management of Water Conservancy, Environment and Public Facilities	16	13298	20099	17852
居民服务、修理和其他服务业	Service to Households, Repair and Other Services	39	7799	5861	3724
教育	Education	3		15	15
卫生和社会工作	Health and Social Service	8	18660	12422	10145
文化、体育和娱乐业	Culture, Sports and Entertainment	45	43108	19469	19263
其他	Others	27	14881	12516	11955

主要统计指标解释

货物进出口总额　指实际进出我国国境的货物总金额。包括对外贸易实际进出口货物，来料加工装配进出口货物，国家间、联合国及国际组织无偿援助物资和赠送品，华侨、港澳台同胞和外籍华人捐赠品，租赁期满归承租人所有的租赁货物，进料加工进出口货物，边境地方贸易及边境地区小额贸易进出口货物，中外合资企业、中外合作经营企业、外商独资经营企业进出口货物和公用物品，到、离岸价格在规定限额以上的进出口货样和广告品(无商业价值、无使用价值和免费提供出口的除外)，从保税仓库提取在中国境内销售的进口货物，以及其他进出口货物。该指标可以观察一个国家在对外贸易方面的总规模。我国规定出口货物按离岸价格统计，进口货物按到岸价格统计。

商品收发货人所在地进、出口额　指按进出口企业注册登记地进行分组汇总的进、出口额。

商品境内目的地进口额和商品境内货源地出口额　境内目的地进口额指按进口货物的消费、使用或最终抵运地进行分组汇总的进口额；境内货源地出口额指按出口货物的产地或原始发货地进行分组汇总的出口额。

服务进出口　指常住单位与非常住单位之间相互提供的服务。包括运输，旅行，建筑，保险服务，金融服务，电信、计算机和信息服务，知识产权使用费，个人、文化和娱乐服务，维护和维修服务，加工服务，其他商业服务，政府服务。

外商直接投资　是指外国投资者在我国境内通过设立外商投资企业、合伙企业、与中方投资者共同进行石油资源的合作勘探开发以及设立外国公司分支机构等方式进行投资。外国投资者可以用现金、实物、无形资产、股权等投资，还可以用从外商投资企业获得的利润进行再投资。

外商其他投资　指除对外借款和外商直接投资以外的各种利用外资的形式。包括企业在境内外股票市场公开发行的以外币计价的股票发行价总额，国际租赁进口设备的应付款，补偿贸易中外商提供的进口设备、技术、物料的价款，加工装配贸易中外商提供的进口设备、物料的价款。

对外直接投资　是境内投资者以控制国（境）外企业的经营管理权为核心的经济活动，体现在一经济体通过投资于另一经济体而实现其持久利益的目标。

对外承包工程　根据《对外承包工程管理条例》，对外承包工程是指中国的企业或者其他单位承包境外建设工程项目的活动。

对外劳务合作　指组织劳务人员赴其他国家或地区为国外的企业或机构工作的经营性活动。

Explanatory Notes on Main Statistical Indicators

Total Import and Export of Goods refer to the real value of commodities imported and exported across the border of China. They include the actual imports and exports through foreign trade, imported and exported goods under the processing and assembling trades and materials, supplies and gifts as aid given gratis between governments and by the United Nations and other international organizations, and contributions donated by overseas Chinese, compatriots in Hong Kong and Macao and Chinese with foreign citizenship, leasing commodities owned by tenant at the expiration of leasing period, the imported and exported commodities processed with imported materials, commodities trading in border areas, the imported and exported commodities and articles for public use of the Sino-foreign joint ventures, cooperative enterprises and ventures with sole foreign investment. Also included is import or export of samples and advertising goods for which CIF or FOB value are beyond the permitted ceiling (excluding goods of no trading or use value and free commodities for export), imported goods sold in China from bonded warehouses and other imported or exported goods. The indicator of the total imports and exports at customs can be used to observe the total size of external trade in a country. In accordance with the stipulation of the Chinese government, imports are calculated at CIF, while exports are calculated at FOB.

Import or Export by Location of Importers/Exporters The location of importers or exporters refers to the place inside China's customs territory where the importers or exporters are registered..

Imports and Exports by Location of Domestic Consumers/Producers The location of domestic consumers refers to the place inside China's customs territory where the imported goods are to be consumed, utilized or destined for. The location of domestic producers refers to the place inside China's customs territory where the exported goods are produced, manufactured or initially delivered.

Import and Export of Services refers to services provided between resident and non-resident units, including transportation, travel, construction, insurance, finance, telecommunications, computer and informations, professional and management consultancy, intellectual property fee, individual, culture and recreation, maintenance and repair, and other services, but excluding government services.

Foreign Direct Investment refers to foreign investment in China through the establishment of foreign invested enterprises, cooperative exploration and development of petroleum resources with domestic investors and the establishment of branch organizations of foreign enterprises. Foreign investment can be made in forms of cash, physical investment, intangible assets and equity, in addition with reinvestment of the foreign enterprises with the profits gained from the investment.

Other Foreign Investment refers to all forms of utilization of foreign capitals other than foreign borrowings and foreign direct investment. It includes the total value of stock shares in foreign currencies issued by enterprises at domestic or foreign stock exchanges, rent payable for the imported equipment through international leasing arrangement, cost of imported equipment, technology and materials provided by foreign counterparts in compensation trade and processing and assembly trade.

Out Ward Direct Investment refers to investment made by domestic enterprises and organizations (referred to as domestic investors) in foreign countries and Hong Kong SAR, Macao SAR and Taiwan province in forms of cash, physical investment and intangible assets, and the economic activities centring on operation and management of those enterprises are under the control of domestic investors. The content of overseas direct investment mainly reflects one economic entity by investing in another economic entity to achieve its goal of lasting interest.

Overseas Contracted Projects refer to activities of contracting overseas construction projects by Chinese enterprises or any other units, which are stipulated in the *Regulations on Administration of Foreign Contracted Project.*

Overseas Labour Services refer to operational activities of organizing labour force to go abroad providing services to foreign enterprises or agencies.

第11篇

农 业

CHAPTER 11 AGRICULTURE

11-1 农业生产条件
Condition for Agricultural Production

项目		Item		2018	2019	2020	2021	2022
农村基层单位	(个)	Basic Unit in Rural	(unit)					
乡镇数		Township and Towns		888	902	902	901	902
#镇数		Towns		541	557	555	565	553
村民委员会		Villagers Committee		8967	9044	9045	9026	9407
化肥施用量	(万吨)	Consumption of Chemical Fertilizers	(10000 tons)	245.6	223.3	224.2	239.0	238.5
氮 肥		Nitrogenous Fertilizer		83.6	73.0	72.0	75.9	76.1
磷 肥		Phosphate Fertilizer		49.5	44.1	45.0	47.6	47.3
钾 肥		Potash Fertilizer		34.7	30.6	30.9	32.4	32.5
复合肥		Compound Fertilizer		77.9	75.6	76.4	83.0	82.5
农用塑料薄膜使用量	(万吨)	Consumption of Agricultural Films	(10000 tons)	7.7	7.2	7.1	6.1	5.8
#地膜使用量		Consumption of Ground Films		2.9	2.5	2.4	1.8	1.7
地膜覆盖面积	(千公顷)	Ground Film Covered Areas	(1000 hectares)	263.2	268.2	233.0	185.8	182.6
农用柴油使用量	(万吨)	Consumption of Agricultural Diesel Oil	(10000 tons)	148.4	137.4	138.5	140.3	139.6
农药使用量	(万吨)	Consumption of Pesticide	(10000 tons)	7.5	6.4	6.1	5.7	5.5
水库	(座)	Number of Reservoirs	(unit)	1031	973	898	845	796
大型水库	(1亿立方米以上)	Large	(above 100 million cu.m)	28	28	29	29	29
中型水库	(1千万-1亿立方米)	Medium-sized	(10 million-100 million cu.m)	101	98	101	98	100
小型水库	(10万-1千万立方米)	Small	(100000-10 million cu.m)	902	847	768	718	667
水库库容量	(亿立方米)	Capacity of Reservoirs	(100 million cu.m)	268.4	267.7	288.3	286.0	285.6
大型水库		Large		217.7	217.7	237.6	237.7	237.7
中型水库		Medium-sized		35.2	34.6	34.8	34.0	33.8
小型水库		Small		15.6	15.4	15.1	14.3	14.0
机电井数	(万眼)	Number of Electrical and Mechanical Well	(10000 unit)	27.8	28.0	29.9	30.1	30.5
治理水土流失面积	(万公顷)	Area of Soil Erosion under Control	(10000 hectares)	489.5	489.5	574.7	627.0	671.8
堤防长度	(公里)	Total Length of Dikes	(km)	15208	15321	15439	15633	15808
堤防保护面积	(万公顷)	Area of Land Protected by Dikes	(10000 hectares)	346.0	349.9	337.7	343.6	346.0

11-2 农、林、牧、渔业总产值和指数
Gross Output Value of Farming,Forestry,Animal Husbandry and Fishery and Related Indices

年份 Year 地区 Region	绝对数(亿元) Gross Output Value of Farming, Forestry, Animal Husbandry and Fishery(100 million yuan)					指数(上年=100) Indices (preceding year=100)				
	总产值 Total	#农业 Farming	#林业 Forestry	#牧业 Animal Husbandry	#渔业 Fishery	总产值 Total	#农业 Farming	#林业 Forestry	#牧业 Animal Husbandry	#渔业 Fishery
1978	60.9	51.0	2.6	7.2	0.1	120.2	126.3	81.3	99.0	90.0
1980	85.6	69.6	3.5	12.2	0.3	108.6	110.5	113.6	94.8	119.0
1985	114.3	84.6	7.0	21.5	1.2	92.7	91.1	89.0	110.4	137.3
1990	245.4	183.7	7.6	49.3	4.7	125.1	127.6	101.2	121.1	106.5
1991	244.3	175.0	8.2	55.9	5.2	99.5	93.6	100.7	122.0	110.9
1992	278.0	204.3	10.3	57.1	6.3	105.6	108.6	107.8	95.2	108.8
1993	318.0	235.4	10.2	64.5	7.9	102.2	100.9	98.0	106.5	103.9
1994	509.6	381.5	12.4	106.0	9.7	112.5	109.7	113.8	121.7	115.2
1995	623.6	462.2	14.7	134.3	12.4	106.3	100.7	118.9	125.0	124.1
1996	740.8	558.7	16.8	151.5	13.8	110.6	111.0	110.0	109.3	115.8
1997	772.3	571.1	17.1	168.7	15.4	107.1	107.9	101.9	105.3	111.6
1998	736.3	517.6	17.7	184.5	16.5	100.1	96.1	97.8	109.9	115.7
1999	660.5	459.9	18.3	165.9	16.4	103.0	102.6	107.0	103.0	106.3
2000	625.1	414.4	18.3	175.7	16.8	99.3	95.3	100.0	108.2	103.2
2001	711.0	450.6	15.7	224.6	20.1	106.5	106.5	97.9	109.9	105.0
2002	776.7	487.5	16.2	252.1	20.9	108.1	107.5	102.2	110.5	104.0
2003	903.3	502.9	59.1	294.2	23.1	103.0	96.5	102.5	115.4	106.0
2004	1136.6	620.2	65.8	400.7	25.0	119.3	122.7	111.4	117.7	103.5
2005	1294.4	718.6	67.3	461.2	27.4	110.2	109.0	100.6	115.8	105.6
2006	1391.1	817.5	68.0	448.7	21.1	106.4	106.5	101.0	106.8	108.8
2007	1591.7	873.4	76.7	577.3	19.3	105.7	103.3	104.7	108.3	115.9
2008	2004.1	1051.7	84.5	792.1	21.7	110.5	112.7	106.6	108.0	107.0
2009	2136.8	1136.5	78.0	836.7	28.8	106.3	105.1	99.3	108.6	119.1
2010	2422.2	1320.1	84.9	916.5	34.9	106.5	108.9	108.7	102.7	108.8
2011	3103.0	1778.5	95.1	1214.5	40.7	106.7	110.0	103.4	102.2	112.3
2012	3842.0	2339.8	112.7	1308.6	53.5	105.8	107.5	105.3	103.2	107.8
2013	4560.2	2954.7	146.9	1334.8	60.1	104.8	107.5	105.6	99.2	115.0
2014	4865.8	3193.6	154.6	1338.3	72.3	105.6	107.7	98.9	101.5	111.1
2015	5030.1	3156.9	156.6	1515.2	83.6	106.1	107.3	104.8	103.1	111.4
2016	5202.9	3189.7	163.7	1627.1	92.0	105.5	105.4	108.7	104.7	112.0
2017	5586.6	3471.3	175.2	1701.7	98.0	104.6	104.1	105.7	105.3	107.8
2018	5624.3	3635.0	186.4	1542.4	105.7	103.5	104.5	105.8	100.6	107.4
2019	5930.0	3774.5	193.9	1671.8	123.1	102.5	102.5	105.1	101.7	104.1
2020	6438.1	4044.1	192.4	1913.0	115.6	102.6	101.4	104.7	105.2	103.9
2021	6460.0	4099.5	208.0	1833.1	135.9	107.1	105.8	109.6	109.5	106.8
2022	6718.2	4320.5	212.3	1842.8	147.9	102.5	101.7	105.0	103.9	103.7
哈尔滨 Harbin	1259.2	826.1	33.2	319.3	25.3	102.6	101.8	105.5	104.3	101.9
齐齐哈尔 Qiqihar	805.5	424.8	10.4	347.0	14.9	102.3	100.1	104.1	105.2	100.8
鸡西 Jixi	367.7	278.3	9.4	62.0	10.8	102.8	101.6	122.1	106.4	101.5
鹤岗 Hegang	204.8	128.4	2.9	55.4	2.8	102.4	99.7	128.0	107.5	102.3
双鸭山 Shuangyashan	366.1	289.4	10.9	50.1	3.6	102.8	102.9	104.4	102.3	102.2
大庆 Daqing	533.7	249.6	7.3	241.7	29.1	102.7	101.8	105.0	102.9	108.0
伊春 Yichun	217.3	128.7	44.2	35.0	5.6	102.0	100.7	102.3	104.7	111.9
佳木斯 Jiamusi	685.5	506.9	14.5	132.3	21.4	102.9	101.9	102.6	105.8	111.3
七台河 Qitaihe	84.4	52.9	3.7	20.4	1.4	103.9	102.6	108.1	106.7	101.7
牡丹江 Mudanjiang	422.4	320.8	3.9	74.5	3.9	102.5	102.6	101.6	102.0	101.6
黑河 Heihe	523.4	395.5	23.7	67.9	6.0	101.0	99.6	100.2	106.5	103.0
绥化 Suihua	1127.7	661.3	8.9	409.3	34.2	102.6	102.6	103.0	103.1	101.2
大兴安岭 Daxinganling	120.4	45.5	48.3	14.6	0.4	104.3	105.8	103.6	103.0	123.9

注：1.2003年起执行新的国民经济行业分类标准，农林牧渔业新增加了农林牧渔服务业，林业中新增加了林木采伐(下同)。
2.2007-2017年数据是与第三次农业普查衔接后数据。

a) Since 2003, the new category standard of national economy industry is implemented, the relative service industry is newly added to farming, forestry, animal husbandry and fishery, forest-cutting is newly added to forestry (the same below).

b) Data from 2007 to 2007 on national accounts have been adjusted according to the results of the third national agricultural census.

11-3 主要农业机械年底拥有量
Major Agricultural Machinery at Year-end

年份 Year / 地区 Region		农业机械总动力(万千瓦) Total Power of Agriculture Machinery (10000 kw)	拖拉机及配套机械							
			小型(22.1千瓦及以下)		中型(22.1-73.5千瓦)		大型及以上(73.5千瓦及以上)		拖拉机配套农具	其中：58.8千瓦及以上拖拉机配套
			万台 10000 units, unit	万千瓦 10000 kw, kw	万台 10000 units, unit	万千瓦 10000 kw, kw	万台 10000 units, unit	万千瓦 10000 kw, kw	万部 10000 sets, sets	万部 10000 sets, sets
2019		5273.5	102.4	1433.4	44.4	1624.9	4.1	499.9	220.0	32.3
2020		6775.1	98.0	1382.6	56.1	2178.0	7.7	985.8	288.1	67.9
2021		6888.4	91.9	1290.3	58.1	2277.1	8.8	1100.1	288.1	72.0
2022		7090.8	86.3	1198.9	59.9	2398.3	9.6	1202.6	288.1	73.1
哈尔滨	Harbin	1258.5	18.2	203.5	13.9	499.6	1.3	165.6	47.1	15.5
齐齐哈尔	Qiqihar	947.8	22.8	323.1	5.5	224.7	1.2	166.8	64.3	5.3
鸡西	Jixi	320.1	3.3	47.7	3.1	116.7	0.3	33.8	15.7	1.2
鹤岗	Hegang	142.2	0.6	7.9	1.2	50.4	0.3	32.8	4.3	1.0
双鸭山	Shuangyashan	242.2	3.1	51.7	2.6	103.4	0.3	36.2	9.5	0.7
大庆	Daqing	351.9	9.0	124.4	1.5	64.0	0.4	53.5	15.4	2.9
伊春	Yichun	99.0	0.2	3.8	1.4	56.1	0.1	17.7	2.5	0.3
佳木斯	Jiamusi	674.9	7.1	114.7	4.8	217.1	0.9	113.2	20.5	2.9
七台河	Qitaihe	99.5	1.0	14.1	1.3	52.9	0.1	12.7	2.6	0.3
牡丹江	Mudanjiang	359.2	4.6	62.5	6.4	216.0	0.2	23.7	15.6	3.0
黑河	Heihe	415.9	5.6	88.2	2.4	98.8	0.9	120.7	15.5	5.6
绥化	Suihua	937.2	9.8	142.9	7.8	305.7	1.4	184.6	37.3	8.3
大兴安岭	Daxinganling	56.8	0.3	5.1	0.7	26.3	0.1	12.9	1.9	0.3

注：本表数据来源于黑龙江省农业农村厅。
a) The data in this table comes from the Department of agriculture and rural affairs of Heilongjiang Province.

11-3 续表　Continued

年份 Year 地区 Region	农用水泵 Pumps	节水灌溉机械 Irrigation Equipment	联合收割机 Combine Harvester		机动脱粒机 Motorized Threshing Machines	
	万台、台 10000 units, unit	台(套) unit	万台、台 10000 units, unit	万千瓦 10000 kw, kw	万台、台 10000 units, unit	万千瓦 10000 kw, kw
2019	38.1	38023	19.8	600.9	14.8	36.0
2020	48.3	58480	16.9	1241.4	14.8	39.9
2021	46.8	55982	17.9	1403.8	14.7	39.8
2022	46.6	54783	20.4	1647.2	14.4	40.8
哈尔滨 Harbin	75889	14098	33572	207.8	40210	6.1
齐齐哈尔 Qiqihar	109728	11208	20327	167.0	29077	0.1
鸡西 Jixi	16547	283	12400	90.7	5893	1.5
鹤岗 Hegang	8165	290	4321	33.1	528	0.2
双鸭山 Shuangyashan	7124	60	5833	52.2	2672	0.3
大庆 Daqing	39033	3789	5320	47.2	15522	2.9
伊春 Yichun	2822	300	2091	21.0	62	0.03
佳木斯 Jiamusi	26663	246	21495	178.0	6113	9.1
七台河 Qitaihe	1876	64	2725	20.2	1824	3.6
牡丹江 Mudanjiang	17158	3118	5813	38.7	12490	3.4
黑河 Heihe	2804	528	7880	93.0	9014	
绥化 Suihua	55034	3524	24645	263.2	19559	11.8
大兴安岭 Daxinganling	454	77	988	8.5	120	0.2

注：全省汇总数包含农垦数据，不等于分地市合计。
a) The total amount of the province includes agricultural land reclamation data and does not equal the total amount by city.

11-4 分地区农用化肥施用量
Consumption of Chemical Fertilizers by Region

年份 Year 地区 Region		化肥施用折纯量(吨) Consumption of Chemical Fertilizers (Convert into 100%, ton)				
		合计 Total	氮肥 Nitrogenous Fertilizer	磷肥 Phosphate Fertilizer	钾肥 Potash Fertilizer	复合肥 Compound Fertilizer
2010		2148852	773541	474006	307803	593502
2011		2284366	819024	490730	340986	633626
2012		2402818	859790	510504	357068	675456
2013		2449560	867799	508478	369810	703473
2014		2519295	889463	524068	378520	727244
2015		2553071	884584	521106	372702	774679
2016		2527469	870974	507033	363665	785797
2017		2511953	854433	525849	356168	775503
2018		2456410	835561	494820	346814	779216
2019		2232662	729697	440738	305787	756441
2020		2242160	719366	450313	308585	763897
2021		2389656	759393	476128	323678	830458
2022		2385041	761282	473446	325053	825259
哈尔滨	Harbin	466791	140333	50658	51097	224703
齐齐哈尔	Qiqihar	345528	117045	56160	39742	132582
鸡西	Jixi	168942	56195	38401	29398	44948
鹤岗	Hegang	44342	13906	10012	7102	13321
双鸭山	Shuangyashan	229760	81117	51122	37846	59675
大庆	Daqing	120689	44254	17005	10741	48689
伊春	Yichun	24769	6516	7384	4361	6508
佳木斯	Jiamusi	302318	97430	69771	59445	75671
七台河	Qitaihe	31448	13369	7076	6035	4968
牡丹江	Mudanjiang	90520	29377	12890	12761	35492
黑河	Heihe	238447	65342	69714	35611	67781
绥化	Suihua	314000	93952	81168	29795	109086
大兴安岭	Daxinganling	7487	2447	2085	1120	1835

11-5 分地区水库数和水库库容量(2022)
Number of Reservoirs and Capacity of Reservoirs by Region(2022)

地　区	Region	水库数 (座) Number of Reservoirs (unit)	水库库容量 (万立方米) Capacity of Reservoirs (10000 cu.m)
全　省		796	2855641
哈尔滨	Harbin	235	429081
齐齐哈尔	Qiqihar	96	982041
鸡　西	Jixi	69	98683
鹤　岗	Hegang	15	17271
双鸭山	Shuangyashan	38	100357
大　庆	Daqing	11	96095
伊　春	Yichun	15	22453
佳木斯	Jiamusi	21	25236
七台河	Qitaihe	21	35600
牡丹江	Mudanjiang	51	657095
黑　河	Heihe	116	281313
绥　化	Suihua	101	95468
大兴安岭	Daxinganling	7	14948

11-6 主要农作物播种面积
Sown Areas of Major Farm Crops

单位：万公顷、公顷 (10000 hectares, hectare)

年 份 Year 地 区 Region	粮食作物播种面积 Total Sown Areas of Grain crops	谷物 Cereal	#水稻 Rice	#小麦 Wheat	#玉米 Corn	#谷子 Millet	#高粱 Jowar
1980	731.8		21.0	210.5	188.4	76.9	27.1
1981	728.2		22.4	219.0	157.7	76.9	29.5
1982	708.9		23.9	190.4	136.3	72.3	29.0
1983	723.5		24.6	209.6	164.2	74.8	31.4
1984	735.5		27.8	198.0	192.0	63.3	29.3
1985	721.6		39.0	203.8	157.7	49.3	14.5
1986	571.5		50.7	196.9	168.9	41.0	17.5
1987	741.2		58.1	158.7	197.6	30.8	17.3
1988	688.6		55.3	123.9	182.8	24.5	17.2
1989	726.2		60.4	168.2	190.4	21.3	17.5
1990	742.0		67.4	178.1	216.9	17.5	15.9
1991	742.7	507.0	74.7	173.7	223.0	14.0	13.6
1992	734.8	491.3	77.8	161.5	216.6	13.2	14.1
1993	755.8	425.1	73.6	133.7	177.7	12.6	16.6
1994	750.1	433.1	74.8	119.5	196.4	10.8	16.2
1995	750.0	467.6	83.5	111.6	241.1	8.8	13.4
1996	779.6	534.0	110.9	123.7	266.6	7.3	17.1
1997	799.5	529.9	139.7	107.4	254.5	6.7	13.5
1998	808.3	526.8	156.3	95.9	248.6	7.0	11.7
1999	809.9	549.1	161.5	95.3	265.2	7.1	12.4
2000	785.2	427.9	160.6	59.0	180.1	8.2	11.6
2001	795.7	434.9	157.7	38.3	211.0	7.0	11.0
2002	783.3	439.4	157.1	24.5	223.7	7.4	11.6
2003	786.3	381.4	129.5	21.4	203.5	5.6	9.2
2004	821.6	423.3	167.5	24.7	214.2	4.1	6.3
2005	988.9	503.3	185.0	25.9	273.0	4.2	7.9
2006	1052.6	577.2	199.2	24.4	330.5	3.5	7.3
2007	1118.0	667.6	228.8	23.3	405.5	1.0	2.5
2008	1147.4	683.5	262.9	23.8	384.9	2.4	3.4
2009	1212.2	742.1	269.5	29.2	436.2	2.0	3.4
2010	1244.5	823.7	313.9	27.8	475.6	1.6	4.1
2011	1283.1	896.5	343.7	29.6	518.0	1.2	3.3
2012	1321.2	998.1	363.1	20.8	610.1	0.7	2.9
2013	1357.6	1059.6	386.1	13.2	657.1	0.6	2.5
2014	1396.8	1086.4	396.8	14.4	670.8	0.8	3.5
2015	1428.3	1138.4	391.8	7.0	736.1	0.7	2.6
2016	1420.2	1063.5	392.5	7.9	652.8	2.4	4.5
2017	1415.4	1000.6	394.9	10.2	586.3	1.8	5.4
2018	1421.5	1031.2	378.3	10.9	631.8	2.1	5.8
2019	1433.8	980.4	381.3	5.6	587.5	1.1	4.4
2020	1443.8	943.8	387.2	4.9	548.1	0.9	2.4
2021	1455.1	1049.4	386.7	6.7	652.4	0.8	2.4
2022	1468.3	961.1	360.1	2.1	597.0	0.2	1.5
哈尔滨 Harbin	2004491.8	1748854.8	573647.4	167.7	1174208.2	163.3	507.9
齐齐哈尔 Qiqihar	2450416.5	1447401.2	413357.7	630.1	1030133.5	64.5	2915.9
鸡 西 Jixi	957346.2	776142.1	470247.1	22.7	305394.4	57.1	420.7
鹤 岗 Hegang	550278.7	408537.3	277573.9	5.6	130559.2		396.0
双鸭山 Shuangyashan	1017227.7	722639.9	361523.2	60.0	360446.4	1.6	608.8
大 庆 Daqing	709214.4	611592.6	108077.7	2802.2	498563.5	436.6	1350.7
伊 春 Yichun	283818.1	111247.3	56922.8	13.7	54310.9		
佳木斯 Jiamusi	1938458.4	1395775.8	933921.8	7.6	461408.7	92.3	335.6
七台河 Qitaihe	210968.7	158272.8	21322.0	67.5	136837.9	40.0	5.4
牡丹江 Mudanjiang	654623.5	403813.3	47431.1	37.2	356026.0	75.4	223.4
黑 河 Heihe	1858387.1	407024.6	12749.2	15039.9	372003.7	6.2	6423.2
绥 化 Suihua	1819456.7	1340377.7	298825.4	416.2	1038614.5	684.5	1775.2
大兴安岭 Daxinganling	173707.1	5852.3		2155.6	3540.4		133.3

注：1.2007–2017年数据是与第三次农业普查衔接后数据。

2.表中的粮食作物播种面积为抽样调查结果，由于抽样框不同，全省粮食作物不等于分市县。

a) Data from 2007 to 2017 on national accounts have been adjusted according to the results of the third national agricultural census.

b) The sown area of grain crops in the table is the result of sampling survey. Due to the different sampling frame, the grain crops of the whole province are not equal to the cities and counties .

11-6 续表1 Continued

单位：万公顷、公顷 (10000 hectares, hectare)

年份 地区	Year Region	豆类 Soybean	#大豆 Soja	薯类 Tuber	油料 Oil-bearing Crops	#油菜籽 Rapeseeds	#葵花籽 Helianthus	#白瓜籽 Pumpkin Seeds	甜菜 Beetroots
1980		173.6	163.0	23.7	24.4	0.4	19.2		24.3
1981		190.4	180.0	21.9	31.5	0.2	26.7		23.4
1982		224.0	213.6	22.6	26.5	0.7	21.7		24.4
1983		181.1	169.3	26.1	22.5	0.8	19.0		33.7
1984		182.1	179.5	23.5	22.4	0.9	20.7		30.5
1985		226.0	216.7	22.2	39.2	2.0	33.8		29.2
1986		220.7	219.7	20.9	18.3	3.0	13.8		30.6
1987		240.9	240.0	21.4	16.9	5.4	10.6		26.3
1988		244.9	242.9	24.7	16.5	8.1	7.4		42.7
1989		229.1	226.4	23.3	13.4	5.8	6.2		31.4
1990		216.2	207.9	21.8	14.2	6.6	6.5		35.8
1991		215.4	209.4	20.3	13.7	6.5	6.5		41.6
1992		221.2	216.0	22.3	18.3	9.8	7.4		33.2
1993		307.2	297.9	23.5	15.5	6.6	7.3		28.4
1994		294.8	279.6	22.2	17.4	5.5	7.4		34.4
1995		258.9	251.3	23.5	14.7	4.5	6.8		32.8
1996		221.9	216.1	23.7	12.8	3.1	7.6		29.1
1997		245.4	239.4	24.2	14.2	2.1	8.8		25.1
1998		254.7	246.0	26.8	20.9	3.4	11.2		23.1
1999		229.2	215.3	31.6	29.3	7.2	13.9		12.4
2000		317.8	286.8	39.5	36.3	8.0	18.3		14.6
2001		319.6	287.4	41.2	30.2	1.3	18.0		18.2
2002		300.6	263.1	43.3	37.4	0.4	23.4	10.7	19.9
2003		366.1	324.2	38.8	46.3	0.2	25.7	15.1	11.9
2004		367.4	340.1	30.9	41.1	0.3	17.1	13.0	7.6
2005		452.4	421.5	33.2	41.0	0.2	20.7	16.0	8.0
2006		454.8	424.6	20.3	33.9	0.1	20.3	10.0	5.8
2007		434.7	397.9	15.8	36.8	0.1	17.5	10.0	9.0
2008		441.8	414.8	22.1	21.9	0.0	10.7	6.9	9.0
2009		441.9	416.5	28.1	20.3	0.2	8.7	7.9	6.4
2010		394.9	372.7	26.0	16.7	0.1	5.7	8.6	7.8
2011		359.7	340.2	26.9	14.9	0.1	4.0	8.4	8.2
2012		297.9	286.0	25.2	11.7	0.04	3.0	6.1	7.3
2013		275.5	263.7	22.5	9.8	0.01	2.0	5.1	3.9
2014		291.5	279.3	18.9	8.7	0.002	1.7	5.2	1.0
2015		276.3	266.1	13.5	9.5		6.7	6.7	0.2
2016		341.2	322.3	15.5	12.4	0.005	1.3	7.6	0.3
2017		398.2	373.5	16.6	7.6	0.03	0.9	5.6	0.9
2018		374.2	356.8	16.0	5.2	0.2	0.5	2.6	1.2
2019		441.9	427.9	11.5	5.2	0.2	0.2	2.6	0.9
2020		493.0	483.2	7.0	4.2	0.02	0.4	1.7	0.3
2021		399.1	388.8	6.6	4.1	0.02	0.1	1.4	0.3
2022		502.5	493.2	4.6	4.0	0.01	0.05	1.3	0.4
哈尔滨	Harbin	250254.7	234837.7	5382.2	711.5			26.7	
齐齐哈尔	Qiqihar	990960.4	953943.8	12055.0	671.9	2.7	30.3	29.5	3412.7
鸡西	Jixi	180751.7	177888.4	452.5	301.2	13.9	0.1	246.4	
鹤岗	Hegang	141676.5	138200.3	64.8	631.3		4.6		
双鸭山	Shuangyashan	294142.1	292832.6	445.6	29.9		0.2	12.7	
大庆	Daqing	96763.4	89759.5	858.4	23688.2	13.3	367.1		104.0
伊春	Yichun	172320.7	169019.8	250.1	81.0		4.1	76.9	
佳木斯	Jiamusi	542406.9	541660.1	275.7	274.4			17.0	
七台河	Qitaihe	52498.4	52117.8	197.5	230.5			151.8	
牡丹江	Mudanjiang	241997.4	238043.7	8812.8	12471.2		0.5	12449.6	
黑河	Heihe	1449480.3	1438565.4	1882.1	347.1	32.4		311.4	
绥化	Suihua	464301.8	458782.8	14777.2	308.1		61.1		
大兴安岭	Daxinganling	166953.9	165057.2	901.0	19.0	19.0			

注：表中的粮食作物播种面积为抽样调查结果，由于抽样框不同，全省粮食作物不等于分市县。

a) The sown area of grain crops in the table is the result of sampling survey. Due to the different sampling frames,the grain crops in the whole province are not equal to those in different cities and counties.

11-6 续表2 Continued

单位：万公顷、公顷 (10000 hectares, hectare)

年份 地区	Year Region	麻类 Fiber Crops	#亚麻 Flax	药材 Herb	烟叶 Tobacco	#烤烟 Flue-cured	蔬菜、食用菌 Vegetables Mushroom	瓜果类 Melon	饲料作物 Feed Crops
1980		13.7	8.9		1.0	.	33.0	6.6	
1981		11.4	8.0			1.7	29.5	7.8	
1982		7.8	5.3			4.0	31.0	5.8	
1983		6.2	5.3		3.2	2.8	29.6	6.0	
1984		7.1	6.5		3.4	3.1	27.3	5.9	
1985		7.8	7.4		5.0	4.3	24.9	7.7	
1986		8.2	7.9		5.0	4.2	25.1	7.7	
1987		12.3	12.1		5.9	5.1	22.8	7.6	
1988		14.1	13.9		8.3	7.6	24.8	7.1	
1989		8.9	8.8		13.8	13.0	24.5	7.6	
1990		8.2	8.1		12.5	11.6	23.0	3.4	
1991		9.8	9.7		13.2	12.3	21.8	3.1	
1992		7.1	7.0		9.7	9.2	23.4	3.8	
1993		6.5	6.4		8.4	7.8	26.3	5.0	
1994		8.3	8.2		7.1	6.6	26.3	5.0	
1995		10.1	10.0		6.8	6.5	29.3	5.0	
1996		8.5	8.4		10.2	9.8	29.4	5.0	
1997		5.5	5.4		10.8	10.3	29.9	6.0	
1998		3.6	3.5		5.9	5.4	35.4	7.8	
1999		5.0	4.9		6.4	6.1	44.6	8.2	
2000		9.5	8.8		4.9	4.5	44.6	12.6	
2001		12.9	12.4		4.6	4.1	42.7	13.0	
2002		10.3	10.1	2.4	4.5	4.0	43.2	14.1	14.9
2003		11.3	11.1	3.3	3.7	3.3	40.0	13.4	29.7
2004		9.8	8.9	3.5	3.2	2.8	29.2	9.5	29.9
2005		8.5	8.2	4.8	4.2	4.0	33.3	11.0	22.6
2006		5.6	4.8	2.6	1.9	1.7	31.3	12.2	23.4
2007		5.1	4.1	5.5	3.2	2.8	29.1	7.4	18.9
2008		4.1	3.6	5.2	3.3	3.3	28.8	6.9	19.4
2009		1.2	1.1	3.1	3.7	3.2	18.8	6.9	10.3
2010		0.5	0.5	3.7	3.7	3.2	18.4	10.6	8.4
2011		0.3	0.3	5.1	3.5	3.2	22.3	10.1	7.8
2012		0.2	0.2	4.7	3.8	3.4	25.0	5.8	6.5
2013		0.1	0.1	3.9	3.6	3.2	26.6	6.4	5.6
2014		0.3	0.1	3.0	3.3	3.1	26.9	5.7	4.3
2015		0.3	0.1	2.1	2.5	2.3	24.5	4.5	3.1
2016		1.2	0.1	2.9	2.0	1.8	17.7	5.9	8.2
2017		1.9	0.1	3.3	1.5	1.5	20.5	5.5	5.1
2018		1.7	0.1	4.2	1.2	1.2	16.2	4.0	4.0
2019		2.1	0.2	7.1	1.0	1.0	14.7	4.2	2.9
2020		1.9	0.2	11.8	1.1	1.0	15.2	4.0	3.2
2021		1.6	0.1	16.3	1.0	0.9	15.7	3.8	3.9
2022		1.7	0.01	16.4	0.9	0.9	16.3	3.6	4.8
哈尔滨	Harbin	13.3		23984.0	1263.6	1263.6	33707.3	6133.4	1644.6
齐齐哈尔	Qiqihar	6058.0		18411.5	20.8		13536.0	3477.7	13683.2
鸡西	Jixi			13589.1	198.2	198.2	4034.2	406.1	4827.5
鹤岗	Hegang			3977.0			861.2	158.7	126.8
双鸭山	Shuangyashan			11383.6	343.3	299.3	2126.0	2015.2	542.9
大庆	Daqing	58.7	0.7	11024.6	420.0	420.0	29808.6	8994.1	7387.0
伊春	Yichun	666.7		16604.7			1273.4	130.1	36.3
佳木斯	Jiamusi			15795.4	1041.2	872.2	5827.5	1781.6	1275.2
七台河	Qitaihe			10356.3	515.2	515.2	4843.9	543.8	
牡丹江	Mudanjiang	384.2		15566.2	4719.9	4431.4	19225.8	4777.9	2442.5
黑河	Heihe	6934.0	104.6	7031.8			4357.9	233.3	7596.1
绥化	Suihua	2721.8		5358.3	872.8	839.5	41677.7	7340.9	8009.9
大兴安岭	Daxinganling	333.3		11270.5			1561.2	77.2	119.2

11-7 主要农产品产量
Yield of Major Farm Products

单位：万吨、吨 (10000 tons, ton)

年份 Year 地区 Region		粮食 Grain	谷物 Cereal	#水稻 Rice	#小麦 Wheat	#玉米 Corn	#谷子 Millet	#高粱 Jowar
1980		1462.4	1085.9	79.6	394.6	520.0	103.6	63.1
1981		1250.0	969.7	55.7	314.1	455.0	99.7	64.9
1982		1150.0	819.2	70.9	268.2	352.6	87.6	54.2
1983		1549.0	1228.8	91.5	451.0	463.5	125.7	76.9
1984		1757.5	1402.0	124.0	382.5	642.0	115.5	100.5
1985		1405.0	1035.6	162.9	376.8	386.8	63.2	34.0
1986		1776.3	1169.5	220.8	355.9	632.0	60.1	55.1
1987		1737.6	1373.3	225.7	299.8	646.1	40.2	48.0
1988		1768.0	1282.1	243.5	250.4	700.6	35.5	55.2
1989		1668.9	1292.2	231.7	367.3	615.2	22.7	43.8
1990		2312.5	1901.0	314.4	474.8	1008.3	31.3	53.3
1991		2164.3	1789.6	316.2	381.1	1007.5	23.7	45.8
1992		2366.3	1936.6	376.6	424.8	1042.8	24.3	51.4
1993		2390.8	1799.5	388.3	340.0	956.6	27.2	73.3
1994		2578.7	1971.3	410.4	275.3	1146.4	24.3	86.4
1995		2592.5	2062.8	469.9	293.4	1219.1	20.9	47.9
1996		3046.5	2512.4	636.0	329.5	1445.0	21.5	65.5
1997		3104.5	2434.9	860.9	328.4	1165.9	14.4	48.3
1998		3008.5	2483.4	925.8	285.2	1199.7	9.0	51.7
1999		3074.6	2524.8	944.3	284.2	1228.4	13.6	39.6
2000		2545.5	1974.1	1042.2	95.8	790.8	8.7	26.0
2001		2651.7	1989.1	1016.3	93.8	819.5	10.3	28.5
2002		2941.2	2195.5	921.0	89.4	1070.5	16.2	52.3
2003		2512.3	1792.0	842.8	39.7	830.9	12.9	39.8
2004		3135.0	2302.5	1120.0	83.0	1050.0	8.6	24.7
2005		3600.0	2714.0	1172.5	97.0	1379.5	7.4	25.6
2006		3780.0	2986.7	1360.0	93.0	1453.5	7.3	24.5
2007		3881.0	3346.7	1655.1	68.7	1590.1	1.7	7.5
2008		4627.3	3908.4	1851.4	89.2	1915.5	3.9	18.6
2009		4788.9	4060.4	1899.6	115.8	2012.6	4.1	20.4
2010		5632.9	4918.7	2277.5	92.0	2513.7	5.6	26.2
2011		6212.6	5491.1	2438.4	103.0	2927.6	4.2	15.0
2012		6598.6	5970.4	2600.2	69.4	3283.8	2.5	13.2
2013		7055.1	6498.6	2710.8	38.5	3734.8	2.1	12.0
2014		7403.8	6797.7	2797.2	46.1	3929.1	2.9	21.8
2015		7615.8	7037.9	2720.9	21.5	4280.2	2.9	12.0
2016		7416.1	6754.8	2763.6	28.6	3912.8	9.6	27.6
2017		7410.3	6609.7	2819.3	38.1	3703.1	7.3	33.9
2018		7506.8	6747.6	2685.5	36.2	3982.2	7.5	28.9
2019		7503.0	6653.0	2663.5	20.4	3939.8	3.9	23.8
2020		7540.8	6576.9	2896.2	18.7	3646.6	2.7	11.5
2021		7867.7	7104.4	2913.7	26.3	4149.2	2.6	11.7
2022		7763.1	6773.5	2718.0	8.4	4038.4	0.5	7.6
哈尔滨	Harbin	12714090.5	12241626.7	3885763.1	754.0	8350918.8	681.9	3112.0
齐齐哈尔	Qiqihar	11585896.7	9698873.4	2777348.3	2388.8	6900427.6	147.8	18012.5
鸡西	Jixi	6043985.2	5661019.2	3622067.6	66.0	2036396.5	142.5	2346.7
鹤岗	Hegang	3171776.3	2897739.5	2018177.5	22.2	877324.8		2212.0
双鸭山	Shuangyashan	5972482.3	5340453.3	2814595.1	209.0	2522591.0	3.7	3054.5
大庆	Daqing	4607528.0	4433370.7	777529.9	9545.6	3636539.8	1392.4	7478.6
伊春	Yichun	936473.1	654613.7	332167.6	25.0	322421.1		
佳木斯	Jiamusi	11319306.2	10250001.6	6988946.8	26.0	3258933.4	408.1	1638.1
七台河	Qitaihe	1028608.9	929825.7	132601.4	275.0	796798.0	120.0	31.2
牡丹江	Mudanjiang	3061075.6	2575796.9	306127.7	142.8	2268035.8	247.6	1204.9
黑河	Heihe	5438142.5	2629852.3	82243.1	61396.1	2456889.4	15.8	26918.5
绥化	Suihua	11548004.8	10515297.3	2322916.8	1644.3	8178239.3	2005.1	10315.8
大兴安岭	Daxinganling	267308.9	28092.2		7947.1	19957.6		160.0

注：1.2007-2017年数据是与第三次农业普查衔接后数据。

2.表中的粮食作物产量为抽样调查结果，由于抽样框不同，全省粮食作物不等于分市县。

a) Data from 2007 to 2017 on national accounts have been adjusted according to the results of the third national agricultural census.

b) The yield of grain crops in the table is the result of sampling survey. Due to the different sampling frame, the grain crops of the whole province are not equal to the cities and counties .

11-7 续表1 Continued

单位：万吨、吨 (10000 tons, ton)

年份 Year 地区 Region		豆类 Soybean	#大豆 Mung Bean	薯类 Tuber	油料 Oil-bearing Crops	#油菜籽 Rapeseeds	#葵花籽 Helianthus	#白瓜籽 Pumpkin Seeds
1980		325.5	220.5	51.0	23.9		22.6	
1981		235.4	188.3	44.9	37.4		40.0	
1982		330.8	245.5	43.3	34.4		41.3	
1983		258.7	238.5	61.5	32.2		28.9	
1984		293.0	290.5	62.5	26.0		24.6	
1985		325.6	313.7	43.8	28.4		25.2	
1986		306.0	378.0	47.5	19.0		16.4	
1987		397.1	383.5	67.2	12.6		6.5	
1988		285.7	384.4	71.0	13.0		7.0	
1989		303.3	291.8	73.4	13.1		6.5	
1990		337.4	325.8	74.1	17.2	7.0	8.1	
1991		317.4	309.8	57.3	15.2	7.0	6.6	
1992		354.0	349.1	75.7	21.9	9.9	10.3	
1993		505.3	491.5	86.0	16.1	4.3	9.5	
1994		532.8	513.6	74.6	15.6	4.0	9.4	
1995		448.2	438.8	81.5	20.1	5.3	9.0	
1996		435.6	413.5	98.5	16.8	3.3	10.5	
1997		588.7	576.2	80.9	18.2	2.9	11.6	
1998		458.6	444.6	66.5	16.9	3.2	7.6	
1999		474.1	446.6	75.7	39.3	7.7	22.6	
2000		489.6	450.1	81.8	43.8	6.8	26.0	
2001		537.5	496.2	125.1	36.3	1.5	20.8	
2002		610.7	556.3	135.0	52.8	0.5	36.8	10.9
2003		616.1	560.8	104.1	44.7	0.3	21.0	15.2
2004		727.5	675.0	105.0	46.0	0.4	24.2	15.1
2005		800.7	748.0	85.3	60.6	0.3	33.2	20.0
2006		689.3	652.5	104.0	63.1	0.1	32.1	23.6
2007		483.7	452.7	50.6	50.1	0.1	24.4	18.3
2008		665.3	625.5	53.5	28.5	0.1	12.8	9.5
2009		640.5	612.1	87.9	28.2	0.3	11.8	9.8
2010		631.3	615.4	82.9	27.5	0.2	10.5	11.2
2011		634.5	598.5	86.9	23.3	0.1	6.9	10.5
2012		539.9	521.5	88.3	22.5	0.1	6.0	9.2
2013		470.0	454.2	86.5	19.0	0.1	4.3	7.4
2014		530.0	514.0	76.1	17.1	0.1	3.6	8.2
2015		508.1	498.8	69.8	18.3		10.5	10.5
2016		586.3	562.8	75.1	20.7	0.1	3.1	12.6
2017		719.6	689.4	81.0	14.3	0.1	2.0	8.8
2018		678.5	657.8	80.7	11.2	0.2	1.5	4.1
2019		797.0	780.8	53.0	11.5	0.2	0.5	4.0
2020		932.0	920.3	31.9	12.3	0.03	0.7	2.7
2021		731.7	718.8	31.7	13.6	0.03	0.4	2.2
2022		966.4	953.4	23.3	14.3	0.02	0.2	2.2
哈尔滨	Harbin	439000.9	411647.8	33463.0	2060.4			37.0
齐齐哈尔	Qiqihar	1815439.5	1753142.2	71583.8	1855.7	4.6	54.5	46.1
鸡西	Jixi	380808.1	375962.5	2157.9	583.9	50.0	0.4	340.9
鹤岗	Hegang	273622.6	267832.5	414.3	643.7		7.9	
双鸭山	Shuangyashan	629732.7	627590.4	2296.3	97.7			19.2
大庆	Daqing	170628.2	160533.0	3529.1	114856.5	34.0	1410.0	
伊春	Yichun	280918.9	275657.2	940.6	118.8		5.0	113.8
佳木斯	Jiamusi	1067645.2	1066314.1	1659.5	446.5			25.8
七台河	Qitaihe	97950.1	97319.3	833.2	282.6			282.6
牡丹江	Mudanjiang	436319.5	431192.6	48959.2	20600.9		1.0	20535.1
黑河	Heihe	2800450.0	2781371.6	7840.3	575.6	68.6		501.9
绥化	Suihua	944428.2	934491.2	88279.3	908.2		158.0	
大兴安岭	Daxinganling	234651.4	231628.8	4565.2	49.5	49.5		

注：表中的粮食作物产量为抽样调查结果，由于抽样框不同，全省粮食作物不等于分市县。

a) The yield of grain crops in the table is the result of sampling survey. Due to the different sampling frames, the grain crops in the whole province are not equal to those in different cities and counties.

11-7 续表2 Continued

单位：万吨、吨 (10000 tons, ton)

年份 地区	Year Region	麻类 Fiber Crops	#亚麻 Flax	甜菜 Beetroots	烟叶 Tobacco	#烤烟 Flue-cured Tobacco	蔬菜、食用菌 Vegetables Mushroom	瓜果类 Melon
1980		19.0	17.5	287.6	2.8	2.2	523.6	
1981		19.2	18.3	312.7	4.4	3.4		
1982		6.5	5.9	274.3	8.0	6.9		
1983		13.5	13.1	515.2	5.7	4.4		
1984		19.0	18.6	422.8	7.1	6.1		
1985		15.0	14.8	315.2	8.9	7.0	485.1	
1986		20.7	20.4	389.8	10.5	8.1	585.0	
1987		31.2	31.1	330.4	10.4	8.8	463.9	
1988		35.4	35.5	555.1	14.0	12.4	526.5	
1989		22.4	22.3	397.5	23.1	12.4	526.1	
1990		22.4	22.3	632.0	21.9	19.3	563.7	76.5
1991		26.8	26.7	620.3	18.5	16.8	484.0	46.5
1992		19.6	19.5	539.8	13.6	12.6	578.1	72.4
1993		17.2	17.0	298.7	13.1	11.6	672.3	94.9
1994		21.7	21.7	322.7	10.0	8.9	679.6	104.0
1995		32.2	32.0	500.8	11.2	10.1	883.6	126.6
1996		23.7	23.6	491.9	18.1	16.9	916.7	129.1
1997		13.3	13.1	447.7	17.5	16.3	990.0	158.7
1998		9.1	9.0	310.2	9.4	8.3	998.5	160.0
1999		14.8	14.6	203.6	11.2	10.3	1187.3	221.9
2000		18.7	18.0	254.8	9.6	8.1	1325.6	319.4
2001		29.8	28.1	329.8	8.4	7.3	1250.2	335.9
2002		36.2	35.7	437.6	7.4	6.3	1324.7	353.2
2003		28.3	26.7	71.4	4.6	4.5	1198.3	316.5
2004		39.3	31.0	96.0	5.6	5.6	1061.6	273.1
2005		36.1	34.5	155.0	7.4	7.4	1153.5	306.4
2006		29.4	20.5	205.0	5.6	5.6	1135.6	366.6
2007		18.0	15.4	237.2	6.9	6.9	1058.5	218.3
2008		16.5	15.0	260.0	7.8	7.8	1057.9	233.0
2009		4.5	4.4	110.0	8.3	7.3	701.1	225.6
2010		2.2	2.2	175.0	9.6	8.5	723.8	321.5
2011		1.2	1.2	275.0	8.5	7.8	789.9	308.2
2012		1.0	0.9	273.1	9.7	8.8	866.4	211.8
2013		0.9	0.6	123.2	8.9	8.1	946.1	225.3
2014		2.5	0.7	41.1	8.4	7.8	885.6	201.1
2015		2.0	0.6	7.3	6.9	6.2	807.4	161.6
2016		6.8	0.4	11.4	5.3	4.9	687.3	191.7
2017		11.8	0.6	37.4	4.7	4.6	798.6	185.8
2018		10.5	0.4	53.0	3.4	3.3	634.4	141.3
2019		12.4	0.9	41.6	2.6	2.5	655.4	131.8
2020		11.6	1.0	14.1	2.9	2.7	674.3	132.6
2021		11.0	0.2	16.0	2.7	2.5	725.4	140.1
2022		12.3	0.04	18.2	2.6	2.5	759.8	141.1
哈尔滨	Harbin	15.8			3589.0	3589.0	1477673.9	110517.6
齐齐哈尔	Qiqihar	47514.9		177668.6	69.0		695623.5	147621.6
鸡西	Jixi				615.7	615.7	175101.1	15212.2
鹤岗	Hegang						43121.5	4531.8
双鸭山	Shuangyashan				907.1	797.1	88282.0	80713.2
大庆	Daqing	239.0		4157.0	950.0	950.0	1315167.2	393029.9
伊春	Yichun	1800.0					118216.8	6341.7
佳木斯	Jiamusi				2497.6	2092.0	223392.0	66033.0
七台河	Qitaihe				1578.0	1578.0	223417.7	25583.0
牡丹江	Mudanjiang	2763.0			13207.4	12421.4	1299082.6	211965.6
黑河	Heihe	45674.3	350.0				157020.8	9909.2
绥化	Suihua	24206.9			2594.9	2474.9	1715125.8	337408.6
大兴安岭	Daxinganling	732.0					67167.7	2430.0

11-8 主要农产品单位面积产量
Yield of Major Farm Products Per Hectare

单位：千克/公顷 (kg/hectare)

年 份 Year 地 区 Region	粮食 Grain	水稻 Rice	小麦 Wheat	玉米 Corn	大豆 Soybean	薯类 Tuber	亚麻 Flax	甜菜 Beetroots	烤烟 Flue-cured Tobacco
1980	1998	3803	1868	2768	1350	2160	1980	11813	2678
1981	1717	2498	1440	2453	1058	2048	2273	13343	2003
1982	1622	2970	1418	2183	1148	1913		11228	1755
1983	2141	3713	2138	2835	1418	2363	2475	15278	1598
1984	2390	4478	1935	2533	1620	2655	1148	13860	2025
1985	1947	4185	1845	2610	1463	1980	2003	10800	1598
1986	3108	4343	1823	3758	1733	2273	2565	12713	1913
1987	2344	3893	1890	3780	1598	3128	2588	12578	1733
1988	2568	4410	2025	3848	1643	2880	2543	13028	1643
1989	2298	3825	2183	3218	1283	3150	2543	12668	1643
1990	3117	4658	2678	4658	1575	3398	2745	17663	1665
1991	2914	4230	2183	4523	1485	2835	2768	14918	1373
1992	3220	4838	2631	4815	1616	3690	2790	16268	1373
1993	3163	5279	2543	5384	1650	3646	2676	10512	1500
1994	3438	5485	2304	5836	1837	3679	2634	9390	1354
1995	3457	5626	2628	5056	1746	3468	3205	15246	1567
1996	3908	5739	2665	5421	1914	4155	3557	16922	1735
1997	3883	6163	3075	4581	2408	3345	2447	17808	1583
1998	3722	5909	2967	4823	1808	2479	2558	13450	1550
1999	3796	5851	2982	4632	2074	2396	3013	16421	1696
2000	3242	6489	1623	4390	1569	2071	2039	17482	1810
2001	3333	6444	2450	3884	1726	3039	2262	18112	1769
2002	3755	5861	3643	4785	2115	3116	3516	21999	1585
2003	3195	6510	1854	4083	1730	2685	2416	6011	1379
2004	3816	6687	3360	4902	1985	3398	3478	12710	2019
2005	3640	6338	3744	5053	1775	2567	4190	19264	1850
2006	3714	6511	3750	4908	1657	3128	4852	18457	2201
2007	3471	7234	2952	3921	1138	3205	3734	26359	2429
2008	4033	7042	3748	4976	1508	2416	4120	28761	2388
2009	3951	7048	3969	4614	1470	3127	3915	17222	2265
2010	4526	7254	3303	5285	1651	3194	4139	22476	2622
2011	4842	7094	3485	5652	1759	3232	4507	33526	2440
2012	4994	7162	3333	5383	1823	3496	5807	37439	2623
2013	5197	7021	2923	5684	1722	3841	6725	31932	2511
2014	5300	7049	3199	5858	1840	4035	5118	40099	2541
2015	5332	6944	3065	5815	1874	5168	4029	35541	2678
2016	5222	7040	3639	5994	1746	4847	2861	34933	2666
2017	5235	7140	3742	6316	1846	4888	4776	39958	3127
2018	5281	7099	3307	6303	1844	5038	4349	43996	2831
2019	5233	6986	3643	6706	1824	4595	5275	46773	2610
2020	5223	7480	3839	6654	1905	4585	5315	45628	2721
2021	5407	7534	3906	6360	1849	4774	3389	46917	2795
2022	5287	7547	3941	6764	1933	5018	3325	51703	2774
哈尔滨 Harbin	6343	6774	4496	7112	1753	6217			2840
齐齐哈尔 Qiqihar	4728	6719	3791	6699	1838	5938		52060	
鸡西 Jixi	6313	7702	2904	6668	2113	4769			3107
鹤岗 Hegang	5764	7271	3966	6720	1938	6390			
双鸭山 Shuangyashan	5871	7785	3483	6999	2143	5153			2664
大庆 Daqing	6497	7194	3406	7294	1788	4111		39971	2262
伊春 Yichun	3300	5835	1829	5937	1631	3761			
佳木斯 Jiamusi	5839	7483	3425	7063	1969	6019			2399
七台河 Qitaihe	4876	6219	4072	5823	1867	4220			3063
牡丹江 Mudanjiang	4676	6454	3837	6370	1811	5555			2803
黑河 Heihe	2926	6451	4082	6604	1933	4166	3346		
绥化 Suihua	6347	7773	3951	7874	2037	5974			2948
大兴安岭 Daxinganling	1539		3687	5637	1403	5067			

注：表中的粮食作物单位面积产量为抽样调查结果。

a) The grain yield per hectare in the table is the result of sampling survey.

11-9 园林水果生产情况
Yield of Fruits

年份 地区	Year Region	果园面积(公顷) Area of Orchards (hectare) 总计 Total	#苹果 Apples	#梨 Pears	#葡萄 Grapes	园林水果产量(吨) Yield of Fruits (ton) 总计 Total	#苹果 Apples	#梨 Pears	#葡萄 Grapes
	2005	39488	15488	5345	1708	461974	177432	48422	20720
	2006	37593	13334	4919	1632	471209	159759	49124	22728
	2007	40900	13170	5130	1780	517659	150534	46524	21847
	2008	40960	11950	5250	2730	593539	138330	47078	45062
	2009	35340	12000	4230	2480	493241	140670	41164	42206
	2010	36150	11420	4840	2990	466371	117019	37648	56732
	2011	34980	10850	4560	2970	542336	113984	40224	62120
	2012	35330	11640	3980	3960	567404	150661	37259	83443
	2013	34242	11648	3458	3869	491133	140649	28238	81441
	2014	34710	12198	3819	4867	576390	148900	33830	118016
	2015	33928	12378	3858	4608	518563	176181	34490	100042
	2016	32281	9146	2708	5411	530187	147118	36923	97721
	2017	27196	8646	2656	3991	510800	144496	36587	72848
	2018	20416	8667	2543	3812	294717	137532	42912	87180
	2019	29706	9096	2613	2809	331745	137571	64217	54160
	2020	41142	9669	2328	2819	374478	143620	50304	55904
	2021	45004	9507	2266	3056	441972	143434	50994	81689
	2022	44768	9472	2183	2969	482975	140357	50687	82120
哈尔滨	Harbin	2425	214	92	152	49549	2242	1048	1752
齐齐哈尔	Qiqihar	3593	30	54	332	38769	19	2176	8376
鸡西	Jixi	1661	491	189	176	18380	7813	2482	4073
鹤岗	Hegang	245	44	33	50	1428	379	55	683
双鸭山	Shuangyashan	975	240	122	143	10383	3375	1638	2135
大庆	Daqing	2464	211		1534	82288	4000		55955
伊春	Yichun	1177			14	8537			183
佳木斯	Jiamusi	3156	36	28	67	21279	1425	734	965
七台河	Qitaihe	1554		0.3	19	1083		50	174
牡丹江	Mudanjiang	24032	8204	1665	345	247224	121105	42506	5778
黑河	Heihe	3094	2			1938			
绥化	Suihua	141			138	2078			2047
大兴安岭	Daxinganling	250				39			

11-10 蔬菜、食用菌生产情况
Yield of Vegetable and Mushroom

年 份 Year / 地 区 Region	播种面积(公顷) Sown Area (hectare)				产量(吨) Yield (ton)			
	总 计 Total	#白菜 Chinese Cabbage	#黄瓜 Cucumber	#萝卜 Radish	总计 Total	#白菜 Chinese Cabbage	#黄瓜 Cucumber	#萝卜 Radish
2005	333390	111305	23399	9078	11535465	4961917	777779	501397
2006	331094	113435	21731	14886	11327103	4888475	695098	487233
2007	291130	90210	20490	14041	10584756	3961792	698375	487481
2008	287700	86730	20330	14490	10578998	4094636	714842	492696
2009	187580	57040	15250	10590	7011518	2583124	589175	353666
2010	184480	60562	14407	9531	7238271	2911454	566848	357713
2011	223130	76560	17405	13742	7899314	3113831	618806	496705
2012	249850	68919	19281	13946	8664146	3006789	666798	495756
2013	265670	75352	20449	14077	9461458	3199246	783589	488111
2014	268850	73824	21086	11277	9856073	3311552	867131	424008
2015	245250	61468	15573	6420	9574374	3346748	683727	207829
2016	177083	52294	14410	8228	6872710	2480675	570552	352625
2017	205341	58946	15867	9828	7985902	2676598	650386	414174
2018	161516	45142	11548	5784	6343982	2041657	484944	218449
2019	147051	36614	12096	5365	6554007	1738876	554790	229379
2020	152378	34334	12937	6464	6743239	1764930	577063	233072
2021	157392	35396	13810	7553	7254339	1978510	645221	304904
2022	162841	35137	14427	7876	7598393	1976495	683244	316949
哈尔滨 Harbin	33707	6705	3625	1893	1477674	359240	147422	84685
齐齐哈尔 Qiqihar	13536	3620	1127	529	695623	232693	65103	20566
鸡 西 Jixi	4034	707	532	146	175101	40217	25631	8329
鹤 岗 Hegang	861	106	131	14	43121	6571	9732	796
双鸭山 Shuangyashan	2126	331	337	165	88282	17786	16551	7851
大 庆 Daqing	29809	5690	2474	612	1315167	409010	100828	26673
伊 春 Yichun	1273	264	151	76	118217	14888	7938	3219
佳木斯 Jiamusi	5827	924	713	301	223392	45074	29749	8397
七台河 Qitaihe	4844	2589	350	249	223418	119807	26427	5840
牡丹江 Mudanjiang	19226	2093	1996	1007	1299083	114179	126766	47966
黑 河 Heihe	4358	1992	256	187	157021	91316	10691	6506
绥 化 Suihua	41678	9646	2631	2550	1715126	497238	113214	89723
大兴安岭 Daxinganling	1561	470	105	146	67168	28475	3193	6398

11-11 畜牧业生产情况
Number of Livestock

单位：万头 (10000 heads)

年 份 Year	大牲畜数量 Large Animals	黄牛及肉牛 Cattle and Beef Cattle	奶 牛 Milk Cow	马 Horses	驴 Donkeys	骡 Mules
1978	286.9	105.1	6.2	164.5	4.8	6.3
1980	257.8	95.6	7.8	143.6	4.6	6.2
1985	305.5	149.9	25.8	117.9	6.4	5.5
1986	314.0	156.7	31.9	113.3	6.5	5.6
1987	314.6	155.9	40.3	106.5	6.4	5.5
1988	318.1	157.7	47.0	101.3	6.6	5.5
1989	324.1	165.0	49.2	98.0	6.2	5.7
1990	348.2	182.8	54.0	99.2	6.3	5.9
1991	358.7	192.4	57.9	95.7	6.4	6.3
1992	365.3	200.6	61.1	90.1	7.0	6.5
1993	376.4	221.2	55.1	86.7	7.2	6.3
1994	420.2	265.9	56.4	83.4	8.2	6.5
1995	485.7	326.6	61.7	81.9	8.9	6.8
1996	540.6	376.7	65.8	81.2	9.8	7.1
1997	545.3	383.1	67.2	78.7	9.3	6.9
1998	549.5	388.1	68.5	77.8	8.9	6.3
1999	549.0	389.6	68.6	76.6	8.3	5.9
2000	547.7	391.5	69.8	72.8	7.9	5.6
2001	558.3	400.4	77.8	66.6	8.1	5.3
2002	598.3	432.3	93.3	60.0	7.6	5.1
2003	690.3	506.8	117.6	53.0	7.7	5.1
2004	773.0	573.9	141.0	45.5	7.7	4.8
2005	840.2	622.3	164.3	41.2	7.6	4.8
2006	548.4	378.6	126.2	32.2	7.5	3.9
2007	563.5	394.1	131.8	28.5	6.0	3.0
2008	560.2	392.3	131.4	28.2	5.8	2.5
2009	575.1	361.9	178.8	26.8	5.2	2.4
2010	578.2	363.2	180.6	27.6	4.5	2.4
2011	564.9	367.0	164.0	26.7	4.6	2.6
2012	567.1	367.9	166.6	25.9	4.2	2.5
2013	542.3	358.8	153.0	24.6	4.0	2.0
2014	550.0	368.8	152.4	23.6	3.8	1.4
2015	557.3	387.7	144.7	19.9	3.7	1.2
2016	540.7	389.7	128.1	18.2	3.5	1.2
2017	509.3	365.2	124.1	15.5	3.3	1.1
2018	476.2	351.5	105.0	13.4	5.2	1.0
2019	492.6	367.3	107.6	12.1	4.8	0.6
2020	529.8	403.9	111.9	9.3	4.3	0.4
2021	525.7	405.3	109.7	7.9	2.6	0.2
2022	536.2	415.5	110.3	7.7	2.4	0.2

注：2006-2017年数据是与第三次农业普查衔接后数据。

a) Data from 2006 to 2017 on national accounts have been adjusted according to the results of the third national agricultural census.

11-11 续表 Continued

年 份 Year	肉猪出栏数量(万头) Slaughtered Fattened Hogs (10000 heads)	猪年末数量(万头) Hogs (10000 heads, head)	羊年末数量(万只) Sheep and Goats (10000 heads)	山 羊 Goats	绵 羊 Sheep	家 禽(万只) Poultry (10000 heads)
1978	403.7	835.0	218.7	11.7	207.0	1899.7
1980	446.0	716.7	303.0	32.6	270.4	2238.7
1985	383.5	592.9	229.6	30.8	198.8	5947.5
1986	392.4	564.8	210.4	25.1	185.3	5081.9
1987	371.6	438.4	218.5	23.5	195.0	5507.4
1988	334.8	486.8	236.7	24.5	212.2	6531.4
1989	350.5	548.7	264.3	28.1	236.2	7027.2
1990	458.6	654.9	283.3	34.2	249.1	7791.1
1991	511.7	683.7	291.0	35.8	255.2	9398.4
1992	524.4	678.6	281.7	35.6	246.1	10280.4
1993	509.4	665.0	279.8	45.0	234.8	11284.4
1994	573.8	719.0	326.0	61.3	264.7	13302.5
1995	672.4	855.9	389.2	94.7	294.5	16530.6
1996	882.4	900.7	431.6	124.0	307.6	18297.3
1997	936.5	932.2	440.5	122.1	318.4	18580.7
1998	1063.1	958.1	462.8	121.5	341.3	12028.6
1999	1123.2	1014.4	481.1	120.2	360.9	12878.2
2000	1206.6	1085.4	507.4	123.8	383.6	13144.5
2001	1300.2	1123.0	567.8	147.3	420.4	13739.4
2002	1395.4	1163.0	749.1	228.7	520.4	14783.4
2003	1599.6	1326.4	1029.5	403.0	626.5	15987.7
2004	1905.4	1532.1	1153.6	448.2	705.4	16691.5
2005	2238.0	1670.4	1180.3	408.9	771.4	16680.8
2006	1330.8	1209.8	777.6	270.5	507.1	11926.5
2007	1244.6	1228.7	821.8	287.7	534.1	12560.4
2008	1369.5	1310.4	850.2	352.0	498.2	12975.0
2009	1555.8	1395.4	899.3	338.9	560.4	13270.1
2010	1663.1	1412.8	895.4	332.4	563.0	13601.5
2011	1714.5	1433.7	918.5	338.3	580.1	14403.2
2012	1867.4	1461.7	901.6	324.2	577.4	15544.7
2013	1945.4	1448.9	821.2	248.1	573.1	15161.6
2014	2070.8	1466.4	861.0	229.2	631.7	15074.4
2015	2027.6	1429.9	900.6	197.3	703.3	15884.3
2016	2026.3	1401.6	869.6	187.1	682.5	16634.8
2017	2090.5	1433.9	835.2	175.9	659.3	16901.0
2018	1964.4	1353.2	772.7	166.0	606.7	16124.7
2019	1701.5	1173.2	767.2	154.1	613.1	16488.0
2020	1790.0	1371.2	811.2	116.6	694.6	18097.4
2021	2228.1	1416.3	839.2	114.0	725.2	15078.7
2022	2317.3	1439.1	838.6	109.9	728.7	15213.2

11-12 畜产品产量
Output of Livestock Products

单位：万吨 (10000 tons)

年 份 Year	肉类产量 Yield of Meat	#猪牛羊肉产量 Yield of Pork, Beef and Mutton	猪 肉 Pork	牛 肉 Beef	羊 肉 Mutton	#禽 肉 Meat of Poultry	奶 类 Milk	#牛 奶 Cow Milk
1978		31.9						
1980		37.1	34.8	1.6	0.7		13.9	12.4
1985	34.9	31.5	29.7	1.0	0.8	3.4	45.5	43.0
1986	36.4	33.1	31.1	1.5	0.5	3.3	56.3	53.8
1987	36.3	32.1	29.1	2.4	0.6	4.2	68.1	66.3
1988	37.9	32.0	28.6	2.7	0.7	5.9	83.1	81.8
1989	40.9	33.2	29.5	2.9	0.7	7.4	88.2	87.1
1990	55.9	46.0	39.5	5.2	1.3	9.7	102.7	101.7
1991	62.7	50.9	43.4	6.1	1.4	11.3	114.2	112.6
1992	66.3	53.2	44.4	7.3	1.5	12.4	122.5	120.4
1993	65.4	52.4	42.6	8.4	1.4	12.3	113.3	111.6
1994	77.7	61.7	47.5	12.4	1.8	14.9	113.1	110.8
1995	90.3	70.3	53.4	15.0	1.9	18.8	121.2	121.2
1996	116.0	93.2	68.9	21.9	2.5	21.4	136.2	133.3
1997	125.9	100.1	74.1	23.5	2.6	25.9	143.0	140.5
1998	142.7	112.2	83.5	25.7	3.0	29.0	144.5	142.1
1999	150.9	119.5	89.0	27.3	3.2	30.0	145.0	142.8
2000	159.9	125.9	95.4	27.1	3.5	32.4	156.5	154.3
2001	171.2	134.4	101.4	29.0	3.9	34.5	192.4	189.0
2002	190.0	147.9	110.9	32.3	4.7	40.0	239.8	235.8
2003	217.2	167.5	125.0	35.8	6.7	47.7	304.0	300.5
2004	260.5	203.4	149.5	44.9	9.0	54.7	378.1	374.5
2005	306.3	242.5	177.1	54.1	11.3	61.4	444.2	440.2
2006	168.1	140.2	99.5	31.0	9.7	25.2	427.7	423.5
2007	165.9	136.6	93.0	33.2	10.4	27.0	441.7	438.3
2008	171.5	141.5	98.4	32.6	10.5	28.0	442.8	438.3
2009	191.2	159.7	111.3	36.8	11.6	29.8	461.9	455.9
2010	203.1	170.1	118.9	39.0	12.2	31.3	482.7	476.4
2011	207.9	173.6	122.5	39.3	11.8	32.5	475.6	468.3
2012	225.2	187.6	135.8	39.7	12.1	35.8	487.9	482.8
2013	232.4	194.0	142.4	39.7	11.9	36.5	451.1	446.8
2014	243.7	206.2	153.7	40.6	11.9	35.9	483.5	479.9
2015	243.6	204.6	150.6	41.6	12.4	37.6	495.8	491.9
2016	248.1	207.2	151.7	42.5	12.9	39.6	473.4	470.7
2017	260.3	216.1	159.3	43.9	12.9	42.8	468.4	465.2
2018	246.9	204.9	149.9	42.6	12.5	41.3	458.5	455.9
2019	237.1	193.4	135.2	45.5	12.7	42.3	467.2	465.2
2020	253.2	205.6	143.9	48.3	13.4	46.4	501.0	500.2
2021	300.5	250.5	184.8	50.7	15.0	48.8		500.3
2022	312.5	259.7	191.8	52.7	15.2	51.8		501.2

注：1.2006-2017年数据是与第三次农业普查衔接后数据。
2.2018年畜产品数据包含农垦系统数据(下同)。

a) Data from 2006 to 2017 on national accounts have been adjusted according to the results of the third national agricultural census.
b) In 2018, the data of animal husbandry in different cities include the data of farming system (the same below).

11-12 续表 Continued

单位：吨 (ton)

年 份 Year	绵羊毛 Sheep Wool	#细羊毛 Fine Wool	#半细羊毛 Semi-Fine Wool	山羊毛 粗 毛 Goat Wool	羊 绒 Cashmere	禽 蛋 (万吨) Poultry Eggs (10000 ton)	蜂 蜜 Honey
1978							4770
1980	9635	4409	5043	102	4		5290
1985	7564	3476	3992	57	5	20.5	5458
1986	6542	2830	3593	30	11	18.6	3932
1987	7086	3019	4002	26	19	20.5	4933
1988	7474	3295	4067	68	15	23.8	4529
1989	8503	3390	4942	125	11	24.3	4012
1990	9614	3672	5852	93	4	30.9	3052
1991	9737	3980	5757	75	4	36.8	2640
1992	9330	3503	5827	92	2	37.8	2600
1993	8329	3192	5137	112	1	36.8	2899
1994	8817	3399	5418	99	2	40.8	2801
1995	9751	3114	6637	96	6	48.6	3038
1996	11847	4004	7843	115	12	62.4	2964
1997	13014	3820	9194	91	18	67.5	2934
1998	12921	3956	8965	91	19	71.2	2678
1999	12793	3548	9245	108	17	74.9	2956
2000	13550	4365	9185	62	22	75.3	3765
2001	14540	4423	10117	182	58	80.3	7331
2002	17505	4576	12212	251	181	84.6	7781
2003	20606	6107	13154	713	393	90.3	7016
2004	24391	6297	16817	712	691	98.3	11884
2005	25734	5296	17769	874	793	102.7	11286
2006	25007	4254	15629	827	850	88.5	12716
2007	24929	4290	15837	624	856	92.3	10881
2008	23443	6111	17332	657	687	95.5	12242
2009	25309	4611	20698	382	770	104.9	15168
2010	28952	5532	21180	763	701	109.5	20370
2011	28952	5532	21180	763	701	110.7	20370
2012	31755	5453	23404	772	707	114.7	19691
2013	32129	5281	23790	1595	494	110.0	18023
2014	28375	5434	22941	1487	332	106.2	19004
2015	28959	4404	24294	1663	329	109.1	19995
2016	27417	3561	24294	1786	269	117.2	20574
2017	29741	3803	24294	1534	263	113.8	19236
2018	27196	3924	20879	1202	190	109	18816
2019	23610	3790	19820	1226	135	114	16883
2020	21275	3882	17393	827	60	117	13327
2021	23110	3556	19553	510	62	110	14572
2022	24856	3424	21432	494	49	108	16126

11-13 水产品产量
Output of Aquatic Products

单位：吨 (ton)

年份 Year 地区 Region	总产量 Total	#鱼类 Fish	#虾蟹类 Shrimps	#贝类 Shell-fish	#淡水捕捞 Fresh Water Fishing	#人工养殖 Artificially Cultured	#鱼类 Fish
1980	20172	20122	31	19	11219	8953	8953
1985	66389	65527	759	103	28184	38205	38205
1990	147869	146916	892	52	47940	99929	99929
1995	252900	251536	1253	108	52212	200688	200676
1996	290209	287973	2164	67	51896	238313	238281
1997	323450	321708	1419	71	48572	274878	274588
1998	357033	351773	5221	37	73111	283922	281916
1999	364998	362808	2151	37	52245	312753	312418
2000	382153	380586	1522	43	57637	324516	324230
2001	401892	399823	2019	47	37010	364882	364586
2002	417786	416256	1121	48	52197	365589	365031
2003	418915	415578	3229	99	47810	371105	368678
2004	430066	425003	4637	397	53568	376498	372885
2005	445970	438486	5936	451	50762	395208	389532
2006	330852	324237	5308	390	38802	292050	286638
2007	342505	335676	5525	372	38736	303769	298143
2008	355800	350628	4784	367	41795	314005	309927
2009	380700	375354	4943	377	43149	337551	333096
2010	399700	394052	5323	284	46885	352815	347952
2011	356720	353781	2927	512	54203	314998	314998
2012	452840	447524	4914	356	51946	400894	396431
2013	488615	483859	4346	358	51560	437055	432997
2014	513534	508805	4359	319	54138	459396	455313
2015	542368	537152	4808	357	57169	485199	480595
2016	572955	566398	6124	377	54551	518404	512395
2017	587302	579819	6978	424	51640	535662	528723
2018	624320	615619	8122	495	47100	577220	569687
2019	648300	637562	9951	735	40000	608300	598386
2020	674141	656751	14988	543	42414	631727	614985
2021	718534	694238	19732	597	43020	675514	651964
2022	735001	709963	19089	727	50001	685000	660704
哈尔滨 Harbin	133040	131703	699	197	4097	128943	127808
齐齐哈尔 Qiqihar	77559	73860	3636		14722	62837	59138
鸡西 Jixi	46695	45806	869		2985	43710	42821
鹤岗 Hegang	13223	12823	100		727	12496	12106
双鸭山 Shuangyashan	15468	15344	109		813	14655	14531
大庆 Daqing	133668	123485	9648	530	16289	117379	107726
伊春 Yichun	8536	4679			401	8135	4278
佳木斯 Jiamusi	72054	69193	2573		6514	65540	62679
七台河 Qitaihe	7278	7128	67			7278	7128
牡丹江 Mudanjiang	19692	19561	6		566	19126	18995
黑河 Heihe	18636	18540	86		538	18098	18002
绥化 Suihua	187411	186100	1296		2200	185211	183900
大兴安岭 Daxinganling	1741	1741			149	1592	1592

注：1.2006-2017年数据是与第三次农业普查衔接后数据。
2.本表数据来源于黑龙江省农业农村厅。

a) Data from 2006 to 2017 on national accounts have been adjusted according to the results of the third national agricultural census.
b) The data in this table comes from the Department of agriculture and rural affairs of Heilongjiang Province.

11-14 特种作物生产情况
Production of Special Products

指 标	Item	播种面积(公顷) Sown Area(hectare)					产量(吨) Yield(ton)				
		2018	2019	2020	2021	2022	2018	2019	2020	2021	2022
药 材	Herb	41533	70731	117721	163120	164353					
#人 参	Panax	3105	9419	9773	20202	19184	5329	18370	19874	43277	58210
甘 草	Liquorice	703	640	374	255	89	6697	1278	613	898	838
枸 杞	Meddler	73	116	107	95	39	176	173	152	249	56
龙胆草	Gentian	56	66				236	48			
月苋草	Evening Primrose	4938	3141	3188	6282	6657	14479	6037	3823	14831	16121
白瓜籽	Pumpkin seeds	26012	26302	17325	14003	13322	40356	39554	26784	22369	21902
万寿菊	Marigold	3039	2323	3843	3333	1671	51641	24927	74638	102333	55695
甜叶菊	Stevia Rebaudiana	666	180				2310	703			
甜葫芦	Sweet Calabash	482	174				1484	399			
花 卉	Flower	454	355	883	3792	2517					

注：从2020年开始不再统计龙胆草、甜叶菊、甜葫芦的播种面积和产量。
a) From 2020, the sowing area and yield of felwort, stevia and sweet gourd will not be counted.

11-14 续表 Continued

指 标	Item	产 量 Yield				
		2018	2019	2020	2021	2022
食用菌(吨)	Edible Mushroom (ton)	523038	548372	613277	610864	722742
黑木耳(干品)	Jew's-ear (dry)	312803	268434	307526	281778	325273
香菇(干品)	Lentinus Edodes (dry)	60710	71198	72044	27014	25766
蘑菇类(鲜品)	Others(fresh)	79044	159885	201019	295654	366394
鲜切花(万枝)	Fresh Flower and Ikebana (10000 branch)	3705	2633	881	3625	3491
盆栽观赏植物(包括盆景)(万盆)	Potted Ornamental (include bonsai)(10000 basin)	1039	165	75	146	183

11-15 特色养殖生产情况
Production of Characteristic Breeding

指 标	Item	年末存栏 Stock at Year-end 2019	2020	2021	2022	指 标	Item	出栏数量和产量 Output 2019	2020	2021	2022
熊 (只)	Beer (head)	3986	3999	3897	4150	熊胆汁 (千克)	Beer Bile (kg)	44770	47268	50616	58532
鹿 (只)	Deer (head)	26595	26728	30385	36733	鹿茸 (千克)	Deer horn (kg)	20899	23333	25228	28245
鸵鸟 (只)	Ostrich (head)	2472	3317	4355	4089	出栏山鸡 (只)	Wild Chi (head)	137507	42813	7675	74525
山鸡 (只)	Wild Chicken (head)	101532	19928	2710	27666	出栏笨鸡 (万只)	Domestic Chicken (10000 heads)	1642	912	1021	1582
貉子 (只)	Racoon Dog (head)	773617	1115319	684956	501282						
鹧鸪 (只)	Francolin (head)	18549	17628			出栏肉犬 (只)	Slaughter (head)	199199	164789	1E+05	92593
狐 (只)	Fox (head)	458592	487129	107201	437355	林蛙 (吨)	Rana Jap (ton)	198	598	3589	5215
笨鸡(万只)	Domestic Chicken (10000 heads)	1601	1018	678	737	蚕茧 (吨)	Pod (ton)	3745	3384	3289	3078

11-16 绿色食品种植业和山特产品情况(2022年)
Basic Statistics on Green Food and Special Mountain-Products(2022)

单位：万公顷、万吨 (10000 hectares, 10000 tons)

指 标	Item	绿色食品 Green Food 面积	产量
种植业合计	**Total Crops**	**539.50**	**3033.03**
水 稻	Rice	223.46	1600.53
玉 米	Corn	134.55	822.46
大 豆	Soja	144.40	274.00
小 麦	Wheat	5.05	18.39
杂粮咋豆	Coarse Grains and Beans	9.56	25.80
马铃薯	Potatoes	10.76	44.39
蔬 菜	Vegetables	3.22	102.64
其 他	Others	8.51	144.83
山特产品合计	**Total Special Mountain-Product**	**8.60**	**44.21**
山野菜	Potherb	0.81	0.01
食用菌	Edible Mushroom	4.86	30.24
其 他	Others	2.93	13.96

注：1.有机食品指由中绿华夏有机食品认证中心认证的产品数据。
2.本表数据来源于黑龙江省农业农村厅。
a) Organic food data was provided by the Green China Organic Food Certification Center.
b) The data in this table comes from the Department of agriculture and rural affairs of Heilongjiang Province.

11-17 绿色食品养殖业情况
Breed Aquatics of Green Food

指 标		Item		2018	2019	2020	2021	2022
牵动农户	(户)	Number of Affected Households	(household)	26108	17650	15385	19827	18620
生猪存栏	(头)	Hogs in Stock	(head)	220700	144700	89161	97565	81328
生猪出栏	(头)	Slaughtered Fattened Hogs	(head)	164320	105800	81498	104105	92905
猪肉产量	(吨)	Output of Pork	(ton)	10342	6854	5166	7043	6528
奶牛存栏	(头)	Milk Cow in Stock	(head)				24900	24932
牛奶产量	(吨)	Output of Cow Milk	(ton)				62000	62100
鹅存栏	(只)	Goose in Stock	(head)	165000	665000	110000	25000	25000
鹅出栏	(只)	Slaughtered Fattened Goose	(head)	410000	620000	90000	210000	210000

注：本表数据来源于黑龙江省农业农村厅。
a) The data in this table comes from the Department of agriculture and rural affairs of Heilongjiang Province.

11-18 绿色食品加工企业情况
Basic Statistics on Green Food Processing

指 标		Item		2018	2019	2020	2021	2022
企业个数	(个)	Number of Enterprises	(unit)	1005	1040	1103	1158	1136.0
职工人数	(万人)	Number of Staff and Workers	(10000 persons)	23.6	22.8	22.5	20.1	20.0
#技术人员		Technicians		2.6	2.6	2.6	2.5	2.4
#中级职称以上		The Secondary Title and Above		1.0	1.1	1.1	1.0	1.1
流动资产	(亿元)	Circulating Funds	(100 million yuan)	257.4	217.6	280.2	282.2	283.1
固定资产净值	(亿元)	Net Value of Fixed Assets	(100 million yuan)	351.9	297.6	355.4	359.4	360.3
投资额度	(亿元)	Investment Amount	(100 million yuan)	286.7	227.7	278.1	343.8	271.7
国家预算内投资		State Budgetary Appropriation		23.1	21.6	3.8	5.3	4.2
国内贷款		Domestic Loans		63.4	54.3	65.6	56.0	58.0
利用外资		Foreign Investment		3.1	1.3	3.4	3.5	3.9
自筹资金		Fundraising		173.0	140.4	198.7	221.2	174.2
其他投资		Others		24.1	10.0	6.6	57.8	31.4
产品产量	(万吨)	Yield of Products	(10000 tons)	1790.0	1670.0	1699.0	1741.2	1584.2
订单数量	(万吨)	Amount of Orders	(10000 tons)	965.0	915.0	922.0	925.2	883.1
#黑龙江省内		Inside the Heilongjiang Province		211.7	201.1	203.5	214.3	200.2
黑龙江省外		Outside the Heilongjiang Province		713.2	675.1	679.2	684.5	664.3
国 外		at Abroad		40.1	38.8	39.3	26.4	18.6

11-19 林业生产情况
Basic Statistics on Forestry

指 标	Item	2019	2020	2021	2022
营造林面积(公顷)	**Total Area of Afforestation (hectare)**	**120858**	**135479**	**118140**	**88731**
人工造林面积	Manual Planting	41634	43051	33806	14810
当年新封山(沙)育林面积	New Closing Hillsides for Afforestation	26241	20268	23344	27212
退化林修复面积	Restoration of Degraded Forest	50263	72160	75397	46709
人工更新面积	Artificial Regeneration	2720			
森林抚育面积(公顷)	**Working Area of Forest (hectare)**	**816717**	**866114**	**456576**	**471962**
年末实有封山(沙)育林面积(公顷)	**Closing Hillsides for Afforestation at Year-end (hectare)**	**272568**	**14864**	**667**	
商品材采伐(立方米)	**Forest Cutting (cu.m)**	**458200**	**720900**	**1740353**	**1702891**

注：1.本表数据来源于黑龙江省林业和草原局、大兴安岭林业集团公司。
2.2019-2020年为商品材采伐量，2021-2022年为木材产量。

a) The data in this table are from Heilongjiang Forestry and grassland Bureau,Daxinganling Forestry Group Co., Ltd.

b) From 2019 to 2020, commercial timber is felled and From 2021 to 2022 timber is produced.

主要统计指标解释

农林牧渔业总产值 指以货币表现的农、林、牧、渔业全部产品和对农林牧渔业生产活动进行的各种支持性服务活动的价值总量，它反映一定时期内农林牧渔业生产总规模和总成果。1957年以前的农林牧渔业总产值中包括了厩肥和农民自给性手工业(如农民自制衣服、鞋、袜，自己从事粮食初步加工等)。1958年及以后，林业中增加了村及村以下竹木采伐产值；牧业中取消了厩肥产值；副业中取消了农民自给性手工业产值，增加了村及村以下办的工业产值； 渔业中增加了海洋捕捞水产品产值。1980年及以后，在副业中增加了农民家庭兼营工业商品部分的产值。从1984年起村及村以下工业产值划归工业。从1993年起取消副业，将野生动物的捕猎划入牧业，野生植物采集和农民家庭兼营商品性工业划归农业。从2003年起，执行新的国民经济行业分类标准，农林牧渔业总产值中包括了农林牧渔服务业产值，2018年以后农林牧渔服务业产值改称农林牧渔专业及辅助性活动产值。林业中增加了森林采运业产值。农业中取消了家庭兼营商品性工业产值，将野生林产品的采集划归林业。第一、二、三次农业普查以后，根据农业普查结果，对农业、畜牧业、渔业年报数据和农业、畜牧业、渔业产值进行了修订。2010年执行《统计用产品分类目录》， 对2009年的农业、林业产值做了相应调整。

农林牧渔业总产值的计算方法通常是按农、林、牧、渔业产品及其副产品的产量分别乘以各自单位产品价格求得；少数生产周期较长，当年没有产品或产品产量不易统计的，则采用间接方法匡算其产值；然后将四业产品产值及农林牧渔服务业产值相加即为农林牧渔业总产值。

粮食产量 指日历年度内生产的全部粮食数量。按收获季节包括夏收粮食、早稻和秋收粮食，按作物品种包括谷物、薯类和豆类。其产量计算方法：谷物按脱粒后的原粮计算，豆类按去豆荚后的干豆计算；薯类(包括甘薯和马铃薯，不包括芋头和木薯)1964年以前按每4公斤鲜薯折1公斤粮食计算，从1964年开始改为按5公斤鲜薯折1公斤粮食计算；城市郊区作为蔬菜的薯类(如马铃薯等)按鲜品计算，并且不作粮食统计。1989年以前全国粮食产量数据主要靠全面报表取得，1989年开始使用抽样调查数据。

棉花产量 指全社会的产量。包括春播棉和夏播棉。产量按皮棉计算。不包括木棉。

油料产量 指全部油料作物的生产量。包括花生、油菜籽、芝麻、向日葵籽、胡麻籽（亚麻籽）和其他油料。不包括大豆、木本油料和野生油料。花生以带壳干花生计算。

水产品产量 指渔业（捕捞和养殖）生产活动的最终有效成果，包括全部海水和淡水鱼类、甲壳类（虾、蟹）、贝类、头足类、藻类和其他类渔业产品的最终产量。水产品产量是通过各级水产和统计部门逐级上报取得数据。1995年及以前，贝类中牡蛎按鲜肉计算；蚶、蛤、蛙按5斤鲜品折1斤计算。1996年以后则统一按鲜品计算。

猪、牛、羊、禽肉产量 指当年出栏并已屠宰、除去头蹄下水后带骨肉(即胴体重)的重量。包括全社会范围内的产量。1996年以前为全面统计并逐级上报数据。1996年第一次农业普查以后，根据普查结果，对畜牧业主要年报数据进行了修正。1999年以后，国家统计局在部分地区开展了猪、牛、羊、禽等主要畜禽品种的抽样调查，并用抽样数据作为国家定案数据使用。未开展抽样调查的地区和品种，仍使用各级统计部门逐级上报数据。2008年，建立了主要畜禽监测调查制度，猪、牛、羊、禽等主要畜禽数据均以抽样调查数为法定数据。

期初(末)畜禽存栏头(只)数 指报告期初(末)饲养的 大牲畜、猪、羊、家禽等畜禽的数量。数据上报方式及数据 调整情况同猪、牛、羊、禽肉产量

农作物播种面积 指日历年度内收获农作物在全部土地（耕地或非耕地）上的播种或移植面积。凡是本年内收获的农作物，无论是本年还是上年播种，都算为播种面积，但不包括本年播种，下年收获的农作物面积。

农用化肥施用量 指本年内实际用于农业生产的化肥数量，包括氮肥、磷肥、钾肥和复合肥。化肥施用量要求按折纯量计算数量。折纯量是指把氮肥、磷肥、钾肥分别按含氮、含五氧化二磷、含氧化钾的百分之百成分进行折算后的数量。复合肥按其所含主要成分折算。公式为：

折纯量=实物量 × 某种化肥有效成分含量的百分比

农业机械总动力 指全部农业机械动力的额定功率之和。农业机械是指用于种植业、畜牧业、渔业、农产品初加工、农用运输和农田基本建设等活动的机械及设备。农机总动力按使用能源不同分为以下四部分：

柴油发动机动力：指全部柴油发动机额定功率之和；

汽油发动机动力：指全部汽油发动机额定功率之和；

电动机动力：指全部电动机（含潜水电泵的电动机）额定功率之和；

其他机械动力：指采用柴油、汽油、电力之外的其他能源，如水力、风力、煤炭、太阳能等动力机械功率之和。

本指标的统计数据来源于农机部门。

Explanatory Notes on Main Statistical Indicators

Gross Output Value of Agriculture, Forestry, Animal Husbandry and Fishery refers to the total value of products of agriculture, forestry, animal husbandry and fishery, and total value of services in support of agriculture, forestry, animal husbandry and fishery activities. It reflects the total scale and results of agricultural production during a given period. Prior to 1957, China's gross agricultural output value included barnyard manure and handicraft products for self-consumption (clothes, shoes, stockings, and initial grain processing undertaken by peasants). Since 1958, cutting and felling of bamboo and trees by villages and other cooperative organizations under villages have been included in forestry; value of barnyard manure has been excluded from animal husbandry; self consumed handicrafts have not been included from sideline occupations, while the output value of industries run by villages and cooperative organizations under village has been included in sideline occupations; and the output value of fish catches by motor fishing boats has been added to fishery. Since 1980, the value of handicraft products made for sale by individuals in households has been added to sideline occupations. Since 1984, industries run by villages and under villages have been included in the sector of industry. Since 1993, the subdivision of sideline occupations has been cancelled, and the hunting of wild animals has been classified into animal husbandry, and the gathering of wild plants and commodity industry run by rural household have been included in farming. A new industrial classification of economic activities was introduced in 2003. Under the new classification, value of services to agriculture, forestry, animal husbandry and fishery is included in the gross output value of agriculture. In 2018, the output value of agriculture, forestry, animal husbandry and fishery services was renamed the output value of professional and auxiliary activities in support of agriculture, forestry, animal husbandry and fishery, value of wood felling and transport is included in forestry, value of industrial output by rural households is not included in agriculture. According to the result of the first, second, third Agriculture Census, efforts were made to adjust the annual reports of animal husbandry and fishery output and the output value of agriculture, animal husbandry and fishery output to make the figures from the annual reports consistent with the census data. "The Classification of Products for Statistical Purposes" implemented in 2010 made relevant revision on the output value of agriculture and forestry in 2009.

Gross output value of agriculture is obtained by multiplying the output of each product or by-product by its price, resulting in the output value of each single item. For a small number of products, annual output of which is not available or difficult to get due to the long production (growing) process involved, the output value is estimated through an indirect approach. The sum of output values of all products of agriculture, forestry, animal husbandry and fishery and services in support to those industries is then equal to the gross output value of agriculture.

Grain Output refers to the total output of grains produced by agricultural producers within a calendar year. It includes summer grain, early rice and autumn grain if classified by harvest seasons; it covers cereal, tubers and beans if classified by type of crops. Output of cereal should be limited to husked grain only. Output of beans refers to dry beans without pods. The output of tubers (sweet potatoes and potatoes, not including taros and cassava) are converted into that of grain at the ratio 4:1, i.e. 4 kilograms of fresh tubers were equivalent to 1 kilogram of grain up to 1964. Since 1964 the ratio for conversion has been 5:1, and Starting from 2014, the ratio for conversion has been 1:1. Tubers supplied as vegetables (such as potatoes) in cities and suburbs are calculated as fresh vegetables and their output is not included in the output of grain. Data on grain production before 1989 were obtained through the Comprehensive Statistical Reporting System. Since 1989, data from sample surveys are used.

Cotton Output refers to cotton production in the whole country including cotton planted in spring and in autumn. Output is measured as the weight of ginned cotton. Ceiba is not included.

Output of Oil-bearing Crops refers to the total production of oil-bearing crops of various kinds, including peanuts (dry, in shell), rapeseeds, sesame, sunflower seeds, flax seeds, and other oil-bearing crops. Soybeans, oil-bearing woody plants, and wild oil-bearing crops are not included.

Output of Aquatic Products refers to final output actually yielded from fishing production (fishery and breeding), including all output of marine and freshwater fish, crustaceans (shrimps, crabs), shellfish, cephalopod, seaweed and other fishery products. Data on output of aquatic products are reported by aquatic product and statistical agencies level by level. Before 1995, among the shellfish, oyster was counted as fresh meat; 5 kilograms of ark shell, clams and frogs are equivalent to 1 kilogram of fresh aquatic products; they have all been counted as fresh aquatic products since 1996.

Output of Pork, Beef, Mutton and Poultry refers to the meat of slaughtered hogs, cattle, sheep and goats with head, feet, and offal taken away. Data refers to the production of the whole country. Before 1996, it was a comprehensive reporting from the lower level to the upper one. The First Agricultural Census of China in 1996 revealed some discrepancy between the production of animal products from the annual reports and that from the census. Efforts were made to adjust the output value of animal husbandry to make the figures from the annual reports consistent with the census data. Since 1999, the NBS conducted sample surveys for the major animal husbandry products, such as hogs, cattle, sheep and goats and fowls, and the data from sample surveys are used as national finalized data. Those products, which are not covered by the sample survey, are still reported by statistical agencies level by level. In 2007, the data on animal husbandry from 2000 to 2006 were revised according to the results of the Second Agriculture Census of China. In 2008, A Monitoring and Survey Program was set up on main livestock, the data on the main livestock such as hog, cattle, sheep and poultry became the official data based on the sampling survey.

Number of Livestock or Poultry in Stock at Beginning/End of Period refers to the total number of large animals, pigs, sheep, fowls, etc. raised at the beginning/end of the reference period. Data reporting system and data adjustment are the same as that in the output of pork, beef, mutton and poultry.

Sown Area of Crops refers to area of all land (cultivated or non-cultivated area) sown or transplanted with crops that are harvested within the calendar year by agricultural producers. All crops harvested within the year are counted as sown area, regardless of being sown in this year or the previous year. Crops sown this year but will be harvested in the coming year are excluded.

Consumption of Chemical Fertilizers in Agriculture refers to the quantity of chemical fertilizers applied in agriculture in the year, including nitrogenous fertilizer, phosphate fertilizer, potash fertilizer, and compound fertilizer. The consumption of chemical fertilizers is calculated in terms of volume of effective components by means of converting the gross weight of the respective fertilizers into weight containing effective component (e.g. nitrogen content in nitrogenous fertilizer, phosphorous pentoxide contents in phosphate fertilizer, and potassium oxide contents in potash fertilizer). Compound fertilizer is converted in regard to its major components. The formula is:

Volume of effective component = physical quantity× effective component of certain chemical fertilizer (%)

Total Power of Agricultural Machinery refers to the total rated capacity of all agricultural machinery. Agricultural machinery refers to the machineries and equipments which are used for activities of planting, animal husbandry, fishery, primary processing of agricultural products, agricultural transport and infrastructure construction of farmland. Total power of agricultural machinery is grouped into four parts according to the energy used:

Diesel engine power refers to the total rated capacity of all diesel engines.

Gasoline engine power refers to the total rated capacity of all gasoline engines.

Motor power refers to the total rated capacity of all motors (include submersible pump motors).

Other mechanical powers refer to the total mechanical capacity of the sources of energy besides diesel, gasoline and motor power, such as hydro power, wind power, coal and solar energy.

Data are mainly from agricultural machinery agencies.

第12篇

工 业

CHAPTER 12 INDUSTRY

12-1 工业企业单位数
Number of Industry Enterprises

单位：个 (unit)

类 别	Category	2018	2019	2020	2021	2022
总 计	**Total**	**3251**	**3531**	**3830**	**4355**	**4532**
#亏损企业	Loss-making Enterprises	876	807	957	1170	1369
#国有控股企业	State-holding Enterprises	466	492	512	604	585
按登记注册类型分	**Grouped by Status of Registration**					
内资企业	Domestic Invested Enterprise	3096	3377	3684	4201	4380
国有企业	State-owned Enterprises	109	89	47	114	99
#中央企业	Central Industry	20	24	12	38	33
集体企业	Collective-owned Enterprises	34	28	27	23	24
股份合作企业	Cooperative Enterprises	6	6	2	11	11
联营企业	Joint Ownership Enterprises				3	2
有限责任公司	Limited Liability Corporations	1283	1334	1128	1137	1198
股份有限公司	Share Holding Corporations Ltd.	169	166	107	86	91
私营企业	Private Enterprises	1488	1746	2301	2814	2945
私营独资企业	Private Sole-proprietorship Enterprises	23	27	35	48	52
私营合伙企业	Private Partnership Enterprises	2	3	4	5	7
私营有限责任公司	Private Limited Liability Corporations	1383	1642	2168	2656	2779
私营股份有限公司	Private Share-holding Corporations Ltd.	80	74	94	105	107
其他企业	Other Enterprises	7	8	9	13	10
港、澳、台商投资企业	Enterprises with Investment from Hong Kong, Macao and Taiwan	49	43	47	49	51
外商投资企业	Foreign Invested Enterprises	106	111	99	105	101
按轻重工业分	**Grouped by Light and Heavy Industry**					
轻 工 业	Light Industry	1564	1664	1786	1983	2072
重 工 业	Heavy Industry	1687	1867	2044	2372	2460
按企业规模分	**Grouped by Size of Enterprises**					
大 型	Large Enterprises	81	79	76	78	73
中 型	Medium-sized Enterprises	339	348	344	329	320
小 型	Small Enterprises	2194	2286	2380	2570	2622
微 型	Micro type	637	818	1030	1378	1517
按行业分	**Grouped by Sector**					
采矿业	Mining	198	211	237	248	271
#煤炭开采和洗选业	Mining and Washing of Coal	135	144	156	159	180
石油和天然气开采业	Extraction of Petroleum and Natural Gas	2	3	2	2	2
制造业	Manufacturing	2624	2838	3080	3528	3692
电力、热力、燃气及水生产和供应业	Production and Supply of Electricity, heat, Gas and Water	429	482	513	579	569

12-2 工业企业主要经济指标(2022年)

单位：个、万元

类别	Category	单位数 Number of Enterprises	#亏损企业 Loss-making Enterprises
总计	**Total**	**4532**	**1369**
#亏损企业	Loss-making Enterprises	1369	1369
#国有控股企业	State-holding Enterprises	585	171
按登记注册类型分	**Grouped by Status of Registration**		
内资企业	Domestic Invested Enterprise	4380	1318
国有企业	State-owned Enterprises	99	28
#中央企业	Central Industry	33	3
集体企业	Collective-owned Enterprises	24	4
股份合作企业	Cooperative Enterprises	11	4
联营企业	Joint Ownership Enterprises	2	1
有限责任公司	Limited Liability Corporations	1198	394
国有独资公司	Sole State-funded Corporations	98	30
其他有限责任公司	Other Limited Liability Corporations	1100	364
股份有限公司	Share Holding Corporations Ltd.	91	26
私营企业	Private Enterprises	2945	860
私营独资企业	Private Sole-proprietorship Enterprises	52	18
私营合伙企业	Private Partnership Enterprises	7	1
私营有限责任公司	Private Limited Liability Corporations	2779	799
私营股份有限公司	Private Share-holding Corporations Ltd.	107	42
其他企业	Other Enterprises	10	1
港、澳、台商投资企业	Enterprises with Investment from Hong Kong, Macao and Taiwan	51	21
外商投资企业	Foreign Invested Enterprises	101	30
按经济组织类型分	**Grouped by Medium-sized Enterprises**		
独资企业	Proprietorship	252	77
国有企业	State-owned Enterprises	99	28
集体企业	Collective-owned Enterprises	24	4
私营独资企业	Private Sole-proprietorship Enterprises	52	18
港澳台商独资经营企业	Sole-proprietorship Enterprises from Hong Kong, Macao and Taiwan	26	8
外资企业	Foreign Funded Enterprises	51	19
合作、合伙企业	Cooperative Enterprises and Partnership	35	9
股份合作企业	Cooperative Enterprises	11	4
国有联营企业	State Joint Ownership Enterprises	1	1
集体联营企业	Collective Joint Ownership Enterprises		
国有与集体联营企业	Joint State-collective Ownership Enterprises		
其他联营企业	Other Joint Ownership Enterprises	1	
私营合伙企业	Private Partnership Enterprises	7	1
港澳台资合作经营企业	Cooperative Enterprises with Funds from Hong Kong, Macao and Taiwan	1	1
中外合作经营企业	Cooperative Enterprises	2	
其他企业(内资)	Other Enterprises (Domestic Funded)	10	1
股份有限公司	Share Holding Enterprises	204	71
股份有限公司(内资)	Share Holding Enterprises (Domestic Funded)	91	26
私营股份有限公司	Private Share Holding Corporations Ltd.	107	42
港澳台商投资股份有限公司	Share Holding Enterprises with Funds from Hong Kong, Macao and Taiwan	1	1
外商投资股份有限公司	Share-holding Corporations Ltd.	5	2
有限责任公司	Limited Liability Corporations	4041	1212
国有独资公司	State Sole-proprietorship Corporations	98	30
私营有限责任公司	Private Limited Liability Corporations	2779	799
港澳台合资经营企业	Joint Venture Enterprises of Hong Kong, Macao and Taiwan	21	10
中外合资经营企业	Joint-venture Enterprises	43	9
其他有限责任公司	Other Limited Liability Corporations	1100	364

Major Indicators of Industrial Enterprises(2022)

(unit, 10000 yuan)

工业总产值 Total Industrial Output Value	资产总计 Total Assets	流动资产合计 Total Current Assets	应收账款 Accounts Receivable	产成品 Finished Goods	固定资产原价 Original Value of Fixed Assets	固定资产净额 Net Fixed Assets	负债合计 Total Liabilities	营业收入 Business Revenue
123603766	**201793074**	**101070033**	**22420745**	**5851958**	**158708391**	**64046975**	**124275885**	**130152262**
24307641	51693754	22286127	4781472	1378948	42008416	20115154	42176171	24774448
65726582	120608672	53650148	8796432	1965522	124729464	45028293	71829746	69426355
115350764	185934319	91404753	18219479	5515391	150473616	60415206	113318083	119601614
9031460	8934557	4360214	893449	128011	8083799	3479844	6033032	9255585
8301233	6398634	3287311	664989	111556	6481282	2355979	4248698	8465702
336584	586993	433613	186561	26966	229308	69434	373657	342780
58777	51206	29000	11550	6448	35969	18190	28026	54107
6900	8883	4228	253	2696	4592	4271	3826	7677
65309551	121979871	56130352	10135998	2504311	119269835	44834117	73789648	68569225
4068910	9592908	3126511	633525	118347	9706204	4805571	7358622	4952613
61240641	112386963	53003840	9502473	2385964	109563632	40028546	66431026	63616613
11469471	15950941	7214949	1568169	511490	7496375	3526118	8826595	12160450
29096444	38395403	23211139	5416707	2333393	15347788	8478925	24247170	29168354
428897	617294	217142	45720	14752	422019	185689	505264	414215
41783	45851	19721	5001	1303	20603	14314	39859	40942
25727137	31131413	19274855	4749421	2163355	13529215	7588213	20749013	25897111
2898626	6600845	3699421	616565	153983	1375951	690709	2953034	2816087
41577	26467	21259	6791	2077	5951	4309	16130	43436
2181395	7710038	5240260	2348987	82598	2338287	1178834	5740512	2496876
6071608	8148717	4425020	1852279	253969	5896488	2452935	5217290	8053772
13535477	18825111	10943202	3646225	404038	12574452	5361883	13154504	14462758
9031460	8934557	4360214	893449	128011	8083799	3479844	6033032	9255585
336584	586993	433613	186561	26966	229308	69434	373657	342780
428897	617294	217142	45720	14752	422019	185689	505264	414215
1182378	5511447	4245783	2111238	48538	740346	486574	4189896	1458109
2556158	3174821	1686450	409256	185771	3098981	1140342	2052656	2992069
214465	297322	167155	54821	17109	165882	90963	184224	219512
58777	51206	29000	11550	6448	35969	18190	28026	54107
1938	6920	4202	253	2671	2635	2333	3820	4899
4961	1963	26		26	1957	1937	6	2778
41783	45851	19721	5001	1303	20603	14314	39859	40942
1315	14802	3560	2171		10598	10598	9813	1315
38030	99338	48843	15733		81164	36570	57600	39692
41577	26467	21259	6791	2077	5951	4309	16130	43436
14667883	24015256	11581496	2279884	671970	9695248	4510697	12798264	15298926
11469471	15950941	7214949	1568169	511490	7496375	3526118	8826595	12160450
2898626	6600845	3699421	616565	153983	1375951	690709	2953034	2816087
141600	295668	35641	7399		711384	250271	295668	142593
158185	1167803	631485	87752	6496	111539	43600	722968	179796
95185942	158655385	78378180	16439815	4758842	136272808	54083431	98138893	100171066
4068910	9592908	3126511	633525	118347	9706204	4805571	7358622	4952613
25727137	31131413	19274855	4749421	2163355	13529215	7588213	20749013	25897111
830020	1837346	914731	214857	29474	868954	428679	1216166	862516
3319234	3706756	2058243	1339539	61703	2604804	1232423	2384067	4842215
61240641	112386963	53003840	9502473	2385964	109563632	40028546	66431026	63616613

12-2 续表1

单位：个、万元

类别	Category	单位数 Number of Enterprises
按轻重工业分	**Grouped by Light and Heavy Industry**	
轻工业	Light Industry	2072
重工业	Heavy Industry	2460
按行业分	**Grouped by Industry**	
采矿业	Mining and Quarrying	271
煤炭开采和洗选业	Mining and Washing of Coal	180
石油和天然气开采业	Extraction of Petroleum and Natural Gas	2
黑色金属矿采选业	Mining and Processing of Ferrous Metal Ores	9
有色金属矿采选业	Mining and Processing of Non-ferrous Metal Ores	14
非金属矿采选业	Mining and Processing of Non-metal Ores	39
开采专业及辅助性活动	Professional and Support Activities for Mining	27
其他采矿业	Mining of Other Ores	
制造业	Manufacturing	3692
农副食品加工业	Processing of Food from Agricultural Products	1298
食品制造业	Manufacture of Foods	174
酒、饮料和精制茶制造业	Manufacture of Liquor, Beverages and Refined Tea	73
烟草制品业	Manufacture of Tobacco	3
纺织业	Manufacture of Textile	49
纺织服装、服饰业	Manufacture of Textile, Wearing Apparel and Accessories	9
皮革、毛皮、羽毛及其制品和制鞋业	Manufacture of Leather, Fur, Feather and Related Products and Footwear	57
木材加工和木、竹、藤、棕、草制品业	Processing of Timber, Manufacture of Wood, Bamboo, Rattan, Palm and Straw Products	161
家具制造业	Manufacture of Furniture	36
造纸和纸制品业	Manufacture of Paper and Paper Products	39
印刷和记录媒介复制业	Printing and Reproduction of Recording Media	23
文教、工美、体育和娱乐用品制造业	Manufacture of Articles for Culture, Education, Arts and Crafts, Sport and Entertainment Activities	20
石油、煤炭及其他燃料加工业	Processing of Petroleum, Coal and Other Fuels	60
化学原料和化学制品制造业	Manufacture of Raw Chemical Materials and Chemical Products	238
医药制造业	Manufacture of Medicines	142
化学纤维制造业	Manufacture of Chemical Fibers	4
橡胶和塑料制品业	Manufacture of Rubber and Plastics Products	89
非金属矿物制品业	Manufacture of Non-metallic Mineral Products	404
黑色金属冶炼及压延加工业	Smelting and Pressing of Ferrous Metals	20
有色金属冶炼及压延加工业	Smelting and Pressing of Non-ferrous Metals	24
金属制品业	Manufacture of Metal Products	139
通用设备制造业	Manufacture of General Purpose Machinery	152
专用设备制造业	Manufacture of Special Purpose Machinery	208
汽车制造业	Manufacture of Automobiles	34
铁路、船舶、航空航天和其他运输设备制造业	Manufacture of Railroad, Ship, Aerospace and Other Transport Equipment	54
电气机械及器材制造业	Manufacture of Electrical Machinery and Apparatus	79
计算机、通信和其他电子设备制造业	Manufacture of Computers, Communication and Other Electronic Equipment	20
仪器仪表制造业	Manufacture of Measuring Instruments and Machinery	37
其他制造业	Other Manufacture	7
废弃资源综合利用业	Comprehensive Utilization of Waste Resources Industry	31
金属制品、机械和设备修理业	Repair Service of Metal Products, Machinery and Equipment	8
电力、热力、燃气及水生产和供应业	Production and Supply of Electricity, heat, Gas and Water	569
电力、热力生产和供应业	Production and Supply of Electric Power and Heat Power	476
燃气生产和供应业	Production and Supply of Gas	48
水的生产和供应业	Production and Supply of Water	45

Continued

(unit, 10000 yuan)

#亏损企业 Loss-making Enterprises	工业总产值 Total Industrial Output Value	资产总计 Total Assets	流动资产合计 Total Current Assets	应收账款 Accounts Receivable	产成品 Finished Goods	固定资产原价 Original Value of Fixed Assets	固定资产净额 Net Fixed Assets	负债合计 Total Liabilities	营业收入 Business Revenue
589	33754208	42634625	27722841	7422998	2525196	15916817	8645323	26383695	35159666
780	89849558	159158450	73347193	14997747	3326763	142791573	55401652	97892190	94992596
73	25851379	56082993	23666317	2046825	955035	70457689	19793908	27548805	26729455
49	6441485	10611305	4457852	789667	453070	8867995	4239675	8066681	6934319
	14879993	37183970	14315940	310020	315107	57497959	14023360	14018674	15335438
6	106260	516902	138816	10671	21909	282752	172574	376822	121582
5	1398929	2268807	703196	25058	29116	1014698	587567	781564	1381084
7	333133	629689	335637	129386	20752	164393	98973	295444	340001
6	2691578	4872320	3714876	782022	115082	2629893	671758	4009620	2617031
1048	82762118	104180348	65357155	16827184	4844973	44395786	21510264	67134449	87525592
351	17581958	15225565	9891937	1555434	1421037	5711051	3461420	10334759	19452383
61	6099583	10827609	7697605	3968092	356124	3842051	2168273	7141754	6525099
27	2887325	3044505	1694523	123120	166133	1552270	853966	1752797	2693323
	1442664	1116798	778266	76388	45855	685009	288186	292560	1402559
19	415628	525131	375133	50107	126309	200360	98537	334363	336543
1	46342	102270	83158	51843	1909	30054	18165	68972	53404
6	601595	169789	129405	92325	13691	18453	10148	96669	392112
69	673191	774732	623670	138211	141863	138432	73330	412645	512167
16	236468	354657	236684	77701	54804	171347	76009	246836	194483
13	522231	910211	407399	142138	41292	575222	261748	576708	567973
9	129363	178433	114959.7	37831	5597.5	120934.9	46353.5	101949.8	133142.6
3	58905	67749	47096	11042	14576	27138	18349	50581	53624
28	16814880	9296848	3686919	411680	367591	10232698	3930893	6353322	16594193
63	4371608	6232790	3640206	521797	467221	3171652	1359293	4452189	4894356
34	2291569	6822762	4154093	645511	158535	2255390	939540	3263212	2119951
3	22124	90772	64855	3748	1615	16799	6789	43852	8672
23	868454	2212943	1421274	471673	78983	584298	266533	1566225	708822
132	3035485	6025059	3388623	1324849	272603	3088171	1518983	4015890	3000873
3	4461433	4573471	1832944	240800	72497	2252720	1647980	2939926	4567923
9	2111987	1499838	715979	42407	87772	915865	601694	933291	2204663
33	801326	2693424	2019295	394224	69760	708446	418968	1990059	1237447
30	2766301	6866947	5201998	1312813	97766	1817423	761248	4501162	2830032
43	2634469	6801033	4501918	1660224	201070	1331306	611859	4449320	3297318
9	2542950	2750902	1605122	670434	85238	1210555	475305	1898527	4233440
7	4659168	7383960	5624457	1330622	225120	1728051	671770	4891260	4899621
24	1877247	4130588	3104046	751112	115765	915360	351742	2459072	1977851
9	226063	840505	488430	195320	44466	228593	104333	348122	223458
5	590666	980261	731445	226785	31369	220776	102443	514868	615850
	471271	706933	393043	103957	10883	405092	224921	383803	487360
15	1393982	554469	460783	139946	57570	103471	68796	417037	1167847
3	125885	419395	241892	55051	9961	136799	72689	302721	139105
248	14990270	41529734	12046562	3546736	51951	43854916	22742803	29592631	15897215
216	13935867	36621110	9818814	3238194	28644	41928627	21666259	26437566	14802856
14	648215	1154698	454533	138017	18747	770377	393187	686871	718440
18	406188	3753926	1773215	170525	4560	1155912	683358	2468194	375920

12-2 续表2

单位：万元

类 别	Category
总 计	**Total**
#亏损企业	Loss-making Enterprises
#国有控股企业	State-holding Enterprises
按登记注册类型分	**Grouped by Status of Registration**
内资企业	Domestic Invested Enterprise
国有企业	State-owned Enterprises
#中央企业	Central Industry
集体企业	Collective-owned Enterprises
股份合作企业	Cooperative Enterprises
联营企业	Joint Ownership Enterprises
有限责任公司	Limited Liability Corporations
国有独资公司	Sole State-funded Corporations
其他有限责任公司	Other Limited Liability Corporations
股份有限公司	Share Holding Corporations Ltd.
私营企业	Private Enterprises
私营独资企业	Private Sole-proprietorship Enterprises
私营合伙企业	Private Partnership Enterprises
私营有限责任公司	Private Limited Liability Corporations
私营股份有限公司	Private Share-holding Corporations Ltd.
其他企业	Other Enterprises
港、澳、台商投资企业	Enterprises with Investment from Hong Kong, Macao and Taiwan
外商投资企业	Foreign Invested Enterprises
按经济组织类型分	**Grouped by Medium-sized Enterprises**
独资企业	Proprietorship
国有企业	State-owned Enterprises
集体企业	Collective-owned Enterprises
私营独资企业	Private Sole-proprietorship Enterprises
港澳台商独资经营企业	Sole-proprietorship Enterprises from Hong Kong, Macao and Taiwan
外资企业	Foreign Funded Enterprises
合作、合伙企业	Cooperative Enterprises and Partnership
股份合作企业	Cooperative Enterprises
国有联营企业	State Joint Ownership Enterprises
集体联营企业	Collective Joint Ownership Enterprises
国有与集体联营企业	Joint State-collective Ownership Enterprises
其他联营企业	Other Joint Ownership Enterprises
私营合伙企业	Private Partnership Enterprises
港澳台资合作经营企业	Cooperative Enterprises with Funds from Hong Kong, Macao and Taiwan
中外合作经营企业	Cooperative Enterprises
其他企业(内资)	Other Enterprises (Domestic Funded)
股份有限公司	Share Holding Enterprises
股份有限公司(内资)	Share Holding Enterprises (Domestic Funded)
私营股份有限公司	Private Share Holding Corporations Ltd.
港澳台商投资股份有限公司	Share Holding Enterprises with Funds from Hong Kong, Macao and Taiwan
外商投资股份有限公司	Share-holding Corporations Ltd.
有限责任公司	Limited Liability Corporations
国有独资公司	State Sole-proprietorship Corporations
私营有限责任公司	Private Limited Liability Corporations
港澳台合资经营企业	Joint Venture Enterprises of Hong Kong, Macao and Taiwan
中外合资经营企业	Joint-venture Enterprises
其他有限责任公司	Other Limited Liability Corporations

Continued

(10000 yuan)

营业成本 Business Cost	销售费用 Selling Expenses	管理费用 Management Expenses	财务费用 Financial Expenses	利息费用 Expenditure for Interests	利润总额 Total Profits	亏损企业亏损总额 Total Losses Made by Enterprises--in-red
106188753	**2634344**	**5080838**	**1890387**	**1846911**	**6850737**	**3389740**
25233566	423168	1024029	713779	624028	-3389740	3389740
53645038	580343	3060469	1265236	1282662	3892100	2236367
97270043	2053523	4665954	1778808	1697928	6280916	3104342
7884711	45010	249129	56493	75396	238172	83686
7188802	34203	197363	29884	50014	237196	26054
270710	5067	26506	964	962	41211	871
47174	1182	3216	118	91	1972	1044
8084	12	92	152	152	-790	802
53938892	979101	2952312	1270503	1215034	3976305	2128787
4005496	20291	415287	267487	124140	174657	181311
49933396	958810	2537025	1003016	1090894	3801648	1947476
9468987	241517	389491	167484	165046	791528	289871
25611206	781220	1044029	283037	241207	1231463	599133
333021	7039	24169	8845	8248	28528	21343
38644	223	907	64	19	686	342
23120099	671664	896466	240591	189431	741460	541600
2119442	102295	122488	33537	43509	460789	35849
40280	414	1180	59	40	1054	149
1974101	283439	89471	22156	65639	121079	126326
6944609	297382	325414	89423	83344	448742	159072
12179970	410030	463834	98696	135282	474370	220739
7884711	45010	249129	56493	75396	238172	83686
270710	5067	26506	964	962	41211	871
333021	7039	24169	8845	8248	28528	21343
1070095	230383	48710	-3570	37102	93616	34653
2621433	122531	115321	35965	13575	72844	80187
182188	7172	9246	689	302	14027	3377
47174	1182	3216	118	91	1972	1044
5338	2	82	152	152	-802	802
2746	10	10			12	
38644	223	907	64	19	686	342
1999		107	-3	0.2	-744	744
25784	355	2500	71		11967	
40280	414	1180	59	40	1054	149
11982746	351157	523783	235292	256048	1157636	426828
9468987	241517	389491	167484	165046	791528	289871
2119442	102295	122488	33537	43509	460789	35849
187714			17130	17145	-63424	63424
206604	7345	11804	17141	30349	-31257	37685
81843849	1865985	4083976	1555710	1455278	5204704	2738796
4005496	20291	415287	267487	124140	174657	181311
23120099	671664	896466	240591	189431	741460	541600
694070	48069	39409	8370	11392	91750	27209
4090788	167151	195789	36246	39420	395188	41200
49933396	958810	2537025	1003016	1090894	3801648	1947476

12-2 续表3

单位：万元

类 别	Category
按轻重工业分	**Grouped by Light and Heavy Industry**
轻工业	Light Industry
重工业	Heavy Industry
按行业分	**Grouped by Industry**
采矿业	Mining and Quarrying
煤炭开采和洗选业	Mining and Washing of Coal
石油和天然气开采业	Extraction of Petroleum and Natural Gas
黑色金属矿采选业	Mining and Processing of Ferrous Metal Ores
有色金属矿采选业	Mining and Processing of Non-ferrous Metal Ores
非金属矿采选业	Mining and Processing of Non-metal Ores
开采专业及辅助性活动	Professional and Support Activities for Mining
其他采矿业	Mining of Other Ores
制造业	Manufacturing
农副食品加工业	Processing of Food from Agricultural Products
食品制造业	Manufacture of Foods
酒、饮料和精制茶制造业	Manufacture of Liquor, Beverages and Refined Tea
烟草制品业	Manufacture of Tobacco
纺织业	Manufacture of Textile
纺织服装、服饰业	Manufacture of Textile, Wearing Apparel and Accessories
皮革、毛皮、羽毛及其制品和制鞋业	Manufacture of Leather, Fur, Feather and Related Products and Footwear
木材加工和木、竹、藤、棕、草制品业	Processing of Timber, Manufacture of Wood, Bamboo, Rattan, Palm and Straw Products
家具制造业	Manufacture of Furniture
造纸和纸制品业	Manufacture of Paper and Paper Products
印刷和记录媒介复制业	Printing and Reproduction of Recording Media
文教、工美、体育和娱乐用品制造业	Manufacture of Articles for Culture, Education, Arts and Crafts, Sport and Entertainment Activities
石油、煤炭及其他燃料加工业	Processing of Petroleum, Coal and Other Fuels
化学原料和化学制品制造业	Manufacture of Raw Chemical Materials and Chemical Products
医药制造业	Manufacture of Medicines
化学纤维制造业	Manufacture of Chemical Fibers
橡胶和塑料制品业	Manufacture of Rubber and Plastics Products
非金属矿物制品业	Manufacture of Non-metallic Mineral Products
黑色金属冶炼及压延加工业	Smelting and Pressing of Ferrous Metals
有色金属冶炼及压延加工业	Smelting and Pressing of Non-ferrous Metals
金属制品业	Manufacture of Metal Products
通用设备制造业	Manufacture of General Purpose Machinery
专用设备制造业	Manufacture of Special Purpose Machinery
汽车制造业	Manufacture of Automobiles
铁路、船舶、航空航天和其他运输设备制造业	Manufacture of Railroad, Ship, Aerospace and Other Transport Equipment
电气机械及器材制造业	Manufacture of Electrical Machinery and Apparatus
计算机、通信和其他电子设备制造业	Manufacture of Computers, Communication and Other Electronic Equipment
仪器仪表制造业	Manufacture of Measuring Instruments and Machinery
其他制造业	Other Manufacture
废弃资源综合利用业	Comprehensive Utilization of Waste Resources Industry
金属制品、机械和设备修理业	Repair Service of Metal Products, Machinery and Equipment
电力、热力、燃气及水生产和供应业	Production and Supply of Electricity, heat, Gas and Water
电力、热力生产和供应业	Production and Supply of Electric Power and Heat Power
燃气生产和供应业	Production and Supply of Gas
水的生产和供应业	Production and Supply of Water

Continued

(10000 yuan)

营业成本 Business Cost	销售费用 Selling Expenses	管理费用 Management Expenses	财务费用 Financial Expenses	利息费用 Expenditure for Interests	利润总额 Total Profits	亏损企业亏损总额 Total Losses Made by Enterprises--in-red
29351892	1606265	1154601	252466	276738	1845850	458690
76836861	1028079	3926237	1637921	1570173	5004887	2931050
15459442	174083	1679960	558451	528385	4700642	412856
4666726	67944	705695	350385	75844	740958	45595
7282721	89927	824683	183824	428602	3522887	
102467	1835	12801	1566	1363	-1226	3764
562653	1636	56005	13946	15257	671741	3515
206816	7181	15661	1903	1439	90380	2148
2638060	5559	65116	6827	5880	-324098	357835
75045472	2371501	2893106	626178	688114	3199049	1244559
17981985	453642	347486	175018	135534	431230	209698
5107118	503884	171243	-5002	48947	687204	70239
2032395	158701	71503	21896	18052	311625	32362
430198	14369	202424	-8509	-107	66568	
295848	4482	14372	2064	2292	16856	6834
48240	296	3129	61	59	962	14
369916	1483	2251	19	18	18019	1420
468187	12987	13811	2328	2553	11501	12178
170227	8901	17135	2229	1652	-4335	6421
498536	11223	24852	4121	4232	15352	11689
120337	2571	8954	1990	1361	-1667	3495
47232	1670	1860	260	166	1429	690
14028066	190788	319810	134431	132684	-91793	458738
4415346	68968	194094	40856	42626	130012	65668
1071585	421019	236431	20210	25061	339071	29291
7215	232	1762	180	8	-985	1520
670014	8249	27272	23427	30234	-28533	38369
2567119	81129	187935	35766	29820	100144	76206
4112259	109950	65552	62255	54026	78193	2460
2042371	6823	35203	18227	16004	84696	13050
1094598	11022	70218	-9371	5668	43300	8821
2402844	66564	146928	4455	14938	187642	8723
2901246	61160	128913	50482	60384	182726	25863
3814611	16902	204786	7959	12177	287323	4631
4315449	33093	177690	8573	16898	173757	8765
1735757	65057	83398	12188	19724	68985	43854
156863	30808	19101	12918	1690	-56024	79958
467580	17490	47911	2037	4244	58071	13140
371313	2954	42244	311	1182	84751	
1185332	3912	9067	2652	3895	397	8485
115685	1174	15772	2148	2093	2573	1981
15683839	88761	507772	705758	630412	-1048955	1732325
14768127	15942	424732	653012	566245	-1128711	1693097
624848	51803	36986	1723	3527	17814	6562
290864	21016	46054	51024	60641	61942	32666

12-3 大中型工业企业主要经济指标(2022年)

单位：个、万元

类别	Category	单位数 Number of Enterprises	#亏损企业 Loss-making Enterprises
总　计	**Total**	**393**	**113**
#亏损企业	Loss-making Enterprises	113	113
#国有及国有控股企业	State-owned and State-holding Enterprises	150	54
#大　型	Large-sized Enterprises	73	20
按登记注册类型分	**Grouped by Status of Registration**		
内资企业	Domestic Funded	350	98
国有企业	State-owned Enterprises	18	7
#中央企业	Central Industry	6	1
集体企业	Collective-owned Enterprises	8	
股份合作企业	Cooperative Enterprises	1	
联营企业	Joint Ownership Enterprises		
有限责任公司	Limited Liability Corporations	178	59
国有独资公司	Sole State-funded Corporations	26	11
其他有限责任公司	Other Limited Liability Corporations	152	48
股份有限公司	Share Holding Enterprises	29	3
私营企业	Private Enterprises	116	29
私营独资企业	Private-funded Enterprises	6	1
私营合伙企业	Private Partnership	1	
私营有限责任公司	Private Limited Liability Corporations	97	26
私营股份有限公司	Private Share-holding Enterprises	12	2
其他企业	Other Enterprises		
港、澳、台商投资企业	Enterprises with Funds from Hong Kong, Macao and Taiwan	14	8
外商投资企业	Foreign Funded Enterprises	29	7
按经济组织类型分	**Grouped by Type of Economic Organizations**		
独资企业	Proprietorship	53	14
国有企业	State-owned Enterprises	18	7
集体企业	Collective-owned Enterprises	8	
私营独资企业	Private-funded Enterprises	6	1
港澳台商独资经营企业	Proprietorship from Hong Kong, Macao and Taiwan	4	2
外资企业	Foreign Funded Enterprises	17	4
合作、合伙企业	Cooperative Enterprises and Partnership	3	
股份合作企业	Cooperative Enterprises	1	
国有联营企业	State Joint Ownership Enterprises		
集体联营企业	Collective Joint Ownership Enterprises		
国有与集体联营企业	State and Collective Joint Ownership Enterprises		
其他联营企业	Other Joint Ownership Enterprises		
私营合伙企业	Private Partnership	1	
港澳台资合作经营企业	Cooperative Enterprises with Funds from Hong Kong, Macao and Taiwan		
中外合作经营企业	Sino-foreign Cooperative Enterprises	1	
其他企业(内资)	Other Enterprises (Domestic Funded)		
股份有限公司	Share Holding Enterprises	45	8
股份有限公司(内资)	Share Holding Enterprises (Domestic Funded)	29	3
私营股份有限公司	Private Share Holding Enterprises	12	2
港澳台商投资股份有限公司	Share Holding Enterprises with Funds from Hong Kong, Macao and Taiwan	1	1
外商投资股份有限公司	Foreign Funded Share Holding Enterprises	3	2
有限责任公司	Limited Liability Corporations	292	91
国有独资公司	Sole State-funded Corporations	26	11
私营有限责任公司	Private Limited Liability Corporations	97	26
港澳台合资经营企业	joint venture Enterprises of Hong Kong, Macao and Taiwan	9	5
中外合资经营企业	Sino-foreign Cooperative joint venture Enterprises	8	1
其他有限责任公司	Other Limited Liability Corporations	152	48

Major Indicators of Large and Medium-Sized Industrial Enterprises(2022)

(unit, 10000 yuan)

工业总产值 Total Industrial Output Value	资产总计 Total Assets	流动资产合计 Total Current Assets	应收账款 Accounts Receivable	产成品 Finished Goods	固定资产原价 Original Value of Fixed Assets	固定资产净额 Net Fixed Assets	负债合计 Total Liabilities	营业收入 Business Revenue
83248608	**133950357**	**61914152**	**11710246**	**2708174**	**127174461**	**45368301**	**78345320**	**87308306**
16028880	29941505	10799303	2267054	497571	31304001	14098521	25050155	16358343
55669508	95295189	40332465	5427837	1306323	110582479	36325468	54200809	57731011
59071638	96707095	42512665	7226754	1315722	104243114	34176952	55165429	63433781
76715518	121236671	53730440	8091588	2461705	120919576	42701014	69262715	78654248
7487131	4223763	1824423	494538	90933	5791295	1897118	2789976	7374073
7117135	2982539	1186134	354713	87581	4969529	1373191	1846024	6984001
163769	257390	200597	48278	17794	91272	53349	205262	149312
14645	9464	5112	500	4145	6642	3637	8558	11896
50095504	90140110	38895145	5268819	1462682	103025038	34743176	51462414	51634727
3163672	7277139	2229906	307333	64899	7752936	3697414	5646860	4010006
46931831	82862971	36665240	4961486	1397782	95272102	31045762	45815554	47624721
10744249	13879959	6038250	1235778	338254	6959546	3235850	7610965	11351068
8210221	12725984	6766913	1043675	547897	5045784	2767885	7185540	8133173
141691	125276	35654	5984	2932	107358	66561	138924	126304
6365	13531	4064	103	213	9986	9226	12883	6365
6283787	8485246	4496883	729564	478700	4269238	2334214	5426843	6426881
1778378	4101932	2230313	308023	66052	659202	357884	1606891	1573623
1335927	6243447	4570176	2063047	41395	1754117	794926	4895856	1602430
5197164	6470239	3613536	1555611	205074	4500768	1872361	4186749	7051627
10540157	11637999	7201954	2781442	292535	8840904	3105260	8237323	10979712
7487131	4223763	1824423	494538	90933	5791295	1897118	2789976	7374073
163769	257390	200597	48278	17794	91272	53349	205262	149312
141691	125276	35654	5984	2932	107358	66561	138924	126304
708664	4775593	3925270	1999266	28312	313580	203531	3759660	952528
2038902	2255978	1216009	233376	152563	2537400	884702	1343502	2377496
56335	110029	52047	13752	4358	86824	45914	78328	55248
14645	9464	5112	500	4145	6642	3637	8558	11896
6365	13531	4064	103	213	9986	9226	12883	6365
35326	87034	42872	13148		70197	33051	56887	36988
12797170	19437516	8928609	1635001	410641	8440665	3887094	10231544	13218601
10744249	13879959	6038250	1235778	338254	6959546	3235850	7610965	11351068
1778378	4101932	2230313	308023	66052	659202	357884	1606891	1573623
141600	295668	35641	7399		711384	250271	295668	142593
132944	1159957	624405	83801	6335	110534	43089	718020	151316
59854946	102764813	45731542	7280051	2000640	109806067	38330033	59798125	63054745
3163672	7277139	2229906	307333	64899	7752936	3697414	5646860	4010006
6283787	8485246	4496883	729564	478700	4269238	2334214	5426843	6426881
485663	1172187	609264	56382	13083	729153	341124	840528	507309
2989992	2967270	1730250	1225286	46176	1782637	911519	2068339	4485827
46931831	82862971	36665240	4961486	1397782	95272102	31045762	45815554	47624721

12-3 续表1

单位：个、万元

类别	Category	单位数 Number of Enterprises	#亏损企业 Loss-making Enterprises
按轻重工业分	**Grouped by Light and Heavy Industry**		
轻工业	Light Industry	127	30
重工业	Heavy Industry	266	83
按行业分	**Grouped by Industry**		
采矿业	Mining and Quarrying	68	9
煤炭开采和洗选业	Mining and Washing of Coal	53	7
石油和天然气开采业	Extraction of Petroleum and Natural Gas	2	
黑色金属矿采选业	Mining and Processing of Ferrous Metal Ores	2	
有色金属矿采选业	Mining and Processing of Non-ferrous Metal Ores	5	
非金属矿采选业	Mining and Processing of Non-metal Ores	2	
开采专业及辅助性活动	Professional and Support Activities for Mining	4	2
其他采矿业	Mining of Other Ores		
制造业	Manufacturing	249	61
农副食品加工业	Processing of Food from Agricultural Products	37	11
食品制造业	Manufacture of Foods	28	4
酒、饮料和精制茶制造业	Manufacture of Liquor, Beverages and Refined Tea	11	1
烟草制品业	Manufacture of Tobacco	2	
纺织业	Manufacture of Textile	7	1
纺织服装、服饰业	Manufacture of Textile, Wearing Apparel and Accessories	1	
皮革、毛皮、羽毛及其制品和制鞋业	Manufacture of Leather, Fur, Feather and Related Products and Footwear		
木材加工和木、竹、藤、棕、草制品业	Processing of Timber,Manufacture of Wood,Bamboo,Rattan,Palm and Straw Products	1	
家具制造业	Manufacture of Furniture	5	3
造纸和纸制品业	Manufacture of Paper and Paper Products	2	1
印刷和记录媒介复制业	Printing and Reproduction of Recording Media	1	
文教、工美、体育和娱乐用品制造业	Manufacture of Articles for Culture,Education and Sports Activities	1	1
石油、煤炭及其他燃料加工业	Processing of Petoleum,Coal and Other Fuels	24	14
化学原料和化学制品制造业	Manufacture of Raw Chemical Materials and Chemical Products	14	2
医药制造业	Manufacture of Medicines	22	2
化学纤维制造业	Manufacture of Chemical Fibers		
橡胶和塑料制品业	Manufacture of Rubber and Plastics Products	3	2
非金属矿物制品业	Manufacture of Non-metallic Mineral Products	19	7
黑色金属冶炼及压延加工业	Smelting and Pressing of Ferrous Metals	5	
有色金属冶炼及压延加工业	Smelting and Pressing of Non-ferrous Metals	5	1
金属制品业	Manufacture of Metal Products	5	3
通用设备制造业	Manufacture of General Purpose Machinery	13	1
专用设备制造业	Manufacture of Special Purpose Machinery	12	
汽车制造业	Manufacture of Automobiles	6	
铁路、船舶、航空航天和其他运输设备制造业	Manufacture of Railroad, Ship, Aerospace and Other Transport Equipment	9	1
电气机械及器材制造业	Manufacture of Electrical Machinery and Apparatus	9	3
计算机、通信和其他电子设备制造业	Manufacture of Computers,Communication and Other Electronic Equipment	2	1
仪器仪表制造业	Manufacture of Measuring Instruments	3	2
其他制造业	Other Manufacturing		
废弃资源综合利用业	Comprehensive Utilization of Waste Resources Industry		
金属制品、机械和设备修理业	Repair Service of Metal Products, Machinery and Equipment	2	
电力、热力、燃气及水生产和供应业	Production and Supply of Electric Power, heat, Gas and Water	76	43
电力、热力生产和供应业	Production and Supply of Electric Power and Heat Power	59	35
燃气生产和供应业	Production and Supply of Gas	4	
水的生产和供应业	Production and Supply of Water	13	8

Continued

(unit, 10000 yuan)

工业总产值 Total Industrial Output Value	资产总计 Total Assets	流动资产合计 Total Current Assets	应收账款 Accounts Receivable	产成品 Finished Goods	固定资产原价 Original Value of Fixed Assets	固定资产净额 Net Fixed Assets	负债合计 Total Liabilities	营业收入 Business Revenue
16332737	23584170	14916414	4461325	1071186	9172735	4793994	14110798	16630168
66915872	110366187	46997737	7248921	1636988	118001725	40574307	64234522	70678138
22961378	52171788	21211095	1569601	632970	69023773	19157385	25068156	23734220
4499503	8549220	2877950	612453	182059	8345966	4015885	6427047	4839261
14879993	37183970	14315940	310020	315107	57497959	14023360	14018674	15335438
68403	232607	49806	2701	9133	198523	135175	144102	98803
973217	1750309	528796	25286	16301	585138	375985	618627	966763
38198	83680	38240	12511	906	25228	18912	67071	57916
2502064	4372003	3400364	606629	109465	2370960	588068	3792635	2436040
49508394	59152168	34495942	8790628	2067695	30016972	13697458	37199623	52117953
5405537	4589888	2508021	348921	448183	2355532	1354379	3201089	5754348
4766664	8477593	6158863	3132379	248053	2898426	1674762	5681491	5080159
2312865	1861365	1072432	59844	110741	806020	458589	960186	2184212
1436575	1096320	762870	75467	45591	675530	284751	286535	1395810
197201	199696	150656	18260	62608	81065	39011	140941	180998
14506	11865	10252	4421	89	5196	2528	1779	8758
91146	213252	176664	28247	2820	31204	13672	39860	78650
69943	176525	105044	28000	41118	115660	48274	115602	99401
224177	556441	203986	45371	26867	369350	142572	275812	249642
10940	22221	17206	5814		23474	1941	5557	11465
1822	15005	9841	686	2710	6943	3814	14310	2029
16570252	9050123	3530916	364501	348983	10125667	3864290	6212679	16358406
1558039	1544777	830773	88128	84298	1627555	527196	922651	1654516
1178914	4318563	2566849	347622	53334	1437358	547004	1980116	1040705
444913	1582343	947998	320799	17519	366856	166998	1123461	315924
757799	1866749	744802	218169	66025	1214456	555175	1125648	699167
4159374	4371538	1710526	198431	61547	2189102	1603178	2806449	4241246
1905429	1231040	575544	26672	81177	850954	563201	787945	1991892
79266	181908	123307	41082	31284	83375	33753	119223	78272
1906096	4776839	3838644	911784	43700	1089271	352309	3416602	1885526
1602772	5013415	3146273	1089930	87952	923186	384977	3264985	2298217
2377180	2418635	1402776	612905	71976	1115008	433428	1686143	3889528
811302	1518790	895292	233939	17338	547821	221394	542678	855697
1231207	3069551	2394181	470856	74411	725736	256136	1983643	1364222
50358	230469	66646	5824	23944	116901	48684	111684	40773
235996	450054	345434	75388	15429	107065	46626	159636	240445
108120	307207	200151	37191		128264	68817	232922	117946
10778837	22626400	6207114	1350017	7509	28133715	12513458	16077541	11456133
10246143	19268247	4503771	1281886	4116	26888600	11869263	13962000	10922148
296114	481108	126018	28020	2859	384163	145153	214006	321036
236580	2877046	1577326	40111	534	860952	499043	1901535	212949

12-3 续表2

单位：万元

类 别	Category
总 计	**Total**
#亏损企业	Loss-making Enterprises
#国有控股企业	State-holding Enterprises
#大 型	Large-sized Enterprises
按登记注册类型分	**Grouped by Status of Registration**
内资企业	Domestic Invested Enterprise
国有企业	State-owned Enterprises
#中央企业	Central Industry
集体企业	Collective-owned Enterprises
股份合作企业	Cooperative Enterprises
联营企业	Joint Ownership Enterprises
有限责任公司	Limited Liability Corporations
国有独资公司	Sole State-funded Corporations
其他有限责任公司	Other Limited Liability Corporations
股份有限公司	Share Holding Corporations Ltd.
私营企业	Private Enterprises
私营独资企业	Private Sole-proprietorship Enterprises
私营合伙企业	Private Partnership Enterprises
私营有限责任公司	Private Limited Liability Corporations
私营股份有限公司	Private Share-holding Corporations Ltd.
其他企业	Other Enterprises
港、澳、台商投资企业	Enterprises with Investment from Hong Kong, Macao and Taiwan
外商投资企业	Foreign Invested Enterprises
按经济组织类型分	**Grouped by Medium-sized Enterprises**
独资企业	Proprietorship
国有企业	State-owned Enterprises
集体企业	Collective-owned Enterprises
私营独资企业	Private Sole-proprietorship Enterprises
港澳台商独资经营企业	Sole-proprietorship Enterprises from Hong Kong, Macao and Taiwan
外资企业	Foreign Funded Enterprises
合作、合伙企业	Cooperative Enterprises and Partnership
股份合作企业	Cooperative Enterprises
国有联营企业	State Joint Ownership Enterprises
集体联营企业	Collective Joint Ownership Enterprises
国有与集体联营企业	Joint State-collective Ownership Enterprises
其他联营企业	Other Joint Ownership Enterprises
私营合伙企业	Private Partnership Enterprises
港澳台资合作经营企业	Cooperative Enterprises with Funds from Hong Kong, Macao and Taiwan
中外合作经营企业	Cooperative Enterprises
其他企业(内资)	Other Enterprises (Domestic Funded)
股份有限公司	Share Holding Enterprises
股份有限公司(内资)	Share Holding Enterprises (Domestic Funded)
私营股份有限公司	Private Share Holding Corporations Ltd.
港澳台商投资股份有限公司	Share Holding Enterprises with Funds from Hong Kong, Macao and Taiwan
外商投资股份有限公司	Share-holding Corporations Ltd.
有限责任公司	Limited Liability Corporations
国有独资公司	State Sole-proprietorship Corporations
私营有限责任公司	Private Limited Liability Corporations
港澳台合资经营企业	Joint Venture Enterprises of Hong Kong, Macao and Taiwan
中外合资经营企业	Joint-venture Enterprises
其他有限责任公司	Other Limited Liability Corporations

Continued

(10000 yuan)

营业成本 Business Cost	销售费用 Selling Expenses	管理费用 Management Expenses	财务费用 Financial Expenses	利息费用 Expenditure for Interests	利润总额 Total Profits	亏损企业亏损总额 Total Losses Made by Enterprises--in-red
68400803	**1709602**	**3565944**	**1282541**	**1303783**	**5247417**	**2447981**
16904180	190645	557373	474283	435605	-2447981	2447981
43651195	478100	2644085	1023338	1027013	3206452	2002110
48159924	851862	2737424	918614	962683	4200721	1389268
61120569	1171506	3222705	1205824	1184823	4780444	2207195
6318656	36368	143380	34909	34808	103600	52933
5963203	29514	113759	27664	28783	113875	20824
109752	175	8035	111	117	23131	
8752		365	-0.3		2319	
39161476	662487	2410268	938533	912073	3221130	1736298
3188432	15696	358297	235728	93754	114135	133727
35973044	646791	2051971	702805	818319	3106995	1602571
8857367	195495	339074	148028	147370	713165	270073
6664567	276983	321583	84243	90454	717100	147891
65426	2474	8459	4840	4883	37408	2438
5084	79	445	-2		416	
5546181	200201	256884	62501	57532.1	280864	141629
1047876	74228	55796	16905	28039	398412	3825
1188563	271148	64490	8773	52282	74202	110097
6091671	266948	278749	67944	66678	392771	130689
9198179	370533	279109	48402	71785	283902	141530
6318656	36368	143380	34909	34808	103600	52933
109752	175	8035	111	117	23131	
65426	2474	8459	4840	4883	37408	2438
625746	224911	35326	-12930	27695	62710	28296
2078599	106606	83909	21473	4282.3	57053	57864
38337	434	2709	74		13893	
8752		365	-0.3		2319	
5084	79	445	-2		416	
24501	355	1899	76		11158	
10276030	273899	405646	199161	222903	1016149	375006
8857367	195495	339074	148028	147370	713165	270073
1047876	74228	55796	16905	28039	398412	3825
187714			17130	17145	-63424	63424
183074	4175	10776	17098	30349	-32004	37685
48888257	1064736	2878481	1034905	1009095	3933473	1931445
3188432	15696	358297	235728	93754	114135	133727
5546181	200201	256884	62501	57532	280864	141629
375104	46237	29164	4573	7442	74916	18377
3805497	155812	182165	29298	32047	356563	35140
35973044	646791	2051971	702805	818319	3106995	1602571

12-3 续表3

单位：万元

类别	Category	营业成本 Business Cost
按轻重工业分	**Grouped by Light and Heavy Industry**	
轻工业	Light Industry	12822543
重工业	Heavy Industry	55578260
按行业分	**Grouped by Industry**	
采矿业	Mining and Quarrying	13119751
煤炭开采和洗选业	Mining and Washing of Coal	2816669
石油和天然气开采业	Extraction of Petroleum and Natural Gas	7282721
黑色金属矿采选业	Mining and Processing of Ferrous Metals Ores	83320
有色金属矿采选业	Mining and Processing of Non-ferrous Metal Ores	406564
非金属矿采选业	Mining and Processing of Nonmetal Ores	40980
开采专业及辅助性活动	Professional and Support Activities For Mining	2489497
其他采矿业	Mining of Other Ores	
制造业	Manufacturing	43565452
农副食品加工业	Processing of Food from Agricultural Products	5255104
食品制造业	Manufacture of Foods	3935058
酒、饮料和精制茶制造业	Manufacture of Wine, soft drinks and refined tea	1630569
烟草制品业	Manufacture of Tobacco	426068
纺织业	Manufacture of Textile	157015
纺织服装、服饰业	Manufacture of Textile and Apparel	6991
皮革、毛皮、羽毛及其制品和制鞋业	Manufacture of Leather, Furs, Feather and Related Products and Footwear	
木材加工和木、竹、藤、棕、草制品业	Processing of Timber,Manufacture of Wood,Bamboo,Rattan, Palm and Straw Products	49174
家具制造业	Manufacture of Furniture	81340
造纸和纸制品业	Manufacture of Paper and Paper Products	213158
印刷和记录媒介复制业	Printing and Reproduction of Recording Media	9773
文教、工美、体育和娱乐用品制造业	Manufacture of Articles for Culture, Education and Sports Activities	1815
石油、煤炭及其他燃料加工业	Processing of Petroleum, Coal and Other Fuels	13816591
化学原料和化学制品制造业	Manufacture of Raw Chemical Materials and Chemical Products	1519250
医药制造业	Manufacture of Medicines	456174
化学纤维制造业	Manufacture of Chemical Fibers	
橡胶和塑料制品业	Manufacture of Rubber and Plastics Products	316707
非金属矿物制品业	Manufacture of Non-metallic Mineral Products	568989
黑色金属冶炼及压延加工业	Smelting and Pressing of Ferrous Metals	3799288
有色金属冶炼及压延加工业	Smelting and Pressing of Non-ferrous Metals	1845017
金属制品业	Manufacture of Metal Products	69103
通用设备制造业	Manufacture of General Purpose Machinery	1623559
专用设备制造业	Manufacture of Special Purpose Machinery	2082584
汽车制造业	Manufacture of Automobiles	3499189
铁路、船舶、航空航天和其他运输设备制造业	Manufacture of Railroad, Ship, Aerospace and Other Transport Equipment	692961
电气机械及器材制造业	Manufacture of Electrical Machinery and Apparatus	1200869
计算机、通信和其他电子设备制造业	Manufacture of Computers,Communication and Other Electronic Equipment	38963
仪器仪表制造业	Manufacture of Measuring Instruments	171706
其他制造业	Other Manufacturing	
废弃资源综合利用业	Comprehensive Utilization of Waste Resources Industry	
金属制品、机械和设备修理业	Repair Service of Metal Products, Machinery and Equipment	98436
电力、热力、燃气及水生产和供应业	Production and Supply of Electric Power, heat, Gas and Water	11715601
电力、热力生产和供应业	Production and Supply of Electric Power and Heat Power	11251151
燃气生产和供应业	Production and Supply of Gas	274684
水的生产和供应业	Production and Supply of Water	189766

Continued

(10000 yuan)

销售费用 Selling Expenses	管理费用 Management Expenses	财务费用 Financial Expenses	利息费用 Expenditure for Interests	利润总额 Total Profits	亏损企业亏损总额 Total Losses Made by Enterprises--in-red
1037155	637913	88611	153263	1228237	198611
672447	2928031	1193930	1150520	4019180	2249370
117107	1592716	535271	510514	4300060	378521
20568	662488	335722	64803	619875	26619
89927	824683	183824	428602	3522887	
738	7858	1489	1298	2226	
646	43928	9769	12328	477660	
1996	2673	724		7302	
3232	51087	3743	3484	-329890	351902
1533626	1643250	376591	463718	1983871	776224
182278	114422	60583	53022	112509	63186
457486	103552	-19870	34357	547620	39299
143876	32276	10311	8473	309382	452
14289	199531	-8241	-107	66492	
2901	6634	205	575	13689	351
	1108.5	46	50	148	
5160	2576	-160	439	16121	
5677	10926	1426	1439	-1895	2523
4208	13206	-412	1539	6533	7601
133	1272	-18	-19	399	
177	222			-260	260
182597	310693	132257	132346.8	-95261	455377
16213	66645	13314	15936	23656	1893
214509	133583	11829	17527	234856	12112
2470	7872	19409	28065	-31630	31631
16196	61637	13831	9951	40099	30441
107800	60461	61755	53342	73952	
5061	26312	14074	12293	72016	4768
687	6772	1122	1233	-2073	2743
52528	87716	-831	9651	120321	130
31619	62164	43734	54872	140561	
14804	183519	7016	11144	280652	
12835	64810	-747	3376	52209	2730
50769	54559	3644	11273	36572	37784
1318	3766	12108		-71039	73389
7482	14580	-284	2242	34016	9555
554	12437	490	698.6	4227	
58869	329979	370679	329551	-1036514	1293237
3312	280944	341005	284029	-1083032	1265847
37430	16465	-1488	1052	9811	
18127	32570	31162	44470	36708	27390

12-4 国有控股工业企业主要经济指标(2022年)

单位：个、万元

类别	Category	单位数 Number of Enterprises	#亏损企业 Loss-making Enterprises
总计	**Total**	**585**	**171**
#亏损企业	Loss-making Enterprises	171	171
#大中型企业	Large and Medium-sized Enterprises	150	54
按轻重工业分	**Grouped by Light and Heavy Industry**		
轻工业	Light Industry	92	30
重工业	Heavy Industry	493	141
按行业分	**Grouped by Sector**		
采矿业	Mining and Quarrying	30	5
煤炭开采和洗选业	Mining and Washing of Coal	13	2
石油和天然气开采业	Extraction of Petroleum and Natural Gas	2	
黑色金属矿采选业	Mining and Processing of Ferrous Metals Ores		
有色金属矿采选业	Mining and Processing of Non-ferrous Metal Ores	2	
非金属矿采选业	Mining and Processing of Nonmetal Ores	10	1
开采专业及辅助性活动	Professional and Support Activities For Mining	3	2
其他采矿业	Mining of Other Ores		
制造业	Manufacturing	277	78
农副食品加工业	Processing of Food from Agricultural Products	45	19
食品制造业	Manufacture of Foods	14	3
酒、饮料和精制茶制造业	Manufacture of Wine, soft drinks and refined tea	6	1
烟草制品业	Manufacture of Tobacco	2	
纺织业	Manufacture of Textile	2	1
纺织服装、服饰业	Manufacture of Textile and Apparel		
皮革、毛皮、羽毛及其制品和制鞋业	Manufacture of Leather, Furs, Feather and Related Products and Footwear		
木材加工和木、竹、藤、棕、草制品业	Processing of Timber, Manufacture of Wood, Bamboo, Rattan, Palm and Straw Products	3	1
家具制造业	Manufacture of Furniture		
造纸和纸制品业	Manufacture of Paper and Paper Products	3	
印刷和记录媒介复制业	Manufacture of Printing and Record Medium Reproduction	4	3
文教、工美、体育和娱乐用品制造业	Manufacture of Articles for Culture, Education and Sports Activities		
石油、煤炭及其他燃料加工业	Processing of Petroleum, Coal and Other Fuels	6	2
化学原料和化学制品制造业	Manufacture of Raw Chemical Materials and Chemical Products	23	3
医药制造业	Manufacture of Medicines	11	2
化学纤维制造业	Manufacture of Chemical Fibers		
橡胶和塑料制品业	Manufacture of Rubber and Plastics	3	
非金属矿物制品业	Manufacture of Non-metallic Mineral Products	42	22
黑色金属冶炼及压延加工业	Smelting and Pressing of Ferrous Metals	1	
有色金属冶炼及压延加工业	Smelting and Pressing of Non-ferrous Metals	4	
金属制品业	Manufacture of Metal Products	11	2
通用设备制造业	Manufacture of General Purpose Machinery	21	4
专用设备制造业	Manufacture of Special Purpose Machinery	21	4
汽车制造业	Manufacture of Automotive	6	1
铁路、船舶、航空航天和其他运输设备制造业	Manufacture of Railroad, Marine, Aerospace and Other Transportation Equipment	20	3
电气机械及器材制造业	Manufacture of Electrical Machinery and Equipment	10	1
计算机、通信和其他电子设备制造业	Manufacture of Computers, Communication and Other Electronic Equipment	3	1
仪器仪表制造业	Manufacture of Measuring Instruments	6	2
其他制造业	Other Manufacturing	4	
废弃资源综合利用业	Comprehensive Utilization of Waste Resources Industry	4	2
金属制品、机械和设备修理业	Repair Service of Metal Products, Machinery and Equipment	2	1
电力、热力、燃气及水生产和供应业	Production and Supply of Electric Power, heat, Gas and Water	278	88
电力、热力生产和供应业	Production and Supply of Electric Power and Heat Power	244	74
燃气生产和供应业	Production and Supply of Gas	7	
水的生产和供应业	Production and Supply of Water	27	14

Major Indicators of State-Holding Industrial Enterprises(2022)

(unit, 10000 yuan)

工业总产值 Total Industrial Output Value	资产总计 Total Assets	流动资产合计 Total Current Assets	应收账款 Accounts Receivable	产成品 Finished Goods	固定资产原价 Original Value of Fixed Assets	固定资产净额 Net Fixed Assets	负债合计 Total Liabilities	营业收入 Business Revenue
65726582	**120608672**	**53650148**	**8796432**	**1965522**	**124729464**	**45028293**	**71829746**	**69426355**
12772766	26272055	8879327	1736931	276337	29757493	13900663	22179836	13111346
55669508	95295189	40332465	5427837	1306323	110582479	36325468	54200809	57731011
5898306	7686588	4570839	531665	430991	4159213	2041855	4770903	6410839
59828276	112922084	49079309	8264767	1534531	120570251	42986438	67058843	63015516
21665561	49566714	20488644	1457930	572348	67844963	18376976	23804333	22525320
3817031	7566007	2587269	516014	132196	7601109	3564714	5795005	4269542
14879993	37183970	14315940	310020	315107	57497959	14023360	14018674	15335438
402213	344819	69258	536	11092	360676	198045	108835	386983
134319	278435	139950	28081	4489	35020	22983	106378	140409
2432006	4193483	3376227	603279	109465	2350200	567874	3775441	2392948
32220244	40319428	24970827	4968246	1382668	21909722	8976159	27054386	34320567
2560878	2831513	1613679	158605	250164	1296122	912873	2354696	3077521
1239147	1443095	830166	139719	63135	880393	407162	793968	1240396
74661	160385	73320	6309	14475	114738	63841	164792	75681
1351709	1020861	690025	69689	25986	653537	281733	280447	1311366
6598	37025	16836	110	630	2943	2304	31239	6471
16767	43104	29771	13615	7616	18044	11974	20740	19272
230685	319899	171728	47366	29701	331376	106011	76111	257829
21301	63782	44338	9434	1063	48886	9330	14503	25295
13024497	5009844	1415151	126795	165830	8577250	3025623	3347538	12779464
1790398	2251731	1383485	141691	254225	1676314	628409	1537911	2114433
382306	1704053	1073757	84052	26117	767492	232235	972654	384777
11565	30197	19680	12280	2977	19100	8360	22495	11550
794420	2043975	836118	204922	74307	1332522	647380	1415908	752268
20243	50946	43618	5780	3967	6068	3726	20779	44035
633085	662867	273595	27732	6598	551084	321198	427868	672215
167205	1934922	1477983	153950	26239	431292	261354	1521872	511788
1738933	4459697	3535992	877778	16825	1121312	452170	3278478	1741586
1304615	4641208	2810668	993229	70100	729687	368671	3210330	2039447
609480	1105370	616755	76155	44509	584579	142332	556797	772658
4313600	6601615	5147337	1135883	191935	1494725	540331	4561205	4556269
1026288	2546171	2074526	418710	76927	625705	216898	1734915	1154530
54763	147709	115569	45899	3215	17797	12345	58862	57034
148051	311264	176773	49983	16618	131209	46873	158617	149744
409914	647036	344427	101395	3304	394243	219521	349485	424849
232158	125199	101001	54085	6206	29253	17785	70706	73386
56978	125962	54531	13081		74053	35723	71470	66706
11840777	30722530	8190678	2370256	10506	34974779	17675158	20971027	12580468
11262983	27048115	6429154	2228493	8835	33716988	17030999	18661315	12006219
277525	466917	124260	32324	482	350709	130789	196868	303976
300269	3207498	1637264	109440	1189	907082	513370	2112844	270274

12-4 续表

单位：万元

类　别	Category
总　计	**Total**
#亏损企业	Loss-making Enterprises
#大中型企业	Large and Medium-sized Enterprises
按轻重工业分	**Grouped by Light and Heavy Industry**
轻工业	Light Industry
重工业	Heavy Industry
按行业分	**Grouped by Sector**
采矿业	Mining and Quarrying
煤炭开采和洗选业	Mining and Washing of Coal
石油和天然气开采业	Extraction of Petroleum and Natural Gas
黑色金属矿采选业	Mining and Processing of Ferrous Metals Ores
有色金属矿采选业	Mining and Processing of Non-ferrous Metal Ores
非金属矿采选业	Mining and Processing of Nonmetal Ores
开采专业及辅助性活动	Professional and Support Activities For Mining
其他采矿业	Mining of Other Ores
制造业	Manufacturing
农副食品加工业	Processing of Food from Agricultural Products
食品制造业	Manufacture of Foods
酒、饮料和精制茶制造业	Manufacture of Wine, soft drinks and refined tea
烟草制品业	Manufacture of Tobacco
纺织业	Manufacture of Textile
纺织服装、服饰业	Manufacture of Textile and Apparel
皮革、毛皮、羽毛及其制品和制鞋业	Manufacture of Leather, Furs, Feather and Related Products and Footwear
木材加工和木、竹、藤、棕、草制品业	Processing of Timber, Manufacture of Wood, Bamboo, Rattan, Palm and Straw Products
家具制造业	Manufacture of Furniture
造纸和纸制品业	Manufacture of Paper and Paper Products
印刷和记录媒介复制业	Printing and Reproduction of Recording Media
文教、工美、体育和娱乐用品制造业	Manufacture of Articles for Culture, Education and Sports Activities
石油、煤炭及其他燃料加工业	Processing of Petroleum, Coal and Other Fuels
化学原料和化学制品制造业	Manufacture of Raw Chemical Materials and Chemical Products
医药制造业	Manufacture of Medicines
化学纤维制造业	Manufacture of Chemical Fibers
橡胶和塑料制品业	Manufacture of Rubber and Plastics Products
非金属矿物制品业	Manufacture of Non-metallic Mineral Products
黑色金属冶炼及压延加工业	Smelting and Pressing of Ferrous Metals
有色金属冶炼及压延加工业	Smelting and Pressing of Non-ferrous Metals
金属制品业	Manufacture of Metal Products
通用设备制造业	Manufacture of General Purpose Machinery
专用设备制造业	Manufacture of Special Purpose Machinery
汽车制造业	Manufacture of Automotive
铁路、船舶、航空航天和其他运输设备制造业	Manufacture of Railroad, Ship, Aerospace and Other Transport Equipment
电气机械及器材制造业	Manufacture of Electrical Machinery and Apparatus
计算机、通信和其他电子设备制造业	Manufacture of Computers, Communication and Other Electronic Equipment
仪器仪表制造业	Manufacture of Measuring Instruments
其他制造业	Other Manufacturing
废弃资源综合利用业	Comprehensive Utilization of Waste Resources Industry
金属制品、机械和设备修理业	Repair Service of Metal Products, Machinery and Equipment
电力、热力、燃气及水生产和供应业	Production and Supply of Electric Power, heat, Gas and Water
电力、热力生产和供应业	Production and Supply of Electric Power and Heat Power
燃气生产和供应业	Production and Supply of Gas
水的生产和供应业	Production and Supply of Water

Continued

(10000 yuan)

营业成本 Business Cost	销售费用 Selling Expenses	管理费用 Management Expenses	财务费用 Financial Expenses	利息费用 Expenditure for Interests	利润总额 Total Profits	亏损企业亏损总额 Total Losses Made by Enterprises-in-red
53645038	**580343**	**3060469**	**1265236**	**1282662**	**3892100**	**2236367**
13723377	41340	518032	450772	420795	-2236367	2236367
43651195	478100	2644085	1023338	1027013	3206452	2002110
4785892	157489	362922	59049	60089	297445	71600
48859146	422854	2697546	1206188	1222572	3594655	2164767
12455180	109109	1467978	520874	493970	3921172	376360
2497842	13473	592398	328384	58267	491279	24417
7282721	89927	824683	183824	428602	3522887	
131503	286	8461	4018	2768	197558	
71738	2380	4267	1153	1097	50794	42
2471376	3044	38170	3496	3237	-341344	351902
28680198	417605	1241941	228627	297476	850352	491574
2849827	41508	50326	55032	39266	65752	47563
1030507	74163	23944	8369	13679	96636	6642
54578	1570	5631	664	973	8592	1559
379297	9791	192466	-8405		44271	
6467	2	211	256	257	-662	1510
17705	337	1495	196	228	-369	664
214835	4140	12429	-403	1545	15028	
22657	141	3964	41	54	-1731	2131
10425295	47192	261771	101973	97862	-34046	352399
1940076	16476	72660	21760	26986	36733	3213
200782	25655	70567	2767	3800	70642	10631
9867	70	1275	511	516	126	
645774	10428	65258	14966	13765	17646	33031
36609	396	1209	117	142	3634	
600993	4489	18278	9666	7884	17957	
445441	2468	37267	-13151	2421	22274	2646
1544638	40503	82097	-40	10226	62058	1812
1889007	28385	52728	41789	55164	87508	10272
720114	11695	23667	-4041	221	78126	47
4088904	27121	139800	6145	14536	125648	5299
950291	43882	48459	-8670	3959	70413	255
27815	21891	2635	-1075	48	1739	1113
116851	3575	21654	38	605	-2172	8682
334563	314	40520	444	1127	64269	
72772	1012	2941	-743	1586	-1214	1985
54536	402	8689	419	628	1494	120
12509660	53628	350550	515736	491216	-879424	1368433
12021899	2290	297040	481002	440794	-937197	1339718
262549	33754	14607	-2113	490	10591	
225211	17585	38903	36847	49931	47182	28716

12-5 集体工业企业主要经济指标(2022年)

单位：个、万元

类 别	Category	单位数 Number of Enterprises	#亏损企业 Loss-making Enterprises
总 计	**Total**	**24**	**4**
#亏损企业	Loss-making Enterprises	4	4
#大中型企业	Large and Medium-sized Enterprises	8	
按轻重工业分	**Grouped by Light and Heavy Industry**		
轻工业	Light Industry	2	1
重工业	Heavy Industry	22	3
按行业分	**Grouped by Sector**		
采矿业	Mining	11	1
煤炭开采和洗选业	Mining and Washing of Coal	9	1
石油和天然气开采业	Extraction of Petroleum and Natural Gas		
黑色金属矿采选业	Mining and Processing of Ferrous Metal Ores		
有色金属矿采选业	Mining and Processing of Non-ferrous Metal Ores		
非金属矿采选业	Mining and Processing of Non-metal Ores	1	
开采专业及辅助性活动	Professional and Support Activities for Mining	1	
其他采矿业	Mining of Other Ores		
制造业	Manufacturing	13	3
农副食品加工业	Processing of Food from Agricultural Products		
食品制造业	Manufacture of Foods		
酒、饮料和精制茶制造业	Manufacture of Liquor, Beverages and Refined Tea		
烟草制品业	Manufacture of Tobacco		
纺织业	Manufacture of Textile		
纺织服装、服饰业	Manufacture of Textile, Wearing Apparel and Accessories		
皮革、毛皮、羽毛及其制品和制鞋业	Manufacture of Leather, Fur, Feather and Related Products and Footwear		
木材加工和木、竹、藤、棕、草制品业	Processing of Timber, Manufacture of Wood, Bamboo, Rattan, Palm and Straw Products		
家具制造业	Manufacture of Furniture		
造纸和纸制品业	Manufacture of Paper and Paper Products	1	
印刷和记录媒介复制业	Printing and Reproduction of Recording Media		
文教、工美、体育和娱乐用品制造业	Manufacture of Articles for Culture, Education, Arts and Crafts, Sport and Entertainment Activities		
石油、煤炭及其他燃料加工业	Processing of Petroleum, Coal and Other Fuels		
化学原料和化学制品制造业	Manufacture of Raw Chemical Materials and Chemical Products	3	
医药制造业	Manufacture of Medicines	1	1
化学纤维制造业	Manufacture of Chemical Fibers		
橡胶和塑料制品业	Manufacture of Rubber and Plastics		
非金属矿物制品业	Manufacture of Non-metallic Mineral Products	2	1
黑色金属冶炼及压延加工业	Smelting and Pressing of Ferrous Metals		
有色金属冶炼及压延加工业	Smelting and Pressing of Non-ferrous Metals		
金属制品业	Manufacture of Metal Products	1	
通用设备制造业	Manufacture of General Purpose Machinery		
专用设备制造业	Manufacture of Special Purpose Machinery	3	1
汽车制造业	Manufacture of Automobiles		
铁路、船舶、航空航天和其他运输设备制造业	Manufacture of Railroad, Ship, Aerospace and Other Transport Equipment		
电气机械及器材制造业	Manufacture of Electrical Machinery and Apparatus	1	
计算机、通信和其他电子设备制造业	Manufacture of Computers, Communication and Other Electronic Equipment		
仪器仪表制造业	Manufacture of Measuring Instruments and Machinery		
其他制造业	Other Manufacture		
废弃资源综合利用业	Comprehensive Utilization of Waste Resources Industry		
金属制品、机械和设备修理业	Repair Service of Metal Products, Machinery and Equipment	1	
电力、热力、燃气及水生产和供应业	Production and Supply of Electricity, heat, Gas and Water		
电力、热力生产和供应业	Production and Supply of Electric Power and Heat Power		
燃气生产和供应业	Production and Supply of Gas		
水的生产和供应业	Production and Supply of Water		

Major Indicators of Collective-Owned Industrial Enterprises(2022)

(unit, 10000 yuan)

工业总产值 Total Industrial Output Value	资产总计 Total Assets	流动资产合计 Total Current Assets	应收账款 Accounts Receivable	产成品 Finished Goods	固定资产原价 Original Value of Fixed Assets	固定资产净额 Net Fixed Assets	负债合计 Total Liabilities	营业收入 Business Revenue
336584	**586993**	**433613**	**186561**	**26966**	**229308**	**69434**	**373657**	**342780**
5008	16351	14771	10413	885	4204	1541	30609	3334
163769	257390	200597	48278	17794	91272	53349	205262	149312
4869	5254	3335	1716	76	4914	1919	2458	4986
331715	581739	430278	184845	26890	224394	67515	371199	337793
159110	244711	139192	96976	19731	133390	24540	98650	133035
128713	82217	58833	24607	19731	38221	21730	46252	111130
7797	6441	6389	4654		62	53	6298	10258
22600	156053	73971	67716		95107	2758	46100	11648
177475	342282	294421	89585	7235	95918	44894	275007	209745
2832	3901	2358	1716	1	4114	1543	86	2832
99713	127757	119972	47559	6913	27999	7345	75759	131953
2037	1353	978		75	800	375	2372	2154
7896	4170	3928	1184	164	807	200	1431	7896
3716	2987	1877	952	52	2507	1375	657	4907
7309	19329	18453	13975	20	4467	876	31180	5907
2015	964	778	-168	10	72	23	898	2005
51956	181821	146079	24366		55152	33156	162624	52091

12-6 按行业分私营工业企业主要指标(2022年)

单位：个、万元

行业	Sector	企业单位数 Number of Enterprises
总　计	**Total**	**2945**
采矿业	Mining and Quarrying	181
煤炭开采和洗选业	Mining and Washing of Coal	123
石油和天然气开采业	Extraction of Petroleum and Natural Gas	
黑色金属矿采选业	Mining and Processing of Ferrous Metal Ores	7
有色金属矿采选业	Mining and Processing of Non-ferrous Metal Ores	8
非金属矿采选业	Mining and Processing of Non-metal Ores	25
开采专业及辅助性活动	Professional and Support Activities For Mining	18
其他采矿业	Mining of Other Ores	
制造业	Manufacturing	2488
农副食品加工业	Processing of Food from Agricultural Products	980
食品制造业	Manufacture of Foods	98
酒、饮料和精制茶制造业	Manufacture of Liquor, Beverages and Refined Tea	38
烟草制品业	Manufacture of Tobacco	1
纺织业	Manufacture of Textile	33
纺织服装、服饰业	Manufacture of Textile, Wearing Apparel and Accessories	5
皮革、毛皮、羽毛及其制品和制鞋业	Manufacture of Leather, Fur, Feather and Related Products and Footwear	45
木材加工和木、竹、藤、棕、草制品业	Processing of Timber, Manufacture of Wood, Bamboo, Rattan, Palm and Straw Products	148
家具制造业	Manufacture of Furniture	31
造纸和纸制品业	Manufacture of Paper and Paper Products	28
印刷和记录媒介复制业	Printing and Reproduction of Recording Media	16
文教、工美、体育和娱乐用品制造业	Manufacture of Articles for Culture, Education, Arts and Crafts, Sport and Entertainment Activities	13
石油、煤炭及其他燃料加工业	Processing of Petroleum, Coal and Other Fuels	43
化学原料和化学制品制造业	Manufacture of Raw Chemical Materials and Chemical Products	146
医药制造业	Manufacture of Medicines	79
化学纤维制造业	Manufacture of Chemical Fibers	3
橡胶和塑料制品业	Manufacture of Rubber and Plastics	68
非金属矿物制品业	Manufacture of Non-metallic Mineral Products	288
黑色金属冶炼及压延加工业	Smelting and Pressing of Ferrous Metals	11
有色金属冶炼及压延加工业	Smelting and Pressing of Non-ferrous Metals	18
金属制品业	Manufacture of Metal Products	94
通用设备制造业	Manufacture of General Purpose Machinery	102
专用设备制造业	Manufacture of Special Purpose Machinery	158
汽车制造业	Manufacture of Automobiles	18
铁路、船舶、航空航天和其他运输设备制造业	Manufacture of Railroad, Ship, Aerospace and Other Transport Equipment	24
电气机械及器材制造业	Manufacture of Electrical Machinery and Apparatus	51
计算机、通信和其他电子设备制造业	Manufacture of Computers, Communication and Other Electronic Equipment	10
仪器仪表制造业	Manufacture of Measuring Instruments and Machinery	17
其他制造业	Other Manufacture	3
废弃资源综合利用业	Comprehensive Utilization of Waste Resources Industry	22
金属制品、机械和设备修理业	Repair Service of Metal Products, Machinery and Equipment	3
电力、热力、燃气及水生产和供应业	Production and Supply of Electricity, heat, Gas and Water	170
电力、热力生产和供应业	Production and Supply of Electric Power and Heat Power	144
燃气生产和供应业	Production and Supply of Gas	21
水的生产和供应业	Production and Supply of Water	5

Main Indicators of Private Enterprises by Industrial Sector(2022)

(unit, 10000 yuan)

工业总产值 Total Industrial Output Value	资产总计 Total Assets	流动资产合计 Total Current Assets	应收账款 Accounts Receivable	产成品 Finished Goods	固定资产原价 Original Value of Fixed Assets	固定资产净额 Net Fixed Assets	负债合计 Total Liabilities	营业收入 Business Revenue	营业成本 Business Cost	利润总额 Total Profits	亏损企业亏损总额 Total Losses Made by Enterprises-in-red
29096444	**38395403**	**23211139**	**5416707**	**2333393**	**15347788**	**8478925**	**24247170**	**29168354**	**25611206**	**1231463**	**599133**
2265736	3507618	1984609	409571	228417	1319146	639029	2267593	2276928	1761401	277966	25453
1711240	2078169	1267376	208815	189395	837971	409146	1568025	1768156	1431582	177341	13883
58944	307007	88047	8045	13007	95593	53187	256463	37072	28108	-1873	3459
120243	390361	243748	693	5102	131073	31971	112641	125250	54886	52151	3515
177930	320318	181671	93472	15304	120993	71326	174609	173670	113348	38751	940
197380	411763	203768	98545	5608	133516	73399	155855	172780	133477	11596	3657
24009294	28561523	18191909	4154632	2008021	9702291	5427285	17381337	24054863	21135193	1040158	345057
9157326	7578276	5406967	825345	745735	2118849	1317286	4698425	9949883	9253291	247291	78652
1635399	1906613	728386	131240	122028	1355857	921679	1206848	1618409	1438476	18254	47507
1416311	1432123	824747	26740	56533	415421	270614	810149	1223849	828965	268852	16489
90955	95937	88240	6699	19869	31472	6453	12112	91193	50901	22297	
288365	277010	224981	30418	87836	100035	42357	197751	231570	201996	14236	2429
13000	14420	14163	1409	159	606	187	8301	13005	12167	197	14
492944	133241	98659	71358	12532	8370	4883	73507	331340	312019	16902	356
528505	480498	385399	85917	120694	77920	42952	334432	385219	372918	-3756	10360
195794	272501	202172	68864	48170	109014	42061	202898	128638	116192	-4114	5914
217962	260847	142174	61220	6481	162091	95111	241648	206674	184094	3771	3326
101376	95956	55922	23421	3750	60501	34037	72230	101371	92626	556	873
41430	47475	31790	5750	9291	20889	13868	35690	36211	31111	1688	272
2670085	3077966	1505032	184372	162918	1019121	577178	2039596	2669191	2524181	-23488	63546
1437612	1600822	931870	183962	107984	787868	427677	1241649	1387799	1203741	64511	39888
907116	3431000	1991165	324133	85777	825175	373464	1388603	883138	498440	135024	5252
21166	30906	9270	2582	1612	16756	6753	16278	7714	6289	-808	1344
369249	549100	423519	127009	56899	169877	76994	401806	336698	305314	1803	5893
1606834	2562739	1771947	816076	147201	1033723	493348	1847977	1619779	1409229	41703	27777
100452	92255	60361	23655	5754	25570	13319	67358	98032	92796	215	2460
284484	296569	122059	13596	18624	118868	85200	217692	321928	294006	18127	12810
395371	484074	361138	146365	23890	159095	88333	318809	456932	413330	9008	4982
712141	1499202	1093660	308795	40368	434925	188347	725878	746999	579612	88665	6064
942195	1441358	1155088	484892	84813	389065	165296	761521	826979	655951	66555	7883
91461	237753	182920	37957	11119	50604	18351	168532	94121	72329	6520	595
291761	662883	380280	162856	27986	210622	121539	291649	288192	185220	46151	373
330888	361307	284766	142079	18725	100106	43289	162276	327752	286573	4363	4053
80091	267654	184485	74015	4501	52074	28354	121615	82237	59768	18294	1187
145020	284553	259626	67831	4627	23974	10898	95090	161684	125577	8738	2336
61357	59897	48616	2562	7579	10849	5400	34317	62511	36750	20482	
479902	257514	207809	39553	36683	55691	37178	199445	401805	406469	-4501	6264
13254	28643	24318	8962	6393	5713	3267	15337	13270	10411	184	137
1710902.1	5066694	2025002	517502.9	18445.6	4077943.2	2284223.2	3970161	1787305	1789063.5	-134220.5	214646
1478263	4663948	1884808	459567	8587	3748463	2066771	3711205	1531890	1568647	-143206	209740
205615	294777	116786	46123	7067	216813	136120	186051	228393	203301	5987	4212
27024	107970	23408	11814	2791	112668	81332	72905	27022	17115	2998	694

12-7 按行业分“三资”工业企业主要指标(2022年)

单位：个、万元

行　　业	Sector	企业单位数 Number of Enterprises
总　计	**Total**	**152**
采矿业	Mining and Quarrying	2
煤炭开采和洗选业	Mining and Washing of Coal	
石油和天然气开采业	Extraction of Petroleum and Natural Gas	
黑色金属矿采选业	Mining and Processing of Ferrous Metal Ores	
有色金属矿采选业	Mining and Processing of Non-ferrous Metal Ores	1
非金属矿采选业	Mining and Processing of Non-metal Ores	
开采专业及辅助性活动	Professional and Support Activities For Mining	1
其他采矿业	Mining of Other Ores	
制造业	Manufacturing	108
农副食品加工业	Processing of Food from Agricultural Products	26
食品制造业	Manufacture of Foods	17
酒、饮料和精制茶制造业	Manufacture of Liquor, Beverages and Refined Tea	15
烟草制品业	Manufacture of Tobacco	
纺织业	Manufacture of Textile	1
纺织服装、服饰业	Manufacture of Textile, Wearing Apparel and Accessories	
皮革、毛皮、羽毛及其制品和制鞋业	Manufacture of Leather, Fur, Feather and Related Products and Footwear	1
木材加工和木、竹、藤、棕、草制品业	Processing of Timber, Manufacture of Wood, Bamboo, Rattan, Palm and Straw Products	3
家具制造业	Manufacture of Furniture	
造纸和纸制品业	Manufacture of Paper and Paper Products	
印刷和记录媒介复制业	Printing and Reproduction of Recording Media	
文教、工美、体育和娱乐用品制造业	Manufacture of Articles for Culture, Education, Arts and Crafts, Sport and Entertainment Activities	1
石油、煤炭及其他燃料加工业	Processing of Petroleum, Coal and Other Fuels	1
化学原料和化学制品制造业	Manufacture of Raw Chemical Materials and Chemical Products	5
医药制造业	Manufacture of Medicines	6
化学纤维制造业	Manufacture of Chemical Fibers	
橡胶和塑料制品业	Manufacture of Rubber and Plastics	2
非金属矿物制品业	Manufacture of Non-metallic Mineral Products	6
黑色金属冶炼及压延加工业	Smelting and Pressing of Ferrous Metals	
有色金属冶炼及压延加工业	Smelting and Pressing of Non-ferrous Metals	
金属制品业	Manufacture of Metal Products	6
通用设备制造业	Manufacture of General Purpose Machinery	5
专用设备制造业	Manufacture of Special Purpose Machinery	4
汽车制造业	Manufacture of Automobiles	2
铁路、船舶、航空航天和其他运输设备制造业	Manufacture of Railroad, Ship, Aerospace and Other Transport Equipment	2
电气机械及器材制造业	Manufacture of Electrical Machinery and Apparatus	2
计算机、通信和其他电子设备制造业	Manufacture of Computers, Communication and Other Electronic Equipment	1
仪器仪表制造业	Manufacture of Measuring Instruments and Machinery	1
其他制造业	Other Manufacture	
废弃资源综合利用业	Comprehensive Utilization of Waste Resources Industry	
金属制品、机械和设备修理业	Repair Service of Metal Products, Machinery and Equipment	1
电力、热力、燃气及水生产和供应业	Production and Supply of Electricity, heat, Gas and Water	42
电力、热力生产和供应业	Production and Supply of Electric Power and Heat Power	30
燃气生产和供应业	Production and Supply of Gas	7
水的生产和供应业	Production and Supply of Water	5

Main Indicators of Industrial Enterprises with Hongkong, Macao, Taiwan and Foreign Funds by Industrial Sector(2022)

(unit, 10000 yuan)

工业总产值 Total Industrial Output Value	资产总计 Total Assets	流动资产合计 Total Current Assets	应收账款 Accounts Receivable	产成品 Finished Goods	固定资产原价 Original Value of Fixed Assets	固定资产净额 Net Fixed Assets	负债合计 Total Liabilities	营业收入 Business Revenue	营业成本 Business Cost	利润总额 Total Profits	亏损企业亏损总额 Total Losses Made by Enterprises-in-red
8253003	**15858755**	**9665280**	**4201266**	**336567**	**8234775**	**3631768**	**10957802**	**10550648**	**8918710**	**569821**	**285398**
135059	363299	237437	216	7257	103948	72545	58562	124315	42317	86455	
125056	339584	223323		7257	90285	63625	46710	114312	35916	84805	
10003	23715	14114	216		13663	8920	11852	10003	6401	1651	
6979630	11819945	8322622	3946058	321671	3924223	1871566	8146740	9216846	7712393	584513	113644
1585745	1311175	821136	142118	132497	678737	377505	833374	1906787	1740216	66439	14292
1560262	4931286	4237185	2623776	49992	713214	340222	3529998	1889847	1168573	313755	7103
617304	760028	355596	57681	32278	722361	338715	320165	672068	475593	40511	1153
14704	19245	17501	6390	186	5020	741	1666	15393	12681	2158	
1654	1075	432		1	2523	642	35	1336	1275	-218	218
11552	18865	14850	2611	5017	9592	3373	8557	9919	9328	-256	459
2017	2157	1796	541	619	1255	361	602	2017	1586	65	
10444	170419	124529	1838	80	51605	21338	350756	15954	17244	-1722	1722
370792	335424	162262	12153	15462	305732	115725	179276	413584	395746	-2631	8286
92566	206691	138769	23720	7964	98100	44456	126300	79721	38970	11916	822
436880	1569418	937293	316939	15451	363456	165481	1112136	306919	307931	-31631	31631
55365	110410	45641	8741	5914	81866	50633	32587	57066	45347	323	1959
88363	80489	51255	27289	1573	34212	18806	38926	110855	103760	3278	476
22679	40510	32978	11223	3569	17429	7160	16435	46748	41587	4688	
191353	279800	232853	56579	8924	129554	31255	109936	222762	182001	21672	985
1743225	1235384	716492	536113	23610	527065	291200	1057260	3260957	2932078	200563	
47179	92697	65905	18037	2085	79290	24458	55027	46974	40746	-2589	2730
81415	506475	294509	70848	6335	98214	37146	221228	96134	151705	-37685	37685
20057	40577	32503	12658	3898	1226	811	28518	26264	14758	-296	296
24670	26756	23900	9690	2649	2399	1173	71801	30824	27390	-2104	2104
1406	81063	15237	7113	3567	1374	365	52157	4721	3882	-1724	1724
1138315	3675512	1105222	254993	7640	4206605	1687657	2752500	1209487	1163999	-101147	171754
814956	2482989	610306	212547	994	3833781	1529246	1947411	857751	888729	-117185	169055
240162	363750	113137	23290	6646	316510	124307	198623	267822	224610	7315	1147
83197	828773	381779	19156		56313	34105	606467	83914	50661	8723	1552

12-8 工业企业主要经济效益指标(2022年)

单位：%

类 别	Category
总 计	**Total**
按轻重工业分	**Grouped by Light and Heavy Industry**
轻工业	Light Industry
重工业	Heavy Industry
按行业分	**Grouped by Sector**
采矿业	Mining and Quarrying
煤炭开采和洗选业	Mining and Washing of Coal
石油和天然气开采业	Extraction of Petroleum and Natural Gas
黑色金属矿采选业	Mining and Processing of Ferrous Metal Ores
有色金属矿采选业	Mining and Processing of Non-ferrous Metal Ores
非金属矿采选业	Mining and Processing of Non-metal Ores
开采专业及辅助性活动	Professional and Support Activities for Mining
其他采矿业	Mining of Other Ores
制造业	Manufacturing
农副食品加工业	Processing of Food from Agricultural Products
食品制造业	Manufacture of Foods
酒、饮料和精制茶制造业	Manufacture of Liquor, Beverages and Refined Tea
烟草制品业	Manufacture of Tobacco
纺织业	Manufacture of Textile
纺织服装、服饰业	Manufacture of Textile, Wearing Apparel and Accessories
皮革、毛皮、羽毛及其制品和制鞋业	Manufacture of Leather, Fur, Feather and Related Products and Footwear
木材加工和木、竹、藤、棕、草制品业	Processing of Timber, Manufacture of Wood, Bamboo, Rattan, Palm and Straw Products
家具制造业	Manufacture of Furniture
造纸和纸制品业	Manufacture of Paper and Paper Products
印刷和记录媒介复制业	Printing and Reproduction of Recording Media
文教、工美、体育和娱乐用品制造业	Manufacture of Articles for Culture, Education, Arts and Crafts, Sport and Entertainment Activities
石油、煤炭及其他燃料加工业	Processing of Petroleum, Coal and Other Fuels
化学原料和化学制品制造业	Manufacture of Raw Chemical Materials and Chemical Products
医药制造业	Manufacture of Medicines
化学纤维制造业	Manufacture of Chemical Fibers
橡胶和塑料制品业	Manufacture of Rubber and Plastics Products
非金属矿物制品业	Manufacture of Non-metallic Mineral Products
黑色金属冶炼及压延加工业	Smelting and Pressing of Ferrous Metals
有色金属冶炼及压延加工业	Smelting and Pressing of Non-ferrous Metals
金属制品业	Manufacture of Metal Products
通用设备制造业	Manufacture of General Purpose Machinery
专用设备制造业	Manufacture of Special Purpose Machinery
汽车制造业	Manufacture of Automobiles
铁路、船舶、航空航天和其他运输设备制造业	Manufacture of Railroad, Ship, Aerospace and Other Transport Equipment
电气机械及器材制造业	Manufacture of Electrical Machinery and Apparatus
计算机、通信和其他电子设备制造业	Manufacture of Computers, Communication and Other Electronic Equipment
仪器仪表制造业	Manufacture of Measuring Instruments and Machinery
其他制造业	Other Manufacture
废弃资源综合利用业	Comprehensive Utilization of Waste Resources Industry
金属制品、机械和设备修理业	Repair Service of Metal Products, Machinery and Equipment
电力、热力、燃气及水生产和供应业	Production and Supply of Electricity, heat, Gas and Water
电力、热力生产和供应业	Production and Supply of Electric Power and Heat Power
燃气生产和供应业	Production and Supply of Gas
水的生产和供应业	Production and Supply of Water

Major Indicators on Economic Benefit of Industrial Enterprises(2022)

(%)

营业收入 利润率 Profit Margin of Business Revenue	资 产 负债率 Assets-Liability Ratio	每百元资产实现的 营业收入(元) Operating revenue realized per 100 yuan of assets (yuan)	产成品存货 周转天数(天) Inventory turnover days of finished products (day)
5.3	**61.6**	**64.5**	**19.8**
5.3	61.9	82.5	31.0
5.3	61.5	59.7	15.6
17.6	49.1	47.7	22.2
10.7	76.0	65.4	35.0
23.0	37.7	41.2	15.6
-1.0	72.9	23.5	77.0
48.6	34.5	60.9	18.6
26.6	46.9	54.0	36.1
-12.4	82.3	53.7	15.7
3.7	64.4	84.0	23.2
2.2	67.9	127.8	28.5
10.5	66.0	60.3	25.1
11.6	57.6	88.5	29.4
4.8	26.2	125.6	38.4
5.0	63.7	64.1	153.7
1.8	67.4	52.2	14.3
4.6	56.9	230.9	13.3
2.3	53.3	66.1	109.1
-2.2	69.6	54.8	115.9
2.7	63.4	62.4	29.8
-1.3	57.1	74.6	16.8
2.7	74.7	79.2	111.1
-0.6	68.3	178.5	9.4
2.7	71.4	78.5	38.1
16.0	47.8	31.1	53.3
-11.4	48.3	9.6	80.6
-4.0	70.8	32.0	42.4
3.3	66.7	49.8	38.2
1.7	64.3	99.9	6.4
3.8	62.2	147.0	15.5
3.5	73.9	45.9	22.9
6.6	65.6	41.2	14.7
5.5	65.4	48.5	25.0
6.8	69.0	153.9	8.0
3.6	66.2	66.4	18.8
3.5	59.5	47.9	24.0
-25.1	41.4	26.6	102.1
9.4	52.5	62.8	24.2
17.4	54.3	68.9	10.6
0.0	75.2	210.6	17.5
1.9	72.2	33.2	31.0
-6.6	71.3	38.3	1.2
-7.6	72.2	40.4	0.7
2.5	59.5	62.22	10.8
16.5	65.8	10.0	5.6

12-9 大中型工业企业主要经济效益指标(2022年)

单位：%

类 别	Category
总 计	**Total**
按轻重工业分	**Grouped by Light and Heavy Industry**
轻工业	Light Industry
重工业	Heavy Industry
按行业分	**Grouped by Sector**
采矿业	Mining
煤炭开采和洗选业	Mining and Washing of Coal
石油和天然气开采业	Extraction of Petroleum and Natural Gas
黑色金属矿采选业	Mining and Processing of Ferrous Metal Ores
有色金属矿采选业	Mining and Processing of Non-ferrous Metal Ores
非金属矿采选业	Mining and Processing of Non-metal Ores
开采专业及辅助性活动	Professional and Support Activities for Mining
其他采矿业	Mining of Other Ores
制造业	Manufacturing
农副食品加工业	Processing of Food from Agricultural Products
食品制造业	Manufacture of Foods
酒、饮料和精制茶制造业	Manufacture of Liquor, Beverages and Refined Tea
烟草制品业	Manufacture of Tobacco
纺织业	Manufacture of Textile
纺织服装、服饰业	Manufacture of Textile, Wearing Apparel and Accessories
皮革、毛皮、羽毛及其制品和制鞋业	Manufacture of Leather, Fur, Feather and Related Products and Footwear
木材加工和木、竹、藤、棕、草制品业	Processing of Timber, Manufacture of Wood, Bamboo, Rattan, Palm and Straw Products
家具制造业	Manufacture of Furniture
造纸和纸制品业	Manufacture of Paper and Paper Products
印刷和记录媒介复制业	Printing and Reproduction of Recording Media
文教、工美、体育和娱乐用品制造业	Manufacture of Articles for Culture, Education, Arts and Crafts, Sport and Entertainment Activities
石油、煤炭及其他燃料加工业	Processing of Petroleum, Coal and Other Fuels
化学原料和化学制品制造业	Manufacture of Raw Chemical Materials and Chemical Products
医药制造业	Manufacture of Medicines
化学纤维制造业	Manufacture of Chemical Fibers
橡胶和塑料制品业	Manufacture of Rubber and Plastics Products
非金属矿物制品业	Manufacture of Non-metallic Mineral Products
黑色金属冶炼及压延加工业	Smelting and Pressing of Ferrous Metals
有色金属冶炼及压延加工业	Smelting and Pressing of Non-ferrous Metals
金属制品业	Manufacture of Metal Products
通用设备制造业	Manufacture of General Purpose Machinery
专用设备制造业	Manufacture of Special Purpose Machinery
汽车制造业	Manufacture of Automobiles
铁路、船舶、航空航天和其他运输设备制造业	Manufacture of Railroad, Ship, Aerospace and Other Transport Equipment
电气机械及器材制造业	Manufacture of Electrical Machinery and Apparatus
计算机、通信和其他电子设备制造业	Manufacture of Computers, Communication and Other Electronic Equipment
仪器仪表制造业	Manufacture of Measuring Instruments and Machinery
其他制造业	Other Manufacture
废弃资源综合利用业	Comprehensive Utilization of Waste Resources Industry
金属制品、机械和设备修理业	Repair Service of Metal Products, Machinery and Equipment
电力、热力、燃气及水生产和供应业	Production and Supply of Electricity, heat, Gas and Water
电力、热力生产和供应业	Production and Supply of Electric Power and Heat Power
燃气生产和供应业	Production and Supply of Gas
水的生产和供应业	Production and Supply of Water

Major Indicators on Economic Benefit of Large and Medium-Sized Industrial Enterprises(2022)

(%)

营业收入利润率 Profit Margin of Business Revenue	资 产 负债率 Assets-Liability Ratio	每百元资产实现的营业收入(元) Operating revenue realized per 100 yuan of assets (yuan)	产成品存货周转天数(天) Inventory turnover days of finished products (day)
6.0	**58.5**	**65.2**	**14.3**
7.4	59.8	70.5	30.1
5.7	58.2	64.0	10.6
18.1	48.1	45.5	17.4
12.8	75.2	56.6	23.3
23.0	37.7	41.2	15.6
2.3	62.0	42.5	39.5
49.4	35.3	55.2	14.4
12.6	80.2	69.2	8.0
-13.5	86.8	55.7	15.8
3.8	62.9	88.1	17.1
2.0	69.7	125.4	30.7
10.8	67.0	59.9	22.7
14.2	51.6	117.3	24.5
4.8	26.1	127.3	38.5
7.6	70.6	90.6	143.6
1.7	15.0	73.8	4.6
20.5	18.7	36.9	20.6
-1.9	65.5	56.3	182.0
2.6	49.6	44.9	45.4
3.5	25.0	51.6	
-12.8	95.4	13.5	537.5
-0.6	68.7	180.8	9.1
1.4	59.7	107.1	20.0
22.6	45.9	24.1	42.1
-10.0	71.0	20.0	19.9
5.7	60.3	37.5	41.8
1.7	64.2	97.0	5.8
3.6	64.0	161.8	15.8
-2.7	65.5	43.0	163.0
6.4	71.5	39.5	9.7
6.1	65.1	45.8	15.2
7.2	69.7	160.8	7.4
6.1	35.7	56.3	9.0
2.7	64.6	44.4	22.3
-174.2	48.5	17.7	221.2
14.2	35.5	53.4	32.4
3.6	75.8	38.4	
-9.1	71.1	50.6	0.2
-9.9	72.5	56.7	0.1
3.1	44.5	66.7	3.8
17.2	66.1	7.4	1.0

12-10 国有控股工业企业主要经济效益指标(2022年)

单位：%

类　别	Category
总　计	**Total**
按轻重工业分	**Grouped by Light and Heavy Industry**
轻工业	Light Industry
重工业	Heavy Industry
按行业分	**Grouped by Sector**
采矿业	Mining and Quarrying
煤炭开采和洗选业	Mining and Washing of Coal
石油和天然气开采业	Extraction of Petroleum and Natural Gas
黑色金属矿采选业	Mining and Processing of Ferrous Metal Ores
有色金属矿采选业	Mining and Processing of Non-ferrous Metal Ores
非金属矿采选业	Mining and Processing of Non-metal Ores
开采专业及辅助性活动	Professional and Support Activities for Mining
其他采矿业	Mining of Other Ores
制造业	Manufacturing
农副食品加工业	Processing of Food from Agricultural Products
食品制造业	Manufacture of Foods
酒、饮料和精制茶制造业	Manufacture of Liquor, Beverages and Refined Tea
烟草制品业	Manufacture of Tobacco
纺织业	Manufacture of Textile
纺织服装、服饰业	Manufacture of Textile, Wearing Apparel and Accessories
皮革、毛皮、羽毛及其制品和制鞋业	Manufacture of Leather, Fur, Feather and Related Products and Footwear
木材加工和木、竹、藤、棕、草制品业	Processing of Timber, Manufacture of Wood, Bamboo, Rattan, Palm and Straw Products
家具制造业	Manufacture of Furniture
造纸和纸制品业	Manufacture of Paper and Paper Products
印刷和记录媒介复制业	Printing and Reproduction of Recording Media
文教、工美、体育和娱乐用品制造业	Manufacture of Articles for Culture, Education, Arts and Crafts, Sport and Entertainment Activities
石油、煤炭及其他燃料加工业	Processing of Petroleum, Coal and Other Fuels
化学原料和化学制品制造业	Manufacture of Raw Chemical Materials and Chemical Products
医药制造业	Manufacture of Medicines
化学纤维制造业	Manufacture of Chemical Fibers
橡胶和塑料制品业	Manufacture of Rubber and Plastics Products
非金属矿物制品业	Manufacture of Non-metallic Mineral Products
黑色金属冶炼及压延加工业	Smelting and Pressing of Ferrous Metals
有色金属冶炼及压延加工业	Smelting and Pressing of Non-ferrous Metals
金属制品业	Manufacture of Metal Products
通用设备制造业	Manufacture of General Purpose Machinery
专用设备制造业	Manufacture of Special Purpose Machinery
汽车制造业	Manufacture of Automobiles
铁路、船舶、航空航天和其他运输设备制造业	Manufacture of Railroad, Ship, Aerospace and Other Transport Equipment
电气机械及器材制造业	Manufacture of Electrical Machinery and Apparatus
计算机、通信和其他电子设备制造业	Manufacture of Computers, Communication and Other Electronic Equipment
仪器仪表制造业	Manufacture of Measuring Instruments and Machinery
其他制造业	Other Manufacture
废弃资源综合利用业	Comprehensive Utilization of Waste Resources Industry
金属制品、机械和设备修理业	Repair Service of Metal Products, Machinery and Equipment
电力、热力、燃气及水生产和供应业	Production and Supply of Electricity, heat, Gas and Water
电力、热力生产和供应业	Production and Supply of Electric Power and Heat Power
燃气生产和供应业	Production and Supply of Gas
水的生产和供应业	Production and Supply of Water

Major Indicators on Economic Benefit of State-Holding Industrial Enterprises(2022)

(%)

营业收入利润率 Profit Margin of Business Revenue	资 产负债率 Assets-Liability Ratio	每百元资产实现的营业收入(元) Operating revenue realized per 100 yuan of assets (yuan)	产成品存货周转天数(天) Inventory turnover days of finished products (day)
5.6	**59.6**	**57.6**	**13.2**
4.6	62.1	83.4	32.4
5.7	59.4	55.8	11.3
17.4	48.0	45.4	16.5
11.5	76.6	56.4	19.1
23.0	37.7	41.2	15.6
51.1	31.6	112.2	30.4
36.2	38.2	50.4	22.5
-14.3	90.0	57.1	16.0
2.5	67.1	85.1	17.4
2.1	83.2	108.7	31.6
7.8	55.0	86.0	22.1
11.4	102.8	47.2	95.5
3.4	27.5	128.5	24.7
-10.2	84.4	17.5	35.1
-1.9	48.1	44.7	154.9
5.8	23.8	80.6	49.8
-6.8	22.7	39.7	16.9
-0.3	66.8	255.1	5.7
1.7	68.3	93.9	47.2
18.4	57.1	22.6	46.8
1.1	74.5	38.3	108.6
2.4	69.3	36.8	41.4
8.3	40.8	86.4	39.0
2.7	64.6	101.4	4.0
4.4	78.7	26.5	21.2
3.6	73.5	39.1	3.9
4.3	69.2	43.9	13.4
10.1	50.4	69.9	22.3
2.8	69.1	69.0	16.9
6.1	68.1	45.3	29.1
3.05	39.9	38.6	41.6
-1.5	51.0	48.1	51.2
15.1	54.0	65.7	3.6
-1.7	56.5	58.6	30.7
2.2	56.7	53.0	
-7.0	68.3	41.0	0.3
-7.81	69.0	44.4	0.3
3.5	42.2	65.1	0.7
17.5	65.9	8.4	1.9

12-11 集体工业企业主要经济效益指标(2022年)

单位：%

类 别	Category
总 计	**Total**
按轻重工业分	**Grouped by Light and Heavy Industry**
轻工业	Light Industry
重工业	Heavy Industry
按行业分	**Grouped by Sector**
采矿业	Mining and Quarrying
煤炭开采和洗选业	Mining and Washing of Coal
石油和天然气开采业	Extraction of Petroleum and Natural Gas
黑色金属矿采选业	Mining and Processing of Ferrous Metals Ores
有色金属矿采选业	Mining and Processing of Non-ferrous Metal Ores
非金属矿采选业	Mining and Processing of Nonmetal Ores
开采专业及辅助性活动	Professional and Support Activities For Mining
其他采矿业	Mining of Other Ores
制造业	Manufacturing
农副食品加工业	Processing of Food from Agricultural Products
食品制造业	Manufacture of Foods
酒、饮料和精制茶制造业	Manufacture of Wine, soft drinks and refined tea
烟草制品业	Manufacture of Tobacco
纺织业	Manufacture of Textile
纺织服装、服饰业	Manufacture of Textile and Apparel
皮革、毛皮、羽毛及其制品和制鞋业	Manufacture of Leather, Furs, Feather and Related Products and Footwear
木材加工和木、竹、藤、棕、草制品业	Processing of Timber, Manufacture of Wood, Bamboo, Rattan, Palm and Straw Products
家具制造业	Manufacture of Furniture
造纸和纸制品业	Manufacture of Paper and Paper Products
印刷和记录媒介复制业	Printing and Reproduction of Recording Media
文教、工美、体育和娱乐用品制造业	Manufacture of Articles for Culture, Education and Sports Activities
石油、煤炭及其他燃料加工业	Processing of Petroleum, Coal and Other Fuels
化学原料和化学制品制造业	Manufacture of Raw Chemical Materials and Chemical Products
医药制造业	Manufacture of Medicines
化学纤维制造业	Manufacture of Chemical Fibers
橡胶和塑料制品业	Manufacture of Rubber and Plastics Products
非金属矿物制品业	Manufacture of Non-metallic Mineral Products
黑色金属冶炼及压延加工业	Smelting and Pressing of Ferrous Metals
有色金属冶炼及压延加工业	Smelting and Pressing of Non-ferrous Metals
金属制品业	Manufacture of Metal Products
通用设备制造业	Manufacture of General Purpose Machinery
专用设备制造业	Manufacture of Special Purpose Machinery
汽车制造业	Manufacture of Automobiles
铁路、船舶、航空航天和其他运输设备制造业	Manufacture of Railroad, Ship, Aerospace and Other Transport Equipment
电气机械及器材制造业	Manufacture of Electrical Machinery and Apparatus
计算机、通信和其他电子设备制造业	Manufacture of Computers, Communication and Other Electronic Equipment
仪器仪表制造业	Manufacture of Measuring Instruments
其他制造业	Other Manufacturing
废弃资源综合利用业	Comprehensive Utilization of Waste Resources Industry
金属制品、机械和设备修理业	Repair Service of Metal Products, Machinery and Equipment
电力、热力、燃气及水生产和供应业	Production and Supply of Electric Power, heat, Gas and Water
电力、热力生产和供应业	Production and Supply of Electric Power and Heat Power
燃气生产和供应业	Production and Supply of Gas
水的生产和供应业	Production and Supply of Water

Major Indicators on Economic Benefit of Collective-Owned Industrial Enterprises(2022)

(%)

营业收入利润率 Profit Margin of Business Revenue	资 产 负债率 Assets-Liability Ratio	每百元资产实现的营业收入(元) Operating revenue realized per 100 yuan of assets (yuan)	产成品存货周转天数(天) Inventory turnover days of finished products (day)
12.0	**63.7**	**58.4**	**35.9**
0.6	46.8	94.9	6.1
12.2	63.8	58.1	36.4
18.4	40.3	54.4	76.3
21.0	56.3	135.2	94.6
0.9	97.8	159.3	
9.0	29.5	7.5	
8.0	80.4	61.3	14.7
3.9	2.2	72.6	0.1
10.0	59.3	103.3	22.4
-3.7	175.3	159.2	14.8
2.8	34.3	189.4	8.5
4.8	22.0	164.3	5.5
7.6	161.3	30.6	1.5
1.6	93.2	208.0	1.8
5.0	89.4	28.7	

12-12 按行业分私营工业企业主要经济效益指标(2022年)

单位：%

行 业	Sector
总 计	**Total**
采矿业	Mining and Quarrying
煤炭开采和洗选业	Mining and Washing of Coal
石油和天然气开采业	Extraction of Petroleum and Natural Gas
黑色金属矿采选业	Mining and Processing of Ferrous Metals Ores
有色金属矿采选业	Mining and Processing of Non-ferrous Metal Ores
非金属矿采选业	Mining and Processing of Nonmetal Ores
开采专业及辅助性活动	Professional and Support Activities For Mining
其他采矿业	Mining of Other Ores
制造业	Manufacturing
农副食品加工业	Processing of Food from Agricultural Products
食品制造业	Manufacture of Foods
酒、饮料和精制茶制造业	Manufacture of Wine, soft drinks and refined tea
烟草制品业	Manufacture of Tobacco
纺织业	Manufacture of Textile
纺织服装、服饰业	Manufacture of Textile and Apparel
皮革、毛皮、羽毛及其制品和制鞋业	Manufacture of Leather, Furs, Feather and Related Products and Footwear
木材加工和木、竹、藤、棕、草制品业	Processing of Timber, Manufacture of Wood, Bamboo, Rattan, Palm and Straw Products
家具制造业	Manufacture of Furniture
造纸和纸制品业	Manufacture of Paper and Paper Products
印刷和记录媒介复制业	Printing and Reproduction of Recording Media
文教、工美、体育和娱乐用品制造业	Manufacture of Articles for Culture, Education and Sports Activities
石油、煤炭及其他燃料加工业	Processing of Petroleum, Coal and Other Fuels
化学原料和化学制品制造业	Manufacture of Raw Chemical Materials and Chemical Products
医药制造业	Manufacture of Medicines
化学纤维制造业	Manufacture of Chemical Fibers
橡胶和塑料制品业	Manufacture of Rubber and Plastics Products
非金属矿物制品业	Manufacture of Non-metallic Mineral Products
黑色金属冶炼及压延加工业	Smelting and Pressing of Ferrous Metals
有色金属冶炼及压延加工业	Smelting and Pressing of Non-ferrous Metals
金属制品业	Manufacture of Metal Products
通用设备制造业	Manufacture of General Purpose Machinery
专用设备制造业	Manufacture of Special Purpose Machinery
汽车制造业	Manufacture of Automobiles
铁路、船舶、航空航天和其他运输设备制造业	Manufacture of Railroad, Ship, Aerospace and Other Transport Equipment
电气机械及器材制造业	Manufacture of Electrical Machinery and Apparatus
计算机、通信和其他电子设备制造业	Manufacture of Computers, Communication and Other Electronic Equipment
仪器仪表制造业	Manufacture of Measuring Instruments
其他制造业	Other Manufacturing
废弃资源综合利用业	Comprehensive Utilization of Waste Resources Industry
金属制品、机械和设备修理业	Repair Service of Metal Products, Machinery and Equipment
电力、热力、燃气及水生产和供应业	Production and Supply of Electric Power, heat, Gas and Water
电力、热力生产和供应业	Production and Supply of Electric Power and Heat Power
燃气生产和供应业	Production and Supply of Gas
水的生产和供应业	Production and Supply of Water

Main Indicators on Economic Benefit of Private Industrial Enterprises by Industrial Sector(2022)

(%)

营业收入 利润率 Profit Margin of Business Revenue	资 产 负债率 Assets-Liability Ratio	每百元资产实现的 营业收入(元) Operating revenue realized per 100 yuan of assets (yuan)	产成品存货 周转天数(天) Inventory turnover days of finished products (day)
4.2	**63.2**	**76.0**	**32.8**
12.2	64.7	64.9	46.7
10.0	75.5	85.1	47.6
-5.1	83.5	12.1	166.6
41.6	28.9	32.1	33.5
22.3	54.5	54.2	48.6
6.7	37.9	42.0	15.1
4.3	60.4	84.2	34.1
2.5	62.0	131.3	29.0
1.1	63.3	84.9	30.5
22.0	56.6	85.5	24.6
24.5	12.6	95.1	140.5
6.2	71.4	83.6	156.5
1.5	57.6	90.2	4.7
5.1	55.2	248.7	14.5
-1.0	69.6	80.2	116.5
-3.2	74.5	47.2	149.2
1.8	92.6	79.2	12.7
0.6	75.3	105.6	14.6
4.7	75.2	76.3	107.5
-0.9	66.3	86.7	23.2
4.7	77.6	86.7	32.3
15.3	40.5	25.7	62.0
-10.5	52.7	25.0	92.3
0.5	73.2	61.3	67.1
2.6	72.1	63.2	37.6
0.2	73.0	106.3	22.3
5.6	73.4	108.6	22.8
2.0	65.9	94.4	20.8
11.9	48.4	49.8	25.1
8.1	52.8	57.4	46.6
6.9	70.9	39.6	55.3
16.0	44.0	43.5	54.4
1.3	44.9	90.7	23.5
22.3	45.4	30.7	27.1
5.4	33.4	56.8	13.3
32.8	57.3	104.4	74.2
-1.1	77.5	156.0	32.5
1.4	53.6	46.3	221.1
-7.5	78.4	35.3	3.7
-9.4	79.6	32.9	2.0
2.6	63.1	77.5	12.5
11.1	67.5	25.0	58.7

12-13 按行业分“三资”工业企业主要经济效益指标(2022年)

单位：%

行　业	Sector
总　计	**Total**
采矿业	Mining and Quarrying
煤炭开采和洗选业	Mining and Washing of Coal
石油和天然气开采业	Extraction of Petroleum and Natural Gas
黑色金属矿采选业	Mining and Processing of Ferrous Metals Ores
有色金属矿采选业	Mining and Processing of Non-ferrous Metal Ores
非金属矿采选业	Mining and Processing of Nonmetal Ores
开采专业及辅助性活动	Professional and Support Activities For Mining
其他采矿业	Mining of Other Ores
制造业	Manufacturing
农副食品加工业	Processing of Food from Agricultural Products
食品制造业	Manufacture of Foods
酒、饮料和精制茶制造业	Manufacture of Wine, soft drinks and refined tea
烟草制品业	Manufacture of Tobacco
纺织业	Manufacture of Textile
纺织服装、服饰业	Manufacture of Textile and Apparel
皮革、毛皮、羽毛及其制品和制鞋业	Manufacture of Leather, Furs, Feather and Related Products and Footwear
木材加工和木、竹、藤、棕、草制品业	Processing of Timber, Manufacture of Wood, Bamboo, Rattan, Palm and Straw Products
家具制造业	Manufacture of Furniture
造纸和纸制品业	Manufacture of Paper and Paper Products
印刷和记录媒介复制业	Printing and Reproduction of Recording Media
文教、工美、体育和娱乐用品制造业	Manufacture of Articles for Culture, Education and Sports Activities
石油、煤炭及其他燃料加工业	Processing of Petroleum, Coal and Other Fuels
化学原料和化学制品制造业	Manufacture of Raw Chemical Materials and Chemical Products
医药制造业	Manufacture of Medicines
化学纤维制造业	Manufacture of Chemical Fibers
橡胶和塑料制品业	Manufacture of Rubber and Plastics
非金属矿物制品业	Manufacture of Non-metallic Mineral Products
黑色金属冶炼及压延加工业	Smelting and Pressing of Ferrous Metals
有色金属冶炼及压延加工业	Smelting and Pressing of Non-ferrous Metals
金属制品业	Manufacture of Metal Products
通用设备制造业	Manufacture of General Purpose Machinery
专用设备制造业	Manufacture of Special Purpose Machinery
汽车制造业	Manufacture of Automobiles
铁路、船舶、航空航天和其他运输设备制造业	Manufacture of Railroad, Ship, Aerospace and Other Transport Equipment
电气机械及器材制造业	Manufacture of Electrical Machinery and Apparatus
计算机、通信和其他电子设备制造业	Manufacture of Computers, Communication and Other Electronic Equipment
仪器仪表制造业	Manufacture of Measuring Instruments
其他制造业	Other Manufacturing
废弃资源综合利用业	Comprehensive Utilization of Waste Resources Industry
金属制品、机械和设备修理业	Repair Service of Metal Products, Machinery and Equipment
电力、热力、燃气及水生产和供应业	Production and Supply of Electric Power, heat, Gas and Water
电力、热力生产和供应业	Production and Supply of Electric Power and Heat Power
燃气生产和供应业	Production and Supply of Gas
水的生产和供应业	Production and Supply of Water

Main Indicators on Economic Benefit of Industrial Enterprises with Hongkong, Macao,Taiwan and Foreign Funds by Industrial Sector(2022)

(%)

营业收入 利润率 Profit Margin of Business Revenue	资 产 负债率 Assets-Liability Ratio	每百元资产实现的 营业收入(元) Operating revenue realized per 100 yuan of assets (yuan)	产成品存货 周转天数(天) Inventory turnover days of finished products (day)
5.4	**69.1**	**66.5**	**13.6**
69.6	16.1	34.2	61.7
74.2	13.8	33.7	72.7
16.5	50.0	42.2	
6.3	68.9	78.0	15.0
3.5	63.6	145.4	27.4
16.6	71.6	38.3	15.4
6.0	42.1	88.4	24.4
14.0	8.7	80.0	5.3
-16.3	3.2	124.3	0.1
-2.6	45.4	52.6	193.7
3.2	27.9	93.5	140.5
-10.8	205.8	9.4	1.7
-0.6	53.5	123.3	14.1
15.0	61.1	38.6	73.6
-10.3	70.9	19.6	18.1
0.6	29.5	51.7	47.0
3.0	48.4	137.7	5.5
10.0	40.6	115.4	30.9
9.7	39.3	79.6	17.7
6.2	85.6	264.0	2.9
-5.5	59.4	50.7	18.4
-39.2	43.7	19.0	15.0
-1.1	70.3	64.7	95.1
-6.8	268.4	115.2	34.8
-36.5	64.3	5.8	330.8
-8.4	74.9	32.9	2.4
-13.7	78.4	34.6	0.4
2.7	54.6	73.6	10.7
10.4	73.2	10.1	

12-14 分地区工业企业单位数(2022年)
Number of Industrial Enterprises by Region(2022)

单位：个 (unit)

地区	Region	总计 Total	#国有控股 State-holding	#集体 Collective -owned	大型 Large	中型 Medium	小型 Small	微型 Micro type	轻工业 Light Industry	重工业 Heavy Industry
哈尔滨	Harbin	1448	185	4	26	96	941	385	707	741
齐齐哈尔	Qiqihar	415	58		10	25	243	137	207	208
鸡西	Jixi	247	36	1	3	23	144	77	102	145
鹤岗	Hegang	178	24	9	2	32	97	47	49	129
双鸭山	Shuangyashan	148	26		2	22	78	46	54	94
大庆	Daqing	537	70	8	11	31	280	215	190	347
伊春	Yichun	74	9		1	4	52	17	40	34
佳木斯	Jiamusi	394	52		1	17	179	197	232	162
七台河	Qitaihe	124	14		4	18	66	36	21	103
牡丹江	Mudanjiang	355	25	1	4	14	192	145	133	222
黑河	Heihe	114	26		2	9	70	33	43	71
绥化	Suihua	472	52	1	6	26	262	178	288	184
大兴安岭	Daxinganling	25	7			3	18	4	6	19

12-15 分地区工业企业主要经济指标(2022年)
Major Indicators of Industrial Enterprises by Region(2022)

单位：万元 (10000 yuan)

地 区	Region	工业总产值 Total Industrial Output Value	资产总计 Total Assets	流动资产合计 Total Current Assets	应收账款 Accounts Receivable	产成品 Finished Goods	固定资产原价 Original Value of Fixed Assets	固定资产净额 Net Fixed Assets	负债合计 Total Liabilities
哈尔滨	Harbin	31723712	55892225	33798367	7308739	1715454	24207063	12031036	35262938
齐齐哈尔	Qiqihar	11100011	22993859	13776184	5476809	623395	9030711	5072646	15356261
鸡 西	Jixi	4053243	8357399	4200110	1009564	239542	4818767	2625889	5728600
鹤 岗	Hegang	3452157	5200751	2395884	424155	299519	4452852	2246081	3901203
双鸭山	Shuangyashan	4841875	6849578	2807964	486851	218649	6016890	2851065	5229036
大 庆	Daqing	36945761	59417618	26687825	3819298	918151	75432263	21525165	29103609
伊 春	Yichun	2346072	2902904	1224458	141294	57089	2077857	1192004	1831577
佳木斯	Jiamusi	5507555	7124919	3627562	839265	361152	3805156	1972327	4748774
七台河	Qitaihe	3791762	6514136	2788786	488091	270725	4499118	1926797	4518882
牡丹江	Mudanjiang	2941602	5281446	2405855	826476	285982	4339960	2072962	3360932
黑 河	Heihe	2251504	3776415	1457019	164294	116395	1981735	971108	2299751
绥 化	Suihua	8214971	9998350	4698261	892279	674004	5911324	4063530	7396216
大兴安岭	Daxinganling	496616	750107	505432	161777	71900	267691	121558	453019

12-15 续表 Continued

单位：万元 (10000 yuan)

地 区	Region	营业收入 Business Revenue	营业成本 Business Cost	销售费用 Selling Expenses	管理费用 Management Expenses	财务费用 Financial Expenses	利息费用 Expenditure for Interests	利润总额 Total Profits	亏损企业亏损总额 Total Losses Made by Enterprises--in-red
哈尔滨	Harbin	33583447	27993610	1096197	1433991	354976	394188	1262201	655339
齐齐哈尔	Qiqihar	12642673	10667279	423613	341123	133260	174823	997196	228027
鸡 西	Jixi	4786797	3770651	111084	322122	144668	64701	327032	91405
鹤 岗	Hegang	3593669	2884296	60145	225506	147271	54471	204170	104647
双鸭山	Shuangyashan	5005043	4200851	118897	216676	163113	62219	-119387	320716
大 庆	Daqing	39122302	28456942	237840	1532729	401245	640752	3469369	827687
伊 春	Yichun	2290951	1882731	14645	48342	46422	41500	224126	24420
佳木斯	Jiamusi	5439075	4843744	163424	146869	68272	57793	200842	89423
七台河	Qitaihe	4096490	3585683	79308	224703	109968	48519	4656	157538
牡丹江	Mudanjiang	2633402	2316829	48903	128309	55066	52383	24153	163466
黑 河	Heihe	2317261	1624253	21216	95148	32885	33350	472966	85922
绥 化	Suihua	8221459	7463817	237279	203185	131586	127942	113136	192893
大兴安岭	Daxinganling	471628	315915	21793	14917	899	1894	108235	10303

12-16 分地区大中型工业企业主要经济指标(2022年) Major Indicators of Large and Medium-Sized Industrial Enterprises by Region(2022)

单位：万元 (10000 yuan)

地 区	Region	工业总产值 Total Industrial Output Value	资产总计 Total Assets	流动资产合计 Total Current Assets	应收账款 Accounts Receivable	产成品 Finished Goods	固定资产原价 Original Value of Fixed Assets	固定资产净额 Net Fixed Assets	负债合计 Total Liabilities
哈尔滨	Harbin	15794532	29131667	15949793	2811584	574654	15020728	6965327	17075380
齐齐哈尔	Qiqihar	7998460	15437598	9837799	4177306	372228	4996473	2559101	10613548
鸡 西	Jixi	2141013	4755906	1926812	569813	56718	3489935	1855929	3135791
鹤 岗	Hegang	2072726	2930574	1148159	132356	107145	3354968	1486493	2619340
双鸭山	Shuangyashan	3889217	5472870	2042078	277206	135573	5185580	2448542	4104552
大 庆	Daqing	32555981	52112257	22779941	2222011	675188	71195309	18800845	24216533
伊 春	Yichun	1532336	1658793	798401	40523	25368	841466	585564	1160611
佳木斯	Jiamusi	1708080	2228749	1226186	248201	130675	1374334	664321	1627738
七台河	Qitaihe	2796348	4902538	1912144	272448	169972	3512451	1405291	3463361
牡丹江	Mudanjiang	937159	1811981	795716	208110	72003	2370438	760805	901570
黑 河	Heihe	1451743	2180618	702090	36880	53554	1039479	556848	1042656
绥 化	Suihua	4173523	4144017	1761287	228638	314778	2802392	1856179	2996234
大兴安岭	Daxinganling	260568	449422	337421	103316	20319	123905	48249	302918

12-16 续表 Continued

单位：万元 (10000 yuan)

地 区	Region	营业收入 Business Revenue	营业成本 Business Cost	销售费用 Selling Expenses	管理费用 Management Expenses	财务费用 Financial Expenses	利息费用 Expenditure for Interests	利润总额 Total Profits	亏损企业亏损总额 Total Losses Made by Enterprises-in-red
哈尔滨	Harbin	16029793	12458198	688006	773466	186277	227960	635499	409603
齐齐哈尔	Qiqihar	9028601	7564620	361691	185013	63990	119500	811092	106372
鸡 西	Jixi	2382293	1652355	43587	258237	107010	35038	235328	42730
鹤 岗	Hegang	2141919	1691719	25083	185494	122290	32032	61298	79557
双鸭山	Shuangyashan	3900106	3144978	103255	182323	142619	50601	-96711	267910
大 庆	Daqing	34840116	24627344	176949	1374497	303091	554842	3363202	719720
伊 春	Yichun	1521363	1411682	7241	24277	29144	25553	23493	3026
佳木斯	Jiamusi	1780372	1571159	76971	65326	25233	22449	48594	40192
七台河	Qitaihe	2968980	2546363	61710	181675	91893	33174	-8178	125843
牡丹江	Mudanjiang	999412	866586	20032	50261	18850	21624	18017	93977
黑 河	Heihe	1488886	912240	5046	50714	20963	23500	438883	41807
绥 化	Suihua	4056210	3656011	139229	82689	69843	63598	59430	73428
大兴安岭	Daxinganling	222191	115397	801	4758	583	1537	95427	5861

12-17 分地区国有控股工业企业主要经济指标(2022年)
Major Indicators of State-Owned and State-Holding Industrial Enterprises by Region(2022)

单位：万元 (10000 yuan)

地 区	Region	工业总产值 Total Industrial Output Value	资产总计 Total Assets	流动资产合计 Total Current Assets	应收账款 Accounts Receivable	产成品 Finished Goods	固定资产原价 Original Value of Fixed Assets	固定资产净额 Net Fixed Assets	负债合计 Total Liabilities
哈尔滨	Harbin	14765746	30692159	18227756	3254098	626654	13855964	6793052	20233668
齐齐哈尔	Qiqihar	3110015	8690317	4175504	1309812	112895	4354885	2344175	5680383
鸡 西	Jixi	1669585	4138502	1653720	437195	59696	3517171	1869667	2938127
鹤 岗	Hegang	1340140	2905469	789818	117425	57669	3624639	1758044	2433001
双鸭山	Shuangyashan	1426945	2947493	1090989	131168	49787	3558131	1386589	2543010
大 庆	Daqing	30540882	51986180	22533626	1975393	641451	71971140	19388724	24256260
伊 春	Yichun	610918	907909	255591	72172	12579	1138300	508270	465391
佳木斯	Jiamusi	1252937	2604452	1168348	314904	109463	2066794	984227	1778421
七台河	Qitaihe	1035362	2212477	497776	199596	18958	2821353	1173734	1747690
牡丹江	Mudanjiang	811321	2253506	688685	297932	31143	2639898	1288902	1396583
黑 河	Heihe	633494	844625	356245	56835	47295	812431	304975	652085
绥 化	Suihua	2346454	3344353	1242251	215716	171273	2390752	1805357	2460259
大兴安岭	Daxinganling	245859	347863	273513	32332	26657	111002	47769	159780

12-17 续表 Continued

单位：万元 (10000 yuan)

地 区	Region	营业收入 Business Revenue	营业成本 Business Cost	销售费用 Selling Expenses	管理费用 Management Expenses	财务费用 Financial Expenses	利息费用 Expenditure for Interests	利润总额 Total Profits	亏损企业亏损总额 Total Losses Made by Enterprises-in-red
哈尔滨	Harbin	15764397	12662291	254958	765856	150450	216827	617471	277033
齐齐哈尔	Qiqihar	4035020	3688484	43863	142588	100249	104840	83051	114801
鸡 西	Jixi	2125668	1426798	10744	234911	105776	32959	224949	38027
鹤 岗	Hegang	1497246	1078982	1004	161088	127191	43212	94108	47096
双鸭山	Shuangyashan	1360225	964830	4927	125380	107140	23336	-198983	281108
大 庆	Daqing	31319410	21467465	170198	1200420	335791	582369	3117263	733995
伊 春	Yichun	597215	328561	537	13193	18767	17602	191432	13077
佳木斯	Jiamusi	1417966	1248419	54795	40383	31101	29913	50016	48803
七台河	Qitaihe	1280881	983396	3709	132203	84840	22578	-561	77490
牡丹江	Mudanjiang	863221	762006	6841	34039	40603	41803	-13083	77346
黑 河	Heihe	634239	580140	3991	22575	10318	10210	-8683	54977
绥 化	Suihua	2370754	2181708	23855	34283	53247	64593	64199	31950
大兴安岭	Daxinganling	212051	89808	919	6333	-993	46	108878	2708

12-18 分地区集体工业企业主要经济指标(2022年)
Major Indicators of Collective-Owned Industrial Enterprises by Region(2022)

单位: 万元 (10000 yuan)

地 区	Region	工业总产值 Total Industrial Output Value	资产总计 Total Assets	流动资产合计 Total Current Assets	应收账款 Accounts Receivable	产成品 Finished Goods	固定资产原价 Original Value of Fixed Assets	固定资产净额 Net Fixed Assets	负债合计 Total Liabilities
哈尔滨	Harbin	10600	9205	5990	2501	137	7493	3316	4013
齐齐哈尔	Qiqihar								
鸡 西	Jixi	2934	4323	3937	3490	19	865	385	2709
鹤 岗	Hegang	128713	82217	58833	24607	19731	38221	21730	46252
双鸭山	Shuangyashan								
大 庆	Daqing	183192	480503	354310	149911	7077	181212	43800	312427
伊 春	Yichun								
佳木斯	Jiamusi								
七台河	Qitaihe								
牡丹江	Mudanjiang	3348	4305	4155	1398	1	1455	150	1958
黑 河	Heihe								
绥 化	Suihua	7797	6441	6389	4654		62	53	6298
大兴安岭	Daxinganling								

12-18 续表 Continued

单位: 万元 (10000 yuan)

地 区	Region	营业收入 Business Revenue	营业成本 Business Cost	销售费用 Selling Expenses	管理费用 Management Expenses	财务费用 Financial Expenses	利息费用 Expenditure for Interests	利润总额 Total Profits	亏损企业亏损总额 Total Losses Made by Enterprises-in-red
哈尔滨	Harbin	11898	9790	377	1383	10.3	5.8	298	80
齐齐哈尔	Qiqihar								
鸡 西	Jixi	2934	2725		127	-0.4		147	
鹤 岗	Hegang	111130	75063	24	4697	39	46	23281	5
双鸭山	Shuangyashan								
大 庆	Daqing	203451	171473	4666	20023	916	912.0	16340	786
伊 春	Yichun								
佳木斯	Jiamusi								
七台河	Qitaihe								
牡丹江	Mudanjiang	3111	1778		143	-1.2	-1	1050	
黑 河	Heihe								
绥 化	Suihua	10258	9882		133	0		96	
大兴安岭	Daxinganling								

12-19 主要工业产品产量
Output of Major Industrial Products

品 名		Item		2018	2019	2020	2021	2022
原煤	(万吨)	Crude Coal	(10000 tons)	5791.6	5195.0	5206.3	5974.9	6951.8
原油	(万吨)	Crude Oil	(10000 tons)	3224.2	3110.0	3001.0	2945.5	2971.0
天然气	(亿立方米)	Natural Gas	(100 million cu.m)	43.5	45.7	46.8	50.5	55.7
大米	(万吨)	Rice	(10000 tons)	983.3	1091.2	1352.1	1508.1	1515.2
铁矿石原矿	(万吨)	Original Ironstone Reserves	(10000 tons)	337.1	288.5	255.7	280.6	290.5
精制食用植物油	(万吨)	Purifier Edible Vegetable Oil	(10000 tons)	64.3	54.3	55.8	48.3	41.0
成品糖	(万吨)	Finished Product Sugar	(10000 tons)	7.2	12.6	20.4	22.4	14.8
乳制品	(万吨)	Dairy Products	(10000 tons)	155.3	164.2	164.9	189.4	210.9
#液体乳	(万吨)	Liquid Milk	(10000 tons)	118.0	129.0	123.9	151.2	174.6
白酒	(万千升)	Liquor	(10000 kiloliter)	13.7	13.9	11.5	11.0	11.2
啤酒	(万千升)	Beer	(10000 kiloliter)	185.0	201.6	128.5	127.7	130.0
卷烟	(亿支)	Cigarettes	(100 million pieces)	379.5	382.5	384.7	402.8	403.0
亚麻布	(万米)	Linen	(10000 m)	2036.0	2183.0	2389.0	3486.4	4798.0
人造板	(万立方米)	Man-made Board	(10000 cu.m)	88.0	41.1	25.1	24.0	22.2
机制纸及纸板	(万吨)	Machine-made Paper and Paperboards	(10000 tons)	45.3	34.4	31.9	30.0	34.1
原油加工量	(万吨)	Crude Oil Processed	(10000 tons)	1507.7	1489.6	1643.3	1886.9	1685.9
汽油	(万吨)	Gasoline	(10000 tons)	512.4	521.7	533.5	556.8	514.7
柴油	(万吨)	Diesel oil	(10000 tons)	412.5	340.4	317.7	355.9	382.5
焦炭	(万吨)	Coke	(10000 tons)	875.8	1075.9	1062.7	1234.9	1112.3
硫酸(折100%)	(万吨)	Sulfuric Acid(convert into 100%)	(10000 tons)	5.0	4.3	5.5	58.0	66.0
盐酸	(万吨)	Muriatic Acid	(10000 tons)	14.3	21.8	36.0	31.2	39.6
烧碱	(万吨)	Caustic Soda	(10000 tons)	21.3	22.5	22.7	24.0	24.4
合成氨	(万吨)	Synthetic Ammonia	(10000 tons)	39.5	50.6	48.6	49.9	51.6
农用化肥(折100%)	(万吨)	Chemical Fertilizer for Agricultural Use (convert into 100%)	(10000 tons)	38.4	46.6	49.7	71.9	79.6
化学农药原药(折100%)	(吨)	Chemical Pesticides(convert into 100%)	(ton)	3623	4100	5023	7495	10017
乙烯	(万吨)	Ethylene	(10000 tons)	105.8	128.8	131.1	135.9	128.0
化学药品原药	(吨)	Chemical Medicines	(ton)	2961.0	2811.2	12955.2	18927.8	46766.7
中成药	(万吨)	Proprietary Chinese Medicine	(10000 tons)	3.7	3.5	3.6	2.8	2.9
化学纤维	(万吨)	Chemical Fiber	(10000 tons)	5.2	3.7	2.5	2.2	3.3
橡胶轮胎外胎	(万条)	Tires	(10000 tons)	460.2	427.1	414.3	480.5	365.6
塑料制品	(万吨)	Plastic Products	(10000 tons)	20.4	15.1	21.9	25.4	20.6
水泥	(万吨)	Cement	(10000 tons)	2039.5	2148.0	2376.5	2170.8	1859.7
平板玻璃	(万重量箱)	Plate Glass	(10000 weight cases)	394.5	402.7	399.1	577.3	684.2
石墨及碳素制品	(吨)	Graphite and Related Products	(ton)	337199	401845	529528	745146	702133
生铁	(万吨)	Pig Iron	(10000 tons)	695.7	800.7	863.1	846.5	877.1
粗钢	(万吨)	Crude Steel	(10000 tons)	774.3	896.1	986.5	960.6	960.5
钢材	(万吨)	Rolled Steel	(10000 tons)	561.4	782.0	879.0	951.4	999.7
铝材	(万吨)	Aluminous Material	(10000 tons)	14.5	15.4	14.9	16.4	19.5
电站锅炉	(蒸发量吨)	Power Plant Boiler	(vaporing ton)	82484	62522	51409	54158	42025
电站用汽轮机	(万千瓦)	Steam turbine for power station	(10000 kw)	1002.7	1001.9	1133.5	779.4	1020.5
金属切削机床	(台)	Metal-cutting Machine Tools	(unit)	374	421	358	1051	2299
发电机组(发电设备)	(万千瓦)	Power Generating Equipment	(10000 kw)	1435.3	1108.4	1806.8	2096.1	1594.4
矿山专用设备	(吨)	Special Equipment for Mine	(unit)	12586	22112	44317	29490	38851
冶炼设备	(吨)	Smelting Equipment	(unit)					
金属轧制设备	(吨)	Metal-rolling Equipment	(unit)	115610	118954	49039	84012	119821
大中型拖拉机	(台)	Large and Medium Tractors	(unit)	6483	7410	13322	8868	9575
小型拖拉机	(台)	Small-sized Tractors	(unit)		8	332		
铁路货车	(辆)	Railway Passenger Engines	(unit)	10322	13355	9186	8230	11037
汽车	(辆)	Motor Vehicles	(unit)	162914	188944	71691	76075	82627
改装汽车	(辆)	Special Automobile	(unit)	240	371	268	380	258
发电量	(亿千瓦时)	Electricity	(100 million kwh)	1015.5	1057.2	1083.5	1144.9	1149.4
微型电子计算机	(台)	Mini-computers	(unit)					

12-20 分地区主要工业产品产量(2022年)

Output of Major Industrial Products by Region(2022)

地　区	Region	原　煤 (万吨) Crude Coal (10000 tons)	原　油 (万吨) Crude Oil (10000 tons)	大　米 (万吨) Rice (10000 tons)	精制食用植物油 (万吨) Purifier Edible Vegetable Oil (10000 tons)	成品糖 (吨) Finished Product Sugar (ton)	乳制品 (吨) Dairy Products (ton)
全　省	**Total**	**6951.8**	**2971.0**	**1515.2**	**41.0**	**148197**	**2109464**
哈尔滨	Harbin	68.3		448.4	23.7		457280
齐齐哈尔	Qiqihar			77.6	4.1	148197	679074
鸡　西	Jixi	1418.0		196.9	0.0		275
鹤　岗	Hegang	1275.5		37.9	0.3		529
双鸭山	Shuangyashan	2223.9		43.7	2.1		
大　庆	Daqing		2971.0	30.1	1.0		436015
伊　春	Yichun			1.4			1994
佳木斯	Jiamusi			393.4	4.0		6418
七台河	Qitaihe	826.7		1.5	0.0		
牡丹江	Mudanjiang	178.4		7.4			247901
黑　河	Heihe	301.4			0.5		30789
绥　化	Suihua			276.9	5.4		249190
大兴安岭	Daxinganling	659.6					

注：本表数据因四舍五入未做机械调整。

a) The data in this table are not mechanically adjusted due to rounding.

12-20 续表1 Continued

地　区	Region	卷　烟 (万支) Cigarettes (10000 pieces)	白　酒 (千升) Liquor (1000 liter)	啤　酒 (千升) Beer (1000 liter)	亚麻布 (万米) Linen (10000 m)	机制纸及纸板 (吨) Machine-made Paper and Paperboards (ton)	汽　油 (万吨) Gasoline (10000 tons)
全　省	**Total**	**4030000**	**112394**	**1299618**	**4798**	**340697**	**514.7**
哈尔滨	Harbin	4030000	95314	1062256	647	87305	130.0
齐齐哈尔	Qiqihar		12416		91		
鸡　西	Jixi		82	68546			
鹤　岗	Hegang		557	1388		4085	
双鸭山	Shuangyashan						
大　庆	Daqing			9711	40		384.7
伊　春	Yichun		677				
佳木斯	Jiamusi			62055			
七台河	Qitaihe						
牡丹江	Mudanjiang		1641	72969	373	225962	
黑　河	Heihe			11923			
绥　化	Suihua		1707	10770	3649	23345	
大兴安岭	Daxinganling						

12-20 续表2 Continued

地 区	Region	柴 油 (万吨) Diesel Oil (10000 tons)	农用化肥 (吨) Chemical Fertilizer for Agricultural Use (10000 tons)	化学农药原药 (吨) Chemical Pesticides (ton)	化学药品原药 (吨) Chemical Medicines (ton)	水 泥 (万吨) Cement (10000 tons)	平板玻璃 (万重量箱) Plate Glass (10000 weight cases)
全 省	**Total**	**382.5**	**795685**	**10017**	**46767**	**1859.7**	**684.2**
哈尔滨	Harbin	119.5		3486	40275	601.7	
齐齐哈尔	Qiqihar			332		273.8	
鸡 西	Jixi					96.6	
鹤 岗	Hegang		281270	898		94.2	
双鸭山	Shuangyashan		44225			76.7	
大 庆	Daqing	263.1	197482			129.2	
伊 春	Yichun				102	53.8	
佳木斯	Jiamusi		22450	1448	7	227.7	684.2
七台河	Qitaihe					22.1	
牡丹江	Mudanjiang				126	53.4	
黑 河	Heihe					75.8	
绥 化	Suihua		250258	3853	6168	154.8	
大兴安岭	Daxinganling				88		

12-20 续表3 Continued

地 区	Region	汽 车 (辆) Motor Vehicles (unit)	粗钢 (万吨) Crude Steel (10000 tons)	金属切削机床 (台) Metal-cutting Machine Tools (unit)	金属轧制设备 (吨) Metal-rolling Equipment (ton)	小型拖拉机 (台) Small-sized Tractors (unit)	发电量 (亿千瓦小时) Electricity (100 million kwh)
全 省	**Total**	**82627**	**961**	**2299**	**119821**		**1149.4**
哈尔滨	Harbin		156	1829	3040		221.3
齐齐哈尔	Qiqihar		188	470	116781		113.7
鸡 西	Jixi						56.0
鹤 岗	Hegang						70.6
双鸭山	Shuangyashan		231				112.8
大 庆	Daqing	82627					179.4
伊 春	Yichun		386				55.3
佳木斯	Jiamusi						72.2
七台河	Qitaihe						74.4
牡丹江	Mudanjiang						73.6
黑 河	Heihe						21.7
绥 化	Suihua						90.7
大兴安岭	Daxinganling						7.7

12-21 四大主导产业主要经济指标(2022年)

单位：万元

指标	Item	工业总产值 Total Industrial Output Value
总计	**Total**	**103467143**
装备工业	Equipment Industry	16224075
金属制品业	Manufacture of Metal Products	801326
金属制品、机械和设备修理业	Repair Service of Metal Products, Machinery and Equipment	125885
通用设备制造业	Manufacture of General Purpose Machinery	2766301
专用设备制造业	Manufacture of Special Purpose Machinery	2634469
汽车制造业	Manufacture of Automotive	2542950
铁路、船舶、航空航天和其他运输设备制造业	Manufacture of Railroad, Marine, Aerospace and Other Transportation Equipment	4659168
电气机械及器材制造业	Manufacture of Electrical Machinery and Equipment	1877247
计算机、通信和其他电子设备制造业	Manufacture of Computers, Communication and Other Electronic Equipment	226063
仪器仪表制造业	Manufacture of Measuring Instrument	590666
石化工业	Petrochemical Industry	22077065
石油、煤炭及其他燃料加工业	Processing of Petroleum, Coal and Other Fuels	16814880
化学原料和化学制品制造业	Manufacture of Chemical Raw Material and Chemical Products	4371608
化学纤维制造业	Manufacture of Chemical Fiber	22124
橡胶和塑料制品业	Manufacture of Rubber and Plastics	868454
能源工业	Energy Industry	38597138
煤炭开采和洗选业	Mining and Washing of Coal	6441485
石油和天然气开采业	Extraction of Petroleum and Natural Gas	14879993
电力、热力生产和供应业	Production and Supply of Electric Power and Heat Power	13935867
燃气生产和供应业	Production and Distribution of Gas	648215
开采专业及辅助性活动	Professional and Support Activities for Mining	2691578
食品工业	Food Industry	26568865
农副食品加工业	Processing of Food from Agricultural Products	17581958
食品制造业	Manufacture of Foods	6099583
酒、饮料和精制茶制造业	Manufacture of Beverage	2887325

Main Economic Indicators of Four Leading Industry(2022)

(10000 yuan)

资产总计 Total Assets	流动资产合计 Total Current Assets	应收账款 Accounts Receivable	产成品 Finished Goods	固定资产原价 Original Value of Fixed Assets	固定资产净额 Net Fixed Assets	负债合计 Total Liabilities
170241450	**84377935**	**18910047**	**4669866**	**145102979**	**56611763**	**106219420**
32867016	23518602	6596585	880514	8297309	3570357	21355110
2693424	2019295	394224	69760	708446	418968	1990059
419395	241892	55051	9961	136799	72689	302721
6866947	5201998	1312813	97766	1817423	761248	4501162
6801033	4501918	1660224	201070	1331306	611859	4449320
2750902	1605122	670434	85238	1210555	475305	1898527
7383960	5624457	1330622	225120	1728051	671770	4891260
4130588	3104046	751112	115765	915360	351742	2459072
840505	488430	195320	44466	228593	104333	348122
980261	731445	226785	31369	220776	102443	514868
17833353	8813254	1408897	915410	14005448	5563508	12415589
9296848	3686919	411680	367591	10232698	3930893	6353322
6232790	3640206	521797	467221	3171652	1359293	4452189
90772	64855	3748	1615	16799	6789	43852
2212943	1421274	471673	78983	584298	266533	1566225
90443403	32762015	5257920	930649	111694851	40994239	53219412
10611305	4457852	789667	453070	8867995	4239675	8066681
37183970	14315940	310020	315107	57497959	14023360	14018674
36621110	9818814	3238194	28644	41928627	21666259	26437566
1154698	454533	138017	18747	770377	393187	686871
4872320	3714876	782022	115082	2629893	671758	4009620
29097679	19284065	5646646	1943293	11105372	6483659	19229310
15225565	9891937	1555434	1421037	5711051	3461420	10334759
10827609	7697605	3968092	356124	3842051	2168273	7141754
3044505	1694523	123120	166133	1552270	853966	1752797

12-21 续表

单位：万元

指 标	Item	营业收入 Business Revenue
总 计	**Total**	**110739052**
装备工业	Equipment Industry	19454121
金属制品业	Manufacture of Metal Products	1237447
金属制品、机械和设备修理业	Repair Service of Metal Products, Machinery and Equipment	139105
通用设备制造业	Manufacture of General Purpose Machinery	2830032
专用设备制造业	Manufacture of Special Purpose Machinery	3297318
汽车制造业	Manufacture of Automotive	4233440
铁路、船舶、航空航天和其他运输设备制造业	Manufacture of Railroad, Marine, Aerospace and Other Transportation Equipment	4899621
电气机械及器材制造业	Manufacture of Electrical Machinery and Equipment	1977851
计算机、通信和其他电子设备制造业	Manufacture of Computers, Communication and Other Electronic Equipment	223458
仪器仪表制造业	Manufacture of Measuring Instrument	615850
石化工业	Petrochemical Industry	22206043
石油、煤炭及其他燃料加工业	Processing of Petroleum, Coal and Other Fuels	16594193
化学原料和化学制品制造业	Manufacture of Chemical Raw Material and Chemical Products	4894356
化学纤维制造业	Manufacture of Chemical Fiber	8672
橡胶和塑料制品业	Manufacture of Rubber and Plastics	708822
能源工业	Energy Industry	40408083
煤炭开采和洗选业	Mining and Washing of Coal	6934319
石油和天然气开采业	Extraction of Petroleum and Natural Gas	15335438
电力、热力生产和供应业	Production and Supply of Electric Power and Heat Power	14802856
燃气生产和供应业	Production and Distribution of Gas	718440
开采专业及辅助性活动	Professional and Support Activities for Mining	2617031
食品工业	Food Industry	28670805
农副食品加工业	Processing of Food from Agricultural Products	19452383
食品制造业	Manufacture of Foods	6525099
酒、饮料和精制茶制造业	Manufacture of Beverage	2693323

Continued

(10000 yuan)

营业成本 Business Cost	销售费用 Selling Expenses	管理费用 Management Expenses	财务费用 Financial Expenses	利息费用 Expenditure for Interests	利润总额 Total Profits	亏损企业亏损总额 Total Losses Made by Enterprises--in-red
91227253	**1918908**	**4085100**	**1677966**	**1625998**	**5215965**	**3175417**
17004633	303270	894717	91389	137816	948353	195735
1094598	11022	70218	-9371	5668	43300	8821
115685	1174	15772	2148	2093	2573	1981
2402844	66564	146928	4455	14938	187642	8723
2901246	61160	128913	50482	60384	182726	25863
3814611	16902	204786	7959	12177	287323	4631
4315449	33093	177690	8573	16898	173757	8765
1735757	65057	83398	12188	19724	68985	43854
156863	30808	19101	12918	1690	-56024	79958
467580	17490	47911	2037	4244	58071	13140
19120641	268237	542937	198894	205551	8702	564295
14028066	190788	319810	134431	132684	-91793	458738
4415346	68968	194094	40856	42626	130012	65668
7215	232	1762	180	8	-985	1520
670014	8249	27272	23427	30234	-28533	38369
29980482	231175	2057213	1195771	1080098	2828850	2103090
4666726	67944	705695	350385	75844	740958	45595
7282721	89927	824683	183824	428602	3522887	
14768127	15942	424732	653012	566245	-1128711	1693097
624848	51803	36986	1723	3527	17814	6562
2638060	5559	65116	6827	5880	-324098	357835
25121497	1116227	590233	191912	202533	1430059	312298
17981985	453642	347486	175018	135534	431230	209698
5107118	503884	171243	-5002	48947	687204	70239
2032395	158701	71503	21896	18052	311625	32362

主要统计指标解释

工业 指从事自然资源的开采，对采掘品和农产品进行加工和再加工的物质生产部门。具体包括：(1)对自然资源的开采，如采矿、晒盐等(但不包括禽兽捕猎和水产捕捞)；(2)对农副产品的加工、再加工，如粮油加工、食品加工、缫丝、纺织、制革等；(3)对采掘品的加工、再加工，如炼铁、炼钢、化工生产、石油加工、机器制造、木材加工等，以及电力、燃气及水的生产和供应等；(4)对工业品的修理、翻新，如机器设备的修理等。

工业统计调查单位为工业法人单位。

工业法人单位指从事工业生产经营活动的法人单位。工业法人单位应同时具备以下条件：①依法成立，有自己的名称、组织机构和场所，能够独立承担民事责任；②独立拥有（或授权）使用资产，承担负债，有权与其他单位签订合同；③具有包括资产负债表在内的账户，或者能够根据需要编制账户。

国有控股企业 即原来的国有及国有控股企业，根据企业实收资本中国有经济成分的出资人的实际投资情况，或国有经济成分的出资人对企业资产的实际控制、支配程度进行分类。以下情况为国有控股：（1）在企业的全部实收资本中，国有经济成分的出资人拥有的实收资本（股本）所占企业全部实收资本（股本）的比例大于50%的国有绝对控股。（2）在企业的全部实收资本中，国有经济成分的出资人拥有的实收资本（股本）所占比例虽未大于50%，但相对大于其他任何一方经济成分的出资人所占比例的国有相对控股；或者虽不大于其他经济成分，但根据协议规定拥有企业实际控制权的国有协议控股。（3）投资双方各占50%，且未明确由谁绝对控股的企业，若其中一方为国有经济成分的，一律按国有控股处理。

本篇涉及的企业登记注册类型的解释详见综合篇。

资产总计 指企业过去的交易或者事项形成的、由企业拥有或者控制的、预期会给企业带来经济利益的资源。资产一般按流动性分为流动资产和非流动资产。其中流动资产可分为货币资金、交易性金融资产、应收票据、应收账款、预付款项、其他应收款、存货等；非流动资产可分为长期股权投资、固定资产、无形资产及其他非流动资产等。来源于会计“资产负债表”中“资产总计”项目的期末余额数。

流动资产合计 资产满足以下条件之一应归为流动资产：（1）预计在一个正常营业周期中变现、出售或耗用，主要包括存货、应收账款等；（2）主要为交易目的而持有；（3）预计在资产负债表日起一年内（含一年）变现；（4）自资产负债日起一年内，交换其他资产或清偿负债的能力不受限制的现金或现金等价物。包括货币资金、应收票据、应收账款、存货等项目。来源于会计“资产负债表”中“流动资产合计”项目的期末余额数。

负债合计 指企业过去的交易或者事项形成的，预期会导致经济利益流出企业的现时义务。负债一般按偿还期长短分为流动负债和非流动负债。来源于会计“资产负债表”中“负债合计”项目的期末余额数。

应收账款 指资产负债表日以摊余成本计量的、企业因销售商品、提供服务等经营活动应收取的款项。来源于会计“资产负债表”中“应收账款”项目的期末余额数。

产成品 指企业已经完成全部生产过程并验收入库，可以按照合同规定的条件送交订货单位，或者可以作为商品对外销售的产品。如果会计“资产负债表”列示“产成品”或“库存商品”项目，则为其期末余额；或者，根据会计“产成品”或“库存商品”科目的借方余额，减去为“产成品”或“库存商品”计提的存货跌价准备等计算得出。

主营业务收入 指企业确认的销售商品、提供劳务等主营业务的收入。来源于会计“主营业务收入”科目的期末贷方余额（结转前）。

主营业务成本 指企业经营主要业务所发生的成本总额。来源于会计“主营业务成本”科目的期末借方余额（结转前）。

销售费用 指企业在销售商品和材料、提供劳务的过程中发生的各种费用，包括保险费、包装费、展览费和广告费、商品维修费、预计产品质量保证损失、运输费、装卸费等以及为销售本企业商品而专设的销售机构（含销售网点、售后服务网点等）的职工薪酬、业务费、折旧费等经营费用。

管理费用 指企业为组织和管理企业生产经营所发生的费用，包括企业在筹建期间内发生的开办费、董事会和行政管理部门在企业经营管理中发生的，或者应当由企业统一负担的公司经费等。来源于会计“利润表”中“管理费用”项目的本年累计数。

财务费用 指企业为筹集生产经营所需资金等而发生的筹资费用，包括企业生产经营期间发生的利息支出（减利息收入）、汇兑损失（减汇兑收益）以及相关的手续费等。来源于会计“利润表”中“财务费用”项目的本年累计数。

利润总额 指企业在一定会计期间的经营成果，是生产经营过程中各种收入扣除各种耗费后的盈余，反映企业在报告期内实现的盈亏总额。来源于会计“利润表”中“利润总额”项目的本年累计数。

总资产贡献率 反映企业全部资产的获利能力，是企业经营业绩和管理水平的集中体现，是评价和考核企业盈利能力的核心指标。计算公式为：

$$\text{总资产贡献率}=\frac{\text{利润总额}+\text{税金总额}+\text{利息支出}}{\text{平均资产总额}}\times 100\%$$

公式中：税金总额为主营业务税金及附加与应交增值税之和；平均资产总额为期初期末资产之和的算术平均值。

资产负债率　该指标既反映企业经营风险的大小，也反映企业利用债权人提供的资金从事经营活动的能力。计算公式为：

$$资产负债率(\%)=\frac{负债总额}{资产总额}\times 100\%$$

资产与负债均为报告期期末数。

流动资产周转次数　指一定时期内流动资产完成的周转次数，反映投入工业企业流动资金的周转速度。计算公式为：

$$流动资产周转次数=\frac{主营业务收入}{全部流动资产平均余额}$$

公式中：全部流动资产平均余额为期初和期末的流动资产之和的算术平均值。

成本费用利润率　反映企业投入的生产成本及费用的经济效益，同时也反映企业降低成本所取得的经济效益。计算公式为：

$$成本费用利润率(\%)=\frac{利润总额}{成本费用总额}\times 100\%$$

公式中：成本费用总额为主营业务成本、销售费用、管理费用、财务费用之和。

Explanatory Notes on Main Statistical Indicators

Industry refers to the material production sector which is engaged in the extraction of natural resources and processing and reprocessing of minerals and agricultural products, including (1) extraction of natural resources, such as mining, salt production (but not including hunting and fishing); (2) processing and reprocessing of farm and sideline produces, such as grain and oil processing, food processing, silk reeling, spinning and weaving and leather making; (3) processing and reprocessing of mineral products, such as steel making, iron smelting, chemicals manufacturing, petroleum processing, machine building, timber processing, and production and supply of electricity, gas and water; (4) repairing and renovating of industrial products such as the machinery.

In industrial surveys, the units of enquiry are industrial corporate units.

Industrial corporate units refer to corporate units engaging in industrial production and operation activities, which meet the following requirements: (1) They are established legally, having their own names, organizations, location, and are able to take civil liability independently; (2) They possess (or are authorized to use) assets independently, assume liabilities and are entitled to sign contracts with other units; (3) They have accounts including the balance sheets or can compile the accounts according to the need.

State-holding Enterprises cover the original state-owned enterprises and state-holding enterprises. They are classified according to the actual investment made by the contributor of state-owned part in the paid-in capital of the enterprises, or the degree of control or dominance of the contributor on the assets of the enterprises. The following cases are regarded as state-holding: (1) Absolute state-holding in which the contributor of state-owned parts possess more than 50% of all the paid-in capital (stocks) of the enterprises; (2) Relative state-holding in which the contributor of state-owned parts possess no more than 50% of the paid-in capital (stocks) of the enterprises, but more than that of any other contributor; or Agreed state-holding in which the contributor of state-owned parts possess no more than other contributors but have actual control over the enterprises according to agreements; (3) In the case both contributor possess 50% and it is not clear which one is in absolute holding position, the enterprise is regarded as state-holding enterprise if one of the contributor has state-owned elements.

For explanation of types of registration covered in this chapter, please refer to General Survey.

Total Assets refer to all resources that are owned or controlled by enterprises through previous trades or transactions with expectation of making economic profits. Classified by the degree of liquidity, total assets include current assets and non-current assets. Current assets can be classified into monetary capital, trading financial assets, notes receivable, accounts receivable, advanced payments, other receivables and inventories. Non-current assets can be divided into long-term equity investment, fixed assets, intangible assets and other non-current assets. Data on this indicator can be obtained from the year-end figures of total assets in the Balance Sheet of accounting records.

Total Current Assets refer to the assets that meet one of the following requirements: (1) expected to be cashed, sold or used in a normal operation cycle, mainly including inventory and accounts receivable; (2) be owned for trading purpose mainly; (3) expected to be cashed in one year (including one year) from the day of the Balance Sheet; (4) unlimited cash or cash equivalents that can be exchanged with other assets or being capable of settling debts during one year since the day of the Balance Sheet. Included are monetary capital, notes receivable, accounts receivable and inventories. Data on this indicator can be obtained from the year-end figures of total current assets in the Balance Sheet of accounting records.

Total Liabilities refer to payable liabilities of enterprises that accumulated from previous trades or transactions with expectation of economic profits leaking out. In terms of payment, it can be divided into liquid liabilities and long-term liabilities. Data on this indicator can be obtained from the year-end figures of total liabilities in the Balance Sheet of accounting records.

Accounts Receivable refers to creditor's rights through business activities such as selling goods and providing labor. It comes from the ending balance of accounts receivable in balance sheet.

Finished Goods refers to the products that the enterprises have completed all of the production process and accepted and put in storage, and can be sent to the ordering units in accordance with the contract stipulations, or can be on sale. If "finished goods" or "goods in stock" are listed in the Balance Sheet, it is the ending balance; or, it is calculated according to the debit balance of the accounting "finished goods" or "goods in stock" account, minus the inventory falling price reserves for "finished products" or "goods in stock".

Revenue from Principal Business refers to the income confirmed of an enterprise from the principal business of selling products and providing labor services. Data on this indicator can be obtained from the year-end credit balance of "revenue from principal business" in the accounting record of enterprise (before carryover).

Cost of Principal Business refers to the total cost occurred from the principal business of the enterprise. Data can be obtained from the year-end debit balance of "cost of principal business" in the accounting record of enterprise (before carryover).

Selling Expense refers to the cost during the sale of goods and materials, providing labour services, including insurance, packing, exhibition fees and advertising fees, merchandise maintenance costs, expected product quality guarantee loss, transportation fees, handling fees, and operating expenses for the sales of the company's products such as employee compensation, business expenses, depreciation costs for dedicated sales offices (including sales outlets, after-sales service outlets, etc.).

Administrative Expense refers to the expenses for the organization and management of enterprise operating, including the start-up costs during the construction of enterprises, funds occurred during enterprises operating by board of directors and executive management in the enterprise management, or burden by enterprises. It comes from year's cumulative amount of management cost in income statement.

Financial Expenses refers to cost of raising fund for enterprises to raise funds for production and operation, including interest payments (a reduction in interest income), exchange loss (less exchange gains) and related fees during the period of production. It comes from current amount of financial expenses in income statement.

Total Profits refers to the operation results in a certain accounting period, and it is the balance of various incomes minus various spendings in the course of operation, reflecting the total profits and losses of enterprises in reference period. Data are obtained from the amount of total profits in the profit statement of the accounting record of enterprise.

Ratio of Profits, Taxes and Interests to Average Assets reflects the profit-making capability of all assets, manifests the performance and management of the enterprise, and is a key indicator for evaluating the profit-making potential of the enterprise. It is calculated as follows:

$$\begin{array}{c}\text{Ratio of Profits,}\\ \text{Taxes and Interests}\\ \text{to Average Assets}\end{array} = \frac{\begin{array}{c}\text{total profits +}\\ \text{total taxes +}\\ \text{interest payment}\end{array}}{\text{average assets}} \times 100\%$$

In the above formula, total taxes is the sum of tax and extra charges on the principal business and value-added tax payable; and average assets is the arithmetic mean of the sum of beginning assets and ending assets.

Ratio of Debts to Assets reflects both the operation risk and the capability of the enterprise in making use of the capital from the creditors. It is calculated as follows:

$$\begin{array}{c}\text{Ratio of Debts}\\ \text{to Assets(\%)}\end{array} = \frac{\text{total debts}}{\text{total assets}} \times 100\%$$

Both assets and debts are figures at the end of the reference period.

Turnover of Current Assets refers to the number of times of turnover of current assets in a given period of time, which reflects the speed of the turnover of current assets of industrial enterprises, and is calculated as follows:

$$\begin{array}{c}\text{Turnover of}\\ \text{Current Assets}\end{array} = \frac{\text{revenue from principal business}}{\text{average balance of total current assets}}$$

In the above formula, average balance of total current assets refers to the arithmetic mean of the sum of current assets at the beginning and at the end of the reference period.

Ratio of Profits to Total Industrial Costs reflects the economic efficiency of input cost and cost reduction. It is calculated as follows:

$$\begin{array}{c}\text{Ratio of Profits to}\\ \text{Total Industrial Cost (\%)}\end{array} = \frac{\text{total profits}}{\text{total costs}} \times 100\%$$

Total costs in the above formula are the sum of cost of principal business, marketing cost, management cost and financial cost.

第13篇

建筑业

CHAPTER 13 CONSTRUCTION

13-1 建筑业企业基本情况
Basic Conditions of Construction Enterprises

指　　标		Item		2018	2019	2020	2021	2022
施工企业单位数	(个)	Number of Construction Enterprises	(unit)	1671	1850	2237	2195	2279
年平均人数	(万人)	Average Number of Employed Persons	(10000 persons)	45.2	38.9	35.3	31.1	37.1
固定资产原价	(亿元)	Original Value of Fixed Assets	(100 million yuan)	284.0	267.7	258.8	237.8	243.0
固定资产净值	(亿元)	Net Value of Fixed Assets	(100 million yuan)	147.7	132.8	122.9	109.3	106.3
自有机械设备台数	(万台)	Number of Machinery and Equipment Owned	(10000 units)	10.6	10.1	12.2	7.7	6.1
自有机械设备净值	(亿元)	Net Value of Machinery and Equipment Owned	(100 million yuan)	79.7	52.0	44.7	40.2	31.4
自有机械设备总功率	(万千瓦)	Total Power of Machinery and Equipment Owned	(10000 kw)	253.7	232.8	197.5	163.6	148.1
总产值	(亿元)	Gross Output Value of Construction	(100 million yuan)	1194.3	1181.3	1206.4	1328.5	1414.5
#建筑工程		Construction Projects		921.0	910.4	962.2	1073.9	1158.0
安装工程		Installation Projects		212.1	214.1	180.2	187.6	174.4
竣工产值	(亿元)	Output Value of Buildings Completed	(100 million yuan)	669.4	662.0	470.0	458.6	509.3
产值竣工率	(%)	Ratio of Output Value of Buildings Completed to Gross Output Value	(%)	56.0	56.0	39.0	34.5	36.0
签订的合同金额	(亿元)	Contracted Fund	(100 million yuan)	2357.1	2539.8	2586.5	2983.9	3201.6
#本年新签合同金额		New singed Contracted Fund at Current year		1404.8	1376.8	1501.2	1580.8	1584.1
房屋建筑施工面积	(万平方米)	Floor Space of Buildings under Construction	(10000 sq.m)	3765.4	3430.1	3285.3	3753.5	3868.0
房屋建筑竣工面积	(万平方米)	Floor Space of Buildings Completed	(10001 sq.m)	1789.3	1301.4	1645.6	786.8	1056.8
房屋建筑面积竣工率	(%)	Rate of Floor Space of Buildings Completed	(%)	38.2	37.9	28.1	21.0	27.3
利润总额	(亿元)	Total Profits	(100 million yuan)	23.4	43.6	18.9	10.5	-1.7
利税总额	(亿元)	Total Tax	(100 million yuan)	88.6	95.3	71.3	64.3	59.7
按总产值计算全员劳动生产率	(元/人)	Overall Labor Productivity In Terms of Gross Output Value	(yuan/person)	263940	303720	341327	427535	381489
技术装备率	(元/人)	Value of Machines per Laborer	(yuan/person)	17618	13360	12645	12927	8462
动力装备率	(千瓦/人)	Power of Machines per Laborer	(kw/person)	5.6	6.2	5.6	5.3	4.0
产值利润率	(%)	Ratio of Profit to Gross Output Value	(%)	1.9	3.7	1.6	0.8	-0.1
产值利税率	(%)	Ratio of Pre-tax Profit to Gross Output Value	(%)	5.4	8.1	5.9	4.8	4.2

13-2 建筑业企业生产情况(2022年)

类　别	Category	企业单位数(个) Number of Enterprises (unit)	签定的合同额(万元) Value of Newly Signed Contracts (10000 yuan)
总　计	**Total**	**2279**	**32016038**
#国有及国有控股	State-owned and State-holding Enterprises	200	21616890
按登记注册类型分组	**Grouped by Status of Registration**		
内资企业	Domestic Funded Enterprises	2275	31997558
国有企业	State-owned Enterprises	60	2357502
集体企业	Collective-owned Enterprises	29	309752
股份合作企业	Cooperative Enterprises	1	130
联营企业	Joint Ownership Enterprises		
有限责任公司	Limited Liability Corporations	506	18711629
股份有限公司	Share Holding Enterprises	25	3057280
私营企业	Private Enterprises	1653	7548828
港、澳、台商投资企业	Enterprises with Funds from Hong Kong, Macao and Taiwan	1	731
外商投资企业	Foreign Funded Enterprises	3	17749
按经济组织类型分组	**Grouped by Type of Economic Organizations**		
独资企业	Proprietorship	112	2763889
合作、合伙企业	Cooperative Enterprises and Partnership	3	15548
股份有限公司	Share Holding Enterprises	43	3116585
有限责任公司	Limited Liability Corporations	2121	26120016
按国民经济行业分组	**Grouped by Sector**		
房屋建筑业	Housing Building Construction	1094	11825914
住宅房屋建筑	Residential Building	1004	11335449
体育场馆建筑	Stadium Building	3	56595
其他房屋建筑业	Other Housing Construction Industry	87	433871
土木工程建筑业	Civil Engineering Construction	653	17977739
铁路、道路、隧道和桥梁工程建筑	Railway, Road, Tunnel and Bridge	420	10372850
铁路工程建筑	Railway Engineering	3	634991
公路工程建筑	Highway Engineering	89	5259312
市政道路工程建筑	Municipal Road Engineering	300	3426386
城市轨道交通工程建筑	Urban Rail Transit Engineering Construction	2	2764
其他道路、隧道和桥梁工程建筑	Other Road, Tunnel and Bridge Engineering Construction	26	1049398
水利和水运工程建筑	Water Conservancy and Inland Port Engineering Construction	100	2013648
水源及供水设施工程建筑	Water Supply and Water Supply Facilities	74	1376428
河湖治理及防洪设施工程建筑	Governance of Lakes and Flood Control Facilities	22	474260
港口及航运设施工程建筑	Port and Shipping Facilities	4	162960
工矿工程建筑	Mining Engineering	10	1820078
架线和管道工程建筑	Line Putting-up and Pipeline Engineering	56	406459

Production of Construction Enterprises(2022)

#本年新签定 This Year	总产值(万元) Gross Output Value (10000 yuan)	建筑工程 Construction Projects	安装工程 Installation Projects	其他 Others	在总产值中(万元) in Gross Output Value (10000 yuan)	
					在外省完成的产值 Completed outside the Province	装修装饰产值 Building Decoration
15841487	**14145295**	**11580494**	**1744306**	**820495**	**2136140**	**174667**
10015654	8262450	6638539	1172662	451249	1705793	6179
15832330	14135553	11573205	1741852	820495	2135140	174235
1000027	1024173	886632	127353	10188	240437	
228806	221943	201928	3336	16679	2569	213
130	130		130			
8990349	7343977	5624047	1188249	531680	1180421	51839
1395324	1183390	1088948	93627	814	359146	1910
4205258	4356939	3766650	329156	261134	352567	120274
731	432	432				432
8426	9311	6857	2454		1000	
1302036	1315594	1144879	135701	35015	243680	213
14025	7183	6903	280	1	50	78
1405410	1203761	1103747	99167	847	359146	1910
13120017	11618758	9324965	1509159	784633	1533264	172467
5863471	5681059	5304161	108802	268096	470292	38273
5626197	5412912	5086403	94145	232365	463881	36861
3989	22680	22680				
233284	245467	195078	14657	35731	6412	1411
8746792	7368195	5527284	1357708	483203	1556419	10607
3869446	3891022	3680935	29782	180305	966639	9126
137226	208434	206999		1435	103675	
1720377	1987913	1877526	5995	104392	679385	6442
1522935	1359986	1264624	23197	72164	123479	2684
1114	2284	1694	590		1426	
487794	332406	330092		2314	58674	
1309299	965226	947795	2754	14677	50624	
872056	651556	634444	2754	14359	38286	
311758	221832	221674		158	12177	
125484	91838	91677		161	161	
1178920	1046122	266202	779920		159984	
236050	269240	99013	168794	1434	45456	

13-2 续表1

类　别	Category	企业单位数(个) Number of Enterprises (unit)	签定的合同额(万元) Value of Newly Signed Contracts (10000 yuan)
架线及设备工程建筑	Wiring and Equipment Engineering	30	309944
管道工程建筑	Pipeline Engineering	26	96515
节能环保工程施工	Energy Conservation and Environmental Protection Engineering Construction	7	17195
节能工程施工	Energy Saving Engineering Construction	1	7158
环保工程施工	Environmental Protection Engineering Construction	5	8406
电力工程施工	Power Engineering Construction	33	1564870
火力发电工程施工	Thermal Power Engineering Construction	4	1137369
水力发电工程施工	Construction of Hydropower Project	6	259160
风能发电工程施工	Construction of Wind Power Generation Project	4	22518
其他电力工程施工	Other Power Engineering Construction	17	142536
其他土木工程建筑	Other Civil Engineering	27	1782638
建筑安装业	Construction Installation	258	1302419
电气安装	Electrical Installation	97	376058
管道和设备安装	Piping and Equipment Installation	42	377688
其他建筑安装业	Other	119	548674
建筑装饰、装修和其他建筑业	Building Decoration, Decoration and Other Construction Industries	274	909967
建筑装饰和装修业	Building Decoration and Decoration Industry	227	797117
建筑物拆除和场地准备活动	Building Demolition and Site Preparation Activities	14	34494
提供施工设备服务	Provide Construction Equipment Service	3	3983
其他未列明建筑业	Other Construction not Listed	30	74373
按隶属关系分组	**Grouped by Administration**		
#中　央	Central	15	4308320
地　方	Local	286	14242002
其　他	Other	1976	13463000
按企业资质等级分组(新标)	**Grouped by Quality and Grade**		
施工总承包	Overall Contracted Construction	1769	29853155
特　级	Special Grade	5	7375469
一　级	First Grade	101	13179604
二　级	Second Grade	550	5539813
三　级	Third Grade	1113	3758269
专业承包	Specialized Contraction	510	2162884
一　级	First Grade	70	609852
二　级	Second Grade	317	1235091
三　级	Third Grade	123	317941

Continued

#本年新签定 This Year	总产值 (万元) Gross Output Value (10000 yuan)	建筑工程 Construction Projects	安装工程 Installation Projects	其 他 Others	在总产值中(万元) in Gross Output Value (10000 yuan) 在外省完成的产值 Completed outside the Province	装修装饰产 值 Building Decoration
165379	208688	54351	153508	829	37700	
70670	60552	44662	15286	605	7756	
12056	14542	10440	3048	1054	1982	
6158	7158	7158				
5178	6184	2082	3048	1054	1982	
987770	345616	151884	183040	10693	117030	
730953	137848	10380	127468		92876	
154740	119614	108721	200	10693	19231	
16005	8072	1485	6587		1842	
82785	77657	31297	46359		3082	
1153251	836427	371017	190371	275039	214702	1480
708298	637082	366625	246484	23972	63649	4485
238158	204775	73403	128877	2495	12823	2126
197224	161084	109485	39922	11677	10931	
272916	271223	183737	77686	9800	39895	2358
522926	458960	382423	31312	45225	45780	121303
423437	392945	325209	25442	42294	38696	120265
31234	33041	32051		990	2759	
3748	1766	1692	74			
64507	31208	23471	5796	1941	4326	1038
1829044	1437213	655666	774294	7252	525446	
7196078	5919550	5258758	272334	388458	922205	24856
6813875	6785815	5663733	697678	424405	688489	149811
14642382	13110137	10818883	1539817	751437	2030063	57627
2352558	2400972	1768121	536530	96321	742776	
6961558	5501615	4450078	684231	367306	1113538	
2707365	2730789	2398827	185956	146006	121060	10052
2620900	2476762	2201857	133101	141805	52690	47574
1199105	1035159	761611	204489	69059	106076	117040
288136	248414	167285	66176	14954	28965	55763
706435	588427	440000	100049	48379	52827	60284
204533	198317	154326	38265	5726	24285	994

13-2 续表2

类 别	Category	竣工产值（万元）Output Value of Buildings Completed (10000 yuan)
总 计	**Total**	**5092966**
#国有及国有控股	State-owned and State-holding Enterprises	2586508
按登记注册类型分组	**Grouped by Status of Registration**	
内资企业	Domestic Funded Enterprises	5092905
国有企业	State-owned Enterprises	226100
集体企业	Collective-owned Enterprises	116057
股份合作企业	Cooperative Enterprises	
联营企业	Joint Ownership Enterprises	
有限责任公司	Limited Liability Corporations	2357592
股份有限公司	Share Holding Enterprises	575405
私营企业	Private Enterprises	1816842
港、澳、台商投资企业	Enterprises with Funds from Hong Kong, Macao and Taiwan	61
外商投资企业	Foreign Funded Enterprises	
按经济组织类型分组	**Grouped by Type of Economic Organizations**	
独资企业	Proprietorship	377188
合作、合伙企业	Cooperative Enterprises and Partnership	1236
股份有限公司	Share Holding Enterprises	580132
有限责任公司	Limited Liability Corporations	4134409
按国民经济行业分组	**Grouped by Sector**	
房屋建筑业	Housing Building Construction	2500261
住宅房屋建筑	Residential Building	2423655
体育场馆建筑	Stadium Building	386
其他房屋建筑业	Other Housing Construction Industry	76220
土木工程建筑业	Civil Engineering Construction	2179314
铁路、道路、隧道和桥梁	Railway, Road, Tunnel and Bridge	909345
铁路工程建筑	Railway Engineering	8599
公路工程建筑	Highway Engineering	549828
市政道路工程建筑	Municipal Road Engineering	323982
城市轨道交通工程建筑	Urban Rail Transit Engineering Construction	2016
其他道路、隧道和桥梁工程建筑	Other Road, Tunnel and Bridge Engineering Construction	24921
水利和水运工程建筑	Water Conservancy and Inland Port Engineering Construction	84486
水源及供水设施工程建筑	Water Supply and Water Supply Facilities	63920
河湖治理及防洪设施工程建筑	Governance of Lakes and Flood Control Facilities	20405
港口及航运设施工程建筑	Port and Shipping Facilities	161
工矿工程	Mining Engineering	567036
架线和管道工程建筑	Line Putting-up and Pipeline Engineering	148758

Continued

产值竣工率 (%) Ratio of Output Value of Buildings Completed to Gross Output Value (%)	房屋建筑 施工面积 (万平方米) Floor Space of Buildings under Construction (10000 sq.m)	#本年 新开工 Starting Working at Current Year	房屋建筑 竣工面积 (万平方米) Floor Space of Buildings Completed (10000 sq.m)	#住宅 Residence	房屋建筑面积 竣工率 (%) Rate of Floor Space of Buildings (%)
36.0	**3868.0**	**1435.0**	**1056.8**	**734.4**	**27.3**
31.3	2557.0	843.1	516.9	393.7	20.2
36.0	3868.0	1435.0	1056.8	734.4	27.3
22.1	106.7	76.4	9.0	2.8	8.4
52.3	78.9	53.0	47.3	32.0	59.9
32.1	2755.7	945.9	634.0	457.7	23.0
48.6	56.5	9.5	1.4	1.3	2.5
41.7	860.8	340.8	364.9	240.5	42.4
14.1					
28.7	229.4	164.5	78.2	56.3	34.1
17.2	9.4	9.4	0.1	0.1	1.2
48.2	76.0	10.7	2.6	2.1	3.4
35.6	3553.3	1250.5	975.9	675.9	27.5
44.0	3381.4	1226.5	902.0	654.5	26.7
44.8	3321.0	1201.3	863.3	642.9	26.0
1.7					
31.1	60.4	25.2	38.6	11.6	64.0
29.6	288.1	108.5	69.0	26.2	24.0
23.4	206.1	67.6	37.6	22.3	18.2
4.1	56.2	10.4			
27.7	12.5	5.8	9.6	9.2	76.9
23.8	132.9	48.6	27.0	12.1	20.3
88.3					
7.5	4.5	2.7	1.0	1.0	22.3
8.8	34.6	28.4	0.1		0.2
9.8	5.1	0.7	0.1		1.6
9.2					
0.2	29.6	27.6			
54.2	3.0	1.2	1.9		63.8
55.3					

13-2 续表3

类 别	Category	竣工产值 (万元) Output Value of Buildings Completed (10000 yuan)
架线及设备工程建筑	Wiring and Equipment Engineering	123703
管道工程建筑	Pipeline Engineering	25054
节能环保工程施工	Energy Conservation and Environmental Protection Engineering Construction	3966
节能工程施工	Energy Saving Engineering Construction	
环保工程施工	Environmental Protection Engineering Construction	3641
电力工程施工	Power Engineering Construction	68567
火力发电工程施工	Thermal Power Engineering Construction	9549
水力发电工程施工	Construction of Hydropower Project	17774
风能发电工程施工	Construction of Wind Power Generation Project	4817
其他电力工程施工	Other Power Engineering Construction	36344
其他土木工程建筑	Other Civil Engineering	397156
建筑安装业	Construction Installation	248009
电气安装	Electrical Installation	97186
管道和设备安装	Piping and Equipment Installation	56450
其他建筑安装业	Other	94373
建筑装饰、装修和其他建筑业	Building Decoration, Decoration and Other Construction Industries	165382
建筑装饰和装修业	Building Decoration and Decoration Industry	132996
建筑物拆除和场地准备活动	Building Demolition and Site Preparation Activities	15309
提供施工设备服务	Provide Construction Equipment Service	
其他未列明建筑业	Other Construction not Listed	17077
按隶属关系分组	**Grouped by Administration**	
#中 央	Central	467158
地 方	Local	1989067
其 他	Other	2634023
按企业资质等级分组(新标)	**Grouped by Quality and Grade**	
施工总承包	Overall Contracted Construction	4762190
特 级	Special Grade	1267736
一 级	First Grade	1312084
二 级	Second Grade	1073424
三 级	Third Grade	1108946
专业承包	Specialized Contraction	330776
一 级	First Grade	65084
二 级	Second Grade	189525
三 级	Third Grade	76167

Continued

产值竣工率 (%) Ratio of Output Value of Buildings Completed to Gross Output Value (%)	房屋建筑施工面积（万平方米） Floor Space of Buildings under Construction (10000 sq.m)	#本年新开工 Starting Working at Current Year	房屋建筑竣工面积（万平方米） Floor Space of Buildings Completed (10000 sq.m)	#住宅 Residence	房屋建筑面积竣工率 (%) Rate of Floor Space of Buildings (%)
59.3					
41.4					
27.3					
58.9					
19.8	19.4	0.3	19.1		98.5
6.9					
14.9	19.4	0.3	19.1		98.5
59.7					
46.8					
47.5	25.0	11.1	10.4	3.8	41.5
38.9	84.1	36.7	36.6	15.6	43.5
47.5	10.5	8.2	8.2		78.5
35.0	4.6	2.5	3.5	1.8	76.9
34.8	69.1	26.0	24.9	13.8	36.0
36.0	114.4	63.3	49.2	38.2	43.0
33.8	22.5	10.6	4.1	0.9	18.3
46.3					
54.7	91.9	52.6	45.1	37.2	49.0
32.5	76.0	28.4	1.9		2.5
33.6	2253.8	768.6	508.5	379.8	22.6
38.8	1538.2	638.0	546.4	354.6	35.5
36.3	3705.6	1354.7	969.7	678.1	26.2
52.8	950.3	356.0	296.0	266.4	31.1
23.8	1590.9	481.9	232.4	144.6	14.6
39.3	739.4	277.8	249.5	149.7	33.7
44.8	424.9	238.9	191.9	117.4	45.2
32.0	162.4	80.3	87.1	56.3	53.6
26.2	3.0		0.1	0.1	4.0
32.2	136.3	69.1	71.5	51.6	52.4
38	23.2	11.2	15.5	4.6	67.0

13-3 建筑业企业财务状况(2022年)

单位：万元

类　别	Category	资产合计 Total Assets	#流动资产 Circulating Funds	#在建工程 Progress under Construction
总　计	**Total**	**25182071**	**21881384**	**181343**
#国有及国有控股	State-owned and State-holding Enterprises	15766881	13937352	34295
按登记注册类型分组	**Grouped by Status of Registration**			
内资企业	Domestic Funded Enterprises	25147160	21850325	181343
国有企业	State-owned Enterprises	1733807	1545957	8122
集体企业	Collective-owned Enterprises	160205	109195	14705
股份合作企业	Cooperative Enterprises	2812	1987	
联营企业	Joint Ownership Enterprises			
有限责任公司	Limited Liability Corporations	14050859	12590933	43453
股份有限公司	Share Holding Enterprises	2336843	1726456	730
私营企业	Private Enterprises	6860332	5873797	114333
港、澳、台商投资企业	Enterprises with Funds from Hong Kong, Macao and Taiwan	9128	7839	
外商投资企业	Foreign Funded Enterprises	25783	23220	
按经济组织类型分组	**Grouped by Type of Economic Organizations**	**25182071**	**21881384**	**181343**
独资企业	Proprietorship	1950417	1708497	22827
合作、合伙企业	Cooperative Enterprises and Partnership	6496	4885	
股份有限公司	Share Holding Enterprises	2453146	1833203	730
有限责任公司	Limited Liability Corporations	20772012	18334799	157786
按国民经济行业分组	**Grouped by Sector**			
房屋建筑业	Housing Building Construction	9221355	8007124	69009
住宅房屋建筑	Residential Building	8574072	7490734	58390
体育场馆建筑	Stadium Building	33124	32444	474
其他房屋建筑业	Other Housing Construction Industry	614158	483945	10145
土木工程建筑业	Civil Engineering Construction	14141621	12272013	89442
铁路、道路、隧道和桥梁工程建筑	Railway, Road, Tunnel and Bridge	7572060	6317664	64072
铁路工程建筑	Railway Engineering	612522	526188	
公路工程建筑	Highway Engineering	3943773	3132595	26261
市政道路工程建筑	Municipal Road Engineering	2310120	2011607	36476
城市轨道交通工程建筑	Urban Rail Transit Engineering Construction	6148	5674	
其他道路、隧道和桥梁工程建筑	Other Road, Tunnel and Bridge Engineering Construction	699499	641600	1336
水利和水运工程建筑	Water Conservancy and Inland Port Engineering Construction	1545343	1311342	4629
水源及供水设施工程建筑	Water Supply and Water Supply Facilities	1238614	1053303	4032
河湖治理及防洪设施工程建筑	Governance of Lakes and Flood Control Facilities	220623	177956	592
港口及航运设施工程建筑	Port and Shipping Facilities	86107	80083	4
工矿工程建筑	Mining Engineering	2535873	2375062	12265
架线和管道工程建筑	Line Putting-up and Pipeline Engineering	530551	414402	2982

Financial Status of Construction Enterprises(2022)

(10000 yuan)

#固定资产 Fixed Assets	#固定资产累计折旧 Accumulated Depreciation of Fixed Assets	负债合计 Total Liabilities	#流动负债 Circulating Liabilities	#非流动负债 Non-current Liabilities	所有者权益 Total Owners Rights and Interests	#实收资本 Actual Received Capital	#个人资本 Personal Capital
2429526	**1366560**	**19446397**	**18439867**	**798605**	**5735673**	**4839689**	**822179**
1132610	684506	13974425	13241347	716176	1792456	1958917	2744
2424086	1364423	19417774	18411244	798605	5729386	4833784	822179
169140	92458	1464820	1350510	107702	268987	195503	601
18889	7117	113940	52252	14440	46265	27898	
1187	362	1125	1125		1688	2000	2000
1311352	783753	11958749	11506036	413364	2092110	2194630	113096
78667	33197	2018987	1799694	212944	317857	158594	700
844851	447536	3858852	3701628	50155	3001479	2254159	705782
1348	443	6946	6946		2182	1660	
4092	1694	21677	21677		4106	4245	
2429526	**1366560**	**19446397**	**18439867**	**798605**	**5735673**	**4839689**	**822179**
189428	99709	1628669	1451813	122207	321748	227145	188
1773	464	3822	2433	86	2674	2987	1987
95565	44489	2070349	1845652	212944	382797	210816	33376
2142761	1221898	15743559	15139971	463368	5028454	4398741	786628
687341	325268	6454195	6079643	257251	2767160	2123903	429264
626050	286670	6038686	5763894	169942	2535387	1935407	394865
999	364	15207	15205	2	17917	17042	50
60292	38234	400302	300544	87307	213856	171454	34349
1505693	914709	11938233	11341899	536648	2203388	2151239	263262
611319	345978	5957982	5476891	424459	1614078	1072769	174800
74713	40917	502665	498442	4224	109857	78843	10000
200946	97955	3263372	2968695	288539	680400	397581	41094
243881	153547	1654027	1487904	123310	656092	464263	95237
2963	2490	5334	5334		814	3869	3869
88815	51069	532583	516517	8386	166915	128213	24600
123215	41177	1035965	1019357	15090	509378	369688	64672
81407	29998	816008	799401	15090	422605	304773	37858
31786	6200	150796	150795		69827	56715	26814
10022	4980	69161	69161		16946	8200	
536366	389163	3104055	3079761	23403	-568182	236089	832
106310	59979	330212	320180	10027	200339	119322	6386

13-3 续表1

单位：万元

类别	Category	资产合计 Total Assets	#流动资产 Circulating Funds	#在建工程 Progress under Construction
架线及设备工程建筑	Wiring and Equipment Engineering	348931	260381	1892
管道工程建筑	Pipeline Engineering	181620	154021	1091
节能环保工程施工	Energy Conservation and Environmental Protection Engineering Construction	25602	21296	18
节能工程施工	Energy Saving Engineering Construction	5586	5404	
环保工程施工	Environmental Protection Engineering Construction	17444	13365	18
电力工程施工	Power Engineering Construction	734254	660217	1795
火力发电工程施工	Thermal Power Engineering Construction	356678	339668	
水力发电工程施工	Construction of Hydropower Project	128402	124862	1161
风能发电工程施工	Construction of Wind Power Generation Project	58416	38780	
其他电力工程施工	Other Power Engineering Construction	188195	155191	634
其他土木工程建筑	Other Civil Engineering	1197938	1172030	3682
建筑安装业	Construction Installation	1152637	1006040	17839
电气安装	Electrical Installation	362711	308648	13757
管道和设备安装	Piping and Equipment Installation	267793	248551	364
其他建筑安装业	Other	522134	448841	3718
建筑装饰、装修和其他建筑业	Building Decoration, Decoration and Other Construction Industries	666458	596208	5053
建筑装饰和装修业	Building Decoration and Decoration Industry	533840	479023	4172
建筑物拆除和场地准备活动	Building Demolition and Site Preparation Activities	60463	56208	218
提供施工设备服务	Provide Construction Equipment Service	3643	3360	150
其他未列明建筑业	Other Construction not Listed	68512	57616	513
按隶属关系分组	**Grouped by Administration**			
#中 央	Central	3851405	3534550	11416
地 方	Local	10157411	8765753	14485
其 他	Other	11172532	9580550	155442
按企业资质等级分组(新标)	**Grouped by Quality and Grade**			
施工总承包	Overall Contracted Construction	23374855	20277797	160472
特 级	Special Grade	6426075	5436989	11452
一 级	First Grade	9136620	8351552	26145
二 级	Second Grade	4786164	4034362	39186
三 级	Third Grade	3025996	2454894	83689
专业承包	Specialized Contraction	1807215	1603586	20871
一 级	First Grade	444549	400205	3536
二 级	Second Grade	1060275	953324	14770
三 级	Third Grade	302391	250057	2565

Continued

(10000 yuan)

#固定资产 Fixed Assets	#固定资产累计折旧 Accumulated Depreciation of Fixed Assets	负债合计 Total Liabilities	#流动负债 Circulating Liabilities	#非流动负债 Non-current Liabilities	所有者权益 Total Owners Rights and Interests	#实收资本 Actual Received Capital	#个人资本 Personal Capital
70979	41762	201231	196055	5172	147701	80674	546
35332	18217	128981	124125	4855	52639	38648	5840
4005	3041	9672	9655	17	15930	14217	242
262	80	828	828		4758	4500	
2020	1284	6773	6757	17	10670	8403	242
103182	68078	572180	550544	20995	162074	143495	10761
32029	26543	345072	331341	13730	11607	48521	
6093	3868	87692	87692		40710	33429	2000
34152	18717	44424	37860	6564	13992	12683	
30595	18883	93351	92510	701	94844	47970	8761
21296	7293	928168	885510	42657	269770	195660	5569
169207	93704	705175	690735	3050	447463	338183	67069
55741	32953	257373	252039	295	105338	93962	20648
23980	13415	178820	178295	300	88973	55394	5118
89486	47336	268982	260401	2456	253152	188828	41302
67285	32878	348795	327591	1656	317663	226363	62584
46320	22997	284089	266511	1526	249751	179987	47993
8886	5988	31516	31426	54	28947	21145	7319
499	386	2108	2037		1536	1498	498
11580	3507	31083	27617	77	37429	23733	6774
594798	417053	4175139	4087789	87346	-323735	420198	
478556	215836	8137583	7559924	510687	2019828	1441341	44672
1356024	733654	7133553	6792033	200572	4038979	2977550	777508
2181935	1231730	18426279	17451094	781916	4948576	4296478	686048
526276	357476	6258178	5820796	437194	167897	660991	
680579	408926	7271696	7085896	147319	1864924	1491257	197485
696069	351619	2947120	2812469	83385	1839045	1311254	297439
279012	113709	1949285	1731934	114019	1076711	832976	191125
247591	134829	1020118	988773	16689	787097	543211	136131
52015	31422	267615	263094	-329	176934	126190	38275
125726	69269	583003	569927	5289	477273	312211	81122
69850	34139	169501	155753	11730	132890	104810	16735

13-3 续表2

单位：万元

类　别	Category	总收入 Total Income	主营业务收入 Revenue from Principal Business
总　计	**Total**	**15582103**	**15072447**
#国有及国有控股	State-owned and State-holding Enterprises	8949749	8662695
按登记注册类型分组	**Grouped by Status of Registration**		
内资企业	Domestic Funded Enterprises	15555336	15063142
国有企业	State-owned Enterprises	1050019	1026835
集体企业	Collective-owned Enterprises	169672	148687
股份合作企业	Cooperative Enterprises	130	130
联营企业	Joint Ownership Enterprises		
有限责任公司	Limited Liability Corporations	8081853	7796908
股份有限公司	Share Holding Enterprises	1259118	1238860
私营企业	Private Enterprises	4989957	4847135
港、澳、台商投资企业	Enterprises with Funds from Hong Kong, Macao and Taiwan	400	400
外商投资企业	Foreign Funded Enterprises	26368	8905
按经济组织类型分组	**Grouped by Type of Economic Organizations**	**15582103**	**15072447**
独资企业	Proprietorship	1275021	1227071
合作、合伙企业	Cooperative Enterprises and Partnership	6605	6603
股份有限公司	Share Holding Enterprises	1299234	1278060
有限责任公司	Limited Liability Corporations	13001242	12560713
按国民经济行业分组	**Grouped by Sector**		
房屋建筑业	Housing Building Construction	5695696	5440031
住宅房屋建筑	Residential Building	5407096	5165804
体育场馆建筑	Stadium Building	23626	22986
其他房屋建筑业	Other Housing Construction Industry	264974	251242
土木工程建筑业	Civil Engineering Construction	8448448	8244576
铁路、道路、隧道和桥梁工程建筑	Railway, Road, Tunnel and Bridge	4431975	4342499
铁路工程建筑	Railway Engineering	308284	303178
公路工程建筑	Highway Engineering	2241631	2203009
市政道路工程建筑	Municipal Road Engineering	1466393	1435663
城市轨道交通工程建筑	Urban Rail Transit Engineering Construction	2883	2879
其他道路、隧道和桥梁工程建筑	Other Road, Tunnel and Bridge Engineering Construction	412785	397769
水利和水运工程建筑	Water Conservancy and Inland Port Engineering Construction	1089798	1068519
水源及供水设施工程建筑	Water Supply and Water Supply Facilities	769419	749544
河湖治理及防洪设施工程建筑	Governance of Lakes and Flood Control Facilities	248513	247923
港口及航运设施工程建筑	Port and Shipping Facilities	71866	71052
工矿工程建筑	Mining Engineering	1280338	1251456
架线和管道工程建筑	Line Putting-up and Pipeline Engineering	371301	351674

Continued

(10000 yuan)

#主营业务成本 Cost of Principal Business	#主营业务税金及附加 Taxes and Extra Charges of Principal Business	营业外收入 Other Revenue from Business	管理费用 Management Expenses	财务费用 Financial Expenses	营业利润 operating profit	利润总额 Total Profits	利税总额 Total Pre-tax Profits
14159422	**75212**	**38295**	**638565**	**77519**	**-17279**	**-17416**	**596585**
8305704	29808	30065	239654	61890	-119869	-117713	216167
14150310	75165	38291	636465	77206	-17092	-17227	595351
937306	3944	2748	39179	2622	24172	25363	77971
138259	2093	52	6038	57	3192	3095	10160
101	1		65		-37	-37	-38
7504198	33133	30431	282468	45980	-150059	-149425	136209
1128126	5797	105	26947	16243	26028	25872	85027
4437770	30115	4955	281720	12305	79601	77895	285515
388			10		2	2	2
8724	47	3	2090	314	-188	-191	1232
14159422	**75212**	**38295**	**638565**	**77519**	**-17279**	**-17416**	**596585**
1124538	6154	2809	47058	2698	28359	29448	93733
6392	86	2	288	6	-63	-62	604
1162256	6060	268	31671	16275	26207	26182	87434
11866237	62911	35216	559549	58540	-71780	-72985	414814
5059033	37905	4039	218616	17360	104603	103678	344112
4823698	36641	3382	199763	16782	99181	97730	326490
21451	89	335	1298	7	-270	60	907
213884	1175	323	17555	571	5692	5888	16715
7848472	32815	31099	318986	55931	-145427	-145260	181787
3976754	16507	4919	137610	31824	90044	89020	274887
275668	885	443	3499	3984	787	1105	8926
2006489	7703	1302	58334	21551	49899	48690	141680
1323238	6355	2393	61082	3929	34147	33574	90384
2746	5	4	294		-165	-162	-74
368614	1559	777	14402	2359	5376	5814	33971
987466	4552	1453	34338	8277	30666	30996	79690
685748	3228	1129	24904	7144	25386	25496	57169
235507	1095	35	6803	52	4463	4482	18611
66210	230	289	2632	1081	817	1018	3909
1429095	5887	16956	46278	6386	-277400	-281590	-243487
321789	2099	2110	34263	127	13001	14115	30651

13-3 续表3

单位：万元

类　别	Category	总收入 Total Income	主营业务收入 Revenue from Principal Business
架线及设备工程建筑	Wiring and Equipment Engineering	276981	264765
管道工程建筑	Pipeline Engineering	94319	86909
节能环保工程施工	Energy Conservation and Environmental Protection Engineering Construction	19425	19233
节能工程施工	Energy Saving Engineering Construction	4850	4850
环保工程施工	Environmental Protection Engineering Construction	13179	13013
电力工程施工	Power Engineering Construction	461676	444203
火力发电工程施工	Thermal Power Engineering Construction	166544	156775
水力发电工程施工	Construction of Hydropower Project	122211	121932
风能发电工程施工	Construction of Wind Power Generation Project	42978	39308
其他电力工程施工	Other Power Engineering Construction	126686	123419
其他土木工程建筑	Other Civil Engineering	793935	766992
建筑安装业	Construction Installation	824613	804310
电气安装	Electrical Installation	260801	249159
管道和设备安装	Piping and Equipment Installation	220924	215324
其他建筑安装业	Other	342888	339827
建筑装饰、装修和其他建筑业	Building Decoration, Decoration and Other Construction Industries	613346	583530
建筑装饰和装修业	Building Decoration and Decoration Industry	531790	504401
建筑物拆除和场地准备活动	Building Demolition and Site Preparation Activities	37958	37932
提供施工设备服务	Provide Construction Equipment Service	1514	1288
其他未列明建筑业	Other Construction not Listed	42084	39908
按隶属关系分组	**Grouped by Administration**		
#中　央	Central	1827549	1785470
地　方	Local	6060850	5907480
其　他	Other	7690986	7376779
按企业资质等级分组(新标)	**Grouped by Quality and Grade**		
施工总承包	Overall Contracted Construction	14123758	13685644
特　级	Special Grade	2782828	2753863
一　级	First Grade	5706253	5506225
二　级	Second Grade	2928458	2838171
三　级	Third Grade	2706219	2587385
专业承包	Specialized Contraction	1458345	1386803
一　级	First Grade	356952	351083
二　级	Second Grade	823164	767860
三　级	Third Grade	278229	267860

Continued

(10000 yuan)

#主营业务成本 Cost of Principal Business	#主营业务税金及附加 Taxes and Extra Charges of Principal Business	营业外收入 Other Revenue from Business	管理费用 Management Expenses	财务费用 Financial Expenses	营业利润 operating profit	利润总额 Total Profits	利税总额 Total Pre-tax Profits
247318	1592	1881	24432	74	6155	7242	19540
74471	507	229	9831		6845	6873	11111
16599	41	179	2310	713	122	292	721
4568	17		150		31	27	223
10582	18	153	1909	713	423	571	727
415439	1915	4370	42400	3472	-19853	-16742	2590
167644	583	198	7560	2379	-22792	-23340	-19423
113700	497	202	4621		2855	2948	7993
34598	326	3670	6098	1093	-2740	910	2450
96813	509	298	24056		2820	2735	11520
701331	1814	1114	21787	23382	17994	18649	36735
721066	2532	2740	60414	3357	14920	15892	42256
221907	922	1380	24004	34	1266	2178	10961
190687	512	468	9522	2934	12422	12587	19039
308472	1099	892	26888	389	1232	1127	12255
530851	1960	416	40550	158	8625	8273	28431
460266	1693	389	34610	3	6323	6006	22953
34509	178	16	2055	155	991	962	2984
1114	1	2	174		86	87	119
34963	88	9	3711		1226	1218	2375
1932693	6394	18140	55256	19686	-302934	-305085	-252467
5470067	27223	5397	179129	76742	151727	151256	391561
6754155	41589	14756	404038	17132	133867	136351	457422
12922034	70693	34432	521446	109156	-44661	-45636	516753
2819030	9872	15960	54029	43119	-218097	-221781	-122078
5142770	17612	5734	157836	60324	72109	71977	282004
2594318	15644	9346	174124	3650	49764	51757	180331
2365916	27565	3392	135457	2063	51563	52411	176496
1237388	4519	3863	117119	4403	27382	28220	79832
320423	863	666	20756	3571	7915	7880	17787
678033	2878	2283	75251	280	11801	12858	44997
238932	778	914	21112	553	7666	7483	17049

13-4 分地区建筑业企业基本情况

年份 Year 地区 Region		企业单位数(个) Number of Enterprises (unit)	年末从业人员(人) Number of Persons Employed (person)	自有机械设备数量(台) Number of Machinery and Equipment Owned (unit)	自有机械设备功率(万千瓦) Total Power of Machinery and Equipment Owned (10000 kw)
2005		1948	430971	165903	341.9
2006		1781	432016	157684	334.1
2007		1733	471335	157949	366.3
2008		1971	479114	161174	372.3
2009		1919	674884	159810	358.9
2010		1945	561857	143340	327.8
2011		2020	490761	156112	364.4
2012		2038	490884	134579	312.5
2013		2008	440100	134516	283.5
2014		1825	363016	153448	330.0
2015		1599	466601	123778	306.6
2016		1566	373570	123106	324.1
2017		1614	357783	120339	293.2
2018		1761	299354	106176	253.7
2019		1850	270596	100692	232.8
2020		2237	232214	122333	197.5
2021		2195	194734	76923	163.6
2022		2279	190575	60654	148.1
哈尔滨	Harbin	945	84286	17882	54.4
齐齐哈尔	Qiqihar	247	28532	1939	4.6
鸡西	Jixi	83	6091	2158	6.6
鹤岗	Hegang	80	4714	1330	1.6
双鸭山	Shuangyashan	109	5702	732	1.5
大庆	Daqing	175	27636	32310	59.1
伊春	Yichun	81	2208	272	0.8
佳木斯	Jiamusi	104	7409	421	2.9
七台河	Qitaihe	43	2356	324	1.3
牡丹江	Mudanjiang	112	6885	351	0.5
黑河	Heihe	80	4658	1205	2.4
绥化	Suihua	175	8209	1304	8.5
大兴安岭	Daxinganling	45	1889	426	3.9

Basic Conditions of Construction Enterprises by Region

自有机械设备净值(万元) Net Value of Machinery and Equipment Owned (10000 yuan)	劳动生产率(元/人,按总产值计算) Overall Labor Productivity (yuan/person)	产值竣工率(%) Ratio of Output Value of Buildings Completed to Gross Output Value (%)	房屋建筑面积竣工率(%) Rate of Floor Space of Buildings Completed (%)	技术装备率(元/人) Value of Machinery per Laborer (yuan/person)	动力装备率(千瓦/人) Power of Machinery per Laborer (kw/person)
679666	91345	78.1	50.4	10837	5.5
711059	109543	70.7	49.1	11130	5.2
748550	139136	58.2	54.7	11891	5.8
798106	127267	60.8	44.1	9797	4.6
762805	146124	57.1	68.4	8303	3.9
749900	183395	50.2	50.5	7771	3.4
783975	220377	56.4	49.8	8514	4.0
804716	272229	51.6	50.7	9228	3.6
770020	242528	51.0	53.7	7555	2.8
853835	251080	48.2	55.2	9968	3.9
764419	228445	60.2	52.8	10425	4.2
756200	256076	62.7	50.8	11281	4.8
755259	260553	51.4	44.6	12614	4.9
797198	263940	56.0	38.2	17618	5.6
519653	303720	56.0	37.9	13360	6.2
446909	353436	39.0	28.1	12645	5.6
401677	427535	34.5	21.0	12927	5.3
313754	381489	36.0	27.3	8462	4.0
100473	401615	30.9	21.9	4500	2.4
13527	162831	38.2	58.3	3690	1.2
6379	274340	34.7	79.2	6435	6.7
3878	457431	39.0	18.9	6532	2.7
2085	291680	37.3	45.2	2440	1.8
142201	468622	54.2	54.9	45833	19.0
8461	445870	49.9	70.8	26541	2.6
8168	604176	50.6	65.3	7032	2.5
3933	422539	31.8	38.1	15398	4.9
468	391278	34.4	21.8	383	0.4
5409	235124	72.3	54.2	7070	3.1
12854	453175	30.6	32.7	9625	6.4
5919	245102	62.1	17.2	12280	8.1

13-4 续表

年 份 地 区	Year Region	资产合计(万元) Total Assets (10000 yuan)	负债合计(万元) Total Liabilities (10000 yuan)	所有者权益(万元) owner's equity (10000 yuan)	实收资本 Paid-up capital	总收入(万元) Total Income (10000 yuan)	利润总额(万元) Total Profits (10000 yuan)
2005		7038066	4261973	2776123	2585760	5664967	52342
2006		8203440	5278702	2924738	2700632	6840358	76641
2007		9142571	6054731	3087840	2699169	8508795	98029
2008		10397027	6964890	3432138	3132750	10913499	457660
2009		10829222	7133558	3695664	3232330	13078488	558203
2010		11951907	8195121	3756786	3289940	16082766	564931
2011		14595943	10040174	4555769	3587785	19446063	589187
2012		16398329	11079601	5293964	4010791	21053609	617830
2013		18019776	12563726	5456050	4061503	18358995	670536
2014		17958140	12499104	5459037	4745830	17365202	508883
2015		17275931	11736030	5539901	4022879	14578309	466005
2016		19565969	13538096	6027872	4269043	15301588	525244
2017		20177153	13908371	6268782	4815968	14663018	375135
2018		20615459	14397763	6217700	4988869	13308813	233972
2019		22012614	15081393	6931220	5333273	13934098	435594
2020		23082728	16196673	6886055	5277542	13738828	188613
2021		22908775	16897219	6011555	4983455	14939010	104581
2022		25182071	19446397	5735673	4839689	15582103	-17416
哈尔滨	Harbin	16271105	12419152	3851953	2824447	9833093	144630
齐齐哈尔	Qiqihar	953300	597440	355861	295615	755311	10836
鸡 西	Jixi	340982	239133	101849	89398	323428	4351
鹤 岗	Hegang	502249	324034	178215	114529	260621	2610
双鸭山	Shuangyashan	306542	176653	129889	109539	240956	3093
大 庆	Daqing	3369489	3526966	-157478	547678	1666622	-243548
伊 春	Yichun	334672	215096	119575	71888	237782	9629
佳木斯	Jiamusi	776783	530047	246736	191909	727396	22406
七台河	Qitaihe	296665	195954	100710	79830	165406	2525
牡丹江	Mudanjiang	767211	472930	294281	180363	433018	6700
黑 河	Heihe	245413	114619	130793	87465	219818	3762
绥 化	Suihua	831513	533039	298475	177719	587171	12721
大兴安岭	Daxinganling	186148	101334	84814	69310	131482	2870

Continued

利税总额(万元) Total Pre-tax Profits (10000 yuan)	产值利润率(%) Profit Rate Value (%)	产值利税率(%) Gross Output Value (%)	资本利润率(%) profit ratio of capital (%)	资本利税率(%) Profits to Assets (%)	人均利润(元/人) per capita profit (yuan/person)	人均利税(元/人) Per capita taxes (yuan/person)	资产负债率(%) Assets-Liability Ratio (%)
245187	0.9	4.3	2.0	10.5	835	3909	60.6
305123	1.1	4.4	2.0	8.9	1200	4776	64.3
343990	1.1	3.9	3.6	7.8	1557	5464	66.2
1520636	2.5	14.7	14.6	2.1	5618	18667	67.0
1332707	4.2	9.9	17.3	2.4	6076	14507	65.9
1781420	3.2	10.1	17.2	1.8	5854	18461	68.6
1321917	2.9	6.5	16.4	2.7	6399	14357	68.8
1338823	2.6	5.6	15.4	3.0	7085	15353	67.6
1321228	2.7	5.3	16.5	3.1	6579	12963	69.7
1139144	2.4	5.3	10.7	24.0	5941	13298	69.6
1011231	2.8	6.0	11.6	25.1	6355	13791	67.9
1053488	3.1	6.1	12.3	24.7	7835	15716	69.2
1006681	2.4	6.5	7.8	20.9	6265	16813	68.9
886137	1.9	5.4	4.7	13.1	5707	15908	69.8
953157	3.7	8.1	8.2	17.9	11199	24505	68.5
713426	1.6	5.9	3.6	13.5	5337	20185	70.2
642865	0.8	4.8	2.1	12.9	3366	20689	73.8
596585	-0.1	4.2	-0.4	12.3	-470	16090	77.2
509342	1.6	5.7	5.1	18.0	6477	22810	76.3
41890	1.8	7.0	3.7	14.2	2956	11427	62.7
20882	1.6	7.7	4.9	23.4	4389	21065	70.1
15540	1.0	5.7	2.3	13.6	4396	26175	64.5
23786	1.2	9.5	2.8	21.7	3620	27840	57.6
-194654	-16.8	-13.4	-44.5	-35.5	-78498	-62739	104.7
20956	6.8	14.7	13.4	29.2	30205	65734	64.3
56010	3.2	8.0	11.7	29.2	19289	48218	68.2
9028	2.3	8.4	3.2	11.3	9885	35349	66.1
21781	1.4	4.6	3.7	12.1	5478	17808	61.6
15248	2.1	8.5	4.3	17.4	4917	19930	46.7
41992	2.1	6.9	7.2	23.6	9526	31445	64.1
14784	2.4	12.5	4.1	21.3	5953	30673	54.4

主要统计指标解释

建筑业统计单位 指从事房屋、构筑物建造和设备安装活动的法人企业。建筑业法人企业应具有建筑业资质并能够独立核算，同时还应具备以下条件：①依法成立，有自己的名称、组织机构和场所，能够承担民事责任；②独立拥有和使用资产，承担负债，有权与其他单位签订合同；③独立核算盈亏，能够编制资产负债表。

建筑业总产值 是以货币形式表现的建筑业企业在一定时期内生产的建筑业产品和提供服务的总和。建筑业总产值包括：

⑴建筑工程产值：指列入建筑工程预算内的各种工程价值。

⑵安装工程产值：指设备安装工程价值，不包括被安装设备本身的价值。

⑶其他产值：建筑业总产值中除建筑工程、安装工程以外的产值。包括房屋构筑物修理产值、非标准设备制造产值、总包企业向分包企业收取的管理费以及不能明确划分的施工活动所完成的产值。

a.房屋构筑物修理产值：指房屋和构筑物修理所完成的产值，但不包括被修理房屋、构筑物本身价值和生产设备的修理价值。

b.非标准设备制造产值：指加工制造没有定型的非标准生产设备的加工费和原材料价值(如化工厂、炼油厂用的各种罐、槽，矿井生产统一使用的各种漏斗、三角槽、阀门等)以及附属加工厂为本企业承建工程制作的非标准设备的价值。

建筑业增加值 指建筑业企业在报告期内以货币形式表现的建筑业生产经营活动的最终成果。

从 2004 年第一次全国经济普查开始，建筑业现价增加值按生产法和分配法(收入法)两种方法计算，以收入法的计算结果为准，即从收入的角度出发，根据生产要素在生产过程中应得的收入份额计算。具体计算方法：经济普查年度建筑业增加值按照《经济普查年度 GDP 核算方案》计算，非经济普查年度建筑业增加值按照《非经济普查年度 GDP 核算方案》计算。

房屋施工面积 指房地产开发企业本年施工的全部房屋建筑面积。包括本年新开工的房屋建筑面积、上年跨入本年继续施工的房屋建筑面积、上年停缓建在本年恢复施工的房屋建筑面积、本年竣工的房屋建筑面积以及本年施工后又停缓建的房屋建筑面积。多层建筑应填各层建筑面积之和。

房屋竣工面积 指报告期内房屋建筑按照设计要求已全部完工，达到住人和使用条件，经验收鉴定合格或达到竣工验收标准，可正式移交使用的各栋房屋建筑面积的总和。

Explanatory Notes on Main Statistical Indicators

Statistical Unit in the Construction Industry refers to a corporate enterprise engaged in the construction of buildings and structures and in the installation of equipment. A corporate construction enterprise should have qualification certificates with independent accounting system, and should meet the following 3 requirements: a) being set up in line with relevant legal basis, having its full name, organization and location, and capable of taking civil liabilities; b) independently possessing and using its assets and assuming its liabilities, and entitled to sign contracts with other institutions; and c) making independent accounts of its profits and losses, and capable of compiling its own balance sheet.

Gross Output Value of Construction refers to total of construction products and services, expressed in money terms, produced or rendered by construction and installation enterprises during a given period of time. It includes:

(1) Output value of construction projects: the value of projects covered by the project budgets;

(2) Output value of installation projects: the value of the installation of equipment, (excluding the value of the equipment to be installed);

(3) Other output values: the output value of construction industry apart from that of construction projects and installation projects. It includes: output value of repair of buildings and structures; output value of non-standard equipment manufacturing; overhead expenses received by contracted enterprises from the sub-contracted enterprises and the completed output value of construction activities for which there is no clear definition.

a. Output value of repair of buildings and structures: the value created through the repairs of buildings or structures. It does not include the value of buildings or structures being repaired and the value of the repair of production equipment;

b. Output value of manufactured non-standard equipment: the value of non-standard production equipment, including raw materials and manufacturing cost, made for the construction project (i.e., chemical plant; kettles or tanks used by refineries; various fillers, triangle tanks, valves used by mines). It also includes the output value of equipment manufactured by subsidiary workshops.

Value-added of Construction refers to the final result of the activities of production and operation of enterprises of the construction industry in monetary terms during the reference period.

Starting from the 2004 economic census, value-added of construction is calculated by both production approach and income approach, with the figures from the income approach as the final figures. Under the income approach, calculation starts from the perspective of income and is based on the share of income derived from the production process by the relevant factors of production. Specifically, value-added of construction for the Census years is calculated in accordance with the Programme of Compilation of GDP and National Accounts for the Year of Economic Census, and value-added of construction for other years is calculated in accordance with the Programme of Compilation of GDP and National Accounts for the Non Economic Census Years.

Floor Space of Buildings under Construction refers to the total space area of the buildings under construction in the year by real estate development enterprises. It includes buildings started in the year, continued from the previous year, suspended in earlier years but restarted in the year, completed in the year, and buildings under construction but suspended in the year. The floor space of a multi-storied building should be the sum of floor space of all the stories.

Floor Space of Buildings Completed refers to the total floor space of each building that has been completed in the reference period in accordance with the requirements of the design, up to the standard for being resided in and put into use, or has been checked and accepted by departments concerned as qualified ones or up to the standard of buildings completed and can be handed over for putting into use.

第14篇

住房和房地产

CHAPTER 14 HOUSING AND REAL ESTATE

14-1　房地产开发企业主要指标
Main Indicators of Enterprises for Real Estate Development

指　标	Item	2018	2019	2020	2021	2022
企业个数　（个）	**Number of Enterprises　(unit)**	**1853**	**1836**	**1515**	**1416**	**1359**
内　资	Domestic Funded	1828	1815	1496	1400	1344
#国　有	State-owned Enterprises	27	21	13	9	10
集　体	Collective-owned Enterprises	1			1	1
港、澳、台投资	Enterprises with Funds from Hong Kong, Macao and Taiwan	14	12	11	10	10
外商投资	Foreign Funded	11	9	8	6	5
从业人员期末人数　（万人）	**Final Number of Employed Persons　(10000 persons)**	**3.25**	**3.01**	**2.71**	**2.38**	**2.15**
内资企业	Domestic Funded	3.16	2.96	2.66	2.33	2.12
#国　有	State-owned Enterprises	0.06	0.03	0.01	0.02	0.03
集　体	Collective-owned Enterprises	0.02				
港、澳、台投资企业	Enterprises with Funds from Hong Kong, Macao and Taiwan	0.08	0.03	0.04	0.03	0.03
外商投资企业	Foreign Funded	0.02	0.02	0.01	0.01	
本年土地购置面积　（万平方米）	**Land Space Purchased This Year　(10000 sq.m)**	**246.1**	**311.9**	**418.7**	**201.8**	**107.7**
本年完成投资　（亿元）	**Investment Completed This Year　(100 million yuan)**	**944.4**	**958.0**	**982.9**	**936.0**	**628.6**
#住　宅	Residential Buildings	647.8	687.8	702.1	724.0	497.2
资金来源小计　（亿元）	**Sources of Funds　(100 million yuan)**	**1286.9**	**1242.3**	**1194.8**	**1235.1**	**618.7**
#国内贷款	Domestic Loans	124.6	91.4	61.2	78.6	32.1
自筹资金	Self-raising Fund	551.9	591.2	643.3	552.0	372.3
其他资金	Others	58.6	43.1	45.7	43.2	34.8
房屋建筑面积　（万平方米）	**Floor Space of Buildings　(10000 sq.m)**					
施工面积	Floor Space under Construction	10588.2	11441.2	11261.9	10740.9	9968.3
#住　宅	Residential Buildings	7684.0	8216.4	8132.6	7831.1	7299.8
#本年新开工	Floor Space Started This Year	2494.7	2446.1	2222.0	1738.3	991.1
竣工面积	Floor Space Completed	1203.5	1204.1	1438.0	968.1	731.7
商品房销售面积　（万平方米）	**Floor Space of Commercialized Buildings Sold　(10000 sq.m)**	**1913.3**	**1684.5**	**1494.4**	**1348.1**	**925.5**
#住　宅	Residential Buildings	1665.6	1461.1	1349.9	1204.5	839.5
实收资本合计　（亿元）	**Total Capital Held　(100 million yuan)**	**1056.8**	**1046.0**	**942.6**	**918.5**	**909.7**
资产负债率　（%）	**Ratio of Liabilities to Assets　(%)**	**70.2**	**69.9**	**71.8**	**69.2**	**68.4**
主营业务收入　（亿元）	**Revenue from Principle Business　(100 million yuan)**	**1075.2**	**994.0**	**840.9**	**794.1**	**772.2**

14-2 房地产开发企业个数
Number of Enterprises for Real Estate Development

单位：个 (unit)

年份 Year 地区 Region		合计 Total	国有 State-owned Enterprises	集体 Collective-owned Enterprises	股份有限公司 Share-holding Corporations Ltd.	港澳台商投资 Enterprises with Funds from Hong Kong, Macao and Taiwan	外商投资 Foreign Funded Enterprises	其他 Others
1995		295	183	24	44	30	9	5
2000		439	170	32	71	25	9	132
2001		483	152	32	79	23	8	189
2002		606	142	24	111	23	18	288
2003		776	144	21	131	25	17	438
2004		1009	118	15	137	23	12	704
2005		1050	124	7	170	21	17	711
2006		1214	127	6	144	24	18	895
2007		1320	117	7	137	25	18	1016
2008		1589	102	11	145	23	19	1289
2009		1576	101	7	133	25	17	1293
2010		1890	97	9	164	23	19	1578
2011		2157	88	6	165	25	19	1854
2012		2134	78	4	144	23	17	1868
2013		2118	49	1	137	24	13	1894
2014		2154	47	1	124	24	11	1947
2015		2041	39	1	116	19	10	1856
2016		1956	31	1	115	15	10	1784
2017		1968	27	1	100	18	9	1813
2018		1853	27	1	90	14	11	1710
2019		1836	21		88	12	9	1706
2020		1515	13		33	11	8	1450
2021		1416	9	1	22	10	6	1368
2022		1359	10	1	22	10	5	1311
哈尔滨	Harbin	452	7		9	8	2	426
齐齐哈尔	Qiqihar	156	1	1	1			153
鸡西	Jixi	81	1		2			78
鹤岗	Hegang	33	1		1			31
双鸭山	Shuangyashan	33						33
大庆	Daqing	92					2	90
伊春	Yichun	34			1			33
佳木斯	Jiamusi	75			1			74
七台河	Qitaihe	33			1	1		31
牡丹江	Mudanjiang	145			3	1	1	140
黑河	Heihe	65			1			64
绥化	Suihua	142			2			140
大兴安岭	Daxinganling	18						18

14-3　房地产开发企业从业人员数
Number of Employed Persons in Enterprises for Real Estate Development

单位：人　　(person)

年份 Year 地区 Region	合计 Total	国有 State-owned Enterprises	集体 Collective-owned Enterprises	股份有限公司 Share-holding Corporations Ltd.	港澳台商投资 Enterprises with Funds from Hong Kong, Macao and Taiwan	外商投资 Foreign Funded Enterprises	其他 Others
1995	15473	11541	724	1005	785	320	1098
2000	23058	10756	858	5055	504	229	5656
2001	23792	9752	997	3624	521	198	8700
2002	25486	4710	623	5085	568	457	14043
2003	27465	4029	679	4302	307	385	17763
2004	33076	4199	403	5489	379	472	22134
2005	30169	4253	90	4278	318	611	20619
2006	29933	3554	151	3323	389	597	21919
2007	33353	3258	153	3097	414	562	25869
2008	35664	3195	211	3098	313	533	28314
2009	33929	2932	354	3402	366	388	26487
2010	40308	3420	398	3223	359	463	32445
2011	47678	4588	137	4633	490	434	37396
2012	46396	2639	325	2840	466	308	39818
2013	45004	1278	5	3043	566	257	39855
2014	44332	1077	5	2613	666	192	39779
2015	40786	869	5	2659	471	152	36630
2016	38015	726	153	2615	424	133	33964
2017	37748	680	240	1934	795	118	33981
2018	32507	596	240	1548	752	191	29180
2019	30134	338		1553	344	161	27738
2020	27149	146		678	406	130	25789
2021	23769	162	9	355	319	111	22813
2022	21544	429	7	312	266	74	20456
哈尔滨 Harbin	8369	382		181	257	21	7528
齐齐哈尔 Qiqihar	2033	2	7	18			2006
鸡西 Jixi	679	11		5			663
鹤岗 Hegang	389	34		3			352
双鸭山 Shuangyashan	258						258
大庆 Daqing	3440					35	3405
伊春 Yichun	382			10			372
佳木斯 Jiamusi	1215			23			1192
七台河 Qitaihe	285			3			282
牡丹江 Mudanjiang	1735			22	9	18	1686
黑河 Heihe	803			2			801
绥化 Suihua	1809			45			1764
大兴安岭 Daxinganling	147						147

14-4 房地产开发企业的土地开发、购置及投资规模
Land Development, Purchase and Investment Scale of Enterprises for Real Estate Development

单位：平方米、万元 (sq.m, 10000 yuan)

年份 地区	Year Region	本年购置土地面积 Land Space Purchased This Year	实际需要的总投资 Total Investment Actually Needed	开始建设累计完成投资 Accumulative Investment Actually Completed Since Starting of Construction	全部建成尚需投资 Further Investment Required for the Completion of Construction
1995		2064	1366222	754008	612214
2000		2564674	2202002	1575893	626109
2001		2177103	2861880	2024592	837288
2002		3892116	3543170	2102119	1441051
2003		4943627	3903147	2447840	1455307
2004		5691027	5892072	3350300	2541772
2005		6925485	6823703	4089993	2733710
2006		6197941	8014573	5415257	2599316
2007		7043255	9580358	6590127	2990231
2008		8709744	11266041	7434679	3831362
2009		8333122	15162888	10451311	4711577
2010		11743040	23411233	14348207	9063026
2011		18606548	40598254	21536691	19061563
2012		9299142	51698029	31809107	19888922
2013		6556746	57810218	39909895	17900323
2014		4165769	64563657	45766253	18797404
2015		2703960	60605240	42875259	17729981
2016		1612034	59834332	41176141	18658191
2017		2462255	62747604	43135345	19612259
2018		2460593	64158417	44622504	19535913
2019		3119241	68388675	46923354	21465321
2020		4187027	75278914	47954730	27324184
2021		2018452	75638030	48925950	26712080
2022		1077359	71095697	46828585	24267112
哈尔滨	Harbin	447888	47420378	30225466	17194912
齐齐哈尔	Qiqihar	169161	4386722	3381228	1005494
鸡西	Jixi		1827742	1394662	433080
鹤岗	Hegang	105938	422746	184805	237941
双鸭山	Shuangyashan	67950	547296	307034	240262
大庆	Daqing	118543	3326522	2298665	1027857
伊春	Yichun	15221	724854	368687	356167
佳木斯	Jiamusi	6971	2777630	2314624	463006
七台河	Qitaihe	25387	623902	396245	227657
牡丹江	Mudanjiang		4005007	2892629	1112378
黑河	Heihe	49439	1140173	775769	364404
绥化	Suihua	65714	3749003	2174844	1574159
大兴安岭	Daxinganling	5147	143722	113927	29795

14-5　房地产开发完成投资额
Actually Completed Investment of Enterprises for Real Estate

单位：万元　　(10000 yuan)

年份 Year 地区 Region		本年完成投资额 Investment Completed This Year	按构成分 By Use of Funds			
			建筑安装工程 Construction and Installation	设备、工器具购置 Purchase of Equipment and Instrument	其他费用 Others	土地购置 Land Purchase
1995		473651	417508	8318	47825	30988
2000		1040979	782764	14412	243803	83939
2001		1470839	1173669	25869	271301	109197
2002		1457937	1021700	23967	412270	238993
2003		1632806	1140727		461438	265734
2004		2140702	1589430	66980	484292	302887
2005		2676332	2106481	47981	521870	324360
2006		3213152	2607672	32091	573389	220157
2007		3823651	2838824	56278	928549	466463
2008		4398563	3041451	57241	1299871	896126
2009		5639170	4272536	63859	1302775	743112
2010		8431198	6752877	88864	1589457	906816
2011		12275672	10060375	106728	2108569	1530448
2012		15358438	12635375	124052	2599011	1509508
2013		16048330	13418518	214380	2415432	1253332
2014		13240875	11013966	249453	1977456	1671406
2015		9921453	8569430	114075	1237948	994961
2016		8648391	7548991	98393	1001007	832675
2017		8155957	6925813	101660	1128484	875052
2018		9444049	7272759	99717	2071573	1595565
2019		9580066	6262318	101851	3215897	2779848
2020		9829165	7264508	80121	2484536	2176047
2021		9359670	6976707	51969	2330994	1669325
2022		6286412	4825648	31738	1429026	984381
哈尔滨	Harbin	3410461	2333760	6829	1069872	713081
齐齐哈尔	Qiqihar	554860	486053	2196	66611	55278
鸡西	Jixi	77611	69939	2130	5542	2100
鹤岗	Hegang	73458	68230	853	4375	653
双鸭山	Shuangyashan	78979	65030	4889	9060	5353
大庆	Daqing	178812	139780	2945	36087	32527
伊春	Yichun	23140	23132	7	1	
佳木斯	Jiamusi	727536	686257	800	40479	24447
七台河	Qitaihe	40119	37036		3083	2878
牡丹江	Mudanjiang	357664	266991	479	90194	78230
黑河	Heihe	225592	151558	1742	72292	45819
绥化	Suihua	519177	485346	8723	25108	20426
大兴安岭	Daxinganling	19003	12536	145	6322	3589

14-6 房地产开发建设按工程用途分的投资和新增固定资产
Actually Completed Investment of Enterprises for Real Estate by Use and Newly Increased Fixed Assets

单位：万元 (10000 yuan)

年份 地区	Year Region	按工程用途分的投资额 by Use of Projects 住宅 Residential Buildings	办公楼 Office Buildings	商品营业用房 House for Business Use	其他 Others	新增固定资产 Newly Increased Fixed Assets
1999		532679	49827	145167	91880	679863
2000		712644	35691	162186	130458	961671
2001		1016457	42330	254384	157668	1274384
2002		771661	76021	276203	334052	904095
2003		886210	63710	351126	331760	1067546
2004		1397332	80734	451728	262031	1351368
2005		1748422	82290	461665	383955	1572296
2006		2476493	59546	472631	204482	1907823
2007		2796442	64450	505361	457398	2426086
2008		3065870	35325	566332	731036	2052819
2009		4425157	91569	699868	422576	3657239
2010		6575367	109197	1053409	693225	5517655
2011		9478981	166726	1446218	1183747	6769528
2012		11225245	269161	2183563	1680469	8246658
2013		11247187	311156	2763097	1726890	8353877
2014		9460270	252529	2368761	1159315	9527092
2015		6811541	253191	2102305	754416	11476701
2016		5979597	243593	1714812	710389	7075620
2017		5546977	273815	1562982	772183	4994852
2018		6477699	311563	1607454	1047333	3476045
2019		6878253	131429	1474395	1095989	3433410
2020		7020859	175747	1544899	1087660	4038610
2021		7240481	128586	1126262	864341	3532978
2022		4971905	100985	613594	599928	2812440
哈尔滨	Harbin	2618432	92976	373952	325101	1152604
齐齐哈尔	Qiqihar	456625	1730	59229	37276	209723
鸡西	Jixi	67554	588	4654	4815	190578
鹤岗	Hegang	64011	119	5476	3852	14900
双鸭山	Shuangyashan	51768		15333	11878	11518
大庆	Daqing	135212	1032	7659	34909	301167
伊春	Yichun	14999		41	8100	35374
佳木斯	Jiamusi	626209	1365	66594	33368	506262
七台河	Qitaihe	31526		4607	3986	8807
牡丹江	Mudanjiang	316638	1058	23231	16737	189574
黑河	Heihe	137256	949	16423	70964	118806
绥化	Suihua	437066	1148	33860	47103	70921
大兴安岭	Daxinganling	14609	20	2535	1839	2206

14-7　房地产开发企业的资金来源
Capital Source of Enterprises for Real Estate Development

单位：万元　　(10000 yuan)

年份 Year / 地区 Region	本年资金来源合计 Total Funds the Year	上年末结余资金 A Balance at End of Previous Year	本年资金来源小计 Sources of Funds	国家预算内资金 State Budget	国内贷款 Domestic Loans	利用外资 Foreign Investment	自筹资金 Self-raising Fund	其他资金 Others
1999	752630	39319	713311	4021	147930	3010	276685	281665
2000	957753	38734	919019	1000	182528	10543	362915	362033
2001	1385794	60016	1325778		159546	420	566232	599580
2002	1415734	97988	1317746	4570	236117	6233	618710	452116
2003	1721670	113689	1607981	350	260166	4050	870635	472780
2004	2246559	151780	2094779	2300	183776	54912	1092193	761598
2005	2844133	163416	2680717		178057	35300	1362272	1105088
2006	3585481	148891	3436590		331881	39073	1859085	1206551
2007	4288367	220609	4067758		261860	18718	2436261	1350919
2008	5009858	385031	4624827		294758	13771	3145679	1170619
2009	7271208	480773	6790435		737899	25877	3605959	2420700
2010	11430442	926816	10503626		488956	15000	6513529	3486141
2011	17685735	1675059	16010676		619884	33500	10870814	4486478
2012	19633386	2522968	17110418		876365	165	11040675	5193213
2013	20920924	2584488	18336436		1301852		11026235	6008349
2014	16956270	2872261	14084009		978225	27000	9099429	3979355
2015	14903067	2693467	12209600		1264556	13228	7306680	3625136
2016	13307892	2691520	10616372		905389	9000	5521943	4180040
2017	14513375	2522141	11991234		1037696		5853731	5099807
2018	16311611	3442813	12868798		1246260		5518653	586263
2019	15220174	2796698	12423476		914073	14694	5912122	430783
2020	15472105	3524567	11947538		612110	7184	6433242	457105
2021	12351024	2426623	9924401		786392		5520487	431615
2022	8013772	1826887	6186885		321153	8261	3722969	347864
哈尔滨 Harbin	4420620	968839	3451781		227228		1662832	226524
齐齐哈尔 Qiqihar	788468	151468	637000		36019		381548	17728
鸡西 Jixi	121635	44187	77448				20567	32452
鹤岗 Hegang	92403	18999	73404		2200		63925	1829
双鸭山 Shuangyashan	107917	12248	95669		24598		48393	15793
大庆 Daqing	339606	110828	228778		2000		133906	3469
伊春 Yichun	47971	16278	31693				18523	6200
佳木斯 Jiamusi	820119	173829	646290		4151	30	641693	10
七台河 Qitaihe	54038	7011	47027				19339	11828
牡丹江 Mudanjiang	400371	191817	208554		2530		130696	5405
黑河 Heihe	261649	52754	208895		22427		155089	5237
绥化 Suihua	538523	69840	468683			8231	435851	20584
大兴安岭 Daxinganling	20452	8789	11663				10607	805

14-8 房地产开发建设房屋施工面积

Floor Space of Buildings under Construction of Real Estate Development

单位：平方米 (sq.m)

年份 地区	Year Region	施工房屋建筑面积 Floor Space of Buildings Under Construction	#新开工 Started This Year	住宅 Residential Buildings	办公楼 Office Buildings	商业营业用房 House for Business Use	其他 Others
1999		11187155	7273868	8268285	630728	2065737	222405
2000		14513563	8473110	10995283	535182	2640151	342947
2001		17685892	9172691	13612689	611730	3164906	296567
2002		15895856	8685336	11647486	812504	2924268	511598
2003		19000320	11104078	13111334	792962	4154636	941388
2004		22550629	11931656	15830527	800083	5014827	905192
2005		26304651	14851141	19226052	934958	4894991	1248650
2006		31064526	17477365	24271325	711888	4622027	1459286
2007		33017345	18340732	26363154	437141	4780785	1436265
2008		36111387	22410734	29066535	401381	4528881	2114590
2009		45213490	29955500	36926884	586070	5078374	2622162
2010		75328812	50214326	61074452	752647	8622671	4879042
2011		121229416	72742236	96628625	1220343	13710366	9670082
2012		134849706	50743456	104719594	1776618	15699880	12653614
2013		135673668	40304430	102413971	1993260	18778597	12487840
2014		142180884	32813806	104241125	2505387	20862869	14571503
2015		124103540	21817937	87849756	2491408	21131449	12630927
2016		108657453	20063137	77460456	2367085	17129958	11699954
2017		103284678	22197164	74321067	2383871	15690998	10888742
2018		105882476	24947375	76839540	2309375	16081582	10651979
2019		114411959	24461091	82163622	2143277	17290111	12814949
2020		112619052	22219679	81326415	2153288	15970634	13168715
2021		107409456	17383129	78311486	2105436	14665691	12326843
2022		99683186	9911446	72997616	2023100	13084901	11577569
哈尔滨	Harbin	51348284	3116697	33791732	1702545	8403866	7450141
齐齐哈尔	Qiqihar	8816428	869532	7340865	75336	783808	616419
鸡西	Jixi	6503707	298703	5420181	33533	527217	522776
鹤岗	Hegang	676986	256592	523885	2487	65848	84766
双鸭山	Shuangyashan	361039	186548	257645		57746	45648
大庆	Daqing	4458151	401071	3808944	51005	281950	316252
伊春	Yichun	977495	65358	732034	24993	174673	45795
佳木斯	Jiamusi	6117700	2159110	5181568	17163	505635	413334
七台河	Qitaihe	1233811	165298	824341	339	342758	66373
牡丹江	Mudanjiang	9010081	242509	7186027	59744	903007	861303
黑河	Heihe	3095867	793105	2536832	35379	205288	318368
绥化	Suihua	6801217	1295121	5215199	19862	759996	806160
大兴安岭	Daxinganling	282420	61802	178363	714	73109	30234

14-9　房地产开发建设房屋竣工面积和造价
Floor Space of Buildings Completed and Their Cost in Real Estate Development

年份 Year 地区 Region	竣工房屋建筑面积(平方米) Floor Space of Buildings Completed (sq.m)	住宅 Residential Buildings	办公楼 Office Buildings	商业营业用房 House for Business Use	其他 Others	竣工房屋造价(元/平方米) Cost of Buildings Completed (yuan/sq.m)	住宅 Residential Buildings
1999	5474196	4288778	195416	889600	100402	897	820
2000	8278630	6293041	365015	1428150	192424	905	819
2001	10138189	8283706	218061	1472774	163648	944	914
2002	8035908	6398979	229070	1209003	198856	929	873
2003	8834762	6590471	257897	1573139	413255	984	906
2004	11132574	8323312	231200	2222841	355221	1051	956
2005	13050250	10394472	272514	1847289	535975	1089	1044
2006	13981158	11535031	305411	1619101	521615	1230	1184
2007	15956174	12448764	272726	2540478	694206	1404	1034
2008	14047031	11600798	126015	1773934	546284	1195	1122
2009	18882802	15754595	181325	1942761	1004121	1548	1495
2010	26458267	21989911	242769	3032968	1192619	1718	1677
2011	32313443	25979788	219545	4344276	1769834	1661	1650
2012	32457265	26462053	285203	3402487	2307522	1977	1942
2013	29327010	23444092	320683	3398376	2163859	2190	2160
2014	30009026	22957015	534876	3607919	2909216	2433	2287
2015	29242070	21268196	262082	5327396	2384396	2309	2256
2016	23756095	17570854	408494	3454339	2322408	2525	2426
2017	16511720	12059412	389934	2569967	1492407	2400	2252
2018	12034634	9205271	508615	1468124	852624	2391	2357
2019	12040810	9409277	171499	1288128	1171906	2446	2276
2020	14379809	11159413	230066	1603784	1386546	2327	2263
2021	9681232	7316415	38917	1442818	883082	2662	2567
2022	7316626	5528640	174475	934095	679416	3103	2812
哈尔滨 Harbin	2528244	1484752	154393	543200	345899	4074	3568
齐齐哈尔 Qiqihar	514860	412019	1120	45565	56156	3980	3917
鸡西 Jixi	755528	634537	18125	70956	31910	2514	2547
鹤岗 Hegang	81950	64354	240	16083	1273	1110	1031
双鸭山 Shuangyashan	87442	79520		5533	2389	1260	1128
大庆 Daqing	1208910	1089666	229	73826	45189	2452	2359
伊春 Yichun	101743	80434		18903	2406	1909	1872
佳木斯 Jiamusi	950803	775977	368	68876	105582	2697	2678
七台河 Qitaihe	51218	48097		3121		1641	1573
牡丹江 Mudanjiang	466180	366375		27908	71897	2630	2580
黑河 Heihe	211547	181554		23134	6859	2604	2552
绥化 Suihua	358201	311355		36990	9856	1875	1866
大兴安岭 Daxinganling							

14-10 按用途分商品房屋销售面积
Floor Space of Commercialized Buildings Sold by Use

单位：平方米 (sq.m)

年份 地区	Year Region	商品房屋销售面积 Floor Space of Commercialized Buildings Sold	住宅 Residential Buildings	办公楼 Office Buildings	商业营业用房 Houses for Business Use	其他 Others
1999		3513834	2946888	94633	430949	41364
2000		4998452	4244271	106813	585997	61371
2001		5946410	4906264	182549	763290	94307
2002		6924691	5743325	131366	968783	81217
2003		8146447	6731129	146593	1154425	114300
2004		9846508	7900508	127929	1562776	255295
2005		12428124	10482603	290082	1382206	273233
2006		14827148	12985068	204711	1411379	225990
2007		17092455	15185671	114405	1436368	356011
2008		14865665	12866198	89502	1593543	316422
2009		20169765	17512157	194221	1922128	541259
2010		27209459	23856799	83786	2347388	921486
2011		33977745	29191147	79085	3603816	1103697
2012		38068231	32262165	242575	4108684	1454807
2013		33399501	29442296	248432	2562090	1146683
2014		24757412	21314633	153360	2395608	893811
2015		19966142	17106037	181983	1982818	695304
2016		21172915	17970213	263493	2219650	719559
2017		22558104	18681422	455829	2527381	893472
2018		19132548	16655768	148835	1823878	504067
2019		16844978	14611244	106093	1617400	510241
2020		14943595	13498616	63225	1025987	355767
2021		13480892	12045488	101806	905347	428251
2022		9255064	8395469	70782	588654	200159
哈尔滨	Harbin	4089710	3592064	70629	350134	76883
齐齐哈尔	Qiqihar	813123	735059		61641	16423
鸡西	Jixi	383399	360571		8912	13916
鹤岗	Hegang	63844	59506	153	1871	2314
双鸭山	Shuangyashan	125730	118368		6381	981
大庆	Daqing	738136	710942		13472	13722
伊春	Yichun	177436	163555		8117	5764
佳木斯	Jiamusi	884622	854115		26792	3715
七台河	Qitaihe	169478	153851		11767	3860
牡丹江	Mudanjiang	643249	586251		45282	11716
黑河	Heihe	338865	306803		15211	16851
绥化	Suihua	796579	729478		35748	31353
大兴安岭	Daxinganling	30893	24906		3326	2661

14-11 按用途分商品房屋销售额

Total Sale of Commercialized Buildings by Use

单位：万元 (10000 yuan)

年份 地区	Year Region	商品房屋销售额 Total Sale of Commercialized Buildings	住宅 Residential Buildings	办公楼 Office Buildings	商业营业用房 Houses for Business Use	其他 Others
	2004	1873625	1315782	36577	450912	70354
	2005	2608815	1963185	119489	452856	73285
	2006	3255377	2642682	70609	473964	68122
	2007	4224086	3575076	29895	511022	108093
	2008	4209652	3399086	25092	689934	95540
	2009	6536890	5370482	80446	875396	210566
	2010	10119482	8330469	35809	1367963	385241
	2011	13573379	10819917	38358	2238139	476965
	2012	15482979	12019303	138229	2645351	680096
	2013	15823382	13059034	176126	1968866	619356
	2014	12085441	9626924	119604	1919667	419246
	2015	10271369	8242147	134932	1529970	364320
	2016	11210446	9036646	213931	1550636	409233
	2017	14597226	11344722	521644	2203937	526923
	2018	13203133	11122816	174461	1588735	317121
	2019	12681789	10699658	134429	1524867	322835
	2020	10641984	9461493	75300	872472	232719
	2021	8580801	7518873	97937	742073	221918
	2022	5693710	5066902	60564	460206	106038
哈尔滨	Harbin	3438466	2991274	60491	336988	49713
齐齐哈尔	Qiqihar	411981	372501		31562	7918
鸡西	Jixi	144676	132636		5685	6355
鹤岗	Hegang	22424	19617	73	730	2004
双鸭山	Shuangyashan	39230	36222		2662	346
大庆	Daqing	306033	292156		7545	6332
伊春	Yichun	64289	57202		3917	3170
佳木斯	Jiamusi	414205	394749		17930	1526
七台河	Qitaihe	69455	64312		4471	672
牡丹江	Mudanjiang	296778	266094		25307	5377
黑河	Heihe	148966	131832		8342	8792
绥化	Suihua	325434	299401		13492	12541
大兴安岭	Daxinganling	11773	8906		1575	1292

14-12 按不同分组分房地产开发企业投资完成情况(2022年)

单位: 万元

项 目	Item	计 划 总投资 Total Investment Planed	累计完成 投 资 Accumulated Investment Completed	本年完成 投 资 Investment Completed This Year
总 计	**Total**	**71095697**	**46828585**	**6286412**
按登记注册类型分组	**By Status of Registration**			
内资企业	Domestic Funded	69269304	45436781	6210815
#国有企业	State-owned Enterprises	150128	177410	3131
集体企业	Collective-owned Enterprises			
股份合作企业	Cooperative Enterprises	140000	92422	24228
国有联营企业	State Joint Ownership Enterprises			
国有独资公司	State Sole funded Corporations	1759045	1218826	238317
其他有限责任公司	Other Limited Liability Corporations	42063676	26950315	3598926
股份有限公司	Share-holding Corporations Limited	1197284	835536	190678
私营独资企业	Private-funded Enterprises	393516	217751	77332
私营合伙企业	Private Partnership Enterprises			
私营有限责任公司	Private Limited Liability Corporations	23338612	15818541	2061472
私营股份有限公司	Private Share-holding Corporations Limited	127043	63223	61
其他企业	Other Enterprises	100000	62757	16670
港澳台商投资企业	Enterprises with Funds from Hong Kong, Macao and Taiwan	1741393	1340821	71171
与港澳台商合资经营企业	Joint-ventures Enterprises	503818	337539	15678
与港澳台商合资合作经营企业	Cooperative Enterprises			
港澳台商独资经营企业	Enterprises with Sole Investment	1237575	1003282	55493
港澳台商投资股份有限公司	Share-holding Corporations Ltd.			
外商投资企业	Foreign Funded Enterprises	85000	50983	4426
中外合资经营企业	Joint-venture Enterprises			
中外合作经营企业	Cooperation Enterprises			
外资企业	Enterprises with Sole Funds	85000	50983	4426
外商投资股份有限公司	Share-holding Corporations Ltd.			
按控股情况分组	**By Share-holding**			
国有控股	State-owned Enterprises	13317767	9521431	1605946
集体控股	Collective-owned Enterprises	1213912	558808	37431
私人控股	Private Share-holding	38985745	24283445	3620724
港澳台商控股	Enterprise with Funds from Hong Kong, Macao and Taiwan	1501393	1242966	71171
外商控股	Foreign Funded Enterprises	85000	50983	4426
其 他	Others	15991880	11170952	946714
按资质等级分组	**By Qualification Grade**			
一 级	First Grade	1483012	1055445	35289
二 级	Second Grade	9492146	5901331	694138
三 级	Third Grade	24898567	19772666	1569127
四 级	Fourth Grade	1084313	820331	136947
暂 定	Interim	24837319	14091030	2678539
其 他	Others	9300340	5187782	1172372
按隶属关系分组	**By Jurisdiction of Management**			
中 央	Central			
地 方	Region			
其 他	Others			

Investment Actually Completed by Enterprises for Real Estate Development by Different Grouping(2022)

(10000 yuan)

住　宅 Residential Buildings	办公楼 Office Buildings	商业营业用　房 Houses for Business Use	其　他 Others	本年新增固定资产 Newly Increased Fixed Assets This Year	本年资金来源小计 Sources of Funds
4971905	**100985**	**613594**	**599928**	**2812440**	**6186885**
4910505	100985	603512	595813	2812440	6105204
2861		185	85	131975	439
22424		1804			18409
217405		5567	15345	27080	211648
2767144	67735	388142	375905	1810605	3332959
175770	2481	1900	10527	58022	250969
67904		5891	3537		95008
1642308	30769	198693	189702	784758	2174650
19			42		586
14670		1330	670		20536
57746		9999	3426		79114
12572		1067	2039		40897
45174		8932	1387		38217
3654		83	689		2567
3654		83	689		2567
1318354	46066	88474	153052	831046	1340330
28491	200	4388	4352	44156	55416
2803997	35605	414536	366586	1016053	3619624
57746		9999	3426		79114
3654		83	689		2567
759663	19114	96114	71823	921185	1089834
34742		395	152	39000	61061
577267	999	52089	63783	315759	742381
1187451	48723	142683	190270	1306133	1681199
97124	939	17437	21447	117042	138005
2245315	42132	210743	180349	530315	2453244
830006	8192	190247	143927	504191	1110995

14-13 按不同分组分房地产开发企业商品房销售情况(2022年)

项 目	Item	商品房销售面积(平方米) Floor Space of Commercialized Buildings Sold (sq.m)	住 宅 Residential Buildings
总 计	**Total**	**9255064**	**8395469**
按登记注册类型分组	**By Status of Registration**		
内资企业	Domestic Funded	9035432	8253953
#国有企业	State-owned Enterprises	21017	17898
集体企业	Collective-owned Enterprises		
股份合作企业	Cooperative Enterprises	30464	28996
国有联营企业	State Joint Ownership Enterprises		
国有独资公司	State Sole funded Corporations	195520	182308
其他有限责任公司	Other Limited Liability Corporations	3318237	2910556
股份有限公司	Share-holding Corporations Limited	269710	268026
私营独资企业	Private-funded Enterprises	189699	178068
私营合伙企业	Private Partnership Enterprises		
私营有限责任公司	Private Limited Liability Corporations	4960785	4619430
私营股份有限公司	Private Share-holding Corporations Limited	1616	1011
其他企业	Other Enterprises	48384	47660
港澳台商投资企业	Enterprises with Funds from Hong Kong, Macao and Taiwan	193049	115592
与港澳台商合资经营企业	Joint-ventures Enterprises	58706	39452
与港澳台商合资合作经营企业	Cooperative Enterprises		
港澳台商独资经营企业	Enterprises with Sole Investment	134343	76140
港澳台商投资股份有限公司	Share-holding Corporations Ltd.		
外商投资企业	Foreign Funded Enterprises	26583	25924
中外合资经营企业	Joint-venture Enterprises	22347	22347
中外合作经营企业	Cooperation Enterprises		
外资企业	Enterprises with Sole Funds	4236	3577
外商投资股份有限公司	Share-holding Corporations Ltd.		
按控股情况分组	**By Share-holding**		
国有控股	State-owned Enterprises	979902	895847
集体控股	Collective-owned Enterprises	87371	66871
私人控股	Private Share-holding	6814631	6303987
港澳台商控股	Enterprise with Funds from Hong Kong, Macao and Taiwan	183292	115592
外商控股	Foreign Funded Enterprises	4236	3577
其 他	Others	1185632	1009595
按资质等级分组	**By Qualification Grade**		
一 级	First Grade	58832	58693
二 级	Second Grade	1484887	1328329
三 级	Third Grade	3261550	2881065
四 级	Fourth Grade	432918	391303
暂 定	Interim	2979888	2774836
其 他	Others	1036989	961243
按隶属关系分组	**By Jurisdiction of Management**		
中 央	Central		
地 方	Region		
其 他	Others		

Sale of Commercialized Buildings by Enterprises for Real Estate Development by Different Grouping(2022)

办公楼 Office Buildings	商业营业用房 Houses for Business Use	其他 Others	商品房销售额（万元）Total Sale of Commercialized Buildings Sold (10000 yuan)	住宅 Residential Buildings	办公楼 Office Buildings	商业营业用房 Houses for Business Use	其他 Others
70782	**588654**	**200159**	**5693710**	**5066902**	**60564**	**460206**	**106038**
61149	523426	196904	5539169	4945796	55356	433331	104686
		3119	6785	5545			1240
	1468		18409	16711		1698	
	10816	2396	125890	116298		8502	1090
46212	277623	83846	2569796	2210998	36910	270619	51269
	1320	364	204491	201051		3204	236
	7965	3666	90042	83576		5158	1308
14937	222951	103467	2498500	2287373	18446	143170	49511
	605		981	590		391	
	678	46	24275	23654		589	32
9633	64755	3069	142196	109263	5208	26456	1269
9633	9621		48946	40370	5208	3368	
	55134	3069	93250	68893		23088	1269
	473	186	12345	11843		419	83
			10149	10149			
	473	186	2196	1694		419	83
4315	63700	16040	872473	792649	3953	68508	7363
	19773	727	44717	31404		12876	437
11978	338731	159935	3694010	3375207	15752	225198	77853
	64631	3069	136939	109263		26407	1269
	473	186	2196	1694		419	83
54489	101346	20202	943375	756685	40859	126798	19033
	110	29	41381	41167		200	14
427	100234	55897	813154	708526	486	69575	34567
39417	265243	75825	1996472	1712449	39072	208572	36379
	26048	15567	162637	144390		10641	7606
26178	133340	45534	2023774	1888249	12416	99591	23518
4760	63679	7307	656292	572121	8590	71627	3954

14-14 按不同分组分房地产开发企业主要财务指标(2022年)

单位：万元

项 目	Item	资产总计 Total Assets	流动资产合计 Total Working Capitals	固定资产原价 Original Value of Fixed Assets	累计折旧 Accumulated depreciation
总 计	**Total**	**96003914**	**71677397**	**3688393**	**603614**
按登记注册类型分组	**By Status of Registration**				
内资企业	Domestic Funded	93888554	70185461	3663737	595297
#国有企业	State-owned Enterprises	2601228	1441378	329019	51805
集体企业	Collective-owned Enterprises	3537	3529	76	69
股份合作企业	Cooperative Enterprises	109590	109392	185	120
国有联营企业	State Joint Ownership Enterprises				
国有独资公司	State Sole funded Corporations	9715747	5771064	330652	11079
其他有限责任公司	Other Limited Liability Corporations	61553855	45377207	2187741	292943
股份有限公司	Share-holding Corporations Limited	1699881	1329933	26105	9690
私营独资企业	Private-funded Enterprises	275683	246098	4181	1120
私营合伙企业	Private Partnership Enterprises	4346	4342	4	
私营有限责任公司	Private Limited Liability Corporations	17622627	15619925	781122	225738
私营股份有限公司	Private Share-holding Corporations Limited	191380	171913	4653	2732
其他企业	Other Enterprises	110681	110680		
港澳台商投资企业	Enterprises with Funds from Hong Kong, Macao and Taiwan	1893109	1273638	19365	6270
与港澳台商合资经营企业	Joint-ventures Enterprises	311136	284515	11498	4589
与港澳台商合资合作经营企业	Cooperative Enterprises				
港澳台商独资经营企业	Enterprises with Sole Investment	1581973	989123	7867	1681
港澳台商投资股份有限公司	Share-holding Corporations Ltd.				
外商投资企业	Foreign Funded Enterprises	222252	218299	5290	2048
中外合资经营企业	Joint-venture Enterprises	146062	145452	292	270
中外合作经营企业	Cooperation Enterprises				
外资企业	Enterprises with Sole Funds	76190	72846	4998	1778
外商投资股份有限公司	Share-holding Corporations Ltd.				
按控股情况分组	**By Share-holding**				
国有控股	State-owned Enterprises	50759897	32029666	1659573	178941
集体控股	Collective-owned Enterprises	4443776	3245599	734462	70750
私人控股	Private Share-holding	38178059	34505679	1176031	345338
港澳台商控股	Enterprise with Funds from Hong Kong, Macao and Taiwan	2545993	1823607	113330	6807
外商控股	Foreign Funded Enterprises	76190	72846	4998	1778
其 他	Others				
按资质等级分组	**By Qualification Grade**				
一 级	First Grade	1072873	849125	144268	42305
二 级	Second Grade	21794901	16480569	575018	155422
三 级	Third Grade	33638369	22025719	1825479	250246
四 级	Fourth Grade	1043119	793803	37652	5615
暂 定	Interim	18328455	14723091	346673	56116
其 他	Others	20126198	16805090	759302	93910
按隶属关系分组	**By Jurisdiction of Management**				
中 央	Central				
地 方	Region				
其 他	Others				

Main Financial Indicators by Enterprises of Real Estate Development by Different Grouping(2022)

(10000 yuan)

负债合计 Total Liabilities	实收资本 Paid in Capital	主营业务收入 Revenue from Principal Business	土地转让收入 Land Transferred Revenue	商品房屋销售收入 Sales Revenue of Commercial Houses	房屋出租收入 Revenue from Houses Leasing	其他收入 Other Revenue	主营业务成本 Cost of Principal Business	主营业务税金及附加 Taxes and Other Charges on Principal Business	主营业务利润 Profits of Principal Business	利润总额 Total Profits
65695475	**9097200**	**7721547**	**4651**	**7469379**	**54185**	**190729**	**6223011**	**350167**	**475619**	**392039**
63999582	8837674	7356340	4651	7104412	53984	190690	5886025	343341	464155	380542
1242552	336395	177645		136284	753	40609	140757	9574	19965	22964
1918	2010									-33
89741	18000	65802		65802			52775	2188	8745	8720
5657438	496936	97384		96766	120	499	97010	2734	151284	155897
40210127	5835591	3889986	4494	3716297	40501	126222	3110451	234943	99351	33499
1799665	142691	236882		223169	963	12750	204095	4557	4543	4067
272646	14168	16521		16415		106	15406	494	-6501	-7328
3919		463				463	505	11	-142	-142
14448681	1973851	2869931	156	2847953	11648	10042	2263537	88363	193294	169752
153611	16832	1726		1726			1489	245	-2971	-3444
119284	1200							233	-3413	-3410
1603298	181304	346340		346302		39	319482	5804	12219	12198
185708	80445	50585		50546		39	51788	764	-5877	-5834
1417590	100859	295756		295756			267695	5040	18097	18032
92595	78223	18866		18665	201		17504	1022	-756	-701
61453	35000	16288		16288			15415	642	1191	1181
31142	43223	2578		2378	201		2089	380	-1947	-1883
27030155	3992220	2057896		1905357	32601	119206	1799481	104433	336167	311611
4152508	709425	527581		505855	3735	17871	356640	27414	-17427	-61405
32315757	4166029	4763283	4651	4686487	17649	52745	3725201	210752	156380	141257
2165913	186304	370208		369301		907	339600	7189	2447	2459
31142	43223	2578		2378	201		2089	380	-1947	-1883
839284	277256	85484		71291	3644	10550	63493	5613	-14289	-30896
15989190	1748129	1181562		1163178	9726	8263	980859	69790	178579	155592
20949675	3546275	3252332	1231	3108283	25618	116524	2574173	167287	201279	192163
852140	102892	172553	48	170187	280	2007	159950	5346	-9375	-8716
14478894	1414535	2085729	8	2069952	12707	1562	1662718	62912	-12785	-41762
12586293	2008113	943887	3364	886488	2211	51824	781818	39220	132209	125659

14-15 按不同分组分房地产开发企业土地购置及建设房屋面积(2022年)

单位：平方米

项 目	Item	企业数（个） Number of Enterprises (unit)	本年购置土地面积 Land Space Pending Development
总 计	**Total**	**1359**	**1077359**
按登记注册类型分组	**By Status of Registration**		
内资企业	Domestic Funded	1344	1077359
#国有企业	State-owned Enterprises	10	
集体企业	Collective-owned Enterprises	1	
股份合作企业	Cooperative Enterprises	2	
国有联营企业	State Joint Ownership Enterprises		
国有独资公司	State Sole funded Corporations	26	10000
其他有限责任公司	Other Limited Liability Corporations	436	217452
股份有限公司	Share-holding Corporations Limited	22	
私营独资企业	Private-funded Enterprises	14	76293
私营合伙企业	Private Partnership Enterprises	1	
私营有限责任公司	Private Limited Liability Corporations	824	773614
私营股份有限公司	Private Share-holding Corporations Limited	7	
其他企业	Other Enterprises	1	
港澳台商投资企业	Enterprises with Funds from Hong Kong, Macao and Taiwan	10	
与港澳台商合资经营企业	Joint-ventures Enterprises	4	
与港澳台商合资合作经营企业	Cooperative Enterprises		
港澳台商独资经营企业	Enterprises with Sole Investment	6	
港澳台商投资股份有限公司	Share-holding Corporations Ltd.		
外商投资企业	Foreign Funded Enterprises	5	
中外合资经营企业	Joint-venture Enterprises	2	
中外合作经营企业	Cooperation Enterprises		
外资企业	Enterprises with Sole Funds	3	
外商投资股份有限公司	Share-holding Corporations Ltd.		
按控股情况分组	**By Share-holding**		
国有控股	State-owned Enterprises	144	10000
集体控股	Collective-owned Enterprises	29	
私人控股	Private Share-holding	1173	965679
港澳台商控股	Enterprise with Funds from Hong Kong, Macao and Taiwan	10	
外商控股	Foreign Funded Enterprises	3	
其 他	Others		101680
按资质等级分组	**By Qualification Grade**		
一 级	First Grade	10	
二 级	Second Grade	227	429107
三 级	Third Grade	563	224824
四 级	Fourth Grade	105	36313
暂 定	Interim	324	338065
其 他	Others	130	49050
按隶属关系分组	**By Jurisdiction of Management**		
中 央	Central		
地 方	Region		
其 他	Others		

Land Purchase and Floor Space o Buildings Developed by Enterprises for Real Estate Development by Different Grouping(2022)

(sq.m)

施工房屋面　积 Floor Space of Buildings under Construction	本年新开工面积 Floor Space Started This Year	竣工房屋面　积 Floor Space of Buildings Completed	竣工房屋价值(万元) Value of Buildings Completed (10000 yuan)	从业人员期末人数(人) Final Number of Employed Persons (person)
99683186	**9911446**	**7316626**	**2270583**	**21544**
96593768	9911446	7316626	2270583	21204
608555		448724	131975	429
				7
229464	138504			20
2433114	405921	25000	6810	1861
50270787	4459117	3719986	1459211	8598
1456756	170000	406547	57621	312
766645	176708			143
40691551	4561196	2716369	614966	9644
25734				185
111162				5
2981648				266
226132				93
2755516				173
107770				74
				18
107770				56
18614193	1998955	1511636	561526	5604
1587753	83293	102234	21798	500
58152932	7051325	3880972	803963	15068
2981538				316
107770				56
18239000	777873	1821784	883296	
1818964		81720	24434	267
13968150	1694937	826038	289812	5715
37504565	1957913	3586660	1165663	8142
3295044	534206	620445	109945	851
30039770	3068937	1630201	413831	4466
13056693	2655453	571562	266898	2103

14-16 分地区房地产开发企业主要经济指标
Main Indicators of Real Estate Development by Region

单位：万元 (10000 yuan)

年份 地区	Year Region	资产总计 Total Assets	负债合计 Total Liabilities	所有者权益合计 Owners' Equity	主营业务收入 Revenue from Principal Business	主营业务成本 Cost of Principal Business	利润总额 Total Profits
2005		7638744	5708433	1930311	1935485	1653916	31628
2006		9346277	6663943	2682334	2519647	2013278	320243
2007		11532354	8641649	2890705	3224432	2563256	259949
2008		14624206	9494495	5129711	3439803	2739794	258924
2009		18613889	12677221	5936668	5149500	4093066	453941
2010		25874201	18398317	7475884	6755674	5322608	649961
2011		43470000	31489751	11980249	8419015	6287589	890654
2012		71072452	43317095	27755357	9863946	7787222	610619
2013		84893771	52968613	31925157	9953489	7603988	623345
2014		101241094	61424461	39816633	8919262	6929111	257089
2015		85246840	59150715	26096125	8163520	6173682	420611
2016		90336865	61038885	29297981	12174158	9406995	857077
2017		97664033	69019301	28644731	9588283	7280251	346938
2018		99377014	69790559	29586455	10751505	7880188	1815188
2019		101360615	70886640	30473975	9939891	7518549	901792
2020		98555107	70730040	27825067	8409111	6138497	613864
2021		98409256	68054061	30355195	7940940	6645258	305286
2022		96003914	65695474	30308440	7721547	6223011	392039
哈尔滨	Harbin	57101696	39864358	17237337	4905511	3957571	14379
齐齐哈尔	Qiqihar	9113920	5756998	3356922	807442	511972	58614
鸡西	Jixi	1423226	1176594	246632	342152	279038	47146
鹤岗	Hegang	427660	373920	53740	45479	54748	-8815
双鸭山	Shuangyashan	955181	688036	267145	42342	39193	-3975
大庆	Daqing	11006905	6843080	4163826	321414	276206	178002
伊春	Yichun	355892	275732	80160	65819	53447	5522
佳木斯	Jiamusi	5588888	3145300	2443588	328253	307158	64807
七台河	Qitaihe	525303	408677	116626	84566	74509	1704
牡丹江	Mudanjiang	4360303	3512089	848215	286916	254224	11520
黑河	Heihe	1853364	870946	982419	151113	137374	1786
绥化	Suihua	3200873	2706876	493997	330921	270515	20808
大兴安岭	Daxinganling	90702	72869	17833	9619	7058	542

主要统计指标解释

本年土地购置面积　指房地产开发企业本年通过各种方式获得土地使用权的土地面积。

土地购置费　指房地产开发企业通过各种方式取得土地使用权而支付的费用。土地购置费按实际发生额填报，分期付款的应分期计入。项目分期开发的，只计入与本期项目有关的土地购置费。前期支付的土地购置费，项目纳入统计后计入。

计划总投资　指房地产开发企业在建的建设工程按照总体设计（或按设计概算或预算）规定的内容全部建成计划需要的总投资。

自开始建设累计完成投资　指房地产开发企业在建的房屋建设工程或正在开发的土地开发工程从开始建设到本年末止累计完成的全部投资。

房地产开发投资　指房地产开发企业本年完成的全部用于房屋建设工程、土地开发工程的投资额以及公益性建筑和土地购置费等的投资。

本年实际到位资金　指房地产开发企业本年实际到位，可用于房地产开发的各种货币资金及来源渠道。具体细分为国内贷款、利用外资、自筹资金和其他资金。

房屋施工面积　指房地产开发企业本年施工的全部房屋建筑面积。包括本年新开工的房屋建筑面积、上年跨入本年继续施工的房屋建筑面积、上年停缓建在本年恢复施工的房屋建筑面积、本年竣工的房屋建筑面积以及本年施工后又停缓建的房屋建筑面积。多层建筑应填各层建筑面积之和。

房屋新开工面积　指房地产开发企业本年新开工建设的房屋建筑面积，以单位工程为核算对象。不包括在上年开工跨入本年继续施工的房屋建筑面积和上年停缓建而在本年恢复施工的房屋建筑面积。房屋的开工应以房屋正式开始破土刨槽（地基处理或打永久桩）的日期为准。房屋新开工面积指整栋房屋的全部建筑面积，不能分割计算。

房屋竣工面积　指房地产开发企业本年按照设计要求已全部完工，达到住人和使用条件，经验收鉴定合格或达到竣工验收标准，可正式移交使用的各栋房屋建筑面积的总和。

商品房销售面积　指房地产开发企业本年出售商品房屋的合同总面积(即双方签署的正式买卖合同中所确定的建筑面积)。

商品房销售额　指房地产开发企业本年出售商品房屋的合同总价款(即双方签署的正式买卖合同中所确定的合同总价)。该指标与商品房销售面积同口径。

Explanatory Notes on Main Statistical Indicators

Land Space Purchased in the Year refers to the area of land with its use rights already obtained in the year by real estate development companies.

Value of Land Purchased refers to the payment made by real estate development enterprises for land use rights. The actual payment of land purchased is recorded. If the payment is by installments, it should be recorded when occurring. If the project is developed by stages, the value of land purchased only related to the current project. The value of land purchased in the early stage should be recorded after the project is included in the statistics..

Total Investment Planned refers to the total amount required for the completion of the activities according to the planned design or budget for the project under construction by real estate development companies.

Accumulative Investment Actually Completed Since Starting of Construction refers to all the investment accomplished by real estate development companies in the construction of building or the development of land from the beginning to the end of the year.

Investment in Real Estate Development refers to the investment made by real estate development companies in the construction of housing, development of land, nonprofit buildings and value of land purchased.

Total Actual Funds in Place This Year refers to the total amount available for real estate development regardless of kinds of currencies or sources of the funds which are further classified as domestic loans, foreign investment, self-raising funds and others.

Floor Space of Buildings under Construction refers to the total space area of the buildings under construction in the year by real estate development companies. It includes buildings started in the year, continued from the previous year, suspended in earlier years but restarted in the year, completed in the year, and started in the year but suspended in the year as well. The floor space of a multi-storied building should be the sum of floor space of all the stories.

Floor Space of Buildings Started This Year refers to the total floor space area of the buildings started in the year by real estate development companies. It excludes the buildings started in previous years and continued in the year, and the buildings suspended in previous years but restarted in the year. The start of a construction is defined by the date of ground breaking or pile driving. The floor space of the building includes that of the entire building.

Floor Space of Buildings Completed refers to the total floor space area of the buildings completed in the year by real estate development companies, which meet the requirements as designed, reach the criteria set for people to live in or use, have passed the acceptance checks, and are ready for delivery or use.

Area of Commercialized Housing Sold refers to total contracted area of commercialized housing (i.e. area of floor space as designated in the formal contracts signed by both sides) sold by real estate development companies during the reference time. It constitutes floor space of completed housing and floor space of future housing.

Value of Commercialized Housing Sold refers to the total contracted value (i.e. value of sales/purchase for selling/purchase of commercialized housing as designated in the contract signed by both sides) received from the sales of the buildings by real estate development companies during the reference time. This indicator has the same coverage as the area of commercialized housing sold, which constitutes floor space of completed housing and floor space of housing yet to be completed.

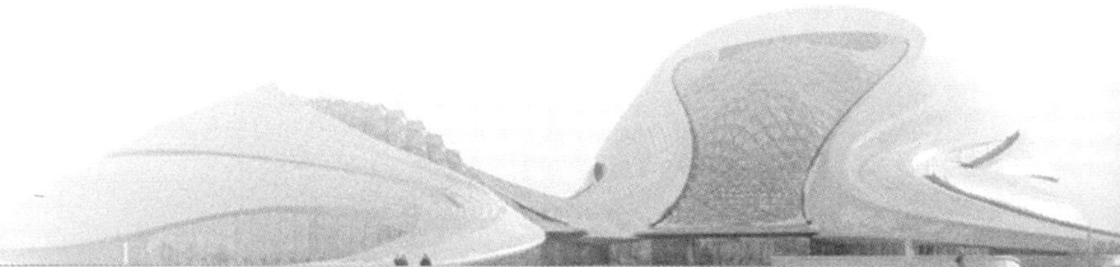

第15篇

国内贸易和旅游业

CHAPTER 15 DOMESTIC TRADE AND TOURISM

15-1 国内贸易和旅游基本情况
Basic Conditions of Domestic Trade and Tourism

单位：亿元 (100 million yuan)

指 标	Item	2018	2019	2020	2021	2022
社会消费品零售总额	**Total Retail Sales of Consumer Goods**	**5275.0**	**5603.9**	**5092.3**	**5542.9**	**5210.0**
按地区分	By Region					
城 镇	City	4588.7	4869.5	4473.5	4853.8	4565.3
#城 区	County	3894.3	4131.8	3269.1	3465.2	3339.7
乡 村	Under County Level	686.2	734.4	618.8	689.1	644.7
按行业分	By Sector					
批发和零售业	Wholesale and Retail Trade	4652.4	4944.1	4591.5	5000.7	4716.7
住宿和餐饮业	Hotels and Catering Services	622.5	659.8	500.8	542.2	493.3
限上批发零售业企业情况	**Indicators of Enterprise above Designated Size in Wholesale and Retail Trade**					
企业数 (个)	Number of Enterprises (unit)	1681	1944	2214	2879	3627
从业人数 (万人)	Employee (10000 persons)	12.5	13.0	13.6	14.3	14.9
商品销售总额	Total Sales	5025.1	5532.3	6639.6	8126.3	10191.9
限上住宿和餐饮业企业情况	**Indicators of Enterprise above Designated Size in Hotels and Catering Services**					
企业数 (个)	Number of Enterprises (unit)	271	284	267	359	466
从业人数 (万人)	Employee (10000 persons)	2.1	2.0	1.7	1.9	2.0
营业额	Business Revenue	34.7	33.8	23.3	32.8	37.5
限上连锁店情况	**Indicators of Branch Chain Store above Designated Size**					
连锁门店数 (个)	Number of Branch Chain Store (unit)	1590	1732	1715	2222	2960
营业面积 (万平方米)	Business Areas (10000 sq.m)	51.4	45.2	42.5	53.1	61.1
从业人员 (人)	Number of Person Employed (person)	16694	15952	13035	16312	19556
销售总额	Total Sales	222.9	228.6	189.9	237.9	222.0
旅 游	**Tourism**					
国际旅游人数 (万人)	Number of International Tourists (10000 person)	109.2	110.7	16.5		
外国人	Foreigners	104.1	99.3	13.8		
港、澳、台合计	Tourists from Hong Kong, Macao and Taiwan	5.0	11.4	2.6		
香港同胞	Chinese Compatriots from Hong Kong	1.4	5.9	1.7		
澳门同胞	Chinese Compatriots from Macao	0.1	0.8	0.5		
台湾同胞	Chinese Compatriots from Taiwan Province	3.5	4.6	0.4		
旅游外汇收入总额 (亿美元)	Total of Foreign Exchange Earnings (USD 100 million)	5.4	6.3			
旅游外汇收入总额 (亿元)	Total of Foreign Exchange Earnings (100 million yuan)			15.9		
国内旅游人数 (亿人次)	Number of Domestic Tourists (100 million person-times)	1.8	2.2	1.4	1.6	1.2
国内旅游收入 (亿元)	Receipts of Domestic Tourism (100 million yuan)	2208	2604	1629	1345	706

15-2 社会消费品零售总额(1978-2009年)
Total Retail Sale of Consumer Goods(1978-2009)

单位：亿元 (100 million yuan)

年份 Year	社会消费品零售总额 Total Retail Sale of Consumer Goods	按地区分 By Region			按行业分 By Sector				
		市 City	县 County	县以下 Under County Level	批发和零售业 Wholesale and Retail Trade	住宿和餐饮业 Hotels and Catering Services	制造业 Manufacturing	农业生产者 Farm Producers	其他 Others
1978	61.8	23.3	23.8	14.7	53.2	2.4	2.9		3.3
1980	81.0	37.1	23.9	20.0	68.6	3.7	4.4		4.3
1985	156.7	86.2	46.7	23.8	119.8	9.0	11.3		16.6
1990	341.0	199.5	74.6	66.9	271.4	17.9	19.6	19.1	13.0
1991	352.2	231.7	82.9	37.6	276.2	19.1	21.7		35.2
1992	403.0	269.9	84.3	48.8	313.9	20.8	24.0		44.3
1993	448.9	315.8	81.5	51.7	354.7	23.6	24.2	30.5	15.8
1994	526.6	370.6	92.3	63.7	401.3	34.0	29.3	45.6	16.3
1995	636.6	444.5	108.2	83.9	488.9	39.0	27.7	57.3	23.7
1996	712.5	504.8	113.0	94.6	547.4	49.5	34.3	66.5	14.9
1997	783.3	554.6	124.2	104.5	608.3	56.4	33.7	72.0	12.9
1998	825.7	591.1	120.0	114.6	638.2	67.1	32.1	75.8	12.4
1999	863.1	616.5	127.8	118.7	661.2	73.8	35.3	77.4	15.5
2000	907.8	651.6	133.3	123.1	704.3	81.7	32.9	73.2	15.8
2001	971.9	703.2	139.0	129.5	753.2	94.0	37.3	69.2	18.4
2002	1045.4	760.0	147.8	137.6	815.8	107.5	34.8	68.4	18.9
2003	1065.0	788.8	144.4	131.8	922.2	117.8			24.9
2004	1182.1	881.0	156.4	144.6	1019.4	135.3			27.3
2005	1315.8	989.1	169.2	157.5	1134.8	152.6			28.3
2006	1470.5	1122.3	175.0	173.1	1265.1	177.5			27.9
2007	1689.7	1304.6	197.9	187.2	1455.8	206.1			27.7
2008	2026.2	1571.4	232.1	222.6	1745.7	250.8			29.6
2009	2298.5	1783.8	260.9	253.9	1977.7	290.1			30.7

注：1.2000及以后商品购进、销售和库存总额为限额以上企业统计口径。
2.2003年起社会消费品零售总额不再包括“制造业”企业的科、室对居民及社会集团的零售额和“农业生产者”对非农业居民的零售额。
3.2005年及以前社会消费品零售总额不包括住宿业统计，所以住宿和餐饮业数据中不含住宿业(下同)。
4.1993年之后数据根据第四次全国经济普查结果进行修订。

a) The total purchases, sales and inventory only include enterprises above designated size from 2000.
b) The total retail sales of consumer goods do not include the retail sales of residents and social groups sold by unit of manufacturing and the retail sales sold by farmers to non-agricultural residents from 2003.
c) The total retail sales of consumer goods before 2005 do not include the statistics of hotel, so the number of hotel and food services do not include hotel(the same below).
d) The data after 1993 were revised on the basis of the results of the fourth national economic census.

15-3　社会消费品零售总额
Total Retail Sale of Consumer Goods

单位：亿元　　(100 million yuan)

年　份 Year	社会消费品零售总额 Total Retail Sale of Consumer Goods	按地区分 By Region			按行业分 By Sector	
		城　镇 City	#城　区 County	乡　村 Under County Level	批发和零售业 Wholesale and Retail Trade	住宿和餐饮业 Hotels and Catering Services
2010	2663.8	2364.8	1890.3	298.9	2336.3	327.5
2011	3056.1	2714.3	2175.9	341.8	2677.9	378.3
2012	3449.7	3025.3	2415.5	424.4	3016.4	433.3
2013	3835.0	3362.4	2700.3	472.7	3379.2	455.9
2014	4201.3	3682.4	2959.1	518.9	3716.8	484.6
2015	4471.0	3912.5	3256.0	558.4	3943.9	527.1
2016	4794.1	4193.0	3499.6	601.1	4224.4	569.7
2017	5077.4	4441.2	3711.5	636.2	4473.0	604.4
2018	5275.0	4588.7	3894.3	686.2	4652.4	622.5
2019	5603.9	4869.5	4131.8	734.4	4944.1	659.8
2020	5092.3	4473.5	3269.1	618.8	4591.5	500.8
2021	5542.9	4853.8	3465.2	689.1	5000.7	542.2
2022	5210.0	4565.3	3339.7	644.7	4716.7	493.3

15-4 限额以上批发和零售业企业商品销售情况(2022年)

单位：万元

类　别	Category	企业数(个) Number of Enterprises (unit)
总　计	**Total**	**3627**
批发业	**Wholesale Trade**	**1714**
按登记注册类型分组	**Grouped by Status of Registration**	
内资企业	Domestic Funded Enterprises	1707
国有企业	State-owned Enterprises	66
集体企业	Collective-owned Enterprises	3
股份合作企业	Cooperative Enterprises	
联营企业	Joint Ownership Enterprises	
有限责任公司	Limited Liability Corporations	454
国有独资企业	Sole State-funded Corporations	25
其他有限责任公司	Others Limited Liability Corporations	429
股份有限公司	Share-holding Corporations Ltd.	31
私营企业	Private Enterprises	1144
私营独资企业	Private-funded Enterprises	41
私营合伙企业	Private Partnership Enterprises	2
私营有限责任公司	Private Limited Liability Corporations	1088
私营股份有限公司	Private Share-holding Corporations Ltd.	13
其他企业	Other Enterprises	9
港、澳、台商投资企业	Enterprises with Funds from Hong Kong, Macao and Taiwan	4
外商投资企业	Foreign Funded Enterprises	3
按国民经济行业分组	**Grouped by Sector**	
农、林、牧产品批发	Wholesale of Agriculture, Forestry and Livestock Products	525
食品、饮料及烟草制品批发	Wholesale of Foods, Beverages and Tobaccos	194
#米、面制品及食用油批发	Wholesale of Rice, Flour and Edible Oil	59
烟草制品批发	Wholesale of Tobaccos	17
纺织、服装及家庭用品批发	Wholesale of Textile, Wearing Apparel and Household Articles	46
#服装批发	Wholesale of Garments	17
文化、体育用品及器材批发	Wholesale of Culture, Sports Appliances and Equipment	24
医药及医疗器材批发业	Wholesale of Medicines and Medical Appliances	219
矿产品、建材及化工产品批发	Wholesale of Mineral Products, Building Materials and Chemical Products	470
#煤炭及制品批发	Wholesale of Coal and Related Products	132
石油及制品批发	Wholesale of Petroleum and Related Products	38
金属及金属矿批发	Wholesale of Metal Materials	73
建材批发	Wholesale of Building Materials	91
化肥批发	Wholesale of Chemical Fertilizer	54
机械设备五金产品及电子产品批发	Wholesale of Machinery, Hardware and Electronics	202
#汽车及零配件批发	Wholesale of Automobiles and Their Accessories	62
摩托车及零配件批发	Wholesale of Motorcycles and Their Accessories	2
五金产品批发	Wholesale of Hardware Products	8
计算机、软件及辅助设备批发	Wholesale of Computer, Software and Assistant Appliances	17
贸易经纪与代理	Trade Broker and Agency	15
其他批发业	Other Wholesale not Classified Elsewhere	19

Sales Statistics of Enterprise above Designated Size in Wholesale and Retail Trade(2022)

(10000 yuan)

商　品 购进额 Total Purchases	从业人数 (人) Employment (person)	商品销售 总　额 Total Sales	批　发 Wholesale Trade	零　售 Retail Trade
91024089	**148774**	**101918688**	**85430988**	**16487700**
76290597	**56878**	**85287087**	**82527929**	**2759158**
76154944	56783	81862900	79103790	2759110
9334167	8788	10744685	10441974	302710
21220	37	32376	26975	5401
48978322	22488	51548859	51036093	512766
1202465	855	1351166	1350750	415
47775857	21633	50197693	49685342	512351
2353440	5305	2787098	1664747	1122351
15407635	20083	16676307	15862320	813987
408989	517	456058	426802	29255
14078	28	17653	12664	4990
14746039	19043	15811315	15108493	702822
238529	495	391281	314362	76919
60160	82	73575	71681	1894
129349	17	131028	130980	48
6303	78	3293159	3293159	
14486737	9451	15642173	15409988	232185
8373267	15368	10492712	10284363	208349
3325183	2163	3468769	3417148	51621
2377943	5921	3415825	3415825	
581180	2359	791779	643221	148558
167754	1334	209443	171162	38281
333068	915	354947	337716	17231
4767288	12269	5258314	5116268	142046
43368597	11213	44840541	43034255	1806285
4840419	1357	5110307	5065275	45032
2153106	5422	2838814	1353331	1485483
10485711	740	10492308	10389281	103027
1286128	1267	1380138	1246474	133664
3284702	925	3394432	3385146	9287
2676552	4733	6128067	6025486	102582
377076	996	3683299	3675659	7641
5790	32	5185	5185	
69810	41	82497	79901	2596
133003	363	133935	129677	4258
70677	161	88507	87156	1351
1633230	409	1690046	1589478	100569

15-4 续表

单位：万元

类　别	Category	企业数（个）Number of Enterprises (unit)
零售业	**Retail Trade**	**1913**
按登记注册类型分组	**Grouped by Status of Registration**	
内资企业	Domestic Funded Enterprises	1876
国有企业	State-owned Enterprises	24
集体企业	Collective-owned Enterprises	10
股份合作企业	Cooperative Enterprises	16
联营企业	Joint Ownership Enterprises	2
有限责任公司	Limited Liability Corporations	447
国有独资企业	Sole State-funded Corporations	11
其他有限责任公司	Others Limited Liability Corporations	436
股份有限公司	Share-holding Corporations Ltd.	32
私营企业	Private Enterprises	1335
私营独资企业	Private-funded Enterprises	90
私营合伙企业	Private Partnership Enterprises	11
私营有限责任公司	Private Limited Liability Corporations	1218
私营股份有限公司	Private Share-holding Corporations Ltd.	16
其他企业	Other Enterprises	10
港、澳、台商投资企业	Enterprises with Funds from Hong Kong, Macao and Taiwan	24
外商投资企业	Foreign Funded Enterprises	13
按国民经济行业分组	**Grouped by Sector**	
综合零售	Integrated Retail	219
#百货零售	Retail of General Merchandise	104
超级市场零售	Retail of Supermarkets	103
食品、饮料及烟草制品专门零售	Special Retail of Food, Beverages and Tobaccos	233
纺织、服装及日用品专门零售	Special Retail of Textiles, Garments and Daily Consumer Articles	49
#服装零售	Retail of Garments	35
文化、体育用品及器材专门零售	Special Retail of Culture, Sports Appliances and Equipment	95
#体育用品及器材零售	Retail of Sports Appliances and Equipment	7
图书、报刊零售	Retail of Books, Newspapers and Magazines	70
医药及医疗器材专门零售	Special Retail of Medicines and Medical Appliances	183
#药品零售	Retail of Medicines	170
汽车、摩托车、零配件和燃料及其他动力销售	Retail of Motor Vehicles, Motorcycles, Parts, and Fuel and Other Powers	801
#汽车零售	Retail of Motor Vehicles	538
机动车燃料零售	Retail of Fuel of Motor Vehicles	247
家用电器及电子产品专门零售	Special Retail of Household Electric Appliances and Electronic Products	161
#家用视听设备零售	Retail of Household Electric Appliances	4
计算机、软件及辅助设备零售	Retail of Computer, Software and Assistant Appliances	29
通信设备零售	Retail of Communication Equipments	52
五金、家具及室内装修材料专门零售	Special Retail of Hardware, Furniture and Interior Decoration Materials	43
货摊、无店铺及其他零售业	Stalls, Non-shop and Other Retails	129
#邮购及电视、电话零售	Mail Order, Television and Telephone Selling	

Continued

(10000 yuan)

商　品 购进额 Total Purchases	从业人数 (人) Employment (person)	商品销售 总　额 Total Sales	批　发 Wholesale Trade	零　售 Retail Trade
14733493	**91896**	**16631601**	**2903059**	**13728543**
13901222	86249	15275091	2546706	12728385
160690	2578	204990	25430	179559
18360	526	18921	3722	15199
45387	530	43462	3981	39481
9127	25	9515	1141	8374
4649168	25336	4938994	809679	4129315
49030	207	48664	926	47738
4600138	25129	4890330	808753	4081577
1991981	6679	2651885	1110313	1541572
6999606	50471	7377180	591714	6785465
178122	1031	201436	35009	166427
46991	174	48044	3552	44492
6622652	48533	6965222	546385	6418836
151841	733	162478	6768	155710
26903	104	30145	725	29420
471404	3793	503310	8536	494774
360867	1854	853200	347816	505384
2511832	28311	2931699	48374	2883325
1147189	11894	1531430	38698	1492732
1351931	16076	1377244	8254	1368990
562435	3635	634631	103786	530846
273769	3481	323157	682	322476
240140	2763	278985	533	278452
222487	2914	255227	16358	238869
23264	285	46498	2411	44088
163688	2130	161597	11721	149876
988563	20799	1174520	73073	1101447
960216	20452	1140263	72309	1067954
8416109	26524	9473334	2332084	7141250
5291061	17153	5269952	296097	4973855
3099654	9262	4171474	2033883	2137591
838733	4027	890664	171897	718767
9776	194	12061	313	11747
64015	390	75695	16882	58812
351689	1352	372698	24674	348024
78019	943	92116	7242	84874
841545	1262	856253	149565	706688

15-5 限额以上批发和零售业商品分类销售额(2022年)
Total Sales of Enterprise above Designated Size in Wholesale and Retail Trade by Category of Commodities(2022)

单位：万元 (10000 yuan)

项目	Item	销售合计 Total	批发 Wholesale Trade	零售 Retail Trade
合计	**Total**	**92418363**	**76224113**	**16194251**
粮油、食品类	Grain and Oil,Food	14375997	12348458	2027539
#粮油类	Grain and Oil	10065834	9396344	669490
肉禽蛋类	Meat, Poultry and Eggs	685985	362116	323869
水产品类	Aquatic Products	84940	1803	83137
蔬菜类	Vegetables	238527	19840	218687
干鲜果品类	Dry and Fresh Fruits	367232	108658	258574
饮料类	Beverages	507093	295447	211646
烟酒类	Tobacco and Liquor	3814128	3572441	241687
服装、鞋帽、针纺织品类	Clothing, Shoes, Hats and Textiles	1403866	184741	1219125
#服装类	Clothing	1045411	101785	943625
鞋帽类	Shoes and Hats	273255	50247	223008
针纺织品类	Knitwear and Textiles	85200	32708	52492
化妆品类	Cosmetics	230633	62082	168551
金银珠宝类	Gold, Silver and Jewelry	321087	114937	206150
日用品类	Articles for Daily Use	514998	63384	451614
#可穿戴智能设备	Wearable Smart Devices	15648	5203	10445
五金、电料类	Hardware and Electrical Materials	88885	65739	23145
体育、娱乐用品类	Sports and Recreation Articles	48919	2074	46845
书报、杂志类	Newspapers and Magazines	280711	129758	150953
电子出版物及音像制品类	E-journal and Video Products	4356	2743	1613
家用电器及音像器材类	Household Appliances and Video Appliances	848399	295238	553161
中西药品类	Traditional Chinese and Western Medicines	5744874	4577236	1167638
文化办公用品类	Cultural and Official Goods	299315	107208	192107
家具类	Furniture	83018	2692	80326
通信器材类	Communication Appliances	762899	324218	438681
煤炭及制品类	Coal and Related Product	6564521	6389333	175188
木材及制品类	Wood and Wooden Product	1572584	1572584	
石油及制品类	Petroleum Related Product	25204114	21754406	3449708
化工材料及制品类	Chemical Materials and Products	4216627	4216627	
#化肥类	Fertilizer	2858267	2858267	
金属材料类	Metal Materials	6259833	6259833	
建筑及装潢材料类	Building and Decoration Materials	191517	155695	35822
机电产品及设备类	Mechanical and Electrical Products	579793	572270	7523
汽车类	Automobiles	8536017	3593843	4942174
种子饲料类	Seed and Feedstuff	3435092	3435092	
棉麻类	Cotton and Hemp	1592	1449	143
其他类	Others	6527499	6124587	402912

15-6　分地区限额以上批发和零售业商品销售情况(2022年)
Sales Statistics of Enterprise above Designated Size in Wholesale and Retail Trade by Region(2022)

地　区	Region	企业数(个) Number of Enterprises (unit)	产业活动单位数(个) Number of Establishments (unit)	从业人数(人) Employment (person)
全　省	**Total**	**3627**	**7300**	**148774**
哈尔滨	Harbin	1315	2636	66865
齐齐哈尔	Qiqihar	326	708	15601
鸡　西	Jixi	210	667	6628
鹤　岗	Hegang	109	345	5768
双鸭山	Shuangyashan	74	116	2701
大　庆	Daqing	384	676	13912
伊　春	Yichun	51	284	1538
佳木斯	Jiamusi	351	327	8915
七台河	Qitaihe	69	38	1963
牡丹江	Mudanjiang	371	407	10490
黑　河	Heihe	153	296	3499
绥　化	Suihua	188	731	10225
大兴安岭	Daxinganling	26	69	669

15-6　续表　Continued

地　区	Region	商品销售总额(万元) Total Sales (10000 yuan)		
		合　计 Total	批　发 Wholesale Trade	零　售 Retail Trade
全　省	**Total**	**101918688**	**85430988**	**16487700**
哈尔滨	Harbin	46466334	39040257	7426077
齐齐哈尔	Qiqihar	8220896	6899620	1321276
鸡　西	Jixi	1651525	1049705	601820
鹤　岗	Hegang	920919	528519	392401
双鸭山	Shuangyashan	839144	575499	263645
大　庆	Daqing	24145962	22106430	2039532
伊　春	Yichun	1250416	1099489	150927
佳木斯	Jiamusi	6479073	4850612	1628460
七台河	Qitaihe	956989	635793	321196
牡丹江	Mudanjiang	5686664	4475286	1211378
黑　河	Heihe	2781719	2480222	301497
绥　化	Suihua	2292782	1544639	748143
大兴安岭	Daxinganling	226266	144916	81350

15-7 限额以上住宿和餐饮业企业经营状况(2022年)
Sales Statistics of Enterprices of Accomodation and Catering Services Above Designated Size(2022)

项　目	Item	企业数(个) Number of Enterprises (unit)	从业人数(人) Employ-ment (person)	营业额(万元) Business Revenue (10000 yuan)	#客房收入 Guest Room Revenue	#餐费收入 Food Revenue
总　计	**Total**	**466**	**19660**	**374606**	**148450**	**193147**
住宿业	**Accommodation**	**278**	**12273**	**212607**	**139953**	**47917**
按登记注册类型分组	**Grouped by Status of Registration**					
内资企业	Domestic Funded Enterprises	271	11084	191776	129761	39560
国有企业	State-owned Enterprises	23	2034	24119	12858	8647
集体企业	Collective-owned Enterprises	2	80	856	512	119
股份合作企业	Cooperative Enterprises					
联营企业	Joint Ownership Enterprises					
有限责任公司	Limited Liability Corporations	86	4283	66852	43614	11903
国有独资企业	Sole State-funded Corporations	13	1267	11192	5124	3850
其他有限责任公司	Others Limited Liability Corporations	73	3016	55659	38491	8053
股份有限公司	Share-holding Corporations Ltd.	7	538	10391	3652	2255
私营企业	Private Enterprises	151	4116	88774	68404	16576
私营独资企业	Private-funded Enterprises	14	233	4778	4005	671
私营合伙企业	Private Partnership Enterprises					
私营有限责任公司	Private Limited Liability Corporations	131	3734	78846	59968	15394
私营股份有限公司	Private Share-holding Corporations Ltd.	6	149	5151	4432	511
其他企业	Other Enterprises	2	33	785	721	60
港、澳、台商投资企业	Enterprises with Funds from Hong Kong, Macao and Taiwan	5	758	9855	4444	4127
合资经营企业	Joint-venture Enterprises	1	60	576	462	103
合作经营企业	Cooperative Enterprises					
独资企业	Enterprises with Sole Investment	4	698	9279	3982	4024
投资股份有限公司	Share-holding Corporations Ltd. with Investment					
其他港澳台投资企业	Other Enterprises					
外商投资企业	Foreign Funded Enterprises	2	431	10976	5749	4230
中外合资经营企业	Joint-venture Enterprises					
中外合作经营企业	Cooperative Enterprises					
外资企业	Enterprises with Sole Foreign Investment	2	431	10976	5749	4230
外商投资股份有限公司	Share-holding Corporations Ltd. with Foreign Investment					
其他外商投资企业	Other Foreign Investment Enterprise					
按住宿行业小类分组	**Grouped by Small Kind of Points**					
旅游饭店	Tourist Hotel	135	8396	141074	83988	35997
一般旅馆	General Hotel	124	3394	61545	47883	11019
其他住宿业	Other Accommodation	19	483	9988	8082	900
按星级分组	**Grouped by Star**					
五　星	Five-star Hotel	13	1614	27675	13989	10793
四　星	Four-star Hotel	43	3943	59136	32692	16236
三　星	Three-star Hotel	38	894	18711	14482	3169
二　星	Two-star Hotel	7	256	6217	5657	442
一　星	One-star Hotel	3	35	539	362	53
其　他	Others	174	5531	100329	72771	17223

15-7　续表　Continued

项　目	Item	企业数（个）Number of Enterprises (unit)	从业人数（人）Employment (person)	营业额（万元）Business Revenue (10000 yuan)	#客房收入 Guest Room Revenue	#餐费收入 Food Revenue
餐饮业	**Restaurants**	**188**	**7387**	**161999**	**8498**	**145230**
按登记注册类型分组	**Grouped by Status of Registration**					
内资企业	Domestic Funded Enterprises	185	6894	148913	8498	132627
国有企业	State-owned Enterprises	3	164	1673	641	1015
集体企业	Collective-owned Enterprises					
股份合作企业	Cooperative Enterprises	1	10	226		226
联营企业	Joint Ownership Enterprises					
有限责任公司	Limited Liability Corporations	34	2712	56806	3336	51397
国有独资企业	Sole State-funded Corporations	2	136	1251	619	632
其他有限责任公司	Others Limited Liability Corporations	32	2576	55555	2717	50765
股份有限公司	Share-holding Corporations Ltd.	3	54	972		972
私营企业	Private Enterprises	144	3954	89235	4521	79017
私营独资企业	Private-funded Enterprises	13	208	4145	565	3581
私营合伙企业	Private Partnership Enterprises	17	238	4124		4124
私营有限责任公司	Private Limited Liability Corporations	112	3437	80538	3957	70897
私营股份有限公司	Private Share-holding Corporations Ltd.	2	71	429		415
其他企业	Other Enterprises					
港、澳、台商投资企业	Enterprises with Funds from Hong Kong, Macao and Taiwan	2	279	10224		9741
合资经营企业	Joint-venture Enterprises	1	218	3307		3261
合作经营企业	Cooperative Enterprises					
独资企业	Enterprises with Sole Investment	1	61	6917		6480
投资股份有限公司	Share-holding Corporations Ltd. with Investment					
其他港澳台投资企业	Other Enterprises					
外商投资企业	Foreign Funded Enterprises	1	214	2862		2862
中外合资经营企业	Joint-venture Enterprises					
中外合作经营企业	Cooperative Enterprises					
外资企业	Enterprises with Sole Foreign Investment	1	214	2862		2862
外商投资股份有限公司	Share-holding Corporations Ltd. with Foreign Investment					
其他外商投资企业	Other Foreign Investment Enterprise					
按国民经济行业分组	**Grouped by Sector**					
正餐服务业	Dinner Service	142	4130	82220	8498	68823
快餐服务业	Snack Service	15	2038	45560		44006
饮料及冷饮服务业	Beverage and Cold Drink Service	3	145	6014		5394
餐饮配送及外卖送餐服务	Catering Distribution and Delivery Service	25	969	25261		24202
其他餐饮业	Other Restaurants	3	105	2945		2805

15-8 分地区限额以上住宿和餐饮业经营状况(2022年)
Sales Statistics of Accommodation and Restaurants Above Designated Size by Region(2022)

地区	Region	住宿业 Accommodation 企业数(个) Number of Enterprises (unit)	从业人数(人) Employment (person)	营业额(万元) Business Revenue (10000 yuan)	#客房收入 Guest Room Revenue	#餐费收入 Food Revenue
全 省	**Total**	**278**	**12273**	**212607**	**139953**	**47917**
哈尔滨	Harbin	138	6622	131314	87180	25690
齐齐哈尔	Qiqihar	16	561	9458	5603	3104
鸡 西	Jixi	10	161	2438	2022	84
鹤 岗	Hegang	7	299	3729	2380	1349
双鸭山	Shuangyashan	6	212	2499	1604	806
大 庆	Daqing	15	848	12264	8500	2717
伊 春	Yichun	12	473	5500	3666	1555
佳木斯	Jiamusi	15	436	6545	4407	1807
七台河	Qitaihe	6	194	1894	1378	484
牡丹江	Mudanjiang	22	1022	18306	12066	4540
黑 河	Heihe	10	400	6001	4131	1310
绥 化	Suihua	11	454	5712	3438	1504
大兴安岭	Daxinganling	10	591	6948	3579	2968

15-8 续表 Continued

地区	Region	餐饮业 Restaurants 企业数(个) Number of Enterprises (unit)	从业人数(人) Employment (person)	营业额(万元) Business Revenue (10000 yuan)	#客房收入 Guest Room Revenue	#餐费收入 Food Revenue
全 省	**Total**	**188**	**7387**	**161999**	**8498**	**145230**
哈尔滨	Harbin	81	4354	105568	2380	97521
齐齐哈尔	Qiqihar	6	230	6146	274	5630
鸡 西	Jixi	12	295	6760	1389	4436
鹤 岗	Hegang	19	479	7900	144	7450
双鸭山	Shuangyashan	6	300	3650	317	3333
大 庆	Daqing	13	354	8732	1036	7397
伊 春	Yichun	6	164	1906	603	1303
佳木斯	Jiamusi	21	559	9304	882	8005
七台河	Qitaihe					
牡丹江	Mudanjiang	14	402	7805	850	6825
黑 河	Heihe	4	85	1459	189	1015
绥 化	Suihua	6	165	2769	434	2314
大兴安岭	Daxinganling					

15-9　限额以上批发和零售业商品销售数量(2022年)
Total Sales Number of Enterprise above Designated Size in Wholesale and Retail Trade by Commodities(2022)

品　名		Item		购进量 Total Purchases Volume	销售量 Total Sales Volume
大米(稻米)	(吨)	Rice (rice)	(ton)	4636761	4831624
面粉(小麦面)	(吨)	Flour (wheat flour)	(ton)	11622	19316
小麦	(吨)	Wheat	(ton)	151719	362124
玉米	(吨)	Corn	(ton)	11851674	12245886
大豆	(吨)	Soybean	(ton)	708122	742887
薯类	(吨)	Tubers	(ton)	1196	1137
食用植物油	(吨)	Edible Vegetable Oil	(ton)	105886	92552
猪肉	(吨)	Pork	(ton)	62137	64823
牛肉	(吨)	Beef	(ton)	14144	14510
羊肉	(吨)	Lamb	(ton)	1532	1600
禽肉	(吨)	Meat of Poultry	(ton)	12436	12745
鲜蛋	(吨)	Fresh Eggs	(ton)	7568	7447
彩色电视机	(台)	Color TV	(unit)	145973	151601
家用电冰箱	(台)	Household Refrigerator	(unit)	514888	532564
房间空调器	(台)	Household Air Conditioner	(unit)	94728	99421
电脑(微型计算机)	(台)	Computer (microcomputer)	(unit)	29945	34379
钢材	(吨)	Steel Products	(ton)	1707089	1679846
铝	(吨)	Aluminum	(ton)	18604	19466
水泥	(吨)	Cement	(ton)	808088	824839
化学肥料	(吨)	Chemical Fertilizers	(ton)	377346163	374181781
化学农药	(吨)	Chemical Pesticide	(ton)	28825	32777
汽车	(辆)	Motor Vehicles	(unit)	1234541	1186095
#轿车	(辆)	Car	(unit)	577666	560404

15-10 限额以上批发和零售业企业财务状况(2022年)

单位：万元

项 目	Item	企业数(个) Numbers of Enterprises (unit)	流动资产小计 Circulating Funds
总 计	**Total**	**3627**	**44540981**
批发企业	**Wholesale Trade**	**1714**	**38273757**
按登记注册类型分组	**Grouped by Status of Registration**		
内资企业	Domestic Funded Enterprises	1707	37792420
国有企业	State-owned Enterprises	66	9122585
集体企业	Collective-owned Enterprises	3	17278
股份合作企业	Cooperative Enterprises		
联营企业	Joint Ownership Enterprises		
有限责任公司	Limited Liability Corporations	454	19962976
国有独资企业	Sole State-funded Corporations	25	400746
其他有限责任公司	Others Limited Liability Corporations	429	19562229
股份有限公司	Share-holding Corporations Ltd.	31	1770749
私营企业	Private Enterprises	1144	6889898
其他企业	Other Enterprises	9	28935
港、澳、台商投资企业	Enterprises with Funds from Hong Kong, Macao and Taiwan	4	82649
外商投资企业	Foreign Funded Enterprises	3	398689
按国民经济行业分组	**Grouped by Sector**		
农、林、牧产品批发	Wholesale of Agriculture, Forestry and Livestock Products	525	13274541
食品、饮料及烟草制品批发	Wholesale of Foods, Beverages and Tobaccos	194	7792449
#米、面制品及食用油批发	Wholesale of Rice, Flour and Edible Oil	59	2894515
烟草制品批发	Wholesale of Tobaccos	17	1382894
纺织、服装及家庭用品批发	Wholesale of Textile, Wearing Apparel and Household Articles	46	406418
#服装批发	Wholesale of Garments	17	77133
文化、体育用品及器材批发	Wholesale of Culture, Sports Appliances and Equipment	24	343941
医药及医疗器材批发	Wholesale of Medicines and Medical Appliances	219	3627493
矿产品、建材及化工产品批发	Wholesale of Mineral Products, Building Materials and Chemical Products	470	10135303
#煤炭及制品批发	Wholesale of Coal and Related Products	132	969592
石油及制品批发	Wholesale of Petroleum and Related Products	38	187172
金属及金属矿批发	Wholesale of Metal Materials	73	1975490
建材批发	Wholesale of Building Materials	91	1589749
化肥批发	Wholesale of Chemical Fertilizer	54	3479886
机械设备五金交电及电子产品批发	Wholesale of Machinery, Hardware and Electronics	202	2392240
#汽车摩托车及零配件批发	Wholesale of Automobiles, Motorcycles and Their Accessories	64	589533
五金产品批发	Wholesale of Hardware Products	8	12849
计算机软件及辅助设备批发	Wholesale of Computer, Software and Assistant Appliances	17	52990
贸易经纪与代理	Trade Broker and Agency	15	40034
其他批发业	Other Wholesale not Classified Elsewhere	19	261340

注：本表中数据按照批发零售住宿餐饮业财务报表填报，企业个数是指有财务活动的企业个数。

a) Data in this table according to wholesale and retail hotels and catering provided financial statements, enterprise number refers to the number of enterprise financial activities.

Financial Indicators of Enterprise above Designated Size in Wholesale and Retail Trade(2022)

(10000 yuan)

资产合计 Total Assets	负债合计 Total Liabilities	实收资本 Paid-in Capital	固定资产原价 Original Value of Fixed Assets	累计折旧 Total Depreciation	营业收入 Revenue in Business	营业成本 Cost in Business	税金及附加 Tax and Extra Changes in Business
54620098	**44304080**	**9336495**	**5117005**	**2203314**	**91502549**	**86116033**	**538510**
45737698	**36920859**	**4422141**	**2694768**	**1080895**	**76810651**	**73025153**	**492712**
45256080	36488199	4386532	2694399	1080699	73787284	70004902	490895
9563605	8379802	211008	524899	286347	9771323	8782177	411608
26635	32128	9283	14202	2464	30887	28511	30
23266595	19608552	2721023	1166242	390443	46227398	44494892	47535
515074	362386	92483	110512	45126	1195074	1164140	1747
22751522	19246166	2628540	1055731	345317	45032324	43330752	45788
4771130	2461898	577910	532806	226899	2428179	2316208	5431
7592653	5976662	864237	447601	171982	15262057	14320594	26279
35462	29158	3070	8650	2563	67440	62520	11
82765	44508	34779	197	81	115786	114536	72
398854	388153	829	172	115	2907581	2905715	1745
16619855	13212197	1607541	1156739	395132	14426701	13956485	15985
8791557	7247074	704734	393508	194564	9418311	7699125	413255
3623587	3036471	563222	101413	26665	3178788	3124138	3537
1520917	681686	30155	246439	152940	3032333	2158635	403576
554026	262530	70021	14148	8210	700007	517925	2096
83874	83364	6369	6722	5371	173684	151314	261
691955	303562	192956	70093	16172	335710	307166	714
3884369	3262782	436626	144111	64243	4711449	4241512	15955
11383050	9752119	1085592	738882	334218	40104713	39326859	37533
1055624	724699	170629	37807	16081	4508556	4337227	7269
544192	444437	52163	510573	260988	2497875	2329399	6211
2225858	1686775	467364	29031	7062	9333976	9158955	6471
1814381	1609594	125228	78591	20424	1241052	1197915	1847
3694511	3342869	118239	63647	20184	3147249	3054400	2559
3486960	2585141	301769	165415	63143	5446125	5319408	5023
609275	548447	39780	21532	10677	3281008	3249605	2053
13453	10190	2996	708	205	58736	57871	13
58532	41434	9449	1510	1164	133911	124841	78
46688	38955	3973	3736	2051	83620	79396	73
279239	256499	18931	8136	3163	1584017	1577277	2077

15-10 续表1

单位：万元

项 目	Item	企业数（个）Numbers of Enterprises (unit)
零售企业	**Retail Trade**	**1913**
按登记注册类型分组	**Grouped by Status of Registration**	
内资企业	Domestic Funded Enterprises	1876
国有企业	State-owned Enterprises	24
集体企业	Collective-owned Enterprises	10
股份合作企业	Cooperative Enterprises	16
联营企业	Joint Ownership Enterprises	2
有限责任公司	Limited Liability Corporations	447
国有独资企业	Sole State-funded Corporations	11
其他有限责任公司	Others Limited Liability Corporations	436
股份有限公司	Share-holding Corporations Ltd.	32
私营企业	Private Enterprises	1335
其他企业	Other Enterprises	10
港、澳、台商投资企业	Enterprises with Funds from Hong Kong, Macao and Taiwan	24
外商投资企业	Foreign Funded Enterprises	13
按国民经济行业分组	**Grouped by Sector**	
综合零售	Integrated Retail	219
#百货零售	Retail of General Merchandise	104
超级市场零售	Retail of Supermarkets	103
食品、饮料及烟草制品专门零售	Special Retail of Food, Beverages and Tobaccos	233
纺织、服装及日用品专门零售	Special Retail of Textiles, Garments and Daily Consumer Articles	49
#服装零售	Retail of Garments	35
文化、体育用品及器材专门零售	Special Retail of Culture, Sports Appliances and Equipment	95
#体育用品及器材零售	Retail of Sports Appliances and Equipment	7
图书、报刊零售	Retail of Books, Newspapers and Magazines	70
医药及医疗器材专门零售	Special Retail of Medicines and Medical Appliances	183
#药品零售	Retail of Medicines	170
汽车、摩托车、零配件和燃料及其他动力销售	Retail of Motor Vehicles, Motorcycles, Parts, and Fuel and Other Powers	801
#汽车零售	Retail of Motor Vehicles	538
机动车燃料零售	Retail of Fuel of Motor Vehicles	247
家用电器及电子产品专门零售	Special Retail of Household Electric Appliances and Electronic Products	161
#家用视听设备零售	Retail of Home Audio-visual Equipment	4
计算机、软件及辅助设备零售	Retail of Computer, Software and Assistant Appliances	29
通信设备零售	Retail of Communication Equipments	52
五金、家具及室内装修材料专门零售	Special Retail of Hardware, Furniture and Interior Decoration Materials	43
货摊、无店铺及其他零售业	Stalls, Non-shop and Other Retails	129
#邮购及电视、电话零售	Mail Order,Television and Telephone Selling	

Continued

(10000 yuan)

流动资产小计 Circulating Funds	资产合计 Total Assets	负债合计 Total Liabilities	实收资本 Paid-in Capital	固定资产原价 Original Value of Fixed Assets	累计折旧 Total Depreciation	营业收入 Revenue in Business	营业成本 Cost in Business	税金及附加 Tax and Extra Changes in Business
6267224	**8882399**	**7383221**	**4914354**	**2422237**	**1122420**	**14691898**	**13090879**	**45798**
5919778	8172489	6719399	4729131	2025124	929454	13393206	11917234	40071
115179	145035	119266	12124	29661	11847	187281	144515	813
12341	14639	9269	1384	4496	3346	17936	15134	105
28827	45914	33141	3132	21746	5956	42185	35022	47
517	749	63	307	518	349	8420	8122	3
2487845	3488583	2752311	600874	821605	328964	4453904	3953454	17209
29608	42015	22622	12111	14518	2677	45900	42432	48
2458236	3446568	2729689	588763	807088	326287	4408004	3911023	17160
371708	791902	900100	101897	420405	241084	1895669	1735008	6462
2897154	3674523	2899147	4007192	720527	336365	6758067	5999160	15421
6208	11144	6102	2221	6166	1543	29745	26819	12
246453	400963	405662	66756	236395	127735	487362	407091	3796
100993	308948	258160	118467	160718	65231	811330	766555	1932
1936739	2883088	2602877	1374772	962507	495512	2499922	1999078	18346
1484506	2233666	2026779	282313	768925	385712	1159569	890715	15137
440799	615370	542164	91631	192150	108862	1318729	1091408	2985
297496	346788	232188	1059128	58630	24350	592104	530331	664
160353	293359	180094	55494	146573	48149	314924	249236	2779
132805	260911	160229	40920	142747	45680	274291	220392	2641
252472	369864	236919	83915	123296	29304	246463	192479	1107
20151	23918	32899	3160	619	406	39719	28530	211
122885	229703	107537	69375	118842	26551	164224	131755	475
569451	645223	534101	70799	44565	21415	1071530	869712	2724
546635	621129	515571	66229	44066	21113	1041165	843236	2631
2500483	3625318	3047933	2128453	919640	428018	8296282	7751534	18298
2071019	2557621	2299480	1886728	443262	201956	4926643	4617340	11758
414551	1051613	738703	237657	475680	225724	3340749	3109529	6447
296204	372369	268566	73344	78016	43525	797790	743538	947
9826	15497	13102	1130	6503	679	10516	8870	63
38240	41807	23507	10686	2290	1781	69620	61480	125
57930	63680	47611	18513	5152	3005	331398	314013	176
62997	136996	134624	44415	67167	20531	87126	72382	455
191029	209393	145919	24035	21845	11617	785757	682590	478

15-10 续表2

单位：万元

项　目	Item	其他业务利润 Other Business Profit
总　计	**Total**	**249009**
批发企业	**Wholesale Trade**	**101728**
按登记注册类型分组	**Grouped by Status of Registration**	
内资企业	Domestic Funded Enterprises	101728
国有企业	State-owned Enterprises	22744
集体企业	Collective-owned Enterprises	
股份合作企业	Cooperative Enterprises	
联营企业	Joint Ownership Enterprises	
有限责任公司	Limited Liability Corporations	55033
国有独资企业	Sole State-funded Corporations	664
其他有限责任公司	Others Limited Liability Corporations	54369
股份有限公司	Share-holding Corporations Ltd.	1235
私营企业	Private Enterprises	22716
其他企业	Other Enterprises	
港、澳、台商投资企业	Enterprises with Funds from Hong Kong, Macao and Taiwan	
外商投资企业	Foreign Funded Enterprises	
按国民经济行业分组	**Grouped by Sector**	
农、林、牧产品批发	Wholesale of Agriculture, Forestry and Livestock Products	14332
食品、饮料及烟草制品批发	Wholesale of Foods, Beverages and Tobaccos	30219
#米、面制品及食用油批发	Wholesale of Rice, Flour and Edible Oil	4891
烟草制品批发	Wholesale of Tobaccos	19005
纺织、服装及家庭用品批发	Wholesale of Textile, Wearing Apparel and Household Articles	3609
#服装批发	Wholesale of Garments	365
文化、体育用品及器材批发	Wholesale of Culture, Sports Appliances and Equipment	906
医药及医疗器材批发业	Wholesale of Medicines and Medical Appliances	27958
矿产品、建材及化工产品批发	Wholesale of Mineral Products, Building Materials and Chemical Products	19938
#煤炭及制品批发	Wholesale of Coal and Related Products	5062
石油及制品批发	Wholesale of Petroleum and Related Products	2005
金属及金属矿批发	Wholesale of Metal Materials	72
建材批发	Wholesale of Building Materials	-21
化肥批发	Wholesale of Chemical Fertilizer	11375
机械设备五金交电及电子产品批发	Wholesale of Machinery, Hardware and Electronics	4032
#汽车摩托车及零配件批发	Wholesale of Automobiles, Motorcycles and Their Accessories	2251
五金产品批发	Wholesale of Hardware Products	
计算机软件及辅助设备批发	Wholesale of Computer, Software and Assistant Appliances	1
贸易经纪与代理	Trade Broker and Agency	8
其他批发业	Other Wholesale not Classified Elsewhere	727

Continued

(10000 yuan)

销售费用 Sales Expenses	管理费用 Management Expenses	财务费用 Financial Expenses	营业利润 Business Profits	利润总额 Total Profits	应交所得税 Payable Income Tax	应付工资 Total Wage Payable	本年应交增值税 Value-added Tax Payable
2712456	**1114237**	**283840**	**979232**	**1064938**	**224280**	**1319440**	**960068**
1783772	**695608**	**168782**	**862363**	**930312**	**179367**	**797019**	**661342**
1781708	694817	168261	864424	932117	179255	796497	661289
146340	229303	-20242	258704	262940	86979	296023	221227
748	961	353	599	647	1	232	-2
1122151	220617	114809	275654	318826	48443	294206	261690
15872	10343	6187	7880	14383	3528	14080	7579
1106279	210274	108622	267774	304444	44915	280126	254111
99878	30573	19287	128824	125302	113	89872	21861
408272	212387	53613	200719	224492	43714	115773	156405
4319	976	440	-75	-90	5	392	108
1842	145	51	-860	-607	111	63	52
222	646	470	-1201	-1198		459	1
196294	121887	99332	112781	140324	33859	87384	68016
794547	262783	-47203	330192	353823	86024	372648	176767
29759	24371	-13111	2239	6875	581	20392	10483
94197	200336	-31372	237777	237173	74903	256565	111345
75088	15179	-499	103932	103208	24471	18598	19388
18755	4921	1166	-2117	-3173	5	8662	1832
7480	14360	-4345	16575	16402	38	8685	1308
291252	107775	41937	-1039	-1346	865	117424	70450
367361	100714	63213	206176	212736	29754	144621	228463
74051	24632	7757	71821	79402	9120	17503	50657
112500	1424	1254	51623	47847	640	78005	50447
62840	19087	23217	21523	24126	6120	14111	16580
22636	10203	9882	482	3904	699	6070	11447
37155	16239	19273	31943	34175	4934	11223	15980
44740	66664	13342	102382	102532	3214	42730	70729
6752	12028	464	6462	6770	876	7673	5112
262	702	2	-115	-204	6	206	131
2835	3900	1018	1294	1349	64	2130	1309
2052	2038	229	-175	530	60	828	283
4958	4208	2777	-8461	2104	1083	4102	25938

15-10 续表3

单位：万元

项 目	Item	其他业务利润 Other Business Profit
零售企业	**Retail Trade**	**147281**
按登记注册类型分组	**Grouped by Status of Registration**	
内资企业	Domestic Funded Enterprises	141787
国有企业	State-owned Enterprises	3308
集体企业	Collective-owned Enterprises	
股份合作企业	Cooperative Enterprises	47
联营企业	Joint Ownership Enterprises	
有限责任公司	Limited Liability Corporations	59875
国有独资企业	Sole State-funded Corporations	84
其他有限责任公司	Others Limited Liability Corporations	59792
股份有限公司	Share-holding Corporations Ltd.	17217
私营企业	Private Enterprises	61340
其他企业	Other Enterprises	
港、澳、台商投资企业	Enterprises with Funds from Hong Kong, Macao and Taiwan	736
外商投资企业	Foreign Funded Enterprises	4758
按国民经济行业分组	**Grouped by Sector**	
综合零售	Integrated Retail	94280
#百货零售	Retail of General Merchandise	58198
超级市场零售	Retail of Supermarkets	34142
食品、饮料及烟草制品专门零售	Special Retail of Food, Beverages and Tobaccos	467
纺织、服装及日用品专门零售	Special Retail of Textiles, Garments and Daily Consumer Articles	12788
#服装零售	Retail of Garments	12729
文化、体育用品及器材专门零售	Special Retail of Culture, Sports Appliances and Equipment	1425
#体育用品及器材零售	Retail of Sports Appliances and Equipment	167
图书、报刊零售	Retail of Books, Newspapers and Magazines	1258
医药及医疗器材专门零售	Special Retail of Medicines and Medical Appliances	6735
#药品零售	Retail of Medicines	6724
汽车、摩托车、零配件和燃料及其他动力销售	Retail of Motor Vehicles, Motorcycles, Parts, and Fuel and Other Powers	26702
#汽车零售	Retail of Motor Vehicles	25858
机动车燃料零售	Retail of Fuel of Motor Vehicles	842
家用电器及电子产品专门零售	Special Retail of Household Electric Appliances and Electronic Products	3787
#家用视听设备零售	Retail of Household Electric Appliances	98
计算机、软件及辅助设备零售	Retail of Computer, Software and Assistant Appliances	0.1
通信设备零售	Retail of Communication Equipments	197
五金、家具及室内装修材料专门零售	Special Retail of Hardware, Furniture and Interior Decoration Materials	29
货摊、无店铺及其他零售业	Stalls, Non-shop and Other Retails	1068
#邮购及电视、电话零售	Mail Order,Television and Telephone Selling	

Continued

(10000 yuan)

销售费用 Sales Expenses	管理费用 Management Expenses	财务费用 Financial Expenses	营业利润 Business Profits	利润总额 Total Profits	应交所得税 Payable Income Tax	应付工资 Total Wage Payable	本年应交增值税 Value-added Tax Payable
928684	**418629**	**115058**	**116869**	**134627**	**44913**	**522421**	**298727**
820048	392255	100792	146054	166107	42995	485246	282745
29352	4796	1393	6476	6571	1057	18948	4756
1619	966	-53	164	158	5	1672	238
3850	3387	14	732	889	12	2968	128
123	125	20	27	27	2	136	47
288358	128481	55525	50354	56856	22830	164089	47897
1475	-1838	256	3546	4319	0.3	-39	-421
286883	130318	55269	46808	52538	22830	164128	48318
104487	1797	683	47983	48293	4950	69201	157913
392142	252204	43183	38048	51027	14124	227871	71677
117	500	27	2271	2285	15	360	89
61698	13958	9991	-9063	-10224	1916	22843	8309
46939	12416	4276	-20121	-21256	3	14331	7673
301549	120263	50154	34848	40012	22849	144736	36112
91059	91272	38817	51782	56137	19905	69404	18766
207835	27617	9855	-15883	-15069	2940	74140	17205
25374	20646	1947	12133	13197	1376	15806	7261
36858	15280	89	12067	12047	3278	16296	4851
27937	12457	-50	12556	12659	2890	11512	3533
29689	1847	2857	17396	17561	-715	16007	2339
9988	950	604	749	-66	-22	2278	1110
14706	-1870	1199	19000	19937	-85	10271	254
122240	62211	3959	12711	16325	4987	95550	25535
121206	60647	3723	11839	15435	4799	94244	24215
315370	144282	49059	33309	38906	11823	202703	209988
167217	125843	46045	-24326	-18907	5419	110125	39016
147849	17712	2977	54670	54801	6218	92183	169797
34419	30398	2920	-12457	-11876	675	20777	5803
1514	144	82	-170	-155	12	474	226
1252	4143	222	947	870	76	2182	1068
8267	9921	1316	-2312	-2259	31	6506	1810
6432	11115	3431	-8368	-8337	14	4474	1091
56752	12589	641	15230	16792	626	6072	5748

15-11 限额以上住宿业财务指标(2022年)

单位：万元

项 目	Item	企业数(个) Numbers of Enterprises (unit)	流动资产 小 计 Circulating Funds
总 计	**Total**	**278**	**300909**
按登记注册类型分组	**Grouped by Status of Registration**		
内资企业	Domestic Funded Enterprises	271	265485
国有企业	State-owned Enterprises	23	22269
集体企业	Collective-owned Enterprises	2	1269
股份合作企业	Cooperative Enterprises		
联营企业	Joint Ownership Enterprises		
有限责任公司	Limited Liability Corporations	86	97200
国有独资企业	Sole State-funded Corporations	13	5981
其他有限责任公司	Others Limited Liability Corporations	73	91219
股份有限公司	Share-holding Corporations Ltd.	7	11633
私营企业	Private Enterprises	151	132627
私营独资企业	Private-funded Enterprises	14	1856
私营合伙企业	Private Partnership Enterprises		
私营有限责任公司	Private Limited Liability Corporations	131	124148
私营股份有限公司	Private Share-holding Corporations Ltd.	6	6623
其他企业	Other Enterprises	2	488
港、澳、台商投资企业	Enterprises with Funds from Hong Kong, Macao and Taiwan	5	13462
合资经营企业	Joint-venture Enterprises	1	225
合作经营企业	Cooperative Enterprises		
独资企业	Enterprises with Sole Investment	4	13237
投资股份有限公司	Share-holding Corporations Ltd. with Investment		
其他港澳台投资企业	Other Enterprises		
外商投资企业	Foreign Funded Enterprises	2	21962
中外合资经营企业	Joint-venture Enterprises		
中外合作经营企业	Cooperative Enterprises		
外资企业	Enterprises with Sole Foreign Investment	2	21962
外商投资股份有限公司	Share-holding Corporations Ltd. with Foreign Investment		
其他外商投资企业	Other Foreign Investment Enterprise		
按国民经济行业分组	**Grouped by Sector**		
旅游饭店	Restaurant for Tourism	135	208394
一般旅馆	Ordinary Hotels	124	84496
其他住宿业	Others	19	8018

注：本表中数据按照批发零售住宿餐饮业财务报表填报，企业个数是指有财务活动的企业个数。

a) Data in this table according to wholesale and retail hotels and catering provided financial statements, enterprise number refers to the number of enterprise financial activities.

Financial Indicators of Enterprise above Designated Size in Hotels Services(2022)

(10000 yuan)

资产合计 Total Assets	负债合计 Total Liabilities	实收资本 Paid-in Capital	固定资产原价 Original Value of Fixed Assets	累计折旧 Total Depreciation	营业收入 Revenue in Business	营业成本 Cost in Business	税金及附加 Tax and Extra Changes in Business
1093543	**867898**	**505600**	**1052873**	**465984**	**207388**	**76569**	**4912**
909310	713257	392891	763114	312816	187115	70959	4343
258477	156372	162224	304576	95766	22501	10721	953
1923	746	1966	3002	2384	807	172	16
284103	237914	122778	227987	112600	65834	28474	2088
53315	47641	5796	69099	23432	10738	4174	190
230788	190273	116982	158887	89168	55095	24300	1898
42187	38393	6613	38639	22910	11054	3515	392
305864	277319	93304	173581	76230	86161	27764	895
7554	3777	3859	4605	731	4630	2938	22.3
282012	264388	83645	162490	74009	76631	23520	863
16298	9154	5800	6486	1489	4901	1306	10
16757	2512	6007	15331	2928	758	313	
137900	144395	95482	228454	116035	9488	2495	559
1962	52574	9814	58665	56928	544	49	43
135938	91821	85668	169790	59107	8944	2446	516
46333	10247	17227	61304	37132	10784	3115	9
46333	10247	17227	61304	37132	10784	3115	9
897726	669355	454887	926777	413812	137397	49075	4308
165246	180480	40216	104044	44730	59951	22896	527
30572	18063	10497	22051	7442	10040	4597	77

15-11 续表

单位：万元

项 目	Item	其他业务利 润 Other Business Profit	销售费用 Business Expenses
总 计	**Total**	**2807**	**71104**
按登记注册类型分组	**Grouped by Status of Registration**		
内资企业	Domestic Funded Enterprises	2523	63943
国有企业	State-owned Enterprises	340	8510
集体企业	Collective-owned Enterprises		412
股份合作企业	Cooperative Enterprises		
联营企业	Joint Ownership Enterprises		
有限责任公司	Limited Liability Corporations	1403	22286
国有独资企业	Sole State-funded Corporations	122	5532
其他有限责任公司	Others Limited Liability Corporations	1281	16754
股份有限公司	Share-holding Corporations Ltd.		3538
私营企业	Private Enterprises	780	28512
私营独资企业	Private-funded Enterprises		423
私营合伙企业	Private Partnership Enterprises		
私营有限责任公司	Private Limited Liability Corporations	780	26546
私营股份有限公司	Private Share-holding Corporations Ltd.		1543
其他企业	Other Enterprises		686
港、澳、台商投资企业	Enterprises with Funds from Hong Kong, Macao and Taiwan	283	4688
合资经营企业	Joint-venture Enterprises		448
合作经营企业	Cooperative Enterprises		
独资企业	Enterprises with Sole Investment	283	4240
投资股份有限公司	Share-holding Corporations Ltd. with Investment		
其他港澳台投资企业	Other Enterprises		
外商投资企业	Foreign Funded Enterprises		2472
中外合资经营企业	Joint-venture Enterprises		
中外合作经营企业	Cooperative Enterprises		
外资企业	Enterprises with Sole Foreign Investment		2472
外商投资股份有限公司	Share-holding Corporations Ltd. with Foreign Investment		
其他外商投资企业	Other Foreign Investment Enterprise		
按国民经济行业分组	**Grouped by Sector**		
旅游饭店	Restaurant for Tourism	2129	51381
一般旅馆	Ordinary Hotels	436	18133
其他住宿业	Others	242	1589

Continued

(10000 yuan)

管理费用 Management Expenses	财务费用 Financial Expenses	营业利润 Business Profits	利润总额 Total Profits	应交所得税 Payable Income Tax	应付工资 Total Wage Payable	本年应交增值税 Value-added Tax Payable
103157	**10646**	**-55549**	**-54922**	**73**	**55883**	**3694**
86303	7842	-43060	-42587	73	48879	3576
15779	2632	-15318	-15064	-112	10787	467
342	-1	-134	-134		335	33
33369	1862	-19583	-18742	31	19669	1411
9736	209	-8874	-8838	3	6140	198
23633	1653	-10709	-9904	28	13529	1213
4325	71	-787	-535	21	3070	234
32347	3278	-6855	-7735	133	14918	1413
1046	54	89	102	7	757	64
29733	3141	-7336	-8297	115	13559	1078
1568	82	392	460	11	603	271
142		-382	-377		99	18
10902	2576	-11496	-11483		3307	43
479		-475	-473		133	17
10423	2576	-11021	-11010		3174	27
5952	228	-993	-852		3698	74
5952	228	-993	-852		3698	74
74767	9251	-47306	-46853	-31	40605	2608
24395	1167	-7788	-7639	89	13290	936
3996	228	-455	-430	14	1988	149

15-12 限额以上餐饮业财务指标(2022年)

单位：万元

项　目	Item	企业数(个) Numbers of Enterprises (unit)	流动资产小计 Circulating Funds
总　计	**Total**	**188**	**113426**
按登记注册类型分组	**Grouped by Status of Registration**		
内资企业	Domestic Funded Enterprises	185	97981
国有企业	State-owned Enterprises	3	730
集体企业	Collective-owned Enterprises		
股份合作企业	Cooperative Enterprises	1	146
联营企业	Joint Ownership Enterprises		
有限责任公司	Limited Liability Corporations	34	18881
国有独资企业	Sole State-funded Corporations	2	986
其他有限责任公司	Others Limited Liability Corporations	32	17896
股份有限公司	Share-holding Corporations Ltd.	3	4037
私营企业	Private Enterprises	144	74187
私营独资企业	Private-funded Enterprises	13	2058
私营合伙企业	Private Partnership Enterprises	17	536
私营有限责任公司	Private Limited Liability Corporations	112	71172
私营股份有限公司	Private Share-holding Corporations Ltd.	2	422
其他企业	Other Enterprises		
港、澳、台商投资企业	Enterprises with Funds from Hong Kong, Macao and Taiwan	2	12620
合资经营企业	Joint-venture Enterprises	1	10267
合作经营企业	Cooperative Enterprises		
独资企业	Enterprises with Sole Investment	1	2353
投资股份有限公司	Share-holding Corporations Ltd. with Investment		
其他港澳台投资企业	Other Enterprises		
外商投资企业	Foreign Funded Enterprises	1	2825
中外合资经营企业	Joint-venture Enterprises		
中外合作经营企业	Cooperative Enterprises		
外资企业	Enterprises with Sole Foreign Investment	1	2825
外商投资股份有限公司	Share-holding Corporations Ltd. with Foreign Investment		
其他外商投资企业	Other Foreign Investment Enterprise		
按国民经济行业分组	**Grouped by Sector**		
正餐服务	Dinner Service	142	87146
快餐服务	Snack Service	15	11696
饮料及冷饮服务	Beverage and Cold Drink Service	3	880
餐饮配送及外卖送餐服务	Catering Distribution and Delivery Service	25	13243
其他餐饮业	Others	3	462

Financial Indicators of Enterprise above Designated Size in Catering Services(2022)

(10000 yuan)

资产合计 Total Assets	负债合计 Total Liabilities	实收资本 Paid-in Capital	固定资产原价 Original Value of Fixed Assets	累计折旧 Total Depreciation	营业收入 Revenue in Business	营业成本 Cost in Business	税金及附加 Tax and Extra Changes in Business
215590	**178175**	**67909**	**101789**	**34567**	**155627**	**87917**	**367**
194286	164817	61471	98119	31582	143268	82659	362
3691	367	3965	4377	1417	1615	982	4
146	82		1	1	220	59	
40235	38984	14758	18541	9070	54389	26881	63
1018	507	200	126	80	1206	477	13
39218	38477	14558	18415	8990	53183	26405	50
4169	3085	334	560	428	955	523	1
146044	122300	42414	74639	20667	86090	54213	294
8999	1071	7209	5938	46	4126	3132	6
572	572		48	14	4120	1720	0.2
136050	120612	34977	68637	20591	77425	49084	287
423	44	228	17	16	418	278	0.4
18282	10412	6038	3523	2854	9636	3728	3
15201	8175	5838	1824	1618	3093	1312	1
3081	2238	200	1699	1236	6543	2416	2
3022	2946	400	147	131	2724	1530	3
3022	2946	400	147	131	2724	1530	3
161112	127780	50845	74657	22370	79836	45797	322
29276	31844	11209	18378	10273	43159	15893	8
1901	2482	450	170	151	5684	4411	1
22527	15546	4956	8129	1358	24133	19247	32
774	524	450	455.3	414.6	2815	2569	5

15-12 续表

单位：万元

项 目	Item	其他业务利润 Other Business Profit	销售费用 Business Expenses
总 计	**Total**	**740**	**48333**
按登记注册类型分组	**Grouped by Status of Registration**		
内资企业	Domestic Funded Enterprises	740	41238
国有企业	State-owned Enterprises	26	387
集体企业	Collective-owned Enterprises		
股份合作企业	Cooperative Enterprises		40
联营企业	Joint Ownership Enterprises		
有限责任公司	Limited Liability Corporations	402	24305
国有独资企业	Sole State-funded Corporations		584
其他有限责任公司	Others Limited Liability Corporations	402	23721
股份有限公司	Share-holding Corporations Ltd.		164
私营企业	Private Enterprises	311	16342
私营独资企业	Private-funded Enterprises		498
私营合伙企业	Private Partnership Enterprises		1368
私营有限责任公司	Private Limited Liability Corporations	311	14390
私营股份有限公司	Private Share-holding Corporations Ltd.		87
其他企业	Other Enterprises		
港、澳、台商投资企业	Enterprises with Funds from Hong Kong, Macao and Taiwan		6172
合资经营企业	Joint-venture Enterprises		2139
合作经营企业	Cooperative Enterprises		
独资企业	Sole-proprietorship Enterprises		4032
投资股份有限公司	Share-holding Corporations Ltd.		
其他港澳台投资企业	Other Enterprises with Investment from Hong Kong, Macao and Taiwan		
外商投资企业	Foreign Funded Enterprises		923
中外合资经营企业	Joint-venture Enterprises		
中外合作经营企业	Cooperative Enterprises		
外资企业	Enterprises with Sole Foreign Investment		923
外商投资股份有限公司	Share-holding Corporations Ltd. with Foreign Investment		
其他外商投资企业	Other Foreign Investment Enterprise		
按国民经济行业分组	**Grouped by Sector**		
正餐服务	Dinner Service	394	19126
快餐服务	Snack Service	286	26989
饮料及冷饮服务	Beverage and Cold Drink Service		433
餐饮配送及外卖送餐服务	Food and Beverage Delivery Services	59	1521
其他餐饮业	Others		264

Continued

(10000 yuan)

管理费用 Management Expenses	财务费用 Financial Expenses	营业利润 Business Profits	利润总额 Total Profits	应交所得税 Payable Income Tax	应付工资 Total Wage Payable	本年应交增值税 Value-added Tax Payable
23599	**2906**	**-9101**	**-7637**	**91**	**29097**	**1297**
22572	2655	-7168	-5938	91	27315	1235
803	1	-534	-215		675	45
37	0.1	84	84	2	37	
4374	533	-1484	-1607	20	12167	558
1	0.1	131	133	3	532	36
4374	533	-1616	-1740	16	11635	522
480	12	-225	-222		98	
16878	2108	-5009	-3977	70	14338	632
272	11	158	161	6	706	5
710	21	302	307		1072	6
15790	2076	-5416	-4394	64	12303	614
106		-52	-52		258	7
446	97	-1465	-1262		1065	25
279	116	-1409	-1369		254	25
167	-19	-57	107		811	
581	154	-468	-438		717	36
581	154	-468	-438		717	36
17632	2293	-6979	-5599	69	13223	925
2166	399	-2293	-2138	11	9829	65
410	12	464	328		954	49
3355	202	-234	-198	10	4784	120
36	-1	-58	-30	1	306	138

15-13 限额以上批发和零售业连锁经营情况(2022年)
Conditions of Chain Wholesale and Retail Enterprises Above Designated Size(2022)

指 标		Item		合 计 Total	直营店 Manufacturer Outlet Store	加盟店 Leagued Store
门店总数	(个)	Number of Stores	(unit)	2818	2748	70
年末从业人员数	(人)	Employed Persons at Year-end	(person)	17458	17288	170
年末零售营业面积	(平方米)	Operating Area of Retail Enterprises at Year-end	(sq.m)	569783	564153	5630
连锁门店商品购进额	(万元)	Total Purchases Value	(10000 yuan)	1906358	1904697	1661
#统一配送商品购进额		Centralized Purchase and Dilivery		810209	809243	966
连锁门店商品销售额	(万元)	Total Sales of Commodities	(10000 yuan)	2169339	2167999	1340
#零售额		Retail Sales		1687070	1685730	1340

15-14 限额以上住宿和餐饮业连锁经营情况(2022年)
Conditions of Chain Hotels and Catering Enterprises Above Designated Size(2022)

指 标		Item		合 计 Total	直营店 Manufacturer Outlet Store	加盟店 Leagued Store
门店总数	(个)	Number of Stores	(unit)	142	133	9
年末从业人员数	(人)	Employed Persons at Year-end	(person)	2098	2012	86
年末餐饮营业面积	(平方米)	Operating Area of Catering Enterprises at Year-end	(sq.m)	40858	40358	500
客房数	(间)	Number of Rooms	(room)	1820	1000	820
床位数	(个)	Number of Beds	(bed)	2850	1510	1340
餐位数	(位)	Number of Dining-seats	(unit)	11530	11327	203
连锁门店商品购进(采购)额	(万元)	Total Purchases Value	(10000 yuan)	14020	13964	56
#统一配送商品购进(采购)额		Centralized Purchase and Dilivery		12454	12398	56
连锁门店营业额	(万元)	Business Revenue	(10000 yuan)	50259	46897	3362
#餐费收入		From Meals		42561	42495	66
商品销售额		Sales		588	528	60

15-15　亿元以上商品交易市场基本情况(2022年)
Basic Statistics on Commodity Exchange Markets of Transaction Value over 100 Million Yuan(2022)

类　别	Category	摊位数 (个) Number of Booths (unit)	成交额 (亿元) Turnover (100 million yuan)
总　计	**Total**	**16798**	**409.69**
粮油、食品类	Grain, Edible Oil, Food	6819	300.48
#粮油类	Grain, Edible Oil	159	4.83
肉禽蛋类	Meat, Poultry and Eggs	615	22.07
水产品类	Aquatic Products	443	10.34
蔬菜类	Vegetables	2679	114.04
干鲜果品类	Dried and Fresh Melons and Fruits	1981	142.17
饮料类	Beverages	14	0.20
烟酒类	Tobacco and Liquor	121	9.37
服装、鞋帽、针纺织品类	Garments, Footwears, Hats, Knitwear and Textiles	3128	5.69
服装类	Clothing	1165	1.60
鞋帽类	Shoes and Hats	1394	2.65
针纺织品类	Knitwear and Textiles	569	1.44
化妆品类	Cosmetics	77	0.21
金银珠宝类	Gold, Silver and Fewelry	5	0.05
日用品类	Articles for Daily Use	148	0.33
#可穿戴智能设备	Wearable Smart Devices	3	0.01
五金、电料类	Hardware and Electrical Materials	262	0.69
体育、娱乐用品类	Sports & Recreation Articles	17	0.08
#照相器材类	Photography Equipment	1	0.02
书报杂志类	Newspapers and Magazines	1	0.001
电子出版物及音像制品类	E-journals and Video Products	9	0.01
家用电器和音像器材类	Household Appliances and Video Appliances	5	0.20
中西药品类	Traditional Chinese and Western Medicines		
#西药类	Western Medicines		
中草药及中成药类	Traditional Chinese Medicines		
文化办公用品类	Cultural and Official Appliances	18	0.12
#计算机及其配套产品	Computers and Related Products	1	0.04
家具类	Furniture	381	2.82
通信器材类	Communication Appliances	23	0.13
#智能手机	Smartphones		
煤炭及制品类	Coal and Related Products		
木材及制品类	Wood and Wooden Products		
石油及制品类	Petroleum and Related Products		
化工材料及制品类	Chemical Materials and Related Products	95	2.50
#化肥类	Fertilizers		
金属材料类	Metals Materials	510	10.15
建筑及装潢材料类	Building and Decoration Materials	3890	53.16
机电产品及设备类	Mechanical & Electrical Products		
#农机类	Agricultural Machineries		
汽车类	Automobiles		
种子饲料类	Seeds and Feedstuff	70	0.80
棉麻类	Cotton and Hemp		
其他类	Others	1205	22.70

15-16 旅游发展情况
Development of Tourism

指　　标	Item	2018	2019	2020	2021	2022
国际旅游人数总计(人次)	International Tourists (person-time)	1091568	1106864	164870		
外国人	Foreigners	1041315	992870	138412		
港、澳、台合计	Tourists form Hong Kong, Macao and Taiwan	50253	113995	26458		
香港同胞	Chinese Compatriots from Hong Kong	13839	59333	17404		
澳门同胞	Chinese Compatriots from Macao	1338	8402	4572		
台湾同胞	Chinese Compatriots from Taiwan	35076	46260	4482		
国际旅游外汇收入总额(万美元)	Foreign Exchange Earnings from International Tourism (USD 10000)	53706	63181			
国际旅游外汇收入总额(亿元)	Foreign Exchange Earnings from International Tourism (100 million yuan)			16		
国内旅游人数(万人次)	Number of Domestic Visitors (10000 person-times)	18100	21555	14256	16304	11819
国内旅游收入(亿元)	Earnings from Domestic Tourism (100 million yuan)	2208	2640	1629	1345	706

15-17　按国别分外国入境游客
Number of Oversea Visitor Arrivals by Country/Region

单位：人次　　(person-time)

国　家	Countries	2013	2014	2015	2016	2017	2018	2019	2020	2021	2022
总　计	**Total**	**1450170**	**1322891**	**786811**	**908707**	**984643**	**1041315**	**992870**	**138412**		
#日　本	Japan	23879	21536	23314	22918	28427	26792	86347	8664		
菲律宾	Philippines	2877	983	257	451	731	1076	11863	2684		
新加坡	Singapore	12880	7839	2139	3090	6531	11452	40701	5338		
泰　国	Thailand	2625	2594	777	1517	2679	3124	32558	5552		
印度尼西亚	Indonesia	1581	1590	1237	1280	2096	3288	12890	3374		
马来西亚	Malaysia	3739	4871	2380	3960	6149	11375	33889	4098		
韩　国	Republic of Korea	185742	178980	122871	111199	82424	92093	79323	8312		
蒙　古	Mongolia	550	304	148	197	250	632	154	22		
印　度	India	1787	1593	549	751	931	1101	5855	464		
美　国	United States	33010	33083	5498	5514	6454	7308	57264	9578		
加拿大	Canada	16713	10209	1400	1638	1789	2230	4553	810		
英　国	United Kingdom	8780	7896	1211	1414	1669	1894	24686	5304		
法　国	France	14076	12291	1103	1597	1811	1677	9306	2588		
德　国	Germany	5987	5116	1577	2054	2258	2264	13234	1880		
意大利	Italy	10347	9354	838	1139	1116	985	2760	540		
瑞　士	Switzerland	812	787	300	296	277	248	1207	228		
瑞　典	Sweden	246	502	211	238	274	311	9096	1678		
荷　兰	Netherlands	10	19	311	526	516	542	13130	2330		
俄罗斯	Russia	972879	919053	609696	741779	824367	854447	474556	61488		
西班牙	Spain	12884	11288	470	502	521	497	2505	388		
澳大利亚	Australia	9039	8637	1682	2120	2738	2974	15313	3504		
新西兰	New Zealand	1008	1031	310	367	460	552	5067	1130		

主要统计指标解释

批发业 指向其他批发或零售单位（含个体经营者）及其他企事业单位、机关团体等批量销售生活用品、生产资料的活动，以及从事进出口贸易和贸易经纪与代理的活动，包括拥有货物所有权，并以本单位(公司)的名义进行交易活动，也包括不拥有货物的所有权，收取佣金的商品代理、商品代售活动；还包括各类商品批发市场中固定摊位的批发活动，以及以销售为目的的收购活动。

零售业 指百货商店、超级市场、专门零售商店、品牌专卖店、售货摊等主要面向最终消费者（如居民等）的销售活动，以互联网、邮政、电话、售货机等方式的销售活动，还包括在同一地点，后面加工生产，前面销售的店铺（如面包房）；谷物、种子、饲料、牲畜、矿产品、生产用原料、化工原料、农用化工产品、机械设备（乘用车、计算机及通信设备除外）等生产资料的销售不作为零售活动；多数零售商对其销售的货物拥有所有权，但有些则是充当委托人的代理人，进行委托销售或以收取佣金的方式进行销售。

批发和零售业商品购进、销售、库存额 指各种登记注册类型的批发和零售业企业(单位)以本企业(单位)为总体的，从国内、国外市场购进的商品总量，销售和出口的商品总量，库存的商品总量等情况。该指标可以反映商品流转过程中商品的购进、销售、库存之间的比例关系和存在的问题。

商品购进额 指从本企业以外的单位和个人购进（包括从国外直接进口）作为转卖或加工后转卖的商品金额（含增值税）。商品购进包括：（1）从工农业生产者、批发和零售业企业、住宿和餐饮业企业、出版社或报社的出版发行部门和其他服务业企业购进的商品；（2）从机关团体、事业单位购进的商品；（3）从海关、市场管理部门购进的缉私和没收的商品；（4）从居民收购的废旧商品等。不包括：（1）企业为本单位自身经营用，不是作为转卖而购进的商品，如材料物资、包装物、低值易耗品、办公用品等；（2）未通过买卖行为而收入的商品，如接受其他部门移交的商品、借入的商品、收入代其他单位保管的商品、其他单位赠送的样品、加工回收的成品等；（3）经本单位介绍，由买卖双方直接结算，本单位只收取手续费的业务；（4）销售退回和买方拒付货款的商品；（5）商品溢余；（6）期货交易商品。

商品销售额 指对本单位以外的单位和个人出售的商品金额（包括售给本单位消费用的商品，含增值税）。商品销售包括：（1）售给个人和社会集团消费用的商品；（2）售给农业、工业、建筑业、服务业等国民经济各行业用于生产、经营用的商品，包括售予批发和零售业作为转卖或加工后转卖的商品；（3）对国（境）外直接出口的商品。不包括：（1）未通过买卖行为付出的商品，如因机构变动移交给其他企业单位的商品、借出的商品、归还受其他单位委托代保管的商品、付出的加工原料和赠送给其他单位的样品等；（2）促销返券所销售的、不计入营业收入的商品；（3）经本单位介绍，由买卖双方直接结算，本单位只收取手续费的业务；（4）未发生所有权转移的商品预付卡销售，如加油卡；（5）汽车维修、电话卡销售等服务性经济活动；（6）购货退回的商品；（7）商品损耗和损失；（8）出售本单位自用的废旧物资；（9）期货交易商品；（10）自来水供应企业、电力企业、天然气供应企业提供的水、电、气。

期末商品库存额 对于批发和零售业法人单位和个体经营户，是指报告期末取得所有权的全部商品金额（含增值税）；对于批发和零售业产业活动单位，是指报告期末实际在库且归属法人具有所有权的全部商品金额（含增值税）。库存商品包括：（1）存放在本单位(如门市部、批发站、采购站、经营处)的仓库、货场、货柜和货架中的商品；（2）挑选、整理、包装中的商品；（3）已记入购进而尚未运到本单位的商品，即发货单或银行承兑凭证已到而货未到的商品；（4）寄放他处的商品，如因购货方拒绝付款而暂时存在购货方的商品；（5）委托其他单位代销(未作销售或调出)尚未售出的商品；（6）代其他单位购进尚未交付的商品。不包括：（1）所有权不属于本单位的商品，如商品已作销售但买方尚未取走的商品，代替他人保管、运输、加工的商品，代其他单位销售（未做购进或调入）而未售出的商品；（2）委托外单位加工的商品（包括本单位所属加工厂和其他生产单位加工生产尚未收回成品的商品）；（3）外贸企业代理其他单位从国外进口，尚未付给订货单位的商品；（4）代国家储备部门保管的商品。

连锁总店（总部） 指负责连锁企业资源（商号、商誉、经营模式、服务标准、管理模式等等）的开发、配置、控制或使用等功能的企业核心管理机构。连锁经营是指经营同类商品或服务，使用统一商号的若干店铺，在同一总店（总部）的管理下，采取统一采购或特许经营等方式，实现规模效益的组织形式，包括直营连锁、特许连锁和自愿连锁三种形式。其中，直营连锁是指连锁店铺由连锁公司全资或控股开设，在总部的直接控制下，开展统一经营的连锁经营形式；特许连锁是指拥有注册商标、企业标志、专利、专有技术等经营资源的企业（特许人），以合同形式将其拥有的经营资源许可其他经营者（被特许人）使用，被特许人按合同约定在统一的经营模式下开展经营，并向特许人支付特许经营费用的连锁经营形式；自愿连锁是指若干个店铺或企业自愿组合起来，在不改变各自资产所有权关系的情况下，以同一个品牌形象面对消费者，以共同进货为纽带开展的连锁经营形式。

亿元以上商品交易市场 指年成交额在亿元及以上的商品交易市场。商品交易市场是指经有关部门和组织批准设立，有固定场所、设施，有经营管理部门和监管人员，若干市场经营者入内，常年或实际开业三个月以上，集中、公开、独立地进行生活消费品、生产资料等现货商品交易以及提供相关服务的交易场所，包括各类消费品市场、生产资料市场等。

社会消费品零售总额　指企业（单位、个体户）通过交易直接售给个人、社会集团非生产、非经营用的实物商品金额，以及提供餐饮服务所取得的收入金额。个人包括城乡居民和入境人员，社会集团包括机关、社会团体、部队、学校、企事业单位、居委会或村委会等。

住宿业　指为旅行者提供短期留宿场所的活动，有些单位只提供住宿，也有些单位提供住宿、饮食、商务、娱乐一体的服务，不包括主要按月或按年长期出租房屋住所的活动。

餐饮业　指通过即时制作加工、商业销售和服务性劳动等，向消费者提供食品和消费场所及设施的服务。

营业额　指住宿和餐饮业单位在经营活动中，因提供服务或销售商品等取得的全部收入（含增值税），收入主要来源于提供客房、餐费服务、商品销售和其他服务，如商务服务。不包括多产业法人企业附营的其他行业产业活动单位的餐费收入、商品销售收入等各项收入。其中，客房收入指住宿和餐饮业单位在经营活动中因提供住宿服务取得的收入（含增值税）。不包括多产业法人企业附营的其他行业产业活动单位的客房收入。餐费收入指本单位为顾客提供就餐服务取得的收入（含增值税）。包括：经烹饪、调制加工后出售的各种食品，如主食、炒菜、凉拌菜等的收入。不包括多产业法人企业附营的其他行业产业活动单位的餐费收入。

入境游客　指报告期内来中国（大陆）观光、度假、探亲访友、就医疗养、购物、参加会议或从事经济、文化、体育、宗教活动的外国人、港澳台同胞等游客（即入境旅游人数）。统计时，入境游客按每入境一次统计 1 人次。入境旅游人数包括入境过夜游客和入境一日游游客。

出境人数（出境游客）　指中国（大陆）居民因公或因私出境前往其他国家、中国香港特别行政区、澳门特别行政区和台湾省观光、度假、探亲访友、就医疗养、购物、参加会议或从事经济、文化、体育、宗教活动的人数（即出境游客）。统计时，出境游客按每出境一次统计 1 人次。

国内游客　指报告期内在中国（大陆）观光游览、度假、探亲访友、就医疗养、购物、参加会议或从事经济、文化、体育、宗教活动的中国（大陆）居民人数，其出游的目的不是通过所从事的活动谋取报酬。统计时，国内游客按每出游一次统计 1 人次。

国际旅游收入　指入境游客在中国（大陆）境内旅行、游览过程中用于交通、参观游览、住宿、餐饮、购物、娱乐等全部花费。

国内旅游收入（旅游总花费）　指国内游客在国内旅行、游览过程中用于交通、参观游览、住宿、餐饮、购物、娱乐等全部花费。

星级饭店　指设备、设施、服务符合《旅游饭店星级的划分与评定》（GB/T14308-2010）标准，经过有关旅游管理权威部门评定（验收）后授予“星级”称号的饭店。

Explanatory Notes on Main Statistical Indicators

Wholesale Trade refers to the activities of selling wholesale commodities for daily use and capital goods to enterprises of wholesale and retail trades (including self-employed individuals) and other enterprises, institutions and government organs and organizations, and the activities of engaging in import and export and acting as a trade agent. The wholesaler may have the ownership of the commodities for wholesale and trade in the name of its own (a company), and the wholesaler can act as commission agent or commodity broker without the ownership of commodities. Also included are the wholesale activities at the fixed stalls in wholesale market and the acquisition for sales purpose.

Retail Trade refers to the activities of department store, supermarket, franchised store, brand store, retail stall and on-the-spot-making-selling store selling commodities to the final consumers (residents) by any means including internet, post, telephone, sales machine. It also includes shops with sales and production located in the same places (such as bakeries). Retail trade excludes the activities of sales of capital goods such as grain, seed, feed, livestock, mineral products, raw material for production, industrial chemicals, chemical products for agricultural use, machine and equipment (excluding vehicles, computers and communication equipment). Most retailers have the ownership of commodities to sell, but some are acting as agents or brokers to make transactions for a commission.

Purchase, Sales and Stock of Commodities by Wholesale and Retail Trades refer to the total volume of commodities purchased, total volume of sales and exports, and the stock of commodities by wholesale and retail enterprises (establishments) of different status of registration from domestic and overseas markets. This indicator reflects the relationship among purchase, sales and stock of commodities in the circulation of goods and reveals the existing problems.

Total Purchases of Commodities refer to the total value of purchases of commodities by enterprises (establishments) from other establishments or individuals (including direct import from abroad) for the purpose of re-selling, either with or without further processing of the commodities purchased. The commodities include: (1) commodities purchased from agricultural and industrial producer, wholesaler, retailer, publishing house and other service business; (2) commodities purchased from institutions and government departments; (3) confiscated goods purchased from the customs authorities or market management agencies; (4) second-hand goods and wastes purchased from residents; The commodities exclude (1) commodities purchased by enterprises (establishments) for use in their own business operation, commodities obtained without buying or selling procedures such as materials, consumable goods of low value, office appliance, etc. (2) received goods without trading, such as goods handed over from others, borrowed goods, preserved goods for others, donated goods from others, processed and retrieved goods, etc. (3) goods of direct settlement between buyer and seller with handling fees introduced by others, (4) goods returned or refused to pay by the buyer, (5) excessive goods, (6) futures trading commodities.

Total Sales of Commodities refer to value of commodities sold by the establishments to other establishments and individuals (including goods sold for self consumption, including VAT). The commodities include: (1) commodities sold to individuals and social groups for their consumption; (2) commodities sold to establishments in all industries for their production and operation, including agriculture, industry, construction, and catering services, including commodities sold to wholesale and retail establishments for re-selling, with or without further processing; and (3) commodities for direct export to abroad. Excluded are (1) extended commodities without trading, such as goods handed over to other enterprises and institutions because of the change of organizations, lent goods, return of goods kept for others, extended processing materials and samples donated to others, (2) goods sold by coupon rebates that are not included in business income, (3) goods of direct settlement between buyer and seller with handling fees introduced by others, (4) prepaid cards for goods without transfer of ownership, such as gas cards, (5) Service-oriented economic activities such as automobile maintenance and telephone card sales, (6) goods returned after purchase, (7) damaged and spoiled goods, (8) waste and used goods of self-use, (9) futures trading commodities, (10) water, electricity and gas supplied by water supply enterprises, electric power enterprises and natural gas supply enterprises.

Total Stock of Commodities For the legal entities and self-employed individuals engaged in wholesale and retail trade, it refers to total value (including VAT) of commodities possessed at the end of the reference period; and for wholesale and retail establishments, it refers to the value (including VAT) of all commodities actually in stock and owned by their legal persons at the end of reference period. The commodities in stock includes: (1) commodities located in storage, garages, counters, and shelves of operating places of wholesale and retail trades (such as sale stores, wholesale centers, procurement stations and operating offices); (2) commodities in the process of being selected, sorted, and packed; (3) commodities not arrived but recorded as purchase in the account, i.e. commodities not arrived but payment receipts for the commodities from the sellers or the banks arrived; (4) commodities deposited in other places rather than places mentioned above, for instance: commodities in the hold of purchasers temporarily due to the refusal of payment; (5) commodities entrusted to other units to sell but not sold yet; (6) commodities purchased for other units but not delivered yet. Commodities not included as stock are those not owned by the enterprises (units), commodities on commission for processing, imported commodities of agency of foreign trade enterprise but not yet delivered to ordering units and finally those put in stock on behalf of the state reserves units.

Chain Head Stores (headquarter) refer to the core leading stores responsible for development, allocation, administration and utilization of resources (name of stores, brand of stores, operation model, service standard, management way, etc.) of chain stores. Chain stores refers to the stores engaged in providing homogeneous commodities or services, with the central leadership of head store (headquarters) and guided by common policies, conduct centralized purchase and distributed selling of commodities, in order to gain better efficiency through standardized operation. The chain stores include regular chain stores, franchise chain stores and voluntary chain stores.

Regular Chain store refers to chain stores that are invested or controlled by the headquarters. They operate under direct and unified management from the headquarters.

Franchise chain store refers to the chain stores (franchisees) which are franchised with operation resources such as trade marks, names, patent and operation know-how by the franchisors in form of contract and pay the operation fees to the franchisors.

Voluntary chain store refers to the stores operate jointly on the voluntary bases while maintaining their status of independent legal entities with full ownership of their assets. They sell goods of same brand from same channel of resource to the consumers.

Large Commodity Markets with Transaction Value over 100 Million Yuan refers to the commodity markets with an annual transaction at and above 100 million. The commodity market refers to the markets approved and managed by related departments, where there are fixed sites, facilities, managers and administration offices, where there are a certain number of traders to operate for three month and above or all the year, where the commodities including the articles for daily consumption and capital goods and services are traded in a centralized, independent and open way. Such market includes markets of daily goods and market of capital goods, etc.

Total Retail Sales of Consumer Goods refer to the amount obtained by enterprises (units, self-employed individuals) through direct sales of non-production and non-business physical commodity to individuals, social institutions, and revenue from providing catering services. Individuals include rural and urban households, population from abroad, social institutions include government agencies, social organizations, military units, schools, institutions, neighborhood (village) committees.

Hotel Services refer to the accommodation services provided to visitors. Some units may provide only accommodation while others provide a combination of accommodation, meals, business services and/or recreational facilities. It excludes activities related to the provision of long-term primary residences in facilities such as apartments typically leased on a monthly or annual basis.

Catering Services refer to the activities of providing foods, serving locations and facilities to customers through instant processing, commercial sales and service-type labor.

Business Revenue refers to total revenue (including VAT) of hotels and catering services received from providing services or selling commodities through business activities, income comes mainly from providing hotels, catering services, selling of commodities and other services, such as commodity services. It does not include revenue such as meal fees, selling of commodities of other industrial units affiliated with multi industrial legal entities. Income from hotels refers to income (including VAT) of hotels and catering services by providing lodging services through business activities. Income from catering services refers to income (including VAT) from providing catering services, including selling of cooked or prepared foods, such as staple food, cooked dishes, or cold dishes. It does not include meal fees of other industrial units affiliated with multi industrial legal entities.

Overseas Visitor Arrivals refer to the number of tourists of foreigners, Chinese compatriots from Hong Kong, Macao and Taiwan who come to China (mainland) within the reference period for sight-seeing, vacation, visiting relatives, medical treatment, shopping, attending conference, or to engage in economic, cultural, sports and religious activities (namely the number of overseas visitor arrivals). In compiling statistics, each arrival is counted as one person-time. The number of overseas visitor arrivals includes inbound overnight tourists and one-day tourists.

Number of Chinese Residents Going Abroad (Chinese Outbound Visitors) refers to the number of Chinese (mainland) residents going to other countries, Hong Kong Special Administrative region, Macao Special Administrative region and Taiwan for on official or private purposes, for sight-seeing, vacation, visiting relatives, medical treatment, shopping, attending conference, or to engage in economic, cultural, sports and religious activities (namely the Chinese outbound visitors). In compiling statistics, each time of leaving is counted as one person-time.

Number of Domestic Tourists refers to the number of Chinese (mainland) residents who travel within China (mainland) for sight-seeing, vacation, visiting relatives, medical treatment, shopping, attending conference, or to engage in economic, cultural, sports and religious activities. In compiling statistics, each time of travelling is counted as one person-time.

Foreign Exchange Earnings from International Tourism refer to the total expenditure of foreigners, overseas Chinese, Chinese compatriots from Hong Kong, Macao and Taiwan during their stay in the mainland of China on transportation, sighting, accommodation, food, shopping and entertainment.

Income from Domestic Tourism refer to expenditure of domestic tourists on transportation, sighting, accommodation, food, shopping and entertainment while they travel.

Star-rated Hotels refer to hotels rated with stars as evaluated (accepted) by the relevant tourism authorities according to GB/T14308-2010 standard with reference to their infrastructure, facilities and service levels.

第16篇 

运输和邮电

CHAPTER 16 TRANSPORT, POSTAL AND TELECOMMUNICATION SERVICES

16-1 交通运输业基本情况
Basic Conditions of Transport

指 标	Item	2018	2019	2020	2021	2022
运输线路长度(公里)	**Length of Transport Routes (km)**					
铁路营业里程	Railways in Operation	6782	6668	6781	7153	6986
#地方铁路	Local Railways	751	637	538	509	507
铁路正线延展里程	Extension Length of the Trunk Lines	9934	9732	9897	10439	10470
公路线路里程	Length of Highways	167116	168710	168119	168354	168958
内河通航里程	Length of Navigable Inland Waterways	5495	5495	5495	5495	5495
定期航班航线里程	Length of Civil Aviation Routes	800021	879421	905986	820142	859502
客运量(万人)	**Total Passenger Traffic (10000 persons)**	**34013**	**32260**	**13942**	**15184**	**10376**
铁 路	Railways	10522	11223	4590	4867	3070
公 路	Highways	20739	18212	7608	8477	6016
水 运	Waterways	307	317	99	135	118
民 航	Civil Aviation	2445	2509	1645	1704	1172
旅客周转量(亿人公里)	**Total Passenger-Kilometers (100 million passenger-km)**	**867.7**	**874.9**	**480.4**	**507.9**	**364.0**
铁 路	Railways	279.3	289.4	123.3	133.5	91.7
公 路	Highways	154.1	139.3	54.2	56.6	34.4
水 运	Waterways	0.4	0.4	0.1	0.1	0.2
民 航	Civil Aviation	433.9	445.8	302.8	317.7	237.7
货运量(万吨)	**Total Freight Traffic (10000 tons)**	**62532**	**58043**	**56031**	**62317**	**59491**
铁 路	Railways	11357	12073	12603	12512	12955
公 路	Highways	42943	37624	35521	42086	38616
水 运	Waterways	890	780	538	519	547
民 航	Civil Aviation	13.0	14.1	11.6	11.1	10.0
管 道	Petroleum and Gas Pipelines	7329	7552	7357	7189	7363
货物周转量(亿吨公里)	**Total Freight Ton-kilometers (100 million ton-km)**	**1920.3**	**1951.5**	**1918.2**	**2075.9**	**2185.0**
铁 路	Railways	784.6	814.4	839.6	882.8	969.3
公 路	Highways	810.7	795.1	694.0	815.8	846.1
水 运	Waterways	6.1	5.6	51.1	46.2	36.2
民 航	Civil Aviation	2.7	2.9	2.6	2.5	2.3
管 道	Petroleum and Gas Pipelines	316.2	333.5	330.9	328.6	331.1
民用汽车拥有量(万辆)	**Number of Civil Motor Vehicles (10000 units)**	**478.6**	**516.9**	**555.8**	**609.6**	**644.8**
#载客汽车	Number of Buses and Cars	409.9	444.8	478.1	509.7	541.7
载货汽车	Number of Trucks	64.7	68.4	74.1	79.3	82.4
#普通载货汽车	Ordinary Trucks	35.9	37.7	39.2	40.3	41.1
#私人汽车	Number of Private-owned Motor Vehicles	426.8	464.3	502.2	537.3	571.8
民用运输船舶拥有量(艘)	**Number of Civil Transport Vessels (unit)**	**1438**	**1403**	**1356**	**1239**	**1120**
机动船	Motor Vessels	1148	1119	1075	985	892
驳 船	Barges	290	284	281	254	228
私人运输船舶拥有量(艘)	**Number of Private-owned Transport Vessels (unit)**	**947**	**927**	**903**	**367**	**284**
机动船	Motor Vessels	801	784	763	242	179
驳 船	Barges	146	143	140	125	105

注：2019交通部开展全国道路货物运输量专项调查,对2019年货运量及货物周转量重新修订(下同)。

a) In 2019, the Ministry of Communications conducted a special survey on the National Road Cargo Transport Volume, and revised the volume of cargo transport and cargo turnover (the same below).

16-2 运输线路长度
Length of Transportation Routes

单位：公里 (km)

年 份 Year	铁 路 营业里程 Length of Railways in Operation	#地方铁路 Local Railways	铁路正线延展里程 Extension Length of the Trunk Lines	公路线路里程 Length of Highways	内河通航里程 Length of Navigable Inland Waterways	定期航班航线里程 Length of Civil Aviation Routes
1952	3669		4099	8919	3871	
1957	3740		4153	16892	4095	
1965	3750		4644	26256	5912	
1975	4595		5506	40117	6810	
1978	4594		5538	44797	6595	1261
1979	4796		5693	42191	5137	1261
1980	4796		5707	44590	5137	1261
1981	4819		5771	44749	4776	1261
1982	4818		5701	44965	4776	6693
1983	4861		5825	45295	4776	6693
1984	4917		6026	45396	4776	6705
1985	4681		6096	45487	4776	6705
1986	4956		6096	45659	4776	6705
1987	5020		6096	46090	4776	6705
1988	5121		6506	46617	4696	14274
1989	5124	187	6363	47045	4696	14274
1990	5316	428	6363	47203	4696	14274
1991	5316	428	6396	47188	4696	14274
1992	5307	428	6419	47882	4696	14274
1993	5262	428	6398	48023	4696	14274
1994	5262	428	6447	48356	5057	14274
1995	5262	428	6474	48819	5057	14274
1996	5295	428	6481	48986	5057	72000
1997	5336	428	6974	49631	5057	69000
1998	5336	428	7046	49766	5057	90000
1999	5464	490	7047	49928	5057	114000
2000	5465	491	7130	50284	5057	112000
2001	5464	490	7125	62979	5057	123416
2002	5464	490	7123	63046	5057	117406
2003	5373	490	7088	65123	5528	108716
2004	5432	650	7095	66821	5528	127486
2005	5499	718	7260	67077	5528	116624
2006	5503	723	7250	139335	5528	138845
2007	5563	723	7340	140909	5528	208119
2008	5563	723	7422	150846	5528	159587
2009	5644	724	7501	151470	5528	182243
2010	5673	752	7535	151945	5495	203249
2011	5832	751	7652	155592	5495	236674
2012	6022	751	7881	159063	5495	267537
2013	5906	748	7873	160206	5495	432115
2014	5906	748	7055	162464	5495	504510
2015	6120	748	8510	163233	5495	524565
2016	6120	748	8568	164502	5495	630482
2017	6122	751	8587	165989	5495	756650
2018	6782	751	9934	167116	5495	800021
2019	6668	637	9732	168710	5495	879421
2020	6781	538	9897	168119	5495	905986
2021	7153	509	10439	168354	5495	820142
2022	6986	507	10470	168958	5495	859502

16-3　公路里程
Length of Highways

单位：公里　(km)

年　份 Year	总　计 Total	等级公路 Expressway and Class I to IV Highway	高　速 Expressway	一　级 First Class	二　级 Second Class	三　级 Third Class	四　级 Fourth Class	等外公路 Highway Below Class IV
1979	42191	39966		14	490	8027	31435	2225
1980	44590	42567		18	597	8494	33458	2023
1981	44749	42762		18	623	8606	33515	1987
1982	44965	42989		18	623	8746	33602	1976
1983	45295	43361		18	652	9384	33307	1934
1984	45396	43558		18	697	9859	32984	1838
1985	45487	43649		18	716	9776	33139	1838
1986	45659	43821		32	758	9964	33067	1838
1987	46090	44343		162	780	10361	33040	1747
1988	46617	44715		160	573	12485	31497	1902
1989	47045	45186		189	806	13276	30915	1859
1990	47203	45495		191	891	14158	30255	1708
1991	47188	45568		192	939	14880	29557	1620
1992	47880	46264		213	1124	15662	29265	1616
1993	48023	46527		213	1302	16953	28059	1496
1994	48356	46919		214	1466	17979	27260	1437
1995	48819	47626	36	230	1977	18574	26809	1193
1996	48986	47787	36	271	2503	18547	26430	1199
1997	49631	48956	147	345	3135	22811	22518	675
1998	49766	49098	176	356	3616	22572	22378	668
1999	49928	49263	176	356	4113	22630	21988	665
2000	50284	49623	285	387	4643	22757	21551	661
2001	62979	57762	414	548	5638	33320	17842	5217
2002	63046	57882	413	707	5821	33132	17809	5164
2003	65123	59599	413	925	6623	33083	18555	5524
2004	66821	61303	722	1040	7034	33169	19339	5518
2005	67077	61691	958	1118	7140	32806	19669	5386
2006	139335	83546	958	1325	7279	33611	40373	55789
2007	140909	93850	1044	1453	7443	33027	50883	47059
2008	150846	104102	1044	1534	7743	32621	61160	46744
2009	151470	114511	1219	1576	8599	32186	70931	36960
2010	151945	118918	1358	1451	9063	32128	74918	33028
2011	155592	124132	3708	1289	8849	32298	77989	31460
2012	159063	129260	4084	1521	9623	32182	81850	29803
2013	160206	131778	4084	1593	9853	33108	83140	28429
2014	162464	135033	4084	1771	10598	34030	84550	27431
2015	163233	136325	4346	1930	11308	33833	84908	26908
2016	164502	138512	4350	2393	11552	34321	85896	25990
2017	165989	140698	4512	2657	11797	34252	87480	25291
2018	167116	142959	4512	2729	11931	34345	89443	24156
2019	168710	144966	4512	3038	12361	34028	91027	23744
2020	168119	144868	4512	3140	12583	33237	91397	23250
2021	168354	145455	4520	3291	12573	33434	91637	22899
2022	168958	146603	4659	3402	12546	33979	92017	22355

注：2006年全省农村公路普查核实后，公路线路里程统计口径调整，增加了“农村公路里程”（下同）。

a) After the Provincial Rural Highway Census and verification in 2006, the statistical caliber of highway route mileage was adjusted, and the“Rural highway mileage” was increased (the same below).

16-4 分地区运输线路长度(2022年)

Length of Transport Routes at Year-End by Region(2022)

单位：公里 (km)

地区	Region	公路里程 Total Length of Highways	等级公路 Expressway and Class I to IV Highways	#高速 Express way	#一级 First Class	#二级 Second Class	等外公路 Highways Below Class IV
全省	**Total**	**168958.0**	**146603.0**	**4659.3**	**3401.9**	**12546.1**	**22355.1**
哈尔滨	Harbin	23169.2	21478.9	25.0	153.7	1166.5	1690.2
齐齐哈尔	Qiqihar	21798.0	20477.5		136.1	980.9	1320.5
鸡西	Jixi	6174.6	5665.4	182.6	147.7	570.8	509.2
鹤岗	Hegang	3033.5	2677.5		199.9	223.7	355.9
双鸭山	Shuangyashan	4191.6	3760.5		257.5	536.7	431.1
大庆	Daqing	8363.8	7242.1	147.5	265.6	481.7	1121.7
伊春	Yichun	7304.2	7197.2		101.3	586.0	107.1
佳木斯	Jiamusi	9846.7	8063.0		145.3	918.1	1783.6
七台河	Qitaihe	2016.8	1898.7	117.4	50.5	171.1	118.1
牡丹江	Mudanjiang	11149.5	10487.3	0.9	354.9	741.9	662.3
黑河	Heihe	10338.5	8784.0		102.7	859.3	1554.6
绥化	Suihua	21152.3	19998.4		148.8	863.3	1154.0
大兴安岭	Daxinganling	7389.0	7384.9		32.7	1461.8	4.1
呼兰养路总段	Hulan Yanglu General Section	397.4	397.4		279.4	113.4	
黑龙江省交投集团	Heilongjiang Provincial Communications Investment Group	4259.5	4259.5	3814.8	442.0	2.7	
通河养路总段	Tonghe Road Maintenance Section	762.9	762.9		173.8	589.2	
农垦路桥东部办	Nongken Road and Bridge East Office	932.5	932.5		120.5	752.2	
龙建集团西部办	Longjian Group Western Office	1752.2	1752.2		275.1	1387.0	
北大荒集团	Beidahuang Group	24492.6	12978.1	371.0	9.8	134.3	11514.5
龙江森工集团	Longjiang Forest Industry Group	433.2	404.9		4.6	5.4	28.4

16-5 运输线路质量

Quality of Transport Routes

指标		Item		2018	2019	2020	2021	2022
铁路营业里程	**(公里)**	**Length of Railways in Operation**	**(km)**	**6031**	**6031**	**6031**	**6402**	**6479**
#复线里程	(公里)	Double-Tracking Length	(km)	2826	2826	2823	3195	3195
复线里程比重	(%)	Proportion	(%)	46.9	46.9	46.8	49.9	49.3
#自动闭塞里程	(公里)	Automatic Blocking Length	(km)	3360	3360	3360	3748	3746
自动闭塞里程比重	(%)	Proportion	(%)	55.7	55.7	55.7	58.5	58.5
公路线路里程	**(公里)**	**Length of Highways**	**(km)**	**167116**	**168710**	**168119**	**168354**	**168958**
#有路面里程	(公里)	Paved Highways	(km)	144024	146000	145852	146391	146612
有路面里程比重	(%)	Proportion	(%)	86.2	86.5	86.8	87.0	87.0
内河航道里程	**(公里)**	**Length of Navigable Inland Waterways**	**(km)**	**5562**	**5562**	**5562**	**5495**	**5495**
#水深一米以上	(公里)	Upwards of one meter	(km)	3347	3347	3347	3347	3347
水深一米以上比重	(%)	Proportion	(%)	60.1	60.1	60.1	60.1	60.1

注：铁路里程为中国铁路哈尔滨局集团有限公司在黑龙江省境内数据。

a) Length of Railways in Operation is data of China Railway Harbin Group Co., Ltd. in churchyard of Heilongjiang Province.

16-6　客运量
Passenger Traffic

单位：万人　(10000 persons)

年　份 Year	合　计 Total	铁　路 Railways	公　路 Highways	水　运 Waterways	民　航 Civil Aviation
1978	13368	7707	5560	99	2
1979	14172	8329	5756	84	3
1980	14947	8963	5896	84	4
1981	15997	9806	6076	111	4
1982	17503	10566	6843	89	5
1983	18826	11281	7411	130	4
1984	20605	12111	8362	126	6
1985	20347	11625	8562	142	18
1986	21132	11413	9566	124	29
1987	26262	11697	14404	130	31
1988	26128	12689	13268	133	38
1989	25164	11999	13021	103	41
1990	22822	9855	12840	81	46
1991	23823	9938	13754	66	65
1992	23786	10573	13058	58	97
1993	22852	11658	11026	51	117
1994	23211	12231	10819	34	127
1995	23586	11881	11506	37	162
1996	38731	9515	29000	41	175
1997	45824	9604	36008	45	167
1998	47766	10136	37439	24	167
1999	48572	9821	38562	41	149
2000	49975	9897	39864	45	169
2001	51031	9658	41111	80	182
2002	51151	9312	41490	137	212
2003	48073	8319	39347	176	231
2004	51561	8860	42170	233	298
2005	55758	8359	46809	240	350
2006	60593	8924	51023	253	393
2007	64956	9631	54592	257	476
2008	42109	10012	31379	176	542
2009	44094	10133	32947	285	729
2010	47746	10602	36001	292	851
2011	51404	10745	39424	312	923
2012	53497	10524	41551	329	1093
2013	46812	10107	35102	357	1246
2014	48313	10096	36379	366	1472
2015	44551	9865	32632	372	1682
2016	41280	10480	28550	355	1895
2017	36881	10412	23917	341	2211
2018	34013	10522	20739	307	2445
2019	32260	11223	18212	317	2509
2020	13942	4590	7608	99	1645
2021	15184	4867	8477	135	1704
2022	10376	3070	6016	118	1172

注：1.2008年，交通运输部组织开展了全国公路水路运输量专项调查。统计口径发生较大变化，公路、水运数据不宜进行历史对比(下同)。
2.根据交通部2013年专项调查，对2013年公路、水路客(货)运量进行了修订(下同)。
3.从1985至今,民航数据统计口径为旅客吞吐量,即进出港人数。

a) In 2008, the Department of Transportation organized special investigation on national highway and waterway traffic. Changes in statistical large-caliber, highways, waterways historical data should not be compared (the same below).

b) According to Ministry of Transportation special investigation in 2013,the 2013 highway and waterway passenger(cargo) traffic has been revised (the same below).

c) From 1985 to now, the statistical caliber of civil aviation data is passenger throughput, that is, the number of inbound and outbound passengers.

16-7 旅客周转量
Passenger-Kilometers

单位：亿人公里 (100 million passenger-km)

年 份 Year	合 计 Total	铁 路 Railways	公 路 Highways	水 运 Waterways	民 航 Civil Aviation
1978	90.7	72.2	17.5	0.70	0.3
1979	97.5	78.7	17.9	0.61	0.2
1980	102.7	83.5	18.4	0.60	0.2
1981	110.7	90.8	18.9	0.85	0.1
1982	119.7	97.2	21.8	0.59	0.2
1983	130.8	106.1	23.8	0.85	0.1
1984	146.4	118.2	27.2	0.79	0.2
1985	162.6	132.0	29.5	0.90	0.2
1986	176.5	140.1	35.4	0.72	0.2
1987	209.2	151.8	56.3	0.69	0.4
1988	227.9	174.0	52.9	0.65	0.4
1989	215.5	162.4	52.1	0.52	0.5
1990	183.6	131.6	50.3	0.40	1.3
1991	195.5	138.5	54.7	0.40	1.9
1992	212.1	155.7	50.9	0.30	5.2
1993	225.6	169.3	43.0	0.30	13.0
1994	225.3	171.8	42.9	0.20	10.4
1995	228.8	169.2	47.8	0.20	11.6
1996	280.3	141.9	126.8	0.20	11.4
1997	336.7	151.9	173.0	0.20	11.6
1998	356.7	157.8	186.4	0.03	12.5
1999	377.9	160.1	206.7	0.10	11.0
2000	390.7	162.8	214.5	0.10	13.3
2001	396.3	163.3	219.1	0.10	13.8
2002	402.4	165.3	221.8	0.10	15.2
2003	391.8	151.2	203.4	0.30	36.9
2004	447.0	173.3	225.8	0.30	47.6
2005	485.6	177.6	254.3	0.30	53.4
2006	538.9	194.9	280.6	0.30	63.1
2007	607.1	213.9	313.9	0.30	79.0
2008	530.7	227.3	213.6	0.29	89.5
2009	582.3	239.1	226.9	0.30	116.0
2010	635.0	259.5	243.2	0.30	132.0
2011	685.9	267.3	273.9	0.40	144.3
2012	741.6	262.4	296.8	0.37	182.0
2013	685.8	256.8	216.1	0.40	212.5
2014	743.8	261.5	231.2	0.40	250.7
2015	768.9	257.6	229.6	0.41	281.4
2016	805.6	270.6	200.1	0.39	334.5
2017	845.5	274.6	177.1	0.38	393.5
2018	867.7	279.3	154.1	0.36	433.9
2019	874.9	289.4	139.3	0.35	445.8
2020	480.4	123.3	54.2	0.12	302.8
2021	507.9	133.5	56.6	0.14	317.7
2022	364.0	91.7	34.4	0.15	237.7

16-8 货运量
Freight Traffic

单位：万吨

年 份 Year	合 计 Total	铁 路 Railways	公 路 Highways	水 运 Waterways	民 航 Civil Aviation	管 道 Pipelines
1978	20659	8592	7888	314	0.1	3865
1979	20882	9101	7562	296	0.1	3923
1980	20600	9387	6897	287	0.1	4029
1981	20025	9321	6329	288	0.1	4087
1982	20096	9952	5720	314	0.1	4110
1983	19780	10436	4825	358	0.1	4161
1984	19185	10731	3752	383	0.2	4319
1985	23000	11341	6735	415	0.5	4508
1986	29927	11627	13386	442	0.6	4471
1987	33255	11722	16552	509	0.8	4471
1988	35900	11709	19180	539	1.0	4471
1989	37268	12389	20009	524	1.1	4345
1990	40062	12920	22239	516	1.3	4386
1991	38149	13108	20164	505	1.2	4371
1992	38393	13069	20416	556	1.6	4350
1993	37430	12947	19518	628	1.7	4335
1994	37222	13248	18857	699	2.2	4416
1995	37741	13607	19281	626	2.5	4224
1996	55570	13659	37000	650	3.0	4258
1997	59252	14290	40023	753	3.0	4183
1998	55219	12378	38291	402	2.8	4145
1999	56651	12961	38685	825	2.7	4177
2000	57332	13077	39685	788	3.2	3779
2001	47934	13371	30135	698	2.4	3728
2002	58116	13369	40317	708	2.9	3719
2003	57638	14267	39031	1052	3.2	3285
2004	60134	15143	40712	1156	3.6	3119
2005	64776	16123	44376	1301	4.2	2972
2006	69090	16069	48389	1389	4.6	3238
2007	73414	16891	51996	1250	5.4	3272
2008	57089	17795	35424	757	6.0	3107
2009	57232	16744	36486	978	6.8	3017
2010	62205	17717	40582	1015	7.6	2883
2011	66749	17678	44420	1118	8.2	3525
2012	68871	16591	47465	1175	9.2	3631
2013	64777	14561	45288	1245	9.9	3673
2014	65529	11777	47173	1262	11.3	5306
2015	59758	9033	44200	1245	12.2	5268
2016	58819	9542	42897	1130	13.0	5237
2017	61407	11161	44127	1110	12.6	4996
2018	62532	11357	42943	890	13.0	7329
2019	58043	12073	37624	780	14.1	7552
2020	56031	12603	35521	538	11.6	7357
2021	62317	12512	42086	519	11.1	7189
2022	59491	12955	38616	547	10.0	7363

注：2014年管道货运统计口径调整，与往年不可比。
a) Pipelines freight statistical standards of 2014 were adjusted, not comparable with previous years.

16-9 货物周转量
Freight Ton-Kilometers

单位：亿吨公里 (100 million ton-km)

年 份 Year	合 计 Total	铁 路 Railways	公 路 Highways	水 运 Waterways	民 航 Civil Aviation	管 道 Pipelines
1978	441.1	376.9	11.1	7.8		45.3
1979	462.0	398.4	10.1	7.5		46.0
1980	486.3	419.2	12.2	7.6		47.3
1981	504.4	420.7	27.5	8.3		47.9
1982	524.3	455.2	12.4	8.5		48.2
1983	564.2	494.4	10.3	10.7		48.8
1984	581.4	509.4	9.7	11.6		50.7
1985	633.9	559.9	18.2	13.9		41.9
1986	697.7	598.1	34.3	13.8		51.5
1987	739.8	629.1	44.1	15.1		51.5
1988	758.3	639.4	51.1	15.8		52.0
1989	810.8	689.6	54.9	16.0		50.3
1990	832.5	706.5	59.6	16.4		50.0
1991	836.5	713.0	57.7	16.2		49.6
1992	842.2	717.0	59.8	16.1		49.3
1993	846.0	724.9	55.9	16.1		49.1
1994	856.6	731.3	57.0	18.5		49.8
1995	867.9	748.3	55.9	16.1		47.6
1996	950.6	754.3	129.0	19.5	0.1	47.7
1997	1005.5	801.3	136.0	21.4	0.1	46.7
1998	890.1	698.6	140.4	5.1	0.2	45.8
1999	954.5	732.5	156.7	20.5	0.3	44.5
2000	961.3	736.7	161.9	19.5	0.4	42.8
2001	982.3	761.6	161.2	15.2	0.3	44.0
2002	995.2	766.7	167.5	16.2	0.9	43.9
2003	1035.5	808.9	163.1	19.4	1.0	43.1
2004	1139.6	874.5	203.8	18.9	1.1	41.3
2005	1201.6	919.7	227.6	20.0	0.8	33.5
2006	1248.1	937.3	252.1	21.2	1.0	36.5
2007	1320.5	978.9	289.9	13.6	1.1	37.0
2008	1727.1	1029.3	653.2	8.5	1.2	34.9
2009	1680.0	980.7	657.1	6.8	1.3	34.0
2010	1875.9	1056.7	762.4	7.0	1.4	48.4
2011	2009.9	1117.4	843.5	7.4	1.6	40.0
2012	2045.3	1065.7	929.0	7.6	1.8	41.3
2013	1973.6	949.2	972.9	7.9	2.0	41.6
2014	1998.7	794.7	1008.5	7.9	2.2	185.4
2015	1739.8	608.0	929.3	8.1	2.3	192.1
2016	1729.5	620.5	904.8	7.3	2.7	194.3
2017	1850.8	737.2	913.5	7.1	2.6	190.5
2018	1920.2	784.6	810.7	6.1	2.7	316.2
2019	1951.5	814.4	795.1	5.6	2.9	333.5
2020	1918.2	839.6	694.0	51.1	2.6	330.9
2021	2075.9	882.8	815.8	46.2	2.5	328.6
2022	2185.0	969.3	846.1	36.2	2.3	331.1

16-10　铁路按货物种类分的货运量和货物周转量
Railway Freight Traffic and Freight Ton-Kilometers by Category of Cargo

类　别	Category	货运量 (万吨) Freight Traffic (10000 tons)		货物周转量 (百万吨公里) Freight Ton-km (million ton-km)		平均运距 (公里) Average Transport Distance (km)	
		2021	2022	2021	2022	2021	2022
总　计	**Total**	**23041**	**24661**	**120598**	**133067**	**523**	**540**
煤	Coal	9569	10411	64839	71810	678	690
焦　炭	Coke	688	694	4692	4563	682	658
石　油	Petroleum	1132	1036	3392	3275	300	316
钢　铁	Steel and Iron	918	918	3563	3562	388	388
金属矿石	Metal Ores	1770	1876	8761	9250	495	493
非金属矿石	Nonmetal Ores	301	337	651	798	216	237
矿建材料	Mineral Building Materials	1796	1739	5589	5493	311	316
水　泥	Cement	108	139	279	356	259	256
木　材	Timber	853	494	796	354	93	72
化肥和农药	Chemical Fertilizers and Pesticides	601	718	3328	3863	553	538
粮　食	Grain	1593	1974	8443	9596	530	486
其　他	Others	3712	4325	16264	20147	438	466

注：本表为中国铁路哈尔滨局集团有限公司数据。
a) Figures in this table are the data of China Railway Harbin Group Co., Ltd..

16-11　信息传输基本情况
Basic Conditions of Information Transfer

指　标	Item	2018	2019	2020	2021	2022
电信业务总量 (亿元)	Business Volume of Telecommunications Service (100 million yuan)	1129.5	1732.1	2092.8	245.7	261.2
固定电话用户 (万户)	Number of Fixed Telephone Subscribers at Year-end(10000 subscribers)	354.4	339.9	298.8	316.9	336.8
城市电话用户	Urban Fixed Telephones Subscribers	312.5				
农村电话用户	Rural Fixed Telephones Subscribers	41.9				
移动电话用户 (万户)	Number of Mobile Telephones Subscribers (10000 subscribers)	3833.6	3929.0	3844.4	3759.5	3828.6
#4G移动电话用户	4G Mobile Phone Subscribers		2977.5	3101.4	2457.9	2213.1
#5G移动电话用户	5G Mobile Phone Subscribers		4.6	482.5	756.5	1156.6
移动电话通话时长 (亿分钟)	Time of Mobile Telephones Conversation (100 million minutes)	1189.0	1086.6	996.4	971.2	960.5
物联网终端用户 (万户)	Number of The Internet of Things (10000 subscribers)	832.1	1011.7	744.6	956.2	1323.6
(固定)互联网宽带接入用户(万户)	(Fixed) Broad Band Subscribers Port of Internet (10000 subscribers)	810.7	848.3	886.3	1013.5	1130.4
长途光缆线路长度 (公里)	Length of Long-distance Optical Cable Lines (km)	56574	50184	51829	51044	52511

注：2022年电信业务总量按2021年不变单价计算。
a) Total Telecom Business in 2022 is 2021 at constant unit prices.

16-12 铁路运输技术经济主要指标
Principle Economic and Technical Indicators of Railway Transport

指 标	Item	2018	2019	2020	2021	2022
货运机车日产量 (万吨公里)	Average Daily Ton-kilometers of Freight Locomotives (10000 ton-km)	165.2	167.3	171.5	171.3	170.4
内燃机车	Diesel Locomotives	121.3	104.5	108.8	108.6	107.4
电力机车	Electric Locomotives	249.0	246.4	248.4	249.6	246.3
货运机车平均牵引总重 (吨)	Average Total Tonnage of Freight Locomotives (ton)	3120	3148	3154	3165	3157
内燃机车	Diesel Locomotives	2899	2821	2776	2821	2842
电力机车	Electric Locomotives	3362	3359	3405	3392	3354
货运机车日车公里 (公里)	Daily Distance per Freight Locomotive (km)	592	596	611	606	603
客运机车日车公里 (公里)	Daily Distance per Passenger Locomotive (km)	860	854	845	838	810
内燃机车每万吨公里耗油 (公斤)	Oil Consumption of Diesel Locomotives (kg/10000 ton-km)	28.2	30.4	29.0	29.2	27.5
电力机车每万吨公里耗电 (千瓦小时)	Electricity Consumption of Electric Locomotives (kwh/10000 ton-km)	103.0	106.0	100.1	101.7	95.4
货物列车出发正点率 (%)	Punctuality Rate of Freight Trains at Departure (%)	99.4	99.4	99.2	99.1	99.1
货物列车运行正点率 (%)	Punctuality Rate of Freight Trains in Running (%)	99.2	99.3	99.1	99.1	99.1
旅客列车出发正点率 (%)	Punctuality Rate of Passenger Trains at Departure (%)	100.0	100.0	100.0	100.0	100.0
旅客列车运行正点率 (%)	Punctuality Rate of Passenger Trains in Running (%)	99.9	99.9	99.9	99.9	99.1
货物列车技术速度 (公里/小时)	Technical Speed of Freight Trains (km/hour)	56.1	57.5	58.1	57.6	57.6
货物列车运行速度 (公里/小时)	Running Speed of Freight Trains (km/hour)	44.8	45.0	46.5	47.6	46.6
货运密度 (万吨/公里)	Density of Freight Transport (10000 tons/km)	1591	1618	1645.1	1724.9	1882.7
旅客列车技术速度 (公里/小时)	Technical Speed of Passenger Trains (km/hour)	78.1	79.0	78.8	76.2	74.4
旅客列车运行速度 (公里/小时)	Running Speed of Passenger Trains (km/hour)	70.1	70.9	71.0	68.9	66.8
客运密度 (万人/公里)	Density of Passenger Transport (10000 passengers/km)	379.6	391.8	166.4	172.6	117.2
每万吨货运量拥有货车数 (辆)	Number of Freight Cars per 10000 Tons (coach)	1035.9	1060.0	1086.7	1098.9	1042.1
每百万货物吨公里拥有货车数 (辆)	Number of Freight Cars per million Ton-km (unit)	180.7	186.0	188.6	185.7	170.1
货车周转时间 (天)	Turning Around Time of Freight Cars (day)	3.10	3.32	3.25	3.25	3.27
一次货物作业时间 (小时)	Handling Time of Freight (hour)	20.0	23.0	23.0	23.3	24.7
每车中转停留时间 (小时)	Transfer Waiting Time per Car (hour)	6.1	7.3	7.6	6.9	7.4
货车净载重(准轨) (吨)	Static Load of Freight Cars(Standard Gauge) (ton)	60.4	60.9	59.7	59.0	59.8

注：本表为中国铁路哈尔滨局集团有限公司数据。

a) Figures in this table are the data of China Railway Harbin Group Co., Ltd..

16-13　主要交通运输工具拥有量
Number of Major Means of Transportation

指　标	Item	2018	2019	2020	2021	2022
铁路机车(台)	**Railway Locomotives (unit)**	**1135**	**1070**	**1062**	**1021**	**1034**
#内燃机车	Diesel Locomotives	888	803	790	760	750
电力机车	Electric Locomotives	247	267	272	272	284
铁路客车(辆)	**Railway Passenger Coaches (coach)**	**5023**	**5112**	**5105**	**5102**	**5006**
#软卧车	Soft Berth Coaches	439	472	489	485	471
硬卧车	Hard Berth Coaches	1925	1921	1399	1916	1876
软座车	Soft Seat Coaches	647	729	727	823	823
硬座车	Hard Seat Coaches	1439	1411	1911	1314	1274
载货汽车(辆)	**Trucks (coach)**	**647419**	**683939**	**740699**	**793363**	**824436**
普通载货汽车	Ordinary Trucks	358500	376726	392064	403127	411244
专用载货汽车	Special Trucks	288919	307213	348635	390236	413192
#私　人	Private-owned	462735	493191	534916	570776	599032
载客汽车(辆)	**Passenger Vehicles (coach)**	**4098669**	**4447690**	**4781458**	**5096550**	**5417312**
#私　人	Private-owned	3787443	4134149	4473517	4789316	5106467
民用轮驳船(艘)	**Civil Transport Vessels (unit)**	**290**	**284**	**281**	**254**	**228**
民用飞机(架)	**Civil Aircrafts (unit)**	**268**	**277**	**290**	**290**	**216**

16-14　民用车辆拥有量(2022年)
Number of Civil Motor Vehicles Owned(2022)

单位：辆　(coach)

指　标	Item	总计 Total	#个人 Individual	营运 Working	非营运 non-Working	校车 Schoolbus
合　计	**Total**	**7166054**	**6000933**	**774320**	**6386276**	**5458**
汽　车	**Automobile**	**6447904**	**5718292**	**634991**	**5807455**	**5458**
载客汽车	Passenger Vehicles	5417312	5106467	138385	5273469	5458
大　型	Large-sized	46092	4092	31509	10696	3887
中　型	Medium-sized	19413	6910	2094	15748	1571
小　型	Small-sized	5330577	5074992	104778	5225799	
微　型	Mini-sized	21230	20473	4	21226	
#轿　车	Car	3459050	3314320	101641	3357409	
载货汽车	Trucks	824436	599032	487276	337160	
重　型	Heavy-sized	249443	121120	242495	6948	
中　型	Medium-sized	36483	25345	31481	5002	
轻　型	Light-sized	538434	452507	213270	325164	
微　型	Mini-sized	76	60	30	46	
#普通载货	Accommodation Trucks	411244	348627	176652	234592	
其他汽车	Others	206156	12793	9330	196826	
摩托车	**Motorcycle**	**246752**	**243087**	**10142**	**236610**	
普　通	Ordinary	242441	238837	10123	232318	
轻　便	Light	4311	4250	19	4292	
拖拉机	**Tractor**	**156**				
大中型	Large and Medium-sized	70				
小　型	Small-sized	86				
挂　车	**Trailer**	**130171**	**38521**	**128641**	**1530**	
其他类型车	**Others**	**2336**	**1033**	**546**	**1790**	

16-15 邮电业务量

年份 Year 地区 Region		电信业务总量 Business Volume of Telecommunication Services	函件(万件) Number of Letters (10000 pcs)	包裹(万件) Package (10000 pcs)	快递业务(万件) Pieces of Express Mail Services (10000 pcs)	报刊期发数(万份) Issue of Newspapers and Magazines (10000 copies)
2009		657.60	8667.7	232.1	2052.9	377.0
2010		776.40	9305.1	237.6	2308.2	367.7
2011		277.60	7772.0	253.4	3066.0	446.3
2012		296.80	7057.5	234.4	3623.5	607.0
2013		337.80	8681.0	240.5	5393.9	323.8
2014		385.90	6842.1	117.5	7014.6	312.3
2015		459.30	4609.1	87.3	12636.8	297.3
2016		320.30	3659.2	64.6	21769.8	255.2
2017		597.30	3725.8	54.1	23185.6	240.0
2018		1129.50	2980.4	52.3	30177.2	237.0
2019		1732.10	1978.8	31.5	35088.9	244.7
2020		2092.80	1377.9	19.5	45522.3	233.0
2021		245.70	1395.3	18.9	60491.0	224.9
2022		261.20	1384.1	37.8	72638.1	224.5
哈尔滨	Harbin	96.91	1191.7	11.9	50070.0	75.0
齐齐哈尔	Qiqihar	26.50	24.2	3.6	3809.0	17.5
鸡西	Jixi	10.96	27.0	2.1	1515.7	12.5
鹤岗	Hegang	7.18	7.0	0.6	593.5	8.6
双鸭山	Shuangyashan	9.91	9.2	1.2	957.9	8.3
大庆	Daqing	24.97	26.7	2.7	2507.7	33.2
伊春	Yichun	7.50	5.7	0.8	786.2	4.9
佳木斯	Jiamusi	17.16	23.2	1.9	1985.4	16.6
七台河	Qitaihe	5.79	4.9	0.4	529.7	4.0
牡丹江	Mudanjiang	16.44	23.3	6.9	5092.7	14.2
黑河	Heihe	10.04	9.8	3.3	1008.3	12.5
绥化	Suihua	23.63	21.2	1.6	3511.0	13.8
大兴安岭	Daxinganling	4.22	10.2	0.8	271.0	3.8

注：因电信业务量计算方法调整，2022年电信业务总量按2021年不变单价计算。
a) For the adjustment of telecom traffic calculation method,total Telecom Business in 2022 is 2021 at constant unit prices.

Business Volume of Postal and Telecommunication Services

汇票(万笔) Postal Order (10000 times)	集邮业务(万枚) Stamps for Collection (10000 pieces)	邮路总长度 (单程)(万公里) Length of Postal Routes (10000 km)	#农村投递线路长度 Rural Delivery Routes	邮政各类经营网点数(处) Number of Offices (unit)	#设在农村 in Rural	移动电话用户(万户) Number of Mobile Telephone Subscribers at Year-end (10000 subscribers)	#4G移动电话用户 4G Mobile Phone Subscribers	#5G移动电话用户 5G Mobile Phone Subscribers	固定电话用户(万户) Number of Fixed Telephone Subscribers at Year-end (10000 subscribers)	(固定)互联网宽带接入用户(万户) ADSL (Fixed) Broad Band Subscribers Port of Internet (10000 subscribers)
502.9	3637.0			1513	979	1865.9			870.2	277.2
534.1	3477.5			1552	925	2243.0			813.5	326.6
487.5	4090.0			1963	976	2566.0			793.5	386.7
411.6	3838.3			1963	976	2663.9			776.1	435.8
307.1	4105.9			1978	962	3020.4			747.8	459.6
186.9	5389.8			1626	1041	3457.8			640.5	492.5
130.5	6306.2	5.9		4348	1521	3329.8			596.0	519.5
84.8	5777.4	15.3		4714	1769	3445.6			497.4	575.0
41.9	5162.0	17.8	11.9	5752	2307	3657.1			430.3	664.6
20.0	4939.9	16.2	11.9	6155	2532	3833.6			354.4	810.7
10.1	4041.4	16.8	11.5	6638	2540	3929.0	2977.5	4.6	339.9	848.3
7.7	3460.2	18.9	10.7	8383	2672	3844.4	3101.4	482.5	298.8	886.3
6.0	2947.1	22.7	9.5	8584	2655	3759.5	2457.9	756.5	316.9	1013.5
3.1	2338.9	14.2	8.9	9419	2539	3828.6	2213.1	1156.6	336.8	1130.4
1.1	893.2	7.3	2.3	3786	599	1202.3	715.6	411.6	132.3	356.4
0.2	188.3	1.6	1.4	814	319	413.0	238.3	129.3	27.9	129.6
0.2	144.7	0.4	0.5	444	170	189.0	105.1	50.7	13.8	57.1
0.3	82.5	0.2	0.4	256	48	126.5	69.7	31.8	6.6	33.2
0.2	67.4	0.2	0.3	249	91	142.9	84.8	44.4	12.5	46.7
0.2	309.7	0.6	0.6	608	193	366.0	215.4	117.2	20.9	103.2
0.1	53.5	0.1	0.1	249	59	114.7	71.3	34.3	10.1	40.0
0.2	111.5	1.2	0.3	656	231	279.9	151.8	82.5	20.7	86.0
0.1	33.3	0.1	0.1	178	61	83.9	50.2	25.2	5.4	26.9
0.2	155.3	0.8	0.9	778	115	261.8	155.9	74.0	24.0	86.7
0.1	51.2	0.4	0.6	341	186	171.2	111.7	44.6	18.1	49.3
0.3	216.1	0.5	1.3	889	427	418.6	205.9	98.5	39.1	97.3
0.02	32.3	0.6	0.04	171	40	58.9	37.3	12.5	5.3	17.9

16-16 民用运输船舶拥有量
Number of Transport Vessels Owned

指 标	Item	总计 Total			#私人 Private		
		2020	2021	2022	2020	2021	2022
合 计	**Total**	**1356**	**1239**	**1120**	**903**	**367**	**284**
机动船 (艘)	**Motor Vessels (unit)**	**1075**	**985**	**892**	**763**	**242**	**179**
载客量 (客位)	Passenger Capacity (seat)	24238	24286	24042	8890	1407	1377
净载重量 (吨位)	Dead Weight Tonnage (ton)	67255	59732	56119	14277	7352	6678
总功率 (千瓦)	Total Power (kw)	123945	122968	111299	49577	22992	19841
客船 (艘)	Passenger Vessels (unit)	621	622	615	412		
载客量 (客位)	Passenger Capacity (seat)	22677	22879	22625	7329		
净载重量 (吨位)	Dead Weight Tonnage (ton)	5444	5758	5758	2635		
功率 (千瓦)	Power (kw)	58249	57695	57419	18957		
客货船 (艘)	Passenger- Cargo Vessels (unit)	60	56	55	60	56	55
载客量 (客位)	Passenger Capacity (seat)	1561	1407	1377	1561	1407	1377
净载重量 (吨位)	Dead Weight Tonnage (ton)	2715	2357	2348	2715	2357	2348
功率 (千瓦)	Power (kw)	6475	5659	5651	6475	5659	5651
货船 (艘)	Cargo Vessels (unit)	262	191	121	211	121	71
净载重量 (吨位)	Dead Weight Tonnage (ton)	59096	51617	48013	8927	4995	4330
功率 (千瓦)	Power (kw)	27337	31264	23571	9021	5028	3205
拖船 (艘)	Towboat (unit)	132	116	101	80	65	53
功率 (千瓦)	Power (kw)	31884	28350	24658	15124	12305	10985
驳船 (艘)	**Barges (unit)**	**281**	**254**	**228**	**140**	**125**	**105**
净载重量 (吨位)	Dead Weight Tonnage (ton)	179165	166465	150765	30848	27505	23005

16-17 民用航空航线和飞机数量
Number of Civil Aviation Routes and Civil Aircrafts

指 标	Item	2018	2019	2020	2021	2022
定期航班航线条数(条)	**Number of Civil Aviation Routes (unit)**	**340**	**369**	**372**	**341**	**318**
国际航线	International Routes	23	27	23	4	312
国内航线	Domestic Routes	315	341	348	337	6
地区航线	Regional Routes	2	1	1		
民用航空航线里程(公里)	**Length of Civil Aviation Routes (km)**	**800021**	**879421**	**905986**	**820142**	**859502**
国际航线	International Routes	55690	72972	75790	6492	18988
国内航线	Domestic Routes	738658	804125	827872	813650	840514
地区航线	Regional Routes	5673	2324	2324		
民用飞机数量(架)	**Number of Civil Aircrafts (unit)**	**268**	**277**	**290**	**290**	**216**
运输飞机	Aerotransport	71	76	81	91	61
通用飞机	General Aircraft	197	201	209	199	155
通用飞行时间(小时)	**Flying Time of General Aviation (hour)**	**33202**	**35805**	**39803**	**45922**	**54527**
农林业航空作业	Flight for Agriculture and Forestry	11166	13030	12784	12559	13543
航空护林作业	Forest Protection Service	2469	2404	4062	3127	3401
其他作业	Others	19567	20371	22957	30236	37582

主要统计指标解释

铁路营业里程　又称营业长度，指投入客货运输营业或临时营业的线路长度。

电气化里程　指具备了电力机车牵引条件，并已交付运营的线路里程。

公路里程　指报告期末公路的实际长度。统计范围：包括城间、城乡间、乡（村）间能行驶汽车的公共道路，公路通过城镇街道的里程，公路桥梁长度、隧道长度、渡口宽度。不包括城市街道里程，断头路里程，农（林）业生产用道路里程，工（矿）企业等内部道路里程。统计原则：按已竣工验收或交付使用的实际里程计算；两条或多条公路共同经由同一路段的重复里程，只计算一次。

内河航道里程　指在一定时期内，能通航运输船舶及排筏的天然河流、湖泊水库、运河及通航渠道的长度。包括全年季节性通航累计三个月以上的航道，不包括仅供零散流放竹、木排的河道。两省以河为界的航道里程，双方均按一半计算，以免重复。

定期航班航线里程　指定期航班营运里程的总长度，以万公里为计算单位。航线里程的统计分为按重复距离计算和按不重复距离计算两种形式。“按重复距离计算”是指不同航线的相同航段距离可以重复累加；“按不重复距离计算”则不同航线相同航段只统计一次。

管道输油(气)里程　指油、气、成品油等各类介质实际输送距离，是反映运输管线长度的指标，也是计算周转量的依据。对于有复线和备用线的地段，原则上按单线计算管输里程。双线同时输送又不能分开计量的情况下，管输里程为双线长度之和除以 2。

货(客)运量　指在一定时期内，各种运输工具实际运送的货物重量(旅客数量)。货运按吨计算，客运按人计算。货物不论运输距离长短、货物类别，均按实际重量统计。旅客不论行程远近或票价多少，均按一人一次客运量统计；半价票、儿童票也按一人统计。

货(客)运密度　指在一定时期内某种运输方式在营运线路的某一区段平均每公里线路通过的货物(旅客)运输周转量。计算公式为：

$$货(客)运密度=\frac{货物(旅客)周转量}{营业线路长度}$$

该指标可以反映交通运输线路上的货物(旅客)运输量运输繁忙程度，是平衡运输线路运输能力和通过能力，规划线路建设及改造、配备技术设备，研究运输网布局的重要依据。

货物(旅客)周转量　指在一定时期内，由各种运输工具运送的货物(旅客)数量与其相应运输距离的乘积之总和。该指标可以反映运输业生产的总成果，也是编制和检查运输生产计划，计算运输效率、劳动生产率以及核算运输单位成本的主要基础资料。计算货物周转量通常按发出站与到达站之间的最短距离，也就是计费距离计算。计算公式为：

货物（旅客）周转量=Σ（货物（旅客）运输量
×运输距离）

铁路货车平均静载重　指货物在装车时的静止装载重量。计算公式为：

货车平均静载重(吨)=货物发送吨数／装车数

铁路货运机车日产量　指在一定时期内，平均每台货运机车在一昼夜内所完成的总重吨公里数，包括载运货物的重量和车辆本身的自重。该指标从时间和牵引能力两方面反映了机车运用效率。计算公式为：

$$货运机车平均日产量=\frac{货运总重吨公里数}{货运机车台日数}$$

港口货物吞吐量　指经由水路进、出港区范围，并经过装卸的货物数量。按货物流向分为进港吞吐量和出港吞吐量，按货物的贸易性质分为内贸和外贸吞吐量。货物类别根据现行的交通行业《运输货物分类和代码》标准分类。

民用运输船舶拥有量　指报告期末在水路运输管理部门注册登记的从事水上客、货运输活动的我国企业或私人拥有的营业性运输船舶（含我国企业或私人拥有的悬挂外国旗的船舶）数量。不包括非运输船舶及农业、渔业生产船舶。

民用汽车拥有量　指报告期末，在公安交通管理部门按照《机动车注册登记工作规范》，已注册登记领有民用车辆牌照的全部汽车数量。汽车拥有量统计的主要分类：根据汽车结构分为载客汽车、载货汽车及其他汽车；根据汽车所有者不同分为个人(私人)汽车、单位汽车；根据汽车的使用性质分为营运汽车、非营运汽车；根据汽车大小规格不同，载客汽车分为大型、中型、小型和微型，载货汽车分为重型、中型、轻型和微型。

邮政、电信业务总量　指以货币形式表示的邮政、电信通信企业为社会提供各类邮政、电信通信服务的总数量。计算方法为各类业务的实物量分别乘以相应的不变单价，求出各类业务的货币量加总求得。没有不变单价的业务按其业务收入直接相加。

移动电话用户　指在电信运营企业营业网点办理开户登记手续，通过移动电话交换机进入移动电话网，占用移动电话号码的各类电话用户。包括各类签约用户、智能网预付费用户、无线上网卡用户。

互联网上网人数　指过去半年内使用过互联网的 6 周岁及以上中国居民人数。

城市电话用户　指按行政区划属于中央直辖市、省辖市、地级市、县级市的市区、市郊区及县城区范围内的电话用户数。包括分布在农村地区但以县团级以上建制的独立工矿区、林区、驻军的电话用户。

农村电话用户 指按行政区划属于城市范围以外的乡(镇)、村电话用户。

住宅电话用户 指私人付费或安装在居民住宅并按照私人或住宅电话用户登记注册和收费的各类电话用户。

互联网宽带接入端口 指用于接入互联网用户的各类实际安装运行的接入端口的数量，包括 xDSL 用户接入端口、LAN 接入端口、其他类型接入端口等，不包括窄带拨号接入端口。

Explanatory Notes on Main Statistical Indicators

Length of Railways in Operation refers to the total length of the trunk line for passenger and freight transportation in full operation or temporary operation.

Length of Electrified Trunk Line refers to the length of the trunk line capable for the running of electrified locomotives and having been put into operation.

Length of Highways refers to the actual length of highways at the end of reference period. It covers public roads running vehicles among cities, city and rural areas, township (villages), highways passing through streets at small cities and towns, length of bridges and tunnels, width of ferry piers. It does not include the length of streets in cities, dead end highways, the length of streets built for agricultural (forest) production and inside factories (mines). It can only be calculated with the actual mileage having been completed, checked and accepted or put into operation. If two or more highways go the same section of the way, the length of the section is only calculated for once.

Length of Navigable Inland Waterways refers to the length of natural rivers, lakes, reservoirs and canals that are open to navigation for ships and rafts during a given period. It includes the channels with annual seasonal navigation for more than three months other than the waterways only for scattered bamboo and wooden rafts. If two provinces share one river as the border, the length of waterways will be half divided for each province to avoid duplication.

Length of Routes with Scheduled Flights refers to the total length of all routes for scheduled flights, which is calculated using million kilometres as the unit. There are usually two ways to calculate the route length: duplicated calculation and non-duplicated calculation. Duplicated calculation means that the same segment of different routes can be added duplicately, while the non-duplicated calculation allows the same segment of different routes be counted once only.

Length of Oil (Gas) Pipelines refers to the actual transport distance of oil, gas and oil products, an indicator reflecting the length of transportation routes and a reference to calculate the freight-kilometers. For those sections with double pipelines and alternate pipeline, the length will be calculated according to the length of single pipeline in principle. If the double pipelines perform the transportation at the same time and unable to be counted separately, the length of pipelines will be the length of double pipelines divided by 2.

Freight (Passenger) Traffic refers to the weight of freight (number of passenger) transported with various means within a specific period of time. Freight transport is calculated in tons and passenger traffic is calculated in terms of number of persons. Freight transport is calculated in terms of the actual weight of the goods and takes no account of the type of freight and distance of travel. Passenger traffic is calculated by the principle that one person can be counted only once in one trip and takes no account of the travelling distance and ticket price. The passengers who travel with a half price ticket or a child's ticket is also calculated as one person.

Freight (Passenger) Traffic Density refers to the freight (passenger) traffic volume carried by a particular means of transportation during a given period through one kilometer of a specific section of transportation route. The formula is as follows:

$$\begin{matrix}\text{Freight (Passenger)}\\ \text{traffic density}\end{matrix} = \frac{\text{freight ton-kilometers (passenger-kilometers)}}{\text{length of route in operation}}$$

Freight (passenger) traffic density reflects how busy freight (passenger) traffic is on transportation routes. It provides an important basis for balancing transport capability and throughput capability, planning construction and upgrading of transport routes, installing technical facilities and studying the distribution of transport networks.

Freight Ton-kilometers (Passenger-kilometers) refers to the sum of the product of the volume of transported cargo (passengers) multiplied by the transport distance. It is an important indicator to reflect the achievement of the transportation industry. This is an important indicator to show the total results of the transport industry; to prepare and examine the transport plan; and to serve as the main basic data for calculating the efficiency, labour productivity and unit cost of transport. Normally, the shortest distance between the departure station and the destination station (i.e., the payable distance) is the basis in calculating the freight ton-kilometers. The formula is as follows:

$$\begin{matrix}\text{Freight ton - kilometres}\\ \text{(passenger - kilometres)}\end{matrix} = \sum \begin{matrix}\text{freight}\\ \text{(passenger)traffic}\end{matrix} \times \begin{matrix}\text{distance of}\\ \text{transportation}\end{matrix}$$

Average Static Load of Freight Cars refers to the average cargo weight when loaded onto each freight car under the static condition. For its calculation, the following formula is applied:

$$\begin{matrix}\text{Average static}\\ \text{load of freight cars}\end{matrix}\text{(tons)} = \frac{\text{Tonnage of goods dispatched}}{\text{Number of freight cars loaded}}$$

Average Daily Haul of Freight Locomotives refers to the average total ton-kilometres accomplished by each freight transport locomotive over one day and night during a given period of time. It includes both the weight of the goods carried and the dead weight of the train itself. It is a comprehensive indicator reflecting the locomotive efficiency in terms of both time and the pulling force.

$$\text{Average daily haul of freight transport locomotive (ton-kilometre)} = \frac{\text{Total ton-kilometres of freight}}{\text{Daily number of freight transport locomotive}}$$

Volume of Freight Handled in Coastal Ports above Designated Size refers to the volume of cargo passing in and out of the harbor area of the major coastal ports and having been loaded and unloaded. The volume of freight handled may be classified by direction of cargo flow as in-port freight and out-port freight, or by nature of cargo as freight for domestic trade and freight for foreign trade. It can also be classified by type of freight based on the existing standard classification for transportation industry "Classification and Coding for Freight".

Possession of Civil Transport Vessels refers to the total number at the end of reference period of operating transport vessels owned by Chinese enterprises or privately that are registered in the water transportation management institutions and permitted to perform cargo transport activities (including vessels with foreign flags but owned by Chinese enterprises or citizens). Non-transport vessels and vessels used for agriculture and fishery are not included.

Possession of Civil Motor Vehicles refer to the total numbers of vehicles that are registered and received vehicles license tags according to the Work Standard for Motor Vehicles Registration formulated by the Transport Management Office under the department of public security at the end of the reference period. They are divided into categories. According to the structure of motor vehicles, they are divided into passenger vehicles, trucks and others; according to ownership into private vehicles and vehicles for the unit's use; according to kind of usage into working vehicles and non-working vehicles; and according to size of vehicles into large passenger vehicles, medium-sized passenger vehicles, small passenger vehicles and mini passenger vehicles, heavy trucks, light-heavy trucks, light trucks and mini-trucks.

Business Volume of Post and Telecommunications refers to the total amount of postal and telecommunication services, expressed in value terms, provided by the post and telecommunications departments for society. Business volume of post and telecommunications is the sum of each service in kind multiplying with its correspondent unit price (constant price). Business without constant price add their business revenue directly.

Mobile Telephone Subscribers refer to persons who have gone through registration procedures in the operation points of enterprises engaged in telecommunications and are hence connected with the mobile telephone communication network through the mobile telephone switchboards and occupy mobile phone numbers. Included are various types of subscriber, prepaid users for intelligent network and wireless network card users.

Internet Users refer to the number of Chinese citizens aged 6 and over who use the Internet in the past six months.

Urban Telephone Subscribers refer to the number of telephone subscribers, located at the municipalities directly under the Central Government, cities under the jurisdiction of province, cities at prefecture level, downtown and suburb of city at county level town and county towns according to the administrative division, including subscribers in rural mineral area, forest area, military area that are at or above county level.

Rural Telephone Subscribers refer to telephone subscribers, located at the towns and villages outside the coverage of urban areas according to the administrative division.

Household Telephone Subscribers refer to all kinds of subscribers with telephone sets paid privately or installed in the dwelling units of residents, and registered as private subscribers or residence subscribers for payment.

Broadband Connection Terminals refer to the connection terminals to internet users actually installed and put into operation, including connection terminals for XDSL, connection terminals for LAN, and other types of connection terminals. N-ISDN connection terminals are not included.

第17篇

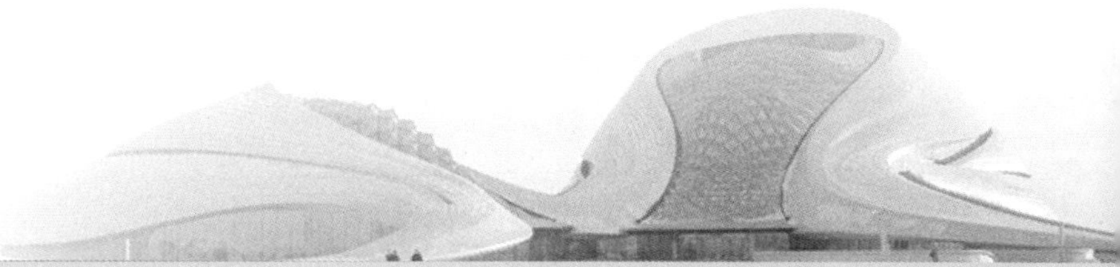

教育与科技

CHAPTER 17 EDUCATION, SCIENCE AND TECHNOLOGY

17-1　教育事业基本情况
Basic Statistics on Education

指　　标	Item	2018	2019	2020	2021	2022
学校数(所)	**Number of Schools (unit)**					
普通高等学校	Regular Institutions of Higher Education	81	81	80	78	78
成人高等学校	Adult Institutions of Higher Education	20	16	16	16	16
中等专业学校	Specialized Secondary Schools	80	76	74	70	68
成人中等专业学校	Adult Specialized Secondary Schools	36	32	27	19	17
普通中学	Regular Secondary Schools	1784	1788	1784	1775	1768
#高　中	Senior Secondary Schools	366	368	370	366	363
职业中学	Vocational Secondary Schools	113	111	109	106	105
技工学校	Technical Schools	129	129	131	130	105
小　学	Primary Schools	1469	1431	1407	1380	1350
专任教师数(万人)	**Number of Full-time Teachers (10000 persons)**					
普通高等学校	Regular Institutions of Higher Education	4.6	4.7	4.9	4.8	4.9
成人高等学校	Adult Institutions of Higher Education	0.1	0.1	0.1	0.1	0.1
中等专业学校	Specialized Secondary Schools	0.5	0.4	0.4	0.4	0.4
成人中等专业学校	Adult Specialized Secondary Schools	0.1	0.1	0.1	0.1	0.1
普通中学	Regular Secondary Schools	13.2	13.0	13.0	13.0	13.0
#高　中	Senior Secondary Schools	4.3	4.3	4.3	4.4	4.5
职业中学	Vocational Secondary Schools	0.7	0.7	0.7	0.7	0.7
技工学校	Technical Schools	0.7	0.7	0.7	0.7	0.8
小　学	Primary Schools	11.1	10.7	10.4	10.1	9.9
招生数(万人)	**New Student Enrollment (10000 persons)**					
普通高等学校	Regular Institutions of Higher Education	20.6	24.8	24.4	25.1	27.5
成人高等学校	Adult Institutions of Higher Education	0.9	3.9	4.5	5.8	7.3
中等专业学校	Specialized Secondary Schools	2.6	2.7	2.7	2.4	2.1
成人中等专业学校	Secondary Schools for Adults	1.1	0.9	1.0	0.1	0.2
普通中学	Regular Secondary Schools	44.6	44.0	42.6	43.3	41.9
#高　中	Senior Secondary Schools	17.3	19.0	19.5	19.1	18.8
职业中学	Vocational Secondary Schools	1.5	2.0	2.3	3.0	3.6
技工学校	Vestibule Schools	2.0	2.0	4.7	5.6	2.8
小　学	Primary Schools	22.2	21.5	20.1	18.1	16.6
在校学生数(万人)	**Student Enrollment (10000 persons)**					
普通高等学校	Regular Institutions of Higher Education	73.2	77.8	82.6	87.9	91.2
成人高等学校	Adult Institutions of Higher Education	1.3	9.2	9.2	11.2	14.2
中等专业学校	Specialized Secondary Schools	9.1	8.3	7.8	6.7	6.4
成人中等专业学校	Adult Specialized Secondary Schools	3.6	3.2	2.8	0.4	0.5
普通中学	Regular Secondary Schools	145.2	146.6	142.2	140.8	137.0
#高　中	Senior Secondary Schools	54.8	55.2	55.7	57.4	57.0
职业中学	Vocational Secondary Schools	5.3	5.3	5.8	8.7	9.5
技工学校	Technical Schools	5.5	5.5	7.6	9.7	9.2
小　学	Primary Schools	131.9	127.9	124.4	117.3	110.3
毕业生数(万人)	**Graduates (10000 persons)**					
普通高等学校	Regular Institutions of Higher Education	20.1	19.5	19.3	19.6	25.3
成人高等学校	Adult Institutions of Higher Education	0.5	4.0	4.3	3.6	4.2
中等专业学校	Specialized Secondary Schools	3.3	3.2	3.0	1.8	2.0
成人中等专业学校	Adult Specialized Secondary Schools	1.8	1.1	1.3	0.2	0.1
普通中学	Regular Secondary Schools	42.5	45.6	46.6	44.9	45.4
#高　中	Senior Secondary Schools	18.1	18.6	18.8	17.4	18.9
职业中学	Vocational Secondary Schools	1.8	1.9	1.7	1.9	2.7
技工学校	Technical Schools	1.8	1.8	2.1	1.9	2.3
小　学	Primary Schools	27.6	25.2	23.5	24.5	23.3
每一教师负担学生(人)	**Student-teacher Ratio (person)**					
普通高等学校	Regular Institutions of Higher Education	15.9	16.5	16.9	18.3	18.6
中等学校	Secondary Schools	11.2	9.9	10.9	11.2	10.8
小　学	Primary Schools	11.9	14.6	12.0	11.6	11.1

17-2 各级各类学校数

单位：所

年 份 Year	普 通 高等学校 Regular Institutions of Higher Education	中等学校 Secondary Schools	中等专业学校 Specialized Secondary Schools	中等技术学校 Technical Secondary Schools	中等师范学校 Teacher Secondary Schools	职业中学 Vocational Secondary Schools
1978	24	4140	75	55	20	
1980	28	3522	93	68	25	89
1985	40	3403	99	71	28	400
1990	42	3338	107	77	30	413
1995	38	3190	111	81	30	398
1996	38	3199	113	83	30	361
1997	37	3202	114	84	30	336
1998	38	3123	114	84	30	297
1999	39	3080	112	83	29	269
2000	36	3023	109	83	26	240
2001	41	3034	96	74	22	163
2002	48	3003	75	58	17	182
2003	55	2937	51	40	11	167
2004	59	2907	44	35	9	166
2005	62	2799	56	47	9	156
2006	65	2758	63	55	8	179
2007	68	2677	66	60	6	197
2008	70	2617	66	62	4	196
2009	78	2504	70	66	4	186
2010	79	2426	72	68	4	180
2011	78	2328	75	71	4	161
2012	79	2270	73	69	4	154
2013	80	2183	73	70	3	145
2014	80	2154	74	71	3	134
2015	81	2139	72	70	2	127
2016	82	2019	77	75	2	119
2017	81	1997	82	80	2	115
2018	81	1977	80	78	2	113
2019	81	1975	76	74	2	111
2020	80	1967	74	72	2	109
2021	78	1951	70	68	2	106
2022	78	1941	68	66	2	105

Number of Schools by Level and Type

(unit)

普通中学 Regular Secondary Schools	高中 Senior Secondary Schools	初中 Junior Secondary Schools	小学 Primary Schools	幼儿园 Kindergartens	盲聋哑学校 Blind, Deaf, Deaf-mute Schools
4065	2119	1946	26425	1654	62
3340	1480	1860	25879	2594	58
2904	828	2076	18157	3216	61
2818	600	2218	17092	1826	64
2681	475	2206	16163	3918	68
2725	470	2255	15902	3993	67
2752	474	2278	15377	4168	67
2712	461	2251	15193	4506	66
2699	467	2232	14754	4830	70
2674	463	2211	13995	4503	65
2775	462	2313	12636	2089	72
2746	447	2299	11990	2100	71
2719	481	2238	11400	2181	71
2697	479	2218	10791	3179	73
2587	475	2112	9995	4156	72
2516	475	2041	9288	4287	71
2414	463	1951	8738	4135	71
2355	445	1910	8142	4466	71
2248	430	1818	7202	4092	72
2174	416	1758	6490	3942	74
2092	411	1681	5620	4504	73
2043	398	1645	4834	4796	74
1965	379	1586	3261	5571	74
1946	378	1568	3115	5853	74
1940	377	1563	2802	5770	73
1823	372	1451	1979	5720	73
1800	371	1429	1537	5888	73
1784	366	1418	1469	5852	72
1788	368	1420	1431	5881	72
1784	370	1414	1407	5763	72
1775	366	1409	1380	5639	73
1768	363	1405	1350	5441	73

17-3 各级各类学校教职工数

单位：人

年 份 Year	普 通 高等学校 Regular Institutions of Higher Education	中等学校 Secondary Schools	中等专业学 校 Specialized Secondary Schools	中等技术学校 Technical Secondary Schools	中等师范学校 Teacher Secondary Schools
1978	23867	188718	12062	9445	2617
1980	29070	192575	13057	10013	3044
1985	36949	194053	15991	13067	2924
1990	42418	214098	17483	13843	3640
1995	43324	208562	18075	14087	3988
1996	43204	208805	18387	14486	3901
1997	41212	209992	18282	14321	3961
1998	40564	211976	18013	14117	3896
1999	42608	213841	17440	13686	3754
2000	43120	210698	16443	12971	3472
2001	46163	210046	13433	10352	3081
2002	52140	207103	10221	7890	2331
2003	60609	203403	6592	4970	1622
2004	64831	201713	6055	4602	1453
2005	65640	193714	6648	5322	1326
2006	68252	193053	6969	5714	1255
2007	72316	192299	7519	6609	910
2008	74480	192253	7519	7002	517
2009	75062	192092	7880	7378	502
2010	75741	189957	7418	6810	608
2011	76205	204497	7462	6873	589
2012	77510	207351	7302	6935	367
2013	77234	201949	7263	6906	357
2014	77000	200828	7541	7361	180
2015	76086	197551	7551	7385	166
2016	74901	195656	7559	7403	156
2017	73918	195595	7956	7813	143
2018	73542	194615	7407	7269	138
2019	74233	192099	6439	6311	128
2020	75226	190008	6544	6424	120
2021	75101	188510	6581	6504	77
2022	75431	187523	6471	6398	73

Number of Teachers and Staff by Level and Type

(person)

普通中学 Regular Secondary Schools	职业中学 Vocational Secondary Schools	小　学 Primary Schools	幼儿园 Kindergartens	盲聋哑学　校 Blind, Deaf, Deaf-mute Schools
176656		217179	13176	1064
176247	3271	219967	23478	1197
163216	14846	239660	32172	1562
176687	19928	250064	40631	2164
173311	17176	247894	42219	2779
174556	15862	246032	40868	2577
176878	14832	246444	39793	2524
180066	13897	242001	37391	2598
183112	13289	236864	34884	2550
182246	12009	221859	32840	2466
185718	10895	209888	19975	2598
186394	10488	207924	19586	2628
186384	10427	204820	20298	2546
185184	10474	201911	24145	2484
176524	10542	188256	25668	2290
174745	11339	184214	27872	2295
172633	12147	181778	27812	2281
172718	12016	179467	29623	2295
172299	11913	176830	28883	2285
171212	11327	172707	29803	2312
185966	11069	152915	39417	2308
188935	11114	145978	44708	2312
184377	10309	136461	51578	2253
183497	9790	130444	55788	2281
180505	9495	123574	59559	2222
178757	9340	116470	62919	2260
178931	8708	111146	66660	2261
178631	8577	106572	68658	2248
177408	8252	101932	72013	2330
175406	8058	98420	72756	2425
173745	8184	95633	75442	2464
172891	8161	94450	75936	2535

17-4 各级各类学校教师数

单位：人

年　份 Year	普　通 高等学校 Regular Institutions of Higher Education	中等学校 Secondary Schools	中等专业学　校 Specialized Secondary Schools	中　等 技术学校 Technical Secondary Schools	中　等 师范学校 Teacher Secondary Schools	职业中学 Vocational Secondary Schools
1978	8380	142761	4193	3094	1099	
1980	10365	144291	4946	3477	1469	2589
1985	13448	135366	5953	4610	1343	9306
1990	15915	149499	7253	5435	1818	12198
1995	16542	148057	7757	5726	2031	11028
1996	16403	149560	7917	5904	2013	10316
1997	15736	152402	7999	5938	2061	9883
1998	15505	156257	7958	5918	2040	9331
1999	15804	159855	7787	5762	2025	9032
2000	16169	160153	7358	5464	1894	8396
2001	18042	161133	6193	4389	1804	7617
2002	23179	161352	4925	3505	1420	7373
2003	28525	160108	3302	2267	1035	7177
2004	32119	159719	3039	2089	950	7208
2005	35105	153952	3247	2348	899	7517
2006	36866	154299	3647	2741	906	8124
2007	39792	154769	4017	3338	679	8830
2008	41727	156018	4069	3723	346	8932
2009	43057	156205	4353	4011	342	9020
2010	44198	155048	4198	3773	425	8694
2011	44821	168152	4349	3972	377	8371
2012	45448	170671	4211	3964	247	8441
2013	46215	167746	4279	4036	243	8005
2014	46870	167073	4523	4406	117	7626
2015	46806	165186	4587	4479	108	7630
2016	46829	162945	4678	4577	101	7497
2017	46278	144294	5068	4974	94	7102
2018	46027	143413	4736	4641	95	7013
2019	47245	141887	4106	4017	89	6814
2020	48858	140758	4193	4110	83	6607
2021	48343	140376	4276	4222	54	6517
2022	49282	140282	4205	4152	53	6541

Number of Teachers by Level and Type

(person)

普通中学 Regular Secondary Schools	高中 Senior Secondary Schools	初中 Junior Secondary Schools	小学 Primary Schools	幼儿园 Kindergartens	盲聋哑学校 Blind, Deaf, Deaf-mute Schools
138568	28151	110417	187061	9306	642
136756	27606	109150	193787	13317	694
120107	23099	97008	207256	21255	974
130048	22785	107263	215735	24429	1367
129272	21536	107736	214944	28890	1936
131327	21722	109605	213124	27659	1741
134520	22294	112226	214807	27717	1724
138968	22845	116123	210954	26273	1869
143036	23582	119454	206807	25962	1793
144399	24172	120227	193113	24221	1751
147323	25502	121821	182929	11733	1899
149054	26695	122359	180900	11145	1931
149629	29728	119901	178122	11779	1926
149472	32648	116824	175274	13956	1910
143188	34093	109095	163204	14534	1782
142528	35788	106740	160511	15955	1799
141922	37373	104549	158918	16313	1801
143017	39386	103631	157436	17233	1843
142832	40113	102719	155025	16768	1868
142156	40726	101430	151344	17559	1873
155432	49559	105873	134479	22696	1872
158019	50245	107774	128792	25427	1879
155462	49378	106084	120214	28747	1850
154924	50029	104895	114606	30865	1899
152969	49667	103302	109061	32328	1877
150770	49673	101097	101401	34177	1926
132124	42452	89672	114487	35541	1925
131664	42686	88978	110544	35128	1920
130967	42909	88058	107089	35914	1997
129958	43065	86893	103715	35711	2128
129583	44127	85456	101192	36809	2168
129536	44979	84557	99354	37040	2224

17-5 各级各类学校在校学生数

单位：人

年 份 Year	普 通 高等学校 Regular Institutions of Higher Education	中等学校 Secondary Schools	中等专业学校 Specialized Secondary Schools	#中等技术学校 Technical Secondary Schools	#中等师范学校 Teacher Secondary Schools	职业中学 Vocational Secondary Schools
1978	33248	2622047	36051	19339	16712	
1980	43627	2509164	41177	23483	17694	47822
1985	65940	2218705	59686	34629	25057	141245
1990	79908	2003199	66235	45337	20898	135486
1995	113523	2012719	100003	71239	28764	121520
1996	116379	2114982	111502	81527	29975	117839
1997	115767	2213940	118429	89123	29306	114606
1998	125140	2395561	123854	95414	28440	120185
1999	157063	2601909	128485	103235	25250	116937
2000	200386	2707986	115489	94596	20893	105060
2001	271435	2717522	116315	99280	17035	80619
2002	334627	2767789	121718	106897	14821	84884
2003	392246	2674379	111540	43778	6263	88916
2004	465703	2613122	107997	41862	5134	94725
2005	540867	2480041	97559	44002	5847	103092
2006	584112	2378916	94547	55101	5088	116684
2007	634902	2313072	105562	72217	2856	137601
2008	678139	2263200	115559	91325	1791	143016
2009	708935	2219578	115624	96818	1612	156894
2010	719117	2159652	119002	94312	1751	132873
2011	711198	2088030	119458	95753	3699	123127
2012	704538	2046550	120694	88286	4340	109139
2013	717856	1734842	119341	84363	4331	93773
2014	730614	1673320	117012	84031	4416	73231
2015	735151	1635788	111562	81633	3199	70264
2016	735857	1626379	106308	79579	2317	66344
2017	734166	1623499	101317	85010	1448	61703
2018	732082	1605049	91254	68544	1626	53316
2019	778160	1601809	82886	64271	2038	53301
2020	825601	1557484	77547	62041	1803	58057
2021	879107	1562472	66693	65509	1184	87345
2022	912011	1528709	63985	63181	804	94803

Number of Students Enrollment by Level and Type

(person)

普通中学 Regular Secondary Schools	高中 Senior Secondary Schools	初中 Junior Secondary Schools	小学 Primary Schools	幼儿园 Kindergartens	盲聋哑学校 Blind, Deaf, Deaf-mute Schools
2585996	493965	2092031	4958068	139791	4277
2420165	455716	1964449	5002632	298740	4515
2017774	335914	1681860	4677937	496132	5416
1801478	267169	1534309	3977121	577053	5522
1791196	252376	1538820	3729337	651655	5607
1885641	260071	1625570	3713483	645365	4845
1980905	270276	1710629	3705059	589276	4595
2151522	292464	1859058	3448558	555898	4793
2356487	309567	2046920	3101578	510631	4548
2487437	328765	2158672	2830578	470317	4311
2520588	362410	2158178	2587506	369821	7518
2561187	413251	2147936	2437336	371120	7002
2473923	486096	1987827	2401918	345116	6404
2410400	546793	1863607	2315394	422998	6475
2279390	583567	1695823	2204055	377242	6679
2167685	607896	1559789	2103073	414227	6591
2069909	607254	1462655	2040767	426913	6358
2004625	611287	1393338	1982828	437284	8332
1947060	608221	1338839	1903733	424717	9706
1907777	616885	1290892	1879609	491647	8326
1845445	622251	1223194	1874996	561714	6731
1816717	612579	1204138	1867729	578793	6933
1521728	589379	932349	1540035	540777	6482
1483077	566805	916272	1486016	535854	6693
1453962	554173	899789	1477992	532286	6903
1453727	549844	903883	1439381	528090	7845
1460479	556496	903983	1376526	559283	9268
1452404	548421	932812	1318982	522076	9981
1465622	551656	913966	1278727	509864	11167
1408434	573916	834518	1173409	488748	11181
1369921	570246	799675	1102580	462599	10815

17-6 各级各类学校招生数

单位：人

年 份 Year	普 通 高等学校 Regular Institutions of Higher Education	中等学校 Secondary Schools	中等专业 学 校 Specialized Secondary Schools	#中 等 技术学校 Technical Secondary Schools	#中 等 师范学校 Teacher Secondary Schools
1978	13192	988741	19051	9907	9144
1980	11440	964834	19383	10304	9079
1985	24701	774608	24699	14729	9970
1990	24289	697999	19069	14176	4893
1995	35270	764356	35879	26806	9073
1996	36448	736548	39720	30156	9564
1997	36288	739193	41747	31605	10142
1998	39881	913767	44557	34779	9778
1999	62480	934441	46585	40237	6348
2000	76450	847161	35473	29187	6286
2001	98162	810737	31566	26573	4993
2002	115702	789643	40743	36057	4686
2003	125402	686475	36258	15540	2085
2004	149924	725222	33267	13253	1248
2005	172054	710305	31954	16629	1529
2006	180386	714447	35078	24506	1883
2007	195766	693270	40903	33282	999
2008	216022	690791	42038	35868	571
2009	210372	705121	42954	36594	418
2010	195365	650019	40329	32271	781
2011	199414	625026	42931	32830	1595
2012	203066	622583	42296	29130	2170
2013	202707	540110	40612	28258	1366
2014	203081	506653	39026	28905	1260
2015	205725	490720	35936	27604	605
2016	205903	520287	35575	26741	452
2017	202636	518848	33442	27177	417
2018	205726	511558	26152	20309	815
2019	247656	486859	26693	22039	843
2020	244012	476080	27160	22546	175
2021	250731	487228	24197	23922	275
2022	274996	475786	21123	20737	386

Number of New Students Enrollment by Level and Type

(person)

普通中学 Regular Secondary Schools	高　中 Senior Secondary Schools	初　中 Junior Secondary Schools	职业中学 Vocational Secondary Schools	小　学 Primary Schools	盲聋哑学　校 Blind, Deaf, Deaf-mute Schools
969690	244752	724938		1189813	730
901537	216203	685334	43914	1078553	792
676789	116124	560665	73120	736004	1059
619527	95016	524511	59403	636998	820
678617	93860	584757	49860	639529	831
652427	90282	562145	44401	633284	672
655077	98005	557072	42369	599270	703
816060	113234	702826	53150	510911	796
852360	110095	742265	35496	464113	580
780271	118418	661853	31417	442988	618
751164	141132	610032	28007	414318	884
716662	159228	557434	32238	406494	1024
618877	187643	431234	31340	405337	830
661363	203315	458048	30592	383832	760
641065	205541	435524	37286	240241	778
630939	208852	422087	48430	333206	800
595430	198023	397407	56937	340170	783
598813	209254	389559	49940	336919	1126
597601	207927	389674	64566	312389	1511
570688	207452	363236	39002	341438	1233
542744	207742	335002	39351	333945	664
547433	202090	345343	32854	328950	700
472887	193979	278908	26611	274454	731
444859	181627	263232	22768	227120	1154
431869	180950	250919	22915	249113	977
461494	186283	275211	23218	246422	1531
465032	189010	276022	20374	221026	2071
445889	173135	272754	14795	221795	1450
440359	190255	250104	19807	214565	1736
425971	194509	231462	22949	200964	1539
432568	190854	241714	30463	180533	754
418649	187916	230733	36014	166145	757

17-7 各级各类学校毕业生数

单位：人

年 份 Year	普 通 高等学校 Regular Institutions of Higher	中等学校 Secondary Schools	中等专业 学 校 Specialized Secondary	#中 等 技术学校 Technical Secondary	#中 等 师范学校 Teacher Secondary
1980	7828	704698	19911	11708	8203
1985	11772	583165	17347	10620	6727
1990	22972	584486	15986	10607	5379
1995	30622	576053	23369	16177	7192
1996	33439	569253	28852	19881	8971
1997	30589	594398	33861	22956	10905
1998	30055	669351	37397	26665	10732
1999	30218	655719	39353	29862	9491
2000	31737	661074	38157	27606	10551
2001	37359	710566	30327	23054	7273
2002	46401	684420	32431	27214	5217
2003	69050	729371	45279	18758	2636
2004	84964	751291	34596	12241	2150
2005	100791	792618	32449	12201	752
2006	129465	778185	24699	13062	
2007	148883	721246	19317	9399	
2008	169988	708092	20032	12344	56
2009	174380	716578	34407	26216	61
2010	180982	678382	30569	24070	13
2011	196075	679656	35264	31111	581
2012	203792	682859	37357	30082	392
2013	184085	656062	37314	30449	491
2014	185376	541426	37011	27722	971
2015	193980	521228	36425	28274	1822
2016	199598	524250	35370	26988	1334
2017	197183	514793	36222	29453	1260
2018	200701	511412	32841	24378	591
2019	194809	506130	31682	21153	412
2020	192631	514118	30424	22984	370
2021	196489	485618	17646	16897	749
2022	252541	500882	20305	19561	744

Number of Graduates by Level and Type

(person)

普通中学 Regular Secondary Schools	高中 Senior Secondary Schools	初中 Junior Secondary Schools	职业中学 Vocational Secondary Schools	小学 Primary Schools	盲聋哑学校 Blind, Deaf, Deaf-mute Schools
684422	169152	515270	365	760548	441
527026	102731	424295	38792	654517	432
522845	89285	433560	45655	635770	554
507909	73306	434603	44775	638456	585
497697	74005	423692	42704	606170	569
515521	79682	435839	45016	591032	476
586482	86053	500429	45472	749160	549
575538	82932	492606	40828	785711	508
578390	91419	486971	44527	698124	632
630624	102784	527840	49615	638339	950
621709	105634	516075	30280	570422	670
658977	115778	543199	25115	438218	536
688863	139441	549422	27832	462923	566
726516	161301	565215	33653	443962	669
718229	181583	536646	35257	427035	724
669849	193767	476082	32080	398638	639
650950	203680	447270	37110	390554	879
642951	206616	436335	39220	389841	1629
600743	195518	405225	47070	363943	931
602472	204287	398185	41920	336006	642
600231	206310	393921	45271	346553	576
579347	206088	373259	39401	330069	799
468483	198990	269493	35932	267124	653
460988	193938	267050	23815	254050	655
466614	190714	275900	22266	278092	708
457565	181619	275946	21006	278965	806
425328	180948	244380	17929	276053	927
455768	185865	269903	18680	252008	921
466457	188363	278094	17237	235017	1327
449301	174127	275174	18671	244980	1229
453803	188628	265175	26774	232652	1316

17-8 普通高等学校本专科分学科学生数(2022年)

Number of Students Enrollment in Institutions of Higher Education by Field of Study(2022)

单位：人 (person)

学 科	Subject	本科毕业生数 Graduates of Regular College Course	本科招生数 New Student Enrollment of Regular College Course	本科在校生数 Student Enrollment of Regular College Course
总 计	**Total**	**140769**	**155764**	**587214**
#女 性	Female	75791	78854	300199
哲 学	Philosophy	96	108	424
经济学	Economics	6951	7692	28674
法 学	Law	3181	3453	13172
教育学	Education	5176	6340	22474
文 学	Literature	13541	14809	56535
历史学	History	514	601	2313
理 学	Science	8765	9735	37161
工 学	Engineering	54407	63335	234042
农 学	Agriculture	3205	3860	13987
医 学	Medicine	11295	13003	53574
管理学	Manage	23087	21129	80399
艺术学	Art	10551	11699	44459

17-8 续表 Continued

单位：人 (person)

学 科	Subject	专科毕业生数 Graduates of Regular Specialized Subject	专科招生数 New Student Enrollment of Regular Specialized Subject	专科在校生数 Student Enrollment of Regular Specialized Subject
总 计	**Total**	**111772**	**119232**	**324797**
#女 性	Female	41866	53611	139383
农林牧渔大类	Agriculture, Forestry, Animal Husbandry & Fishery Categories	8885	8861	22967
资源环境与安全大类	Resource Environment and Security Categories	2623	1862	5064
能源动力与材料大类	Energy Dynamics and Materials Categories	1093	1510	3856
土木建筑大类	Civil Construction Categories	9577	9063	25457
水利大类	Hydraulic Engineering Categories	291	118	927
装备制造大类	Equipment Manufacturing Categories	7661	8199	21254
生物与化工大类	Biology and Chemistry Categories	147	385	697
轻工纺织大类	Light and Textile Industry Categories	447	482	955
食品药品与粮食大类	Food, Medicine and Food Categories	3762	4212	11085
交通运输大类	Major Transportation Sectors Categories	12399	13386	36448
电子信息大类	Electronic Information Categories	14734	13359	38645
医药卫生大类	Medical and Health Categories	13595	20815	54570
财经商贸大类	Finance and Trade Categories	16065	12203	38721
旅游大类	Tourism Categories	3243	3836	8844
文化艺术大类	Cultural and Artistic Categories	3335	3591	9709
新闻传播大类	News Communication Categories	878	1202	2651
教育与体育大类	Education and Sports Categories	10634	13480	35708
公安与司法大类	Public Security and Judicial Categories	1574	1786	5244
公共管理与服务大类	Public Administration and Services	829	882	1995

17-9　普通高等学校分科专任教师数(2022年)

Number of Full-Time Teachers by Field of Study in Regular Higher Education Institutions(2022)

单位：人　　(person)

学 科	Subject	合 计 Total	教 授 Professors	副教授 A/Prof.	讲 师 Lecturers	助 教 Assistants	教 员 Instructors
总 计	**Total**	**36466**	**7465**	**12655**	**12796**	**2029**	**1521**
#女 性	Female	20076	3178	6810	7666	1348	1074
哲 学	Philosophy	1080	147	302	419	146	66
经济学	Economics	1139	196	406	376	78	83
法 学	Law	1724	203	451	699	229	142
教育学	Education	2366	330	821	867	201	147
文 学	Literature	4712	536	1578	2111	217	270
历史学	History	221	46	89	62	14	10
理 学	Science	3704	941	1391	1139	146	87
工 学	Engineering	12098	3070	4487	3907	388	246
农 学	Agriculture	1099	362	358	312	56	11
医 学	Medicine	3157	882	1061	957	202	55
管理学	Manage	2684	488	912	890	177	217
艺术学	Art	2482	264	799	1057	175	187

17-9 续表 Continued

单位：人　　(person)

学 科	Subject	合 计 Total	教 授 Professors	副教授 A/Prof.	讲 师 Lecturers	助 教 Assistants	教 员 Instructors
总 计	**Total**	**12816**	**1071**	**3979**	**4755**	**1892**	**1119**
#女 性	Female	7819	655	2355	2907	1162	740
农林牧渔大类	Agriculture, Forestry, Animal Husbandry & Fishery Categories	491	82	196	175	28	10
资源环境与安全大类	Resource Environment and Security Categories	128	16	44	58	8	2
能源动力与材料大类	Energy Dynamics and Materials Categories	202	19	103	71	7	2
土木建筑大类	Civil Construction Categories	674	51	240	257	88	38
水利大类	Hydraulic Engineering Categories	54	8	21	19	5	1
装备制造大类	Equipment Manufacturing Categories	729	76	243	288	94	28
生物与化工大类	Biology and Chemistry Categories	112	15	48	33	15	1
轻工纺织大类	Light and Textile Industry Categories	101	11	33	40	13	4
食品药品与粮食大类	Food, Medicine and Food Categories	345	43	116	156	25	5
交通运输大类	Major Transportation Sectors Categories	1008	69	313	335	156	135
电子信息大类	Electronic Information Categories	1094	78	344	459	143	70
医药卫生大类	Medical and Health Categories	727	72	210	300	97	48
财经商贸大类	Finance and Trade Categories	1088	84	323	426	189	66
旅游大类	Tourism Categories	271	30	73	112	41	15
文化艺术大类	Cultural and Artistic Categories	882	68	259	323	162	70
新闻传播大类	News Communication Categories	121	7	29	40	24	21
教育与体育大类	Education and Sports Categories	1536	125	483	485	285	158
公安与司法大类	Public Security and Judicial Categories	242	25	88	47	41	41
公共管理与服务大类	Public Administration and Services	116	8	15	48	31	14
公共基础课		2895	184	798	1083	440	390

17-10 分学科研究生数(2022年)
Number of Postgraduates by Subject(2022)

单位：人 (person)

学 科	Subject	毕业生数 Graduates		招生数 New Student Enrollment		在校生数 Student Enrollment	
		博士 doctor	硕士 master	博士 doctor	硕士 master	博士 doctor	硕士 master
总 计	**Total**	**2630**	**24848**	**4907**	**35111**	**20419**	**93003**
#女 性	Female	1150	13095	1813	17749	7656	47274
哲 学	Philosophy	21	115	24	92	120	291
经济学	Economics	8	555	26	723	146	1539
法 学	Law	33	1162	88	1670	365	4626
教育学	Education	8	1778	27	2198	92	5287
文 学	Literature	42	992	57	1185	256	2960
历史学	History	4	87	5	111	11	350
理 学	Science	192	1605	367	2414	1380	6542
工 学	Engineering	1484	9871	3052	14244	13456	36075
农 学	Agriculture	193	1873	241	2653	1035	7029
医 学	Medicine	503	3279	805	4525	2486	13099
军事学	Military						
管理学	Manage	122	3005	178	4348	944	12486
艺术学	Art	20	526	37	948	128	2719
学术型学位	Academic Degree	2456	11302	3652	14495	17186	39990
专业学位	Professional Degree	174	13546	1255	20616	3233	53013

17-11　平均每万人口在校学生数和大中小学学生构成
Number of Students Enrollment Per 10000 Population and Composition of Students Enrolled

年　份 Year	大中小学校在校学生占全省人口(%) Students as Percentage of Total Population (%)	平均每万人口学生数(人) Number of Students per 10000 Population (person)			大中小学学生构成(%) Student Structure of Different Level (%)		
		大学生 University and College Students	中学生 Secondary School Students	小学生 Primary School Students	大学生 University and College Students	中学生 Secondary School Students	小学生 Primary School Students
1978	24.3	10.6	837.8	1584.2	0.4	34.4	65.1
1980	23.6	13.6	783.2	1561.5	0.6	33.2	66.2
1985	20.7	19.6	660.9	1393.5	0.9	31.9	67.2
1990	17.1	22.6	565.4	1122.5	1.3	33.1	65.6
1995	15.8	30.7	543.8	1007.7	1.9	34.4	63.7
1996	15.9	31.2	567.3	996.1	2.0	35.6	62.5
1997	16.1	30.9	590.2	987.8	1.9	36.7	61.4
1998	15.8	33.2	634.9	914.0	2.1	40.1	57.8
1999	15.5	41.4	686.2	817.9	2.7	44.4	52.9
2000	15.1	52.6	711.3	743.5	3.5	47.2	49.3
2001	14.6	71.2	713.1	679.0	4.9	48.7	46.4
2002	14.5	87.8	725.9	639.2	6.0	50.0	44.0
2003	14.3	102.8	698.0	629.8	7.2	48.9	43.9
2004	14.7	157.8	704.2	606.8	10.7	47.9	41.3
2005	14.4	192.3	673.0	577.0	13.3	46.7	40.0
2006	14.2	213.3	655.0	550.0	15.0	46.2	38.8
2007	14.0	220.7	641.9	533.7	15.8	46.0	38.2
2008	14.0	242.7	636.1	518.5	17.4	45.5	37.1
2009	13.9	253.0	637.7	497.6	18.2	45.9	35.9
2010	13.8	257.1	629.8	491.0	18.7	45.7	35.6
2011	13.6	255.4	616.6	489.1	18.8	45.3	35.9
2012	13.5	258.3	609.3	487.1	19.1	45.0	36.0
2013	11.7	266.3	506.0	401.6	22.7	43.1	34.2
2014	11.3	270.4	475.4	387.6	23.9	41.9	34.2
2015	11.1	267.6	456.9	386.7	24.1	41.1	34.8
2016	10.9	259.1	453.5	378.2	23.7	41.6	34.7
2017	10.7	256.5	453.4	362.8	23.9	42.3	33.8
2018	10.6	258.6	454.2	348.9	24.4	42.8	32.9
2019	10.4	253.0	450.2	340.9	26.8	39.1	34.1
2020	12.3	316.1	521.9	390.7	25.7	42.5	31.8
2021	12.8	368.1	538.2	375.5	28.7	42.0	29.3
2022	12.9	402.4	529.1	355.8	31.3	41.1	27.6

注　从2002起，大学生、中学生在校生中分别新增了网络生和成人生，与以前年份不可比。

a) Since 2002, network students and adult students have been added to college students and middle school students respectively, which is incomparable with the previous years.

17-12 研究生数
Number of Postgraduates

单位：人 (person)

年 份 Year	在校学生数 Student Enrollment	招生数 New Student Enrollment	毕业生数 Graduates	每十万人拥有研究生数 Number of Postgraduates per 100000 Population		
				在校学生数 Student Enrollment	招生数 New Student Enrollment	毕业生数 Graduates
1978	350	350		1.1	1.1	
1980	437	115	202	1.4	0.4	0.6
1985	3572	1926	588	10.7	5.8	1.8
1990	4011	1285	1572	11.4	3.6	4.5
1995	5643	1914	1344	15.3	5.2	3.6
1996	6269	2249	1606	16.8	6.0	4.3
1997	6662	2326	1667	17.8	6.2	4.4
1998	7195	2345	1774	19.1	6.2	4.7
1999	8465	3116	1903	22.4	8.2	5.0
2000	10647	4494	2293	28.0	11.8	6.0
2001	13861	5741	2455	36.4	15.1	6.4
2002	17586	7091	2999	46.1	18.6	7.9
2003	23630	9906	3862	62.0	26.0	10.1
2004	30268	12023	5345	79.3	31.5	14.0
2005	37075	13653	6608	97.1	35.8	17.3
2006	42683	14863	9064	111.7	38.9	23.7
2007	46109	15125	11679	120.6	39.6	30.5
2008	48890	15533	12903	127.8	40.6	33.7
2009	51915	17580	14667	135.7	46.0	38.3
2010	54467	18369	15468	142.3	48.0	40.4
2011	57829	19432	15247	150.8	50.7	39.8
2012	60819	20286	16824	158.6	52.9	43.9
2013	62249	20824	18439	162.3	54.3	48.1
2014	61174	20471	20685	159.6	53.4	54.0
2015	62044	21172	19151	162.3	55.4	50.1
2016	63620	21889	19510	167.2	57.5	51.3
2017	68078	25076	19328	179.4	66.1	50.9
2018	72952	26626	19461	192.9	70.4	51.5
2019	78679	28272	20749	210.6	74.6	56.0
2020	89433	35943	23099	280.8	112.9	72.5
2021	102619	38055	23011	328.4	121.8	73.6
2022	113422	40018	27478	366.0	129.1	88.7

17-13　中等职业学校分科学生数(2022年)

Number of Students in Specialized Secondary Schools by Field of Study (2022)

单位：人　(person)

学　科	Subject	毕业生数 Graduates	招生数 New Student Enrollment	在校学生数 Student Enrollment
总　计	**Total**	**55290**	**62452**	**178287**
农林牧渔大类	Agriculture, Forestry, Animal Husbandry & Fishery Categories	8024	9319	25545
资源环境与安全大类	Resource Environment and Security Categories	451	536	1428
能源动力与材料大类	Energy Dynamics and Materials Categories	81	387	955
土木建筑大类	Civil Construction Categories	786	711	2498
水利大类	Hydraulic Engineering Categories	153	291	665
装备制造大类	Equipment Manufacturing Categories	1301	2242	6138
生物与化工大类	Biology and Chemistry Categories		62	70
轻工纺织大类	Light and Textile Industry Categories	174	619	1045
食品药品与粮食大类	Food, Medicine and Food Categories	250	220	749
交通运输大类	Major Transportation Sectors Categories	7665	6488	18122
电子与信息大类	Electronic Information Categories	12173	12842	38355
医药卫生大类	Medical and Health Categories	10220	12929	38273
财经商贸大类	Finance and Trade Categories	4741	7505	19573
旅游大类	Tourism Categories	2548	2107	6072
文化艺术大类	Cultural and Artistic Categories	2271	2470	7411
新闻传播大类	News Communication Categories	226	319	908
教育与体育大类	Education and Sports Categories	3150	2987	9284
公安与司法大类	Public Security and Judicial Categories	793	32	110
公共管理与服务大类	Public Administration and Services	283	386	1086

17-14 中等职业学校专任教师数(2022年)
Number of Full-Time Teachers in Secondary Vocational Schools(2022)

单位：人 (person)

项 目	Item	合 计 Total	正高级 Senior	副高级 Sub Senior	中级 Middle	初级 Junior	未定职级 No rank
总 计	**Total**	**12039**	**205**	**3946**	**4188**	**2432**	**1268**
#女 性	Female	7576	128	2426	2597	1583	842
公共基础课	Public Foundation Course	5144	45	1752	1752	974	621
专业课	**Professional Course**						
农林牧渔大类	Agriculture, Forestry, Animal Husbandry & Fishery Categories	714	53	324	213	85	39
资源环境与安全大类	Resource Environment and Security Categories		2	23	12	14	11
能源动力与材料大类	Energy Dynamics and Materials Categories			2	4	3	6
土木建筑大类	Civil Construction Categories			16	32	34	9
水利大类	Hydraulic Engineering Categories				1		
装备制造大类	Equipment Manufacturing Categories		5	93	111	59	24
生物与化工大类	Biology and Chemistry Categories			7	7	4	2
轻工纺织大类	Light and Textile Industry Categories		1	6	8	5	3
食品药品与粮食大类	Food, Medicine and Food Categories		2	28	22	7	2
交通运输大类	Major Transportation Sectors Categories		12	159	216	183	95
电子与信息大类	Electronic Information Categories		17	392	478	218	115
医药卫生大类	Medical and Health Categories		30	250	305	266	102
财经商贸大类	Finance and Trade Categories		10	249	209	112	53
旅游大类	Tourism Categories		4	89	132	68	48
文化艺术大类	Cultural and Artistic Categories		16	170	239	149	46
新闻传播大类	News Communication Categories			5	13	13	8
教育与体育大类	Education and Sports Categories		8	335	389	218	75
公安与司法大类	Public Security and Judicial Categories			7	4	2	1
公共管理与服务大类	Public Administration and Services			39	41	18	8
#实习指导课	Practice and Direction Course	591	7	225	201	105	53

17-15　各级各类学校女学生数和女教师数
Number of Female Students and Teachers by Level and Type

项　目	Item	2017	2018	2019	2020	2021	2022
女学生数(万人)	**Number of Female Students (10000 persons)**	**183.7**	**180.9**	**178.7**	**176.5**	**174.9**	**171.6**
普通高等学校	Institutions of Higher Education	37.5	37.3	38.4	40.3	42.0	44.0
中等专业学校	Specialized Secondary Schools	5.2	4.7	4.3	4.0	3.6	3.4
普通中学	Regular Secondary Schools	72.7	73.7	72.5	70.0	69.4	67.4
职业中学	Vocational Secondary Schools	2.2	1.9	1.9	2.1	3.4	3.6
小　学	Primary Schools	66.2	63.4	61.6	60.1	56.5	53.2
女学生占学生总数(%)	**Percentage of Female Students to Total Students (%)**	**49.2**	**50.1**	**48.8**	**48.6**	**48.4**	**48.4**
普通高等学校	Institutions of Higher Education	51.0	50.9	49.3	48.8	47.8	48.2
中等专业学校	Specialized Secondary Schools	51.1	51.4	52.3	52.1	53.7	53.1
普通中学	Regular Secondary Schools	49.7	49.7	49.5	49.3	49.3	49.2
职业中学	Vocational Secondary Schools	36.4	35.3	34.7	35.4	38.5	37.9
小　学	Primary Schools	48.1	48.1	48.2	48.3	48.2	48.2
女教师数(万人)	**Number of Female Teachers (10000 persons)**	**19.9**	**19.7**	**19.5**	**19.3**	**19.4**	**19.6**
普通高等学校	Institutions of Higher Education	2.5	2.5	2.6	2.6	2.7	2.8
中等专业学校	Specialized Secondary Schools	0.3	0.3	0.3	0.3	0.3	0.3
普通中学	Regular Secondary Schools	8.6	8.6	8.6	8.6	8.6	8.7
职业中学	Vocational Secondary Schools	0.4	0.4	0.4	0.4	0.4	0.4
小　学	Primary Schools	8.0	7.8	7.6	7.5	7.4	7.4
女教师占教师总数(%)	**Percentage of Female Teachers to Total Teachers (%)**	**65.1**	**65.7**	**66.0**	**66.6**	**66.9**	**67.8**
普通高等学校	Institutions of Higher Education	54.7	55.2	55.6	56.5	56.2	57.1
中等专业学校	Specialized Secondary Schools	60.0	61.0	62.6	64.2	64.8	75.0
普通中学	Regular Secondary Schools	64.9	65.3	65.7	65.9	66.3	66.9
职业中学	Vocational Secondary Schools	60.0	61.1	61.4	61.7	61.5	57.1
小　学	Primary Schools	70.2	71.0	71.4	72.3	73.4	74.7

17-16 各级学校教师负担学生数
Student-Teacher Ratio by Level

单位：人 (person)

年 份 Year	普通高等学校 Institutions of Higher Education		中等学校 Secondary Schools		小 学 Primary Schools	
	教师数 Number of Teachers	平均每个教师负担学生 Student-teacher Ratio	教师数 Number of Teachers	平均每个教师负担学生 Student-teacher Ratio	教师数 Number of Teachers	平均每个教师负担学生 Student-teacher Ratio
1978	8380	4.0	142761	18.4	187061	26.5
1980	10365	4.2	144291	17.4	193787	25.8
1985	13448	4.9	135366	16.4	207256	22.6
1990	15915	5.0	149499	13.4	215735	18.4
1991	15823	5.0	149950	13.3	216342	17.9
1992	15641	5.4	149918	13.2	216377	17.5
1993	15604	6.2	147621	12.7	213823	17.5
1994	16097	6.8	147699	12.8	215222	17.5
1995	16542	6.9	148057	13.6	214944	17.4
1996	16403	7.1	149560	14.1	213124	17.4
1997	15736	7.4	152402	14.5	214807	17.2
1998	15505	8.1	156257	15.3	210954	16.3
1999	15804	9.9	159855	16.3	206807	15.0
2000	16169	12.4	160153	16.9	193113	14.7
2001	18042	15.0	161133	16.9	182929	14.1
2002	23179	14.6	160153	17.2	180900	13.5
2003	28525	13.5	160108	16.6	178122	13.5
2004	32119	14.6	159719	16.4	175274	13.2
2005	35105	15.4	153952	16.1	163204	13.5
2006	36866	16.7	154299	15.1	160511	13.1
2007	39792	16.0	154769	14.9	158918	12.8
2008	41727	16.3	156018	14.5	157436	12.6
2009	43057	16.5	156205	14.2	155025	12.3
2010	44198	16.3	155048	13.9	151344	12.4
2011	44821	15.9	168152	12.4	134479	13.9
2012	45448	15.5	170671	12.0	128792	14.5
2013	46215	15.5	167746	10.3	120214	12.8
2014	46870	15.6	167073	10.0	114606	13.0
2015	46806	15.7	165186	9.9	109061	13.6
2016	46829	15.7	162945	10.0	101401	14.2
2017	46278	15.9	144294	11.3	114487	12.0
2018	46027	15.9	143413	11.2	110544	11.9
2019	47245	16.5	141887	11.3	107089	11.9
2020	48858	16.9	142082	11.2	103715	12.0
2021	48343	18.2	140376	11.1	101192	11.6
2022	49282	18.6	140282	10.8	99354	11.1

17-17　中小学升学及学龄儿童入学情况

Statistics of Junior Secondary Schools and Primary Schools Entering Higher Level Schools, Statistics of School-Age Children Enrolled

单位：万人、%　　(10000 persons,%)

年　份 Year	初　中毕业生数 Graduates of Junior Secondary Schools	高级中等学校招生数 Students Entering Senior Secondary Schools	小　学毕业生数 Graduates of Primary Schools	初级中等学校招生数 Students Entering Junior Secondary Schools	小学升学率 Percentage of Graduates of Primary Schools Entering Junior Secondary Schools	学　龄儿 童 数 School-age Children	已入学学龄儿童数 School-age Children Enrolled in Schools	学龄儿童入 学 率 Percentage of School-age Children Enrolled
1978	46.9	24.5	77.4	72.5	93.7	406.7	386.9	95.1
1980	51.5	26.0	76.1	68.5	90.1	417.9	395.1	94.5
1985	42.5	21.7	65.5	56.2	85.8	341.5	333.8	97.7
1990	43.5	20.0	63.6	52.7	82.8	313.1	310.0	99.0
1995	43.5	19.3	63.8	59.4	93.1	347.9	343.9	98.9
1996	42.4	18.4	60.6	57.3	94.6	346.9	345.8	99.7
1997	43.6	20.5	59.1	55.7	94.2	355.9	351.2	98.8
1998	50.0	20.8	74.9	70.3	94.0	334.0	327.7	98.1
1999	49.3	20.3	78.6	74.2	94.4	296.6	292.0	98.4
2000	48.7	18.9	69.8	66.2	95.9	275.1	271.7	98.8
2001	52.8	20.6	63.8	61.0	96.1	248.4	240.6	96.9
2002	52.3	26.3	57.0	56.1	98.4	232.0	226.5	97.6
2003	55.1	28.3	43.8	43.3	98.9	247.2	225.1	91.1
2004	55.6	28.5	46.3	45.9	99.2	232.1	217.8	93.8
2005	57.3	32.6	44.4	43.6	98.2	211.2	207.9	98.4
2006	54.2	36.2	42.7	42.2	98.9	201.2	198.9	98.9
2007	47.7	36.7	40.0	39.8	99.5	196.3	193.7	98.7
2008	44.8	39.2	39.1	39.0	99.7	189.7	188.5	99.4
2009	43.7	41.9	39.0	39.0	99.9	183.1	182.2	99.5
2010	40.5	40.6	36.4	36.4	99.9	181.6	180.0	99.1
2011	39.9	41.8	33.6	33.5	99.8	182.1	181.7	99.8
2012	39.4	39.7	34.7	34.6	99.7	181.7	181.3	99.8
2013	37.3	32.2	33.0	27.9	84.6	145.6	145.5	99.9
2014	27.0	29.0	26.7	26.3	98.5	141.1	141.0	99.9
2015	26.7	28.0	25.4	25.1	98.8	139.6	139.6	99.9
2016	27.6	28.1	27.8	27.5	99.0	136.0	136.0	99.9
2017	27.6	27.8	27.9	27.6	98.9	130.8	130.8	99.9
2018	24.4	24.5	27.6	27.3	98.8	125.2	125.1	99.9
2019	27.0	26.6	25.2	25.0	99.2	120.4	120.3	100.0
2020	27.8	30.2	23.5	23.1	98.5	116.6	116.5	100.0
2021	27.5	30.9	24.5	24.2	98.8	109.0	109.0	100.0
2022	26.5	27.8	23.3	23.1	99.1	102.8	102.4	99.6

注：2002起年高级中等学校招生数中新增了成人中专招生数，使相关数据明显增大。

a) From 2002,the data of senior secondary schools include the data of specialized secondary schools for adults.

17-18 各类技工学校基本情况(2022年)
Statistics on Various Technical Schools(2022)

单位：人 (person)

指 标	Item	合 计 Total	地方人社部门办 Local Human Resources and Social Security Bureau	地方国有经济单位办 Launched by local State-owned Economic Institution	行业办 Launched by Sector	企业办 Launched by Enterprise	其 他 Others
学校数(所)	Number of Schools (unit)	105	49	13	3	10	43
在校学生数	Number of Students	91571	58194	8075	3179	4896	25302
#女 性	Female	32606	20547	2224	1207	1017	9835
招生数	New Student Enrollment	28083	16068	3581	1048	2533	8434
毕业生数	Graduates	32436	18625	4896	1823	3073	8915
在职教职工数	Teachers and Staff	7957	5071	896	236	660	1990
#文化技术理论课教师	Cultural Technology Theory Teacher	4757	3473	377	159	218	907
生产实习课指导教师	Practical Training Teachers	855.0	384.0	70.0	12.0	58.0	401

17-19 各级各类成人学校在校学生数
Student Enrollment in Adult Schools by Level and Type

单位：万人 (10000 persons)

学校类别	Category	2017	2018	2019	2020	2021	2022
成人高等学校	**Adult Education Schools**	**1.10**	**1.73**	**2.36**	**2.46**	**3.22**	**3.76**
广播电视大学	Radio and TV Universities	0.23	0.35	0.50	0.59	0.69	0.81
职工高等学校	Schools of Higher Education for Staff and Workers	0.13	0.12	0.13	0.10	0.09	0.19
管理干部学院	College for Management Cadres	0.29	0.51	0.66	0.60	0.78	0.97
教育学院	Pedagogical Colleges	0.44	0.74	1.07	1.18	1.66	1.79
成人中等学校	**Secondary Schools for Adults**	**36.03**	**20.40**	**15.59**	**14.48**	**9.28**	**5.24**
中等专业学校	Specialized Secondary Schools for Adults	4.08	3.58	3.15	2.79	0.41	0.46
成人中学	Secondary Schools for Adults	0.39	0.32	0.04	0.04		
成人技术培训学校	Technical Training Schools for Adults	31.57	16.49	12.40	11.64	8.87	4.78

17-20 技工学校数、学生数和教职工数
Number of Technical Schools, Students, Staff and Teachers

单位：所、人 (unit, person)

年份 Year	学校数 Schools	在校学生数 Student Enrollment	毕业生数 Graduates	招生数 New Student Enrollment	教职工数 Staff and Teachers	#专任教师 Full-time Teachers
1978	128	25200	4523	19969	4887	1855
1980	217	50731	19969	25529	8941	3670
1985	202	50257	18949	25048	12902	5192
1990	220	95665	32103	33409	18271	7745
1995	220	85809	49100	29608	16179	8002
1996	195	64105	30884	20261	15245	7993
1997	192	62580	30898	22788	14990	7578
1998	168	44107	27155	13903	12595	6667
1999	170	35795	21884	10969	11962	7040
2000	172	28979	13126	9886	9375	5392
2001	166	24939	13379	9769	10429	7966
2002	150	28008	11567	13458	8892	5903
2003	147	31789	11135	17104	9454	7099
2004	135	41411	12318	21591	10833	7620
2005	128	60407	16429	28264	9417	6064
2006	124	68658	17167	32860	9256	6170
2007	121	88076	21775	46796	10457	7465
2008	130	91059	21063	40428	10261	7474
2009	130	101307	25158	44570	11101	8417
2010	133	142109	39697	82949	12316	7982
2011	133	194501	31131	100878	11539	8211
2012	134	225762	55013	94975	12338	8695
2013	134	144221	91463	44647	11671	7987
2014	133	95985	71838	30150	10789	7965
2015	131	63300	48680	22771	11274	8054
2016	127	56295	27561	23205	10893	8083
2017	127	55893	21235	24360	10999	7335
2018	129	55494	18402	20379	10307	7110
2019	131	76424	20503	47342	10166	7130
2020	130	96771	18750	56455	9081	6752
2021	106	109662	22801	33338	7898	5723
2022	105	91571	32436	28083	7957	5612

17-21 分地区普通高等学校基本情况(2022年)
Basic Statistics on Regular Institutions of Higher Education by Region(2022)

单位：所、人 (unit, person)

地区	Region	学校数 Schools	教职工数 Staff and Teachers	专任教师 Full-time Teachers	#教授 Professors	#副教授 A/Prof.	招生数 New Enrollment	在校生数 Total Enrollment	毕业生数 Graduates	授予学位数 Degrees Conferred
全省	**Total**	**78**	**75431**	**49282**	**8536**	**16634**	**274996**	**912011**	**252541**	**140722**
哈尔滨	Harbin	48	51894	33588	6276	11779	173315	590214	165128	96802
齐齐哈尔	Qiqihar	6	5478	3908	547	1246	22385	73672	19251	10510
鸡西	Jixi	1	639	458	63	70	2941	10263	2512	1932
鹤岗	Hegang	1	331	241	22	138	1711	4254	1519	
双鸭山	Shuangyashan	1	288	150	8	29	1976	6536	2719	
大庆	Daqing	5	5490	3556	609	1264	19286	63428	16022	11743
伊春	Yichun	1	426	264	15	97	3073	7821	1500	
佳木斯	Jiamusi	4	4036	2556	325	695	15828	47700	14736	6102
七台河	Qitaihe	1	204	159	14	66	2224	4629	2303	
牡丹江	Mudanjiang	7	4702	3032	511	927	23716	74923	19675	7386
黑河	Heihe	1	866	629	68	131	3587	12470	3042	3041
绥化	Suihua	1	786	520	67	139	3403	12850	3206	3206
大兴安岭	Daxinganling	1	291	221	11	53	1551	3251	928	

17-22 分地区中等职业学校基本情况(2022年)
Basic Statistics on Secondary Vocational Schools by Region(2022)

单位：人 (person)

地区	Region	学校数(所) Schools (unit)	教职工数 Staff and Teachers	专任教师 Full-time Teachers	#副高级以上 Deputy High above	招生数 New Enrollment	#初中毕业 Graduate from Senior Secondary Schools	在校生数 Total Enrollment	毕业生数 Graduates
全省	**Total**	**190**	**15611**	**12039**	**4151**	**62452**	**42172**	**178287**	**55290**
哈尔滨	Harbin	52	5149	4117	1312	19465	15468	59476	19054
齐齐哈尔	Qiqihar	25	1954	1584	441	15103	6419	42742	11267
鸡西	Jixi	9	525	408	129	1555	1510	3919	1091
鹤岗	Hegang	6	776	431	232	1262	909	3899	1484
双鸭山	Shuangyashan	8	369	330	127	447	407	1858	809
大庆	Daqing	13	1057	738	269	4257	1905	9209	2831
伊春	Yichun	9	581	320	85	629	544	2217	942
佳木斯	Jiamusi	16	1313	1063	323	4905	4294	15256	4777
七台河	Qitaihe	3	142	71	21	1034	856	2731	643
牡丹江	Mudanjiang	17	1189	1034	369	8083	4564	17811	5498
黑河	Heihe	10	958	670	399	1405	1234	5663	2342
绥化	Suihua	17	1323	1060	370	4029	3912	12677	4209
大兴安岭	Daxinganling	5	275	213	74	278	150	829	343

17-23　分地区普通中学学校数(2022年)
Number of Regular Secondary Schools by Region(2022)

单位：所　　(unit)

地　区	Region	合　计 Total	#高　中 Senior Secondary Schools	城　区 Urban Areas	#高　中 Senior Secondary Schools	镇　区 Counties and Towns	#高　中 Senior Secondary Schools	乡　村 Rural Areas	#高　中 Senior Secondary Schools
全　省	**Total**	**1768**	**363**	**601**	**199**	**797**	**152**	**370**	**12**
哈尔滨	Harbin	454	105	202	65	153	38	99	2
齐齐哈尔	Qiqihar	245	42	56	23	112	19	77	
鸡　西	Jixi	97	20	40	15	41	5	16	
鹤　岗	Hegang	51	12	23	4	27	8	1	
双鸭山	Shuangyashan	77	17	19	5	47	12	11	
大　庆	Daqing	147	30	64	18	53	12	30	
伊　春	Yichun	47	15	21	8	23	7	3	
佳木斯	Jiamusi	127	26	37	11	68	11	22	4
七台河	Qitaihe	46	7	20	4	15	3	11	
牡丹江	Mudanjiang	108	29	43	18	50	10	15	1
黑　河	Heihe	83	21	26	11	45	7	12	3
绥　化	Suihua	252	32	45	16	137	14	70	2
大兴安岭	Daxinganling	34	7	5	1	26	6	3	

17-24　分地区普通中学在校学生数(2022年)
Number of Students of Regular Secondary Schools by Region(2022)

单位：人　　(person)

地　区	Region	合　计 Total	#高　中 Senior Secondary Schools	城　区 Urban Areas	#高　中 Senior Secondary Schools	镇　区 Counties and Towns	#高　中 Senior Secondary Schools	乡　村 Rural Areas	#高　中 Senior Secondary Schools
全　省	**Total**	**1369921**	**570246**	**740806**	**327495**	**550379**	**229254**	**78736**	**13497**
哈尔滨	Harbin	406155	159261	274808	108145	114942	49093	16405	2023
齐齐哈尔	Qiqihar	167355	70155	59314	30487	93622	39668	14419	
鸡　西	Jixi	63878	27573	42246	20626	18798	6947	2834	
鹤　岗	Hegang	31875	15563	16301	8015	15481	7548	93	
双鸭山	Shuangyashan	49763	24710	13277	7125	35446	17585	1040	
大　庆	Daqing	149925	58838	77450	32218	63836	26620	8639	
伊　春	Yichun	24596	12613	17431	10219	6792	2394	373	
佳木斯	Jiamusi	93929	43881	46537	21823	38711	16041	8681	6017
七台河	Qitaihe	36337	14803	24479	10523	9777	4280	2081	
牡丹江	Mudanjiang	86657	38786	53010	24463	28519	13567	5128	756
黑　河	Heihe	53191	24953	32445	15443	16625	6029	4121	3481
绥　化	Suihua	196275	73923	82373	37798	99063	34905	14839	1220
大兴安岭	Daxinganling	9985	5187	1135	610	8767	4577	83	

17-25 分地区普通中学招生数(2022年)
Number of New Enrollment Students of Regular Secondary Schools by Region(2022)

单位：人 (person)

地区	Region	合计 Total	#高中 Senior Secondary Schools	城区 Urban Areas	#高中 Senior Secondary Schools	镇区 Counties and Towns	#高中 Senior Secondary Schools	乡村 Rural Areas	#高中 Senior Secondary Schools
全省	**Total**	**418649**	**187916**	**229176**	**109750**	**167970**	**73765**	**21503**	**4401**
哈尔滨	Harbin	126002	53863	84052	36687	37251	16496	4699	680
齐齐哈尔	Qiqihar	54974	22613	20019	10298	30384	12315	4571	
鸡西	Jixi	18009	9354	12255	7120	5219	2234	535	
鹤岗	Hegang	10568	5142	5784	2723	4745	2419	39	
双鸭山	Shuangyashan	16136	7857	4400	2276	11431	5581	305	
大庆	Daqing	41004	19410	21532	10839	17793	8571	1679	
伊春	Yichun	8150	4002	5799	3263	2240	739	111	
佳木斯	Jiamusi	31083	14203	15966	7194	12345	5067	2772	1942
七台河	Qitaihe	10113	4764	6535	3305	3131	1459	447	
牡丹江	Mudanjiang	29346	12621	18133	8108	9360	4254	1853	259
黑河	Heihe	17833	8111	11221	5144	5336	1916	1276	1051
绥化	Suihua	52133	24323	23102	12610	25845	11244	3186	469
大兴安岭	Daxinganling	3298	1653	378	183	2890	1470	30	

17-26 分地区普通中学毕业生数(2022年)
Number of Graduates of Regular Secondary Schools by Region(2022)

单位：人 (person)

地区	Region	合计 Total	#高中 Senior Secondary Schools	城区 Urban Areas	#高中 Senior Secondary Schools	镇区 Counties and Towns	#高中 Senior Secondary Schools	乡村 Rural Areas	#高中 Senior Secondary Schools
全省	**Total**	**453803**	**188628**	**234494**	**107819**	**189078**	**76534**	**30231**	**4275**
哈尔滨	Harbin	127457	51786	81503	35258	39229	15855	6725	673
齐齐哈尔	Qiqihar	58621	22858	20129	9583	32890	13275	5602	
鸡西	Jixi	20317	8615	12909	6450	6347	2165	1061	
鹤岗	Hegang	12131	5588	6419	2876	5673	2712	39	
双鸭山	Shuangyashan	18748	9055	5267	2732	12878	6323	603	
大庆	Daqing	44726	19079	22527	10545	19251	8534	2948	
伊春	Yichun	9623	4693	6662	3723	2794	970	167	
佳木斯	Jiamusi	33346	14110	16556	7136	13643	4901	3147	2073
七台河	Qitaihe	11358	4635	7122	3298	3291	1337	945	
牡丹江	Mudanjiang	32495	13684	19150	8545	11243	4912	2102	227
黑河	Heihe	19154	8413	11372	5036	6093	2075	1689	1302
绥化	Suihua	61967	24205	24428	12392	32380	11813	5159	
大兴安岭	Daxinganling	3860	1907	450	245	3366	1662	44	

17-27　分地区普通中学教职工数(2022年)

Number of Teachers and Staff of Regular Secondary Schools by Region(2022)

单位：人　(person)

地　区	Region	合　计 Total	按城乡分 By Urban and Rural Areas			按主管部门分 By Department		
			城　区 Urban Areas	镇　区 Counties and Towns	乡　村 Rural Areas	教育部门办 Run by Educational Department	其他部门办 Schools Run by Other Department	民　办 Run by Private and Other Social Sources
全　省	**Total**	**172891**	**80125**	**71575**	**21191**	**159941**	**2701**	**10249**
哈尔滨	Harbin	45564	27918	12859	4787	38883	454	6227
齐齐哈尔	Qiqihar	22796	6691	11354	4751	22080	52	664
鸡　西	Jixi	8740	4724	3189	827	7821	661	258
鹤　岗	Hegang	5762	2974	2716	72	4794	732	236
双鸭山	Shuangyashan	6999	2255	4320	424	6773		226
大　庆	Daqing	17506	9605	6133	1768	16583	110	813
伊　春	Yichun	4310	2391	1654	265	4310		
佳木斯	Jiamusi	11831	4635	5892	1304	10899		932
七台河	Qitaihe	3779	2076	1094	609	3623	82	74
牡丹江	Mudanjiang	10207	5336	3901	970	9578	437	192
黑　河	Heihe	8146	3679	3617	850	8146		
绥　化	Suihua	24919	7484	12969	4466	24119	173	627
大兴安岭	Daxinganling	2332	357	1877	98	2332		

17-28　分地区普通中学教师数(2022年)

Number of Teachers of Regular Secondary Schools by Region(2022)

单位：人　(person)

地　区	Region	合　计 Total	#高　中 Senior Secondary Schools	按城乡分 By Urban and Rural Areas			按主管部门分 By Department		
				城　区 Urban Areas	镇　区 Counties and Towns	乡　村 Rural Areas	教育部门办 Run by Educational Department	其他部门办 Schools Run by Other Department	民　办 Run by Private and Other Social Sources
全　省	**Total**	**129536**	**44979**	**64302**	**53350**	**11884**	**121272**	**1536**	**6728**
哈尔滨	Harbin	34959	12429	22404	10041	2514	30536	321	4102
齐齐哈尔	Qiqihar	16394	5547	5583	8593	2218	15939	9	446
鸡　西	Jixi	6435	2234	3790	2152	493	5953	291	191
鹤　岗	Hegang	3788	1450	1976	1788	24	3287	400	101
双鸭山	Shuangyashan	4856	1965	1561	3082	213	4706		150
大　庆	Daqing	13060	4504	6820	5000	1240	12371	48	641
伊　春	Yichun	3431	1309	2006	1299	126	3431		
佳木斯	Jiamusi	8670	3428	3940	3853	877	8142		528
七台河	Qitaihe	3150	1033	1868	929	353	3057	65	28
牡丹江	Mudanjiang	8125	3183	4556	2951	618	7684	339	102
黑　河	Heihe	5907	2266	3139	2186	582	5907		
绥　化	Suihua	19270	5100	6488	10192	2590	18768	63	439
大兴安岭	Daxinganling	1491	531	171	1284	36	1491		

17-29 分地区小学学校数和在校学生数(2022年)
Statistics on Primary Schools and Students Enrollment by Region(2022)

单位：所、人 (unit, person)

地区	Region	学校数 Number of Schools	按城乡分 By Urban and Rural Areas 城区 Urban Areas	镇区 Counties and Towns	乡村 Rural Areas	在校学生数 Student Enrollment	按城乡分 By Urban and Rural Areas 城区 Urban Areas	镇区 Counties and Towns	乡村 Rural Areas
全省	**Total**	**1350**	**546**	**569**	**235**	**1102580**	**626813**	**400328**	**75439**
哈尔滨	Harbin	358	180	125	53	361213	251581	88800	20832
齐齐哈尔	Qiqihar	167	55	76	36	142624	53805	70097	18722
鸡西	Jixi	58	28	20	10	43743	27994	13494	2255
鹤岗	Hegang	33	19	11	3	27439	16325	10651	463
双鸭山	Shuangyashan	62	20	35	7	41920	12644	27891	1385
大庆	Daqing	138	55	42	41	100143	53363	38778	8002
伊春	Yichun	45	20	21	4	23371	14634	8330	407
佳木斯	Jiamusi	112	42	48	22	83826	46112	34065	3649
七台河	Qitaihe	32	15	12	5	24186	15374	7219	1593
牡丹江	Mudanjiang	113	50	47	16	86645	57094	22519	7032
黑河	Heihe	49	25	23	1	46289	29353	16167	769
绥化	Suihua	169	37	95	37	111913	47359	54361	10193
大兴安岭	Daxinganling	14		14		9268	1175	7956	137

17-30 分地区小学招生数和毕业生数(2022年)
Number of New Students Enrollment and Graduates of Primary Schools by Region(2022)

单位：人 (person)

地区	Region	招生数 Number of New Students Enrollment	按城乡分 By Urban and Rural Areas 城区 Urban Areas	镇区 Counties and Towns	乡村 Rural Areas	毕业生数 Number of Graduates	按城乡分 By Urban and Rural Areas 城区 Urban Areas	镇区 Counties and Towns	乡村 Rural Areas
全省	**Total**	**166145**	**103732**	**54013**	**8400**	**232652**	**116745**	**94051**	**21856**
哈尔滨	Harbin	58796	45521	10928	2347	73264	46610	21108	5546
齐齐哈尔	Qiqihar	17144	7343	8007	1794	32329	9232	17599	5498
鸡西	Jixi	7012	4761	1952	299	8648	5019	2961	668
鹤岗	Hegang	4271	2546	1684	41	5397	3025	2225	147
双鸭山	Shuangyashan	6139	1936	4099	104	8304	2139	5709	456
大庆	Daqing	17054	9420	6571	1063	21652	10507	8525	2620
伊春	Yichun	3626	2341	1226	59	4218	2415	1687	116
佳木斯	Jiamusi	11535	6860	4381	294	17017	8583	7374	1060
七台河	Qitaihe	3393	2316	912	165	5392	3253	1622	517
牡丹江	Mudanjiang	12425	8734	2765	926	16846	9957	5269	1620
黑河	Heihe	6523	4247	2197	79	9824	5644	3888	292
绥化	Suihua	16795	7510	8073	1212	28095	10167	14643	3285
大兴安岭	Daxinganling	1432	197	1218	17	1666	194	1441	31

17-31　分地区小学教职工数(2022年)

Number of Teachers and Staff of Primary Schools by Region(2022)

单位：人　　(person)

地区	Region	合计 Total	按城乡分 By Urban and Rural Areas			按主管部门分 By Department		
			城区 Urban Areas	镇区 Counties and Towns	乡村 Rural Areas	教育部门办 Run by Educational Department	其他部门办 Schools Run by Other Department	民办 Run by Private and Other Social Sources
全省	**Total**	**94450**	**41709**	**39075**	**13666**	**93180**	**648**	**622**
哈尔滨	Harbin	26101	13806	9070	3225	25325	201	575
齐齐哈尔	Qiqihar	10631	3517	5154	1960	10631		
鸡西	Jixi	3758	2224	1107	427	3640	118	
鹤岗	Hegang	2341	1315	830	196	2223	118	
双鸭山	Shuangyashan	3887	1112	2197	578	3887		
大庆	Daqing	8090	3482	3008	1600	8090		
伊春	Yichun	3339	1420	1774	145	3339		
佳木斯	Jiamusi	7110	3507	2769	834	7110		
七台河	Qitaihe	2019	1080	635	304	1967	52	
牡丹江	Mudanjiang	7729	3852	2683	1194	7523	159	47
黑河	Heihe	4822	2439	1796	587	4822		
绥化	Suihua	13627	3955	7102	2570	13627		
大兴安岭	Daxinganling	996		950	46	996		

17-32　分地区小学专任教师数(2022年)

Number of Full-Time Teachers of Primary Schools by Region(2022)

单位：人　　(person)

地区	Region	合计 Total	按城乡分 By Urban and Rural Areas			按主管部门分 By Department		
			城区 Urban Areas	镇区 Counties and Towns	乡村 Rural Areas	教育部门办 Run by Educational Department	其他部门办 Schools Run by Other Department	民办 Run by Private and Other Social Sources
全省	**Total**	**99354**	**43249**	**40788**	**15317**	**96947**	**1189**	**1218**
哈尔滨	Harbin	26365	14791	8331	3243	25205	207	953
齐齐哈尔	Qiqihar	12392	3444	5970	2978	12351	22	19
鸡西	Jixi	4542	2395	1581	566	4197	345	
鹤岗	Hegang	2778	1524	1107	147	2437	318	23
双鸭山	Shuangyashan	3742	1050	2129	563	3742		
大庆	Daqing	9234	4137	3366	1731	9185	49	
伊春	Yichun	2789	1248	1422	119	2789		
佳木斯	Jiamusi	7525	3428	3244	853	7441		84
七台河	Qitaihe	2143	1046	646	451	2093	41	9
牡丹江	Mudanjiang	7582	3685	2745	1152	7409	139	34
黑河	Heihe	5142	2352	2217	573	5142		
绥化	Suihua	14056	4056	7136	2864	13892	68	96
大兴安岭	Daxinganling	1064	93	894	77	1064		

17-33 分地区幼儿园基本情况(2022年)
Basic Statistics on Kindergartens by Region(2022)

单位：个、人 (unit, person)

地区	Region	园数 Number of Kindergartens	班数 Number of Classes	幼儿数 Student Enrollment	教职工数 Staff and Teachers	专任教师 Full-time Teachers
全省	**Total**	**5441**	**23162**	**462599**	**75936**	**37040**
哈尔滨	Harbin	1463	7016	146314	23837	11144
齐齐哈尔	Qiqihar	797	2952	58754	8237	4082
鸡西	Jixi	327	1178	21876	3752	1791
鹤岗	Hegang	136	615	12155	1737	768
双鸭山	Shuangyashan	197	930	18194	3103	1553
大庆	Daqing	510	2280	49009	9493	4500
伊春	Yichun	101	463	9660	1788	868
佳木斯	Jiamusi	376	1760	32068	5522	2903
七台河	Qitaihe	146	609	11671	1904	956
牡丹江	Mudanjiang	415	1620	30338	5760	2995
黑河	Heihe	296	1043	20729	3428	1614
绥化	Suihua	619	2470	47277	6486	3362
大兴安岭	Daxinganling	58	226	4554	889	504

17-34 各级各类成人学校基本情况(2022年)
Basic Statistics on Adult Schools by Level and Type(2022)

单位：所、人 (unit, person)

学校类别	Category	学校数 Schools	毕业生数 Graduates	招生数 New Student Enrollment	在校生数 Student Enrollment	教职工数 Staff and Teachers	专任教师 Full-time Teachers
总计	**Total**						
成人高等学校	Adult Education Schools	16	12099	17781	37570	1841	1028
广播电视大学	Radio and TV Universities	2	2918	4141	8113	305	143
职工高等学校	Schools of Higher Education for Staff and Workers	9	303	1358	1910	387	213
管理干部学院	College for Management Cadres	3	2756	4816	9651	667	354
教育学院	Pedagogical Colleges	2	6122	7466	17896	482	318
成人中等学校	Secondary Schools for Adults	693	86245	1728	52442	5821	4161
中等专业学校	Specialized Secondary Schools for Adults	17	1463	1728	4634	777	566
成人中学	Secondary Schools for Adults						
成人技术培训学校	Technical Training Schools for Adults	676	84782		47808	5044	3595
职工技术培训学校(机构)	Worker's Technical Training School	57	15022		24504	1783	1378
农村成人文化技术培训学校(机构)	Rural Culture & Technology Training School(Institution)	237	8108		9482	346	231
其他培训机构(含社会培训机构)	Other Training School	382	61652		13822	2915	1986

17-35 科技活动基本情况

Basic Statistics on Scientific and Technological Activities

指　标		Item		2018	2019	2020	2021	2022
单位基本情况		**Basic Statistics on Unit**						
单位数	（个）	Number of Unit	(unit)	4534	5597	5671	6300	6430
有R&D活动单位数	（个）	Number of Unit With R & D Activities	(unit)	607	605	756	971	990
研究与试验发展(R&D)投入情况		**Statistics on R&D Input**						
R&D人员全时当量	（人年）	Full-time Equivalent of R&D Personnel	(man-year)	37155	44394	44205	48639	56938
#基础研究		Basic Research		12350	14797	12279	12562	13401
应用研究		Applied Research		8150	10888	13843	14129	17944
试验发展		Experimental Development		16655	18709	18082	21948	25594
R&D经费内部支出	（万元）	Expenditure on R&D	(10000 yuan)	1349873	1465528	1731605	1945827	2177941
#基础研究		Basic Research		243869	256620	230334	217485	287093
应用研究		Applied Research		401990	335764	550597	595340	658841
试验发展		Experimental Development		704015	873144	950675	1133002	1232007
#政府资金		Government Appropriation Funds		534590	523802	724879	683711	803024
企业资金		Self-raised Funds by Enterprises		774650	837739	964483	1087123	1198888
R&D经费内部支出相当于地区生产总值比例	(%)	Proportion of R & D Expenditure to GD	(%)	1.05	1.08	1.26	1.31	1.37
科技产出及成果情况		**Statistics on S&T Outputs and Results**						
科技成果登记数	（项）	Number of Major Achievements	(item)	1582	1624	1160	1864	1100
国家技术发明奖	（项）	State Technological Invention Award	(item)	12	6	6		
国家科学技术进步奖	（项）	National Science and Technology Progress Award	(item)	15	15	8		
技术市场情况		**Basic Statistics on Technical Market**						
成交技术合同	（件）	Number of Technical Contracts Completed	(piece)	3405	3799	5127	6960	6622
技术市场成交额	（亿元）	Transaction Value in Technical Market	(100 million yuan)	170	236	268	353	464

17-36 科学研究与开发机构基本情况
Basic Statistics on Research and Development Institutions

指　标		Item		2018	2019	2020	2021	2022
机构基本情况		**Basic Statistics on Institutions**						
机构数	(个)	Number of R&D Institutions	(unit)	226	226	226	118	117
#中央属		Subordinated to Central Level		16	16	16	15	15
地方属		Subordinated to Local Level		210	210	210	103	102
研究与试验发展(R&D)投入情况		**Statistics on R&D Input**						
R&D人员	(人)	R&D Personnel	(person)	7219	7175	7106	5941	5590
R&D人员全时当量	(人年)	Full-time Equivalent of R&D Personnel	(man-year)	6180	5788	6122	5463	5045
#基础研究		Basic Research					1328	1262
应用研究		Applied Research					1718	1440
试验发展		Experimental Development					2417	2343
R&D经费内部支出	(万元)	Expenditure on R&D	(10000 yuan)	158671	153026	197015	192638	195209
#基础研究		Basic Research		39607	25783	29888	35541	46852
应用研究		Applied Research		37755	35882	42259	55988	62785
试验发展		Experimental Development		63362	91361	124868	101109	85573
#政府资金		Government Appropriation Funds		113195	88555	131356	134106	133045
企业资金		Self-raised Funds by Enterprises		3612	4624	8890	1501	1730
R&D项目(课题)情况		**Statistics on R&D Topics**						
R&D项目(课题)数	(项)	Projects of R&D	(item)	1947	1756	1594	1336	1547
R&D项目(课题)人员全时当量	(人年)	Participants	(man-years)	2244	4567	2863	4104	3937
R&D项目(课题)经费内部支出	(万元)	Intramural Expenditure	(10000 yuan)	91791	53938	73844	58531	53381
科技产出及成果情况		**Statistics on S&T Outputs and Results**						
发表科技论文	(篇)	Scientific Papers Issued	(piece)	3065	2950	2911	2149	2390
#国外发表		Published in Foreign Periodicals		583	508	508	383	583
出版科技著作	(种)	Publication on Science and Technology	(kind)	56	55	70	53	55
专利申请受理数	(件)	Number of Patent Applications Accepted	(piece)	774	618	854	859	868
#发明专利		Inventions		324	307	356	354	439
专利申请授权数	(件)	Number of Patent Applications Granted	(piece)	627	495	580	735	738
#发明专利		Inventions		176	151	157	212	303

17-37　高等学校科技活动情况
Basic Statistics on Higher Education for Scientific and Technological Activities

指　　标		Item		2018	2019	2020	2021	2022
高等学校基本情况		**Basic Statistics on Higher Education**						
单位数	(个)	Number of Schools	(unit)	132	130	133	132	135
#理工农医		Science, Agricultural, Medicine		54	53	55	52	57
#人文社科		Humanities and Social Sciences		78	77	78	80	78
R&D机构	(个)	R&D Institutions	(unit)	306	424	450	530	551
研究与试验发展(R&D)投入情况		**Statistics on R&D Input**						
R&D人员全时当量	(人年)	Full-time Equivalent of R&D Personnel	(man-year)	15254	20744	21290	22629	26945
#基础研究		Basic Research		10499	12556	10601	10893	11670
应用研究		Applied Research		4421	7400	10304	11168	14530
试验发展		Experimental Development		334	788	385	568	744
R&D经费内部支出	(万元)	Expenditure on R&D	(10000 yuan)	501664	512229	559542	652349	751253
#基础研究		Basic Research		195601	212206	170919	165213	209835
应用研究		Applied Research		296105	245873	376996	467712	505386
试验发展		Experimental Development		9959	54151	11626	19424	36032
#政府资金		Government Appropriation Funds		310329	289049	357048	393428	446746
企业资金		Self-raised Funds by Enterprises		184738	166998	194516	181145	188456
R&D项目(课题)情况		**Statistics on R&D Topics**						
R&D项目(课题)数	(项)	Projects of R&D	(item)	18902	22584	23579	26332	32430
R&D项目(课题)人员全时当量	(人年)	Participants	(man-year)	15255	20744	21291	22629	26941
R&D项目(课题)经费内部支出	(万元)	Intramural Expenditure	(10000 yuan)	413788	351452	494478	534275	662104
科技产出及成果情况		**Statistics on S&T Outputs and Results**						
发表科技论文	(篇)	Scientific Papers Issued	(piece)	41236	45220	42506	40935	39525
#国外发表		Published in Foreign Periodicals		12749	19804	17624	17869	18394
出版科技著作	(种)	Publication on Science and Technology	(kind)	1083	912	890	1007	914
专利申请受理数	(件)	Number of Patent Applications Accepted	(piece)	7185	9081	6619	7637	9727
#发明专利		Inventions		5250	6596	5096	5682	7688
专利申请授权数	(件)	Number of Patent Applications Granted	(piece)	5278	5572	6209	7979	10241
#发明专利		Inventions		2791	3013	3189	4423	6895

注：单位数除高校外，还包含附属医院等单位。
a)The number of units includes various universities, as well as their affiliated hospitals.

17-38　三项专利授权情况
Three Types of Patent Applications Examined and Granted

单位：件　(item)

指　　标	Item	2018	2019	2020	2021	2022
授权专利数	**Number of Patent Applications Certified**	**19435**	**19989**	**28475**	**38884**	**36551**
发　明	Inventions	4309	4144	4598	6337	8519
实用新型	Utility Models	13066	13308	20211	28698	24902
外观设计	Designs	2060	2537	3666	3849	3130
在授权专利中	**In Patent Applications Certified**					
个　人	Individual	6598	7241	11365	12849	9312
大专院校	Universities and Colleges	6320	6406	7246	8919	9894
科研单位	Research Institutions	859	830	997	1248	1213
企　业	Enterprises	5444	5294	8647	15612	15829
机关团体	Government Agencies and Organizations	214	218	220	256	303

17-39 科学技术协会机构和人员数
Number of Institutions and Employed Persons of Associations for Science and Technology

单位：个、人 (unit, person)

项　目	Item	2018	2019	2020	2021	2022
机构数	**Number of Associations or Learned Societies**					
科协合计	Total Number of Associations for Science and Technology	140	133	133	134	139
省　级	Provincial Level	1	1	1	1	1
市地级	City Level	13	13	13	13	13
县　级	County Level	126	119	119	120	125
学会合计	Total Number of Learned Societies	114	114	83	118	307
省　级	Provincial Level	114	114	83	88	119
地市级	City Level				30	188
人员数	**Personnel**					
科协合计	Total Number of Associations for Science and Technology	1083	854	753	638	563
#科学家和工程师	Scientists and Engineers					
省　级	Provincial Level	364	237	220		
市地级	City Level	288	264	212		
县　级	County Level	431	353	321		
学会理事	Members of Boards of Directors	6269	1759	4454		
#高级职称	Members with Senior Titles					
省　级	Provincial Level	6269	1759	4454	4491	
市地级	City Level					

17-40 科协系统科技活动情况
Basic Statistics on Scientific and Technological Activities of Associations for Science and Technology

项　目		Item		2018	2019	2020	2021	2022
学术活动		**Academic Activities**						
国内学术会议次数	(次)	Domestic Academic Meeting	(times)	177	53	54	56	50
参加人数	(人次)	Number of Participants	(person-times)	19936	8603	11067	61595	48500
交流学术论文	(篇)	Number of Papers Presented	(piece)	3406	678	662	708	600
科技培训		**Training Program**						
一般培训班培训人数	(万人次)	Number of Persons Trained in Training Classes	(10000 person-times)	40	18	18	26	59
科普活动		**Activities for Popular Science**						
科普讲座次数	(次)	Number of Lectures	(times)	1581	1521	1664	947	1427
听讲人数	(万人次)	Number of Participants	(10000 person-times)	359	200	1191	74	76
科普展览次数	(次)	Number of Exhibitions	(times)	458	1856	920	545	534
参观人数	(万人次)	Number of Participants	(10000 person-times)	136	562	168	46	47
青少年科技竞赛次数	(次)	Number of Teenagers Participating in Science and Technology Competitions	(times)	115	125	95	29	94
科技出版		**Publications**						
科技报纸	(种)	Number of Newspapers	(kind)	5	2	1		
发行量	(万份)	Number of Issue	(10000 shares)	1	0	0		
科技期刊	(种)	Number of Academic Journals	(kind)	15	23	33		2
发行量	(万册)	Number of Issue	(10000 copies)	21	14	19		9
论文集	(种)	Number of Copies Distributed	(kind)					
发行量	(万册)	Number of Issue	(10000 copies)					

17-41　公有经济企业单位专业技术人员数(年底数)

Number of Scientific and Technical Personnel in State-Owned and Collective-Owned Enterprises at Year-End

单位：人　(person)

类　别	Category	合　计 Total 2021	2022	#高级职称 Members with Senior Titles 2021	2022	#中级职称 Members with Secondary Titles 2021	2022
总　计	**Total**	**120625**	**118115**	**18726**	**18479**	**33153**	**31211**
工程技术人员	Engineering	64751	64969	12253	12659	18734	18000
农业技术人员	Agriculture	20754	20182	1948	1545	4137	3585
科学研究人员	Scientific Research	1863	1585	310	213	652	563
卫生技术人员	Health Care	6014	5745	1034	1115	2019	1791
教学人员	Teaching	2228	1965	160	109	657	621
其　它	Economy	25015	23669	3021	2838	6954	6651

17-42　事业单位专业技术人员数(2022年)

Number of Scientific and Technical Personnel in Institutions(2022)

单位：人　(person)

类　别	Category	学　历 Academic: 研究生 Graduate	大学本科 Undergraduate	大学专科 College	中专 Secondary	高中及以下 High school and below
总　计	**Total**	**47584**	**346650**	**112005**	**21155**	**1144**
工程技术人员	Engineering	2501	25839	13382	2510	212
农业技术人员	Agriculture	726	9778	7128	1229	53
科学技术人员	Scientific Research	2440	2726	646	145	
卫生技术人员	Health Care	9910	62614	21116	9819	180
教学人员	Teaching	28577	209851	56229	3936	168
其　它	Economy	3430	35842	13504	3516	531

17-43 地方国有企事业单位五大类专业技术人员数
Number of Scientific and Technical Personnel in Local State-Owned Enterprises and Institutions

单位：人 (person)

年份 Year	合计 Total	工程技术人员 Engineering	农业技术人员 Agriculture	卫生技术人员 Health Care	科学研究人员 Scientific Research	教学人员 Teaching
1990	394936	173781	31010	112878	4873	72394
1995	660685	176636	28672	119136	4885	331356
1996	674304	173885	29181	123875	4889	342474
1997	687448	174120	29795	126429	5107	351997
1998	704590	176209	31968	127156	5808	363449
1999	733932	183370	30466	133307	5398	381391
2000	737890	182346	31134	135295	5252	383863
2001	737459	175644	29905	132167	5069	394674
2002	716539	158157	29564	130269	5047	393502
2003	716404	155432	30731	132671	5694	391876
2004	640340	127635	28149	123452	3251	357853
2005	652998	118318	28008	132515	6244	367913
2006	659834	115626	28653	130183	7043	378329
2007	678115	116311	32285	137244	7448	384827
2008	683084	111820	34084	140072	6955	390153
2009	688324	116152	35310	141749	5898	389215
2010	676844	114200	36220	137487	5027	383910
2011	692097	117109	36121	154820	6638	377409
2012	637316	99522	38198	132778	6911	359907
2013	656165	109558	40763	136690	8084	361070
2014	646741	104540	39481	134734	7498	360489
2015	640181	110047	40564	133675	8311	347584
2016	621962	113086	41555	123197	7045	337079
2017	657760	110986	42838	122852	8377	334680
2018	574852	106699	38480	116020	6692	306961
2019	582328	106369	37484	117615	7346	313514
2020	677241	108944	37524	118608	7821	303230
2021	658651	109798	39927	111477	7686	303764
2022	566161	109413	39096	109384	7542	300726

主要统计指标解释

普通高等学校　指通过国家普通高等教育招生考试，招收高中毕业生为主要培养对象，实施高等学历教育的全日制大学、独立设置的学院、独立学院和高等专科学校、高等职业学校及其他机构。

大学、独立设置的学院主要实施本科及本科层次以上的教育。独立学院主要实施本科层次的教育。高等专科学校、高等职业学校实施专科层次的教育。其他机构是指承担国家普通招生计划任务不计校数的机构，包括普通高等学校分校、大专班等。

成人高等学校　指通过国家成人高等教育招生考试，招收具有高中毕业或同等学力的人员为主要培养对象，利用函授、业余、脱产等多种形式，对其实施高等学历教育的学校。包括：职工高等学校、农民高等学校、管理干部学院、教育学院、独立函授学院、广播电视大学、其他成人高教机构等。其他成人高教机构是指承担国家成人招生计划任务不计校数的机构。

小学学龄儿童净入学率　指调查范围内已入小学学习的学龄儿童占校内外学龄儿童总数的比重。计算公式为：

$$\begin{matrix}\text{小学学龄儿童}\\\text{净入学率}\end{matrix}=\frac{\text{已入学的小学学龄儿童数}}{\text{校内外小学学龄儿童总数}}\times 100\%$$

研究与试验发展(R&D)　指为增加知识存量（也包括有关人类、文化和社会的知识）以及设计已有知识的新应用而进行的创造性、系统性工作，包括基础研究、应用研究和试验发展三种类型。国际上通常采用 R&D 活动的规模和强度指标反映一国的科技实力和核心竞争力。

基础研究　指一种不预设任何特定应用或使用目的的实验性或理论性工作，其主要目的是为获得（已发生）现象和可观察事实的基本原理、规律和新知识。其成果通常表现为提出一般原理、理论或规律，并以论文、著作、研究报告等形式为主。

应用研究　指为获取新知识，达到某一特定的实际目的或目标而开展的初始性研究。应用研究是为了确定基础研究成果的可能用途，或确定实现特定和预定目标的新方法。其研究成果以论文、著作、研究报告、原理性模型或发明专利等形式为主。

试验发展　指利用从科学研究、实际经验中获取的知识和研究过程中产生的其他知识，开发新的产品、工艺或改进现有产品、工艺而进行的系统性研究。其研究成果以专利、专有技术，以及具有新颖性的产品原型、原始样机及装置等形式为主。

R&D 人员　指报告期 R&D 活动单位中从事基础研究、应用研究和试验发展活动的人员。包括直接参加上述三类 R&D 活动的人员，以及与上述三类 R&D 活动相关的管理人员和直接服务人员，即直接为 R&D 活动提供资料文献、材料供应、设备维护等服务的人员。不包括为 R&D 活动提供间接服务的人员，如餐饮服务、安保人员等。

R&D 人员全时当量　指报告期 R&D 人员按实际从事 R&D 活动时间计算的工作量，以“人年”为计量单位。为国际上比较科技人力投入而制定的可比指标。

R&D 经费支出　指报告期调查单位内部为实施 R&D 活动而实际发生的全部经费，按支出性质分为日常性支出和资产性支出。不包括调查单位委托其他单位或与其他单位合作开展 R&D 活动而转拨给其他单位的全部经费。

R&D 经费支出中政府资金　指 R&D 经费支出中来自各级政府财政的各类资金，包括财政科学技术支出和财政其他功能支出的资金用于 R&D 活动的实际支出。

R&D 经费支出中企业资金　指 R&D 经费支出中来自企业的各类资金。对企业而言，企业资金指企业自有资金、接受其他企业委托开展 R&D 活动而获得的资金，以及从金融机构贷款获得的开展 R&D 活动的资金；对科研院所、高校等事业单位而言，企业资金是指因接受从企业委托开展 R&D 活动而获得的各类资金。

R&D 项目（课题）数　R&D 项目（课题）是进行 R&D 活动的基本组织形式，通常由 R&D 活动执行单位依据项目立项书或合同书等形式明确项目任务、目标、人员和经费等。

R&D 项目（课题）人员全时当量　指实际参加研发项目（课题）活动人员折合的全时当量。

R&D 项目（课题）经费支出　指调查单位内部在报告年度进行研发项目（课题）研究和试制等的实际支出。包括劳务费、其他日常支出、固定资产购建费、外协加工费等，不包括委托或与外单位合作进行项目（课题）研究而拨付给对方使用的经费。

新产品销售收入　指报告期企业销售新产品实现的销售收入。新产品是指采用新技术原理、新设计构思研制、生产的全新产品，或在结构、材质、工艺等某一方面比原有产品有明显改进，从而显著提高了产品性能或扩大了使用功能的产品。既包括经政府有关部门认定并在有效期内的新产品，也包括企业自行研制开发，未经政府有关部门认定，从投产之日起一年之内的新产品。

专利　是专利权的简称，是对发明人的发明创造经审查合格后，由专利局依据专利法授予发明人和设计人对该项发明创造享有的专有权。包括发明、实用新型和外观设计。反映拥有自主知识产权的科技和设计成果情况。

发明（专利）　指对产品、方法或者其改进所提出的新的技术方案。是国际通行的反映拥有自主知识产权技术的核心指标。

实用新型（专利）　指对产品的形状、构造或者其结合所提出的适于实用的新的技术方案。反映具有一定技术含量的技术成果情况。

外观设计（专利）　指对产品的形状、图案、色彩或者其结合所作出的富有美感并适于工业上应用的新设计。反映拥有自主知识产权的外观设计成果情况。

科技活动　指在自然科学、农业科学、医药科学、工程与技术科学、人文与社会科学领域(简称科学技术领域)中，与科技知识的产生、发展、传播和应用密切相关的有组织的活动。可分为研究与试验发展(R&D)、研究与试验发展成果应用及相关的科技服务三类活动。该定义是联合国教科文组织考虑成员国特别是发展中国家开展科技统计工作的需要，而对科技活动所作的统计界定。

科技活动人员　指直接从事科技活动以及专门从事科技活动管理和为科技活动提供直接服务，累计的实际工作时间占全年制度工作时间 10%及以上的人员。(1)直接从事科技活动的人员包括：在独立核算的科学研究与技术开发机构、高等学校、各类企业及其他事业单位内设的研究室、实验室、技术开发中心及中试车间(基地)等机构中从事科技活动的研究人员、工程技术人员、技术工人及其他人员；虽不在上述机构工作，但编入科技活动项目(课题)组的人员；科技信息与文献机构中的专业技术人员；从事论文设计的研究生等。(2)专门从事科技活动管理和为科技活动提供直接服务的人员，包括：独立核算的科学研究与技术开发机构、科技信息与文献机构、高等学校、各类企业及其他事业单位主管科技工作的负责人，专门从事科技活动的计划、行政、人事、财务、物资供应、设备维护、图书资料管理等工作的各类人员，但不包括保卫、医疗保健人员、司机、食堂人员、茶炉工、水暖工、清洁工等为科技活动提供间接服务的人员。该指标用来反映投入科技活动人力的规模。

科学家与工程师　指科技活动人员中具有高、中级技术职称(职务)的人员和不具有高、中级技术职称(职务)的大学本科及以上学历人员。该指标用来反映投入科技活动人力的素质。

专业技术人员　指从事专业技术工作和专业技术管理工作的人员，即企事业单位中已经聘任专业技术职务从事专业技术工作和专业技术管理工作的人员，以及未聘任专业技术职务，现在专业技术岗位上工作的人员。包括工程技术人员，农业技术人员，科学研究人员，卫生技术人员，教学人员，经济人员，会计人员，统计人员，翻译人员，图书资料、档案、文博人员，新闻出版人员，律师、公证人员，广播电视播音人员，工艺美术人员，体育人员，艺术人员及企业政治思想工作人员，共十七个专业技术职务类别。用来反映科技人力资源情况。

Explanatory Notes on Main Statistical Indicators

Regular Institutions of Higher Education refer to educational establishments recruiting graduates from senior secondary schools as the main target through National Matriculation TEST. They include full-time universities, independently established colleges, colleges, and institutions of higher professional education, institutions of higher vocational education and others.

Universities and independently established colleges primarily provide undergraduate and above courses; colleges mainly impart undergraduate courses, institutions of higher professional education and institutions of higher vocational education primarily provide professional trainings; and others refer to educational establishments, which are responsible for enrolling higher education students under the State Plan but not enumerated in the total number of schools, including: branch schools of universities and colleges and junior colleges.

Institutions of Higher Education for Adults refer to educational establishments, enrolling personnel with senior secondary school or equivalent education through National Matriculation TEST for Adult, and providing higher education courses in forms of correspondence, spare time, or full time for adults. Institutions of higher learning for adults include schools of higher education for staff and workers, schools of higher education for peasants, colleges for management cadres, pedagogical colleges, independent correspondence colleges, radio and television universities and other educational establishments. Other educational establishments refer undertakings to enrol adult students but not enumerated in the number of schools under the State Plan.

Net Enrolment Ratio of Primary Schools refers to the proportion of school age children enrolled at schools to the total number of school age children both in and outside schools (including retarded children, but excluding blind, deaf and mute children). The formula is:

$$\text{Net Enrolment Ratio of Primary Schools} = \frac{\text{Total Primary School - age Children at Schools}}{\text{Total Primary School - age Children Whether or Not Attending School}} \times 100\%$$

Research and Experimental Development (R&D) refers to creative and systematic work undertaken in order to increase the stock of knowledge (including knowledge of humankind, culture and society) and to devise new applications of available knowledge. R&D includes 3 categories of activities: basic research, applied research and experimental development. The scale and intensity of R&D are widely used internationally to reflect the strength of S&T and the core competitiveness of a country in the world.

Basic Research refers to experimental or theoretical work undertaken primarily to acquire new knowledge of the underlying foundations of phenomena and observable facts, without any particular application or use in view. Basic research usually formulates hypotheses, theories or laws , and its results are mainly released or disseminated in the form of scientific papers or monographs or research reports.

Applied Research refers to original investigation undertaken in order to acquire new knowledge. It is directed primarily towards a specific, practical aim or objective. Purpose of the applied research is to identify the possible uses of results from basic research, or to explore new (fundamental) methods or new approaches. Results of applied research are expressed in the form of scientific papers, monographs, fundamental models or invention patents.

Experimental Development refers to systematic work, drawing on knowledge gained from research and practical experience and producing additional knowledge, which is directed to producing new products or processes or to improving existing products or processes. Results of experimental development activities are embodied in patents, exclusive technology, and monotype of new products or equipment.

R&D Personnel refer to persons of R&D activities units engaged in basic research, applied research, and experimental development at the reference period, including persons of directly participating in the three activities above, as well as management and direct service staff related to R&D activities, such as literature provision, material supply, equipment maintenance staff, it excludes persons providing indirect support and ancillary services, such as canteen and security staff.

Full-time Equivalent of R&D Personnel refers to the ratio of working hours actually spent on R&D during a specific reference period (usually a calendar year) divided by the total number of hours conventionally worked in the same period by an individual or by a group. The measurement unit of the ratio is "man-years". This is an internationally comparable indicator of S&T manpower input.

Expenditure on R&D refers to the real expenditure of surveyed units on their own R&D activities in reporting period. It is divided into current expenditures and gross fixed capital expenditures for R&D according to the nature of expenditure. It doesn't include the fees transferred to cooperated or entrusted agencies on R&D activities.

Expenditure on R&D from Government Funds refers to the expenditure of funds on R&D activities from government agencies at different levels, including appropriate funds on science and technology from financial departments, and the real expenditure of other fiscal functional funds on R&D activities from government agencies.

Expenditure on R&D from Enterprises funds refers to the expenditure of all kinds of funds on R&D activities from enterprises. In terms of enterprises, it refers to the expenditure of self-raised funds of enterprises, funds from other enterprises through entrustment, loans from financial institutions on R&D activities. In terms of public institutions, such as institution of scientific research and universities, it refers to the expenditure of funds from enterprises through entrustment.

Number of R&D Projects (subjects) R&D Projects (subjects) are the basic forms of R&D activities, The project task, target, personnel and expenditure are usually defined by R&D activity execution unit according to project approval specification or contract document.

Full-time Equivalent of R&D Personnel refers to the full-time equivalent of persons actually engaged in R&D projects (subjects).

Expenditure of Funds on R&D Projects (subjects) refers to the real expenditure of internal funds of the surveyed units on research and test of R&D projects (subjects) at the reference year, including service fee, other daily expenditure, cost for fixed assets, cost of external process; excluding expenditure of funds transferred to other cooperated or entrusted units of the projects.

Sales Income of New Products refers to the sales income of new products of the enterprises at the reference period. New products refer to products developed and produced with new technologies and designs or improved in structure, material, process or other aspects so that their performance are improved or their functions expanded. New products include those affirmed by government authorities in their validity period and also those developed by enterprises without the affirmation of government authorities within one year after they are put into production.

Patent is an abbreviation for the patent right and refers to the exclusive right of ownership by the inventors or designers for the creation or inventions, given from the patent offices after due process of assessment and approval in accordance with the Patent Law. Patents are granted for inventions, utility models and designs. This indicator reflects the achievements of S&T and design with independent intellectual property.

Patented Inventions refer to new technical proposals to the products or methods or their modifications. This is universal core indicator reflecting the technologies with independent intellectual property.

Patented Utility Models refer to the practical and new technical proposals on the shape and structure of the product or the combination of both. This indicator reflects the condition of technological results with certain technical content.

Designs refer to the aesthetics and industrially applicable new designs for the shape, pattern and colour of the product, or their combinations. This indicator reflects the appearance design achievements with independent intellectual property.

Scientific and Technological Activities (S&T Activities) refer to organized activities which are closely related with the creation, development, dissemination and application of the scientific and technical knowledge in the fields of natural sciences, agricultural science, medical science, engineering and technological science, humanities and social sciences (referred to as scientific and technological fields). S&T activities can be classified into 3 categories: research and development (R&D) activities, application of R&D results, and related S&T services. This statistical definition is made by UNICHIEF for scientific and technological activities to meet the need of carrying out statistical work in this field for its member countries particularly the developing countries.

Personnel Engaged in S&T Activities refer to personnel directly engaged in S&T activities, in the management of S&T activities, and in providing direct service to S&T activities, with over 10% of the total working hours in a year spent on S&T activities. (1) Personnel directly engaged in S&T activities include researchers, engineers, technicians and other related personnel engaged in S&T activities in independent-accounting R&D institutions, institutions of higher learning, and in research institutes, laboratories, technology development centers and central experiment workshops under enterprises and institutions. Also included are people working in S&T research project teams, professional and technical personnel working in S&T information archiving institutes, and graduate students working on the design of their thesis. (2) Personnel engaged in the management of S&T activities and in providing direct service to S&T activities include senior management people responsible for S&T activities in independent-accounting R&D institutions, S&T information archiving institutes, institutions of higher learning and in enterprises and institutions where S&T activities are undertaken. Also included are people responsible for the planning, administration, personnel management, financial management, logistics supply, equipment maintenance, information and library management that are related with S&T activities. People providing indirect services are excluded, such as security, medical service, drivers, plumbers, cleaners and those providing catering and related service. This indicator reflects the size of personnel engaged in S&T activities.

Scientists and Engineers refer to persons engaged in S&T activities either having obtained titles of senior and middle level professional positions, or those without such positions but have completed university or higher education. This indicator reflects the quality of personnel engaged in S&T activities.

Professional and Technical Personnel refer to persons engaged in professional and technical work or in the management of professional and technical activities, i.e., people with professional or technical positions who are engaged in professional and technical work or in the management of professional and technical activities, and people without professional or technical positions but are working on professional or technical posts. They include professionals and technicians working in 17 categories of technical occupations including engineering, agriculture, scientific researches, medical service, teaching, economic research and application, accounting, statistics, translation, libraries, archives, cultural and museum service, journalism and publication, lawyers, notarization service, radio and television broadcasting, handicraft and fine arts, sports, performing art, and political workers in enterprises. This indicator reflects the condition of human resources in S&T.

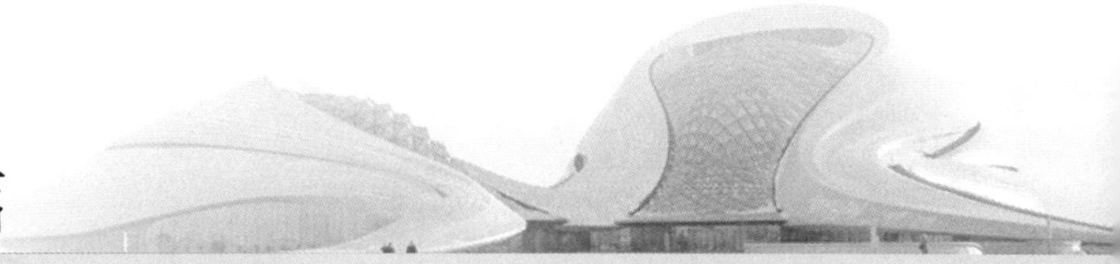

第18篇

文化、体育、卫生和社会服务

CHAPTER 18 CULTURE, SPORTS, PUBLIC HEALTH AND SOCIAL SERVICES

18-1　文化事业机构数、从业人员数

Number and Personnel in Cultural Undertakings Institutions

项目 Item 年份 Year	总计 Total	艺术业 Art Institutions	图书馆业 Public Libraries	群众文化 Mass Culture	艺术教育业 Culture and Education	文物业 Cultural Relic	#博物馆 Museums	其他文化业 Other Culture Units
机构数(个) Number of Institutions(unit)								
2001	1361	153	97	946	9	127	41	29
2002	1458	157	97	1037	9	132	46	26
2003	1491	153	97	1081	9	131	45	20
2004	1419	146	96	1018	9	133	46	17
2005	1408	141	96	1015	8	132	46	16
2006	1401	142	96	1000	8	138	47	17
2007	1521	138	98	1033	8	146	53	98
2008	1630	142	101	1141	8	149	56	89
2009	1804	139	100	1227	7	173	71	158
2010	2338	138	107	1654	7	179	76	253
2011	2372	140	107	1652	6	205	103	262
2012	2373	136	106	1641	6	207	104	277
2013	2376	70	107	1640	6	250	156	303
2014	2381	73	107	1640	6	251	158	304
2015	2397	89	107	1641	6	250	158	304
2016	2457	105	108	1665	6	268	176	305
2017	2444	122	109	1635	6	275	183	297
2018	2466	146	109	1635	6	282	191	288
2019	2255	151	110	1430	6	277	193	281
2020	2289	146	103	1387	4	388	191	261
2021	2293	159	103	1395	4	373	177	259
2022	2288	151	104	1398	4	373	177	258
从业人员数(人) Number of Personnel(person)								
2001	11423	5683	1565	2621	365	858	494	331
2002	12768	6200	1751	3070	378	948	570	421
2003	12700	6196	1706	3068	347	989	578	394
2004	12304	6147	1664	2767	360	1099	698	267
2005	12574	6129	1669	2947	342	1119	706	368
2006	12704	6067	1803	2978	362	1100	726	394
2007	14297	5997	1800	2538	354	1312	894	2296
2008	14022	5829	1819	2754	359	1408	967	1853
2009	14517	5602	1806	3387	339	1652	1206	1731
2010	16245	5571	1846	4324	330	1703	1245	2471
2011	17416	5506	1772	4530	324	2078	1636	3206
2012	18056	5308	1796	4633	323	2244	1788	3752
2013	18213	3660	1817	5110	469	2719	2369	4438
2014	18657	3935	1697	5299	535	2790	2387	4401
2015	18335	3782	1693	5193	298	2993	2618	4376
2016	19464	4293	1664	5468	644	3232	2867	4163
2017	19284	4290	1688	5683	605	3212	2893	3806
2018	19756	5139	1659	5685	607	3008	2691	3658
2019	18965	4932	1594	4972	598	2934	2668	3935
2020	19396	5570	1535	5175	293	2999	2743	3824
2021	19581	5631	1558	5052	384	3119	2872	3837
2022	20074	5643	1521	5256	401	2988	2701	4265

注：本表中不包括文化市场经营机构数、旅行社和星级饭店。
a) Cultural market operators, Travel Agency and Star Hotel are not included.

18-2 艺术表演团体基本情况(2022年)

项目	Item	机构数(个) Number of Institutions (unit)	从业人员(人) Number of Engaged Persons (person)	#专业技术人员 Professional Technical Staff
总计	**Total**	**103**	**5128**	**3233**
按照登记注册类型分类	**By Status of Registration**			
国有	State-owned	37	2802	2241
其他	Others	66	2326	992
按隶属关系分	**By Jurisdiction of Management**			
省级	Run by Provinces	6	1027	841
地市级	Run by Prefectures (Cities)	17	1414	1092
县区级	Run by Counties (Cities) and Others	80	2687	1300
按管理部门分	**By Management Authority**			
文化和旅游部门	Cultural and Tourism Departments	37	2802	2241
其他部门	Other Departments	66	2326	992
按剧种分	**By Type of Art**			
话剧、儿童剧、滑稽剧类	Drama, Children's Play and Comedy Troupes	8	286	228
#儿童剧团	Children's Play	4	66	38
歌舞、音乐类	Song and Dance, Musicals	27	1464	929
京剧、昆曲类	Peking Opera and Kunqu Opera	2	395	308
#京剧	Peking Opera	2	395	308
地方戏曲类	Local Opera	13	518	447
杂技、魔术、马戏类	Acrobatics, Magic and Circus	4	426	331
曲艺类	Folk Arts	7	173	100
综合性艺术表演团体	Comprehensive Art Performance	42	1866	890

Basic Statistics on Art Performance Troupes(2022)

本团原创首演剧目(个) Premiere Repertoire By Its Troupe Produced(unit)	演出场次(万场次) Number of Performances (10 000 shows)	#国内演出 Domestic Performances	国内演出观众人次(万人次) Number of Domestic Audience (10 000 person-times)	收入合计(万元) Total Revenue (10 000 yuan)	#财政拨款 Fiscal Appropriation	#演出收入 Performance Income
27	**0.53**	**0.52**	**410.3**	**58392.8**	**54731.8**	**1193.4**
27	0.23	0.22	82.0	49751.2	47680.3	652.8
	0.30	0.30	328.4	8641.6	7051.5	540.6
4	0.07	0.06	21.0	17774.6	16878.4	363.1
16	0.08	0.08	19.4	26340.2	25170.8	289.7
7	0.39	0.39	370.0	14278.0	12682.6	540.6
27	0.23	0.22	82.0	49751.2	47680.3	652.8
	0.30	0.30	328.4	8641.6	7051.5	540.6
5	0.04	0.04	13.5	3851.6	4757.6	131.0
	0.02	0.02	2.3	813.8	781.3	27.5
11	0.14	0.13	23.7	16975.8	16479.0	401.6
1	0.02	0.02	9.8	9157.4	4528.4	144.8
1	0.02	0.02	9.8	9157.4	4528.4	144.8
4	0.07	0.07	30.4	9474.7	9459.3	5.0
1	0.03	0.03	17.6	4105.5	6107.3	212.9
1	0.04	0.04	3.9	3273.2	3826.7	142.0
4	0.20	0.20	311.6	11554.6	9573.5	156.1

18-2 续表

项　目	Item	支出合计（万元） Total Expenditure (10 000 yuan)	#人员支出 Personnel Expenses
总　计	**Total**	**68066**	**45883**
按照登记注册类型分类	**By Status of Registration**		
国　有	State-owned	53550	37127
其　他	Others	14517	8756
按隶属关系分	**By Jurisdiction of Management**		
省　级	Run by Provinces	19644	13414
地市级	Run by Prefectures (Cities)	28270	19085
县区级	Run by Counties (Cities) and Others	20151	13385
按管理部门分	**By Management Authority**		
文化和旅游部门	Cultural and Tourism Departments	53550	37127
其他部门	Other Departments	14517	8756
按剧种分	**By Type of Art**		
话剧、儿童剧、滑稽剧类	Drama, Children's Play and Comedy Troupe	5527	2737
#儿童剧团	Children's Play	1231	366
歌舞、音乐类	Song and Dance, Musicals	19761	10671
京剧、昆曲类	Peking Opera and Kunqu Opera	9106	6546
#京剧	Peking Opera	9106	6546
地方戏曲类	Local Opera	9644	7844
杂技、魔术、马戏类	Acrobatics, Magic and Circus	6372	3940
曲艺类	Folk Arts	4177	3304
综合性艺术表演团体	Comprehensive Art Performance	13479	10842

Continued

资产总计（万元） Total Assets (10 000 yuan)	#固定资产净值 Net Value Net Value of Fixed Assets	实际使用房屋建筑面积（万平方米） Floor Space of Buildings Actually Used (10 000 sq.m)	#排练练功用房 Buildings for Rehearsing	政府采购的公益演出活动情况 Government Procurement of Public Performance Activities 演出场次（万场次） Number of Performances (10 000 shows)	演出观众人次（万人次） Number of Audience (10 000 person-times)	演出补贴收入（万元） Performance Subsidy Income (10 000 yuan)
65472	**43012**	**26.6**	**3.60**	**0.10**	**29.9**	**2867.3**
37044	43012	20.1	3.60	0.10	29.9	2867.3
28428		6.5				
20679	24197	3.8	1.46	0.04	9.6	1102.8
13789	16774	13.4	1.64	0.02	6.1	1505.5
31004	2041	9.4	0.50	0.04	14.2	259.0
37044	43012	20.1	3.60	0.10	29.9	2867.3
28428		6.5				
4615	5565	4.2	0.09	0.01	3.3	64.6
878	1088	1.0	0.02			
16274	20220	9.4	0.91	0.02	5.1	327.8
2208	963	1.9	0.42	0.01	2.1	121.6
2208	963	1.9	0.42	0.01	2.1	121.6
13461	2466	2.9	0.85	0.04	10.0	422.2
10244	4093	2.1	0.20	0.01	1.4	304.0
5050	1269	0.7	0.31		0.4	196.0
13620	8435	5.3	0.83	0.01	7.6	1431.1

18-3 艺术表演场馆基本情况(2022年)

项　目	Item	机构数(个) Number of Institutions (unit)	从业人员(人) Number of Engaged Persons (person)
总　计	**Total**	**48**	**515**
#附属剧场	Affiliated Theatre	18	120
儿童剧场	Children's Theatre	1	
按登记注册类型分	**By Status of Registration**		
国　有	State-owned	23	260
其　他	Others	25	255
按隶属关系分	**By Jurisdiction of Management**		
省　级	Run by Provinces	2	19
地市级	Run by Prefectures (Cities)	12	213
县区级	Run by Counties (Cities) and Others	34	283
按管理部门分	**By Management Authority**		
文化和旅游部门	Cultural and Tourism Departments	24	279
其他部门	Other Departments	24	236
按机构类型分	**By Type of Troupes**		
剧　场	Theaters	25	208
影剧院	Music Halls and Cinemas	7	161
书场、曲艺场	Storytelling, Recitation and Ballad Places		
杂技、马戏场	Acrobatics and Circus Places	2	15
音乐厅	Concert Halls	3	7
综合性	General Performance Theaters	4	117
其　他	Others	7	7

Basic Statistics on Art Performance Places by Region(2022)

#专业技术人员 Professional Technical Staff	座席数(个) Seating Capacity (unit)	演(映)出场次合计(万场次) Number of Performances (10 000 shows)	#艺术演出 Art Performances	观众人次合计(万人次) Number of Audience (10 000 person-times)	#艺术演出观众人次 Art Performances
215	**20793**	**0.23**	**0.22**	**15.7**	**14.6**
97	7724	0.03	0.03	2.9	2.6
110	13123	0.02	0.02	6.7	6.6
105	7670	0.21	0.20	9.0	8.0
5	520				
99	8320	0.02	0.02	6.6	6.5
111	11953	0.21	0.20	9.1	8.1
115	13123	0.02	0.02	6.7	6.6
100	7670	0.21	0.20	9.0	8.0
92	11085	0.18	0.17	7.5	6.9
103	3642			0.6	0.5
5	1041	0.01	0.01	0.8	0.6
3	1959			0.05	
9	2634	0.05	0.05	6.6	6.6
3	432			0.2	

18-3 续表

项 目	Item	收入合计(万元) Total Revenue (10 000 yuan)	#财政拨款 Government Subsidy	#演出收入 Performance Income
总 计	**Total**	**4642**	**2369**	**562**
#附属剧场	Affiliated Theatre	1728	1626	102
儿童剧场	Children's Theatre			
按登记注册类型分	**By Status of Registration**			
国 有	State-owned	2612	1993	181
其 他	Others	2030	376	381
按隶属关系分	**By Jurisdiction of Management**			
省 级	Run by Provinces	1140		
地市级	Run by Prefectures (Cities)	2530	1943	181
县区级	Run by Counties (Cities) and Others	972	426	381
按管理部门分	**By Management Authority**			
文化和旅游部门	Cultural and Tourism Departments	3752	1993	181
其他部门	Other Departments	890	376	381
按机构类型分	**By Type of Troupes**			
剧 场	Theaters	1886	371	277
影剧院	Music Halls and Cinemas	1850	1810	8
书场、曲艺场	Storytelling, Recitation and Ballad Places			
杂技、马戏场	Acrobatics and Circus Places	46		11
音乐厅	Concert Halls	72		72
综合性	General Performance Theaters	782	183	193
其 他	Others	7	5	1

Continued

支出合计（万元） Total Expenditure (10 000 yuan)	#人员支出 Personnel Expenses	资产总计（万元） Total Assets (10 000 yuan)	#固定资产净值 Net Value of Fixed Assets	实际使用房屋建筑面积（万平方米） Floor Space of Buildings Actually Used (10 000 sq.m)	#演(映)业务用房 Buildings for Performances
4212	**3003**	**34829**	**7538**	**15.0**	**5.5**
1766	1659	3258	2859	4.2	3.2
		162	162	0.3	
2858	2355	8133	7320	12.9	3.4
1355	648	26696	218	2.1	2.1
568	192	1301	218	0.01	
2775	2275	3795	2992	12.0	3.0
869	537	29733	4328	3.1	2.6
3425	2547	9434	7538	13.0	3.4
787	456	25395		2.1	2.1
1175	527	21578	218	4.0	3.7
1843	1826	7297	7128	2.0	0.7
49	23	361	158	0.5	0.5
78	62	27		0.3	0.3
1055	554	5476	35	8.1	0.2
12	10	90		0.1	0.1

18-4 群众文化机构基本情况(2022年)

指 标		Item		总 计 Total	文化馆 Cultural Centers
机构数	(个)	Institutions	(unit)	1398	141
从业人员	(人)	Number of Employed Persons	(person)	5256	2223
#专业技术人才		Professional Technical Staff		2523	1800
组织品牌节庆活动	(个)	Organize Brand Festivals	(Unit)	217	217
提供文化服务次数	(次)	Number of Cultural Services Provided	(times)	25909	11907
文化服务惠及人次	(万人次)	Cultural Services Benefiting People	(10000 person-times)	443.4	280.2
组织文艺活动	(次)	Art Performances and Story-telling Sessions	(time)	14207	4794
参加文艺活动人次	(万人次)	Person-times Attending Art and Cultural Activities	(10000 person-times)	345.2	213.2
举办训练班	(次)	Number of Training Courses	(time)	9009	5325
培训人次	(万人次)	Attending Training	(10000 person-times)	39.6	23.1
举办展览个数	(个)	Number of Exhibitions	(unit)	1596	691
参观人次	(万人次)	Visiting Exhibitions	(10000 person-times)	52.3	37.7
组织公益性讲座次数	(次)	Number of Theoretical Lectures	(time)	1097	1097
参加人次	(万人次)	Attending Theoretical Lectures	(10 000 person-times)	6.1	6.1
拥有计算机台数	(台)	Computer Owned	(unit)	8801	2802
线上群众文化活动次数	(次)	Number of Online Mass Cultural Activities	(times)	7964	7964
线上服务人次	(万人次)	On-line Service Person-time	(10000 person-times)	289.2	289.2
本年收入合计	(万元)	Revenue this Year	(10000 yuan)	53904	38481
#财政拨款预算收入		Financial Aid		53508	38169
上级补助收入		Subsidy		154	154
事业预算收入		Income From Undertakings		121	121
其他收入		Others		121	37
本年支出合计	(万元)	Expenditure this Year	(10000 yuan)	54118	38910
资产总计	(万元)	Total Assets	(10000 yuan)	80010	32300
固定资产净值		Net Value of Fixed Assets		62151	17717
实际使用房屋建筑面积	(万平方米)	Floor Space of Buildings Actually Used	(10000 sq.m)	94.9	30.1
#业务用房面积		Business premises area		61.0	20.3
馆办文艺团体	(个)	Art Performance Troupes Run by Centers	(unit)	306	306
馆办文艺团体演出场次	(场)	Number of Art Performances Run by Centers	(time)	2027	2027
馆办老年大学	(个)	Aging College Run by Centers	(unit)	16	16
群众业余文艺团体	(个)	Part-time Art Troupes	(unit)	8005	2462

Basic Statistics on Cultural Institutions(2022)

省级 Provin-cial Level	地市级 Prefec-ture Level	县市级 County (City) Level	#县文化馆 County Cultural Center	文化站 Cultural Stations	#乡镇文化站 Township Cultural Stations
1	16	124	44	1257	898
29	369	1825	908	3033	2133
25	325	1450	758	723	633
2	44	171	67		
31	2541	9335	3723	14002	9789
0.1	55.7	224.4	83.9	163.2	123.6
4	561	4229	1746	9413	6543
0.1	39.0	174.2	63.3	132.0	99.7
25	1711	3589	1578	3684	2615
0.05	6.1	17.0	7.4	16.5	13.1
2	109	580	215	905	631
0.02	10.1	27.6	11.5	14.6	10.7
	160	937	184		
	0.5	5.5	1.7		
62	344	2396	425	5999	4116
663	1288	6013	2692		
17.8	70.7	200.8	71.4		
1492	9127	27862	13746	15423	10290
1492	9113	27564	13601	15339	10214
		154	25		
	0.5	120	120		
	13	24	0.2	84	76
1492	9307	28111	13917	15207	10127
178	8129	23993	9576	47710	34605
137.3	4421	13159	5332	44434	33089
0.2	5.5	24.5	10.1	64.8	34.1
0.1	4.1	16.1	6.7	40.7	27.2
3	58	245	91		
1	326	1700	681		
		16	6		
30	463	1969	810	5543	4172

18-5 文物业基本情况(2022年)

项目	Item	总计 Total	按单位类型分 By Unit Type #文物科研机构 Scientific and Research Agencies	文物保护管理机构 Agencies of Cultural Relics Preservation	博物馆 Museums
机构数 (个)	Number of Institutions (unit)	373	3	54	177
从业人员 (人)	Number of Employed Persons (person)	2988	61	205	2701
#专业技术人员	Professional Technical Staff	1199	48	127	1024
藏品数 (件/套)	Number of Collections (piece/set)	929449	3682	13362	908487
#一级品	Grade One	2208	11	24	2173
基本陈列 (个)	Basic Displays (unit)	427		9	418
临时展览 (个)	Temporary Exhibition (unit)	447		5	442
参观人次 (万人次)	Spectators (10000 person-times)	988		8	980
#未成年人	Juveniles	185		1	184
门票销售总额 (万元)	Sales of Admission Tickets (10000 yuan)	38		20	18
收入合计 (万元)	Total Income (10000 yuan)	71993	1818	4294	64997
#财政拨款预算收入	Government Subsidy	56495	1628	4294	49688
支出合计 (万元)	Total Expenditure (10000 yuan)	71465	2130	4288	63997
资产总计 (万元)	Total Assets (10000 yuan)	427160	1978	3950	420407
#固定资产原值 (万元)	Original Value of Fixed Assets (10000 yuan)	318558	445	3074	314449
实际使用房屋建筑面积 (万平方米)	Floor Space of Buildings Actually Used (10000 sq.m)	63.5	0.6	1.7	60.8
#展览用房	Buildings for Exhibitions	41.0	0.3	0.8	40.0
文物库房	Storeroom	4.6		0.1	4.5

Basic Statistics on Cultural Relics(2022)

按隶属关系分 By Jurisdiction of Management			按部门分 By Management Authority	
省　级 Provin-cial Level	地　市 Prefec-ture Level	县　区 County (City) Level	文 物 部 门 Cultural Departments	其 他 部 门 Other Departments
12	63	298	294	79
434	998	1556	2144	844
233	365	601	932	267
298885	300322	330242	592322	337127
1779	236	193	2095	113
28	103	296	266	161
10	184	253	374	73
35	452	501	808	181
7.7	51	126	153	32
		38	38	0.3
19883	19913	32197	65198	6796
19601	17714	19180	53449	3046
18495	20033	32938	63869	7596
59252	77299	290610	163876	263284
6098	53482	258978	83930	234628
6.6	20.6	36.3	36.8	26.8
4.3	11.4	25.3	23.3	17.8
0.7	1.5	2.5	2.9	1.8

18-6 博物馆基本情况(2022年)

项 目		Item		总计 Total	#免费开放 Free of Charge
机构数	(个)	Number of Institutions	(unit)	177	175
从业人员	(人)	Number of Employed Persons	(person)	2701	2656
#专业技术人员		Professional Technical Staff		1024	1009
藏品数	(件/套)	Number of Collections	(piece/set)	908487	904847
#文物藏品		Cultural relics collection		348627	345367
#一级品		Grade One		2173	2162
基本陈列	(个)	Basic Displays	(unit)	418	417
临时展览	(个)	Temporary Exhibition	(unit)	442	439
参观人次	(万人次)	Spectators	(10000 person-times)	980	975
#未成年人		Juveniles		184	183
举办社会教育活动	(次)	Organize Social Education Activities	(times)	3323	3318
参加活动人次	(万人次)	Number of Participants	(10000 person-times)	382	382
#未成年人		Juveniles		66	66
门票销售总额	(万元)	Sales of Admission Tickets	(10000 yuan)	18.0	10.8
收入合计	(万元)	Total Income	(10000 yuan)	64997	62225
#财政拨款预算收入		Budgetary Income from Financial Appropriation		49688	46916
支出合计	(万元)	Total Expenditure	(10000 yuan)	63997	60804
资产总计	(万元)	Total Assets	(10000 yuan)	420407	416650
#固定资产净值	(万元)	Net Value of Fixed Assets	(10000 yuan)	314449	311986
实际使用房屋建筑面积	(万平方米)	Floor Space of Buildings Actually Used	(10000 sq.m)	60.8	58.9
#展览用房		Buildings for Exhibitions		40.0	38.6
文物库房		Storeroom		4.5	4.3
文化创意产品情况		Status of Cultural and Creative Products			
产品种类	(个)	Product Category	(unit)	394	391
产品销售收入	(万元)	Revenue from Product Sales	(10000 yuan)	403.0	403.0
文博单位举办新媒体情况		New Media Held By Cultural Institutions			
举办线上展览	(个)	Hold Online Exhibition	(Unit)	419	417
网站年访问量	(万次)	The Annual Number of Visits to The Website	(10000 times)	2513	2513

Basic Statistics on Museums(2022)

按机构类型分 By Organization Type					按隶属关系分 By Jurisdiction of Management		
综合性 Comprehen-siveness	历史类 History	艺术类 Art	自然科技类 Science and Technology	其他 Others	省级 Provincial Level	地市 Prefecture Level	县区 County (City) Level
67	72	10	11	17	10	41	126
1244	1171	41	135	110	387	950	1364
495	406	10	62	51	194	340	490
502359	269949	11838	59210	65131	295720	297638	315129
264331	82957	500	86	753	90165	152092	106370
1803	370				1768	225	180
193	141	15	25	44	28	103	287
292	108	10	15	17	10	184	248
534	338	12	34	61	35	452	493
84	85	3.2	7.4	4.7	7.7	51	125
924	2061	3.0	56	279	274	299	2750
271	100	0.1	6.9	4.5	60	268	53
23	38	0.01	2.9	1.6	22	21	23
	18.0						18.0
41771	20685	124	1987	430	18300	19069	27628
30251	17299	19	1911	209	18208	16869	14611
39979	21263	148	2064	544	16603	19190	28204
180406	216085	9663	7563	6690	57524	76944	285939
117960	184301	4093	4003	4092	5826	53232	255392
30.4	22.4	1.1	3.0	3.9	6.1	20.5	34.2
19.2	15.6	0.7	2.0	2.5	4.1	11.4	24.5
2.1	1.5	0.2	0.4	0.4	0.7	1.5	2.4
50	307	5.0		32	218	126	50
362.0	9.0	32.0			359.0		44.0
215	148	15	18	23	29	120	270
154	328	0.8	2.5	2027	289	76	2148

18-6 续表

项目		Item		按系统分类 By Management Authority		
				文物单位管理的国有博物馆 Cultural Departments	其他行业性国有博物馆 Other Departments	非国有 Civilian -run
机构数	(个)	Number of Institutions	(unit)	98	32	47
从业人员	(人)	Number of Employed Persons	(person)	1857	604	240
#专业技术人员		Professional Technical Staff		757	180	87
藏品数	(件/套)	Number of Collections	(piece/set)	571360	137033	200094
#文物藏品		Cultural relics collection		305694	30355	12578
#一级品		Grade One		2060	113	
基本陈列	(个)	Basic Displays	(unit)	257	69	92
临时展览	(个)	Temporary Exhibition	(unit)	369	48	25
参观人次	(万人次)	Spectators	(10000 person-times)	800	106	74
#未成年人		Juveniles		152	24	7.6
举办社会教育活动	(次)	Organize Social Education Activities	(times)	1743	1348	232
参加活动人次	(万人次)	Number of Participants	(10000 person-times)	350	31	1.9
#未成年人		Juveniles		53	12	0.7
门票销售总额	(万元)	Sales of Admission Tickets	(10000 yuan)	17.7		0.3
收入合计	(万元)	Total Income	(10000 yuan)	58201	6285	511
#财政拨款预算收入		Budgetary Income from Financial Appropriation		46642	2949	97
支出合计	(万元)	Total Expenditure	(10000 yuan)	56401	6420	1176
资产总计	(万元)	Total Assets (10000 yuan)		157123	237982	25302
#固定资产净值		Net Value of Fixed Assets		79821	218790	15838
实际使用房屋建筑面积	(万平方米)	Floor Space of Buildings Actually Used	(10000 sq.m)	34.0	17.5	9.3
#展览用房		Buildings for Exhibitions		22.2	11.3	6.5
文物库房		Storeroom		2.8	0.5	1.3
文化创意产品情况		Status of Cultural and Creative Products				
产品种类	(个)	Product Category	(unit)	354	30	10
产品销售收入	(万元)	Revenue from Product Sales	(10000 yuan)	371		32
文博单位举办新媒体情况		New Media Held By Cultural Institutions				
举办线上展览	(个)	Hold Online Exhibition	(Unit)	323	69	27
网站年访问量	(万次)	The Annual Number of Visits to The Website	(10000 times	473	14	2026

Continued

按评估定级情况分类 By Evaluation Rating			
国家一级 National Level I	国家二级 National Level II	国家三级 National Level III	未定级馆 no level
6	14	24	133
598	517	480	1106
257	129	216	422
317726	106802	152489	331470
160628	46391	66922	74686
1861	143	108	61
20	45	92	261
54	110	107	171
79	364	174	363
16	32	22	114
262	137	405	2519
70	257	11	45
30	12	5.3	19
	10.5		7.5
21909	9180	5510	28398
19822	9169	4990	15708
20186	9560	5478	28774
82288	33058	91907	213155
27771	18391	82462	185825
9.1	10.4	14.4	26.9
5.6	6.6	9.1	18.8
0.8	0.9	0.6	2.2
243	102	5	44
359		12	32
58	34	132	195
330	33	2026	125

18-7 分地区公共图书馆基本情况(2022年)

地 区	Region	机构数(个) Number of Institutions (unit)	从业人员(人) Number of Engaged Persons (person)	#专业技术人员 Professional Technical Staff	总藏量(万册件) Total Collections (10000 copies)	#图 书 Books
全 省	**Total**	**104**	**1521**	**1275**	**2507.3**	**2082.4**
#少儿图书馆	Children's Library	3	20	20	16.5	13.0
#省 级	Province Level	1	177	160	451.9	349.3
地 市	Municipal Level	13	557	427	1009.7	803.2
县 区	County Level	90	787	688	1045.7	929.9
#县图书馆	County Library	44	393	340	489.6	428.7
哈尔滨	Harbin	21	223	200	650.6	517.6
齐齐哈尔	Qiqihar	10	143	134	276.4	233.9
鸡 西	Jixi	4	53	49	117.2	94.3
鹤 岗	Hegang	3	39	33	58.0	53.2
双鸭山	Shuangyashan	5	84	46	88.7	76.7
大 庆	Daqing	6	145	95	153.1	143.6
伊 春	Yichun	11	114	91	131.9	106.5
佳木斯	Jiamusi	7	117	92	121.0	104.7
七台河	Qitaihe	2	36	30	39.2	33.0
牡丹江	Mudanjiang	8	121	119	134.3	126.3
黑 河	Heihe	6	63	51	57.1	51.0
绥 化	Suihua	12	155	142	178.9	147.8
大兴安岭	Daxinganling	8	51	33	49.2	44.3
省本级	Provincial Level	1	177	160	451.9	349.3

Statistics on Public Libraries by Region(2022)

电子文本、图片文献资源总量 (TB) The Total Quantity of Electronic Text And Picture Literature Resources (TB)	本　年新增藏量 (万册) New Collections During the Year (10000 copies)	实际持证读者数 (个) Actual Number of Licensed Readers (unit)	总流通人次 (万人次) Total Number of Circulation (10000 person-times)	#书刊文献外借人次 Borrowing from Libraries	书刊文献外借册次 (万册次) Number of Books and Periodicals Lent to Readers (10000 copy-times)
420852	**76.3**	**772560**	**375.0**	**132.6**	**314.3**
1	0.1	5346	1.8	0.3	0.6
9	9.0	22011	23.0	6.4	27.4
779	38.2	411375	193.8	63.5	141.8
420065	29.1	339174	158.3	62.7	145.2
9535	12.5	129556	74.4	25.6	70.6
514	11.9	218235	109.7	45.3	99.5
2205	8.6	69248	37.3	11.8	30.5
24	27.7	24935	24.5	16.0	20.0
	1.2	20234	3.7	1.1	2.3
283	1.0	88733	17.9	7.9	17.7
1317	0.9	84431	37.4	6.5	25.0
6305	4.0	87167	14.0	5.1	15.1
16	2.1	35313	24.4	6.1	15.7
58	1.0	10389	15.1	1.8	5.6
404095	1.9	55547	38.3	13.8	34.4
23	3.6	14204	5.7	2.9	5.8
6000	2.2	36358	12.7	6.3	12.2
3	1.1	5755	11.0	1.6	3.2
9	9.0	22011	23.0	6.4	27.4

18-7 续表

地 区	Region	为读者举办各种活动 Service Activities Provided for Readers 次数(个) Number of Activities (unit)	参加人次(万人次) Number of Readers Involved (10000 person-times)	计算机(台) Computers (set)	#电子阅览室终端数 Terminals in Electronic Media Reading Rooms	本年收入合计(万元) Total Revenue (10000 yuan)
全 省	**Total**	**1855**	**38.5**	**4989**	**2970**	**34748**
#少儿图书馆	Children's Library	40	0.2	91	75	243
#省 级	Province Level	132	7.0	246	60	5928
地 市	Municipal Level	574	11.9	1263	558	14124
县 区	County Level	1149	19.7	3480	2352	14613
#县图书馆	County Library	567	10.4	1592	1105	6537
哈尔滨	Harbin	229	38.5	826	530	5724
齐齐哈尔	Qiqihar	231	6.8	539	334	3460
鸡 西	Jixi	310	4.6	185	142	2893
鹤 岗	Hegang	20	3.1	142	50	773
双鸭山	Shuangyashan	98	0.2	231	136	1300
大 庆	Daqing	66	3.4	462	263	2273
伊 春	Yichun	122	1.9	593	382	1409
佳木斯	Jiamusi	174	1.4	404	244	3191
七台河	Qitaihe	21	2.3	92	75	869
牡丹江	Mudanjiang	139	0.4	349	120	2505
黑 河	Heihe	13	3.6	241	163	1091
绥 化	Suihua	107	0.2	510	344	2477
大兴安岭	Daxinganling	193	2.1	169	127	855
省本级	Provincial Level	132	1.5	246	60	5928

Continued

本年支出合计(万元) Total Expenditure (10000 yuan)	资产总计(万元) Total Assets (10000 yuan)	#固定资产净值 Net Value of Fixed Assets	公用房屋建筑面积(万平方米) Floor Space of Buildings Actually Used (10 000 sq.m)	#书库 Stack Rooms	#阅览室 Reading Rooms	阅览室座席数(个) Seats of Reading Rooms(unit)
32875	**106311**	**91153**	**36.4**	**6.4**	**11.3**	**28860**
5935	26096	22962	3.4	0.3	1.3	2385
14045	51696	46158	14.9	3.1	4.0	8950
12894	28519	22034	18.2	3.0	6.1	17525
6575	15468	11855	8.9	1.5	2.9	7002
5514	14167	11764	6.0	1.3	1.5	5666
3462	6932	5250	4.1	0.7	1.1	2340
2893	4690	4175	0.9	0.3	0.3	1224
773	2206	1543	1.3	0.8	0.2	821
1322	4331	3675	1.9	0.3	0.5	1853
2273	24160	22523	4.1	0.4	1.2	2946
1409	4631	3506	2.4	0.4	1.0	2796
1435	1819	1243	3.8	0.6	1.3	2272
978	1472	1285	0.6	0.1	0.2	510
2506	7806	6814	2.5	0.5	0.6	1471
1091	1764	1485	1.7	0.1	0.7	1520
2434	4486	3836	2.7	0.5	1.0	2268
848	1752	1094	1.0	0.2	0.4	788
5935	26096	22962	3.4	0.3	1.3	2385

18-8 文化文物机构人员情况

Number and Personnel in Culture and Cultural Relics Institutions

机构类别	Category of Institution	机构(个) Number of Institutions (unit)				从业人员(人) Number of Employed Persons(person)			
		2019	2020	2021	2022	2019	2020	2021	2022
合　计	**Total**	**8434**	**7327**	**6516**	**6563**	**47237**	**43769**	**40321**	**37766**
文化和旅游合计	**Cultural and Tourism**	**8157**	**6939**	**6143**	**6190**	**44303**	**40770**	**37202**	**34778**
艺术表演团体	Art Performance Troupes	87	82	97	103	3617	4050	4598	5128
#公有制	Public Ownership	39	41	37	37	3206	3126	2887	2802
艺术表演场馆	Art Performance Places	64	64	62	48	1315	1520	1033	515
#公有制	Public Ownership	29	26	25	24	300	198	176	279
				159	151	4932	5570	5631	5643
公共图书馆	Public Libraries	110	103	103	104	1594	1535	1558	1521
文化馆	Cultural Centers	150	142	141	141	2152	2129	2191	2223
文化站	Cultural Stations	1280	1245	1254	1257	2820	3046	2861	3033
#乡镇综合文化站	Township Comprehensive Cultural Stations	902	896	898	898	1665	1936	1956	2133
艺术展览创作机构	Art Exhibition and Creative Institutions	18	13	11	11	118	92	85	120
#美术馆	Museum	11	11	10	10	81	79	76	111
文化和旅游部门教育机构	Culture and Education	6	4	4	4	598	293	384	401
文化和旅游科研机构	Art Research Institutions	3	3	3	3	80	77	75	77
文化市场经营机构	Institutions of Business of Culture	5142	4114	3428	3485	13743	12615	11365	9212
旅行社	Travel Agency	855	775	683	686	4816	3866	3098	2840
星级饭店	Star Hotel	182	149	112	104	9713	7892	6277	5640
文化和旅游行政部门	Administrative Department of Culture	142	133	133	133	2379	2182	2165	2652
其他文化和旅游机构	Other Cultural Institutions	118	112	112	111	1358	1473	1512	1416
#文化市场执法机构	Cultural Market Law Enforcement Agencies	71	68	94	93	678	687	961	984
文物合计	**Cultural Relics**	**277**	**388**	**373**	**373**	**2934**	**2999**	**3119**	**2988**
博物馆	Museums	193	191	177	177	2668	2743	2872	2701
文物保护管理机构	Agencies of Cultural Relics Preservation	81	55	54	54	221	197	186	205
文物科研机构	Scientific and Research Agencies	2	3	3	3	45	59	61	61
文物行政部门	Heritage Administration		139	139	139				21
其他文物机构	Other Cultural Relics Agencies	1							

注：文化市场经营机构不包括非公有制院团和场馆。

a) Institutions of Cultural Business do not include non-state-owned troupes and theaters.

18-9　分地区公共文化设施情况(2022年)

Statistics on Public Cultural Facilities by Region(2022)

单位：个　　(unit)

地　区	Region	机构数 总　计 Number of Institutions	公共图书馆 Public Libraries	文化馆 Cultural Center	文化站 Cultural Station	博物馆 Museums	美术馆 Art Museum
合　计	**Total**	**1689**	**104**	**141**	**1257**	**177**	**10**
哈尔滨	Harbin	370	21	20	290	38	1
齐齐哈尔	Qiqihar	208	10	17	161	19	1
鸡　西	Jixi	91	4	12	68	6	1
鹤　岗	Hegang	70	3	9	52	5	1
双鸭山	Shuangyashan	88	5	9	67	7	
大　庆	Daqing	107	6	6	83	11	1
伊　春	Yichun	73	11	11	44	7	
佳木斯	Jiamusi	102	7	11	74	10	
七台河	Qitaihe	25	2	5	17	1	
牡丹江	Mudanjiang	120	8	14	78	19	1
黑　河	Heihe	109	6	7	76	20	
绥　化	Suihua	248	12	11	205	18	2
大兴安岭	Daxinganling	65	8	8	42	6	1
省本级	Provincial Level	13	1	1		10	1

18-9　续表 Continued

单位：人　　(person)

地　区	Region	从业人员数 总　计 Number of Engaged Persons	公共图书馆 Public Libraries	文化馆 Cultural Center	文化站 Cultural Station	博物馆 Museums	美术馆 Art Museum
合　计	**Total**	**9589**	**1521**	**2223**	**3033**	**2701**	**111**
哈尔滨	Harbin	1694	223	458	579	431	3
齐齐哈尔	Qiqihar	1153	143	277	555	171	7
鸡　西	Jixi	429	53	155	109	106	6
鹤　岗	Hegang	320	39	88	92	96	5
双鸭山	Shuangyashan	404	84	92	112	116	
大　庆	Daqing	838	145	112	169	404	8
伊　春	Yichun	495	114	137	139	105	
佳木斯	Jiamusi	499	117	148	145	89	
七台河	Qitaihe	185	36	60	56	33	
牡丹江	Mudanjiang	741	121	183	158	279	
黑　河	Heihe	663	63	138	168	294	
绥　化	Suihua	1216	155	268	651	130	12
大兴安岭	Daxinganling	294	51	78	100	60	5
省本级	Provincial Level	658	177	29		387	65

18-10 档案机构情况
Basic Statistics on Archive

项 目	Item	2019	2020	2021	2022
机构数	**Number of Institutions (unit)**				
行政管理部门	Administrative Department	135	138	139	139
档案馆	Archives	167	166	161	159
#综合档案馆	Comprehensive Archives	142	139	139	139
从业人员	**Employees (person)**	**1888**	**4750**	**4683**	**5197**
#专 职	Full-time Personnel	1370	3150	2863	2831
馆藏情况	**Collection Situation of Archives**				
案 卷	Files (10000 volumes)	1044.3	1082.8	1098.4	1089.7
以件为保管单位档案	Files of the Storage Unit (10000 pieces)	1262.8	1374.6	1487.1	1549.1
底图	Base Map (10000 pieces)	19.9	21.8	23.0	
电子档案	Electronic Records (GB)	56462.2	46347.3	58195.5	42114.1
照片档案	Photos (10000 sheets)	86.6	111.6	107.8	102.7
录音磁带、录像磁带、影片档案 （万盘）	Audio Tapes, Video Tapes and Film Files (10000 discs)	2.0	2.2	2.4	2.2
开放档案	**Archives Open to Public (10000 volumes,10000 pieces)**	**514.3**	**468.9**	**518.9**	**533.4**
档案利用情况	**Utilization of Archives**				
利用人次	Utilization (10000 person times)	41.5	28.1	17.6	13.8
利用卷次	Utilization volume times (10000 rolls (pieces) per Time)	64.4	51.5	49.9	37.1
档案馆建筑面积	Floor Space of Archive Institutions (10000 sq.m)	27.8	29.8	30.0	30.2
#库 房	Storage Room	13.2	14.0	14.2	13.9

18-11 广播电视事业发展情况
Basic Statistics on Radio and Television Stations

项　目		Item		2018	2019	2020	2021	2022
广播		**Radio**						
广播电台	(座)	Number of Broadcasting Stations	(set)	10	10	10	10	10
广播节目综合人口覆盖率	(%)	Radio Coverage of Population	(%)	99.0	99.2	99.9	99.9	100.0
公共广播节目套数	(套)	Number of Public Radio Programs	(set)	108	108	101	106	108
全年制作广播节目时间	(小时)	Length of Radio Programs Produced	(hour)	245174	234049	234013	229833	218345
全年公共广播节目播出时间	(小时)	Length of Public Radio Programs Broadcasted	(hour)	587998	601021	547200	571792	579241
电视		**Television**						
电视台	(座)	Number of Television Stations	(set)	10	10	9	8	10
电视节目综合人口覆盖率	(%)	TV Coverage of Population	(%)	99.1	99.1	99.8	99.9	100.0
全省有线广播电视用户数	(万户)	Number of Users of Cable Radio and TV	(10000 households)	591.6	666.2	584.9	563.9	549.8
#农村		Rural		125.9	106.3	112.1	107.1	103.2
数字电视用户数	(万户)	Number of Users of Digital TV	(10000 households)	568.8	652.2	578.8	557.9	544.6
有线广播电视入户率	(%)	Popularization Rate of Cable Radio and TV	(%)	38.6	42.9	39.4	40.2	
公共电视节目套数	(套)	Number of Public TV Programs	(set)	105	105	104	104	102
全年制作电视节目时间	(小时)	Length of TV Programs Produced	(hour)	105089	88602	107621	104502	90880
全年公共电视节目播出时间	(小时)	Length of Public TV Programs Broadcasted	(hour)	593441	602615	610149	621838	610060
全年电视剧播出数	(部)	Number of TV Plays Broadcasted	(set)	4809	4869	5189	4574	4702
全年电视剧播出数	(集)	Number of TV Plays Broadcasted	(part)	171629	173410	175079	174449	179006
广播电视技术及其他		**TV Technology and Others**						
广播电视总收入	(亿元)	Revenue of Radio and TV	(100 million yuan)	59.8	61.1	64.2	59.9	63.1
广播电视从业人员数	(人)	Staff and Workers of Radio and TV	(person)	27518	24856	22921	22707	22563
#编辑、记者		Editors and Reporters		4962	4449	4646	5035	4906
#播音员、主持人		Announcers and Anchor Persons		859	810	803	736	736
#工程技术人员		Engineering Technical Personnel		4274	4146	4345	3756	3845
中、短波转播发射台	(座)	Transmission and Relaying Stations of Medium and Short Wave Broadcast	(unit)	39	38	37	37	37
发射功率	(千瓦)	Power of Transmitters	(kw)	2188	2026	1955	1925	2035
调频电视转播发射台	(座)	Relaying Stations of Frequency Modulation TV Broadcasting	(unit)	223	217	174	167	170
调频发射功率	(千瓦)	FM Transmitting Power	(kw)	635	634	650	658	663
电视发射功率	(千瓦)	TV Transmitters Power	(kw)	1041.2	1029.7	563.7	500.1	489.5
有线广播电视传输干线网络总长	(万公里)	Length of Transmission Trunk for Cable Radio and TV	(10000 km)	7.6	9.0	9.6	9.6	9.9

18-12　广播电视节目制作情况

Basic Statistics on Radio and Television Programs Produced

单位：小时　　(hour)

项　目	Item	2021 总计 Total	2021 省级 Province Level	2021 地市级 City Level	2022 总计 Total	2022 省级 Province Level	2022 地市级 City Level
广播节目制作	**Production of Radio Programs**	**229833**	**58417**	**134983**	**218345**	**50537**	**136184**
新　闻	News Programs	34256	7424	15397	34908	4928	17246
专　题	Special Subject Programs	75194	19393	48397	78123	21419	50519
综　艺	General Entertainment Programs	54751	8255	37908	51203	8116	37355
广播剧	Radio Play Programs	10435	6296	1857	3506	1215	1310
广　告	Advertising Programs	13245	850	10556	11412	527	9836
其　他	Others	41948	16197	20866	39191	14330	19917
电视节目制作	**Production of TV Programs**	**104502**	**25838**	**44931**	**90880**	**13203**	**43085**
新　闻	News Programs	34630	6922	11553	32322	4674	11643
专　题	Special Subject Programs	34575	11875	14723	32010	5280	14536
综　艺	General Entertainment Programs	7828	2232	3283	6457	2337	2927
影视剧	TV Play Programs	1530	1530		213	213	
广　告	Advertising Programs	11458	587	9143	9440	52	8115
其　他	Others	14479	2689	6227	10435	644	5863

18-13　广播、电视节目播出情况

Basic Statistics on Radio and Television Programs Broadcasting

单位：小时　　(hour)

项　目	Item	2021 总计 Total	2021 省级 Province Level	2021 地市级 City Level	2022 总计 Total	2022 省级 Province Level	2022 地市级 City Level
广　播	**Radio Broadcasting**						
公共节目套数(套)	Number of Public Programs (set)	106	9	34	108	9	34
平均每日播出时间	Broadcasting Hours per Day	1567	162	609	1587	166	609
新闻资讯	News Programs	325	20	76	355	16	82
专题服务	Special Subject Programs	354	51	175	362	57	186
综艺益智	General Entertainment Programs	273	22	146	271	25	146
广播剧	Radio Play Programs	140	17	44	136	14	39
广　告	Advertising Programs	107	7	67	103	6	62
其　他	Others	367	44	101	361	48	95
电　视	**Television Broadcasting**						
公共节目套数(套)	Number of Public Programs (set)	104	7	31	102	7	29
平均每日播出时间	Broadcasting Hours per Day	1704	164	549	1671	162	501
新闻资讯	News Programs	245	28	68	251	32	64
专题服务	Special Subject Programs	247	42	85	250	45	90
综艺益智	General Entertainment Programs	84	6	18	84	10	22
影视剧	TV Play Programs	673	73	230	633	64	190
广　告	Advertising Programs	171	7	77	165	5	69
其　他	Others	284	7	70	288	5	66

18-14 出版、发行事业机构和人员数
Number of Institutions and Personnel Engaged in News and Publishing Undertakings

指 标	Item	2015	2016	2017	2018	2019	2020	2021	2022
机构数(个)	**Number of Institutions (unit)**	**692**	**693**	**692**	**625**	**668**	**666**	**653**	**650**
出版单位	Publishing Units	418	421	420	367	413	406	401	398
#图书出版	Book Publishing		14	14	14	14	14	14	14
书刊印刷厂	Printing Houses	169	169	155	155	155	160	153	153
新华书店	Xinhua Bookstore	105	103	103	103	100	100	99	99
人员数(人)	**Number of Personnel (person)**	**21045**	**20556**	**16434**	**15794**	**16286**	**13707**	**12611**	**11317**
出版单位	Publishing Units	12809	11865	9135	8798	9654	7400	6929	5687
#图书出版	Book Publishing		859	829	863	927	909	894	884
书刊印刷厂	Printing Houses	5304	5274	4991	4294	4039	3807	3344	3342
新华书店	Xinhua Book Store	2932	3417	2308	2702	2593	2500	2338	2288

18-15 图书、期刊和报纸出版情况
Number of Books, Magazines and Newspapers Published

年 份 Year	出版数量(种) Number of Publications (kind)			印刷数量(万册、万份) Printed Copies (10000 copies)			总印张数(万印张) Printed Sheets (10000 sheets)		
	图 书 Books	期 刊 Magazines	报 纸 Newspapers	图 书 Books	期 刊 Magazines	报 纸 Newspapers	图 书 Books	期 刊 Magazines	报 纸 Newspapers
1978	269	24	3	10512	1361	13797	33915	3325	12789
1980	246	59	9	11108	2151	15324	50301	6161	13463
1985	855	88	28	16513	2795	49649	62240	8143	31764
1990	1176	184	58	12342	5302	56480	46750	14390	37577
1995	1868	311	86	11342	6718	69115	53136	19103	72446
2000	2070	319	75	9944	7919	73571	49187	24908	119448
2001	2281	322	76	9779	7391	69783	58022	24030	114053
2002	2258	323	76	8747	6459	74244	56561	23116	141986
2003	2098	323	76	7865	5615	73639	50934	21291	143870
2004	2828	312	76	7704	4331	74339	50388	21703	159947
2005	2930	315	76	5938	3503	71410	45850	14985	261470
2006	2667	307	95	5520	3870	89458	48814	18045	267697
2007	3099	309	95	5285	4996	78166	39911	23662	290481
2008	3182	313	91	5167	5092	72667	43260	25191	238501
2009	3408	314	90	6114	5210	75726	44384	26235	229434
2010	3515	314	90	7420	5253	78219	55880	26568	256544
2011	4430	315	89	8284	5502	79234	61349	28559	299480
2012	4218	315	89	6353	5640	78997	52721	29575	311360
2013	5247	314	88	6636	5789	74931	53024	29213	281419
2014	5043	315	88	7426	5279	69039	62513	28070	232130
2015	6087	314	88	7170	4467	66308	62626	25358	173144
2016	7336	314	88	7694	4340	62387	66638	24598	145570
2017	7549	315	86	8837	4390	56521	75582	24205	110925
2018	8709	315	88	8203	3483	49909	68944	18923	87629
2019	8110	315	84	8452	3049	42801	67310	17338	69770
2020	7638	316	76	8804	2486	33053	77263	13183	45397
2021	8564	316	71	8809	2324	31499	82498	12433	43795
2022	8302	315	69	12089	2067	30797	117666	11249	37803

18-16 图书出版情况(2022年)
Statistics on Books Published by Categories(2022)

类　别	Category	种类 (种) Number of Publications (item)	总印数 (万册) Printed Copies (10000 copies)	总印张 (千印张) Printed Sheets (1000 sheets)	定价总金额 (万元) Total Amount of Pricing (10000 yuan)
使用“中国标准书号”部分合计	**Publications with "China International Standard Book Number"**	**8302**	**12090.0**	**1176656.5**	**301889.8**
马列主义、毛泽东思想	Marxism-Leninism, Mao Zedong Thought	2	0.2	35.0	10.0
哲　学	Philosophy	39	6.3	522.0	285.3
社会科学总论	General Social Sciences	28	2.6	441.5	170.5
政治、法律	Politics and Law	67	91.9	6336.8	1011.5
军　事	Military Affairs	23	6.5	727.8	182.3
经　济	Economics	250	27.3	4613.7	1753.8
文化、科学、教育、体育	Culture, Science, Education and Sports	4284	10986.0	1068146.2	253698.6
语言、文字	Languages	166	38.9	4540.2	2035.9
文　学	Literature	461	367.5	25056.0	12272.7
艺　术	Arts	547	131.7	10314.7	7258.0
历史、地理	History and Geography	211	45.4	5202.7	2790.9
自然科学总论	General Natural Sciences	8	2.3	288.6	92.1
数理科学、化学	Mathematics and Chemistry	281	67.4	10037.2	3590.5
天文学、地球科学	Astronomy and Geology	48	6.0	702.8	324.2
生物科学	Biology	77	39.9	1454.0	1295.6
医药、卫生	Medicine and Health Care	492	57.0	9129.6	3844.0
农业科学	Agricultural Science	104	11.9	1420.6	639.5
工业技术	Industrial Technology	878	133.6	20874.7	6588.0
交通运输	Transportation	178	20.7	3140.6	1066.0
航空、航天	Aeronautics and Aerospace	16	1.0	157.4	57.4
环境科学	Environmental Science	73	15.5	822.1	398.1
综合性图书	General Books	69	30.1	2692.3	2524.9

18-17 音像制品和电子出版物出版情况
Publication of Audio-visual Products and Electronic Publications

指 标	Item	出版品种(种) Number of Publications (kind)			出版数量(万张) Volume of Publications (10000 discs)			发行量(万张) Circulation (10000 sheets)		
		2020	2021	2022	2020	2021	2022	2020	2021	2022
音像制品	**Total**	**3**	**11**	**8**	**0.08**	**0.10**	**0.08**	**0.08**	**0.10**	**0.08**
录像制品	Video Products	3	11	8	0.08	0.10	0.08	0.08	0.10	0.08
录音制品	Fixation on Phonograms									
电子出版物	**Electronic Publications**	**22**	**22**	**1**	**73.2**	**168.0**	**100.0**			

18-18 体育系统从业人员情况(2022年)
Statistics on Staff and Workers in Physical Education System(2022)

单位：人 (person)

指 标	Item	总 计 Total	公务员 Civil Servants	体育教练员 Sports Coaches	优秀运动队运动员 Elite Sports Team Player	专业技术人员 Professional Technical Personnel	#体育教练员 Sports Coach
合 计	**Total**	**4816**	**632**	**654**	**1321**	**1760**	**1034**
体育行政机关	Administrative Agencies of Physical Culture and Sports	932	632	130	41	65	39
运动项目管理部门(优秀运动队)	Sports Events Management (Elite sports team)	1569		111	948	381	295
本科院校	**Undergraduate Institution**						
职业、运动技术学院	Sports Technical Institutes	140		25		106	
体育运动学校	Physical Education and Sports Schools	379		27	65	269	118
竞技体校	Competitive Sports School	37		5		28	21
少儿体育运动学校(业余体校)	Childreris Sports School (Spare-time Sports School)	793		119	12	630	492
单项运动学校	Physical Education and Sports Schools	9				9	7
体育中学	**Physical Education Middle School**						
训练基地	Training Bases	361		27	222	53	25
体育场馆	Stadium and Gymnasium	148		55		35	
体育科研机构	Sports Science and Technology Institute	43		2		22	
其他事业单位	Other Institutions	405		153	33	162	37

18-18 续表 Continued

单位：人 (person)

指 标	Item	科学研究人员 Scientific and Technical Personnel	卫生技术人员 Medical	文化教师 Teachers	其他人员 Others	工勤人员 Logistics	其他人员 Others
合 计	**Total**	**44**	**30**	**212**	**440**	**254**	**195**
体育行政机关	Administrative Agencies of Physical Culture and Sports			1	25	8	56
运动项目管理部门(优秀运动队)	Sports Events Management (Elite sports team)	3	7		76	43	86
本科院校	**Undergraduate Institution**						
职业、运动技术学院	Sports Technical Institutes	6	17	69	14	9	
体育运动学校	Physical Education and Sports Schools	1	3	112	35	18	
竞技体校	Competitive Sports School				7	4	
少儿体育运动学校(业余体校)	Childreris Sports School (Spare-time Sports School)	4		28	106	19	13
单项运动学校	Physical Education and Sports Schools			2			
体育中学	**Physical Education Middle School**						
训练基地	Training Bases	1	2		25	59	
体育场馆	Stadium and Gymnasium				35	53	5
体育科研机构	Sports Science and Technology Institute	19			3		19
其他事业单位	Other Institutions	10	1		114	41	16

18-19 体育事业发展情况(2022年)

Development of Sports(2022)

指 标	Item	2022
运动员教练员裁判员人数(人)	**Number of Coaches and Referees (person)**	
等级运动员	**Number of Athletes in Grades**	**1888**
一级	First-class	728
二级	Level 2	1160
等级裁判员	**Rank Umpire**	**1061**
一级	First-class	156
二级	Level 2	905

18-20　卫生机构基本情况
Basic Conditions of Health Institutions

年　份 Year	卫生机构数 (个) Number of Health Institutions (unit)	床位数 (张) Number of Beds (bed)	人员数 (人) Number of Personnel (person)	#卫生技术人员 Medical Technical Personnel	万人拥有卫生机构床位 (张) Number of Health Institutions Beds per 10000 Persons (bed)	万人拥有卫生技术人员 (人) Number of Medical Technical Personnel per 10000 Persons (person)
1980	8685	104022	175286	133527	32.5	41.7
1985	8794	107527	201065	151337	32.0	45.1
1990	8945	122328	227003	172821	34.5	48.8
1991	8878	124949	232614	178220	35.0	49.9
1992	8853	127164	237985	182368	35.2	50.5
1993	7702	127896	236793	179536	35.1	49.3
1994	7714	128390	235334	179362	35.0	48.8
1995	7637	126466	234074	178842	34.2	48.3
1996	7065	121441	230843	177663	32.6	47.7
1997	7676	121263	231589	178483	32.3	47.6
1998	7620	120470	226719	174980	31.9	46.4
1999	7653	120211	226532	176100	31.7	46.4
2000	8038	120454	222746	171252	31.6	45.0
2001	7944	118037	219624	169865	31.0	44.6
2002	8755	119547	198462	154660	31.4	40.6
2003	8469	115930	192858	149964	30.4	39.3
2004	8230	119645	190563	149274	31.4	39.1
2005	8326	119833	191172	150657	31.4	39.5
2006	8181	123308	191945	151916	32.3	39.8
2007	8464	126058	200346	158726	33.0	41.6
2008	7928	136315	203502	161927	35.6	42.3
2009	8678	146568	215412	172118	38.3	45.0
2010	8938	159957	233900	188612	41.8	49.3
2011	8656	165402	236101	191396	43.1	49.9
2012	8836	178342	241266	197168	46.5	51.4
2013	9582	189290	250191	203741	49.4	53.1
2014	9603	201538	256148	209169	52.6	54.6
2015	9304	211637	259395	212504	55.4	55.6
2016	20378	220039	292210	221345	57.8	58.2
2017	20278	241422	299903	229059	63.6	60.4
2018	20357	250139	299813	230890	66.3	61.2
2019	20377	257539	305552	237595	68.7	63.3
2020	20461	253245	310435	242583	79.5	76.2
2021	20592	260682	314720	248354	83.4	79.5
2022	20599	261301	320894	253134	84.3	81.7

注：2016年开始包括村卫生室情况，与以往年份不可比(下同)。
a) From 2016, includes the situation of the village health room, which is not comparable with the previous years (similarly following tables).

18-21 卫生机构各类人员(2022年)
Employed Persons in Health Care Institutions by Type of Occupation(2022)

单位：人 (person)

类别	Category	总计 Total	医院 Hospitals	卫生院 Health Centers	疾病预防控制中心 Diseases Prevent and control Centers	其他卫生机构 Other Institutes
总 计	**Total**	**320894**	**217833**	**21777**	**7233**	**74051**
卫生技术人员	**Medical Technical Personnel**	**253134**	**177779**	**17850**	**5246**	**52259**
执业(助理)医师	Assistant Doctors on Guard	98275	61460	8246	1975	26594
#执业医师	Doctors on Certified Doctors	84177	57444	5504	1684	19545
注册护士	Registered Nurses	110654	88613	3955	495	17591
药师(士)	Pharmacists of Chinese Medicine Personnel	10928	7897	1115	120	1796
检验人员	Laboratory Technicians Personnel	9249	6187	639	1020	1403
其 他	Others	24028	13622	3895	1636	4875
其他人员	**Other Personnel**	**68289**	**49504**	**4666**	**2403**	**11716**
其他技术人员	Other Technical Personnel	14628	9513	1409	818	2888
管理人员	Managerial Personnel	27232	19488	1708	1139	4897
工勤人员	Logistics Works	26429	20503	1549	446	3931
平均每万人拥有卫生技术人员	**Number of Medical Technical Personnel per 10000 Persons**	**81.7**	**57.4**	**5.8**	**1.7**	**16.9**

注：其他卫生机构总计中包括乡村医生和卫生员。
a) Other Institutes include rural doctors and health workers.

18-22 医疗机构运营情况(2022年)
Operation of Medical Institutions (2022)

指标	Item	合计 Total	#医院 Hospitals	卫生院 Health Centers	门诊部 Clinics	妇幼保健院 Maternity and Child Care Centers	专科疾病防治院 Specialized Disease Prevention &Treatment Institutes
门诊服务	**Service of Clinics**						
诊疗人次(万人次)	Total Number of Patients Treated (10000 person-times)	9486.2	6257.6	568.1	201.4	174.8	26.7
#门 诊	Clinics Patients	7920.5	5516.6	512.5	78.3	166.5	24.7
急 诊	Emergency Patients	658.4	612.7	8.5		4.8	0.0
住院服务	**Service of Clinics**						
入院人数(万人)	Hospital Admissions (10000 patients)	473.1	444.0	19.2	1.4	4.5	1.6
住院病人手术人次(万人)	Number of Operation of Patients (10000 patients)	152.4	149.9	0.5		1.8	0.0
每百门、急诊的入院人数(人)	Hospital Admissions per 100 Out-patient and Emergency Patient (person)	6.4	7.2	3.7		2.6	6.5
床位利用	**Utilization of Hospital Beds**						
平均床位周转率(次)	Average Turnover of Beds (times)	18.9	20.5	8.9		14.0	7.5
平均床位工作日(日)	Number of Days per Bed in Use in a Year (days)	187.7	203.3	73.5		92.4	290.8
床位使用率(%)	Utilization Rate of Beds (%)	51.4	55.7	20.1		25.3	79.7
出院者平均住院日(日)	Average Hospitalization Period (days)	9.4	9.6	5.7		6.1	21.2

18-23 卫生机构、床位、人员数(2022年)
Numbers of Health Institutions, Beds and Employed Persons (2022)

机构名称	Name of Institutions	机构数(个) Number of Institutions (unit)	床位数(张) Number of Beds (bed)	人员数(人) Number of Personnel (person)	#卫生技术人员 Medical Technical Personnel
总　计	**Total**	**20599**	**261301**	**320894**	**253134**
医　院	Hospitals	1212	223245	217833	177779
综合医院	General Hospitals	775	145931	155353	128349
中医医院	Hospitals Specialized in Traditional	185	31737	30301	24491
中西医结合医院	Hospitals Combining Chinese and Western Medicine	10	1583	1417	1191
民族医院	National Hospitals	3	256	174	140
专科医院	Specialized Hospitals	236	43474	30466	23519
口腔医院	Hospitals of Mouth Cavity Diseases Care	21	444	1195	942
眼科医院	Hospitals for Eye Care	24	1425	1968	1335
耳鼻喉科医院	Hospitals for Ear, Nose and Throat Care	1	110	119	110
肿瘤医院	Tumor Hospitals	6	5467	4410	3665
心血管医院	Hospitals for Vas of Heart	6	1480	1140	989
胸科医院	Hospitals for Chest	1	650	688	585
血液病医院	Blood Disease Hospital	1	20	18	13
妇产(科)医院	Hospitals of Maternity	14	1450	2146	1655
儿童医院	Hospitals of Children	3	949	1302	1166
精神病医院	Mental hospitals	58	19514	7959	5754
传染病医院	Hospitals for Infectious Diseases	12	5167	3723	2893
皮肤病医院	Hospitals of Dermatology	6	180	204	155
骨科医院	Orthopedics Hospitals	9	940	926	737
康复医院	Rehabilitation Hospitals	9	1764	1119	879
美容医院	Hairdressing Hospital	7	167	404	225
其他专科医院	Other Specialized Hospitals	58	3747	3145	2416
护理院(中心)	Nursing Home(Nursing Center)	3	264	122	89
基层医疗卫生机构	**Primary Health Care Institutions**	**18805**	**32337**	**79816**	**58394**
社区卫生服务中心(站)	Sanitation and Service Agencies of Community	621	6906	15907	12752
社区卫生服务中心	Health Service Center	473	6396	14975	11984
社区卫生服务站	Health Service station	148	510	932	768
卫生院	Health Centre	973	24112	21777	17850
街道卫生院	Sub-district Level	7	117	140	123
乡镇卫生院	Township	966	23995	21637	17727
村卫生室	Village Clinics	9982		18114	5633
门诊部	Clinics	1594	492	11905	10717
诊所.卫生所.医务室	Clinic. Health Clinic. Infirmary	5635	827	12113	11442
诊　所	Clinics	5018	681	10588	10040
卫生所、医务室	Health Clinic. Infirmary	617	146	1525	1402
专业公共卫生机构	**Professional Public Health Agency**	**504**	**5719**	**21215**	**15706**
疾病预防控制中心	Center for Diseases control and Prevention	147		7233	5246
专科疾病防治院(所、站)	Specialized Disease Prevention and Treatment Institutes	28	2147	1615	1239
妇幼保健机构	Maternity and Child Care Centers	116	3552	7960	6078
急救中心(站)	First-aid Centers(First-aid Station)	16	20	961	483
采供血机构	Institutions of Pick and Supply Blood	28		945	693
卫生监督所(中心)	Health Supervision Institute (Centre)	132		2321	1856
计划生育技术服务机构	Family Planning Institutions	37		180	111
其他卫生机构	**Other Medical Institutions**	**78**		**2030**	**1255**
医学科学研究机构	Research Institutes of Medical Sciences	1		4	3
医学在职培训机构	Medical Institutions of In-service Education	2		29	17
临床检验中心(所、站)	Clinical Laboratory Center(Station)	6		207	153
健康体检中心	Health Examination Center	21		847	554
医疗辅助性机构	Medical Auxiliary Institution	26		597	415
统计信息中心	Statistical Information Center	3		176	24
其他	Others	19		170	89

注：本表人员合计中包括乡村医生、卫生员和诊所乡村医师数；不含乡镇卫生院在村卫生室工作的执业(助理)医师、注册护士数。

a) This table includes the number of village doctors, health workers and village doctors in clinics, excluding the number of practicing (assistant) doctors and registered nurses working in village clinics in township hospitals.

18-24 分地区卫生事业基本情况(2022年)
Basic Statistics on Public Health by Region(2022)

地区	Region	卫生机构数(个) Number of Health Institutions (unit)	#医院 Hospital	#综合医院 General Hospitals	#中医医院 Chinese Medicine Hospitals	#基层医疗卫生机构 Primary Health Care Institutions	#专业公共卫生机构 Professional Public Health Institutions	#其他机构 Others
全省	**Total**	**20599**	**1212**	**775**	**198**	**18805**	**504**	**78**
哈尔滨	Harbin	4767	354	212	67	4301	73	39
齐齐哈尔	Qiqihar	2796	142	94	23	2593	59	2
鸡西	Jixi	1076	65	48	4	972	35	4
鹤岗	Hegang	694	42	33	5	633	19	
双鸭山	Shuangyashan	1051	56	38	6	967	28	
大庆	Daqing	1461	126	70	32	1294	34	7
伊春	Yichun	548	40	27	9	471	35	2
佳木斯	Jiamusi	1986	103	61	10	1834	43	6
七台河	Qitaihe	573	27	18	2	524	21	1
牡丹江	Mudanjiang	2004	90	48	16	1871	34	9
黑河	Heihe	956	62	51	6	865	28	1
绥化	Suihua	2386	71	50	11	2241	67	7
大兴安岭	Daxinganling	301	34	25	7	239	28	

18-24 续表 Continued

地区	Region	卫生机构床位数(张) Number of Beds in Health Institutions (bed)	卫生机构人员数(人) Number of Persons in Health Institutions (person)	#卫生技术人员数(人) Medical Technical Personnel (person)	#执业(助理)医师 Assistant Doctors on Guard	#注册护士 Registered Nurses	#药师(士) Pharmacist	#技师(士) Technician
全省	**Total**	**261301**	**320894**	**253134**	**98275**	**110654**	**10928**	**15304**
哈尔滨	Harbin	89429	102210	80755	32140	35969	3336	4867
齐齐哈尔	Qiqihar	35857	39917	31904	12130	14455	1495	1872
鸡西	Jixi	13112	15036	12395	4715	5573	565	761
鹤岗	Hegang	8459	10555	8488	3092	4067	417	497
双鸭山	Shuangyashan	11464	11969	9503	3639	4154	434	590
大庆	Daqing	18032	28857	22833	9462	9959	931	1246
伊春	Yichun	7369	9189	7147	2540	3044	295	346
佳木斯	Jiamusi	20419	24606	19341	7175	8418	781	1025
七台河	Qitaihe	5261	6768	5350	1955	2289	251	297
牡丹江	Mudanjiang	17616	26816	21670	7966	9422	872	1603
黑河	Heihe	8680	12932	10243	4009	4318	520	736
绥化	Suihua	22898	27928	20224	8255	7574	871	1220
大兴安岭	Daxinganling	2705	4111	3281	1197	1412	160	244

18-25　享受补助、救济人员情况
Persons Receiving Subsidies or Relief Funds

单位：万人　　(10000 persons)

项　目	Item	2018	2019	2020	2021	2022
城乡居民最低生活保障人数	**Number of Persons Receiving Minimum Living Allowance in Urban Area and Rural Area**	**163.4**	**140.0**	**135.4**	**130.1**	**127.6**
城镇居民最低生活保障人数	Number of Persons Receiving Minimum Living Allowance in Urban Area	74.1	59.8	54.4	49.0	45.1
农村居民最低生活保障人数	Number of Persons Receiving Minimum Living Allowance in Rural Area	89.3	80.2	81.0	81.1	82.5
传统救济情况	**Traditional Relief**					
农村特困人数	Extremely poor population in rural areas	10.3	9.5	9.3	9.2	9.1

18-26　社会福利单位机构和工作人员数
Number of Social Welfare Institutions and Enterprises

项　目	Item	机构数(个) Number of Institutions or Enterprises (unit)			工作人员(人) Number of Persons Engaged (person)		
		2020	2021	2022	2020	2021	2022
总　计	**Total**	**1978**	**2339**	**2285**	**22209**	**20873**	**20296**
社会福利事业单位	Social Welfare Institutions	1787	2155	2099	18783	17417	16810
收容遣送站	Collecting and Repatriation Units	56	56	58	538	539	564
殡葬事业单位	Funeral and Interment Institutions	135	128	128	2888	2917	2922

18-27　调解民间纠纷分类
Number of Civil Disputes Mediated by Type

项　目	Item	调解纠纷(件) Civil Disputes(cases)			各种纠纷所占比重(%) Percentage(%)		
		2020	2021	2022	2020	2021	2022
总　计	**Total**	**153218**	**105201**	**181524**	**100.0**	**100.0**	**100.0**
婚姻家庭	Family Disputes	19845	13057	20338	13.0	12.4	11.2
房屋、宅基地	Housing and Housing Sites	3624	2137	5143	2.4	2.0	2.8
邻　里	Neighbor Disputes	35198	22452	37809	23.0	21.4	20.8
损害赔偿	Compensation for Damages	7988	3489	4895	5.2	3.3	2.7
其　他	Others	86563	64066	113339	56.5	60.9	62.5

18-28 律师、公证、调解工作基本情况
Basic Statistics on Lawyers, Notarization and Mediation

项目		Item		2018	2019	2020	2021	2022
律师工作		**Lawyers**						
律师事务所	(个)	Number of Law Offices	(unit)	862	857	866	860	872
律师	(人)	Number of Lawyers	(person)	5468	5999	6352	6940	7894
#专职律师		Full-time Lawyers		4840		5185	5316	5360
兼职律师		Part-time Lawyers		220		262	277	280
聘请担任常年法律顾问的单位	(处)	Number of Units with Permanent Legal Advisors	(unit)	6547	6938	5537	5831	5902
民事诉讼代理	(件)	Agent of Civil Cases	(case)	41378	52046	37378	53272	47880
行政诉讼代理	(件)	Agent of Administrative Action	(case)	864	1581	1076	2034	1983
刑事辩护代理	(件)	Agent and Defender of Criminal Cases	(case)	15166	17474	12368	13824	10698
非诉讼法律事务	(件)	Agent of Non-Litigious Legal Affairs	(case)	10108	13753	4342	7746	6592
咨询和代书	(件)	Consulting and Writing	(case)	49278	54632	46010	52190	48629
代理申诉		Representation of Complaint			1353	256	219	231
公证工作		**Notarization**						
公证处	(个)	Number of Notary Offices	(unit)	123	119	111	125	104
#办理涉外的		Related to Foreign		77	77	77	77	77
公证人员	(人)	Notarial Personnel	(person)	864	814	1174	1216	1198
#公证员		Notaries		412	395	380	373	381
公证员助理		Assistant Notaries		452	419	509	481	478
办理公证件数	(件)	Number of Transacted Notarization	(case)	452323	509098	299393	331703	305878
#国内经济合同公证		Notarization of Domestic Economic		15996	53835	33023	16026	10306
人民调解工作		**Number of People's Mediation**						
专职司法助理员	(人)	Number of Full-time Judicial Assistants	(person)	2422	2404	1774	2353	2378
人民调解委员会	(个)	Number of People's Mediation Committees	(unit)	15324	15178	14302	14152	14399
调解人员	(人)	Number of Mediators	(person)	57508	57005	52858	50389	51210
调解民间纠纷	(件)	Number of Civil Disputes Mediated	(case)	367248	372933	153218	105201	181524

18-29　国内公证业务分类(2022年)
Domestic Notarial Services by Type(2022)

单位：件　(piece)

分　类	Item	办理公证 Number of Notarial Documents Issued	比重(%) Percentage(%)
总计	**Total**	**305878**	**1000.00**
委托	Power of Attorney	58545	19.14
声明	Declaration	45395	14.84
赠与(单方)	Gift	1926	0.63
受赠	Gratuities	703	0.23
遗嘱	Testaments	1095	0.36
保证	Promises	206	0.07
公司章程	Corporation Constitutions	3	0.001
出生	Births	5091	1.66
生存	Survival	23	0.008
死亡	Deaths	661	0.22
身份	Identity	1204	0.39
曾用名	Resume	662	0.22
住所地(居住地)	Residence	32	0.01
学历	Education Background	8	0.003
学位	Academic Degree	11	0.004
经历	Experiences	10	0.003
资格	Qualifications	2	0.0007
无(有)犯罪记录	Illegal and Criminal Record Check	12042	3.94
婚姻状况	Marital Status	4533	1.48
亲属关系	Kinship Confirmation	13437	4.39
收养	Adoptive Relationship		
抚养事实	The Fact of Raising		
财产权	Property Rights	232	0.08
收入状况	Income State	1	0.0003
指纹(印鉴)	Fingerprint	147	0.05
不可抗力(意外事件)	Force Majeure (Accident)		
查无档案记载	Check No Archival Records	8	0.003
证书(执照)	Certificate, Licence	55606	18.18
文书上的签名(印鉴)	Signature, Seal	1730	0.57
文本相符	Conformity of Documentation	36275	11.86
保全证据	Evidence Preservation	3404	1.11
现场监督	Field Supervision	1378	0.45
合同(协议)	Contract (Agreement)	10306	3.37
继承(受遗赠)	Inheritance	42880	14.02
具有强制执行效力的债权文书公证书及执行证书	Executor Force Certificate of Execution	8094	2.65
公证登记	Mortgage Registration		
公证提存	Drawing Registration	110	0.036
公证保管	Storage Registration	15	0.005
其他	Others	103	0.034

18-30 婚姻登记和离婚情况
Basic Statistics on Marriages and Divorces

年 份 Year	居民登记结婚(对) Registered Marriages (couple)	初 婚(人) First Marriages (person)	再 婚(人) Remarriages (person)	涉外及华侨、港澳台同胞准予登记结婚的国内居民 Registered Marriages Related to Foreign, Overseas Chinese, Hong Kong, Macao & Taiwan 合 计(人) Total (person)	#女 性 Female	准予登记离 婚(对) Registered Divorces (couple)	法院协议判决离婚(对) Agreement and Adjudged Divorces (couple)	离婚率(‰) Divorce Rate (‰)
1985	284282	547585	20979	56	39	9155	30018	2.3
1990	284720	529796	39644	173	128	17104	37224	3.1
1995	267300	490744	43856	4312	4271	19237	54733	4.0
1996	260229	473216	47242	4002	3771	20571	58705	4.3
1997	270653	498139	43167	3173	3154	20737	61855	4.4
1998	234488	416018	52958	2745	2700	19792	56600	4.0
1999	224610	403756	45464	2168	2060	22654	52976	4.0
2000	217750	384399	51101	2560	2385	23739	51137	3.9
2001	222294	392712	51876	3889	3675	24940	50925	4.0
2002	193072	335930	50214	3770	3592	26698	45552	3.8
2003	201202	348460	53944	4208	3920	35186	42388	4.1
2004	235120	410058	60182	2844	2558	49278	43733	4.9
2005	228311	395978	60644	2448	2055	53932	42065	5.0
2006	231917	409739	54095	2942	2034	55506	43026	5.2
2007	252041	438465	65617	1982	1738	66779	40340	5.6
2008	283017	486996	79038	2879	2470	79403	40044	6.2
2009	303854	519276	88432	2929	2460	91355	36961	6.7
2010	308886	529835	87937	3093	2286	104406	35272	7.3
2011	332683	555952	109414	2390	1459	116019	35272	7.9
2012	345617	591433	99801	2348	1199	124138	32616	8.4
2013	376612	651424	101800	2101	1163	147613	30643	9.6
2014	352253	617682	86824	1853	1171	157983	29302	10.3
2015	318224	553715	82733	1500	997	162094	27708	10.6
2016	306307	522071	90543	1547	978	164902	22532	10.7
2017	286732	481250	92214	1271	816	175276	21573	11.5
2018	278195	462484	93906	1262	782	175566	19095	11.6
2019	244370	399726	89014	1246	761	170110	16767	11.4
2020	171906	283387	60425	279	148	126147	11620	8.6
2021	172244	246431	98057	250	150	65222	20522	5.4
2022	150536	179284	121788	258	147	62136	18954	5.2

18-31　劳动争议案件受理和处理情况
The Disposal of Labor Disputes

单位：件 (case)

项　目	Item	2018	2019	2020	2021	2022
案件受理情况	**Cases Accepted**					
当期案件受理数	Number of Cases	23326	36254	19841	28116	22290
#集体劳动争议案件数	Collective Labour Disputes	9	9	39	30	29
劳动者申诉案件数	Cases Appealed by Laborers	23187	35877	18906	28029	22203
劳动者当事人数(人)	Number of Laborers Involved(person)	23613	36830	21696	29050	23173
#集体劳动争议劳动者当事人数	Laborers Involved in Collective Labour Disputes	142	362	1134	771	678
争议原因	Cause of the Disputes					
劳动报酬	Labour Remuneration	9872	13613	9133	15757	11828
社会保险	Social Insurances	2842	6441	3011	4226	2848
变更劳动合同	Change the Labour Contract					
解除、终止劳动合同	Relieve and End the Labour Contract	1025	1035	364	360	415
其　他	Others	5664	6024	4227	4736	4354
案件处理情况	**Cases Disposed**					
结案数	Number of Cases Settled	23205	35205	20529	28480	22116
处理方式	By Manners of Settlement					
仲裁调解	By Mediation	8187	12762	10919	16419	12469
仲裁裁决	By Arbitration Lawsuit	11228	16743	9016	11484	9090
其　他	Other	3790	5700	594	577	557
处理结果	By Result of Settlement					
用人单位胜诉	Lawsuit Won by Units	2533	2841	1886	2937	2361
劳动者胜诉	Lawsuit Won by Laborers	7633	12342	6105	6753	4879
双方部分胜诉	Lawsuit Partly Won by Both Parties	2333	3226	8930	15110	12471
本期未结案件数	**Number of Cases Dissected**	**202**	**1251**	**563**	**199**	**373**
其他方式调解案件数	**Number of the Arbitrated Cases through Other Forms**	**17674**	**30750**	**11584**	**10883**	**10264**

18-32 社会保险基本情况
Basic Statistics of Social Insurance

项 目	Item	2018	2019	2020	2021	2022
年末参加城镇职工基本养老保险人数 (万人)	Number of Urban Staff Basic Pension Insurance Contributors at Year-end (10000 persons)	1308.5	1364.9	1411.4	1446.6	1507.3
#职工	Staff and Workers	731.7	765.1	790.3	811.8	851.1
离退休人员	Retirees	576.8	599.8	621.0	634.8	656.2
基金收支情况 (亿元)	Revenue and Expenses (100 million yuan)					
基金收入	Revenue	1630.2	1785.4	1629.3	1824.5	1851.8
基金支出	Expenses	1793.1	2094.8	2240.1	2456.8	2482.9
累计结余	Balance at Year-end	-557.2	-433.7	-368.9	-372.3	-102.1
年末参加基本医疗保险人数 (万人)	Number of Basic Medical Care Insurance (10000 persons)	2908.6	2837.1	2827.0	2821.1	2767.8
年末参加城镇职工基本医疗保险人数 (万人)	Number of Urban Households Basic Medical Care Insurance Contributors at Year-end (10000 persons)	856.2	873.6	876.4	884.9	890.2
#职工	Staff and Workers	498.0	496.5	484.6	484.3	480.5
离退休人员	Retirees	358.2	377.1	391.8	400.6	409.7
基金收支情况 (亿元)	Revenue and Expenses (100 million yuan)					
基金收入 (亿元)	Revenue (100 million yuan)	308.1	333.0	370.0	379.9	388.4
基金支出 (亿元)	Expenses (100 million yuan)	267.8	295.7	284.1	308.0	330.9
累计结余 (亿元)	Balance at Year-end (100 million yuan)	360.9	398.2	517.9	589.8	647.3
年末参加城乡居民基本医疗保险人数 (万人)	Number of Urban Residents Basic Medical Care Insurance Contributors at Year-end (10000 persons)	2052.3	1963.5	1950.6	1936.2	1877.5
年末参加失业保险人数 (万人)	Number of Unemployment Insurance Contributors at Year-end (10000 persons)	318.0	324.0	326.2	329.5	332.2
#领取失业保险金	Beneficiaries of Unemployment Insurance Fund	7.2	6.1	7.3	8.2	7.1
基金收支情况 (亿元)	Revenue and Expenses (100 million yuan)					
基金收入 (亿元)	Revenue (100 million yuan)	19.1	22.5	18.6	25.0	23.5
基金支出 (亿元)	Expenses (100 million yuan)	15.2	25.6	38.7	24.1	23.4
累计结余 (亿元)	Balance at Year-end (100 million yuan)	171.7	128.2	108.3	109.2	109.4
年末参加工伤保险人数 (万人)	Number of Work Injury Insurance Contributors at Year-end (10000 persons)	520.1	464.1	442.6	444.4	448.8
#享受工伤待遇	Beneficiaries	6.9	5.9	4.6	4.4	3.2
基金收支情况 (亿元)	Revenue and Expenses (100 million yuan)					
基金收入 (亿元)	Revenue (100 million yuan)	24.9	26.9	20.4	32.2	27.4
基金支出 (亿元)	Expenses (100 million yuan)	26.0	26.4	23.0	28.9	25.9
累计结余 (亿元)	Balance at Year-end (100 million yuan)	30.9	31.3	28.7	32.0	33.4
年末参加生育保险人数 (万人)	Number of Maternity Insurance Contributors at Year-end (10000 persons)	350.2	343.5	397.7	396.0	390.1
#享受待遇	Beneficiaries	8.2	9.1	11.9	12.0	19.1
年末参加城乡居民社会养老保险人数 (万人)	Number of Urban and Rural Residents Basic Pension Insurance Contributors at Year-end (10000 persons)	896.8	916.7	908.7	890.4	889.2
#领取养老金	Farmer Beneficiaries	347.7	361.1	367.4	361.5	368.4

注2020年职工医保与生育保险合并实施，生育保险基金不再单独计算收支、结余情况，包含在职工医保中。

a) In 2020, employee medical insurance and maternity insurance will be implemented together, and the maternity insurance fund will no longer calculate the income, expenditure and balance separately, which will be included in employee medical insurance.

主要统计指标解释

广播/电视节目综合人口覆盖率　指根据国家广电总局制定的《广播电视人口覆盖率统计技术标准和方法》进行统计调查的，在对象区内能接收到由中央、省、地市或县通过无线、有线或卫星等各种技术方式转播的各级广播/电视节目的人口数占全国总人口数的百分比。

艺术表演团体　指由文化部门主办或实行行业管理（经文化行政部门审批或已申报登记并领取相关许可证），专门从事表演艺术等活动的各类专业艺术表演团体，含民间职业剧团。不包括群众业余文艺表演团体。

艺术表演场馆　指由文化部门主办或实行行业管理（经文化市场行政部门审批或已申报登记并领取相关许可证），有观众席、舞台、灯光设备，公开售票、专供文艺团体演出的文化活动场所。

文化市场经营机构　指经文化市场行政部门审批或已申报登记并领取相关许可证的、从事文化经营和文化服务活动的机构。

国家综合档案馆　按行政区划或历史时期设置的，收集和管理所辖范围内多种门类档案的档案馆。

等级运动员　指经考核正式批准授予运动员称号的运动员，分为国际级运动健将、运动健将、一级、二级运动员。

等级教练员　指经考核正式批准授予等级教练员职称的教练员，分为国家级、高级、中级、初级教练员。

医疗卫生机构　指从卫生行政部门取得《医疗机构执业许可证》、《计划生育技术服务许可证》，或从民政、工商行政、机构编制管理部门取得法人单位登记证书，为社会提供医疗保健、疾病控制、卫生监督服务或从事医学科研和医学在职培训等工作的单位。医疗卫生机构包括医院、基层医疗卫生机构、专业公共卫生机构、其他医疗卫生机构。

医院　包括综合医院、中医医院、中西医结合医院、民族医院、各类专科医院和护理院，不包括专科疾病防治院、妇幼保健院和疗养院。包括医学院校附属医院。

基层医疗卫生机构　包括社区卫生服务中心、社区卫生服务站、街道卫生院、乡镇卫生院、村卫生室、门诊部、诊所(医务室)。

专业公共卫生机构　包括疾病预防控制中心、专科疾病防治机构、妇幼保健机构、健康教育机构、急救中心（站）、采供血机构、卫生监督机构、卫生健康部门主管的计划生育技术服务机构。不包括传染病院、结核病医院、血防医院、精神病医院、卫生监督（监测、检测）机构。

其他医疗卫生机构　包括疗养院、临床检验中心、医学科研机构、医学在职教育机构、医学考试中心、农村改水中心、人才交流中心、统计信息中心等卫生事业单位。

卫生人员　指在医院、基层医疗卫生机构、专业公共卫生机构及其他医疗卫生机构工作的职工，包括卫生技术人员、乡村医生和卫生员、其他技术人员、管理人员和工勤人员。一律按支付年底工资的在岗职工统计，包括各类聘任人员(含合同工)及返聘本单位半年以上人员，不包括临时工、离退休人员、退职人员、离开本单位仍保留劳动关系人员、本单位返聘和临聘不足半年人员。

卫生技术人员　包括执业医师、执业助理医师、注册护士、药师（士）、检验技师（士）、影像技师、卫生监督员和见习医（药、护、技）师（士）等卫生专业人员。不包括从事管理工作的卫生技术人员(如院长、副院长、党委书记等)。

执业医师　指《医师执业证》“级别”为“执业医师”且实际从事医疗、预防保健工作的人员，不包括实际从事管理工作的执业医师。执业医师类别分为临床、中医、口腔和公共卫生四类。

执业(助理)医师　指《医师执业证》“级别”为“执业助理医师”且实际从事医疗、预防保健工作的人员，不包括实际从事管理工作的执业助理医师。执业助理医师类别分为临床、中医、口腔和公共卫生四类。

每万人口执业(助理)医师　每万人口执业(助理)医师=(执业医师数+执业助理医师数)/人口数×10000。人口数系年末常住人口。

每万人口卫生技术人员　每万人口卫生技术人员=卫生技术人员数/人口数×10000。人口数系年末常住人口。

每万人口医疗卫生机构床位　每万人口医疗卫生机构床位=医疗卫生机构床位数/人口数×10000。人口数系年末常住人口。

社会工作师　指通过全国社会工作师职业水平考试并取得社会工作师职业水平证书的人员。

社会福利企业　指以集中安置有一定劳动能力的残疾人就业为目的（残疾职工占生产人员 10%以上）、带有社会福利性质的企业总称。社会福利企业分类为: 社会福利工厂、假肢厂、其他福利企业。性质分为: 国有、集体和其他性质。

城市最低生活保障人数　指在报告期末纳入当地城市最低生活保障范围、并已发放补助经费的人数。

农村最低生活保障人数　指在报告期末纳入当地农村最低生活保障范围、并已发放补助经费的人数。

五保户　指无法定抚养义务人，或者虽有法定抚养义务人，但是抚养人无抚养能力的; 无劳动能力的; 无生活来源的老年人、残疾人和未成年人。

传统救济人数　指国家规定由民政部门救济的特殊人员和 60 年代精简退职老职工救济人员。特殊人员包括麻风病人、原国民党起义、投诚人员、归侨、台胞台属、宽大释放人员、摘掉右派帽子人员、因公负伤的下乡知青、因计划生育手术事故造成死亡和丧失劳动能力人员等传统民政救济对象。

社区服务机构数 指报告期末设立的社区服务指导中心、社区服务中心、社区服务站、社区养老机构和设施、互助型的养老设施等其他社区服务机构的总和数。具有面向老人，残疾人，儿童及其家庭的商品递送、医疗保健、家庭保洁、日间照料、陪伴服务等为社区居家养老服务的设施和突出综合服务的职能。

粗离婚率 指某地区当年离婚对数占该地区年平均人口的比重。计算公式为:

$$粗离婚率 = \frac{当年离婚对数}{年平均人口数} \times 1000‰$$

人民检察院直接立案侦查案件 指按照管辖的规定，由人民检察院直接立案侦查的贪污贿赂犯罪、渎职犯罪、国家机关工作人员利用职权实施的侵犯公民人身权利和民主权利的犯罪以及经省级人民检察院决定立案侦查的国家机关工作人员利用职权实施的其他重大犯罪案件。

要案 指县、处级以上干部的犯罪案件。该指标主要反映职务犯罪案件中县、处级以上干部被人民检察院依法立案侦查的情况。

批准逮捕 指人民检察院对公安机关、国家安全机关、监狱管理机关提出逮捕的犯罪嫌疑人进行审查，根据事实，依法做出逮捕决定。该指标主要反映人民检察院对提请逮捕犯罪嫌疑人进行审查后依法做出批准逮捕决定的情况。

决定逮捕 指人民检察院对直接立案侦查的案件，认为需要逮捕犯罪嫌疑人时，依据法律做出的逮捕决定。该指标主要反映人民检察院对直接受理的案件行使决定逮捕权的情况。

适用简易程序 指人民法院对依法可能判处三年以下有期徒刑、拘役、管制、单处罚金的公诉案件，事实清楚，证据充分，人民检察院建议或者同意适用简易程序的案件 ；告诉才处理的案件；被害人起诉的有证据证明的轻微刑事案件。

提出抗诉 指人民检察院对人民法院的判决、裁定认为确有错误，向人民法院提出对案件重新进行审理的诉讼活动。包括按照第二审程序提出的抗诉和按照审判监督程序（再审程序）提出的抗诉。

立案监督 指人民检察院对侦查机关刑事立案活动的监督。包括对应当立案而不立案的监督和不应立案而立案的监督。

监督立案 包括侦查机关接到要求说明不立案理由后主动立案和执行通知立案两个内容。

监管活动 指人民检察院对监狱等监管改造场所的管理活动进行的监督。青少年罪犯 指人民法院在报告期内判决发生法律效力的有罪判决中 14 周岁以上不满 25 周岁的罪犯。其中 14 周岁以上不满 18 周岁的罪犯为未成年罪犯。

行政案件 指公民、法人和其他组织不服行政机关作出的具体行政行为，向人民法院提起行政诉讼，人民法院依法审理的案件。

单独赔偿 指单独提起行政赔偿的案件。当事人对行政行为的合法性没有争议，就行政侵权造成的损害赔偿单独提起赔偿诉讼。

公证人员 指在公证处工作的人员总称，包括公证处主任、副主任、公证员、公证员助理(助理公证员)和其他从事辅助性工作的人员。

公证文书 指公证处根据当事人申请，依照事实和法律，按照法定程序制作的，具有法律效力的司法证明文书。

受理劳动人事争议案件数 指劳动人事争议仲裁委员会根据国家有关规定，对劳动人事争议当事人的申请予以审查，符合受理条件而正式立案、准备处理的劳动人事争议案件数。

城镇职工基本养老保险

1.参保职工人数 指报告期末按照国家法律、法规和有关政策规定参加城镇职工基本养老保险并在社保经办机构已建立缴费记录档案的职工人数，包括中断缴费但未终止养老保险关系的职工人数，不包括只登记未建立缴费记录档案的人数。

2.离退休人员人数 指报告期末参加城镇职工基本养老保险的离休、退休和退职人员的人数。

3.基金收入 指根据国家有关规定，由纳入基本养老保险范围的缴费单位和个人按国家规定的缴费基数和缴费比例缴纳的养老保险基金，以及通过其他方式取得的形成基金来源的收入。包括单位和职工个人缴纳的基本养老保险费、基本养老保险基金利息收入、上级补助收入、下级上解收入、转移收入、财政补贴和其他收入。

4.基金支出 指按照国家政策规定的开支范围和开支标准从养老保险基金中支付给参加基本养老保险的个人的养老金、丧葬抚恤补助，以及由于保险关系转移、上下级之间调剂资金等原因而发生的支出。包括离休金、退休金、退职金、各种补贴、医疗费、死亡丧葬补助费、抚恤救济费、社会保险经办机构管理费、补助下级支出、上解上级支出、转移支出、其他支出等。

5.基金累计结余 指截至报告期末基本养老保险基金收支相抵后的累计余额。

城乡居民基本养老保险

1.参保人数 指报告期末，参加城乡居民养老保险（在经办机构参保登记并已建立缴费记录以及制度实施当年已经年满 60 周岁并在经办机构参保登记）的总人数（不包括已经办理注销登记手续的人数）。

2.基金收入 指根据国家有关规定，由参加城乡居民基本养老保险的个人按规定缴费的城乡居民基本养老保险基金，以及通过集体补助、财政补助等其他方式取得的形成基金来源的收入。包括个人缴费收入、集体补助收入、政府补贴收入、利息收入、转移收入、上级补助收入、下级上解收入和其他收入。

3.基金支出 指按照国家政策规定的开支范围和开支标准从城乡居民基本养老保险基金中支付给参加城乡居民基本养老保险的个人养老金待遇支出，以及由于参保人员跨统筹地区流动而发生的支出等。包括养老金待遇支出、转移支出、补助下级支出、上解上级支出、其他支出。

4.基金累计结余 指截至报告期末城乡居民基本养老保险基金收支相抵后的累计余额。

基本医疗保险

1.参保人数　指报告期末按国家有关规定参加相应基本医疗保险的人数。

2.基金收入　指由用人单位和个人按照国家规定的缴费基数、缴费比例或缴费标准缴纳的基本医疗保险基金，财政补助资金以及通过其他方式取得的形成基金来源的款项，包括：单位缴纳收入、个人缴纳收入、财政补助收入（含医疗救助补助个人收入）、财政补贴收入、利息收入和其他收入。

3.基金支出　指按照国家政策规定的开支范围和开支标准，从基本医疗保险基金中支付给参保人员的医疗保险待遇支出，以及其他支出。包括住院医疗费用支出、门急诊医疗费用支出、个人账户基金支出、其他支出。

4.基金累计结余　指截至报告期末基本医疗保险基金累计结余金额。

失业保险

1.参保人数　指报告期末按照国家法律、法规和有关政策规定参加了失业保险的城镇企业、事业单位的职工及地方政府规定参加失业保险的其他人员的人数。

2.基金收入　指报告期内筹集的失业保险基金的总额，包括失业保险费收入、利息收入、财政补贴收入、其他收入、转移收入。

3.基金支出　指报告期内为保障失业人员基本生活、预防失业、促进再就业等支出的基金总额，包括失业保险金支出、医疗补助金支出、丧葬补助金和抚恤金支出、职业培训和职业介绍补贴支出、其他费用支出、技能提升补贴支出、稳定岗位补贴支出、其他支出、转移支出。

4.基金累计结余　指截至报告期末失业保险基金收支相抵后的累计余额。

工伤保险

1.参保人数　指报告期末依据国家有关规定参加工伤保险的职工人数和有雇工的个体工商户的雇工数。

2.享受工伤保险待遇人数　指年报告期内因工伤或职业病而享受工伤保险待遇的职工人数。为享受工伤医疗待遇中未评定等级的人数、享受伤残待遇人数以及享受因工死亡待遇人数之和。

3.基金收入　指根据国家有关规定，由参加工伤保险的单位按国家规定的缴费基数和缴费比例缴纳及难以直接按照工资总额计算缴纳工伤保险费的部分行业企业按规定方式缴纳的工伤保险费，以及依法通过其他形式取得的形成基金来源的款项。包括：工伤保险费收入、利息收入、上级补助收入、下级上解收入、其他收入。

4.基金支出　指按照国家政策规定的开支范围和开支标准从工伤保险基金中支付给参加工伤保险的人员及供养直系亲属工伤保险待遇支出及其他支出。包括工伤医疗待遇支出、伤残待遇支出、工亡待遇支出、劳动能力鉴定支出、工伤预防费用支出、补助下级支出、上解上级支出和其他支出。

5.基金累计结余　指工伤保险基金收支相抵后的期末累计结余金额。

生育保险

1.参保人数　指报告期末依据有关规定参加生育保险的人数。

2.基金收入　指根据国家有关规定，由参加生育保险的单位按照国家规定的缴费基数和缴费比例缴纳的生育保险基金，以及通过其他方式取得的形成基金来源的款项，包括：单位缴纳的基金收入、利息收入和其他收入。

3.基金支出　指按照国家政策规定的开支范围和开支标准，从生育保险基金中支付给参加生育保险的职工，因妊娠、分娩和计划生育手术而享受的待遇及其他支出。包括：生育津贴、医疗费用支出及其他支出。

4.基金累计结余　指截至报告期末生育保险基金累计结余金额。

Explanatory Notes on Main Statistical Indicators

The Population Coverage Rate of Radio/Television refers to the percentage of the whole country's population who can receive radio/television programmes transmitted by national, provincial, municipal or county stations through wireless, cable or satellite techniques, according to Statistical Standard and Method on Television and Radio Coverage of Population established by the former State Administration of Broadcasting, Film and Television.

Arts Performance Troupes refer to the various professional performing arts groups, which sponsored by the cultural sectors or guided by the cultural society (approved by the cultural administration authority, or registered and permitted with the relative certificate), including non-governmental troupes. The mass amateur arts performance troupes are not included. administration, or registered and permitted with the relative certificate), with the facility of auditorium, stage and lighting, and selling tickets in public.

Arts Performance Places refer to the various sites for cultural activities, which sponsored by the cultural sectors or guided by the cultural society (approved by the cultural market.

Cultural Market Operating Units refer to the units dealing in culture and cultural services, which registered and permitted with the relative certificate by cultural market administration.

National Comprehensive Archives refer to all archives institutions responsible for collecting and keeping various documents and materials by administrative regions or historical periods.

Certified Grade Athletes refer to those who are awarded the title of athletes through assessment. The titles include international level athletes, master of sports, first grade athletes and second grade athletes.

Certified Grade Coaches refer to those who are awarded the title of grade coaches through assessment. The titles include national level coaches, senior grade coaches, medium grade coaches and junior grade coaches.

Medical and Health Care Institutions refer to the units which have been qualified the Certification of Health Care Institution, certification of family planning technical service by the administration of public health, or qualified the Certification of Corporate Unit by the civil affairs, administration for industry and commerce, commission office for public sector reform, and engaging in medical care, disease prevention and control, health supervision and inspection, medicine research and on-job training, etc., including: hospitals, health care institutions at grass-root level, specialized public health institutions, and other medical and health care institutions.

Hospitals include general hospitals, hospitals specialized in traditional Chinese medicine, hospitals of integrated traditional Chinese and western medicine, ethnic hospitals, specialized hospitals and nursing hospitals, excluding specialized disease prevention and treatment institutes, maternal and child health care hospitals and convalescent hospitals.

Health Care Institutions at Grass-root Level include community health service centers, community health service stations, urban health centers, township health centers, village clinics, outpatient departments and clinics (health centers).

Specialized Public Health Institutions include CDC, specialized disease prevention and treatment institutions, maternal and children health centers, health education institutions, emergency centers (first-aid stations), blood gathering and supplying institutions, health inspection institutions, and family planning technical service institutions headed by the health department. It does not include infectious hospital, tuberculosis hospital, schistosomiasis control hospital, mental hospital, health supervision (monitoring and testing) institution.

Other Medical and Health Care Institutions include sanatoriums, clinical laboratory centers, medicinal scientific research institutions, on-job training institutions, medical examination centers, rural water improvement centers, talent exchange centers, and statistical information centers, etc.

Health Care Employees refer to all employees engaged in the health care institutions, such as hospitals, health care institutions at grass-root level, specialized public health institutions, and other medical and health care institutions, including medical technical personnel, village doctors and assistants, other technical personnel, managerial and service staff. The data is based on the year end payroll, including personnel hired (including contract labor) and re-employed after retirement by the institution for over half a year and excluding temporary workers, retired personnel, resigned personnel, personnel who have left the institution but kept the contract relation and personnel who are re-employed after retirement or temporarily employed for less than half a year.

Medical Technical Personnel refer to the professional staff engaged in health care, including licensed doctors, licensed assistant doctors, registered nurses, pharmacists, laboratory technicians, imaging staff, health care supervisors and intern doctors, pharmacists, nurses, and technical personnel, excluding the medical technical personnel engaged in managerial job (e.g. president, vice president and secretary of the party committee etc).

Licensed Doctors refer to the medical workers who have obtained the licenses of qualified doctors and are employed in medical treatment, disease prevention or healthcare institutions, excluding the licensed doctors engaged in management job. The licensed doctors are divided into 4 categories: clinician, Chinese medicine physicians, dentist and public health physicians.

Licensed Assistant Doctors refer to the medical workers who have obtained the licenses of qualified assistant doctors and are employed in medical treatment, disease prevention or healthcare institutions, excluding the licensed assistant doctors engaged in management job. The classification of licensed assistant doctors is clinician, Chinese medicine, dentist and public health.

Number of Licensed (Assistant) Doctors per 10000 Population The formula is:

Number of Licensed Doctors per 10000 Population = (Number of Licensed Doctors + Number of Licensed Assistant Doctors) / Population *10000

The population is the figure of usual population at year-end.

Number of Medical Technical Personnel per 10000 Population The formula is:

Number of Medical Technical Personnel per 10000 Population = Number of Medical Technical Personnel / Population *10000

The population is the figure of usual population at year-end.

Number of Beds of Medical and Health Care Institutions per 10000 Population the formula is:

Number of Beds of Medical and Health Care Institutions per 10000 Population = Number of Beds of Medical and Health Care Institutions / Population *10000

The population is the figure of usual population at year-end.

Social Welfare Enterprises refer to those welfare-oriented enterprises employing a significant number of handicapped people with certain labour ability (handicapped employees shall exceed 10% of the production staff). They can be categorized as welfare factories, artificial limb plants and other welfare enterprises. They can be in the form of state ownership, collective ownership or other kinds of ownership.

Number of Urban Residents Entitled to Minimum Living Allowances refers to the number of urban residents who have been included in the scope of local urban minimum living guarantee and have been granted subsidies by the end of the reporting period.

Number of Rural Residents Entitled to Minimum Living Allowances refers to the number of rural residents who have been included in the scope of local rural minimum living guarantee and have been granted subsidies by the end of the reporting period.

Households Enjoying Five Guarantees refers to those senior citizens, handicapped or under-aged who, without labour ability, can not make a living by themselves and whose statutory providers are unable to support them or who have no statutory providers at all.

Number of Recipients of Traditional Relief refers to special personnel receiving support from civil affair department according to national regulations and personnel who resigned because of the streamlining in the 1960s. Special personnel include traditional recipients of civil affair support, such as lepers, insurrectionists and surrenders of former KMT, returned overseas Chinese, Taiwan compatriots, personnel pardoned and released early from prisons, personnel removed of the label “rightist”, educated youth suffered from work injuries in the “Down to the Countryside Movement” and personnel who have lost their work capacity due to family planning surgeries.

Number of Service Institutions in Communities refers to the total number of community service guidance centers, community service centers, community service stations, community pension institutions and facilities and mutual aid pension facilities and other community service institutions at the end of the reporting period. These institutions offer home keeping and elderly care services for the elderly, handicapped people, children and their families, like commodity delivery, health care, cleaning, adult day care, companion and others.

Crude Divorce Rate refers to ratio of divorced couples to the annual average population in a certain region for the reference year, the formula is:

$$\text{Crude Divorce Rate} = \frac{\text{number of couples divorced for the reference year}}{\text{annual average population}} \times 1000‰$$

Cases Registered and Handled Directly by People's Procuratorate Offices refer to those serious criminal cases that, according to the functional jurisdiction, are registered and handled by the People's Procuratorate Offices, including the ones on bribery and corruption, the ones on abuse and dereliction of duty, offenses against citizens' personal and democratic rights by government officials abusing their powers; and that are registered and handled by the provincial Procuratorate offices in relation to other major crimes committed by government officials by abusing their powers.

Key Cases refer to crimes committed by county and director-level and above officials. This indicator reflects the situation of those county and director-level and above officials involved in criminal cases registered and handled by People's Procuratorate offices.

Approval for Arrest refers to the decision made by people's procuratorate office, in accordance with the law and relevant facts, to approve the arrest of the suspect(s) as proposed by the public security departments, state security departments or prisons authority. This indicator reflects approved arrests made by people's procuratorate offices that are proposed by related departments.

Decision on Arrest refers to decision made by the people's procuratorate office, in accordance with laws, to arrest the suspect(s) in the cases that are accepted and to be investigated by the procurators office. This indicator mainly reflects the implementation of the decision on arrest by people's procuratorate office.

Application of Summary Procedure refers to those cases of public prosecution where the suspects might be, according to law, sentenced to fixed-term imprisonment of no more than three years, criminal detention, public surveillance or punishment with fines exclusively by People's Court ; those cases where the facts are clear and the evidence is sufficient, and which the People's Procuratorate suggests or agrees that the summary procedure is applied to; those cases to be handled only upon complaints; and those minor criminal cases prosecuted by the victims with evidence.

Protests Presented refer to those protests presented by local People's Procuratorate at any level who considers that there exists some definite error in a judgment or order of first instance made by a People's Court at the same level to the People's Court at the next higher level, including the protests raised in accordance with the second instance and protests raised in accordance with procedure for trial supervision.

Supervision of Case Registered refers to the actions made by the People's Procuratorate to supervise the criminal cases registered by investigative authorities, including supervision of the cases which have wrongly not been registered and have wrongly been registered.

Supervision of Case Registration includes both the supervision of the registrations by the investigatory authorities and the supervision of the implementation of the notifications to register after the investigatory authorities are requested to state reasons for not registering a case.

Supervisory Activities refers to the supervision of the People's Procuratorate over the management of prisons as well as other places of criminal reformation.

Juvenile Criminals refers to the offenders within the age range of 14 to 25 convicted guilty by the court during the reporting period while those between 14 and 18 are defined as minor offenders.

Administrative Cases refer to the cases filed by citizens, corporations and other organizations against the specific administrative conducts of administrative authorities and handled by the court.

Separate Compensation refers to cases that are separately filed for administrative compensation by the party who has no dispute on the legality of administrative conducts but brings proceedings separately to claim for damages caused by administrative tort.

Notary Personnel refers to people working for notary offices including: directors, deputy directors, notaries, assistant notaries and other people providing assistance.

Notary Documents refer to legally binding judicial notary documents developed at the request of the interested party based on facts and the law following certain legal proceedings.

Number of Labour Disputes Cases Accepted refers to the number of cases of labour disputes submitted that, after being reviewed by the labour dispute arbitration committees in line with the relevant national regulations, are accepted and registered for treatment.

Basic Pension Insurance for Urban Staff and Workers

1. Number of staff and workers covered refers to staff and workers participating in the basic pension insurance for urban staff and workers programme according to national laws, regulations and related policies at the end of the reference period, who have already had payment records in social security management agencies, including those who have interrupt payment without terminating the insurance programme. Those who have registered in the programme but with no payment records are not included.

2. Number of retirees refers to the number of retirees participating in the basic pension insurance for urban staff and workers programmes by the end of the reference period.

3. Revenue of the basic pension insurance programme refers to payments made by employers and individuals participating in the pension insurance programme in accordance with the basis and proportion stipulated in State regulations, and income from other sources that become the source of pension insurance fund, including the premium paid by employers and staff and workers, interest income, subsidies from higher level agencies, income as transfer from subordinate agencies, transferred income, government financial subsidies and other income.

4. Expenditure of basic pension insurance programme refer to payment made on pensions and funeral subsidies to those covered in pension insurance programmes according to related national policies on scope and standard of expenditure. Also included are expenditure which arises due to shift of the insurance relationship or adjustment of funds among agencies. More specifically, included are pensions for resigned people, pensions for retired people, pension for people quitting jobs, various subsidies, medical fees, funeral subsidies, compensation payments, management fees for social security agencies, expenses on subsidies to lower subordinates, expenses as transfer to agencies at higher level, transferred expenditure and other expenditure.

5. Balance of basic pension insurance programme refers to the balance of basic pension insurance funds at the end of the reference period after deducting expenses from revenue.

Basic Pension Insurance for Urban and Rural Residents

1. Number of participants refers to people participating in the basic pension insurance for urban and rural residents programme who registered with the participation and established payment records, and who were 60 years old or above when the system was established and registered with the participation.. Those who cancelled their registration are not included.

2. Revenue of the insurance programme refers to the revenue from the payments made, in accordance with related regulations of the government, by individuals participating in the basic pension insurance for urban and rural residents programme and from the subsidies contributed by collective subsidies, public finance and other sources. It includes the payment by individual participants, collective subsidies, government subsidies, interest income, transferred income, subsidies from higher levels, contributions from lower levels, and income from other sources.

3. Expenditure of the insurance programme refers to payment made to those covered in the basic pension insurance for urban and rural residents according to related national policies on scope and standard of expenditure. Also included are expenditures which arise due to movement of participants among different locations. It includes the payment to the individual participants, transferred expenditures, expenses on subsidies to lower subordinates, expenses as transfer to agencies at higher level, and other expenditures.

4. Balance of insurance programme refers to the balance of basic pension insurance funds for urban and rural residents at the end of the reference period after deducting expenses from revenue.

Basic Medical Care Insurance

1. Number of people participating in the insurance programme refers to people participating in the basic medical care insurance programme according to related regulations at the end of the reference period.

2. Revenue of the insurance programme refers to payments made by employers and individuals participating in the medical care insurance programme in accordance with the basis and proportion stipulated in State regulations, government subsidies and income from other sources that become the source of medical insurance fund, including payment by employers and individuals, financial assistance (including medical assistance subsidiaries to individuals), financial subsidies, interest income and other incomes.

3. Expenditure of the insurance programme refers to medical care payment made to people covered in basic medical care insurance programme within the scope and standards of expenditure according to related national policies, and other expenses, including medical expenses of hospital inpatients, medical expenses for outpatients and emergency patients, payment to individual accounts and other expenditure.

4. Balance of the basic medical care insurance programme refers to the balance of medical care insurance funds at the end of the reference period after deducting expenses from revenue.

Unemployment Insurance

1. Participants refers to staff and workers in urban enterprises or institutions who have participated in the unemployment insurance according to relevant policies and regulations, and other people who have participated according to local government regulations at the end of the reference period.

2. Revenue refers to the total unemployment insurance funds raised in the reference period, including unemployment insurance premium, interest income, financial subsidies, other revenue, and transferred revenue.

3. Expenses refers to total expenses during the reference period to guarantee the basic livelihood of unemployed people, prevention of unemployment, and to encourage their re-employment. Included are unemployment relief, medical fees, funeral subsidies, compensation payments, training expenses, job placement expenses, other expenses, skills upgrading subsidy, job stabilization subsidy, other expenditures, transferred expenditure.

4. Balance refers to the balance of revenue after deducting expenses at the end of the reference period.

Work-related Injury Insurance

1.Participants refers to staff and workers who have participated in the work-related injury insurance and employees who work as self-employed and have participated in the work-related injury insurance according to relevant national regulations at the end of the reference period.

2. Number of beneficiaries refers to number of employee benefited from work-related injury insurance, as a result of work injury or occupational disease. It is the sum of beneficiaries of medical treatment of unrated work injuries, disability benefits for work injuries and compensation for deaths at work places.

3. Revenue refers to payments made by employers participating in the work-related injury insurance programme in accordance with the basis and proportion stipulated in state regulations, and payment by enterprises of some industries where it is difficult to estimate the injury insurance premium directly according to the total wage bill in accordance with stipulated way, and revenue from other sources according to law that become source of work-related injury insurance fund, including revenue of injury insurance, interest income, subsidies from higher level agencies, revenue as transfer from subordinate agencies, and other revenues.

4. Expenses refers to payments made from work-related injury insurance funds to those who participated in the work-related injury insurance and their direct dependents within the scope and standards of expenditure according to related national policies, and other expenditure, including medical fees for work injury, injury and disability subsidies, death subsidies, labor capacity appraisal, injury prevention fees, expenses on subsidies to lower subordinates, expenses as transfer to agencies at higher level, and other expenditure.

5. Balance refers to the balance of the work-related injury funds at the end of the reference period.

Maternity Insurance

1. Number of people covered refers to people who have participated in the maternity insurance programme according to relevant regulation at the end of the reference period.

2. Revenue of maternity insurance programme refers to payments made by employers participating in the maternity insurance programme in accordance with the basis and proportion stipulated in State regulations, and income from other sources that become source of maternity insurance fund, including income of funds paid by employers, interest income and other income.

3. Expenditure of the maternity insurance programme refers to payments made from maternity insurance funds to staff and workers who participate in the maternity insurance programme within the scope and standards of expenditure in accordance with related national policies, expenses paid for pregnancy, child delivery or surgeries related to family planning, and other expenditure, including allowance for child bearing, medical fees and other expenditure.

4. Balance of the maternity programme refers to the balance of the maternity insurance funds at the end of the reference period.

第19篇

城市概况

CHAPTER 19 GENERAL SURVEY OF CITIES

19-1　城市公用事业基本情况
Basic Statistics on Urban Public Utilities

指　标	Item	2018	2019	2020	2021	2022
城市建设	**City Areas and Floor Space of Buildings**					
城区面积（平方公里）	Urban Area (sq.km)	2587.7	2528.1	2573.8	2591.5	2567.9
建成区面积（平方公里）	Area of Built Districts (sq.km)	1825.0	1770.9	1826.9	1836.8	1802.6
城市建设用地面积（平方公里）	Area of Land Used for Urban Construction (sq.km)	1831.4	1773.7	1780.0	1706.3	1619.4
城市人口密度（人/平方公里）	Population Density of City Districts (persons/sq.km)	5476	5498	5501	5367	5361
城市供水、燃气及集中供热	**Water Supply, Gas Supply and Heating**					
全年供水总量（亿立方米）	Annual Volume of Tap Water Supply (100 million cu.m)	14.0	13.5	13.7	13.1	12.9
#生活用水	Water Consumption for Residential Use	3.7	3.7	4.3	4.3	4.5
人均生活用水（升）	Per Capita Water Consumption for Residential Use (liter)	125.5	126.8	129.5	120.6	127.3
城市人口用水普及率（%）	Coverage Rate of Urban Population with Access to Tap Water (%)	98.5	98.8	99.0	99.2	99.1
人工煤气供气量（亿立方米）	Coal Gas Supply (100 million cu.m)	0.4	0.3	0.2	0.2	0.2
#家庭用量	Consumption of Coal Gas for Residential Use	0.2	0.2	0.2	0.2	0.2
液化石油气供气量（万吨）	Liquefied Petroleum Gas (10000 tons)	19.9	18.8	14.7	16.9	15.7
#家庭用量	Consumption of Liquefied Gas for Residential Use	8.6	7.8	8.4	8.7	7.7
供气管道长度（公里）	Length of Gas Pipelines (km)	10644	11025	11579	12768	13009
燃气普及率（%）	Coverage Rate of Urban Population with Access to Tap Gas (%)	89.5	91.1	90.8	92.2	93.2
集中供热面积（万平方米）	Area of Centralized Heating (10000 sq.m)	76652	78100	82604	85756	90416
城市市政设施	**Municipal Infra-structure**					
年末实有道路长度（公里）	Length of Paved Roads at Year-end (km)	12726	13422	13713	14441	14388
每万人拥有道路长度（公里）	Length of Paved Roads per 10000 Persons (km)	5.5	5.9	5.5	6.6	6.7
年末实有道路面积（万平方米）	Area of Paved Roads at Year-end (10000 sq.m)	21062	21160	22076	23003	22897
人均拥有道路面积（平方米）	Per Capita Area of Paved Roads (sq.m)	14.9	15.2	15.6	16.5	16.6
城市排水管道长度（公里）	Length of City Sewage Pipes (km)	12278	12422	13291	13797	13120
平均每万人拥有（公里）	Length of Sewer Pipelines per 10000 Population (km)	5.3	5.5	5.3	6.3	6.1
城市公共交通	**Public Transportation**					
年末公共交通车辆运营数（辆）	Number of Public Vehicles under Operation at Year-end (Buses and Trolley Buses, etc.) (units)	19866	20119	19705	17807	17868
每万人拥有公共交通车辆（标台）	Number of Public Transportation Vehicles per 10000 Population (unit)	15.8	16.5	15.7	14.6	14.9
城市绿化和园林	**City Greening**					
园林绿地面积（公顷）	Public Green Areas (hectare)	70669	68732	71526	81606	81491
人均公园绿地面积（平方米）	Per Capita Public Green Areas (sq.m)	12.4	12.4	12.8	13.6	14.0
公园个数（个）	Number of Parks (unit)	384	373	422	444	479
公园面积（公顷）	Area of Parks (hectare)	12480	11078	11857	12631	13125
城市环境卫生	**Environmental Sanitation**					
生活垃圾清运量（万吨）	Volume of Garbage Disposal (10000 tons)	525	524	498	522	508
粪便清运量（万吨）	Volume of Excrement and Urine Disposal (10000 tons)					
每万人拥有公厕（座）	Number of Public Toilets per 10000 Population (unit)	4.5	4.7	4.3	4.3	4.4

19-2 12个省辖城市社会经济主要指标（2021年,不含所辖县及县级市）

指标		Item		哈尔滨市 Harbin	齐齐哈尔市 Qiqihar
人口、就业		**Population, Employment**			
年末户籍人口	(万人)	Domicile Population at the Year-end	(10000 persons)	943.17	516.51
年平均人口	(万人)	Annual Mean Population	(10000 persons)	945.86	519.29
年出生人口	(人)	Annual Birth Population	(person)	36638	15367
年死亡人口	(人)	Annual Death Population	(person)	56276	31878
年末总户数	(万户)	Total Households at the Year-end	(10000 households)	398.27	212.1
年末城镇登记失业人员数	(人)	Number of Registered Unemployed Persons in Urban Areas at Year-end	(person)	88557	28675
土地面积		**Land Areas**			
#建成区面积		Developed Areas		602	245
城市建设用地面积	(平方公里)	Urban Construction Land Areas	(sq.km)	554.26	240.57
#居住用地面积		Land Areas of Living		195.75	86.56
综合经济		**Total Economy**			
地区生产总值(当年价格)	(亿元)	Gross Domestic Product	(100 million yuan)	5351.66	1224.50
第一产业增加值	(万元)	Added Value of Primary Industry	(10000 yuan)	628.18	377.10
第二产业增加值	(万元)	Added Value of Secondary Industry	(10000 yuan)	1239.19	292.10
第三产业增加值	(万元)	Added Value of Tertiary Industry	(10000 yuan)	3484.29	555.30
人均地区生产总值	(元)	Per Capita GDP	(yuan)	53823	30559
地区生产总值增长率	(%)	Growth Rate of GDP	(%)	5.5	6.6
地方一般公共预算收入	(万元)	Local General Public Budget Revenue	(10000 yuan)	3658149	845672
#各项税收		Taxes		2811166	515616
地方一般公共预算支出	(万元)	Local General Public Budget Expenditure	(10000 yuan)	9920759	5109563
年末金融机构存款余额	(万元)	Balance of Deposits of National Banking System at the Year-end	(10000 yuan)	145550564	28731221
#住户存款余额		Balance of Deposits of Household		81872016	23567444
年末金融机构各项贷款余额	(万元)	Balance of Loans of National Banking System at the Year-end	(10000 yuan)	137412468	15749694
规模以上工业		**Industry**			
工业企业数	(个)	Number of Industrial Enterprises	(unit)	1406	400
内资企业		Domestic Funded Enterprises		1343	378
#国有企业		State-Owned Enterprises		22	7
私营企业		Private Enterprises		918	223
港、澳、台商投资企业		Enterprises with Funds from Hong Kong, Macao and Taiwan		17	10
外商投资企业		Foreign Funded Enterprises		46	12

Major Social and Economic Indicators of 12 Provincial Capitals (2021, Not Including The Cities at County Level and Counties)

鸡西市 Jixi	鹤岗市 Hegang	双鸭山市 Shuangyashan	大庆市 Daqing	伊春市 Yichun	佳木斯市 Jiamusi	七台河市 Qitaihe	牡丹江市 Mudanjiang	黑河市 Heihe	绥化市 Suihua
164.70	95.66	136.9	271.76	108.36	227.92	75.07	244.20	153.84	513.39
165.80	96.33	137.7	269.92	109.33	229.06	75.57	245.72	153.80	515.73
4517	2545	3956	10140	2321	6952	2370	7569	4434	14003
10737	6447	7412	11731	8817	14299	4009	17291	8714	18628
74.89	45.12	62.16	105.4	55.36	99.55	35.57	104.52	71.00	210.44
13821	11736	10371	30313	13736	19472	7811	24377	12895	19399
119	72	108	317	175	97	90	177	85	206
116.89	64.36	108.36	286.02	172.6	212.08	78.47	118.13	82.00	181.82
65.52	24.77	35.96	85.81	70.43	83.4	31.06	44.75	23.56	72.41
603.70	354.20	516.00	2619.98	318.69	816.20	231.40	875.05	637.10	1177.70
204.70	99.40	199.30	250.51	120.01	371.70	37.30	211.36	280.70	570.50
152.00	114.00	138.90	1378.22	60.21	115.10	99.30	188.29	85.90	136.20
247.00	140.80	177.70	991.25	138.47	329.40	94.80	475.40	270.50	471.00
40808	40338	43270	94790	36982	38247	34055	38719	50206	31915
7.1	7	6.3	6.2	7.3	7.5	5.2	6.1	6.2	6.3
396315	282516	317253	1847905	177675	580613	239946	604484	449192	631762
219193	152333	182671	1189016	107051	318235	140501	366275	230244	384698
1805532	1212898	1502829	3368514	1894161	3366057	848744	2676642	2604190	3927647
14614030	9636907	12037873	35715263	9889952	18674154	6712822	20395381	11927147	23477302
12088425	8041768	9608466	26834995	7391146	15565230	5276873	17459458	9321076	20359986
9593350	6361812	9463434	12851610	2052435	19606489	3098079	7767266	4790525	12751063
227	162	160	539	69	369	113	316	122	406
221	158	155	526	65	355	112	304	117	401
10	7	5	8		22	5	7	11	11
152	89	107	360	45	261	80	247	73	210
2	2	3	3		4		5	1	3
4	2	2	10	4	10	1	7	4	2

19-2 续表1

指　　标		Item	哈尔滨市 Harbin
贸易、外经		**Domestic and Foreign Trade**	
限额以上批发零售企业数（法人数）	（个）	Number of Corporation Enterprises of Wholesale and Retail Trade (unit) Above Designated Size	1011
#零售业		Retail Trade	450
教育、科技、文化、卫生		**Education, Science and Technology ,culture,Health**	
普通高等学校	（所）	Number of Regular Institutions of Higher Education (unit)	50
中等职业教育学校数	（所）	Number of Specialized Secondary Schools (unit)	52
普通中学学校数	（所）	Number of Regular Secondary Schools (unit)	451
小学学校数	（所）	Number of Primary Schools (unit)	399
普通高等学校专任教师数	（人）	Number of Full-time Teachers of Regular Institutions of Higher (person) Education	33337
中等职业教育学校教师数	（人）	Number of Full-time Teachers of Specialized Secondary Schools (person)	4432
普通中学教师数	（人）	Number of Full-time Teachers of Regular Secondary Schools (person)	34852
小学专任教师数	（人）	Number of Full-time Teachers of Primary Schools (person)	26708
中等职业教育学校学生数	（人）	Student Enrollment of Specialized Secondary Schools (person)	60520
普通中学学生数	（万人）	Student Enrollment of Regular Secondary Schools (10000 persons)	41
小学学生数	（万人）	Student Enrollment of Primary Schools (10000 persons)	38
体育场地数	（个）	Number of Public Stadiums and Gymnasiums (unit)	11013
公共图书馆图书总藏量	（万册、件）	Total Collections of Public Libraries (10000 volumes, units)	631
医院个数	（个）	Number of Hospitals (unit)	350
医院床位数	（张）	Number of Beds in Health Institutions (bed)	77916
医生数(执业医师+执业助理医师)	（人）	Number of Doctors (person)	31440
注册护士	（人）	Registered Nurses (person)	34805

Continued

齐齐哈尔市 Qiqihar	鸡西市 Jixi	鹤岗市 Hegang	双鸭山市 Shuangyashan	大庆市 Daqing	伊春市 Yichun	佳木斯市 Jiamusi	七台河市 Qitaihe	牡丹江市 Mudanjiang	黑河市 Heihe	绥化市 Suihua
291	110	50	49	285	34	169	37	236	136	131
174	72	37	41	204	27	114	21	132	69	94
5	1	1	1	6	1	5	1	7	1	
25	8	6	8	14	9	18	2	1	11	17
244	96	52	77	147	48	127	48	112	88	251
174	58	33	62	146	46	116	32	113	63	169
3078	482	237	378	3505	270	1633	162	3057		
1448	413	527	463	735	267	1070	38	94	798	1052
16057	7797	4632	6954	15382	3731	10059	3173	9206	5907	21471
12442	3337	2179	3925	7638	3437	6136	2259	7103	5264	11945
39559	3547	4231	1614	8049	2576	17067	764	2705	6565	13418
17	7	3	5	15	3	10	4	9	5	21
16	5	3	4	11	2	9	3	9	5	12
5396	13	11	1819	3103	874	18	543	42	3299	3965
290	70	56	77	171	128	102	37	132	54	178
139	66	42	56	121	38	103	27	88	62	130
30781	11483	7568	8683	16990	6316	16947	4249	15731	7584	21121
11895	5128	3131	3524	9332	2477	6933	2005	8136	4034	11421
14156	5531	4099	4011	9275	2853	8123	2222	9382	4256	11310

19-2 续表2

指　　标		Item		哈尔滨市 Harbin
人民生活		**People's Livelihood**		
城镇居民人均可支配收入	(元)	Annual per Capita Disposable Income of Urban Households	(yuan)	42745
城镇居民人均消费支出	(元)	Annual per Capita Consumption Expenditure of Urban Households	(yuan)	29922
每百户居民家庭拥有家用汽车	(辆)	Number of Automobile per 100 Urban Households	(unit)	33
每百户居民家庭拥有家用计算机	(台)	Number of Computer per 100 Urban Households	(unit)	69
社会保障		**Social Security**		
城镇职工基本养老保险参保人数	(人)	Urban Active Contributors of Basic Endowment Insurance	(persons)	3297299
城乡居民基本医疗保险参保人数	(人)	Urban Active Contributors of Basic Medical Treatment Insurance	(persons)	2302599
失业保险参保人数		Active Contributors of Unemployment Insurance	(persons)	1022100
提供住宿的各类社会服务机构数	(个)	Number of Various Social Service Institutions Providing Accommodation	(unit)	555
#养老服务机构数		Number of Pension Service Institutions		553
提供住宿的各类社会机构床位数	(张)	Number of Beds of Various Social Service Institutions Providing Accommodation	(bed)	46074
#养老机构床位数		Number of Beds in Elderly Care Service Institutions		44737
城市居民最低生活保障人数	(人)	Minimum Number of Urban Residents	(person)	63670
市政公用事业		**Municipal Utilities**		
年末实有城市道路面积	(万平方米)	Area of Paved Roads at Year-end	(10000 sq.m)	6883
排水管道长度		Length of City Sewage Pipes	(km)	3949
供水综合生产能力(包括自备水源)	(万立方米/日)	Production Capacity of Tap Water Supply	(10000 cu.m/day)	161
供水总量	(万立方米)	Total Annual Volume of Water Supply	(10000 cu.m)	
供气总量（人工、天然气）	(万立方米)	Volume of Gas Supply (Coal Gas and Natural Gas)	(10000 cu.m)	82403
#家庭用量		For Residential Use		19422
液化石油气供气总量		Volume of Liquefied Petroleum Gas Supply	(ton)	37500
#家庭用量		For Residential Use		16800
年末实有公共汽(电)车营运车辆数	(辆)	Number of Public Vehicles under Operation at Year-end (Buses and Trolley Buses, etc.)	(unit)	6981
全年公共汽(电)车客运总量	(万人次)	Number of Passengers Carried of Bus, Trolley Bus	(10000 person-times)	58797.2
年末实有出租汽车数		Number of Taxi	(unit)	17115
绿地面积		Area of Urban Green Areas	(hectare)	
#公园绿地面积		Area of Parks Green Areas		

Continued

齐齐哈尔市 Qiqihar	鸡西市 Jixi	鹤岗市 Hegang	双鸭山市 Shuangyashan	大庆市 Daqing	伊春市 Yichun	佳木斯市 Jiamusi	七台河市 Qitaihe	牡丹江市 Mudanjiang	黑河市 Heihe	绥化市 Suihua
33084	28252	26042	29448	45876	29194	33150	28298	36641	33477	29700
24468	25325	20482	24447	28109	19645	25129	20176	23279	23347	23166
28	16	24	18	59	34	25	31	25	27	21
41	26	42	35	47	57	38	46	38	81	64
736664	346900	200006	461593	951556	283600	562371	190495	847337	213978	435500
1642200	368000	115133	242787	544264	98065	595110	422320	521272	393840	1902675
208100	162100	82451	130000	195572	128510	151400	102932	169981	50193	110500
287	144	122	78	161	148	180	31	220	134	213
274	144	121	73	157	136	180	27	204	134	203
38761	10924	7057	6543	12606	9320	14641	3291	17008	12580	25878
37062	10924	6967	6460	12557	9136	14641	3132	16195	12580	25828
53260	29801	38862	38168	9049	54055	37803	22207	29184	30624	69219
1259	1216	525	519	3777	878	689	488	1173	237	282
1051	341	354	384	2662	410	634	274	763	167	382
47	4	17	18	98	19	21	22	25	5	17
9032	1501	3336	5475	27366	3965	3623	3101	8991	3200	8859
30815	1781	901	1015	37251	167	5638	3014	3627	161	1591
4734	369	604	773	11923	42	2618	1633	1691	43	226
7253	11300	4500	5568	10150	10369	22432	1361	9126	1689	3500
860	7199	4480	1257	3002	8250	180	1360	5016	1493	3498
1754	628	482	424	2098	379	433	468	682	85	290
3405.6	5514.9	6827.5	3321.0	3818.3	3164.91	7612.0	5125.4	9927.8	391.8	1783.0
2376	2915	2037	1100	1890	1944	2559	1005	2919	1001	2344
9023	3700	3817	3537	14922	6541	3742	3846	3419	2483	4726
2799	1030	872	905	2720	2346	875	764	780	826	1501

19-3 分地区城市建设情况(2022年)
Statistics on City Construction by Region(2022)

地 区	Region	城区面积 (平方公里) Urban Area (sq.km)	建成区面积 (平方公里) Area of Built Districts (sq.km)	城市建设用地面积 (平方公里) Area of Land Used for Urban Construction (sq.km)	征用土地面积 (平方公里) Land Put in Requisition for State Construction Projects (sq.km)	城市人口密度 (人/平方公里) Population Density of Urban Area (persons/sq.km)
总 计	**Total**	**2567.9**	**1802.6**	**1619.4**	**22.9**	**5361**
地级市合计	**Total Number at Prefectural Level**	**1795.8**	**1432.3**	**1286.0**	**20.5**	**6444**
哈尔滨	Harbin	500.4	500.4	417.6	13.2	9966
齐齐哈尔	Qiqihar	131.0	131.0	131.0	1.6	8086
鸡 西	Jixi	49.0	49.0	58.2	0.9	12677
鹤 岗	Hegang	85.0	56.3	48.6		5852
双鸭山	Shuangyashan	118.0	56.8	56.8		3737
大 庆	Daqing	327.2	256.4	239.5	2.4	4389
伊 春	Yichun	121.9	97.2	91.9		3441
佳木斯	Jiamusi	188.0	96.1	73.2		3009
七台河	Qitaihe	62.0	51.7	49.9	1.0	6370
牡丹江	Mudanjiang	92.7	72.4	61.6	0.8	7338
黑 河	Heihe	27.9	20.0	20.0		5308
绥 化	Suihua	92.8	45.0	37.7	0.7	3471
县级市合计	**Total Number at County Level**	**772.1**	**370.2**	**333.4**	**2.4**	**2842**
尚 志	Shangzhi	152.0	21.3	21.3	0.1	853
五 常	Wuchang	100.6	26.7	20.1	0.02	1895
讷 河	Nehe	23.7	14.4	13.8	0.2	3741
密 山	Mishan	87.4	19.4	17.9	0.2	956
虎 林	Hulin	46.2	11.1	11.1		1354
铁 力	Tieli	21.4	16.5	15.7		5472
同 江	Tongjiang	10.8	10.8	10.7	0.9	5704
富 锦	Fujin	17.9	16.2	16.2		7011
抚 远	Fuyuan	12.6	5.6	5.4		2897
绥芬河	Suifenhe City	34.4	29.5	22.1	0.2	2477
海 林	Hailin	24.3	17.7	17.7	0.4	3505
宁 安	Ningan	13.5	11.2	11.2		5541
穆 棱	Muling	10.4	10.4	10.1	0.01	7529
东 宁	Dongning	19.3	14.9	14.9	0.3	3862
北 安	Beian	57.3	23.1	23.0		2268
五大连池	Wudalianchi	10.0	5.6	5.6		6800
嫩 江	Nenjiang	28.5	19.5	19.5	0.1	4772
安 达	Anda	26.0	25.1	21.8		5961
肇 东	Zhaodong	48.8	44.7	30.7		4351
海 伦	Hailun	17.7	16.9	16.9	0.04	9316
漠 河	Mohe	9.5	9.5	7.7		3678

19-4　分地区城市供水情况(2022年)

Basic Statistics on Tap Water Supply in Cities by Region(2022)

地　区	Region	年末供水综合生产能力(万立方米/日) Production Capacity of Tap Water Supply (year-end) (10000 cu.m/day)	年末供水管道长度(公里) Length of Water Supply Pipelines (year-end) (km)	全年供水总　量(万立方米) Total Annual Volume of Water Supply (10000 cu.m)	#生活用水 For Residential Use	#生产用水 For Productive Use	用水人口(万人) Number of Residents with Access to Tap Water (10000 persons)	人均日生活用水量(升) Per Capita Daily Consumption of Tap Water for Residential Use (liter)
总　计	**Total**	**531.8**	**24220.9**	**116757.1**	**43497.7**	**22868.8**	**1353.0**	**127.3**
地级市合计	**Total Number at Prefectural Level**	**452.6**	**20768.5**	**102303.0**	**35075.8**	**21637.3**	**1136.8**	**117.0**
哈尔滨	Harbin	161.1	7667.6	40983.4	15562.0	3959.4	497.6	141.8
齐齐哈尔	Qiqihar	33.6	766.9	6037.4	2837.5	1195.2	98.3	129.5
鸡　西	Jixi	23.0	1129.0	3916.0	1382.0	313.0	60.0	115.9
鹤　岗	Hegang	16.6	632.6	2853.0	1462.0	567.0	48.8	97.3
双鸭山	Shuangyashan	18.0	1118.6	3429.0	2312.0	209.0	44.1	162.6
大　庆	Daqing	97.8	5932.8	27320.0	3998.1	12789.8	143.1	106.0
伊　春	Yichun	16.7	708.5	1921.1	987.5	245.6	40.5	87.8
佳木斯	Jiamusi	21.0	578.1	3740.1	2015.6	499.8	53.0	131.0
七台河	Qitaihe	20.0	816.7	2487.2	931.5	546.8	38.5	86.1
牡丹江	Mudanjiang	25.0	914.5	5886.7	2007.3	164.1	68.0	130.7
黑　河	Heihe	3.4	161.3	836.1	445.2	47.6	14.5	107.4
绥　化	Suihua	16.5	342.0	2893.0	1135.0	1100.0	30.5	107.9
县级市合计	**Total Number at County Level**	**79.2**	**3452.4**	**14454.0**	**8421.9**	**1231.5**	**216.2**	**121.2**
尚　志	Shangzhi	5.5	231.1	1587.4	846.5	241.3	12.7	231.1
五　常	Wuchang	6.8	220.4	1552.0	832.0	156.0	18.7	149.6
讷　河	Nehe	2.0	93.0	372.0	264.4		8.6	99.1
密　山	Mishan	4.0	138.1	685.0	385.0	75.0	8.4	145.0
虎　林	Hulin	2.3	238.0	446.8	209.0	79.3	6.3	117.3
铁　力	Tieli	2.5	236.0	565.0	397.0	63.0	11.1	107.9
同　江	Tongjiang	2.0	298.2	396.0	151.4	13.0	6.2	85.6
富　锦	Fujin	6.0	98.2	582.4	408.1	33.6	12.6	123.5
抚　远	Fuyuan	2.0	61.3	237.8	185.0	13.8	3.6	150.7
绥芬河	Suifenhe City	8.0	175.8	944.5	404.0	85.0	8.5	146.7
海　林	Hailin	4.0	90.2	540.0	289.0	30.0	8.3	124.4
宁　安	Ningan	3.0	150.0	423.0	243.0	5.0	7.5	111.7
穆　棱	Muling	2.2	137.9	374.4	218.2	23.3	7.4	107.0
东　宁	Dongning	3.0	94.5	442.2	264.7	1.9	7.3	117.2
北　安	Beian	5.0	139.6	868.6	346.2	239.2	12.9	94.5
五大连池	Wudalianchi	1.3	114.5	445.0	230.0	5.3	6.8	115.7
嫩　江	Nenjiang	2.0	266.2	760.5	393.0	87.0	13.0	92.1
安　达	Anda	6.0	91.5	858.0	550.0		15.4	114.6
肇　东	Zhaodong	5.0	154.8	1661.3	1403.0	19.8	21.2	187.4
海　伦	Hailun	5.0	283.0	597.0	352.0	42.0	16.5	69.9
漠　河	Mohe	1.6	140.3	115.3	50.3	18.0	3.4	55.1

19-5 分地区城市燃气情况(2022年)
Basic Statistics on Supply of Gas in Cities by Region(2022)

地 区	Region	生产能力(万立方米/日) Production Capacity of Coal Gas (10000 cu.m/day)	管道长度(公里) Length of Gas Pipelines (km)			全年供气总量(万立方米) Volume of Gas Supply (10000 cu.m)			用气人口(万人) Population with Access to Gas (10000 persons)		
			人工煤气 Coal Gas	液化石油气 Liquefied Petroleum Gas	天然气 Natural Gas	人工煤气 Coal Gas	液化石油气(吨) Liquefied Petroleum Gas (ton)	天然气 Natural Gas	人工煤气 Coal Gas	液化石油气 Liquefied Petroleum Gas	天然气 Natural Gas
总　　计	**Total**		**212.6**	**109.9**	**12898.9**	**2033**	**156966**	**176772**	**30.6**	**252.4**	**1000.4**
地级市合计	**Total Number at Prefectural Level**		**212.6**		**12105.7**	**2033**	**115151**	**165524**	**30.6**	**134.9**	**942.0**
哈尔滨	Harbin				5088.7		34546	82096		18.4	480.4
齐齐哈尔	Qiqihar				1453.8		7205	28751		1.2	103.1
鸡　西	Jixi				308.6		11378	2318		18.7	33.5
鹤　岗	Hegang				257.7		1557	828		10.5	25.8
双鸭山	Shuangyashan				259.0		4580	1118		2.5	32.2
大　庆	Daqing				2503.0		9866	37834		2.9	133.1
伊　春	Yichun				63.0		10200	183		38.9	0.4
佳木斯	Jiamusi				1210.0		21211	5940		0.6	53.9
七台河	Qitaihe		212.6		75.4	2033	1321	1045	30.6	4.7	4.0
牡丹江	Mudanjiang				614.6		8250	3654		3.5	63.8
黑　河	Heihe				180.5		1539	175		11.2	3.2
绥　化	Suihua				91.3		3500	1583		21.9	8.8
县级市合计	**Total Number at County Level**			**109.9**	**793.2**		**41815**	**11248**		**117.5**	**58.3**
尚　志	Shangzhi				35.0		2404	600		9.0	3.0
五　常	Wuchang				27.0		6422	288		17.0	1.8
讷　河	Nehe				71.1		470	713		0.9	7.7
密　山	Mishan				44.3		2097	64		4.2	2.0
虎　林	Hulin				24.3		1305	6		6.0	0.1
铁　力	Tieli				67.5		497	190		2.7	1.5
同　江	Tongjiang			0.2	75.1		240	69		0.9	1.6
富　锦	Fujin				42.0		3900	280		8.9	3.1
抚　远	Fuyuan						280			3.0	
绥芬河	Suifenhe City				32.0		1190	25		8.1	0.2
海　林	Hailin				68.0		1277	132		6.4	1.8
宁　安	Ningan				22.0		2050	54		5.0	2.5
穆　棱	Muling				12.1		1120	77		4.2	3.4
东　宁	Dongning				43.1		1706	58		5.2	2.0
北　安	Beian						5377			5.2	
五大连池	Wudalianchi				34.5		171	160		0.6	2.0
嫩　江	Nenjiang			3.7	58.8		1271	435		7.5	3.3
安　达	Anda				56.6		5613	1020		5.3	10.2
肇　东	Zhaodong			106.0	55.0		3102	6632		13.2	8.0
海　伦	Hailun				25.0		684	446		1.0	4.2
漠　河	Mohe						640			3.2	

19-6　分地区城市集中供热情况(2022年)

Basic Statistics on Heating in Cities by Region(2022)

地　区	Region	供应能力 Heating Capacity		供热总量 Quantity of Heat Supplied		集中供热管道长度 Length of Heating Pipelines		集中供热面积(万平方米) Area of Centralized Heating (10000 sq.m)
		蒸 汽(吨/小时) Steam (ton/hour)	热 水(兆瓦) Hot Water (Mega Watts)	蒸 汽(万吉焦) Steam (10000 gigajoules)	热 水(万吉焦) Hot Water (10000 gigajoules)	蒸 汽(公里) Steam (km)	热 水(公里) Hot Water (km)	
总　计	**Total**	**10655.2**	**54715.7**	**5694.9**	**43001.4**		**25576.3**	**90416.4**
地级市合计	**Total Number at Prefectural Level**	**8275.2**	**46415.7**	**4198.9**	**37229.0**		**20675.4**	**77594.6**
哈尔滨	Harbin	2982.0	19500.0	1315.2	18247.0		6796.9	38445.0
齐齐哈尔	Qiqihar		4430.5		2494.9		1156.8	6237.2
鸡　西	Jixi	976.2	968.8	1024.0	905.2		865.4	2777.7
鹤　岗	Hegang	3870.0	116.0	1384.9	47.5		1002.1	2832.9
双鸭山	Shuangyashan		1454.0		1537.0		885.0	2224.2
大　庆	Daqing		8088.8		6631.3		6502.1	9545.0
伊　春	Yichun		1605.0		1118.5		687.7	1776.4
佳木斯	Jiamusi		1577.0		1517.0		594.0	3441.2
七台河	Qitaihe		2177.1		1115.0		416.1	1926.0
牡丹江	Mudanjiang	447.0	3017.0	474.9	1733.6		883.7	4679.1
黑　河	Heihe		1003.5		764.7		536.8	1255.2
绥　化	Suihua		2478.0		1117.3		348.9	2454.8
县级市合计	**Total Number at County Level**	**2380.0**	**8300.0**	**1496.0**	**5772.5**		**4900.9**	**12821.9**
尚　志	Shangzhi	75.0	773.0	75.0	483.0		251.7	773.0
五　常	Wuchang		692.0		453.0		118.8	995.0
讷　河	Nehe		417.0		340.0		121.0	560.0
密　山	Mishan	225.0	174.0	180.0	78.0		280.0	580.0
虎　林	Hulin		273.0		240.0		211.7	425.0
铁　力	Tieli	650.0	91.0	449.0	134.0		187.3	708.0
同　江	Tongjiang	355.0	116.0	154.0	48.0		223.7	374.0
富　锦	Fujin		437.0		336.5		193.0	605.0
抚　远	Fuyuan		155.0		129.4		161.4	214.0
绥芬河	Suifenhe City		639.0		370.0		266.4	676.0
海　林	Hailin		482.0		294.0		213.0	540.0
宁　安	Ningan	140.0	232.0	70.0	222.5		204.2	427.8
穆　棱	Muling		282.0		236.5		150.2	344.5
东　宁	Dongning		92.0		232.2		274.5	440.0
北　安	Beian		810.0		430.0		316.0	723.0
五大连池	Wudalianchi	450.0		199.0			291.5	372.0
嫩　江	Nenjiang		670.0		425.0		334.5	751.0
安　达	Anda		568.0		479.0		377.8	973.3
肇　东	Zhaodong		522.0		398.0		399.0	1240.0
海　伦	Hailun	485.0	665.0	369.0	235.4		192.0	937.3
漠　河	Mohe		210.0		208.0		133.3	163.0

19-7 分地区城市市政设施(2022年)
Basic Statistics on Municipal Infrastructure in Cities by Region(2022)

地 区	Region	年末实有道路长度(公里) Length of Paved Roads (year-end) (km)	年末实有道路面积(万平方米) Area of Paved Roads (year-end) (10000 sq.m)	城市桥梁(座) Number of City Bridges (unit)	城市排水管道长度(公里) Length of City Sewage Pipes (km)	城市污水日处理能力(万立方米) Daily Disposal Capacity of City Sewage (10000 cu.m)	城市道路照明灯(千盏) Number of Street Lights (1000 units)
总 计	**Total**	**14387.7**	**22896.9**	**1214**	**13120.0**	**433.3**	**793.8**
地级市合计	**Total Number at Prefectural Level**	**11722.8**	**19292.4**	**1039**	**10580.2**	**372.0**	**647.8**
哈尔滨	Harbin	4672.4	8340.0	524	4016.7	174.0	235.6
齐齐哈尔	Qiqihar	551.6	1270.7	48	1019.0	27.5	49.1
鸡 西	Jixi	539.4	832.5	41	286.3	17.0	42.4
鹤 岗	Hegang	463.8	570.2	32	306.0	11.0	17.6
双鸭山	Shuangyashan	451.4	525.0	27	406.6	10.5	13.8
大 庆	Daqing	2312.4	3887.0	200	1904.6	45.4	85.6
伊 春	Yichun	790.7	883.0	55	427.8	12.6	23.0
佳木斯	Jiamusi	360.7	696.5	33	511.6	23.5	53.1
七台河	Qitaihe	539.9	488.3	15	372.7	11.5	50.1
牡丹江	Mudanjiang	802.2	1172.9	57	770.8	20.0	51.4
黑 河	Heihe	92.6	241.4	3	167.2	5.0	12.5
绥 化	Suihua	145.8	385.0	4	391.0	14.0	13.7
县级市合计	**Total Number at County Level**	**2664.9**	**3604.5**	**175**	**2539.7**	**61.3**	**146.0**
尚 志	Shangzhi	146.8	205.8	14	110.4	4.0	3.4
五 常	Wuchang	119.8	166.3	5	130.8	5.5	4.7
讷 河	Nehe	87.9	106.1	6	110.0	2.0	3.6
密 山	Mishan	117.9	162.6	25	134.7	3.0	3.5
虎 林	Hulin	77.5	109.5	3	61.0	1.0	5.1
铁 力	Tieli	232.3	199.5	14	127.4	4.0	6.7
同 江	Tongjiang	79.1	150.6		125.5	2.0	8.8
富 锦	Fujin	113.9	195.3		113.0	2.5	9.9
抚 远	Fuyuan	68.8	60.0	6	43.5	1.0	6.6
绥芬河	Suifenhe City	121.0	192.0	17	178.1	2.0	13.4
海 林	Hailin	196.0	224.8	12	138.5	4.0	8.7
宁 安	Ningan	88.3	110.0	4	87.5	3.5	3.5
穆 棱	Muling	148.6	121.8	19	75.3	3.0	7.0
东 宁	Dongning	126.7	160.8	10	104.3	2.0	6.5
北 安	Beian	131.7	302.3	16	141.8	3.0	9.8
五大连池	Wudalianchi	63.0	79.1	1	77.3	2.0	3.9
嫩 江	Nenjiang	146.3	272.5	1	106.0	3.0	6.5
安 达	Anda	177.3	219.4	4	139.4	4.5	3.3
肇 东	Zhaodong	223.8	307.3	11	294.6	5.0	4.9
海 伦	Hailun	98.7	164.5	2	183.0	4.0	15.7
漠 河	Mohe	99.7	94.6	5	57.8	0.3	10.6

19-8 分地区城市公共交通情况(2022年)

Basic Statistics on Public Transportation in Cities by Region(2022)

地 区	Region	年末公共交通车辆运营数(辆) Number of Public Vehicles under Operation at Year-end (unit)	#公共汽、电车 Bus and Trolley Bus	运营线路总长度(公里) Length under Operation (km)	#公共汽、电车 Bus and Trolley Bus	公共交通客运总量(万人次) Passengers Transported by Public Vehicles (10 000 person-times)	#公共汽、电车 Bus and Trolley Bus
总 计	**Total**	**17868**	**17346**	**32628**	**32549**	**113079**	**99648**
地级市合计	**Total Number at Prefectural Level**	**15756**	**15234**	**26195**	**26116**	**104066**	**90635**
哈尔滨	Harbin	7950	7428	8546	8468	59065	45634
齐齐哈尔	Qiqihar	1092	1092	1779	1779	2948	2948
鸡 西	Jixi	610	610	1541	1541	5490	5490
鹤 岗	Hegang	515	515	659	659	7279	7279
双鸭山	Shuangyashan	431	431	517	517	3045	3045
大 庆	Daqing	2831	2831	7876	7876	5371	5371
伊 春	Yichun	268	268	1154	1154	1609	1609
佳木斯	Jiamusi	433	433	299	299	4625	4625
七台河	Qitaihe	403	403	358	358	5512	5512
牡丹江	Mudanjiang	682	682	1734	1734	7516	7516
黑 河	Heihe	85	85	198	198	316	316
绥 化	Suihua	456	456	1535	1534	1290	1290
县级市合计	**Total Number at County Level**	**2112**	**2112**	**6433**	**6433**	**9013**	**9013**
尚 志	Shangzhi	171	171	735	735	956	956
五 常	Wuchang	159	159	787	787	540	540
讷 河	Nehe	83	83	125	125	428	428
密 山	Mishan	204	204	82	82	911	911
虎 林	Hulin	76	76	148	148	556	556
铁 力	Tieli	217	217	603	603	1034	1034
同 江	Tongjiang	73	73	423	423	99	99
富 锦	Fujin	148	148	498	498	917	917
抚 远	Fuyuan	15	15	65	65	141	141
绥芬河	Suifenhe City	106	106	233	233	96	96
海 林	Hailin	48	48	85	85	210	210
宁 安	Ningan	64	64	113	113	238	238
穆 棱	Muling	93	93	205	205	241	241
东 宁	Dongning	53	53	207	207	289	289
北 安	Beian	122	122	238	238	707	707
五大连池	Wudalianchi	50	50	381	381	420	420
嫩 江	Nenjiang	57	57	329	329	398	398
安 达	Anda	116	116	344	344	343	343
肇 东	Zhaodong	90	90	168	168	151	151
海 伦	Hailun	127	127	227	227	280	280
漠 河	Mohe	40	40	440	440	58	58

19-9 分地区城市绿地和园林(2022年)
Basic Statistics on Parks and Green Areas in Cities by Region(2022)

地　区	Region	城市园林绿地面积(公顷) Area of Parks and Green Land (hectare)	#公园绿地 Park Green Areas	公　园(个) Number of Parks (unit)	公园面积(公顷) Area of Parks (hectare)	建成区绿化覆盖率(%) Green Covered Area as % of Completed Area (%)
总　计	**Total**	**81491**	**19333**	**479**	**13125**	**38.0**
地级市合计	**Total Number at Prefectural Level**	**66347**	**16308**	**337**	**10796**	**41.3**
哈尔滨	Harbin	17357	5173	105	2913	33.1
齐齐哈尔	Qiqihar	5807	1739	26	1291	43.3
鸡　西	Jixi	1968	1054	22	942	40.1
鹤　岗	Hegang	3694	776	22	771	43.3
双鸭山	Shuangyashan	3367	819	28	306	47.3
大　庆	Daqing	14985	2205	14	974	44.0
伊　春	Yichun	4199	1714	31	1238	43.2
佳木斯	Jiamusi	4099	862	20	828	42.7
七台河	Qitaihe	2695	605	18	461	46.2
牡丹江	Mudanjiang	5646	783	19	626	33.6
黑　河	Heihe	897	220	4	206	44.8
绥　化	Suihua	1633	360	28	239	33.6
县级市合计	**Total Number at County Level**	**15144**	**3025**	**142**	**2329**	**35.5**
尚　志	Shangzhi	759	191	5	191	17.3
五　常	Wuchang	1080	200	5	186	18.9
讷　河	Nehe	514	164	2	163	35.8
密　山	Mishan	817	111	6	109	25.3
虎　林	Hulin	432	85	13	78	38.7
铁　力	Tieli	759	199	8	80	44.8
同　江	Tongjiang	1638	113	5	65	43.0
富　锦	Fujin	546	117	2	5	31.3
抚　远	Fuyuan	222	149	8	146	35.5
绥芬河	Suifenhe City	1243	136	15	69	42.1
海　林	Hailin	863	178	14	158	45.7
宁　安	Ningan	425	112	3	63	37.3
穆　棱	Muling	403	138	13	115	38.6
东　宁	Dongning	647	118	13	39	43.5
北　安	Beian	809	159	5	101	35.0
五大连池	Wudalianchi	197	61	1	58	35.1
嫩　江	Nenjiang	744	208	7	203	38.1
安　达	Anda	595	94	4	23	20.9
肇　东	Zhaodong	1310	413	7	413	26.9
海　伦	Hailun	475	23	1	21	28.1
漠　河	Mohe	665	57	5	44	64.4

19-10　分地区城市市容环境卫生情况(2022年)

Basic Statistics on Urban Sanitation in Cities by Region(2022)

地　区	Region	清扫保洁面　积(万平方米) Area under Cleaning Program (10000 sq.m)	生活垃圾清运量(万吨) Volume of Garbage Disposal (10000 tons)	市容环卫专用车辆设备总数(台) Number of Special Vehicles for Environmental Sanitation (unit)	公共厕所(座) Number of Public Lavatories (unit)	#三类以上 Third Grade and Above
总　计	**Total**	**28126**	**507.9**	**11382**	**5994**	**3442**
地级市合计	**Total Number at Prefectural Level**	**23714**	**398.4**	**9600**	**4886**	**3040**
哈尔滨	Harbin	9955	186.2	4824	2654	2219
齐齐哈尔	Qiqihar	2943	35.3	937	380	68
鸡　西	Jixi	801	21.1	467	418	173
鹤　岗	Hegang	590	12.9	387	112	68
双鸭山	Shuangyashan	482	16.8	259	190	115
大　庆	Daqing	3600	34.7	791	224	224
伊　春	Yichun	828	11.2	295	218	44
佳木斯	Jiamusi	906	14.2	130	332	
七台河	Qitaihe	689	15.2	715	46	36
牡丹江	Mudanjiang	1527	23.4	328	171	55
黑　河	Heihe	471	6.3	267	50	38
绥　化	Suihua	922	21.0	200	91	
县级市合计	**Total Number at County Level**	**4413**	**109.5**	**1782**	**1108**	**402**
尚　志	Shangzhi	246	7.6	97	40	18
五　常	Wuchang	210	10.2	41	17	
讷　河	Nehe	116	5.7	126	58	58
密　山	Mishan	240	5.1	117	73	25
虎　林	Hulin	92	3.5	90	65	24
铁　力	Tieli	196	4.0	117	52	22
同　江	Tongjiang	160	2.7	90	21	
富　锦	Fujin	248	6.1	45	79	32
抚　远	Fuyuan	96	2.3	56	15	
绥芬河	Suifenhe City	289	4.6	81	21	18
海　林	Hailin	240	4.4	63	37	10
宁　安	Ningan	153	5.0	40	51	17
穆　棱	Muling	139	3.3	47	25	17
东　宁	Dongning	211	4.3	70	32	30
北　安	Beian	240	5.7	149	135	49
五大连池	Wudalianchi	122	3.9	95	34	20
嫩　江	Nenjiang	209	6.5	127	22	15
安　达	Anda	480	8.6	80	108	21
肇　东	Zhaodong	420	7.5	175	186	25
海　伦	Hailun	224	7.1	47	9	1
漠　河	Mohe	82	1.4	29	28	

19-11 分地区城市设施水平(2022年)
Level of Public Facilities in Cities by Region(2022)

地 区	Region	城市用水普及率(%) Coverage Rate of Urban Population with Access to Tap Water (%)	城市燃气普及率(%) Coverage Rate of Urban Population with Access to Gas (%)	每万人拥有公共交通车辆(标台) Number of Public Transportation Vehicles Per 10000 Population (unit)	人均城市道路面积(平方米) Per Capita Area of Paved Roads (sq.m)	人均公园绿地面积(平方米) Per Capita Public Green Areas (sq.m)	每万人拥有公共厕所(座) Number of Public Lavatories Per 10 000 Population (unit)
总 计	**Total**	**99.1**	**93.2**	**14.9**	**16.6**	**14.0**	**4.4**
地级市合计	**Total Number at Prefectural Level**	**98.4**	**92.5**	**8.4**	**15.3**	**16.9**	**4.2**
哈尔滨	Harbin	100.0	100.0	23.6	16.7	10.4	5.3
齐齐哈尔	Qiqihar	99.5	98.5	12.1	12.0	16.4	3.6
鸡 西	Jixi	96.7	83.9	10.2	13.4	16.9	6.7
鹤 岗	Hegang	98.0	72.8	12.1	11.5	15.6	2.3
双鸭山	Shuangyashan	100.0	78.6	10.9	11.9	18.6	4.3
大 庆	Daqing	99.7	94.7	31.0	27.1	15.4	1.6
伊 春	Yichun	98.4	93.7	7.4	21.0	40.8	5.2
佳木斯	Jiamusi	93.7	96.2	10.0	12.3	15.2	5.9
七台河	Qitaihe	98.1	99.7	14.0	12.4	15.3	1.2
牡丹江	Mudanjiang	100.0	99.0	15.6	17.2	11.5	2.5
黑 河	Heihe	98.2	97.3	6.3	16.3	14.9	3.4
绥 化	Suihua	98.0	95.2	13.0	12.0	11.2	2.8
县级市合计	**Total Number at County Level**	**98.9**	**80.1**	**10.4**	**17.5**	**15.3**	**5.0**
尚 志	Shangzhi	98.1	92.9	1.1	15.9	14.8	3.1
五 常	Wuchang	98.2	98.4	1.4	8.7	10.5	0.9
讷 河	Nehe	100.0	96.7	3.3	12.0	18.5	6.5
密 山	Mishan	100.0	75.0	1.9	19.5	13.2	8.7
虎 林	Hulin	100.0	97.0	1.6	17.5	13.6	10.4
铁 力	Tieli	94.8	35.9	10.1	17.0	17.0	4.4
同 江	Tongjiang	100.0	40.6	5.5	24.5	18.4	3.4
富 锦	Fujin	100.0	95.5	7.8	15.6	9.3	6.3
抚 远	Fuyuan	98.6	82.2	1.2	16.4	40.8	4.1
绥芬河	Suifenhe City	99.9	97.1	3.2	22.6	16.0	2.5
海 林	Hailin	100.0	96.8	1.4	26.4	20.9	4.4
宁 安	Ningan	100.0	99.6	4.6	14.7	15.0	6.8
穆 棱	Muling	98.3	97.3	5.9	15.5	17.5	3.2
东 宁	Dongning	97.9	96.8	2.6	21.6	15.8	4.3
北 安	Beian	99.1	40.0	2.1	23.3	12.2	10.4
五大连池	Wudalianchi	100.0	38.8	4.6	11.6	9.0	5.0
嫩 江	Nenjiang	95.6	79.4	1.5	20.0	15.3	1.6
安 达	Anda	99.5	100.0	4.8	14.2	6.0	7.0
肇 东	Zhaodong	100.0	99.7	1.8	14.5	19.5	8.8
海 伦	Hailun	100.0	31.6	7.2	10.0	1.4	0.5
漠 河	Mohe	97.4	91.7	17.6	27.1	16.4	8.0

主要统计指标解释

供水综合生产能力 指按供水设施取水、净化、送水、出厂输水干管等环节设计能力计算的综合生产能力。包括在原设计能力的基础上，经挖、革、改增加的生产能力。计算时，以四个环节中最薄弱的环节为主确定能力。

供水管道长度 指从送水泵至用户水表之间所有管道的长度。不包括新安装尚未使用、水厂内以及用户建筑物内的管道。

城市供水总量 指报告期供水企业(单位)供出的全部水量。包括有效供水量和漏损水量。

生活用水 包括公共服务用水和居民家庭用水。公共服务用水指为城区社会公共生活服务的用水。包括行政事业单位、部队营区和公共设施服务、批发零售业、住宿餐饮业以及社会服务业等单位的用水。居民家庭用水指城市范围内所有居民家庭的日常生活用水。包括城市居民、农民家庭、公共供水站用水。

生产用水 指在城区范围内生产、运营的农、林、牧、渔业、工业、建筑业、交通运输业等单位在生产、运营过程中的用水。

用水普及率 指报告期末城区用水人口数与城市人口总数的比率。计算公式:

$$用水普及率=\frac{城区用水人口(含暂住人口)}{城区人口+城区暂住人口}\times 100\%$$

人工煤气生产能力 指报告期末人工燃气生产厂制气、净化、输送等环节的综合生产能力，不包括备用设备能力。一般按设计能力计算，当实际生产能力大于设计能力时，应按实际测定的生产能力计算。测定时应以制气、净化、输送三个环节中最薄弱的环节为主。

供气管道长度 指报告期末从气源厂压缩机的出口或门站出口至各类用户引入管之间的全部已经通气、投入使用的管道长度。不包括煤气生产厂、输配站、液化气储存站、灌瓶站、储配站、气化站、混气站、供应站等厂(站)内的管道。

城市供气总量 指报告期燃气企业(单位)向用户供应的燃气数量。包括销售量和损失量。

燃气普及率 指报告期末城区使用燃气的城市人口数与城市人口总数的比率。其中燃气包括人工煤气、天然气、液化石油气三种。计算公式为:

$$燃气普及率=\frac{城区用气人口(含暂住人口)}{城区人口+城区暂住人口}\times 100\%$$

城市供热能力 指供热企业(单位)向城市热用户输送热能的设计能力。

城市供热总量 指在报告期供热企业(单位)向城市热用户输送全部蒸汽和热水的总热量。

城市供热管道长度 指从各类热源到热用户建筑物接入口之间的全部蒸汽和热水的管道长度。不包括各类热源厂内部的管道长度。

道路长度 指道路长度和与道路相通的桥梁、隧道的长度，按车行道中心线计算。

城市桥梁 指为跨越天然或人工障碍物而修建的构筑物。包括跨河桥、立交桥、人行天桥以及人行地下通道等。

城市排水管道长度 指所有排水总管、干管、支管、检查井及连接井进出口等长度之和。

城市污水日处理能力 指污水处理厂(或污水处理装置)每昼夜处理污水量的设计能力。

年末公共交通车辆运营数 指年末城市用于公共交通运营业务的全部车辆数。新购、新制和调入的运营车辆，自投入之日起开始计算；调出、报废和调作他用的运营车辆，自上级主管机关批准之日起不再计入。

城市绿地面积 指报告期末用作园林和绿化的各种绿地面积。包括公园绿地、生产绿地、防护绿地、附属绿地和其他绿地的面积。

公园绿地 城市中向公众开放的、以游憩为主要功能，有一定的游憩设施和服务设施，同时兼有健全生态、美化景观、防灾减灾等综合作用的绿化用地。包括综合公园、社区公园、专类公园、带状公园和街旁绿地。其中综合公园、专类公园和带状公园面积之和为公园面积。

清扫保洁面积 指报告期末对城市道路和公共场所（主要包括城市行车道、人行道、车行隧道、人行过街地下通道、道路附属绿地、地铁站、高架路、人行过街天桥、立交桥、广场、停车场及其他设施等）进行清扫保洁的面积。一天清扫保洁多次的，按清扫保洁面积最大的一次计算。

市容环卫专用车辆设备 指用于环境卫生作业、监察的专用车辆和设备，包括用于道路清扫、冲洗、洒水、除雪、垃圾粪便清运、市容监察以及与其配套使用的车辆和设备。

每万人拥有公共交通车辆 指按城市人口计算的每万人平均拥有的公共交通车辆标台数。计算公式:

$$每万人拥有公共交通车辆=\frac{公共交通运营车标台数}{城区人口+城区暂住人口}$$

Explanatory Notes on Main Statistical Indicators

Production Capacity of Water Supply refers to the designed overall production capacity of water facilities, covering the four segments of water collection, purification, conveyance, and outflow through trunk pipelines. Increased capacity through transformation and innovation projects is included as well. The capacity is determined mainly on the weakest of the above-mentioned four segments.

Length of Water Supply Pipelines refers to the total length of all the pipelines between the water pumps and the user water meters, excluding pipelines newly installed but not used yet, pipeline in the water factory, and pipeline in the user's buildings.

Total Volume of Urban Water Supply refers to the total volume of water supplied by water-works (units) during the reference period, including both the effective water supply and loss during the water supply.

Consumption of Water for Living Use It includes Consumption of Water for Public Service Use and Consumption of Water for Households Use. Consumption of Water for Public Service Use refers to water consumption for public service in the urban areas. It includes water consumption of administrative institutions, army camps, public facilities, wholesale and retail, accommodation and catering industry and social service industry, etc. Consumption of Water for Households Use refers to consumption of water for daily life of all households in cities, including households of urban residents and farmers, and public water supply stations.

Consumption of Water for Production and Operation Use refers to water consumption in the process of production and operation by production and operation units of agriculture, forestry, animal husbandry, fisheries, industry, construction industry, and transportation industry, etc. in urban areas.

Coverage Rate of Urban Population with Access to Tap Water refers to the ratio of the urban population with access to tap water to the total urban population at the end of reference period. The formula is:

$$\text{Coverage of urban population with access to tap water} = \frac{\text{Urban population with access to tap water}}{\text{Urban population}} \times 100\%$$

Production Capacity of Gasworks Gas refers to the overall production capacity of the urban gasworks in gas generation, purification and delivery at the end of the reference period, excluding capacity of the reserved facilities. In general, it is determined by the designed capacity, and when actual production capacity is larger than the designed capacity, the capacity is determined by the actual measurement on the weakest segment in the production, purification and delivery.

Length of Gas Pipelines refers to the total length of pipelines in use between the outlet of the compressor of gas-work or outlet of gas stations and the leading pipe of users, excluding pipelines within gasworks, delivery stations, LPG storage stations, refilling stations, gas-mixing stations and supply stations.

Volume of Gas Supply refers to the total volume of gas provided to users by gas-producing enterprises (units) during the reporting period, including the volume sold and the volume lost.

Coverage Rate of Urban Population with Access to Gas refers to the ratio of the urban population with access to gas to the total urban population at the end of the reference period. Gas here includes artificial coal gas, natural gas and liquefied petroleum gas. The formula is:

$$\text{Coverage rate of urban population with access to gas} = \frac{\text{Urban population with access to gas}}{\text{Urban population}} \times 100\%$$

Heating Capacity in Urban Areas refers to the designed capacity of heating enterprises (units) in supplying heating energy to urban users during the reference period.

Quantity of Heat Supplied in Urban Areas refers to the total quantity of heat from steam and hot water supplied to urban users by heating enterprises (units) during the reference period.

Length of Urban Heating Pipelines refers to the total length of steam or hot water pipelines for sources of heat to the leading pipelines of the buildings of the users, excluding internal pipelines in heat generating enterprises.

Length of Paved Roads refers to the length of roads with paved surface including bridges and tunnels connected with roads. Length of the roads is measured by the central lines.

Urban Bridges refer to bridges built to cross over natural or man-made barriers, including bridges over rivers, overpasses for traffic and for pedestrians, underpasses for pedestrians, etc.

Length of Urban Sewage Pipes refers to the total length of general drainage, trunks, branch and inspection wells, connection wells, inlets and outlets, etc.

Daily Disposal Capacity of Urban Sewage refers to the designed 24-hour capacity of sewage disposal by the sewage treatment works or facilities.

Number of Vehicles under Operation at Year-end refers to the total number of vehicles under operation by public transport enterprises (units) at the end of the year, based on the records of operational vehicles by the enterprises (units).

Area of Urban Green Land refers to the total area occupied for green projects at the end of the reference period, including park green land, production green land, protection green land, green land attached to institutions, and other green areas.

Park Green Area refers to green areas open to the public for amusement and rest with the facilities of amusement, rest and services. Its function includes perfecting ecology, beautifying landscape, and preventing and reducing disaster. Park green areas include comprehensive park, community park, theme park, linear park and roadside green space. Total areas of comprehensive park, topic park and belt-shaped is the area of park.

Road Area Cleaned refers to the area which are regularly cleaned, as at the end of the reference period, at urban roads and public places (mainly including urban roadways, pedestrian walkways, vehicular tunnels, pedestrian underpasses, underground railway stations, lifted roads, pedestrians walk bridges, overpasses, plazas, parking lots and other facilities). If there are several times of cleaning in a day at a location, the area of that time of cleaning with the largest area cleaned will be taken.

Vehicles and Facilities Dedicated to Urban Cleanliness and Environmental Sanitation refer to vehicles and facilities dedicated for use in the operation, management and monitoring of environmental hygiene work. They include vehicles for road cleaning, washing, showering, ice removal, disposal of garbage and human wastes, cleanliness monitoring and related activities.

Public Transportation Vehicles per 10000 Population refers to the number of public transportation vehicles, calculated by urban population, per 10000 population in the city district. The formula for calculation is:

$$\text{Public Transportation Vehicles per 10000 Population} = \frac{\text{Number of Public Transportation Vehicles}}{\text{City District Population}}$$

附 录

各县、市主要指标（2022年）

APPENDIX　MAIN INDICATORS OF COUNTIES(2022)

附录　各县、市主要指标(2022年)
Main Indicators of Counties(2022)

县、市名称	Name	行政区域土地面积(平方公里) Total Land Area (sq.km)	年末常住人口(万人) (10000 persons)	乡镇(个) Township and Towns (unit)	#建制镇 Organic Town	村民委员会(个) Villagers Committee (unit)
呼兰区	Hulan	2062	76.47	9	6	162
阿城区	Acheng	2452	48.87	4	4	109
双城区	Shuangcheng	3112	61.76	17	9	246
依兰县	Yilan County	4606	24.44	9	6	132
方正县	Fangzheng County	2976	17.72	8	5	67
宾　县	Bin County	3843	43.49	17	12	143
巴彦县	Bayan County	3139	39.82	16	10	116
木兰县	Mulan County	3171	16.55	8	6	86
通河县	Tonghe County	5676	16.95	8	8	82
延寿县	Yanshou County	3096	17.37	9	6	106
尚志市	Shangzhi City	8891	43.54	17	10	163
五常市	Wuchang City	7499	69.51	24	12	261
龙江县	Longjiang County	5887	40.19	14	8	158
依安县	Yian County	3678	34.28	15	6	149
泰来县	Tailai County	3917	24.23	10	8	83
甘南县	Gannan County	4791	27.85	10	5	95
富裕县	Fuyu County	4060	21.67	10	6	90
克山县	Keshan County	3186	24.54	15	7	122
克东县	Kedong County	2083	15.18	7	5	98
拜泉县	Baiquan County	3597	27.24	16	7	186
讷河市	Nehe City	6660	42.25	16	11	171
梅里斯区	Meilisi Daur District	2000		6	5	49
鸡东县	Jidong County	3243	20.51	11	8	123
虎林市	Hulin City	9334	26.08	11	7	85
密山市	Mishan City	7728	32.96	16	8	154
萝北县	Luobei County	6768	19.99	8	6	63
绥滨县	Suibin County	3344	13.51	9	3	109
集贤县	Jixian County	2217	23.79	8	5	150
友谊县	Youyi County	1647	9.78	11	4	
宝清县	Baoqing County	9995	32.23	10	7	145
饶河县	Raohe County	6598	12.69	9	4	79
肇州县	Zhaozhou County	2446	29.65	12	6	104
肇源县	Zhaoyuan County	4120	32.04	16	8	135
林甸县	Lindian County	3504	18.69	8	5	83
杜蒙自治县	Durbote Mongolia Autonomous County	6040	19.48	11	5	79
大同区	Datong	2310		8	4	58

注：各县(市)年末常住人口为年度人口抽样调查推算数据。

a) The resident population at the end of year in each county (city) is calculated from the annual population sampling survey.

附录 续表1 Continued

县、市名称	Name	行政区域土地面积(平方公里) Total Land Area (sq.km)	年末常住人口(万人) (10000 persons)	乡镇(个) Township and Towns (unit)	#建制镇 Organic Town	村民委员会数(个) Villagers Committee (unit)
嘉荫县	Jiayin County	6739	5.46	9	4	73
汤旺县	Tangwang County	2142	3.13	1	2	2
丰林县	Fenglin County	2971	5.86	1	3	2
大箐山县	Daqingshan County	3706	5.43	2	2	10
南岔县	Nancha County	3084	7.82	4	3	27
铁力市	Tieli City	3776	21.70	7	5	71
佳木斯郊区	Jiamusi Suburb	1704		11	8	100
桦南县	Huanan County	4418	27.65	12	7	192
桦川县	Huachuan County	2228	14.15	9	5	105
汤原县	Tangyuan County	3420	16.70	10	4	137
同江市	Tongjiang City	6229	17.30	10	6	85
富锦市	Fujin City	8224	40.54	11	11	267
抚远市	Fuyuan City	6041	9.51	10	7	50
勃利县	Boli County	2390	19.15	10	5	133
林口县	Linkou County	6638	22.98	11	11	176
绥芬河市	Suifenhe City	422	11.26	2	2	11
海林市	Hailin City	8712	28.15	8	8	112
宁安市	Ningan City	7201	31.36	12	8	240
穆棱市	Muling City	6041	19.05	8	6	127
东宁市	Dongning City	7117	19.07	6	6	102
阳明区	Yangming	1303		6	4	59
爱辉区	Aihui	14373	21.82	11	4	89
逊克县	Xunke County	14373	8.06	9	4	78
孙吴县	Sunwu County	17027	7.16	11	3	94
北安市	Beian City	4314	29.90	9	2	62
五大连池市	Wudalianchi City	7194	23.62	11	5	93
嫩江市	Nenjiang County	8745	34.54	14	8	148
五大连池风景区	Wudalianchi Scenic Spot	15211				3
北林区	Beilin	2756	67.45	31	15	140
望奎县	Wangkui County	2316	27.64	15	10	109
兰西县	Lanxi County	2484	29.88	15	9	105
青冈县	Qinggang County	2685	27.86	15	12	165
庆安县	Qingan County	5467	25.11	14	8	93
明水县	Mingshui County	2308	19.14	12	6	99
绥棱县	Suiling County	4311	20.42	11	6	76
安达市	Anda City	3586	34.44	14	13	116
肇东市	Zhaodong City	4323	64.68	21	12	186
海伦市	Hailun City	4642	46.34	23	16	243
漠河市	Mohe City	18428	5.04	6	6	7
呼玛县	Huma County	14205	3.50	8	2	54
塔河县	Tahe County	14063	4.87	7	4	11
加格达奇区	Jiagedaqi District	1359		2		8

附录　续表2　Continued

县、市名称	Name	地　区生产总值(万元) Gross Domestic Product (10000 yuan)	第一产业 Primary Industry	第二产业 Secondary Industry	第三产业 Tertiary Industry	地区生产总值指数(上年=100) Indices of Gross Domestic Product (preceding year=100)	人均地区生产总值(元) Per Capita GDP (yuan)
呼兰区	Hulan	1116788	408422	173277	535089	102.7	28148
阿城区	Acheng	2541684	227783	488701	1825200	101.0	51792
双城区	Shuangcheng	2441264	1165956	366522	908786	101.1	39366
依兰县	Yilan County	1244640	334356	171289	738995	104.0	50462
方正县	Fangzheng County	774536	349784	110441	314311	104.4	43489
宾　县	Bin County	1869773	474305	194679	1200789	104.8	42826
巴彦县	Bayan County	1353887	484815	121268	747804	106.2	33725
木兰县	Mulan County	886600	290390	67440	528770	104.3	53090
通河县	Tonghe County	957299	381366	68079	507854	104.6	55950
延寿县	Yanshou County	731263	205895	92700	432668	104.8	41775
尚志市	Shangzhi City	1989705	780861	245654	963190	103.9	45241
五常市	Wuchang City	3046720	1232294	406925	1407501	103.5	43593
龙江县	Longjiang County	1402432	648241	367189	387002	101.9	34729
依安县	Yian County	801089	408008	71236	321845	102.0	23250
泰来县	Tailai County	731650	321888	143039	266723	101.5	30055
甘南县	Gannan County	989417	482167	207325	299925	105.6	35348
富裕县	Fuyu County	889400	388316	226093	274991	106.8	40837
克山县	Keshan County	723491	350085	70118	303288	100.2	29340
克东县	Kedong County	732119	201130	289696	241293	104.4	47995
拜泉县	Baiquan County	718274	356254	75530	286490	103.3	26246
讷河市	Nehe City	1228776	596276	197957	434543	104.3	28949
梅里斯区	Meilisi Daur District	355415	213307	27517	114591	107.6	29007
鸡东县	Jidong County	1022475	372932	187936	461607	105.6	49607
虎林市	Hulin City	1682213	1039181	192372	450660	103.6	64143
密山市	Mishan City	1517687	718399	151285	648003	104.7	45831
萝北县	Luobei County	1168181	500718	247851	419612	104.5	58118
绥滨县	Suibin County	613360	378258	21150	213952	102.0	45100
集贤县	Jixian County	805783	325190	121473	359120	104.8	31329
友谊县	Youyi County	446473	181262	38505	226705	102.5	43048
宝清县	Baoqing County	1411672	866399	159635	385638	104.7	39502
饶河县	Raohe County	713373	466009	35473	211890	104.4	53356
肇州县	Zhaozhou County	1715594	573501	591603	550490	97.3	57231
肇源县	Zhaoyuan County	1429450	567141	337959	524351	101.3	44213
林甸县	Lindian County	1010346	354717	250992	404636	104.1	53719
杜蒙自治县	Durbote Mongolia Autonomous County	1223673	474004	248757	500911	101.5	62354
大同区	Datong	908570	467893	87580	353096	100.8	51166

注：1.本表计算人均GDP使用的GDP数据为根据第四次全国经济普查资料修订后数据，人口数据为年度人口抽样调查推算数据。人口数据均为常住人口数据。
2.三次产业增加值数据未做机械调整。
3.呼兰区为不含利民开发区口径数据。

a) The GDP data used in the calculation of per capita GDP in this table is the data revised according to the data of the fourth national economic census, and the population data is the data revised according to the data of the seventh national census.
b) The added value data of the three industries were not adjusted mechanically due to rounding.
c) Hulan District does not include the data of the development zone for the benefit of the people.

附录　续表3　Continued

县、市名称	Name	地　区生产总值(万元) Gross Domestic Product (10000 yuan)	第一产业 Primary Industry	第二产业 Secondary Industry	第三产业 Tertiary Industry	地区生产总值指数(上年=100) Indices of Gross Domestic Product (preceding year=100)	人均地区生产总值(元) Per Capita GDP (yuan)
嘉 荫 县	Jiayin County	293725	170014	11722	111989	103.8	53453
汤 旺 县	Tangwang County	188434	132925	10694	44815	103.2	59631
丰 林 县	Fenglin County	260050	149119	25625	85306	102.4	43964
大箐山县	Daqingshan County	156941	79771	17383	59787	102.9	28639
南 岔 县	Nancha County	210885	55611	39916	115358	105.8	26711
铁 力 市	Tieli City	921706	395160	258101	268445	103.8	42183
桦 南 县	Huanan County	1396842	710601	272099	414142	106.0	50211
桦 川 县	Huachuan County	720195	470897	61949	187349	102.7	50648
汤 原 县	Tangyuan County	747236	428736	108218	210282	103.8	44396
同 江 市	Tongjiang City	1147368	697869	59991	389508	102.2	66127
富 锦 市	Fujin City	1821512	735255	206274	879983	107.1	44820
抚 远 市	Fuyuan City	795513	577377	12982	205154	102.6	83195
勃 利 县	Boli County	674491	230971	185400	258120	105.9	35013
林 口 县	Linkou County	781612	333000	78545	370067	103.2	33831
绥芬河市	Suifenhe City	608460	16194	76515	515751	102.3	54031
海 林 市	Hailin City	1299395	350247	252649	696499	103.1	45844
宁 安 市	Ningan City	1309681	699253	78334	532094	103.0	41621
穆 棱 市	Muling City	1441624	369268	551830	520526	104.3	75365
东 宁 市	Dongning City	809180	312152	172322	324706	103.5	42252
爱 辉 区	Aihui	405749	141059	92860	171830	104.1	39566
逊 克 县	Xunke County	462725	229245	117162	116318	104.8	57229
孙 吴 县	Sunwu County	245572	101438	14146	129988	104.0	34157
北 安 市	Beian City	1351198	386175	166644	798379	103.7	45010
五大连池市	Wudalianchi City	1110286	645856	72143	392287	103.2	48962
嫩 江 市	Nenjiang County	2558595	1281945	371420	905230	102.8	73745
五大连池风景区	Wudalianchi Scenic Spot	56293	10349	3101	42843	102.7	55262
北 林 区	Beilin	2198551	927925	376652	893974	103.6	32451
望 奎 县	Wangkui County	808950	417922	74514	316513	104.0	29151
兰 西 县	Lanxi County	813784	448276	62686	302822	104.4	27081
青 冈 县	Qinggang County	893835	492368	151994	249473	104.9	31923
庆 安 县	Qingan County	957523	556740	127896	272887	103.9	37997
明 水 县	Mingshui County	565224	328728	54929	181567	103.6	29439
绥 棱 县	Suiling County	601356	367437	31487	202432	103.7	29334
安 达 市	Anda City	1875582	401041	291213	1183328	103.7	54208
肇 东 市	Zhaodong City	2291521	1052158	358600	880762	102.0	35254
海 伦 市	Hailun City	1372422	893339	57189	421894	103.0	29483
漠 河 市	Mohe City	467319	117928	221907	127484	103.2	92113
呼 玛 县	Huma County	191954	90204	6984	94766	107.7	54661
塔 河 县	Tahe County	251406	123131	27092	101183	106.2	51375
加格达奇区	Jiagedaqi District	460987	68358	35938	356691	106.0	34711

附录　续表4　Continued

单位：万元　　　　(10000 yuan)

县、市名称	Name	农林牧渔业总产值 Gross Output Value of Farming, Forestry, Animal Husbandry and Fishery 合　计 Total	#农业 Farming	#林业 Forestry	#牧业 Animal Husbandry	#渔业 Fishery	化肥施用折纯量(吨) Consumption of Chemical Fertilizers (ton, Converting the gross weight into weight containing 100% effective component)	农用机械总动力(万千瓦) Total Agricultural Machinery Power (10000 kw)
呼兰区	Hulan	743436	505369	15839	178090	14520	56985.9	68.1
阿城区	Acheng	465280	256115	5106	159429	11187	20356.9	57.3
双城区	Shuangcheng	2282774	1276845	8564	843817	28736	95853.7	98.8
依兰县	Yilan County	585427	473682	17252	52094	8788	21450.0	85.5
方正县	Fangzheng County	612793	446035	36676	94758	28167	12955.0	48.4
宾　县	Bin County	960993	456959	31607	453285	14458	52982.1	139.7
巴彦县	Bayan County	992360	513448	4502	372203	33443	41076.1	162.9
木兰县	Mulan County	540748	377557	13657	102966	14808	15704.0	95.7
通河县	Tonghe County	659272	516025	54830	59466	9665	14253.0	110.3
延寿县	Yanshou County	378012	282102	10081	61900	8075	24145.0	59.1
尚志市	Shangzhi City	1368445	1060090	59781	200665	27042	41093.1	88.2
五常市	Wuchang City	2265496	1643998	69439	387785	39222	44415.0	189.9
龙江县	Longjiang County	1314463	596236	14845	685395	16234	78701.5	189.9
依安县	Yian County	775316	429180	12398	324058	1800	20467.0	76.7
泰来县	Tailai County	607891	384466	8577	182038	28750	41398.4	89.6
甘南县	Gannan County	908609	532034	7376	357113	10202	51303.0	84.1
富裕县	Fuyu County	767768	349937	4216	388520	24146	30257.0	62.6
克山县	Keshan County	710864	391215	6709	280738	7902	23900.0	76.7
克东县	Kedong County	409212	161774	2730	237741	6020	9722.0	62.7
拜泉县	Baiquan County	662185	372861	24245	240584	11152	32537.0	91.2
讷河市	Nehe City	1166082	661182	12494	463646	19434	35701.0	132.9
梅里斯区	Meilisi Daur District						12151.1	-
鸡东县	Jidong County	592908	355011	16503	182636	18114	9279.0	63.9
虎林市	Hulin City	1651758	1469984	46650	87230	29419	106114.0	106.9
密山市	Mishan City	1172222	856737	12788	214580	57761	44755.7	123.6
萝北县	Luobei County	1007727	552494	17302	356101	7947	17810.7	44.9
绥滨县	Suibin County	730306	551497	2324	95644	17558	21347.0	73.8
集贤县	Jixian County	390122	235750	3394	144836	2361	37122.0	77.4
友谊县	Youyi County	397964	312745	2561	60065	1082	25330.1	1.4
宝清县	Baoqing County	1441620	1138799	59964	176906	9406	67953.9	115.1
饶河县	Raohe County	1288753	1132125	31698	67291	20861	93785.4	40.3
肇州县	Zhaozhou County	1233075	533237	7850	674034	11094	31658.0	78.1
肇源县	Zhaoyuan County	1136519	613605	13258	411177	92702	19739.0	81.9
林甸县	Lindian County	703488	317115	9465	343660	26911	20865.9	102.2
杜蒙自治县	Durbote Mongolia Autonomous County	1028023	375306	5613	536938	99460	22449.0	84.6
大同区	Datong						21869.5	-

附录 续表5 Continued

单位：万元 (10000 yuan)

县、市名称	Name	农林牧渔业总产值 Gross Output Value of Farming, Forestry, Animal Husbandry and Fishery					化肥施用折纯量(吨) Consumption of Chemical Fertilizers (ton, Converting the gross weight into weight containing 100% effective component)	农用机械总动力(万千瓦) Total Agricultural Machinery Power (10000 kw)
		合计 Total	#农业 Farming	#林业 Forestry	#牧业 Animal Husbandry	#渔业 Fishery		
嘉荫县	Jiayin County	261338	216528	14695	15445	4222	9898.0	24.6
汤旺县	Tangwang County	230200	141749	79049	5813	1896	192.8	1.3
丰林县	Fenglin County	229525	149704	65645	8483	4493	1200.2	3.2
大箐山县	Daqingshan County	132409	40749	62420	23184	4567	568.9	1.3
南岔县	Nancha County	130076	93316	26550	7541	1715	818.1	2.8
铁力市	Tieli City	650858	393060	48581	174421	16967	10269.0	61.2
桦南县	Huanan County	1321315	764603	97418	387395	45947	46574.4	126.0
桦川县	Huachuan County	747731	569950	3182	146561	19752	31545.4	93.2
汤原县	Tangyuan County	756646	488296	19204	223265	19160	18726.0	63.3
同江市	Tongjiang City	1140641	1025657	7452	51310	35414	73680.0	79.7
富锦市	Fujin City	1275631	1081214	4221	143810	29355	86136.9	166.8
抚远市	Fuyuan City	995347	867353	5101	60352	46695	31763.0	84.4
勃利县	Boli County	452657	283483	22120	123123	5589	15854.3	49.8
林口县	Linkou County	614754	455891	9034	137461	4233	19313.9	78.7
绥芬河市	Suifenhe City	31175	20224	847	7647	529	381.0	4.4
海林市	Hailin City	632046	507551	12883	95641	3370	14412.6	46.8
宁安市	Ningan City	1323998	1014826	5579	227236	19299	24956.1	104.5
穆棱市	Muling City	673881	499021	7763	119257	6487	11758.0	38.9
东宁市	Dongning City	578271	482155	2103	33173	3731	9378.7	55.7
阳明区	Yangming	174853	105577	528	59548	172	4738.2	14.7
爱辉区	Aihui	310650	201836	28621	64086	5721	20781.9	40.4
逊克县	Xunke County	424561	313419	10400	51937	7212	38695.1	72.6
孙吴县	Sunwu County	189139	150231	9381	24150	1321	9353.0	59.3
北安市	Beian City	698385	496074	43655	113358	13687	52132.0	65.4
五大连池市	Wudalianchi City	1176901	818692	121397	155285	23447	46671.3	57.6
嫩江市	Nenjiang County	2434199	1974373	23870	270437	8946	70814.0	117.6
五大连池风景区	Wudalianchi Scenic Spot						-	3.1
北林区	Beilin	1897234	952531	9268	815708	96671	30046.0	152.1
望奎县	Wangkui County	843476	418635	3170	406769	12143	26762.0	63.5
兰西县	Lanxi County	858801	490998	7094	342219	13608	39820.0	70.8
青冈县	Qinggang County	981018	542988	5970	401147	14959	27035.0	71.5
庆安县	Qingan County	992046	742039	16889	166111	33976	16672.9	87.9
明水县	Mingshui County	644785	343802	8757	275086	11037	12977.0	92.3
绥棱县	Suiling County	618543	531167	12452	40205	23600	18491.6	80.4
安达市	Anda City	825773	374800	3043	391115	31541	21701.0	77.8
肇东市	Zhaodong City	2176109	1011736	6969	1052518	95384	66401.0	68.4
海伦市	Hailun City	1439626	1203818	15432	201921	9508	54094.0	172.6
漠河市	Mohe City	255571	73237	106116	44049	462	147.2	2.3
呼玛县	Huma County	169076	110616	23583	23528	1400	4504.0	28.2
塔河县	Tahe County	240336	60384	142897	27735	480	105.7	3.3
加格达奇区	Jiagedaqi District						2174.0	5.1

附录　续表6　Continued

单位：公顷 (hectare)

县、市名称	Name	主要农作物播种面积 SownAreasofMainFarmCrops				
		粮食 Grain Crops	#谷物 Cereal	#大豆 Soja	油料 Oil-bearing Crops	甜菜 Beetroots
呼兰区	Hulan	130205	123637	4354		
阿城区	Acheng	82600	79288	3221		
双城区	Shuangcheng	207531	203391	3033	685	
依兰县	YilanCounty	215282	186652	28054	22	
方正县	FangzhengCounty	66244	53577	11478		
宾县	BinCounty	183895	170600	12484		
巴彦县	BayanCounty	224440	188024	36017		
木兰县	MulanCounty	129023	95684	32045		
通河县	TongheCounty	119680	84478	34924	5	
延寿县	YanshouCounty	114522	97856	15857		
尚志市	ShangzhiCity	162525	111477	41371		
五常市	WuchangCity	286689	275773	8971		
龙江县	LongjiangCounty	329022	302277	25618		
依安县	YianCounty	274850	135531	126358		2005.17
泰来县	TailaiCounty	195329	181185	13130	470	
甘南县	GannanCounty	299875	202525	91661	8	
富裕县	FuyuCounty	181400	124885	52655		1339.51
克山县	KeshanCounty	217512	60888	146121		41.53
克东县	KedongCounty	118218	42326	75595		
拜泉县	BaiquanCounty	240817	64990	170814	52	26.53
讷河市	NeheCity	415347	191981	215243		
梅里斯区	MeilisiDaurDistrict					
鸡东县	JidongCounty	112567	97122	15023	27	
虎林市	HulinCity	476062	376659	97643	19	
密山市	MishanCity	330025	276016	53291	28	
萝北县	LuobeiCounty	256763	178119	77235	628	
绥滨县	SuibinCounty	221341	173424	46092	2	
集贤县	JixianCounty	150136	120405	29338		
友谊县	YouyiCounty	126316	91104	35203		
宝清县	BaoqingCounty	371892	226010	145634	28	
饶河县	RaoheCounty	320886	256934	62942	2	
肇州县	ZhaozhouCounty	133892	129849	3006	356	
肇源县	ZhaoyuanCounty	153901	139092	14417	15198	
林甸县	LindianCounty	157967	112399	42636		
杜蒙自治县	DurboteMongolia AutonomousCounty	145951	127165	15851	6526	
大同区	Datong				1591	104.00

附录 续表7 Continued

单位：公顷 (hectare)

县、市名称	Name	主要农作物播种面积 Sown Areas of Main Farm Crops				
		粮食 Grain Crops	#谷物 Cereal	#大豆 Soja	油料 Oil-bearing Crops	甜菜 Beetroots
嘉荫县	Jiayin County	99771	27975	69961	6.06	
汤旺县	Tangwang County	7064	844	6198		
丰林县	Fenglin County	15536	2456	13075		
大箐山县	Daqingshan County	4803	1050	3720	72.87	
南岔县	Nancha County	15826	3566	12024	2.04	
铁力市	Tieli City	118754	73705	43770		
桦南县	Huanan County	235817	151787	83587	211.74	
桦川县	Huachuan County	147059	115658	31380		
汤原县	Tangyuan County	133218	114979	18118		
同江市	Tongjiang City	439125	320716	118352	3.50	
富锦市	Fujin City	550983	358273	192460	17.00	
抚远市	Fuyuan City	332890	246176	86702		
勃利县	Boli County	102208	88794	13034	84.47	
林口县	Linkou County	157229	84137	72007	524.37	
绥芬河市	Suifenhe City	2512	364	2105	59.19	
海林市	Hailin City	98074	69093	28246	766.99	
宁安市	Ningan City	145415	114039	22712	2108.15	
穆棱市	Muling City	130668	61240	68256	6107.14	
东宁市	Dongning City	56726	29439	26624	2284.66	
阳明区	Yangming				583.80	
爱辉区	Aihui	141311	36946	103177	220.35	
逊克县	Xunke County	205724	58342	145064	6.93	
孙吴县	Sunwu County	107835	25830	80338	93.00	
北安市	Beian City	337561	83314	252058		
五大连池市	Wudalianchi City	415012	77962	334114	7.80	
嫩江市	Nenjiang County	650945	124631	523814	19.00	
五大连池风景区	Wudalianchi Scenic Spot					
北林区	Beilin	185866	155389	28665		
望奎县	Wangkui County	169358	117743	40122		
兰西县	Lanxi County	163569	152190	10565	247.00	
青冈县	Qinggang County	161673	137750	23750		
庆安县	Qingan County	175943	137147	38168		
明水县	Mingshui County	134294	87290	43441		
绥棱县	Suiling County	146416	75733	70600		
安达市	Anda City	134823	120181	14640		
肇东市	Zhaodong City	232242	221020	11115	61.07	
海伦市	Hailun City	315273	135936	177717		
漠河市	Mohe City	3182	42	2931		
呼玛县	Huma County	74050	4021	69860		
塔河县	Tahe County	6888	142	6744		
加格达奇区	Jiagedaqi District					

附录　续表8　Continued

单位：吨 (ton)

县、市名称	Name	主要农作物产量 YieldofMainFarmCrops					水产品产量 Aquatic Products
		粮食 Grain Crops	#谷物 Cereal	#大豆 Soja	油料 Oil-bearing Crops	甜菜 Beetroots	
呼兰区	Hulan	1000715	977488	8484			3668
阿城区	Acheng	556127	549964	5922			6746
双城区	Shuangcheng	1484636	1472873	5525	2023		12702
依兰县	YilanCounty	1427674	1367450	59119	27		8300
方正县	FangzhengCounty	387437	366792	18606			11095
宾县	BinCounty	1162282	1135811	22685			9493
巴彦县	BayanCounty	1400695	1327878	70340			24427
木兰县	MulanCounty	697996	645789	49933			8602
通河县	TongheCounty	634340	577996	55843	10		7970
延寿县	YanshouCounty	621871	597698	22862			5319
尚志市	ShangzhiCity	880615	790393	72504			12307
五常市	WuchangCity	1925691	1905118	14574			7663
龙江县	LongjiangCounty	2298778	2248040	48938			9331
依安县	YianCounty	1227476	962386	238672		120310	1250
泰来县	TailaiCounty	1144979	1120528	22231	1321		16329
甘南县	GannanCounty	1475272	1300048	165319	12		6694
富裕县	FuyuCounty	942249	831665	100205		54052	8475
克山县	KeshanCounty	625064	331999	244602		2500	4028
克东县	KedongCounty	381236	249618	131145			3154
拜泉县	BaiquanCounty	755411	439167	307418	88	806	5577
讷河市	NeheCity	1758431	1301281	433599			10927
梅里斯区	MeilisiDaurDistrict						1470
鸡东县	JidongCounty	734855	703067	30932	56		6295
虎林市	HulinCity	3056654	2844863	208432	65		9027
密山市	MishanCity	2091321	1973697	115738	159		29804
萝北县	LuobeiCounty	1445349	1287985	155011	636		2637
绥滨县	SuibinCounty	1291416	1208193	80069	4		7904
集贤县	JixianCounty	851885	788501	61475			2103
友谊县	YouyiCounty	888810	802321	86456			417
宝清县	BaoqingCounty	2118393	1796676	321108	95		8780
饶河县	RaoheCounty	1917070	1793838	121514	3		2731
肇州县	ZhaozhouCounty	997424	989398	5755	1364		6591
肇源县	ZhaoyuanCounty	1087795	1060463	26633	81032		43547
林甸县	LindianCounty	907205	823354	79119			12619
杜蒙自治县	DurboteMongolia AutonomousCounty	860188	826837	28609	28194		46798
大同区	Datong				4134	4157	13025

附录　续表9　Continued

单位：吨 (ton)

县、市名称	Name	主要农作物产量 YieldofMainFarmCrops 粮食 Grain Crops	#谷物 Cereal	#大豆 Soja	油料 Oil-bearing Crops	甜菜 Beetroots	水产品产量 Aquatic Products
嘉荫县	JiayinCounty	293456	172149	118065	8		1124
汤旺县	TangwangCounty	14493	3748	10691			352
丰林县	FenglinCounty	28171	10312	17852			365
大箐山县	DaqingshanCounty	10398	4938	5375	109		602
南岔县	NanchaCounty	38638	18621	19634	2		323
铁力市	TieliCity	514992	437473	75540			2639
桦南县	HuananCounty	1279678	1103901	174839	380		9710
桦川县	HuachuanCounty	937926	874281	63539			8871
汤原县	TangyuanCounty	885034	848127	36398			6385
同江市	TongjiangCity	2495117	2273163	221739	3		15217
富锦市	FujinCity	3202003	2777443	423558	26		14033
抚远市	FuyuanCity	1847910	1720488	127400			6932
勃利县	BoliCounty	513595	488962	23498	224		2743
林口县	LinkouCounty	639969	506831	131549	862		2125
绥芬河市	SuifenheCity	5943	2050	3727	107		216
海林市	HailinCity	478321	428724	48179	1091		1762
宁安市	NinganCity	922304	833806	42699	3470		8552
穆棱市	MulingCity	503940	372984	129036	10268		3387
东宁市	DongningCity	198881	156222	41674	3820		1813
阳明区	Yangming				917		545
爱辉区	Aihui	422157	220793	198928	403		2782
逊克县	XunkeCounty	617860	333249	280668	2		4415
孙吴县	SunwuCounty	292062	153189	135978	104		682
北安市	BeianCity	1151205	611588	533270			5374
五大连池市	WudalianchiCity	1240059	556375	677685	31		4010
嫩江市	NenjiangCounty	1714798	754660	954842	36		1373
五大连池风景区	WudalianchiScenicSpot						
北林区	Beilin	1297880	1235087	54091			37662
望奎县	WangkuiCounty	1099768	954768	79485			10757
兰西县	LanxiCounty	1099727	1076898	18945	750		10837
青冈县	QinggangCounty	1147393	1101557	45532			10817
庆安县	QinganCounty	1189952	1113363	72615			16390
明水县	MingshuiCounty	715053	625734	81622			7245
绥棱县	SuilingCounty	727857	587214	140252			10492
安达市	AndaCity	1000069	975770	24287			19225
肇东市	ZhaodongCity	1824463	1803826	20127	158		49050
海伦市	HailunCity	1445843	1041080	397535			14936
漠河市	MoheCity	4523	100	3585			86
呼玛县	HumaCounty	124734	21202	103177			593
塔河县	TaheCounty	8918	418	8487			190
加格达奇区	JiagedaqiDistrict						872

附录　续表10　Continued

单位：万元　　　　(10000 yuan)

县、市名称	Name	全年主营业务收入2000万元及以上的工业企业 Industrial Enterprises with Annual Revenue From Principal Business over 20 Million Yuan								
		企业单位数（个）Number of Enterprises (unit)	#亏损企业 Losses	工业总产值 Total Industrial Output Value	资产合计 Total Assets	流动资产合计 Total Current Assets	固定资产净额 Net Fixed Assets	负债合计 Total Liabilities	营业收入 Revenue from Principal Business	利润总额 Total Profits
呼兰区	Hulan	115	33	2660054	4388979	2363533	1037085	2889540	2788880	69118
阿城区	Acheng	95	32	1652842	2604355	1376011	776999	1729863	1806956	31870
双城区	Shuangcheng	85	28	1365120	2168923	1250646	501798	1305298	1345199	59251
依兰县	Yilan County	20	5	157916	846283	202338	510358	539012	172493	22777
方正县	Fangzheng County	51	5	417587	870318	625206	232248	646402	614082	18724
宾县	Bin County	71	19	1070444	1611432	826308	479910	1033503	1061221	-41990
巴彦县	Bayan County	31	11	747946	616145	335148	209962	366882	786432	-139
木兰县	Mulan County	27	4	142290	145064	75196	55218	109403	135311	-4369
通河县	Tonghe County	29	6	187793	226737	107380	89066	179883	200960	-1517
延寿县	Yanshou County	48	2	425158	362622	276160	45720	206390	485255	13907
尚志市	Shangzhi City	42	8	384605	473908	280760	158883	330332	447283	16695
五常市	Wuchang City	152	17	1784444	1608479	1120430	356082	888375	1892218	152500
龙江县	Longjiang County	29	10	730635	1369016	874957	367342	748602	798766	108102
依安县	Yian County	27	16	358110	446282	236411	110394	324156	328004	-1142
泰来县	Tailai County	39	10	249496	1190111	803779	338643	777489	524232	113889
甘南县	Gannan County	43	17	496996	1092001	878686	181478	534282	584375	159090
富裕县	Fuyu County	28	13	636019	1004529	422698	151650	621359	647350	-20114
克山县	Keshan County	19	8	116316	209283	114628	73729	170998	119792	-3838
克东县	Kedong County	18	12	462338	3527145	3155351	171918	2914222	834623	83337
拜泉县	Baiquan County	10	5	90119	188647	127601	47847	81781	103939	16404
讷河市	Nehe City	34	9	1098281	1443530	773483	200453	918563	947601	264018
梅里斯区	Meilisi Daur District	12	3	157697	272951	142016	119946	226385	177339	4036
鸡东县	Jidong County	30	18	327908	603398	303266	142785	408014	347713	8656
虎林市	Hulin City	55	16	565900	1785731	1114072	226790	823106	842949	85129
密山市	Mishan City	57	14	515163	997710	606765	263732	671225	601270	29838
萝北县	Luobei County	49	13	703230	1010237	505783	324316	472120	785528	86441
绥滨县	Suibin County	13	7	69992	411497	74547	303295	297330	75627	2049
集贤县	Jixian County	27	13	513139	665816	409401	148714	730431	556052	-7065
友谊县	Youyi County	18	9	145813	205892	125527	52710	223943	174623	-11189
宝清县	Baoqing County	36	10	997834	1534396	388590	971369	1248203	1078806	67394
饶河县	Raohe County	10	5	60387	88998	46196	36059	67153	55271	594
肇州县	Zhaozhou County	38	16	301675	611071	220929	192877	333126	291889	11705
肇源县	Zhaoyuan County	95	12	1069093	808320	418032	280240	550717	869780	38426
林甸县	Lindian County	36	14	426226	650109	255042	363997	280491	437868	22351
杜蒙自治县	Durbote Mongolia Autonomous County	40	18	972192	1705951	680761	766533	1154180	1071893	58306
大同区	Datong	29	11	639860	2398797	410064	1701953	2250177	664562	-208402

附录　续表11　Continued

单位：万元 (10000 yuan)

县、市名称	Name	全年主营业务收入2000万元及以上的工业企业 Industrial Enterprises with Annual Revenue From Principal Business over 20 Million Yuan								
		企业单位数(个) Number of Enterprises (unit)	#亏损企业 Losses	工业总产值 Total Industrial Output Value	资产合计 Total Assets	流动资产合计 Total Current Assets	固定资产净额 Net Fixed Assets	负债合计 Total Liabilities	营业收入 Revenue from Principal Business	利润总额 Total Profits
嘉荫县	Jiayin County	3	1	15384	72156	20803	46303	35300	12619	74
汤旺县	Tangwang County	2		7937	29567	8322	25486	27508	7508	526
丰林县	Fenglin County	11	3	34984	95496	44841	45954	52499	33727	876
大箐山县	Daqingshan County	6	3	26334	94428	41135	50601	38464	24539	5273
南岔县	Nancha County	7	1	80887	221679	57689	68385	152845	57688	-325
铁力市	Tieli City	20	8	473410	576234	204567	275686	301576	464707	202310
桦南县	Huanan County	50	13	671658	714995	338728	280731	440847	707946	18112
桦川县	Huachuan County	53	18	383845	497153	196239	176121	278680	393248	-2122
汤原县	Tangyuan County	45	8	307222	304287	155400	125672	190708	320185	4805
同江市	Tongjiang City	37	14	226381	420759	201076	178041	306735	247619	6096
富锦市	Fujin City	77	19	2038316	1158821	719278	337607	727308	1674510	110595
抚远市	Fuyuan City	11	4	38522	146624	86781	42659	116305	95182	-271
勃利县	Boli County	26	12	377560	691639	473473	136748	443186	443696	-25256
林口县	Linkou County	18	8	72931	139356	55129	62261	112733	70873	-1706
绥芬河市	Suifenhe City	80	48	309289	324797	243693	41305	253343	216439	-14280
海林市	Hailin City	38	18	277448	1056855	285656	559816	851931	241531	-11480
宁安市	Ningan City	37	17	217990	338401	152217	161328	292222	122197	-3213
穆棱市	Muling City	50	18	403389	434097	257034	148335	318329	245737	-2033
东宁市	Dongning City	29	9	211649	227854	109751	108971	137181	202086	35747
阳明区	Yangming	46	15	932508	1615692	766751	551848	857420	1021574	-12052
爱辉区	Aihui	29	7	516922	766514	317000	253367	535766	576906	69446
逊克县	Xunke County	8	4	154530	650164	310152	130518	296522	136012	79619
孙吴县	Sunwu County	10	3	63181	77723	31449	36568	53063	50301	-3389
北安市	Beian City	30	12	582707	617313	364516	125945	474368	590319	-8265
五大连池市	Wudalianchi City	18	7	68266	286319	160878	98234	314377	70341	5316
嫩江市	Nenjiang County	19	9	865898	1378382	273026	326476	625655	893382	330237
五大连池风景区	Wudalianchi Scenic Spot									
北林区	Beilin	127	47	2720796	3227027	1278917	1555528	2481113	2690677	38973
望奎县	Wangkui County	23	8	308125	165367	87154	46427	121597	252393	6279
兰西县	Lanxi County	28	13	242444	324564	161662	127341	272520	191368	-8048
青冈县	Qinggang County	43	13	1133526	929126	436237	358652	697715	1113114	18244
庆安县	Qingan County	43	8	551607	777983	471895	216081	453501	556302	10278
明水县	Mingshui County	26	9	164178	305211	142605	138255	172134	155750	-3762
绥棱县	Suiling County	21	5	108723	98720	66295	27897	84812	83694	-5086
安达市	Anda City	74	22	1070969	2125365	946822	917080	1661051	1070201	35114
肇东市	Zhaodong City	49	26	1428017	1443984	805186	422107	1017072	1622771	8073
海伦市	Hailun City	38	17	486586	601003	301488	254163	434700	485190	13070
漠河市	Mohe City	8	1	361484	421924	331029	67546	231301	346188	105399
呼玛县	Huma County	3	2	9159	60620	3670	16070	30862	9013	-2153
塔河县	Tahe County	4	1	35170	62666	45315	11055	12552	33882	8732
加格达奇区	Jiagedaqi District	6	3	73279	176514	109858	18280	165464	73571	-2410

附录　续表12　Continued

单位：万元　　(10000 yuan)

县、市名称	Name	企业单位数（个）Number of Enterprises (unit)	#亏损企业 Losses	工业总产值 Total Industrial Output Value	资产合计 Total Assets	流动资产合计 Total Current Assets	固定资产净额 Net Fixed Assets	负债合计 Total Liabilities	营业收入 Revenue from Principal Business	利润总额 Total Profits
		全年主营业务收入2000万元及以上的国有控股工业企业 State-holding Industrial Enterprises with Annual Revenue From Principal Business over 20 Million Yuan								
呼兰区	Hulan	11	5	276072	1310656	644863	273684	946714	307988	13137
阿城区	Acheng	14	6	214082	704973	252505	327360	533339	243844	-308
双城区	Shuangcheng	3	2	22045	144685	14843	88878	106246	20848	-2568
依兰县	Yilan County	6		75605	483167	54257	308569	244393	82967	15514
方正县	Fangzheng County	5	1	23860	183084	60980	120269	106488	37562	10942
宾县	Bin County	6	1	59965	318256	109235	155161	186598	67174	-5480
巴彦县	Bayan County	2	1	5992	76982	23290	52509	61734	10614	-2448
木兰县	Mulan County									
通河县	Tonghe County	3	1	14879	96303	28376	44261	73370	22472	3373
延寿县	Yanshou County	1								
尚志市	Shangzhi City	1		11137	14688	8966	5153	7192	24331	469
五常市	Wuchang City	4	1	61607	82231	51566	27584	57475	80212	-1252
龙江县	Longjiang County	4	2	20654	141290	55057	83351	125146	30115	-1037
依安县	Yian County	1	1	3718	6053	2753	2944	6160	3765	-269
泰来县	Tailai County	6	2	19352	184431	60803	107975	137689	65791	2342
甘南县	Gannan County	5	3	8724	140459	66670	66962	112874	48546	-1510
富裕县	Fuyu County	3		159642	247577	130375	88257	81086	147456	17496
克山县	Keshan County	2		21589	40231	30157	9746	37111	42313	985
克东县	Kedong County	1	1	1277	14135	2378	10839	4179	2247	-2096
拜泉县	Baiquan County									
讷河市	Nehe City	3		19384	54558	19845	10613	32408	17934	1043
梅里斯区	Meilisi Daur District	3	2	59739	119683	40815	74835	88863	74258	-48
鸡东县	Jidong County	3	2	11899	43963	25501	16188	31022	12595	-1240
虎林市	Hulin City	5	1	184144	213293	116496	75119	86001	305842	40009
密山市	Mishan City	8	1	43924	298019	78645	139384	120346	47724	8230
萝北县	Luobei County	8	1	97516	480553	181757	174311	208216	179977	37898
绥滨县	Suibin County	5	2	34389	307184	29489	267888	221297	33650	7577
集贤县	Jixian County	4	2	17079	111158	46100	24016	77916	55461	-320
友谊县	Youyi County	4	3	26640	62795	29995	17840	111549	26640	-6893
宝清县	Baoqing County	2	1	197492	831375	99971	646935	792272	199929	30806
饶河县	Raohe County	2	1	15334	29947	15814	13963	12893	10502	1943
肇州县	Zhaozhou County	3		7625	112284	32282	76832	80973	11781	1330
肇源县	Zhaoyuan County	2		11145	10347	7668	818	3276	11145	1512
林甸县	Lindian County	3		10166	125519	34388	86383	90455	14488	3562
杜蒙自治县	Durbote Mongolia Autonomous County	8	2	514380	729610	337049	362286	494265	517164	35672
大同区	Datong	9	3	474752	1942169	253735	1481003	1928574	533111	-204116

附录　续表13　Continued

单位：万元　　(10000 yuan)

县、市名称	Name	全年主营业务收入2000万元及以上的国有控股工业企业 State-holding Industrial Enterprises with Annual Revenue From Principal Business over 20 Million Yuan								
		企业单位数(个) Number of Enterprises (unit)	#亏损企业 Losses	工业总产值 Total Industrial Output Value	资产合计 Total Assets	流动资产合计 Total Current Assets	固定资产净额 Net Fixed Assets	负债合计 Total Liabilities	营业收入 Revenue from Principal Business	利润总额 Total Profits
嘉荫县	Jiayin County									
汤旺县	Tangwang County	1		2060	23426	6069	22099	23825	2823	417
丰林县	Fenglin County	1		3902	27867	9092	22448	12717	4150	982
大箐山县	Daqingshan County	2		16695	80363	35885	42933	26893	16695	6136
南岔县	Nancha County	1	1	33719	145964	37293	60075	100179	34380	-3026
铁力市	Tieli City	2		393523	337952	65887	197100	104281	378080	196974
桦南县	Huanan County	6		40770	244981	70941	160370	151921	42132	13978
桦川县	Huachuan County	7	3	38794	264735	27492	141231	139056	40043	-3607
汤原县	Tangyuan County	5	1	43013	52670	33923	15294	33825	148731	4490
同江市	Tongjiang City	4	1	22569	119921	23809	89920	77681	23866	5081
富锦市	Fujin City	12	1	465701	492466	289810	168586	303299	469078	23258
抚远市	Fuyuan City	3		2809	22865	10434	11678	9035	4240	1598
勃利县	Boli County	2		6089	20478	15396	3435	6025	6749	76
林口县	Linkou County	2	1	7363	68386	16503	34496	51120	6427	199
绥芬河市	Suifenhe City	1	1	4161	6892	5117	1756	2094	4428	-664
海林市	Hailin City	3		88805	633141	118649	479920	510101	80916	3103
宁安市	Ningan City	3		15659	137973	30706	100734	100049	16557	5589
穆棱市	Muling City	3	3	21447	80539	25153	48808	91874	14194	-7835
东宁市	Dongning City	1		3147	27232	6708	20111	13587	4127	441
阳明区	Yangming	10	3	594709	1005145	373403	459768	573576	656432	-41558
爱辉区	Aihui	7	3	120537	233675	70850	109029	110051	107565	-4879
逊克县	Xunke County	2	1	4801	49270	10837	34542	39797	4659	-1798
孙吴县	Sunwu County									
北安市	Beian City	11	3	454461	428014	227158	112042	337239	465428	-8301
五大连池市	Wudalianchi City	4	2	22623	53316	24224	23764	116130	24714	3082
嫩江市	Nenjiang County	2	1	31072	80351	23177	25599	48868	31874	3213
五大连池风景区	Wudalianchi Scenic Spot									
北林区	Beilin	12	5	1168633	1252688	418272	719746	968912	1068008	2851
望奎县	Wangkui County	2			34427	12593		34427		
兰西县	Lanxi County	2	1	12092	48056	20949	24205	46008	12288	-3457
青冈县	Qinggang County	4	1	341889	283279	118702	145900	187218	312741	15066
庆安县	Qingan County	3	1	104994	184263	77093	75897	114597	112884	639
明水县	Mingshui County	4		38082	160898	57884	94281	88311	36116	8033
绥棱县	Suiling County	1								
安达市	Anda City	13	1	302165	882805	347180	482693	651888	425804	22763
肇东市	Zhaodong City	7	1	148710	255723	103525	130178	171397	168279	13742
海伦市	Hailun City	4	1	229890	242214	86054	132458	197501	234634	4562
漠河市	Mohe City	3		219692	324731	257622	45826	161379	184519	101660
呼玛县	Huma County									
塔河县	Tahe County	2	1	22798	18732	13915	1146	-4718	22798	7804
加格达奇区	Jiagedaqi District									

附录　续表14　Continued

县、市名称	Name	公共财政收入（万元）General Budgetary Financial Revenue (10000 yuan)	政府性基金收入（万元）Governmental Fund Income (10000 yuan)	公共财政支出（万元）General Budgetary Financial Expenditure (10000 yuan)	政府性基金支出（万元）Governmental Fund Expenditure (10000 yuan)	公路线路里程（公里）Length of Highways (km)	普通中学在校学生（人）Students in Regular Secondary Schools (person)	小学在校学生（人）Students in Primary Schools (person)
呼兰区	Hulan	15568		349957	81370	1434	13996	12684
阿城区	Acheng	48388	1826	391356	30629	1445	21637	19341
双城区	Shuangcheng	28464	336	458766	19539	2470	27799	22582
依兰县	Yilan County	31837	9399	350739	9699	1805	11123	9731
方正县	Fangzheng County	21564	9745	249792	12936	1163	7405	7011
宾县	Bin County	69562	26033	419038	103818	2359	21878	17697
巴彦县	Bayan County	24712	2290	441073	23955	2468	18060	14525
木兰县	Mulan County	22381	5765	268261	58668	1345	7981	6491
通河县	Tonghe County	24485	8797	350066	38419	1388	7232	6617
延寿县	Yanshou County	19733	4371	276889	15008	1175	7384	7372
尚志市	Shangzhi City	32994	3765	438988	10150	2520	20128	17062
五常市	Wuchang City	80008	6295	620750	16014	3739	28792	23355
龙江县	Longjiang County	56427	7972	426240	10680	2890	20168	17172
依安县	Yian County	33083	15500	439599	105153	2683	11531	9114
泰来县	Tailai County	41700	14223	311552	44240	2537	10910	10097
甘南县	Gannan County	45928	9687	373079	15351	2966	15670	12364
富裕县	Fuyu County	30480	4738	325854	25614	2163	8514	7120
克山县	Keshan County	38718	8059	406389	18829	2465	10035	7271
克东县	Kedong County	73024	5111	332275	13249	1599	7188	4990
拜泉县	Baiquan County	27256	9674	394226	22217	2660	13290	10755
讷河市	Nehe City	86255	27905	658930	82793	2851	19298	15913
梅里斯区	Meilisi Daur District	8182	3915	193144	3482	796	3482	3153
鸡东县	Jidong County	43488	6759	327030	38412	1736	9003	5164
虎林市	Hulin City	42864	2545	348823	24121	3250	10059	9719
密山市	Mishan City	46328	10730	505381	15678	2931	17239	9548
萝北县	Luobei County	46091	19522	295116	37210	2632	10775	6174
绥滨县	Suibin County	21467	7375	214753	16788	1946	4610	4553
集贤县	Jixian County	42088	11798	285650	70700	1247	10179	7802
友谊县	Youyi County	13730	1612	99548	3673	512	6426	3187
宝清县	Baoqing County	69263	13499	431246	84825	4114	15296	12927
饶河县	Raohe County	21017	4920	218547	53563	2510	4489	5294
肇州县	Zhaozhou County	30115	3276	293815	6692	1676	17978	9730
肇源县	Zhaoyuan County	31615	3778	344833	11669	1694	20404	10202
林甸县	Lindian County	29885	6278	272577	29903	1562	9296	7188
杜蒙自治县	Durbote Mongolia Autonomous County	28178	6473	272979	23751	1944	13006	7225
大同区	Datong	42672	4394	148703	6171	1181	9487	5443

附录　续表15　Continued

县、市名称	Name	公共财政收入(万元) General Budgetary Financial Revenue (10000 yuan)	政府性基金收入(万元) Governmental Fund Income (10000 yuan)	公共财政支出(万元) General Budgetary Financial Expenditure (10000 yuan)	政府性基金支出(万元) Governmental Fund Expenditure (10000 yuan)	公路线路里程(公里) Length of Highways (km)	普通中学在校学生(人) Students in Regular Secondary Schools (person)	小学在校学生(人) Students in Primary Schools (person)
嘉荫县	Jiayin County	13878	378	203152	4850	1491	1861	2159
汤旺县	Tangwang County	2114	279	88306	16326	319	327	614
丰林县	Fenglin County	4216	639	141292	10954	629	550	1036
大箐山县	Daqingshan County	3315	57	91268	1399	925	521	846
南岔县	Nancha County	7646	446	135722	8715	650	2008	1627
铁力市	Tieli City	38604	3637	395998	15234	1326	7533	6927
桦南县	Huanan County	51749	6506	472632	40398	1779	12904	10040
桦川县	Huachuan County	21843	7403	323830	13735	1449	6740	5284
汤原县	Tangyuan County	40392	2136	323714	51036	1787	6692	5883
同江市	Tongjiang City	42221	19238	343139	75605	2591	6808	8352
富锦市	Fujin City	107081	30437	582442	77703	4979	24587	16696
抚远市	Fuyuan City	32792	3250	276894	13272	2096	3775	4569
勃利县	Boli County	28150	9987	339823	25792	1442	9656	7094
林口县	Linkou County	38442	6158	297601	8570	2263	9957	8028
绥芬河市	Suifenhe City	53689	24798	235321	22305	221	5662	5875
海林市	Hailin City	43859	3820	290820	13850	2625	10480	9366
宁安市	Ningan City	56635	5274	332325	13719	2507	12656	11060
穆棱市	Muling City	57534	5932	318509	14680	1868	9054	7595
东宁市	Dongning City	28105	7623	284666	30548	1926	8020	8828
爱辉区	Aihui	38362		274516	576	1699	7105	8759
逊克县	Xunke County	47885	5539	279674	20208	2389	2922	3055
孙吴县	Sunwu County	22981	1929	207233	6062	1407	3352	3322
北安市	Beian City	63627	6426	493748	38945	3144	14420	9887
五大连池市	Wudalianchi City	35974	6429	413256	35118	2863	8497	7868
嫩江市	Nenjiang County	107927	6177	618411	11972	3762	16895	13398
五大连池风景区	Wudalianchi Scenic Spot	4072	164	51117	2317	99		
北林区	Beilin	56354	5498	439318	27952	2459	32780	21298
望奎县	Wangkui County	32689	12225	419536	14437	1852	17661	8743
兰西县	Lanxi County	48756	12077	366474	60312	2012	16401	9221
青冈县	Qinggang County	26951	7908	446494	37443	2706	18733	9211
庆安县	Qingan County	37116	6093	366934	7071	2264	12279	6824
明水县	Mingshui County	16517	3227	306159	8873	1517	9924	6643
绥棱县	Suiling County	36233	7636	326048	26824	2102	11863	6063
安达市	Anda City	62162	14860	310212	14860	2014	15858	10276
肇东市	Zhaodong City	72328	23209	505409	82142	2511	35193	20540
海伦市	Hailun City	42958	12017	591003	13216	4046	25583	13094
漠河市	Mohe City	46388	1861	153281	363	1846	1339	1558
呼玛县	Huma County	16088	334	176029	3008	1542	1357	1292
塔河县	Tahe County	8105	1293	134164	7367	1312	1058	1157
加格达奇区	Jiagedaqi District	26380	8892	146718	23681	597	5640	4569